大国通史丛书

总主编 钱乘旦

德国通史
A History of Germany

邢来顺 吴友法 主编

【第四卷】
民族国家时代
(1815—1918)

邢来顺 著

江苏人民出版社

图书在版编目(CIP)数据

德国通史.第四卷/邢来顺著.--南京:江苏人
民出版社,2019.3(2025.10重印)
　ISBN 978-7-214-21492-8

　Ⅰ.①德…　Ⅱ.①邢…　Ⅲ.①德国-历史　Ⅳ.
①K516.0

中国版本图书馆 CIP 数据核字(2017)第 274872 号

书　　　名	德国通史·第四卷　民族国家时代(1815—1918)
主　　　编	邢来顺　吴友法
著　　　者	邢来顺
策　　　划	王保顶
责 任 编 辑	卞清波
装 帧 设 计	刘葶葶
责 任 监 制	王　娟
出 版 发 行	江苏人民出版社
地　　　址	南京市湖南路 1 号 A 楼,邮编:210009
照　　　排	江苏凤凰制版有限公司
印　　　刷	江苏凤凰新华印务集团有限公司
开　　　本	652 毫米×960 毫米　1/16
印　　　张	221　插页 24
字　　　数	2 965 千字
版　　　次	2019 年 3 月第 1 版
印　　　次	2025 年 10 月第 3 次印刷
标 准 书 号	ISBN 978-7-214-21492-8
定　　　价	780.00 元(精装)

(江苏人民出版社图书凡印装错误可向承印厂调换)

目　录

前　言

　　从 1815 年德意志邦联建立到 1918 年德意志帝国垮台的约一个世纪,是德国从传统社会向现代社会转型的关键时期,也是德意志文明在与欧洲文明乃至世界文明的整体互动中个性发展最为充分和最明显的历史时期。追求民族统一、建设强大的民族国家则是这一时期的历史主题。这一时段的德国历史大致可以划分为两个时代:1815 年—1871 年"革命"时代和 1871 年—1918 年帝国时代。

　　1815 年—1871 年的德国历史带有明显的"革命"特征。这种"革命"性既表现为资产阶级在政治上追求自由民主和民族统一的过程中上演的一波又一波的革命运动,也表现为以第一次工业革命为核心的成就非凡的经济革命。与政治、经济领域的革命性变化相对应,这一时期的思想文化领域则自由主义、民族主义和保守主义等思潮跌宕,流派纷呈,文化的资产阶级取向日益凸显,具有纪元意义的马克思主义诞生,科学、教育等也出现了重要进步。

　　在政治领域,1815 年以后,德国在维也纳会议总决议的基础上迈入了德意志邦联时代。这一时期总的形势是:资产阶级积极参与政治生活,要求实现自由民主和建立统一的民族国家,保守势力则竭力恢复和维护旧的传统政治制度,压制和打击一切旨在损害既有政治秩序的企图和活动。于是,与欧洲资产阶级革命的总体形势相呼应,德国资产阶级在与封建势力的搏斗中一路前行,在19世纪三四十年代掀起了一波又一波的革命运动,试图在德国确立起资产阶级的政治自由民主制度和实现民族统一。然而,由于德国特殊的现实政治力量格局和历史条件,包括1848年革命在内的各场资产阶级革命运动,都以失败收场。在当时的德国,出现这种结果并不意外。就资产阶级而言,国家的分裂割据造成革命力量分散,而且资产阶级内部不同派别面对自由、民主和民族统一等任务,在孰先孰后以及实现的手段和途径等问题上也存在意见分歧。从统治阶级来看,他们不仅掌握强大的国家机器,而且能够采取明智的与时俱进策略,通过满足某些"革命"要求,诸如颁布宪法,建立议会,推行有利于资本主义经济发展的政策等,主动顺应历史潮流,操控德国政治现代化进程。这些举措减弱了德国社会内部的革命需求和动力,使传统统治阶级在国家政治生活中继续占据支配地位。

革命的失败使资产阶级认识到,如果没有强大力量的支持,自由民主和建立统一民族国家的理想都是无法实现的。因此,19世纪中期以后,资产阶级开始从革命失败的迷茫中摆脱出来,将原先的政治追求寄托于现实权力之上,希望借助某一大邦来帮助实现民族统一,然后再在此基础上推进政治自由和民主进程。最终,他们把目光投向兼具自由主义色彩和强大经济、军事实力的大邦普鲁士,期待其担当起建立统一民族国家的任务。资产阶级的这种态度在很大程度上影响了19世纪下半期德国政治的发展走向。

与此同时,政治上失败的资产阶级将主要精力投入到发展资本主义经济之中。而德国此时已经具备了发展资本主义经济的基础。19世纪初普鲁士和莱茵邦联的改革运动,为资本主义经济的发展提供了有利条件:农奴制改革使农业领域走上了资本主义发展的普鲁士式道路,营业自由原则的确立为资本主义工商业的发展提供了制度保障。19世纪30年代德意志关税同盟的建立则为德意志地区的经济一体化奠定了基础。到19世纪30年代中期,德意志地区终于迈出了第一次工业革命的步伐。

当德国开始第一次工业革命时,工业革命的浪潮已经从英国向北大西洋两岸扩散,英国第一次工业革命已经接近尾声,法国、比利时等也已经大规模展开。尽管如此,作为后发国家的德国却能变劣势为优势,一反英、法等国的轻工业发展范式,转而采取通过铁路建设直接推动钢铁、煤炭、机械制造等迅速发展的重工业发展模式。实践证明,这一模式非常成功。在第一次工业革命中,德国的铁路里程以欧洲各国无可企及的速度扩张,煤炭、钢铁等重工业以每 10 年翻一番的速度提升。德国工业实力因此在 19 世纪 60 年代超过法国,成为仅次于英国的第二号欧洲工业强国。

经济与政治通常是联动的。经济的迅速发展在一定程度上推动着德国在物质、文化和社会生活方面的进步甚至根本改变,推动着德国社会的现代转型。在一定意义上可以说,工业革命带来的高速经济增长弥补了德国社会政治革命的不足,引领着德国从传统封建社会迈向现代资本主义社会。

19 世纪五六十年代,德国形成了第一次工业革命以来的首次工业高涨。以关税同盟为起点、铁路建设为纽带、第一次工业革命为动力的德意志地区经济一体化,对旧的德国政治体系提出了挑战和考验。建立在维也纳体系之上、以普奥二元政治架构为特征的松散的德意志邦联形式已经不再适合新的经济发展需要。德意志地区经济联系的加强,要求德意志从四分五裂的割据状态走向统一。建立统一的民族国家成为 19 世纪德国历史最重要的内容之一。

19 世纪中期的德国也已经具备了走向政治统一的充要条件。首先,自 18 世纪以来德意志思想文化界对德意志民族的认同追求,伴随着法国大革命和拿破仑战争激起的民族主义波澜,已经从文化民族主义向政治民族主义层面转变,建立统一民族国家的诉求从文化精英层面向大众层面扩散。这是实现德意志民族统一的思想动力。其次,随着关税同盟的建立和工业化进程,德意志地区经济一体化加强。经济发展要求建立统一的德意志民族国家,同时也为建立统一的德意志民族国家奠定了经济基础。再其次,这时的德国已经具备了民族统一的历史可行性,有了实现这一使命的承担者——普鲁士。一方面,普鲁士通过19世纪初的改革和容克经济生活的资产阶级化,已经实现了国家的资本主义转型,确立起容克资产阶级的联合统治。这种资本主义国家性质使普鲁士统治者有可能成为资产阶级政治意愿的执行者。另一方面,普鲁士操控着德意志关税同盟,并且通过第一次工业革命成为德意志地区的经济巨无霸,有了统一德国的雄厚物质基础。此外,普鲁士拥有一支强大的军队,这是其实现德国统一的强权手段。这一切使普鲁士成为领导德国统一的不二选择。因此,睿智的现实主义政治家俾斯麦出任普鲁士首相后,基于对欧洲国际政治格局和德意志内部政治结构的全盘审视,明确提出了"铁血"统一德国的策略,通过连锁反应式王朝战争,"自上而下"地实现了普鲁士霸权支配下的德国统一,建立了德国历史上的第二帝国——德意志帝国。

德国的统一,无论对欧洲,还是对德国本身,都是一次具有重大意义的"革命"。从欧洲角度看,强大的德意志帝国的崛起,颠覆了近代以来的传统欧洲国际关系格局。新统一的德国由于其众多的人口、强大的经济和军事力量,成为欧洲大陆的潜在霸主。就德国自身而言,其积极意义显然是主要的,但也不乏消极之处。就其积极方面而言,它结束了德国自中世纪以来的长期分裂割据,建立起统一的现代民族国家,德意志民族从此不再受强邻的欺凌;国家统一也为德国资本主义经济的发展和科技、教育、文化的繁荣提供了更为有利的条件。因此俾斯麦也被称为"白色革命者"。从消极角度来看,普鲁士容克阶级领导国家统一,强化了传统统治阶级的既有政治优势,他们继续主导国家政治生活,在与资产阶级的较量中处于有利地位,不利德国政治生活的民主化进程。

德意志帝国建立以后,德国历史的脚步在与欧洲乃至世界历史进程形成共振的同时,继续坚持其德意志特性的律动。

由于传统统治阶级的强势地位,帝国时期的政治生活具有鲜明的保守色彩。它大致可以划分为俾斯麦时代和威廉二世时代两个阶段。在政治架构方面,最初呈现为行政结构上的联邦主义和政治体制上的专制主义,继而出现了中央集权主义和议会化发展的趋势。

在俾斯麦时代,德国国内政治生活主要表现为,这位宰相为确保国家的控制力而与天主教中央党、社会民主党等两大群众性政党的大规模政治斗争,以及通过波拿巴主义的各种方式操控帝国议会多数而近乎独断专行的统治。这一时期政府的政策特点呈现出连贯性、缜密性和全局意识。在对外政策方面主要是推行以欧洲大陆为重点的大陆政策,建立以德国为中心的庞大联盟体系,通过所谓的"保守性和平政策"确保德国在欧洲大陆的主导地位。

到威廉二世时期,由于缺乏俾斯麦式的缜密设计和控制,政治生活常常受到皇帝、宰相、国务秘书、军队、利益集团等多种因素博弈的影响,相关政策带有即兴的特点,给人以明显的不连贯性和摇摆不定的感觉。在对外政策方面,威廉二世时期具有极强的"世界政策"取向,把海外扩张和争夺世界霸权作为主要努力目标,具体体现就是到处抢占殖民地和大规模扩建海军。这种咄咄逼人的对外政策最终导致德国与英、法、俄等国的矛盾加剧,迫使他们联合起来共同对敌。因此可以说,是威廉二世的不智催生了强大的协约国军事集团,进而使德国在外交上遭到"孤立"。显然,俾斯麦和威廉二世时期不同的外交政策给德国带来了截然不同的国际性后果。

与政治上的相对滞后状态相比,帝国时期的经济、社会和科教、文化等领域都取得了骄人的成就,呈现繁荣局面。

在经济领域,德国抓住国家统一带来的有利条件和第二次工业革命的机遇,一方面利用新技术改造传统产业,使钢铁、煤炭等传统产业继续高速增长,另一方面积极拓展新兴工业领域,建立起电气、内燃机、合成化学等新兴产业,进而确立起工业在整个国民经济中的主导地位;与此同时,依托于最新科技,建立起了较为完善的现代交通、邮电、商业和金融体系;包括种植业和牲畜饲养业等在内的农业生产则受益于科技进步和工商业发展的刺激,向现代高效型农业转变。到 20 世纪初,德国的经济总量已经超过英国,跃居欧洲第一位。

社会领域也出现了前所未有的现代化转型,构成社会体系的基本要素皆出现了重大变化。人口在低出生率和更低死亡率的增长模式下出现了快速而非均衡的增长。城市化进程加速。到 20 世纪初,城镇人口已经超过农村人口,成为国家的主体居民。社会阶级结构也出现了新变化。贵族和资产阶级之间通过前者的资产阶级化和后者的贵族化而相向接近。工人阶级则发展成为最大的社会群体。同时,随着社会分工的细化,多种利益集团开始形成。工业化也推动着德国向现代福利国家迈进。德国成为世界上第一个建立国家社会保障体系的国度。帝国时期的婚姻家庭形态也出现了重要变化,妇女社会群体伴随着工业化进程而迅速崛起。这一切表明,德国正疾速迈向现代社会。

帝国时期的科技、教育、思想和文化发展也出现了历史上少有的繁荣局面。为满足工业化的需要,科学技术研究日益趋向实用化和前沿化。教育则适应科学技术进步和社会经济发展对人才的需要,进行了新的调整改革。思想和文化界也努力进行自身的调适,寻找新的表达形式,反映新的社会现实,呈现一种多元发展趋势,取得了辉煌的成就。

然而,就是这样一个强大而繁荣的帝国,却共振于 19 世纪末 20 世纪初资本主义世界流行的社会达尔文主义和帝国主义思潮,在军国主义的喧嚣和极端民族主义的鼓噪声中,不智地将自己送入了第一次世界大战的硝烟战火之中,最终在战争失败的重压和十一月革命的怒吼中敲响了自己的丧钟,化为历史的尘埃。

本书在修改和充实的基础上吸收了《德国工业化经济-社会史》(湖北人民出版社 2003 年)的部分研究内容,特此说明。

第一编

德意志"革命"时代

第一章　复辟、危机和 1848 年革命

1815 年以后,处于维也纳体系(Wiener System)框架之下的德意志或曰德国(Deutschland)①与欧洲(Europa)大陆其他国家一样,进入了"复辟"和政治上的反动时期。这一时期,梅特涅(Clemens Lothar Wenzel Graf von Metternich,1773—1859)主导之下的德意志在政治上有两个主要特征:一是在"正统原则"(Legitimitätsprinzip)之下,通过"邦联"形式继续保持德意志的分裂局面;二是在君权神授的基础上恢复君主专制,维持"现状",压制一切试图动摇现行制度的思想和行动。但是,梅特涅的相关政策和举措无法阻挡历史前进的步伐。作为对维也纳会议(Wiener Kongreß)后形成的政治反动局面的回答,德意志出现了争取民族统一的民族主义(Nationalismus)运动和包括宪法运动(Verfassungsbewegung)在内的政治自由运动。这些运动和潮流与欧洲的总体形势相呼应,冲击着梅特涅为首的封建保守势力竭力维持的传统的社会和政治秩序,德意志因此陷入一系列政治危机和革命之中。

---

① 行文对 1871 年以前的德国经常使用"德意志"一词,既考虑到了德国长期分裂的历史实际和习惯表达,也反映了其文化和民族层面的紧密关系。在倾向于作为一个整体来认识和解读时则更多地使用"德国"一词。

第一节　德意志的政治复辟和进步运动

一、1815 年以后德意志的政治结构

1815 年以后,德国历史进入了德意志邦联(Deutscher Bund)时期。德意志邦联的建立虽然结束了 1806 年神圣罗马帝国(Heiliges Römisches Reich)解体之后德意志各邦缺乏政治联系的状况,但它的组织构成和运作特点无法使德意志成为一个真正意义上的现代民族国家(Nationalstaat)。新建立的德意志邦联带有强烈的国际性色彩,由各列强批准的《德意志邦联文件》(Deutsche Bundesakte)是德意志邦联的国际法基础。由于该文件被纳入作为维也纳会议总决议的《维也纳会议文件》(Wiener Kongreßakte)中,德意志邦联因此是建立于欧洲主要列强的保证之上的,从而为各列强介入德意志内部事务提供了借口。英国(England;Großbritannien)、荷兰(Niederlande)、丹麦(Dänemark)等非德意志君主同时以个人身份兼任德意志邦联诸侯①,也足见德意志邦联的国际性质。

德意志邦联在机构设置和运作方面带有模糊性。邦联的唯一中央机构是设在美因河畔法兰克福(Frankfurt am Main)的邦联议会(Bundestag),它实际上是各邦代表组成的代表会议。该议会于 1816 年 11 月 5 日首次召开。根据《德意志邦联文件》第 10 条规定,邦联议会的主要任务是:制定邦联的对内对外和军事政策,完善和补充邦联文件。1820 年 5 月 15 日的《维也纳最后议定书》(Wiener Schlussakte)②就是邦

---

① 英国国王兼汉诺威(Hannover)国王,荷兰国王兼卢森堡(Luxemburg)大公,1839 年起兼林堡(Limburg)公爵,丹麦国王兼劳恩堡(Lauenburg)和荷尔施泰因(Holstein)公爵。

② 也称《维也纳大臣会议决议文件》(Schlussakte der Wiener Ministerkonferenzen)或《邦联补充文件》(Bundes-Supplementar-Akte),正式名称为"1820 年 5 月 15 日维也纳大臣会议关于发展和加强德意志邦联的决议文件"(Schluß-Acte der über Ausbildung und Befestigung des deutschen Bundes zu Wien gehaltenen Ministerial-Conferenzen vom 15. Mai 1820)。

联议会讨论的结果。该议定书的最初目的是要制定一部类似宪法的邦联基本法,但是包括奥地利(Österreich)和普鲁士(Preußen)两大邦国在内的邦联各成员因担心危及自己的独立性,显然不愿邦联权力过大。议定书第一条明确规定,"德意志邦联是一个由德意志各主权诸侯和自由市组成的国际法的团体,旨在捍卫邦联内各邦的独立和不可侵犯性以及维护德国的内外安全"[①]。虽然第二条规定邦联在对外关系方面"作为一个在政治上统一的联合起来的整体力量",而且外国也在法兰克福派驻了外交代表,但德意志邦联并没有执行派驻外交使节的能力,因为作为欧洲列强的奥地利和普鲁士都不愿自己的对外政策受邦联的约束。

在军事方面,作为对德意志邦联文件的补充,德意志邦联大会于1821年4月9日通过了《邦联战争法》(Bundeskriegsverfassung),与此同时,负责准备决议的小委员会于12日制定了具体的细则[②]。根据规定,邦联各成员有义务捍卫来自外部的侵略,同时相互间不得发动战争;邦联有权对外宣战和媾和;各邦根据规定分配兵员定额,组成一支10个军团的邦联军队。其中,奥地利和普鲁士各提供3个军团,巴伐利亚(Bayern)提供1个军团,其余各邦提供3个军团。邦联军队没有统帅,军事统帅只有在战争时期才由邦联代表大会临时选举并任命。此外,根据1822年7月的补充决议,邦联在卢森堡(Luxemburg)、美因茨(Mainz)、兰道(Landau)、拉施塔特(Rastatt)和乌尔姆(Ulm)等地建立要塞,派驻常备军,以保护邦联的安全,防止法国(Frankreich)的威胁。总的说来,邦联军队具有明显的防御性质,它完全基于防御性而非进攻性来捍卫邦联内外的安全,其根本任务在于保持邦联内部以及整个欧洲的稳定。

[①] 见 Wolfgang Hardwig und Helmut Hinze (Hrsg.), *Deutsche Geschichte in Quellen und Darstellung*, Band 7, *Vom Deutschen Bund zum Kaiserreich*, 1815 – 1871, Stuttgart: ReclamVerlag, 1997, S. 44 – 55.

[②] 有关德意志邦联的军事制度,见 Michael Kotulla, *Deutsche Verfassungsgeschichte: Vom Alten Reich bis Weimar (1495 –1934)*, Berlin: Springer Verlag, 2006, S. 391 – 396.

德意志邦联这种模糊不清的政治体制与奥地利首相梅特涅的策略有着极大的关系。一方面,奥地利是一个多民族的邦国,为了维护这一多民族邦国的稳定性,梅特涅坚决反对基于德意志民族意识而建立统一的德意志民族国家的愿望,他希望在维持松散的德意志邦联的基础上来实现奥地利的霸权,从而使邦联带有国际组织的特征;另一方面,为了维护维也纳会议以后建立于正统主义(Legitimismus)原则之上的传统旧秩序,他又需要各邦在镇压革命的共识之上团结一致,为邦联干涉各邦内政预留下权力空间,从而使邦联带有某种程度的"联邦"特征。

二、梅特涅的反动统治与德意志的进步运动

(一)梅特涅"维持现状"幌子下的复辟政策

维也纳会议结束后,梅特涅曾在给他的好友、巴登大臣贝尔施泰特男爵(Wilhelm Ludwig Leopold Reinhard Freiherr von Berstett,1769—1837)的信中写道:"时代在疾风暴雨中前进,若要用暴力来阻止其迅猛的进程,那只能是徒劳之举。只有通过坚定、克制和睿智,通过联合的以及在联合中缜密考虑的力量,去缓和它的毁灭性影响。这就是秩序的维护者及朋友们所要做的。这是所有诸侯和政治家的义务。"因此,统治者的"目标非常简单,当今的一切就是维持现状","维持现状是我们首要的和最重要的关注点"[1]。正是在这种"维持现状"的思想主导下,德意志进入了所谓的"复辟时期"(Restaurationsphase)。而梅特涅强调的所谓德意志"现状",核心要素有三点:一是正统主义,即要确保依据"正统原则"建立起来的维也纳体系,维持各邦诸侯的正统统治地位;二是君主权威,保障各邦君主的至高无上地位;三是稳定,也即反对一切损害既有秩序的举动。归纳起来,其主要着眼点就是:继续保持德意志的分裂割据状态;维护传统的封建等级君主专制制度。这也是维也纳会议后德意志邦

---

[1] Karl Heinrich Hermes, *Geschichte der letzten fünfundzwanzig Jahre*, *Erster Band*, Braunschweig: Druck und Verlag von George Westermann, 1847, S. 119.

联的政治状态。

梅特涅维持现状的举措涉及德意志邦联内部政策和国际政策两大部分。在德意志邦联内部,梅特涅依仗奥地利作为邦联首脑的地位,调动邦联内部一切保守力量,甚至不惜介入各邦内部事务,坚决反对任何试图改变宪法和国家政治制度的举动,压制民族主义和自由主义(Liberalismus)诉求。在国际上,他则在均势(Mächtegleichgewicht; Gleichgewicht der Kräfte)原则的基础上,与俄、普等国组成神圣同盟(Heilige Allianz),压制和镇压革命运动,最大限度地保持欧洲的稳定。

从德意志的历史进程看,梅特涅维持现状的举措也并非完全没有积极意义。首先,这种政策使得原本冲突不断的中欧地区在近半个世纪中保持了一种相对和平的状态,有利于社会经济的发展;其次,与神圣罗马帝国时期相比,新的德意志邦联内部在政策的步调一致性和各邦之间的关系方面有所进步,是迈向德意志民族国家的重要步骤。① 但是,更多的是,梅特涅主导下的德意志邦联严重阻碍了德意志解放战争(Deutscher Befreiungskrieg)时期已经发展起来的民族主义和自由主义运动。它不仅通过松散的国家联盟形式否定了人们要求建立统一的德意志民族国家的愿望,而且通过《德意志邦联文件》第 13 条以及《维也纳最后议定书》第 57、58、59 条有关实行等级宪法和君主的最高权力的规定,②限制了正在崛起中的资产阶级的政治自由的要求。其预料之中的结果是,在德意志地区出现了一系列以建立统一的德意志民族国家和立宪为目标的进步运动,它们与梅特涅的复辟政策之间强烈碰撞,进而形成了德意志的政治和社会危机。

(二)大学生协会运动和卡尔斯巴德决议

梅特涅试图通过强有力的措施来维持"现状",镇压一切民族主义和

---

① Wolfgang Hardwig und Helmut Hinze (Hrsg.), *Deutsche Geschichte in Quellen und Darstellung*, Band 7, *Vom Deutschen Bund zum Kaiserreich*, 1815 - 1871, S. 7.

② Udo Sautter, *Deutsche Geschichte seit 1815*: *Daten*, *Fakten*, *Dokumente*, Bd. 2, *Verfassungen*, Tübingen und Basel: A. Francke Verlag, 2004, S. 45.

自由主义运动,但是在反抗拿破仑(Napoleon I. Bonaparte,1769—1821,1804 年—1815 年在位)统治斗争中激发出来的德意志民族意识再也无法消除。因此,尽管《德意志邦联文件》等从法律层面确认了德意志由各主权邦构成的分裂性国家形态,建立统一的德意志民族国家的呼声却不断高涨,追求国家统一的各种全德性社团组织纷纷建立。国家民族认同感由文化"精英"阶层向大众阶层扩散。

最先打出德意志民族统一大旗的是德意志大学生协会(Deutsche Burschenschaft)。反对拿破仑统治的解放战争(Befreiungskriege von 1813 bis 1815)结束后,许多参加解放战争的大学生重返校园,他们对德意志的政治发展,特别是对维也纳会议的结果普遍感到失望和不满,决心通过新的运动形式来表达自己的政治诉求。

大学生协会运动(Die Burschenschaften)兴起于耶拿(Jena)。1815 年 6 月 12 日,耶拿大学(Universität Jena)的学生在同乡会的基础上建立了第一个大学生协会(Burschenschaft)。他们接受了体操之父雅恩(Friedrich Ludwig Jahn,1778—1852)和"道德联盟"(Tugendbund)的建议,在"荣誉、自由、祖国"的宗旨下,提出了自己追求的目标:"希望德国能被视为一个国家,德意志民族能被视为一个民族。"[1]大学生协会的成员身着老式的德国服装,以黑、红、金三色作为象征德国统一的大学生协会的颜色[2]。法律系的学生、日后成为法兰克福议会主席的海因里希·冯·加格恩(Heinrich von Gagern,1799—1880)和历史学家海因里希·列奥(Heinrich Leo,1799—1878)都是大学生协会的成员。耶拿大学生

---

[1] Manfred Görtemaker, *Deutschland im 19. Jahrhundert*, Tübingen und Basel: A. Francke Verlag, 2004, S. 80.

[2] 黑红金三色是反抗拿破仑的解放战争中普鲁士吕措夫志愿军团(Lützowsches Freikorps)服装的颜色,但也有观点认为这是古老的神圣罗马帝国的代表颜色(金黄色底色上有一只长着一对红爪的黑鹰)。Jürgen Mirow, *Deutsche Geschichte-keine Nationalgeschichte: Staatliche Einheit und Mehrstaatlichkeit, Volkszugehörigkeit und Nation in der Deutschen Geschichte*, Gernsbach: Casimir Katz Verlag, 2002, S. 213; Johannes Willms, *Nationalismus ohne Nation: Deutsche Geschichte von 1789 bis 1914*, Frankfurt am Main: Fischer Taschenbuch Verlag, 1985, S. 127.

协会迅速在德国中部和南部的其他大学得到仿效,莱比锡(Leipzig)、哈勒(Halle)、吉森(Gießen)、埃尔兰根(Erlangen)、蒂宾根(Tübingen)、海德尔堡(Heidelberg)、弗赖堡(Freiburg)、基尔(Kiel)、柏林(Berlin)、布雷斯劳(Breslau)和柯尼斯堡(Königsberg)等大学都成立了大学生协会。追求德国统一的学生社团分布到了整个德意志,成员达 1000 至 1500人。柏林大学生协会的精神领袖是神学家施莱尔马赫(Friedrich Schleiermacher,1768—1834)和德·韦特(Wilhelm martin leberecht de Wette,1780—1849),吉森大学生协会主要领导者为法学家卡尔·特奥多尔·韦尔克(Karl Theodor Welcker,1790—1869),耶拿大学生协会主要领导者为历史学家海因里希·卢登(Heinrich Luden,1778—1847)和哲学家雅可布·弗里德里希·弗里斯(Jakob Friedrich Fries,1773—1843)。

1817 年 10 月 18 日,为了纪念马丁·路德(Martin Luther,1483—1546)宗教改革运动(Reformation)三百周年和 1813 年莱比锡民族大会战(Völkerschlacht bei Leipzig)四周年,以此表达德意志人的两次"民族解放"(从罗马教皇的宗教统治下和拿破仑的政治统治下解放出来),在耶拿大学生协会号召下,来自多所大学的约 500 名学生在具有较开明的自由主义思想的萨克森-魏玛-爱森纳赫大公卡尔·奥古斯特(Großherzog Carl August von Sachsen-Weimar-Eisenach,1757—1828)的领地瓦特堡(Wartburg)集会,表达对德意志的统一和自由的诉求,这就是德国近代历史上著名的瓦特堡集会(Wartburgfest)。在集会上,耶拿大学教授欧肯(Lorenz Oken,1779—1851)和弗里斯发表了激情澎湃的爱国主义演说。耶拿大学生协会代表海因里希·赫尔曼·里曼(Heinrich Herrmann Riemann,1793—1872)的发言则反映了人们的共同心声:"莱比锡战役已经过去了四个年头;德意志民族曾经表达过美好的希望,它们都已经破灭;所有的一切都与我们的期待大相径庭。……我们所有的兄弟,祖国之子们,要组成铁壁铜墙来反对祖国的一切内外敌人。"①集会通过的"基本原则"明确表达了"德国的国家统一"的立场。② 部分激进的学生还焚烧了包括拿破仑法典(Code Napoleon；Code Civil)在内的一些"非德意志"书籍,以及保守派作家科策布(August von Kotzebue,1761—1819)的《德意志帝国史》(Geschichte des Deutschen Reiches)和瑞士(Schweiz)政治理论家卡尔・路德维希・冯・哈勒尔(Karl Ludwig von Haller,1768—1854)的《政治科学的回归》(Restauration der Staatswissenschaften)等一批保守派的著作,高呼"自由万岁! 打倒暴君及其诡计多端的大臣们!"等口号。③

大学生协会运动招来保守派的激烈反击。梅特涅最重要的政治合作者、政论家弗里德里希・冯・根茨(Friedrich von Genz,1764—1832)称大学生协会是"极度可怕的革命的字眼",因为它把德国的统一当作目标。普鲁士警察总监维特根施泰因(Ludwig Georg Graf zu Sayn-Wittgenstein,1770—1851)则指责大学生协会是要"扼杀对自己祖国的爱,进而沉湎于对那个统一而不可分的德国的爱"④。结果,在瓦特堡集会之后,许多邦出现了对爱国大学生抄家、审问和监视等情况。

但是大学生协会运动仍迅速扩散。1818 年 10 月,14 所大学的学生代表在耶拿成立了"全德大学生协会"(Allgemeine Deutsche Burschenschaft),以此作为追求德国统一的象征。与此同时,一部分激进的学生开始主张采取包括暗杀在内的一切手段来实现民族统一和政治自由的目标。这一激进派的活动中心在吉森,领袖人物是法学讲师卡尔・福伦(Karl Follen,1795—1840),目标是建立统一的德意志共和国

---

① Wolfgang Hardwig und Helmut Hinze (Hrsg.), *Deutsche Geschichte in Quellen und Darstellung*, *Band 7*, *Vom Deutschen Bund zum Kaiserreich*, *1815 - 1871*, S. 67 - 68.

② 迫于恶劣的政治形势,瓦特堡集会的"基本原则"并没有当场签署,而是到 1818 年才作为德国大学生协会的纲领草案提出,它包括立宪君主制、权利平等、法治、言论和新闻自由等内容,而"德国的国家统一"被置于首位。参见 Martin Vogt (Hrsg.), *Deutsche Geschichte：Von den Anfängen bis zur Wiedervereinigung*, S. 375.

③ Henry Vallotton, *Metternich*, Bergisch Gladbach：Gustav Lübbe Verlag, 1978, S. 146.

④ Martin Vogt (Hrsg.), *Deutsche Geschichte：Von den Anfängen bis zur Wiedervereinigung*, Stuttgart：J. B. Metzlersche Verlagsbuchhandlung, ²1991, S. 374, 376.

(Deutsche Republik)。

大学生协会的频繁活动引起了梅特涅的极大关注,他认为这是秘密团体在推动革命。因此,在 1818 年 9—11 月的欧洲列强亚亨会议(Aachener Kongress)上,梅特涅开始试图对各大学的自由进行严格限制,但这一主张遭到普鲁士改革(Preußische Reformen)派重要人物威廉·冯·洪堡(Wilhelm von Humboldt,1767—1835)和哈登贝格(Karl August von Hardenberg,1750—1822)的反对,理由是,学术自由是神圣不可侵犯的。然而,1819 年 3 月 23 日耶拿神学院学生卡尔·路德维希·桑德(Karl Ludwig Sand,1795—1820)在曼海姆(Mannheim)刺杀俄国(Rußland)枢密顾问、保守派作家科策布和另一名大学生刺杀拿骚(Nassau)枢密顾问卡尔·冯·伊贝尔(Karl von Ibell,1780—1834)未遂事件,给梅特涅镇压大学生运动提供了有力的口实。他认为这是彻底铲除"极端自由主义"的最佳机会。这位奥地利首相在相关的信中写道:"谋杀科策布绝不是一个孤立的事件。""这个世界已经病得不轻……没有什么比自由的错误精神更糟糕了。它扼杀一切,最后也扼杀了自己。"[1]因此,在获悉科策布遭到谋杀的消息后,他立即告诉巴伐利亚公使:"我们必须千方百计地利用目前这一事件。"[2]德意志的其他邦国,特别是普鲁士,这时因害怕革命也开始走向反动,从而为梅特涅在全德范围内的镇压活动创造了条件。

1819 年 8 月 1 日,梅特涅与普王弗里德里希·威廉三世(Friedrich Wilhelm III.,1770—1840,1797 年—1840 年在位)、普鲁士总理大臣哈登贝格在波希米亚(Böhmen)的泰普利茨(Teplitz)会面,双方就德意志邦联内的政治生态问题达成了所谓的《泰普利茨草约》(Teplitzer Punktation),从而为德意志的全面政治复辟奠定了基础。奥普两国约定对德意志邦联内部的新闻、大学和邦议会进行监督,共同与民族主义和

① Henry Vallotton,*Metternich*,S. 154.
② Karl Otmar von Aretin,*Vom Deutschen Reich zum Deutschen Bund*,Göttingen:Vandenhoeck und Ruprecht Verlag,²1993,S. 179.

自由主义进行斗争,由此形成了两大邦国步调一致的形势。8月6日至31日,应梅特涅的邀请,包括奥地利、普鲁士、汉诺威(Hannover)和萨克森(Sachsen)等在内的德意志大邦和中等邦国在卡尔斯巴德(Karlsbad)举行秘密大臣会议,拟定了多条针对民族统一运动和自由主义运动的镇压措施。9月20日,德意志邦联议会以加急议程的方式一致通过了所谓的"卡尔斯巴德决议"(Karlsbader Beschlüsse)。据此,梅特涅开始对德意志各邦的进步运动进行直接干预,德意志出现了第一波反动势力的镇压高潮。

卡尔斯巴德决议包括"新闻法令""大学法令""审查法令"和"执行条例"(1820年7月3日)等四项法令。根据上述法令:取消言论和创作自由,严格检查一切印刷品;所有大学置于政府严厉监控之下,辞退和解除所有具有自由主义和民族主义思想的教授和教师的公职;在美因茨设立中央审查委员会,搜查和逮捕一切危害现行宪法、内部乃至整个邦联稳定的阴谋颠覆分子、煽动分子及组织。[1]"执行条例"则为各邦履行决议提供了实施平台。

卡尔斯巴德决议成为梅特涅主导下的德意志邦联和各邦宫廷镇压进步运动和压制革命思想的利器。根据卡尔斯巴德决议,自由主义和民族主义思想一律被视为"煽动"危害现有秩序和稳定,鼓吹这类思想的人一律以"煽动罪"加以追究。在此以后的德意志,"追究煽动者"(Demagogenverfolgung)成了迫害民族统一运动和自由主义运动的专有名词,数以百计的教授、学者、大学生以及其他知识分子遭到追捕和监禁。

在贯彻卡尔斯巴德决议特别是"追究煽动者"方面,威廉三世统治下的普鲁士力度最大,普鲁士政治生活也因此走向全面反动。具有自由主义思想的一些重臣如威廉·冯·洪堡和博伊恩(Hermann von Boyen,

---

[1] 关于卡尔斯巴德决议见 Wolfgang Hardwig und Helmut Hinze (Hrsg.), *Deutsche Geschichte in Quellen und Darstellung*, *Band 7*, *Vom Deutschen Bund zum Kaiserreich*, *1815 –1871*, S. 72 –81.

1771—1848)等,都因反对卡尔斯巴德决议而被解除职务,哈登贝格也开始失势。在波恩大学(Universität Bonn)担任教授的著名诗人阿恩特(Ernst Moritz Arndt,1769—1860)因其民主自由和爱国主义思想而于1820年11月离职,"体操之父"雅恩则由于倡导大学生协会运动而遭到监禁。其他一些进步学者和知识分子,如日耳曼语文学家费迪南德·马斯曼(Ferdinand Maßmann,1797—1874)、海因里希·霍夫曼·冯·法勒斯莱本(August Heinrich Hoffmann von Fallersleben,1798—1874),神学家兼教育家克里斯蒂安·萨尔托里乌斯(Christian Sartorius,1796—1872)、法学家卡尔·特奥多尔·韦尔克、古典语文学家和考古学家弗里德里希·戈特利布·韦尔克(Friedrich Gottlieb Welcker,1784—1868)等,都遭到追捕或监禁。

实际上,维也纳会议之后,大学生协会并非唯一的追求民族统一的全德性社团。除此之外,还出现了一些其他的以德国统一为目标的全德社团组织,其中包括1822年成立的德国自然科学家和医生联合会(Verein deutscher Naturforscher und Ärzte)。该联合会的重要宗旨就是要使自己成为"德意志民族统一的精神象征"①。这些全德性社团的出现表明,德意志的一体性概念已经深入人心,建立统一的德意志民族国家正在成为一股巨大的历史洪流。

(三)德意志第一次宪法运动

维也纳会议之后出现的另一场进步运动是德意志第一次宪法运动(Erste deutsche Verfassungsbewegung,1814—1824/1829),也称早期立宪运动(Frühkonstitutionalismus)。1815年的《德意志邦联文件》第13条曾允诺要在各邦颁布基于等级之上的宪法(Landständische Verfassung),各邦自由主义者于是抓住这一点,努力推进自己邦国内的立宪进程。但是,由于客观条件不一,各邦在宪法问题上呈现的政治取

---

① Hans-Ulrich Wehler, *Deutsche Gesellschaftsgeschichte*, *Zweiter Band*, *Von der Reformärabis zur industriellen und politischen "Deutschen Doppelrevolution" 815 - 1845 / 49*, München: Verlag C. H. Beck, 1987, S. 406.

向也不尽一致。奥地利在维持专制主义(Absolutismus)模式的前提下注入了一点旧的等级代表制的元素;普鲁士也保持着专制主义,但已经开始引入省级议会。以南德诸邦为代表的中小邦国则展现出更强烈的代议制宪法取向。德意志各邦在宪法问题上的这种不同取向和态度,在很大程度上反映了各邦的传统、改革目标以及君主和贵族势力的抵制力度。

在普鲁士,弗里德里希·威廉三世早在 1810 年 10 月 27 日的"财政敕令"(Das preußische Finanzedikt von 1810)中就已经允诺要制定宪法,建立国民代议机构,以确保承担纳税义务的国民的批准权利。1815 年 5 月 22 日再次出征法国前更是颁布了"关于构成人民代议机构的规程"(Verordnung über die zu bildende Repräsentation des Volks),又一次作出立宪承诺①,以便使普鲁士成为德意志邦联中的进步力量,并获得新并入的地区的信任。然而,由于诸多阻碍因素,普鲁士的宪法制定进程遇到了重重阻力。首先,普王本人对于制定宪法并不积极,甚至有抵触情绪,势力强大的普鲁士贵族阶层也支持普王,竭力反对制定代议制宪法。传统贵族,特别是东普鲁士(Ostpreußen)和西里西亚(Schlesien)的贵族,也依仗自己在反对拿破仑统治的解放战争中率先揭竿的资格和在战争中的决定性角色,坚持传统的等级制度,反对向特权等级征税。与此同时,解放战争之后,统治阶层已经没有了危机感,改革的迫切性大大缓解。此外,1815 年以后的普鲁士由于并入了萨克森和莱茵兰(Rheinland)等新地区,邦内各地区的差异状况更加复杂,客观上不利于制定统一的国家宪法。基于以上原因,为了减少改革阻力,同时也是为了进一步整合发展水平各异的邦内各地区,作为策略大师的哈登贝格决定先从行政管理改革入手,为日后建立宪政国家创造条件。

1815 年 4 月,哈登贝格设立了省和省级官厅,并且相应设立了省长

① Michael Kotulla, *Deutsche Verfassungsgeschichte*: *Vom Alten Reich bis Weimar*(*1495 - 1934*), S. 309.

职位。鉴于普鲁士行政管理机制方面的地方自治传统,哈登贝格推行这一行政管理的改革的目的在于,把贵族对地方政权的把持转移到具有现代意义的国家行政体系之下。在这一体制之下,作为一省之长既是一个行政级别,也是相对独立的控制机构,他既要向君主负责,也要对其治下的民众负责,因此在一定程度上具有上通下达的议会的功能。1817 年 3 月 20 日,普鲁士政府成立了作为国王咨询机构的国务院,它实际上是哈登贝格力图通过行政改革方式为立宪创造条件的又一举措。根据规定,这一机构由多个专业委员会组成,可以讨论法律和批准预算。这意味着它已具有议会的法律咨议功能。在这种机制下,由于省长和国务院成员都由国王任命,国王由此可以直接控制他们,并直接从他们那里获得相关的专业报告。既然如此,在担心自己的君主权力受到挑战的弗里德里希·威廉三世看来,议会已经成了多余的东西。①

虽然哈登贝格努力为立宪创造条件,但相关努力并不顺利。早在 1807 年的《里加备忘录》(Rigaer Denkschrift)中他就明确表示,"君主制政府之下的民主原则"乃"符合当今时代精神的合适形式"。② 新建立的国务院的一项重要任务就是起草宪法以及税收法令和财政法。然而,这些法令的矛头都指向特权等级,因此遭到贵族的强烈反对。1818 年,哈登贝格宣布,在行政改革结束之后将着手宪法问题。但是普鲁士内部在宪法问题上态度不尽一致。普王对哈登贝格在没有征询其看法的情况下就发表有关宪法问题的声明表示不快。普鲁士东部和西部地区在宪法问题上也主张各异。东部地区强烈要求复活旧的等级制度,西部地区则要求制定代议制宪法。更重要的是,哈登贝格和威廉·冯·洪堡这两位主张制定宪法的改革派人物之间也出现了争斗。1819 年 1 月,洪堡被任命为宪法大臣。虽然他与哈登贝格在宪法问题上的主张很相似,但是由于哈登贝格在筹备宪法计划时忽略了洪堡,而洪堡也没有明确自己的

① Karl Otmar von Aretin, *Vom Deutschen Reich zum Deutschen Bund*, S. 173.
② Hans-Joachim Schoeps, *Preussen: Geschichte eines Staates*, Berlin: Propzläen Verlag, 1966, S. 167.

职权范围,准备撇开行政机构主导宪法问题,于是两位改革派之间展开了激烈的斗争,从而削弱了立宪阵营的力量。当时德意志的总体形势也对普鲁士建立宪法体制不利。1819 年 8 月奥普两国签订的《泰普利茨草约》规定,不能"成立与帝国的地理状况和内部形态不相容的普遍的国民代议机构",而卡尔斯巴德决议则进一步毒化了德意志的政治气氛。

在这种形势下,普鲁士自由主义宪法运动与君主统治之间的冲突终于摊牌。① 首先,洪堡因反对卡尔斯巴德决议对自由主义和民族主义运动的政治迫害而被列为"追究煽动者",于 1819 年 12 月底辞职。哈登贝格的处境也因诸种原因而越来越困难:一是 1820 年的税收和财政改革明显加重了贵族的负担,遭到贵族的强烈抵抗。他们决心在宪法问题上展示反对改革的意志。二是普王对于哈登贝格等提出的宪法要求越来越反感,担心立宪会危及君主统治的秩序。但是哈登贝格不理会普王的感受,甚至在 1820 年 1 月 17 日关于处理国家债务的规定中仍"希望"能够实行立宪原则,即在日后只有得到国家等级代表议会的同意才能增加国债,以便恢复人们对于国家及其管理部门的信任。② 然而,艰难的政治处境最终迫使哈登贝格做出让步,即只建立省级等级议会,用省级等级议会代表替代全民代表进入国务院。普鲁士在宪法问题上陷入了僵局。哈登贝格也逐渐失去了影响力,并于 1822 年 11 月去世。1823 年 6 月 5 日颁布的法规对省级等级议会做了规定,它根据"古老的德意志宪法精神"确定了贵族在省级议会中的优势地位。③ 这就是普鲁士早期立宪运动的成果。

梅特涅控制下的奥地利则完全拒绝"普遍性的代议机构"。他只在

---

① Otto Büsch(Hrsg.），*Handbuch der preussischen Geschichte*，Bd. 2，*Das 19. Jahrhundert und Große Themen der Geschichte Preußens*，Berlin：Verlag de Gruyter，1992，S. 190.

② A. J. Mannkopff，*Allgemeines Landrecht für die preussischen Staaten：in Verbindung mit den dasselbe ergänzenden， abändernden und erläuternden Gesetzen， Königlichen Verordnungen und Justiz-Ministerial-Rescripten*，Sechster Band，*Theil II. Tit. 13 - 17*，Berlin：Naucksche Buchhandlung，1838，S. 302.

③ Hans-Joachim Schoeps，*Preussen：Geschichte eines Staates*，S. 170 - 171.

1814 年提议建立了作为君主的咨询机构的枢密院。奥皇弗兰茨一世（Kaiser Franz I. von Österreich，1768 - 1835，1804 年—1835 年在位）①更是一位专制主义的信仰者，拒绝各种形式的代议制。因此，这一时期的奥地利在现代宪法国家建设方面没有取得任何进步。

以南德诸邦为代表的中小邦国的自由主义宪法运动则取得了明显进展。在普鲁士，制定宪法不仅遭到贵族们的强烈抵制，而且由于咨询性的行政机构的建立，代议制宪法成为"多余"之物。南德诸邦则不然。独特的政治和社会状况使这些邦国对于制定代议制宪法持有更积极的态度，在宪法问题上进展更大，更具历史意义。

首先，南德各邦在推行立宪政策方面没有普鲁士那种巨大的阻碍因素。这里没有出现像普鲁士那样的贵族的实质性"复辟"②，因此不存在一个反对建立宪法国家的顽固强大的贵族反对派，贵族在南德地区没有扮演特别重要的政治角色。南德各邦内部也不像普鲁士那样存在巨大的地区性差异，各邦在法国大革命（Französische Revolution）时期仿照法国建立起来的中央集权的行政管理机构有利于政令统一。更重要的是，南德诸邦受法国革命影响巨大，自由、平等的观念已经深入人心，制定代议制宪法受到广泛的支持。

其次，南德诸邦有制定代议制宪法的理由。一方面，仿效法国模式建立起来的中央集权的行政管理制度需要有明确的宪法制度加以规范，以防止陷入官僚专制主义；另一方面，南德诸邦希望通过制定和颁布统一的宪法来整合国家，巩固革命时期并入的领土。当然，由于邦情各异，各邦在颁布宪法的时间和宪法的政治取向上不尽一致。

在第一次宪法运动中，拿骚首先于 1814 年 9 月初颁布了宪法。接着，绍姆堡-利帕（Schaumburg-Lippe，1816 年 1 月）、不莱梅（Bremen，1816 年 3 月）、瓦尔德克（Waldeck，1816 年 4 月）、萨克森-魏玛-爱森纳

---

① 1792 年—1806 年为神圣罗马帝国皇帝弗兰茨二世（Franz II.）。

② Thomas Nipperdey, *Deutsche Geschichte 1800 - 1866：Bürgerwelt und starker Staat*, München：Verlag C. H. Beck, ²1984, S. 345.

赫(Sachsen-Weimar-Eisenach,1816 年 5 月)、美因河畔法兰克福(1816
年 10 月)、巴伐利亚(1818 年 5 月)、巴登(Baden,1818 年 8 月)、符滕堡
(1819 年 9 月)、不伦瑞克(1820 年 4 月)、黑森-达姆施塔特(Hessen-
Darmstadt,1820 年 12 月)、萨克森-科堡-萨尔费尔德(Sachsen-Coburg-
Saalfeld,1821 年 8 月)、萨 克 森 - 科 堡 - 迈 宁 根 (Sachsen-Coburg-
Meiningen,1824 年 9 月)、萨克森-迈宁根-希尔德堡豪森(Sachsen-
Meiningen-Hildburghausen,1829 年 8 月)等邦先后颁布宪法。这些中
小邦国颁布的宪法多为代议制宪法。在它们看来,中央全民代表机构的
形式较之行政管理机构更有利于实现全邦的团结。同时,一些邦也把制
定和颁布宪法看成是行使自己独立的主权的体现。因此他们在制定和
颁布宪法问题上态度积极。

　　上述各邦颁布的宪法在政治架构上呈现三大特征。其一,在君主和
议会之间协调平衡的同时,君主制原则得到充分体现。君主是国家首
脑,掌握行政大权,"是宪法的缔造者而非创造物"[1]。在这方面,巴伐利
亚宪法具有代表性。它规定"君权神授",国王保留宪法中没有涉及的一
切权利。其二,建立由全民代表组成的两院制议会。上院(Erste
Kammer)由王公贵族、君主任命的教会和大学的代表组成,下院(Zweite
Kammer)由间接选举产生的市民和农民的代表组成。在巴伐利亚,下院
代表中低级贵族和教会僧侣各占 1/8,城市代表占 1/4,农村代表占 1/2。
选举权具有一定的财产资格限制,选举者必须拥有地产或缴纳一定的赋
税。在巴登和符滕堡,拥有选举权的居民约占居民总数的 15%到 17%,
巴伐利亚则相对较低,仅占纳税人数的 6%。[2] 议会没有法律的创制权,
只有申请和通过法律的权力;议会没有完全的预算权,只有批准税收的
权力。可见,这种议会既带有旧的等级制色彩,也具有现代性元素。由
此形成了德国早期宪法的一个重要特点,即君主制政府和议会的二元主

---

① Thomas Nipperdey, *Deutsche Geschichte 1800 – 1866: Bürgerwelt und starker Staat*, S. 346.
② Ebd., S. 347.

义结构。其三,宪法赋予了人们一些基本的权利,包括公民权、法律面前人人平等、人身自由,以及言论、学术和宗教信仰自由、私有财产不可侵犯等。所有这些基本权利的确认,标志着南德诸邦开始由传统的等级特权社会向法律面前人人平等的国家公民社会转变。

以南德诸邦为代表所颁布的宪法实际上是旧秩序和新原则之间、王权及其政府与民意代表机构之间、贵族社会与资产阶级社会之间的一种妥协,也是德国宪政制度的开端。正是在这种基础之上,德国开始了它的宪法发展。由于宪法确认了公民的基本权利和君主立宪制原则等,美因河以南的南德地区率先迈入了"宪法德国"①阶段。

然而,中小邦国的自由主义宪法运动的发展立即遭到以梅特涅为代表的保守势力的打压。早在 1818 年亚亨会议期间,梅特涅就提出,必须通过达成协议来防止欧洲现行秩序受到革命运动的危害,南德诸邦的宪法运动就属于这种危险性的革命运动之列。1819 年,梅特涅利用大学生刺杀事件和普王不满哈登贝格积极推进普鲁士立宪进程的有利时机,在泰普利茨会议上促使德意志两大邦国达成一致,阻止可能危害现存秩序的南德自由主义宪法运动向整个德意志蔓延。为此他提出,1815 年的《德意志邦联文件》第 13 条有关颁布宪法的允诺只适用于制定传统的等级制宪法,以此试图将宪法解释为只是恢复中世纪时代的封建等级制议会的模式,抹杀其资产阶级代议制的性质。作为梅特涅代言人的弗里德里希·冯·根茨也专门发表了《论等级制宪法与代议制宪法之区别》(Über den Unterschied zwischen den landständischen Repräsentativverfassungen)一文,呼应梅特涅的看法,认为《德意志邦联文件》第 13 条只允许成立等级制议会,其成员是现有各等级的代表而非站在王权对立面的人民代表。但是,由于符腾堡和巴伐利亚等邦的反对,梅特涅试图把宪法运动引向等级制宪法的努力遭到失败。这两个德意志邦国都反对把等级制宪法作为全德各

_____

① Reinhard Rürup, *Deutschland im 19. Jahrhundert 1815 – 1871*, Göttingen: Vandenhoeck und Ruprecht Verlag, 1992, S. 130.

邦的宪法模式加以推广。不过,梅特涅没有就此罢休,他确信,对于革命的恐惧最终会阻止宪法运动的进一步发展。

在梅特涅的努力下,卡尔斯巴德会议决定另开会议,进一步细化《德意志邦联文件》的相关规定,为德意志邦联干涉各邦内部的民族主义和自由主义运动提供依据。1819 年 11 月 25 日,德意志邦联各邦召开维也纳大臣会议(Wiener Ministerkonferenz),1820 年 5 月通过了内容多达 65 条的《维也纳最后议定书》,7 月 8 日,邦联大会批准该文件生效。最后议定书充分贯彻了梅特涅的主张,细化德意志邦联的相关规定,为邦联介入各邦事务,镇压民族主义和自由主义运动提供明确的法律依据。《最后议定书》规定,除了汉堡(Hamburg)、不莱梅、吕贝克(Lübeck)和法兰克福等几个城市邦外,德意志邦联所有的邦国一律贯彻"君主制原则",各邦行政大权由各邦君主掌管(第 57 条)。一旦某一邦国出现"公开的骚乱"或"危险的运动",邦联有权直接介入干预(第 26 条)。就像俄、普、奥组成的神圣同盟核心国家干预整个欧洲事务一样,德意志邦联由此有了干涉德意志各邦事务以维护政治和社会"现状"的权力。而《德意志邦联文件》第 13 条有关各邦实行基于等级之上的宪法的规定也没有再从现代代议制的意义上加以阐释(第 53—61 条)。[1] 蓬勃发展的宪法运动由此转向消沉。

德意志第一次宪法运动是德意志从旧的统治形态向资产阶级君主制宪法国家过渡的体现。从这一运动的发展情况来看,它承载了两种信息:第一,拒绝西欧和北美国家政治生活中已经接纳的人民主权(Volkssouveränität)观念;第二,君主们愿意在专制统治原则下尝试改革,以适应现代"宪法国家"的要求。而奥地利和普鲁士在早期立宪运动中的保守态度,则预示着德意志宪法国家的发展将经历一个漫长的进程。从宪政史的角度看,这也是德意志近代历史发展独特性的一种体现。

---

[1] Wolfgang Hardtwig und Helmut Hinze (Hrsg.), *Deutsche Geschichte in Quellen und Darstellung* , *Band 7* , *Vom Deutschen Bund zum Kaiserreich 1815 – 1871* , S. 43 – 55.

第二节 1830年七月革命影响下的德意志

一、19世纪20年代欧洲革命与梅特涅时代的终结

1815年建立起来的维也纳体系完全基于梅特涅的保守性理念之上。这种保守性理念主要取向是稳定和守旧。它包含有两大内容：一是保持均势的国际关系格局；二是制止一切危害现存秩序的革命思想和行为，维持现状。因此维也纳体系也以所谓的"梅特涅体系"（Metternichsches System）著称，梅特涅则成了复辟时期的时代象征。为了贯彻这种保守性理念，维护维也纳体系，欧洲列强分别建立了神圣同盟、四国同盟（Quadrupelallianz）和五强共治（Pentarchie）等国际政治运行机制。1818年亚亨会议发表的宣言则是欧洲主要列强显示其团结一致和决心"捍卫安宁"的顶点。

然而，神圣同盟及其维护的维也纳体系违背了历史发展的潮流。经过法国大革命和拿破仑战争（Napoleonische Kriege）洗礼的欧洲已经无法回到梅特涅等所期盼的旧秩序时代。不久，反封建的民族民主革命运动重新高涨，对维也纳体系展开了首轮冲击。1820年1月西班牙（Spanien）首先爆发资产阶级革命。7月意大利（Italien）的那不勒斯（Neapel）爆发革命，8月葡萄牙（Portugal）爆发革命。1821年3月意大利的皮蒙特（Piemont）爆发革命，同年希腊（Griechenland）爆发反抗土耳其（Türkei）民族压迫的起义。这些革命和起义动摇了正统王朝的统治地位，严重威胁维也纳会议所确定的相关原则和秩序。梅特涅因害怕意大利民族独立运动之火会燃及奥地利统治下的伦巴底（Lombadei）和威尼西亚（Venetien）等地，因而力主镇压。

1820年10月20日至12月20日，在梅特涅的建议下，神圣同盟在特罗包（Troppau）召开会议，即所谓的特罗包君主会议（Troppauer Fürstenkongreß），沙皇亚历山大一世（Alexander I. Pawlowitsch

Romanow，1777—1825，1801 年—1825 年在位)、奥皇弗兰茨一世以及普王代表、普鲁士王储弗里德里希·威廉(Kronprinz Friedrich Wilhelm)①亲自出席会议,英、法两国则派使节参加。会议期间,俄、奥、普三国君主于 11 月 19 日签署了《特罗包议定书》(Troppauer Protokoll)。议定书明确规定:因革命而引发政府变动的神圣同盟成员国,其后果对其他国家形成威胁,一律开除出同盟,直到其恢复合法和稳定的秩序为止;神圣同盟列强有权对任何发生革命的国家进行干涉,必要时采取武力手段进行镇压。② 最后,由于国内自由派的反对,英、法两国都没有在议定书上签字。列强之间的分歧表明,特罗包会议已经打破了维也纳会议以来四国同盟所规定的协调一致原则。

　　1821 年 1 月 26 日至 5 月 12 日,神圣同盟易地举行莱巴赫会议(Laibacher Kongreß)③。出席会议的有沙皇亚历山大一世及其大臣涅谢尔罗杰(Karl Robert Graf von Nesselrode，1780—1862)、奥皇帝弗兰茨一世及其大臣梅特涅、普鲁士和法国的全权代表、英国驻维也纳(Wien)大使等。会议还邀请两西西里王国(Königreich beider Sizilien)国王费迪南德一世(Ferdinand I.，1751—1825，1816 年—1825 年在位)④等一些意大利君主的代表参加。会上,梅特涅坚决要求镇压那不勒斯革命,并且得到俄、普两国的全力支持。最后,会议无视英、法等西方列强的抗议,决定由奥地利出兵镇压意大利革命,恢复那里的秩序。3 月 23 日,奥地利军队占领那不勒斯,恢复了费迪南德一世在那不勒斯的王位。随后,奥军又转向皮蒙特,会同撒丁王国(Königreich Sardinien)军队镇压了那里的革命,消除了革命之火蔓延到奥属伦巴底和威尼西亚的

---

① 即后来的普王弗里德里希·威廉四世(Friedrich Wilhelm IV.，1795－1861,1840 年—1861 年在位)。

② Wolfgang Hardtwig und Helmut Hinze (Hrsg.)，*Deutsche Geschichte in Quellen und Darstellung*，Band 7，*Vom Deutschen Bund zum Kaiserreich 1815－1871*，S. 61－62.

③ 莱巴赫(Laibach)，亦译赖巴赫,今斯洛文尼亚首都卢布尔雅那(Ljubljana)。

④ 西班牙王子,1759 年—1806 年为那不勒斯国王费迪南德四世(Ferdinand IV.)，1759 年—1815 年为西西里(Sizilien)国王费迪南德三世(Ferdinand III.)。

危险。整个意大利由此落入奥地利的掌控之下。[①] 5 月 12 日会议结束时,俄、奥、普三国又联合发表宣言,称那不勒斯和皮蒙特等地的革命是"祸害"和"叛乱",镇压行动是为了"捍卫合法政权"。由于俄、奥两国在镇压革命的过程中表现最积极,俄奥合作在一段时间内成了"欧洲安宁的基本因素"。[②] 但是,莱巴赫会议表明,欧洲列强的协调一致原则由于英、法两国和俄、普、奥三国之间的分歧已经失灵。甚至俄、奥两国之间也缺乏信任。当俄国提出准备派兵进入意大利镇压革命时,梅特涅却害怕俄国染指其后院而加以拒绝。

1822 年 10 月 20 日至 12 月 14 日,鉴于西班牙革命仍在发展,而且对其他国家产生了巨大影响,神圣同盟再次举行维罗纳会议(Veroneser Kongreß; Kongreß zu Verona)。出席会议的除了俄、奥、普三国君主外,还有俄国外交大臣涅谢尔罗杰、奥地利外交大臣梅特涅、普鲁士总理大臣哈登贝格(在会议期间去世)、英国代表威灵顿公爵(Herzog von Wellington; Duke of Wellington,1769—1852)和法国外交大臣马蒂厄·德·蒙莫朗西-拉瓦尔(Mathieu de Montmorency-Laval,1766—1826)等。会议主要讨论武装干涉西班牙、希腊起义和西属拉丁美洲(Lateinamerka)殖民地的命运问题。会上,俄、奥、普、法都主张对西班牙革命进行武装干涉。沙皇甚至表示要派 15 万俄军前往镇压。威灵顿公爵则遵照新任外交大臣乔治·坎宁(George Canning,1770—1827)的指示,反对干涉西班牙革命,尤其明确反对神圣同盟干涉拉美独立运动(Unabhängigkeitbewegung in Lateinamerika),因为英国希望取代西班牙在南美洲(Südamerika)地区牟取利益。但是会议不顾英国的反对,决定支持出兵西班牙,镇压革命。在希腊问题上,梅特涅害怕希腊革命引起奥地利境内的民族运动,说服对希腊抱同情态度的沙皇亚历山大一

① René Albrecht-Carrié, *A Diplomatic History of Europe Since the Congress of Vienna*, New York: Harper and Row Publishers, 1973, p. 26.

② Ulrike Tischler, *Die habsburgische Politik gegenüber den Serben und Montenegrinern, 1791-1822*, München: Oldenbourg Verlag, 2000, S. 212.

世,认定希腊独立是反对"合法君主",拒绝承认其独立地位。1823年4月法军侵入西班牙,镇压了那里的革命。维罗纳会议表明,欧洲列强协调一致原则已完全被打破。英国"明显地与欧洲协调分道扬镳"①。

此后,由于东方问题,欧洲列强之间裂痕进一步加大,甚至俄奥之间也出现了不和。在维罗纳会议拒绝支持希腊反对土耳其统治后,英国政府为了巩固自己在希腊的势力,宣布承认希腊起义合法,并给予财政援助。法国担心英国独占希腊,也与英国一致行动。俄国本来就同情希腊起义,而且想利用这一机会打击土耳其,因而也开始与英国接近。1826年,英俄两国签订秘密协定,规定在土耳其对希腊拥有宗主权的前提下,支持希腊完全自治。1827年法国加入了这一协定。梅特涅则反对俄国与保护"叛乱者"的英国合作,甚至暗中支持土耳其抵制英、俄、法等国的要求。1828年,俄国趁有利时机向土耳其宣战。梅特涅为了反对俄国向巴尔干半岛(Balkanhalbinsel)扩张,多次致函英、法等国,要求联合对付俄国,但没有结果。1829年9月14日,俄土签订《亚德里亚那堡和约》(Frieden von Adrianopel),俄国取得多瑙河(Donau)河口大片地区,还获得了在土耳其境内自由通商等权利。

虽然19世纪20年代的欧洲革命运动在神圣同盟的镇压下遭到失败,但它们有力地冲击了维也纳体系。俄、英、法等国支持希腊起义,实际上已经破坏了维也纳体系的"正统主义"(Legitimismus)核心原则,俄、奥分歧加剧。俄国在巴尔干的扩张加剧了俄国与英、法、奥等国的矛盾。欧洲五强协调一致的时代走向终结,神圣同盟开始走向瓦解,梅特涅在欧洲呼风唤雨的时代随之结束。

二、法国七月革命影响下的德意志

(一)法国七月革命风暴

19世纪20年代的欧洲革命运动给维也纳体系以最初的冲击,结束

---

① René Albrecht-Carrié, *A Diplomatic History of Europe Since the Congress of Vienna*, p. 28.

了梅特涅时代。而真正引发欧洲巨大革命风暴的则是法国 1830 年七月革命(Julirevolution von 1830)。

1824 年,法国国王路易十八(Ludwig XVIII.,1755—1824,1814年—1824 年在位)去世,其弟阿图瓦伯爵(Graf von Artois)登位,称查理十世(Karl X. Philipp;Charles X. Philippe,1757—1836,1824 年—1830 年在位)。查理十世抛弃了路易十八奉行的在复辟和立宪之间调和的温和路线,试图完全恢复大革命前的波旁王朝(Haus Bourbon)专制统治和贵族特权。他不仅对革命期间遭受财产损失的贵族进行补偿,而且要恢复天主教会(Katholische Kirche)在法国的统治。1830 年 7 月 26日,查理十世为了镇压资产阶级自由派,又颁布四项非常法令:限制新闻自由;解散议会;修改选举法,只有缴纳高额土地税者才有被选举权;9 月进行大选。查理十世的反动统治激起民众不满。民众上街举行示威并迅速演变为起义。29 日,查理十世仓皇逃往英国,波旁复辟王朝被推翻。最后,以梯也尔(Adolphe Thiers,1797—1877)为代表的大资产阶级把奥尔良公爵路易 - 菲利普(Louis-Philippe I.,Herzog von Orléans,1773—1850,1830 年—1848 年在位)推上了国王宝座,开始了"七月王朝"(Julimonarchie)的统治①。七月革命巩固了法国资产阶级对封建贵族的胜利。路易-菲利普被称为"资产阶级国王","七月王朝"统治时期也成了法国资产阶级的黄金时代。

七月革命的国际意义在于,它彻底打破了"正统主义"原则,维也纳体系实际上已经瓦解。在七月革命影响下,出现了全欧性的资产阶级革命和改革运动。南尼德兰(Südniederland),即比利时(Belgien),于 8 月 25 日爆发起义,要求脱离荷兰统治,并入法国。但是,英国、普鲁士等国都不想法国吞并南尼德兰,法国也反对其他列强染指该地区。为防止发生冲突,各列强在 1831 年 11 月 15 日召开的伦敦会议上签订议定书,比利时成为

---

① Wolfgang Schmale, *Geschichte Frankreichs*, Stuttgart:Verlag Eugen Ulmer, 2000, S. 197 - 199.

由五大列强保证的中立王国。① 在意大利,教皇国(Kirchenstaat)、帕尔马(Parma)、莫德纳(Modena)等邦也都爆发了骚乱。维也纳会议上划归沙皇的波兰(Polen)地区也于1830年11月到1831年9月爆发争取民族独立的起义,旨在建立独立的波兰民族国家。② 七月革命甚至波及英国。英国工业资产阶级受法国革命的鼓舞,掀起了声势浩大的议会改革运动,最终通过了1832年议会改革法案,扩大选民人数,增加新兴工业城市的议席,打破了贵族和金融资产阶级长期垄断政权的局面,工业资产阶级开始进入议会,跻身统治阶级行列。

(二)七月革命影响下的德意志;第二次宪法运动

法国七月革命尤其对相邻的德意志地区产生了重大影响。这种影响集中表现在两点:一方面,它推动了中小邦国的自由主义运动和民族主义运动;另一方面,以梅特涅为代表的保守势力却试图通过德意志邦联的决议来强化复辟势力对整个德意志的控制。

七月革命对德意志的一个重大影响在于,公共政治和社会生活中出现了大规模的民众骚动、群众运动和革命性动荡。早在1830年8月底,工业城市亚亨(Aachen)的工人就开始发动针对工厂主和政府的骚乱,表达对难以糊口的工资和企业主的专横的不满。此后的数月中,在科隆(Köln)、美因河畔法兰克福、慕尼黑(München)、开姆尼茨(Chemnitz)、莱比锡、汉堡等许多城市也发生了工人和民众暴动。柏林、维也纳和布拉格(Prag)等地也出现了短暂的暴乱和"闹事",最后出动军队才得以平息。此外,许多大学也出现了各种各样的大学生骚动。

在德意志各邦中,动乱最剧烈的是萨克森王国(Königreich Sachsen)、不伦瑞克公国(Herzogtum Braunschweig)、黑森选侯国

---

① René Albrecht-Carrié, *A Diplomatic History of Europe Since the Congress of Vienna*, pp. 33 – 35.

② Louis Bergeron, François Furet, Reinhart Koselleck (Hrsg.), *Das Zeitalter der europäischen Revolution 1780 – 1848*, Frankfurt am Main: Fischer Taschenbuch Verlag, 1969, S. 288.

(Kurfürstentum Hessen;Kurhessen)①、黑森大公国(Großherzogtum Hessen,即黑森-达姆施塔特)和汉诺威王国(Königreich Hannover)。以黑森选侯国为例,在这里,不仅首都卡塞尔(Kassel)爆发了反对物价上涨的骚动,哈瑙(Hanau)和富尔达(Fulda)地区也出现了冲击海关的事件,人们捣毁海关检查站,使得海关在此后一年多的时间里无法征税。这种冲击海关的事件一直蔓延到黑森大公国的上黑森地区,在那里,数以千计的农民队伍冲击税务机构,烧毁各种封建文契,捣毁税务大楼,以示抗议。当时影响力很大的《奥格斯堡总汇报》(Augsburger Allgemeine Zeitung)形容 1830 年 9 月是一个"充满威胁、暴动、抢劫、放火和毁灭的"时期。②

革命骚动也推动了德意志资产阶级自由主义运动的发展。各中小邦国爆发了新一轮的政治风暴,出现了新一轮立宪高潮,形成了德意志第二次宪法运动(Zweite deutsche Verfassungsbewegung, 1830—1833/41)。

在不伦瑞克公国,人们于 1830 年 9 月 7 日发动起义,赶走了无视 1820 年"地方规章"的公爵卡尔二世(Herzog Karl II. von Braunschweig, 1804—1873,1815 年—1830 年在位),并将其巴洛克宫殿付之一炬,然后邀请其弟威廉公爵(Herzog Wilhelm von Braunschweig, 1806—1884,1830 年—1884 年在位)接替其位。在南德地区,资产阶级自由派也要求取得发言权。巴伐利亚内政大臣爱德华·冯·申克(Eduard von Schenk, 1788—1841)由于越来越多的诸如混合婚姻等方面的规定而在议会中遭到猛烈抨击,造成议会与政府间的失和。最后国王路德维希一世(Ludwig I., 1786—1868,1825 年—1848 年在位)不得不解除其职务,安排他到地方任职。在巴登,作为自由主义推手的卡尔·冯·罗特克(Karl von Rotteck, 1775—1840)和法学家、自由主义政

---

① 即黑森-卡塞尔(Hessen-kassel)。

② Reinhard Rürup, *Deutschland im 19. Jahrhundert 1815 –1871*, S. 147 - 148.

治家卡尔·特奥多尔·韦尔克等一道,争取通过了自由主义的新闻立法,要求把德意志邦联发展成为"促进德意志民族统一和德意志公民自由的组织",从而使巴登议会成为"德国新的立宪生活的象征"。①

德意志第二次宪法运动是这一时期资产阶级自由主义运动的又一项重要内容。

在德意志各邦中,萨克森王国的经济相对发达。在这里,先进的经济社会状况与过时的宪法呈现明显的反差。七月革命爆发后,萨克森境内多个地方出现了动乱,人们将斗争矛头指向旧的等级制宪法。时年75岁的国王安东(Anton von Sachsen,1755—1836,1827 年—1836 年在位)被迫顺应民意,任命其侄儿弗里德里希·奥古斯特二世(Friedrich August Ⅱ.,1797—1854,1836 年—1854 年在位)为共同摄政。1831 年9 月 4 日,现代意义上的新宪法在萨克森王国生效。根据新宪法,土地占有者在议会中占有优势。城市代表在下院中仅占 1/3,在上院中 42 个席位只占 8 席。宪法规定,相关法律必须得到大臣的副署;议员拥有豁免权;必须达到一定的财产资格才有选举和被选举权。尽管新宪法保守色彩较为浓厚,但萨克森毕竟由此成为君主立宪制国家。

在黑森选侯国,由于首都卡塞尔和哈瑙、富尔达等地的动乱,被称为"最野蛮荒淫的废物"的选侯威廉二世(Wilhelm Ⅱ.,1777—1847,1821 年—1847 年在位)被迫任命其子弗里德里希·威廉(Friedrich Wilhelm Ⅰ.,1802—1875,1847 年—1875 年在位)②共同摄政,处理政府事务,并召开议会,于 1831 年 1 月 5 日通过了一部新的宪法。根据该宪法,实行一院制议会;议会拥有法律的创制权、完全的预算权和对大臣的控告权;司法和行政分离等。该宪法是当时德国"最现代和最自由的宪法"。③

---

① [联邦德国]卡尔·艾利希·博恩等:《德意志史》,第三卷(上),张载扬等译,商务印书馆 1991 年版,第 144 页;Reinhard Rürup, *Deutschland im 19. Jahrhundert 1815-1871*, S. 150.

② 弗里德里希·威廉 1831 年开始以摄政王储身份治理国家,1847 年在其父威廉二世去世后接选侯位。

③ Michael Kotulla, *Deutsche Verfassungsgeschichte: Vom Alten Reich bis Weimar（1495-1934）*, S. 412.

在汉诺威,由于动乱和资产阶级自由派的压力,令人憎恶的首席大臣明斯特伯爵(Graf Ernst Friedrich Herbert von Münster, 1766—1839)于1831年2月12日辞职,身兼汉诺威国王的英王威廉四世(Wilhelm IV. Heinrich, 1765—1837,1830年—1837年在位)也于1833年9月26日签署颁布了一部温和的自由主义的国家基本法(Staatsgrundgesetz)。根据该宪法,实行两院制议会;所有具有独立行为能力的公民都有选举权;在上院,贵族居绝对支配地位;下院议席分配中,农民占38席,城市市民占37席。农民和资产阶级在议会中的影响力因此得到扩大。汉诺威也由此成为德意志邦联中的立宪邦国。

在不伦瑞克公国,威廉公爵于1832年10月12日颁布了现代意义上的宪法。根据该宪法,实行一院制议会,议会拥有立法创制权、自由选举权、紧急状态下集会权、指控大臣权和国家公债的批准权等。资产阶级和农民代表在议会中的力量得到加强。不伦瑞克由此成为北德地区第一个宪法国家。[1]

第二次宪法运动与第一次宪法运动的一个明显区别在于:后者颁布的宪法基本上属于君主颁布的钦定宪法(oktroyierte Verfassung),前者颁布的宪法则大多剔除了钦定因素,更多地体现为邦君与等级议会之间的一种约定,因此是一种进步。第二次宪法运动之后,在所有重要的德意志邦国中,只有奥地利和普鲁士两大邦国仍然处于没有宪法的状态。[2]

此后,七月革命的后续效应在德意志持续发酵。德国资产阶级自由主义反对派的影响力加强,他们在继续精英政治的同时,还掀起了要求进行政治和社会改革的大众运动。这一点在西南德地区最为明显。之所以谓之大众运动,一个重要的原因在于参与者的广泛性,除了大学生外,资产阶级和手工业者等也加入了运动的行列。

---

[1] Martin Vogt (Hrsg.), *Deutsche Geschichte*: *Von den Anfängen bis zur Wiedervereinigung*, S. 384.

[2] Wolfgang Hardtwig und Helmut Hinze (Hrsg.), *Deutsche Geschichte in Quellen und Darstellung*, *Band 7*, *Vom Deutschen Bund zum Kaiserreich 1815 – 1871*, S. 94.

汉巴赫集会(Hambacher Fest)是七月革命后德国政治运动大众化的突出体现。1832 年 5 月 27 日至 30 日,在"德意志新闻和祖国联合会"(Deutscher Preß-und Vaterlandsverein)的号召下,多达 2—3 万人从德意志各地来到普法尔茨(Pfalz),在诺伊施塔特(Neustadt)附近的汉巴赫宫(Hambacher Schloß)举行大会。在这次集会中,激进自由主义者、民主政论家约翰・奥古斯特・维尔特(Johann August Wirth,1798—1848)和卡尔・冯・罗特克的学生菲利普・雅科布・西本普法伊费尔(Philipp Jakob Siebenpfeiffer,1789—1845)扮演了主要角色。集会者提出了政治自由、建立统一的德意志民族国家和联合的民主的欧洲等要求和口号。在群众集会上,西本普法伊费尔和维尔特成为主要演讲者。维尔特在其演说的最后高呼:"德意志合众国万岁,万岁,万万岁! 联合的共和的欧洲万岁,万岁,万万岁!"西本普法伊费尔则预言"一个共同的德意志祖国出现的日子将会到来"[1]。汉巴赫大会产生了巨大的影响。之后德意志各地纷纷仿效,出现了大量的民众集会。

1833 年袭击法兰克福警备队事件(Frankfurter Wachensturm)是继汉巴赫大会之后的又一重大事件。是年 4 月 3 日,为了表达对为梅特涅推行复辟政策服务的德意志邦联议会的不满以及建立共和国的诉求,来自海德尔堡等地的大学生协会的 50 名成员,在曾经领导过 1831 年哥廷根起义[2]的哥廷根大学讲师劳申普拉特(Johann Ernst Arminius von Rauschenplatt,1807—1868)指挥下,袭击了美因河畔法兰克福的城市警备室并释放了囚犯。最终起义归于失败,劳申普拉特逃往瑞士。尽管如此,它给统治者以极大震撼,迫使邦联议会从奥地利和普鲁士调集了 2500 名士兵长期驻扎法兰克福,以保障安全。

---

① Udo Sautter, *Deutsche Geschichte seit 1815: Daten, Fakten, Dokumente, Bd. 3, Historische Quellen*, Tübingen und Basel: A. Francke Verlag, 2004, S. 16; Dieter Raff, *Deutsche Geschichte vom Alten Reich zur Zweiten Republik*, München: Max Hueber Verlag, 1985, S. 69 - 70.

② 1831 年 1 月,为了捍卫学术自由,在哥廷根发生了由三位法学讲师领导的市民暴动。政府不得不关闭哥廷根大学并出动 7000 名军队才将起义平息下去。

1830 年七月革命在德国境内引发的一系反响使梅特涅认识到,19
世纪 20 年代后半期趋于平静的德意志正重新燃起革命之火,严重威胁
到现存秩序,必须立即扑灭。他再次采取惯用伎俩,试图动员整个德意
志邦联来对付革命。1832 年 6 月 28 日,德意志邦联议会根据《维也纳最
后议定书》第 57 条的规定,通过了旨在维护德意志"秩序"的所谓的"六
项条款"(Die Sechs Artikel)。据此,各邦的国家全部权力必须集中于国
家首脑手中;限制请愿权和议会制定法律的权力;恢复中央审查委员会
的活动,监控敌视各邦政府和邦联者;必须根据德意志邦联法解释各邦
宪法。① 7 月 5 日,邦联议会又通过第二个保持邦联内稳定和秩序的"十
项条款"(Die Zehn Artikel)。根据该决议,德意志境内所有的政治协会
活动,所有带有政治内容的公开谈话和民众集会等,一律加以禁止;加大
对于新闻的监控和检查力度。②

邦联议会还采取一系列实际步骤贯彻和落实相关决议。在符藤堡,
因自由派议员保罗·普菲策尔(Paul Pfizer,1801—1867)在议会中提出
了反对"六项条款"的动议,该议会随之遭到解散;在巴登,带有自由主义
色彩的 1830 年新闻法被取缔,罗特克和韦尔克等人被解除了在弗赖堡
大学(Universität Freiburg)的职位。在普鲁士,204 名大学生协会成员
在 1836 年被判刑,其中 35 人被判处死刑。许多人直到 1840 年新国王继
位时才被大赦出狱。③ 在全德境内,1833 年袭击法兰克福警备队事件发
生后,德意志邦联加强了对政治反对派的镇压和通缉。1833 年 6 月 30
日,邦联议会在美因河畔法兰克福建立了专门的"中央政治审查机关"。
据统计,到 1842 年为止,有约 2000 人被列入黑名单,遭到监视和审查。
袭击法兰克福警备队的参与者中有 15 人被判刑,其中 11 人被判处终身

① Udo Sautter, *Deutsche Geschichte seit 1815*: *Daten*, *Fakten*, *Dokumente*, Bd. 3, *Historische Quellen*, S. 17 - 18.
② Wolfgang Hardtwig und Helmut Hinze (Hrsg.), *Deutsche Geschichte in Quellen und Darstellung*, Band 7, *Vom Deutschen Bund zum Kaiserreich 1815 - 1871*, S. 99 - 102.
③ Martin Vogt (Hrsg.), *Deutsche Geschichte*: *Von den Anfängen bis zur Wiedervereinigung*, S. 386.

监禁。

德意志邦联还在奥地利和普鲁士的操控下召开维也纳大臣会议,于1834 年 6 月 12 日制定了一份仅部分公开的秘密决议,即所谓的"六十条"(Die Sechzig Artikel)或《维也纳大臣会议最后议定书》(Schlußprotokoll der Wiener Ministerkonferenzen)①,把原先的"六项条款"的原则性规定变成了具体的措施。该决议规定,推迟召开或解散不顺从的等级议会,对邦联内的大学及其师生进行严密审查和监督。德意志邦联自卡尔斯巴德决议以来所推行的以稳定和秩序为目标的复辟政策达到了它的顶峰。

然而,梅特涅主导下的反动政策违背了历史发展的潮流,因此不可能长久。与此同时,这种强化干涉各邦内部事务的邦联政策也引发了各邦统治者的担忧。萨克森等一些邦国对实施邦联的相关决议缺乏热情,从而削弱了它的贯彻力度。甚至英国和法国等西欧国家也反对德意志邦联压制资产阶级自由主义的政策。在德意志邦联通过"六项条款"后,英国首相帕麦斯顿(Henry John Temple Palmerston,1784—1865)曾明确表示,英国作为维也纳会议总决议的签署国,有权在德意志邦联问题上发言,要求德意志邦联制止"不审慎的热情并阻止采取一种极可能导致大动荡和战争"的措施。法国也加入了这一外交行动。②

1830/31 年波兰起义也对普鲁士和奥地利这两大德意志邦国的态度产生了重要影响,并由此影响到整个欧洲国际政治格局。波兰起义虽然在沙皇的镇压下失败,却产生了两个重要的后果。

后果之一是引起曾参与瓜分波兰(polnische Teilungen;Teilungen Polens)的普鲁士的警觉。在维也纳会议上,普鲁士曾经获得波森(Posen)地区,建立了波森大公国(Großherzogtum Posen),采取了在行

① Michael Kotulla, *Deutsche Verfassungsgeschichte 1806 - 1918. Eine Dokumentensammlung nebst Einführungen*, 1. Band, *Gesamtdeutschland*, *Anhaltische Staaten und Baden*, Berlin: Springer Verlag, 2006, S. 746 - 763.
② [联邦德国]卡尔·艾利希·博恩等:《德意志史》,第三卷(上),第 149 页。

政管理和语言方面的照顾性政策,以淡化波兰人的民族意识和抵制情绪。但是,波兰起义使普鲁士政府的政策发生根本性变化。时任波森省长的爱德华·海因里希·冯·弗洛特韦尔(Eduard Heinrich von Flottwell,1786—1865)转而开始推行以维护普鲁士国家利益为前提的严格的日耳曼化政策(Germanisierungspolitik;Eindeutschungspolitik),试图以此消灭波兰人的民族特征。

波兰起义的第二个后果是,在瓜分波兰中获得好处的普奥两大邦国因共同的利益而与俄国紧密地团结在一起,而西欧的英、法则对波兰的境遇表示同情。[①] 欧洲五强由此形成了自由主义的西方与保守主义(Konservativismus)的东方相对立的二元国际政治格局。

第三节　"三月革命前时期"德意志的政治危机

1830 年七月革命后,德意志进入了所谓的"三月革命前时期"(Vormärz)[②]。此后,尽管梅特涅主导下的邦联议会通过多项决议,对民族主义和自由主义运动进行打压,竭力维护其以稳定和秩序为目标的复辟政策,但随着德意志地区工业化和关税一体化的进展,民众的民族意识和自由主义倾向越来越强烈,相关强制性镇压政策已经无法完全压制自由和进步的声音。德意志进入了革命前的政治和社会危机之中。

这种危机表现为保守势力和进步因素之间的不兼容性日益突出。一方面,在单个邦国中,诸侯和贵族为了维护他们既有的权力而斗争,试图继续阻止宪法国家和完整的人民主权的实施;在整个德意志,邦国多元主义以及各邦在思想意识和宗教信仰等方面的差异等继续阻碍着统

---

① René Albrecht-Carrié, *A Diplomatic History of Europe Since the Congress of Vienna*, pp. 36 – 37.

② 在德国史学界,"三月革命前时期"是一个较为模糊的时间概念,它特指 1848 年 3 月革命前的历史阶段,但时间起点不一。关于这一阶段的上限,或认为起始于 1815 年维也纳会议结束;或将 1819 年卡尔斯巴德决议作为起点;或将 1830 年七月革命作为开端;也有观点认为 1840 年"莱茵危机"才是这一时期的起点。

一的民族国家问题的解决,德意志民族还仅停留于文化民族的层面。另一方面,由于资本主义发展和工业化,资产阶级力量进一步增强,对自由、民主和民族国家的诉求更加强烈;工人阶级作为新生政治力量也开始登上历史舞台,并提出了自己的要求。

正是在这种新旧交替的转变和冲突之中,整个德意志陷入了深深的分裂。有人在论及当时的德意志社会时指出:"分裂是我们这一时代的疾患,从信仰、创作、哲学直至道德领域,我们都处于分裂之中。古代和中世纪那种一统的世界已经一去不复返了。"①当这种分裂和危机发展到一定阶段时,一场疾风暴雨式的革命或运动就不可避免了。

一、资产阶级自由民主运动

19 世纪 30 年代以后,随着工业革命的展开和资本主义工业的发展,资产阶级日益发展壮大,成为德国社会、政治和经济生活中的一支决定性力量。他们在技术进步、生活方式、个人成就以及政治的参与度方面已经成为整个社会瞩目的焦点。如果说在 18 世纪时德国资产阶级还把国家当成实现社会交流和成就自己生活价值的有效工具,那么到 19 世纪三四十年代,人权和公民权已经成为德国资产阶级自由派和民主派追求的目标。② 他们不顾各邦封建统治者的打压,明确表达自己的政治诉求,形成了一系列的资产阶级自由民主运动。

首先,在梅特涅严厉的镇压政策下被迫流亡国外的许多德国进步人士继续从事反对当局的斗争,著名诗人海因里希·海涅(Heinrich Heine, 1797—1856)就是其中的一位。海涅 1797 年出生于杜塞尔多夫(Düsseldorf)一个犹太商人家庭,1831 年移居巴黎(Paris),在那里以自由作家的身份对德国的落后政治和社会现状进行抨击。同一时期定居

---

① Reinhard Rürup, *Deutschland im 19. Jahrhundert 1815 -1871*, S. 152.
② Martin Vogt(Hrsg.), *Deutsche Geschichte：Von den Anfängen bis zur Wiedervereinigung*, S. 396.

于巴黎的德国政治流亡人士还有文学和戏剧评论家路德维希·伯尔纳(Ludwig Börne，1786—1837)等人。1832 年，一些德国移民和手工工匠在巴黎成立了"德意志人民联合会"(Deutsche Volksverein)。1834 年，一些德国政治流亡者和手工业者又在瑞士成立了"新德意志兰"(Neues Deutschland)，后改称为"青年德意志兰"(Junges Deutschland)，成员达250 人。同年，在雅科布·费内代(Jacob Venedey，1805—1871)的领导下，定居于巴黎的德意志流亡者在"德意志人民联合会"的基础上成立了由手工业者、工人、知识分子和政论家组成的秘密组织"流亡者同盟"(Bund der Geächteten)，并出版《流亡者》(Der Geächtete)杂志，开展反对德国各邦统治者的各种革命活动。

在德国国内，下层的抗议和动乱时有发生。在黑森，鼓吹社会革命的作家格奥尔格·毕希纳(Georg Büchner，1813—1837)和布茨巴赫(Butzbach)的教士弗里德里希·路德维希·魏迪希(Friedrich Ludwig Weidig，1791—1837)一起建立了"人权会社"(Gesellschaft für Menschenrechte)，并在吉森、达姆施塔特和布茨巴赫等地建立了相关组织。他们于 1834 年 7 月开始散发《黑森信使》(Der Hessische Landbote)传单，提出了"对茅屋和平！对宫殿战争！""整个德意志民族必须获得自由"等口号，号召人们起来反抗压迫。[①] 他们因此而成了 1848 年革命的开路先锋。1835 年，由于受到官方通缉，毕希纳逃往国外。

"哥廷根七君子"(Göttinger Sieben)事件是德国学界一次影响巨大的事件。1837 年 6 月 20 日，兼任汉诺威国王的英王威廉四世去世，汉诺威和英国之间结束了长达 123 年的两国共侍一主的个人联合统治。威廉四世胞弟恩斯特·奥古斯特一世(Ernst August I.，1771—1851，1837 年—1851 年在位)继位汉诺威国王。这位新国王上任后即于 7 月 5 日悍然宣布，1833 年颁布的国家基本法没有得到其认可，并于 11 月 1 日

---

① Thomas Nipperdey, *Deutsche Geschichte 1800–1866：Bürgerwelt und starker Staat*, S. 373；Martin Vogt (Hrsg.), *Deutsche Geschichte：Von den Anfängen bis zur Wiedervereinigung*, S. 391.

决定中止该宪法。这一举动遭到资产阶级自由派的抵制。历史学家达尔曼(Friedrich Christoph Dahlmann，1785—1860)、法学家威廉·爱德华·阿尔布莱希特(Wilhelm Eduard Albrecht，1800—1876)、神学家兼东方学家格奥尔格·海因里希·奥古斯特·埃瓦尔德(Georg Heinrich August Ewald，1803—1875)、历史学家格奥尔格·高特弗雷德·格维努斯(Georg Gottfried Gervinus，1805—1871)、日耳曼语文学家雅科布·格林(Jacob Grimm，1785—1863)和威廉·格林(Wilhelm Grimm，1786—1859)兄弟、物理学家威廉·韦伯(Wilhelm Weber，1804—1891)等哥廷根大学的七位著名学者起而反对这种倒退行为，于 11 月 18 日递交了书面抗议，捍卫宪法。刚刚登位的新国王为了"保全"面子，决定采取强硬手段镇压异议力量。哥廷根大学法庭于 12 月 4 日对七位教授进行审讯并于 14 日解除了他们的职位。其中达尔曼、格维努斯和雅科布·格林因为在汉诺威王国之外散发传单而必须三日内离开哥廷根并被驱逐出境。1840 年，普王弗里德里希·威廉四世收留了他们。"哥廷根七君子"事件在德国引起广泛反响。各地民众纷纷起而抗议汉诺威国王废止宪法的倒行逆施举动。

　　"哥廷根七君子"事件对于德国近代历史发展的一项极其重要的意义在于，它大大提升了大学教授作为争取"自由"的斗士①的形象，扩大了以大学为代表的文化教育界的政治影响力，为 1848 年革命中法兰克福圣保罗教堂(Paulskirche)的所谓"教授议会"(Professorenparlament)的形成奠定了政治基础。

　　"哥廷根七君子"事件另外一个直接后果是，它对哥廷根大学产生了极为负面的影响。曾经声名显赫的哥廷根大学在学术界的声誉一落千丈，办学状况一时难以为继。著名教授都不愿应聘该校，学生则纷纷转入其他大学学习。到 1847/48 年冬季学期时，该校注册学生下降到 580

---

① Wolfgang Hardtwig und Helmut Hinze（Hrsg.），*Deutsche Geschichte in Quellen und Darstellung*，Band 7，*Vom Deutschen Bund zum Kaiserreich 1815 - 1871*，S. 107.

多人,跌入历史的低点。①

除了温和的资产阶级自由主义运动和下层民众骚动外,"三月革命前时期"的德意志还开始出现激进的资产阶级民主运动。其主要代表人物大多是著名哲学家黑格尔的信徒,他们被称为青年黑格尔派(Junghegelianer)或左翼黑格尔派(Linkshegelianer),其中包括大卫·弗里德里希·施特劳斯(David Friedrich Strauß,1808—1874)、路德维希·费尔巴哈(Ludwig Feuerbach,1804—1872)、布鲁诺·鲍尔(Bruno Bauer,1809—1882)、阿诺尔德·鲁格(Arnold Ruge,1802—1880)和卡尔·马克思(Karl Marx,1818—1883)等人。他们批评时政,致力于德国社会和政治领域的自由和平等,要求制定民主宪法和获得选举权等。

19世纪三十年代后半期,青年黑格尔派成了反抗普鲁士政府镇压政策的主要激进力量之一。青年黑格尔派最重要的思想喉舌是阿诺尔德·鲁格于1838创办的《哈勒德意志科学与艺术年鉴》(Hallesche Jahrbücher für deutsche Wissenschaft und Kunst)。1841年,为了躲避普鲁士政府的新闻检查,这一刊物转至德累斯顿(Dresden),改名为《德意志年鉴》(Deutsche Jahrbücher)出版。1843年,德意志邦联议会决定,在德意志全境查禁该刊物。1844年,马克思和阿诺尔德·鲁格以《德法年鉴》(Deutsch-französische Jahrbücher)之名在巴黎继续出版该刊物。作为德国资产阶级民主运动的开端,"青年黑格尔派结束了被称为黑格尔和歌德时代的时期"。② 1840年到1843年是青年黑格尔派的活动高峰期。此后,这一派别由于理论和政治上的分歧而解体,1845年以后实际上已经不复存在。

———————

① Ernst Böhme, Rudolf Vierhaus (Hrsg.), *Göttingen: Geschichte einer Universitätsstadt*, *Band 2, Vom dreißigjährigen Krieg bis zum Anschluss an Preußen-Der Wiederaufstieg als Universitätsstadt (1648 - 1866)*, Göttingen: Vandenhoeck & Ruprecht Verlag, 2002, S. 205.

② Joseff Rattner, Gerhard Danzer, *Die Junghegelianer: Porträt einer progressiven Intellektuellengruppe*, Würzburg: Verlag Königshausen und Neumann, 2005, S. 7.

二、西里西亚织工起义；《共产党宣言》

"三月革命前时期"，工人阶级也开始登上政治舞台。西里西亚织工起义(Weberaufstand in Schlesien)是处于新旧交替时期的德国社会下层民众表达不满的最典型事例，也是德国工人阶级登上政治舞台的具体体现。

西里西亚是德国纺织业的中心。由于工厂主和商人的压榨，职工生活相当贫困。绝大多数职工每天必须工作长达14个小时，甚至妻子小孩都要协助工作，才能勉强维持全家生计。19世纪40年代，来自英国的纺织品的竞争进一步压低了工人们的工资，农业歉收则使生活成本增长，职工生活因此雪上加霜。据统计，1842年仅饥荒饿死的工人就达6000人。1844年6月4日，彼得斯瓦尔道(Peterswaldau)、卡施巴赫(Kaschbach)和朗根比劳(Langenbielau)的3000职工走上街头，要求增加工资和改善工作条件，遭到工厂主们的拒绝。愤怒的工人于是起而赶走工厂主，捣毁其住宅和工厂。两天后，起义遭到普鲁士军队镇压，其中有10人被杀，上百人遭到逮捕和判刑。

除了西里西亚织工起义外，萨克森的埃尔茨山等地也爆发了缝纫用品工人起义。这些工人起义表明，在从传统的封建社会向现代资本主义社会转型的德国社会中，除了资产阶级与传统封建统治者之间的斗争外，又出现了资产阶级与工人阶级之间的冲突。

代表工人阶级的政治派别也开始出现和形成。1836年，"流亡者同盟"中一批不满的帮工和工人分离出来，在巴黎建立了新的激进政治组织"正义者同盟"(Bund der Gerechten)。其最具影响力的人物是裁缝出身的威廉·魏特林(Welhelm Weitling，1808—1871)。魏特林主张"社会革命"，鼓吹用暴力革命消灭现行私有制，解放无产者，实现人人平等、共有共享的社会。他认为，工人阶级与资产阶级没有共同利益，"正义者同盟"的任务就是启蒙工人阶级为自己的利益而斗争。"正义者同盟"的目标是，"将德国从压迫下解放出来"，"致力于实现人权和公民权"。① 1846年,"正义者同盟"总部从巴黎迁往伦敦。1847年6月,"正义者同盟"受马克思和恩格斯(Friedrich Engels,1820—1895)的影响,改名为"共产主义者同盟"(Bund der Kommunisten),决定接受马克思和恩格斯的科学社会主义理论作为自己的指导思想。

　　马克思出生于德国西部小城特利尔(Trier)一个转信新教的犹太律师家庭,先后在波恩(Bonn)和柏林学习法律、哲学和历史,曾是青年黑格尔派的代表人物之一,1842年出任具有自由主义倾向的《莱茵报》(Rheinische Zeitung)总编,并以此为阵地抨击腐朽黑暗的封建专制制度。由于普鲁士政府的查禁,《莱茵报》于1843年4月停刊。1843年6月,马克思与青梅竹马的燕妮(Jenny von Westfalen,1814—1881)结婚。10月马克思偕夫人前往欧洲革命和社会主义运动的中心巴黎。此后,斗争实践使马克思开始怀疑黑格尔哲学,他撰写了《黑格尔法哲学批判导言》(Einleitung zur Kritik der Hegelschen Rechtsphilosophie)等著作,开始转向唯物主义和共产主义,并致力于工人阶级的解放事业。

　　恩格斯出生于巴门(Barmen)②一个纺织工厂主之家。1842年,年仅22岁的恩格斯受父亲指派,前往英国纺织业中心曼彻斯特(Manchester),管理其属下的棉纺厂。赴英途中,他访问了位于科隆的《莱茵报》总部,第一次与马克思相见。1844年,恩格斯开始为马克思主编的《德法年鉴》撰稿。8月恩格斯途经巴黎,与马克思再次相见,从此两人成为至交。1845年,恩格斯出版《英国工人阶级状况》(Die Lage der arbeitenden Klassen in England)一书,开始将工人阶级的解放当作自己的努力目标。

　　1847年11月29日至12月8日,"共产主义者同盟"在伦敦召开第二次代表大会,批准了共产主义者同盟纲领,确定"推翻资产阶级政权,建立无产阶级统治,消灭旧的以阶级对立为基础的资产阶级社会和建立

---

① Martin Vogt (Hrsg.), *Deutsche Geschichte: Von den Anfängen bis zur Wiedervereinigung*, S. 393.
② 今北莱茵-威斯特法仑州的乌珀塔尔(Wuppertal)。

没有阶级、没有私有制的新社会"①为同盟的努力目标。大会还委托马克思和恩格斯起草同盟的理论和实践纲领。1848 年 2 月 21 日,《共产党宣言》(Manifest der Kommunistischen Partei)首先以德文版形式在伦敦发表,明确指出资产阶级必然灭亡,无产阶级必然胜利,无产阶级是资本主义的掘墓人。无产阶级必将推翻资本主义制度,建立起没有私有制、没有阶级剥削的、平等和正义的新社会。②《共产党宣言》的发表,标志着马克思主义(Marxismus)的诞生。

三、教会与国家关系的复杂化

面对新旧交替时期的政治和社会危机,在德国具有巨大影响力的教会也不能置身事外。在经历了法国大革命和拿破仑战争冲击、教产世俗化以及世俗国家和法制的进步后,"旧的宗教指向模式已经走投无路,一切都不再是过去的模样"③。为了顺应时势变迁,无论是天主教会还是新教教会(Evangelische Kirche; Protestantismus),都展开了自我调适。浪漫主义(Romantik)思潮的发展和神圣同盟中基督教各派君主的团结则在很大程度上为遭到打击的各派教会注入了新的精神和政治力量。就政治态度而言,面对复杂多变的形势,不管是天主教会还是新教教会,依然像往常一样,坚定地站在旧秩序一边,捍卫君主专制统治和正统主义原则,反对自由主义宪法运动和社会改革运动,进而形成了所谓的"王冠和圣坛"的联盟。

在新教邦国中,正统观念继续占据主导地位。虽然包括施莱尔马赫在内的自由主义新教神学家试图努力适应现代社会,但其主要影响力仍局限于文化精英层面。施莱尔马赫本人也只能算作是"现代自由主义的古典思想家"。一方面他主张思想自由,另一方面他又认为思想的表达

---

① 《马克思恩格斯全集》,第 4 卷,人民出版社 1961 年版,第 572 页。
② 《马克思恩格斯选集》,第 1 卷,人民出版社 1972 年版,第 228—286 页。
③ Arnulf Zitelmann, *Die Geschichte der Christen*, Frankfurt/M: Campus Verlag, 2004, S. 225.

不得危及国家秩序。^① 在这种思想之下,处于国家影响下的新教教会仍然奉行保守主义的政治态度,将自由主义、民主运动和革命视为一种"罪恶"。在基督教会看来,路德的所谓"一个基督教徒的自由"绝不能危及秩序和上层国家。^②

天主教会也是复辟政策的坚定支持者。天主教(Katholizismus)强调传统,因此,支持旧秩序和反对新的进步事物就成了天主教的当然态度。此外,天主教会的教阶制结构也使它对权威性的权力结构具有天然的亲近感,因此,要求臣民服从统治者的权威成了天主教会的自然倾向。于是,反对自由主义就成了天主教会的不二选择。早期浪漫主义(Frühromantik)和复辟时期的基督教理念的强化则在很大程度上促成了天主教的精神复兴,也有利于削弱启蒙运动(Aufklärung)对天主教教义的冲击。复辟时期也因此成为德意志天主教会的活跃时期。

美因茨和慕尼黑等地是德国天主教复兴的中心。1821 年,安德里亚斯·莱斯(Andreas Räß,1794—1887)和尼古劳斯·魏斯(Nicolaus Weiß,1796—1869)在美因茨创办了宗教杂志《天主教》(Der Katholik),用以反击对于天主教会的攻击。1838 年,著名政论家约瑟夫·冯·格雷斯(Joseph von Görres,1776—1848)又在慕尼黑创办《天主教德国历史政治报》(Historisch-Politische Blätter für das Katholische Deutschland),内容涉及文化、历史和政治等领域,包括宣传天主教的保守国家学说和社会学说,在德国天主教徒(Katholik)之中具有重要影响力,成为德国天主教舆论最重要的喉舌。

处于时代变迁潮流中的天主教会与世俗化、法制化的国家之间也存在着摩擦和冲突。天主教会与普鲁士国家之间的争端是天主教会与国

---

① Hermann Fischer und Ulrich Barth, Konrad Cramer, Cünter Meckenstock, Kurt-Victor Selge (Hrsg.), *Schleiermacher-Archiv*, *Band 22*, *Christentum-Staat-Kultur*, Berlin: Verlag de Gruyter, 2008, S. 365 – 366.

② Martin Vogt (Hrsg.), *Deutsche Geschichte: Von den Anfängen bis zur Wiedervereinigung*, S. 400 – 401.

家之间冲突的典型事例。二者之间之所以出现冲突,有多个方面的原因:一是法国大革命和教产世俗化削弱了莱茵兰天主教会的社会影响,市民"日益将宗教视为一种私事"。[①] 对此,天主教会试图通过宣扬反启蒙运动和现代性的教皇极权主义(Ultramontanismus)来强化自己的力量;二是拿破仑战争以及维也纳会议上造成的德意志各邦领土变动打乱了德国传统的宗教力量格局,包括巴伐利亚和普鲁士在内的许多邦同时存在着不同的教派,由此引发新的矛盾。三是工业化和城市化的进展导致德国境内的人口流动和迁徙加速,进而引发不同宗教信仰者的混居和通婚情况增加。1815 年划归普鲁士后的莱茵兰就集中了这样的矛盾。莱茵兰原本是天主教徒占多数的地区,由于并入普鲁士,这里的天主教徒发现,他们在一夜之间成了普鲁士新教国家中的少数派,与此同时他们又在本地占有优势。于是,如何在保持本地天主教传统优势的同时实现与普鲁士其他地区的融合就成为首先要解决的问题。

天主教会与普鲁士国家之间的摩擦首先体现于因混合婚姻问题引发的"科隆教会争端"(Kölner Kirchenstreit)。它实际上是由于莱茵兰天主教会坚持自身利益和扩大影响力而形成的议题。

莱茵兰和威斯特法仑(Westfalen)并入普鲁士后,大量信仰新教的普鲁士精英、官员和军队进入该地区。以明斯特(Münster)为例,1802 年到 1828 年间,该城市人口增加 54%,其中官员人数增加 120%,军队家属则增加 260%。这些新增人口多数是来自普鲁士原有地区的新教徒。由此出现了大量混合婚姻。为了攀附权贵,当地富裕阶层与这些新来的新教徒之间的通婚相当频繁。[②] 结果在婚姻问题上出现了天主教会与普鲁士当局的剧烈冲突。在拿破仑统治时期,该地区的相关婚姻是根据《拿破仑民法典》举办。1815 年以后,结婚仪式再次由天主教会接管。根据

---

① Gisela Mettele, *Bürgertum in Köln, 1775—1870*, München: Oldenbourg Verlag, 1998, S. 236 - 237.

② Manuel Borutta, *Antikatholizismus: Deutschland und Italien im Zeitalter der europäischen Kulturkämpfe*, Göttingen: Vandenhoeck & Ruprecht Verlag, 2010, S. 269.

天主教的规定,只有子女接受天主教的洗礼和教育,教会才会为之举行结婚仪式。但普鲁士在 1803 年就已经规定,混合婚姻双方的子女原则上接受父亲的宗教信仰教育。1825 年 8 月,普王弗里德里希·威廉三世颁发一项内阁敕令,规定新并入的西部省份也实行同样的规定。于是大多数混合婚姻所生子女都施行了新教洗礼。天主教会担心其宗教信仰由此将受到挤压,继而拒绝为男新教徒和女天主教徒的混合婚姻举行仪式,甚至向新娘及其家庭施加压力。秉持国家主义传统的普鲁士政府则强势回应:凡以子女接受天主教教育为前提而举行的教会婚姻仪式,政府将不予确认。

为解决上述矛盾,1834 年 6 月 19 日,普鲁士驻罗马公使邦森(Christian Karl Josias von Bunsen,1791—1860)与科隆大主教施皮格尔(Ferdinand August von Spiegel zum Desenberg,1764—1835)达成秘密的"柏林协定"(Berliner Konvention),规定双方达成妥协,天主教会对普鲁士政府的相关规定予以容忍。施皮格尔去世后,其继任者克莱门斯·奥古斯特·德罗斯特·楚·维席林大主教(Clemens August Drost zu Vischering,1773—1845)奉行教皇极权主义,坚持在混合婚姻问题上不退让。[1] 最后,普鲁士政府不得不于 1837 年 11 月 20 日将德罗斯特逮捕并关入明登(Minden)要塞。教皇格里高利十六世(Gregor XVI,1765—1846)为此提出抗议。德罗斯特也因此成了德国天主教徒心目中的"信仰主教",成为德国政治天主教运动的形象代表。直到 1842 年罗马教廷(Römische Kurie)与普鲁士政府经过谈判,才结束这一争端。

普鲁士国家与天主教会的另一争端是因神学家格奥尔格·赫尔麦斯(Georg Hermes,1775—1831)引发的问题,即谁对波恩大学天主教神学院的讲座和学习有决定权。1820 年,赫尔麦斯受施皮格尔大主教之聘出任波恩大学天主教教义学教授。他受康德(Immanuel Kant,1724—

---

[1] Manuel Borutta, *Antikatholizismuss*: *Deutschland und Italien im Zeitalter der europäischen Kulturkampfe*, S. 270.

1804)伦理学和天主教启蒙运动(Katholische Aufklärung)的影响,创立了一套批判主义和人本主义的哲学体系,称为"赫尔麦斯主义"(Hermesianismus),用于为天主教信仰进行"理性"辩护。赫尔麦斯的学说与复辟时期的天主教运动潮流不尽一致,因此在1835年时受到教皇的谴责,其著作也被列入禁书。新任科隆大主教德罗斯特于是禁止天主教神学专业学生选听含有赫尔麦斯学说的讲座。波恩大学神学院的教学于是陷入停顿状态。由于涉及国家与教会对大学的控制权问题,普鲁士政府自然不愿让步,坚定支持"赫尔麦斯主义",与德罗斯特大主教展开了斗争。只是由于罗马教廷的居中调停,双方才没有公开破裂。

混合婚姻问题的争执和"赫尔麦斯主义"问题在德国历史上又称为"科隆风波"(Kölner Wirren),是复辟时期天主教会与普鲁士国家之间冲突的顶点,其斗争的实质是普鲁士国家与天主教会之间争夺"对于婚姻和教育的决定权"。就像"哥廷根七君子"事件对德国的自由主义运动起到了极大的促进作用一样,"科隆风波"在很大程度上促成了德国天主教徒的共同政治意识,为日后政治天主教运动的发展奠定了基础。因此,也有人把该事件与19世纪70年代普鲁士发动的反对天主教的文化斗争(Kulturkampf)相提并论,称为"普鲁士第一次文化斗争"。[①]

四、固步自封的奥地利与"新纪元"的普鲁士

面对新旧交替的复杂社会、经济和政治形势,德意志两大邦国奥地利和普鲁士呈现明显不同的两种取向。前者固守僵化,后者则开始结束"复辟"政策,展示出某种自由主义的色彩。

1835年,患有精神疾病的费迪南德一世(Ferdinand I., 1793—1875,1835年—1848年在位)登上奥地利皇位。此后到1848年为止,奥地利的政治发展基本上处于停滞状态,政治、社会和经济矛盾非常突出。

---

① Manuel Borutta, *Antikatholizismuss: Deutschland und Italien im Zeitalter der europäischen Kulturkämpfe*, S. 271.

在政府机构"国家会议"中,保守的梅特涅和带有温和的自由主义色彩的国务大臣科洛弗拉特伯爵（Graf Franz Anton von Kolowrat-Liebsteinsky，1778—1861)这两个最强势人物相互掣肘;国家债台高筑,陷入破产境地;在僵化的税收体制下,财政收入与交通、铁路建设以及工业化等对资金的需求相比明显不足;禁锢人们思想的新闻检查制度没有丝毫松动的迹象;伦巴底、威尼西亚、波希米亚、加里西亚和匈牙利(Ungarn)等帝国辖地要求实行自由的宪法的努力一律遭到奥地利政府的拒绝。总体上看,保守的梅特涅体制已经越来越无法满足经济、社会和政治的要求。① 奥地利正在走向严重的政治危机。

与奥地利相比,1840 年弗里德里希·威廉三世去世后,新登普鲁士王位的弗里德里希·威廉四世却采取了一系列结束复辟政策的措施,资产阶级自由派因此对其充满了期待。他首先废除了"追究煽动者"法令,释放了被关押的"煽动者"阿恩特、雅恩等人,并聘请"哥廷根七君子"中的达尔曼和格林兄弟分别到波恩大学和柏林大学(Universität Berlin)任教。军事改革的著名领导者之一博伊恩也重新得到任用。他还结束了国家与天主教会的冲突。此外,为迎合德意志民族主义者的口味,他于1840 年批准设立科隆大教堂(Kölner Dom)建设联合会,1842 年参加科隆大教堂建设庆典,亲自为教堂的开建奠基,以此作为德国统一的重要象征。②

但是在宪法问题上,弗里德里希·威廉四世在以盖拉赫兄弟③为首的保守派压力下,没有兑现其父弗里德里希·威廉三世多次作出的承诺。1840 年 10 月,当东普鲁士等级议会请求成立曾在 1815 年允诺过的民族代议机构时,他明确告诉具有自由主义思想的东普鲁士省长舍恩

① Martin Vogt（Hrsg. ）, *Deutsche Geschichte：Von den Anfängen bis zur Wiedervereinigung*，S. 399.
② 科隆大教堂始建于 1248 年,由于所需资金巨大等原因,建设时续时断,最终完成于 1880 年。
③ 路德维希·弗里德里希·利奥波德·冯·盖拉赫(Ludwig Friedrich Leopold von Gerlach，1790—1861),普鲁士将军、保守派政治家;恩斯特·路德维希·冯·盖拉赫(Ernst Ludwig von Gerlach，1795－1877),普鲁士极右派政治家。

(Heinrich Theodor von Schön，1773—1856)，不想制定一部成文的"国家基本法"。取而代之的是，他试图设立另一种形式的代表性机构，即由各省议会代表组成的"联合邦议会"(Vereinigter Landtag)。

．1842年10月，由8个省议会代表组成的"联合委员会"在柏林召开，这是普鲁士召开的第一次全邦等级代表大会。但是这种代表性机构与人们所期待的民族代议机构相差甚远，因此，尽管普鲁士政府实行严厉的新闻检查，人们对于政府官僚专制主义的批评声音却越来越大。除了《莱茵报》等资产阶级自由派的报刊外，威斯特法仑省议员格奥尔格·冯·芬克(Georg von Vincke，1811—1875)，莱茵省议员、银行家鲁道夫·坎普豪森(Ludolf Camphausen，1803—1890)和易北河(Elbe)以东省份的议员鲁道夫·冯·奥尔斯瓦尔德(Rudolf von Auerswald，1795—1866)等人都提出了兑现1815年承诺的要求。

由于各方的压力以及迫于财政困难，弗里德里希·威廉四世不得不于1847年2月3日颁布了新的《关于等级机构的特许令》(Patent die ständischen Einrichtungen betreffend)和《关于联合邦议会构成的规程》(Verordnung über die Bildung des Vereinigten Landtages)等，[1]宣布将召开联合邦议会。4月到6月，由613名省议会议员组成的联合邦议会在柏林召开。这些代表由贵族、富有农民和城市大资产阶级构成，他们大多为资产阶级自由派。普王从一开始就对大会抱着一种不友好的态度。他在会议的开幕式上曾用讥讽的口吻表示，自己参加大会实非所愿。他还质疑议员们讨论政治问题的权利，认为议员们的职责决不是要反映现时流行的各种看法；与国王的分歧只能根据上帝的规定和现行的国家法律来解决，而决非靠多数人的意志来处理。[2] 很显然，他不愿实行代议制政治。结果，不仅自由派议员对国王的态度感到失望，甚至连旧

---

① *Gesetzsammlung für die Königliche Preußische Staaten*，1847，Nr. 1. bis incl. 43.，Berlin：Vereinigte Gesetzsammlungdebits-und Zeitungskomtoir，S. 33 - 44.

② Dirk Blasius，*Friedrich Wilhelm IV.*，*1795 - 1861*，Göttingen：Vandenhoeck ＆ Ruprecht Verlag，1992，S. 108 - 109.

的等级秩序的维护者和保守派也感到不能理解。于是议会以 2/3 多数拒绝了普鲁士政府为解决大地产者债务而提供国家保证的"土地租金银行"法案和为修建柏林到柯尼斯堡铁路提供 2000 至 2500 万塔勒尔(Taler)国家借款保证的要求。

宪法问题对普鲁士日后的政治发展产生了重要影响。联合邦议会解散以后,由于定期召开议会的要求得不到满足,人们对于普鲁士专制主义国家的现行秩序的合法性的质疑声越来越强烈。这一点成为即将到来的"三月革命"的一个重要诱因。

第四节 1848 年德国革命

1848 年革命前夕,德意志已经陷入政治和社会危机之中。民族主义和民族国家问题日益突出,资产阶级自由民主运动进一步高涨,农业歉收导致广大下层民众的物质生活严重恶化。阶级矛盾、社会矛盾日益尖锐。在这种形势下,爆发的新一轮法国革命如飞溅的星火,触燃了与之相邻的危机重重的德意志大地。它消除了德国资产阶级在革命问题上犹豫不决的态度,燃起了他们的革命激情。革命运动迅速席卷整个德国。

一、社会政治危机的加剧

(一)东方危机和 1840 年莱茵危机;德意志民族主义的新高涨

1840 年莱茵危机(Rheinkrise 1840)是德意志邦联与法国之间的一场外交危机,它源于法国在 1839 年—1841 年东方危机(Orientkrise 1839—1841)中的外交失败。

1830 年七月革命以后,欧洲列强分成了以俄、奥、普为一方的东方保守主义集团和以英、法为另一方的西方自由主义集团。但是,这种在意识形态作用下分裂而成的东西方国家集团格局是相对的,真正影响各国对外政策的根本性因素是国家利益。如前所述,到 19 世纪 20 年代末,在处理东方问题方面,欧洲主要列强之间的矛盾已经超出了意识形态的争执,更多地体现为一种"国家利益"至上的原则。[①]

19世纪30年代,土耳其与埃及(Ägypten)之间的战争使东方问题再次成为欧洲列强关注的焦点。当时的埃及是奥斯曼帝国(Osmanisches Reich, Ottomanisches Reich)的属地。时任埃及总督穆罕默德·阿里(Muhammad Ali, 1769—1849)不仅想使埃及摆脱土耳其独立,而且想建立一个庞大的阿拉伯帝国。为此,他从19世纪初开始进行改革,发展近代工业和军事力量,富国强兵。希腊起义期间,他曾出兵帮助土耳其苏丹镇压起义。事后他要求得到叙利亚(Syrien),被苏丹拒绝,遂于1831年派兵进攻叙利亚并乘胜向小亚细亚(Kleinasien)和君士坦丁堡(Konstantinopel)推进,土埃战争(Türkisch-Ägyptischer Krieg)爆发。土耳其苏丹急忙向列强求援。

欧洲列强对土埃战争呈现不同态度。英国想把埃及变成自己的势力范围,因此不愿得罪埃及。法国自拿破仑入侵埃及以来一直在埃及拥有重要影响力,包括帮助阿里训练埃及军队等,它希望把埃及和叙利亚变成自己的势力范围,因此也拒绝援助土耳其。俄国则想趁机把土耳其变成自己的附庸,因此接受了土耳其苏丹马赫穆德二世(Mahmud II., 1785—1839,1808年—1839年在位)的请求,于1833年2月派兵前往君士坦丁堡和博斯普鲁斯海峡(Bosporus),阻止埃及军队的进攻。英、法两国之间虽有矛盾,但更担心俄国乘机占领君士坦丁堡,控制海峡,危及自己的利益,因此共同迫使土埃双方停火,要求俄国撤兵。1833年5月,土埃签订《屈塔希亚协定》(Konvention von Kütahya),双方停止战争,埃及得到叙利亚等地,但承认土耳其苏丹对埃及的宗主权。俄国也于7月8日迫使土耳其签订有利于俄国的《安吉阿尔-斯凯莱希条约》(Vertrag von Unkiar Skelessi)。根据该条约规定:两国结成防守同盟;俄国在与

---

① 参见本章第二节第一部分"19世纪20年代欧洲革命与梅特涅时代的终结"。

他国交战时,土耳其禁止外国军舰进入海峡,只有俄国军舰可以自由出入。① 该条约实际上使俄国成为土耳其的保护者,因此遭到英、法等西欧列强的反对。

为对付西欧列强,沙皇尼古拉一世(Nikolaus I.,1796—1855,1825年—1855年在位)转而寻求奥地利、普鲁士的支持,希望通过保持现状来维护俄国的既得利益。梅特涅要求俄国不得支持巴尔干地区的民族运动,在要求得到满足后,俄奥两国皇帝于1833年9月18日在波希米亚的明兴-格莱茨(München-Grätz)签署协定,重申了保守主义的干涉原则,同意维持土耳其现状,反对埃及总督穆罕默德·阿里从土耳其获取新的利益。10月,普鲁士也加入了这一协定。《明兴-格莱茨协定》(Konvention von München-Grätz)使俄国在近东(Naher Osten)的优势地位得到加强。

但是东方问题没有就此结束。穆罕默德·阿里并不满足于现状,他想使埃及摆脱对土耳其的从属地位,获得完全独立。土耳其苏丹则试图将埃及军队从叙利亚驱逐出去,收复失地,解除其对自己统治的威胁。因此双方冲突在所难免。此时欧洲列强内部对待双方的态度也出现了微妙的变化。法国利用土耳其在希腊独立战争中的失败,于1830年趁机占领了阿尔及利亚(Algerien),此后便把目光转向埃及,试图扩大自己在这一地区的影响力,因而积极支持穆罕默德·阿里。但是英国不愿看到法国在西地中海地区势力的增强,更不愿看到一个威胁其通往东方特别是印度(Indien)的强大的埃及,因此转而反对穆罕默德·阿里。与此同时,它也希望土耳其能摆脱对俄国的依赖,因此采取加强土耳其的政策,积极支持苏丹政府。于是,英国与主张保持土耳其地位的俄国以及德意志两大邦国站到了一起。

1839年4月,土耳其军队向叙利亚发动进攻,土埃战争再次爆发。

---

① René Albrecht-Carrié, *A Diplomatic History of Europe Since the Congress of Vienna*, p. 52.

但是土军在战场上迅速遭到失败,新苏丹阿卜杜尔麦吉德一世(Abdul Mecid I.,1823—1861,1839 年—1861 年在位)被迫求和。为阻止埃及势力的扩张,同时也是为了防止奥斯曼帝国解体带来国际危机,英、俄、奥、普四国达成协议,避开支持埃及的法国,于 1840 年 7 月与土耳其签订《伦敦条约》(Londoner Vertrag 1840),规定共同保卫奥斯曼帝国,必要时用武力迫使埃及接受相关要求。[1] 起初,穆罕默德·阿里依仗法国的支持,拒绝接受《伦敦条约》,但最终屈服于英、奥等国武力压力,撤出了叙利亚。

　　英国与俄、奥、普三国在东方问题上的协调一致被视为 1814 年反法同盟的重建,也是 1815 年以来法国外交遭受的最大失败,法国舆论称之为"外交上的滑铁卢"[2]。恼羞成怒的法国政府虽然扬言不惜一战,但终因孤立无援而忍气吞声。于是,它将怨气发泄到参与《伦敦条约》的东部邻国身上。梯也尔政府要求将莱茵河(Rhein)作为其东部自然疆界,把莱茵河西岸 32000 平方公里的德意志领土重新纳入法国的统治之下。接着,法国官方和新闻界也不断向德意志邦联发出战争威胁,包括大文豪维克多·雨果(Victor Hugo,1802—1885)等在内的法国名流,也纷纷呼应法国政府提出的把疆界推进到莱茵河的要求。

　　法国的要求在德意志各邦激起轩然大波,它再次唤起了德意志人对 1800 年左右法国侵占莱茵河西岸领土的记忆。因此,1815 年以后渐渐平息的德国与法国的民族对立情绪又趋高涨,整个德意志弥漫着对法国的"仇恨",有关"广泛的、全德意志的民族政治议题"重新提上日程。[3] 人

---

[1] René Albrecht-Carrié, *A Diplomatic History of Europe Since the Congress of Vienna*, p. 54.

[2] Jürgen Angelow, *Von Wien nach Königgrätz: Die Sicherheitspolitik des deutschen Bundes im europäischen Gleichgewicht (1815 -1866)*, München: Oldenbourg Verlag, 1996, S. 111; Karl Otmar von Aretin, Jacques Bariéty, Horst Möller (Hrsg.), *Das deutsche Problem in der neueren Geschichte*, München: Oldenbourg Verlag, 1997, S. 25.

[3] Christian Jansen, Henning Borggräfe, *Nation, Nationalität, Nationalismus*, Frankfurt/M: Campus Verlag, 2007, S. 52.

们用爱国主义来回答法国的要求,形成了民族主义运动的新浪潮,由此出现了所谓的"莱茵危机"。

受爱国主义情绪的感染,德意志各邦一反往日的分离主义的传统,在军事上表现出同仇敌忾的气势。奥地利和普鲁士两大德意志邦国迅速达成了一项军事草约,提出了共同的作战计划。此外,为对付法国可能的进攻,不仅德意志邦联修建了乌尔姆和拉施塔特两个军事要塞,巴伐利亚也在邦联的财政支持下,在普法尔茨修建了格梅尔斯海姆(Germersheim)要塞。

德意志文化界则展开了对法国的"诗人战争",形成了德国文学史上的所谓"莱茵之歌运动"(Rheinliedbewegung),人们创作了许多充满民族情感的政治抒情诗。法院书记员尼古劳斯·贝克尔(Nikolaus Becker,1809—1845)创作的《莱茵之歌》(Rheinlied)是其中最著名的一首。诗中写道:"您不应该拥有它,自由的德意志莱茵河。"《莱茵之歌》面世后,被谱写成70多种曲调,迅速传唱于整个德意志。此外,马克斯·施内肯布格尔(Max Schneckenburger,1819—1849)的《守护莱茵河》(Die Wacht am Rhein)和阿恩特的《奔赴莱茵河! 越过莱茵河! 让整个德国进入法国!》(Zum Rhein! Über Rhein! All-Deutschland in Frankreich hinein!)等,也都是当时极富民族主义煽动性的名作。它们呼吁人们起来,保卫莱茵河,反对法国的要求。在所有的诗歌中,影响最深远的是布雷斯劳大学(Universität Breslau)教授海因里希·霍夫曼·冯·法勒斯莱本于1841年8月在英属赫尔果兰岛(Helgoland)创作的《德意志之歌》(Lied der Deutschen)。诗歌中写道:"德国,德国,德国高于一切,高于世间万物。无论何时,为了保护和捍卫它,让我们兄弟般地团结。……统一、法制和自由,为了德意志祖国,让我们兄弟般心连心手牵手,一起共同努力。统一、法制和自由,是我们幸福的真谛。"①通过《德意志之歌》,霍夫

---

① 《德意志之歌》在1922年成为魏玛共和国时期的国歌,1952年,第三段歌词《统一、法制和自由》成为联邦德国的国歌。

曼·冯·法勒斯莱本不仅提出了德意志民族统一的问题,也提出了实现资产阶级的法制和自由的要求,把实现国家统一和资产阶级自由民主变成了德国迈向现代社会需要解决的一个问题的两个方面。

最后,由于好战的梯也尔政府倒台,新任法国外交大臣基佐(François Guizot,1787—1874)采取了和解政策,莱茵危机才没有演变为战争。尽管如此,莱茵危机对德国却具有重要的历史意义。海涅曾经指出,"感谢梯也尔将我们的祖国推入了伟大的运动之中,这场运动唤醒了德国的政治生活。梯也尔使我们再次以民族形式组织起来"。莱茵危机进一步激发了德意志人的民族意识,使德国近代民族主义从精英阶层进一步向群众运动转变。这股反法的民族主义激情还在一定程度上冲垮了德意志各邦的边界藩篱,得到各邦政府和诸侯的认可,成了一种带有半官方性质的民族主义驱动力。[①]

反对丹麦政府在石勒苏益格(Schleswig)和荷尔施泰因(Holstein)两公国问题上推行丹麦化政策,是1848年革命前德意志民族主义运动趋于高涨的另一推手。

长期以来,石勒苏益格和荷尔施泰因两公国通过君王个人联合形式结合在一起。从居民看,石勒苏益格北部主要是丹麦人,南部主要是德意志人,荷尔施泰因主要是德意志人。根据丹麦国王克里斯蒂安一世(Christian I. ,1426—1481,1448年—1481年在位)在1460年签订的《里伯条约》(Vertrag von Ribe),两公国"永远"不得分离。[②] 1815年以后,原先属于神圣罗马帝国的荷尔施泰因继续是德意志邦联的成员,石勒苏益格则不在其列。但两公国均接受丹麦国王个人统治,通过"君合国"的形式与丹麦保持联系。19世纪30年代起,在民族主义的驱使下,丹麦政府开始推行丹麦化政策。1840年5月,丹麦政府颁发指令,要求在使用

---

① Hans-Ulrich Wehler, *Deutsche Gesellschaftsgeschichte*, *Zweiter Band*, *Von der Reformärabis zur industriellen und politischen "Deutschen Doppelrevolution" 1815 - 1845/49*, S. 399.

② Robert Bohn, *Dänische Geschichte*, München: Verlag C. H. Beck, 2001, S. 41, 97. 里伯(Ribe)是丹麦的一个古老城市,位于日德兰半岛西南部,靠近北海岸边。

丹麦语的学校和教会的区域内,一律将丹麦语作为行政管理和法院的工作语言。

　　两公国强烈反对丹麦政府的政策,要求保持两公国的自治和统一。整个德意志也因此掀起了新一轮的民族主义波涛,形成了一场声势浩大、长达数年之久的民族运动。包括历史学家约翰·古斯塔夫·德罗伊森（Johann Gustav Droysen, 1808—1884）等在内的基尔大学（Universität zu Kiel）的教授们首先起而抗争,反对丹麦化政策。在各种联合会、民族庆典和群众游行中,也充斥着反对丹麦的民族主义情绪。1844年举办的有12000人参加的石勒苏益格-荷尔施泰因（Schleswig-Holstein）歌咏节上,人们唱出了与1840年莱茵危机时相似的战斗性歌曲《大海环抱的石勒苏益格－荷尔施泰因》（Schleswig-Holstein meerumschlungen）。"永不分离"（Up ewig ungedeelt）①成了流行语,反对丹麦、呼吁两公国与德意志邦联统一的口号广为流传。在这种民族主义运动推动下,尽管丹麦国王克里斯蒂安八世（Christian VIII., 1786—1848,1839年—1848年在位）在1846年保证不会使两公国分离,石勒苏益格等级议会仍然提出加入德意志邦联。② 此后,人们在两公国问题上不断举行请愿、游行和集会。

　　除了一致对外的民族主义运动,全德性的民族主义群众组织和活动也得到进一步发展。1837年成立了"德意志农林场主大会"（Versammlung Deutscher Land-und Forstwirte）,其重要目标就是要建立"统一的祖国"。1838年又成立了"德意志哲学家和教师联合会"（Verein Deutscher Philosophen und Schulmänner）,将大批致力于德意志民族统一事业的德国学者和知识分子团结在一起。特别值得一提的

---

① "永不分离"（Up ewig ungedeelt）一词来自1460年规定石勒苏益格和荷尔施泰因特殊关系的《里伯条约》,标准德语为"auf ewig ungeteilt"。1841年在奥古斯特·威廉·诺伊贝尔（August Wilhelm Neuber, 1781－1849）的一首诗中使用该词后,很快流传开来。

② Hans-Ulrich Wehler, *Deutsche Gesellschaftsgeschichte, Zweiter Band, Von der Reformära bis zur industriellen und politischen "Deutschen Doppelrevolution" 1815－1845/49*, S. 400－401.

是 1846 年和 1847 年分别在吕贝克和法兰克福召开的日耳曼学者大会，汇集了德意志法律、历史和语言领域的所有学界精英，其中不乏利奥波德·冯·兰克(Leopold von Ranke，1795—1886)、达尔曼、格林兄弟、阿恩特等著名学者。人们还举办各类具有重要纪念意义的庆典节日来彰显德意志的民族特性：1840 年举办了"古滕贝格节"(Gutenberg-Fest)，以纪念德意志人对文化传播的巨大贡献；1843 年举办了《凡尔登条约》(Vertrag von Verdun)签订 1000 周年庆典，以纪念其奠定了东法兰克王国(Ostfrankisches Reich)的基础；1847 年又在吕贝克举办了全德性的歌咏节，等等。

莱茵危机和石勒苏益格-荷尔施泰因问题表明，德意志人对国家统一的渴望已经十分强烈。各种全德性的群众组织的出现和群众性活动的开展则显示，民族主义已经从精英意识发展成为一种广泛的群众性运动。所有这一切，为 1848 年革命中对民族统一的诉求奠定了思想和群众基础。

（二）资产阶级自由民主运动的进一步发展

1848 年革命前夕，德意志邦联及各邦采取严厉的镇压政策和限制自由的措施，迫使德国资产阶级走向政治对抗。资产阶级自由民主运动进一步高涨，要求"改变现状"的革命意识日益增长，政治形势呈现激进化趋势。人们原本期待奥地利和普鲁士两大邦国的新君主继位后能够在政治上带来新的气象，但事实却令人失望。在奥地利，传统、僵化和敌视改革的弗兰茨一世去世后，继位的费迪南德一世因精神疾病，缺乏治理能力，国家在政治上仍旧停滞不前。在普鲁士，虽然弗里德里希·威廉四世上台后采取了一些相对开明的措施和政策，给人们带来了自由主义的期待，但事实证明，他只是崇信"基督教国家"精神，希望以此来复活社会成员间的等级合作。[1]　于是，对现实不满的人群日益增长，人们开始集结起来，组成反对派。

---

[1] Reinhard Rürup，*Deutschland im 19. Jahrhundert 1815 - 1871*，S. 168.

1847 年 9 月 12 日,在弗里德里希·黑克尔(Friedrich Karl Franz Hecker,1811—1881)和古斯塔夫·冯·施特卢威(Gustav von Struve, 1805—1870)等人的倡议下,资产阶级民主派在巴登的奥芬堡 (Offenburg)召开了有 800 多人参加的奥芬堡大会(Offenburger Versammlung),提出了德国历史上第一个政党性纲领《人民的要求》 (Die Forderungen des Volkes),即所谓的奥芬堡纲领(Offenburger Programm)。纲领共 13 条,内容包括:废除卡尔斯巴德决议和德意志邦联通过的所有镇压法令;新闻和学术自由;公民人身自由和权利平等;军队宣誓效忠宪法;建立统一的德意志议会;实行累进所得税,废除一切特权,等等。

10 月 10 日,即奥芬堡大会四个星期以后,包括弗里德里希·丹尼尔·巴塞尔曼(Friedrich Daniel Bassermann,1811—1855)、卡尔·马蒂 (Karl Mathy,1807—1868)、卡尔·特奥多尔·韦尔克、海因里希·冯·加格恩和大卫·汉泽曼(David Hansemann,1790—1864)等在内的南德和西南德的资产阶级自由派政治家,又在黑森-达姆施塔特南部的贝格施特拉塞(Bergstraße)的赫本海姆(Heppenheim)聚集,召开赫本海姆大会(Heppenheimer Tagung;Heppenheimer Versammlung)。大会达成了共同纲领:要求建立更为紧密的拥有自己的政府和人民代表的德意志联邦国家;通过铁路和关税同盟(Zollverein)建设等推动德意志一体化;实现进一步的新闻自由和陪审制度等一系列自由主义和法制国家等。① 如果说奥芬堡纲领反映了德国资产阶级民主派的激进要求,那么赫本海姆纲领(Heppenheimer Programm)就表明了德国资产阶级自由派的温和主张。

继奥芬堡大会和赫本海姆大会之后,1848 年 1 月 17 日又在斯图加特(Stuttgart)召开了类似的人民大会。资产阶级自由民主运动的发展

---

① Udo Sautter, *Deutsche Geschichte seit 1815：Daten, Fakten, Dokumente, Band 3, Historische Quellen*, S. 25 - 27.

已经出现了无法遏制的趋势。资产阶级开始认识到,德意志的政治现实需要加以改变,以便更好地适应社会发展的要求。而这种改变只有通过克服"现存政府的抵制"才能实现,这就需要人们从现存国家的政治奴仆、经济和精神依赖者的角色中"解放"出来。于是,一种"革命"的意识开始形成。①

（三）物质生活状况的贫困化

在资产阶级民族主义运动、自由民主运动不断高涨的同时,不断恶化的物质生活以及由此带来的各种社会问题则使德国陷入进一步的动荡之中。

19 世纪上半期,特别是三四十年代,普遍的贫困化成为德国日常社会生活的一大特征。这一时期则成了德国历史上的所谓"大众贫困"(Pauperismus)时期,从城市到农村,普通民众的生活异常艰难。据统计,在汉堡、科隆、巴门等大城市的居民中,通常有 10%—20%需要济贫补助,在经济危机年代,需要补助者则达 50%以上。在 40 年代,德国总人口中估计有 5%—6%属于失业、无工作能力和贫困者,他们或者得到社会的救济,或者以乞讨为生。此外,还有大量的靠工资为生者、手工业帮工、独自经营手工业者和小商人生活在贫困的边缘。在普鲁士,有超过一半的人口处于急需帮助和完全无保障的状态,50%以上的农村居民没有自己的财产,近 70%主要靠工资为生。40 年代中期,在下奥地利(Niederösterreich)地区,约 13.3 万个农民职位中,只有 2 万个是全职的,另有 6.2 万个以上仅有 1/4 的职位。②

这一时期出现普遍贫困的原因很多。1815 年以后人口的快速增长是一个重要因素,它导致这一时期劳动力过剩,进而造成激烈的就业竞争之下的低工资。此外,19 世纪三四十年代的物价上涨也是重要原因之一。但是,就更深层次原因而言,民众的普遍贫困与德国从等级制封建

---

① Reinhard Rürup, *Deutschland im 19. Jahrhundert 1815 – 1871*, S. 169 – 170.
② Ebd., S. 161.

社会向资本主义社会转型有关,是传统封建自然经济向现代资本主义市场经济结构转变过程中的一种阵痛。随着工业化带来的大量人口向城市和工业地区的转移、手工业和商业行会封建特权的废除、农业生产的商业化和资本主义化,处于剧烈动荡过渡时期的人们,尤其是经济承受能力相对弱小的下层民众,必然会出现超常态的贫困状况。

农业歉收和经济危机则进一步加剧了本已恶化的大众生活。1845年以后,德国广大地区出现连年农业歉收。谷物短缺和1846年、1847年的马铃薯霉烂病导致严重的食物供给紧张。到1847年初,符滕堡、黑森-卡塞尔、普鲁士和奥地利等邦都出现了大范围的饥荒。在普鲁士,1846年的土豆产量仅为1840年正常产量的一半左右,黑麦产量也只有六成。仅上西里西亚(Oberschlesien)一地,因饥饿疾病而死亡者就达18000人之多。由此而来的是下层民众的不满和骚动。仅1847年3—6月,奥地利以外的德意志地区发生的饥饿骚动就在百次以上。此后,虽然1847年秋天的农业丰收使饥荒形势有所改善,但是,1847年底1848年初工商业销售危机引发的经济危机又使德国的经济状况雪上加霜。美因河畔法兰克福的银行纷纷破产,甚至维也纳银行团也失去了偿付能力;[1]1848年3月初,德国最大的机器制造公司博尔西希机器厂(Borsigsche Maschinenbau-Anstalt)解雇了1/3的工人;3月9日,柏林一个劳动介绍所开张的第一天,登记寻找工作者竟然有六七千人之多。

大众物质生活贫困化带来的一个最直接的后果是,社会动荡加剧,犯罪率上升。据统计,在1837年到1847年间,被判刑者案例每年增加75%以上,其中妇女占25%—30%,她们大多出于谋求生计而为之。相关统计还表明,1848年革命前,德国每年的偷窃率的上升与谷物价格的波动是一致的。[2] 也就是说,饥饿和贫困导致人们铤而走险。

总之,到1848年初,德国的政治和社会矛盾已经发展到了无法缓和

---

[1] Martin Vogt (Hrsg.), *Deutsche Geschichte*:*Von den Anfängen bis zur Wiedervereinigung*, S. 401.

[2] Reinhard Rürup, *Deutschland im 19. Jahrhundert 1815 - 1871*, S. 162.

的地步。在政治领域,旧的统治秩序已经无法再维持下去了;在社会生活领域,广大下层民众已经无法生活下去了。一场暴风骤雨即将涤荡德意志大地。

二、"三月革命"和社会动荡

　　"高卢公鸡的啼叫"再次成为德国政治自由和民族统一运动的新时代开端的信号。[①] 1848 年 2 月 22—24 日,法国二月革命(Französische Februarrevolution)爆发,路易·菲利普的统治被推翻,法兰西第二共和国(Zweite Französische Republik)建立。法国二月革命的胜利在很大程度上消除了德国资产阶级的顾虑,成为德国"三月革命"(Märzrevolution)或称 1848 年德国革命(Deutsche Revolution 1848)的导火线。

　　"三月革命"首先在距离法国最近的西南德意志地区爆发。1848 年 2 月 27 日,受法国二月革命的刺激,资产阶级民主派在曼海姆举行大规模的群众集会,即曼海姆人民大会(Mannheimer Volksversammlung),标志着巴登革命的开始。大会提出了"四点要求":建立自由选举军官的人民武装;无条件新闻自由;建立刑事陪审法庭;立即成立德意志议会。这"四点要求"成为后来德国 1848 年革命中"三月要求"(Märzforderungen)[②]的核心内容。2 月 28 日,加格恩在黑森-达姆施塔特邦议会上又提出了"召集民族代表同时任命联邦首脑"的呼吁。可见,德国 1848 年革命从一开始就把实现资产阶级的自由民主和民族统一两大任务结合在一起,具有双重特性的历史使命。

---

① Reinhard Rürup, *Deutschland im 19. Jahrhundert 1815 – 1871*, S. 171.

② Deutscher Bundestag (Hrsg.), *Fragen an die deutschen Geschichte: Ideen, Kräfte, Entscheidungen von 1800 bis zur Gegenwart*, Bonn: Dt. Bundestag, Referat Öffentlichkeitsarbeit, 1993, S. 104. "三月要求"是 1848 年德国革命期间资产阶级自由派和民主派提出的各项要求的总称,但起始于曼海姆人民大会提出的要求。主要内容包括:取消对于政治权利的各种限制;新闻、集会和结社自由;普遍和平等的选举权利;普遍的人民武装和军队宣誓效忠宪法;扩大人民代表权力和大臣的负责制;建立刑事陪审法庭;建立亲民的行政管理;公民权利和政治权利平等;解决社会问题,实行失业保障;建立德意志议会和德意志民族国家等。

3月1日,革命者占领了巴登邦议会的贵族院。3月4日,慕尼黑爆发起义,巴伐利亚革命开始。3月6日,巴伐利亚国王路德维希一世不得不屈服于民主派和自由派的要求,任命自由派组成内阁。接着,3月11日,在强大压力下,路德维希一世又不得不将其宠幸的西班牙舞女罗拉·蒙特茨(Lora Montez,1821—1861)逐出慕尼黑,并宣布退位。此外,萨克森王国、石勒苏益格和荷尔施泰因等邦也相继发生革命。但是,具有决定性影响的是奥地利和普鲁士两大邦国的革命进程。

普鲁士在3月初开始受到革命的影响。3月3日,科隆出现了请愿活动,莱茵兰的动乱日趋高涨。威斯特法仑、西里西亚和东、西普鲁士等省份也相继出现动乱。3月6日,在革命形势的压力下,弗里德里希·威廉四世宣布召开邦议会,实行新闻自由,清除关税障碍,改革德意志邦联等。3月14日以后,柏林的骚乱日益严重。3月18日,普王宣布召开联合邦议会,制定宪法。然而就在这一天,普军试图用武力驱散在王宫前集会示威的民众。示威民众遂以起义和街垒战回答镇压行动。在这种形势逼迫之下,普王赶紧于3月19日发表《致我亲爱的柏林人》(An meine lieben Berliner),允诺军队撤出柏林,并任命了一个由自由派组成的过渡内阁。此后他试图逃往波茨坦(Potsdam),但没有成功。3月21日,普王接受了象征革命的"黑红金"三色饰带,并发表《致我的人民和德意志民族》(An Mein Volk und an die deutsche Nation),宣布将致力于德国的统一和实施真正意义上的宪法。[①] 3月29日又组成了以自由派首领鲁道夫·坎普豪森任首相和大卫·汉泽曼任财政大臣的内阁。但是这一内阁在贵族和军队的抵制下根本无法正常运转。5月22日,普鲁士召开国民议会,讨论制定宪法问题,也没有结果。7月份提出的包含自由民主改革内容的宪法草案[②]又遭到保守派议员和普王的拒绝。

---

① Udo Sautter, *Deutsche Geschichte seit 1815*: *Daten*, *Fakten*, *Dokumente*, *Band 3*, *Historische Quellen*, S. 30 - 31.

② 该宪法草案因弗兰茨·莱奥·本尼迪克特·瓦尔德克(Franz Leo Benedikt Waldeck,1802 - 1870)之名而称为"瓦尔德克宪章"(Charte Waldeck)。

柏林三月革命爆发后,波森地区也于 4 月爆发了路德维克・米洛斯拉夫斯基(Ludwik Mieroslawski, 1814—1878)领导的争取波兰独立的起义。5 月 9 日,起义在优势的普军镇压下失败。米洛斯拉夫斯基被逮捕,不久被驱逐出境。

5 月底以后,普鲁士的形势趋于平静,弗里德里希・威廉四世的态度也转向反动。6 月 14 日,出现了民众与国民卫队冲突并冲击柏林军械库的"柏林军械库风暴"(Berliner Zeughaussturm)事件,自由派内阁因此倒台。7 月 31 日,在西里西亚的施韦德尼茨(Schweidnitz),军队与国民卫队发生冲突,杀死 14 名市民。9 月上旬,国民议会通过左翼提出的议案,要求军队不得与民众发生冲突,剔除那些践踏法制国家的军官。但是,由于奥尔斯瓦尔德-汉泽曼内阁(Ministerium Auerswald-Hansemann)①支持军队,相关议案没有得到落实。9 月 21 日,为了安慰愤怒的保守派和军队,普王任命普菲尔将军(Ernst von Pfuel, 1779—1866)组成过渡政府,准备对革命力量进行反击。11 月 2 日勃兰登堡伯爵弗里德里希・威廉(Friedrich Wilhelm Graf von Brandenburg, 1792—1850)组成保守派内阁。一周以后,国王军队重新进入柏林。普鲁士开始了反革命时期。

11 月 15 日,普王下令将国民议会从柏林迁往波茨坦。12 月 5 日,他又下令解散国民议会,并于同一天强行颁布了一部钦定宪法。新宪法离自由派的要求很远。它规定国王的权力不可侵犯,国王可以随时解散议会,大臣只对国王负责等。与此同时,为了缓和革命派的反抗,在汹涌的革命潮流面前保存现存的普鲁士国家,在这一钦定宪法中也对自由派做了一些让步,其中包含一些国民议会宪法草案中的条款,诸如废除领

---

① 奥尔斯瓦尔德-汉泽曼内阁执政时间为 1848 年 6 月 25 日到 9 月 20 日。奥尔斯瓦尔德(Rudolf von Auerswald, 1795 - 1866)为首相兼外交大臣,汉泽曼为财政大臣。有关 1848 年革命期间普鲁士内阁的变化情况,见 Otto Büsch (Hrsg.), *Handbuch der preussischen Geschichte*, *Bd. 2*, *Das 19. Jahrhundert und Große Themen der Geschichte Preußens*, S. 290 - 291.

地裁判权和庄园警察权,实行普遍选举等。到 1848 年底,普王为首的旧势力已经恢复了对整个国家的控制。

在哈布斯堡家族统治下的奥地利,革命分为两个部分:以维也纳为中心的奥地利本土爆发的革命和包括波希米亚、匈牙利以及上意大利(Oberitalien)地区在内的非德意志民族的起义。两股革命力量从一开始就交织在一起。3 月 3 日,匈牙利民族主义运动领袖路德维希·冯·科苏特(Ludwig von Kossuth;Lajos Kossuth,1802—1894)提出了制定匈牙利宪法的要求,3 月 6 日,维也纳出现了市民组织的请愿行动,预示着一场革命风暴即将到来。

维也纳首先爆发革命。实际上,早在 1847 年和 1848 年之交的冬天,奥地利城市下层民众和生活贫困的农民的不满已经达到顶点。工人和学生们提出了取消新闻检查和实施宪法的要求。3 月 13 日,下奥地利等级议会在维也纳召开,民众冲击议会,维也纳市郊也出现了冲击商店和工厂的动乱。奥地利革命由此爆发。当晚,复辟制度的象征性代表人物、时年已 74 岁的奥地利首相梅特涅匆忙引退,然后男扮女装逃往英国。梅特涅的下台标志着一个时代的结束。

3 月 14 日,皇帝费迪南德一世做出让步,同意建立国民卫队,取消新闻检查。此后,他又表示要实现完全的新闻自由并允诺颁布宪法。3 月 17 日,奥地利建立了第一个责任政府。4 月 25 日,奥地利政府颁布了由内政大臣皮勒斯多夫(Franz von Pillersdorf,1786—1862)起草的钦定宪法。但是宪法有关两院制的规定以及 5 月 9 日颁布的选举规程中有关下层民众没有选举权的规定再次引发人们的不满,包括帮工、仆役和工人在内的大量下层民众也因被排除在国民卫队之外而感到愤怒。5 月 15 日,维也纳爆发起义,提出实行普选制和召开制宪国民议会等要求,并且成立了以医生阿道夫·费施霍夫(Adolf Fischhof,1816—1893)为首的"安全委员会"。5 月 17 日,皇帝费迪南德一世被迫离开维也纳,逃往因斯布鲁克(Innsbruck)。政府迫于形势再次做出让步,同意撤回钦定宪法,并于 7 月 22 日召开制宪议会。9 月 7 日,议会宣布取消农民的人身依附关系,废除封建劳役等。资产阶级自由派的要求基本上得到满足。但是政府在伺机进行反扑。

反映奥地利革命形势走向的另一个重要风向标是匈牙利、波希米亚等非德意志人地区的革命状况。

1848 年匈牙利革命把建立匈牙利自己的政府作为重要的追求目标。3 月 15 日,佩斯(Pest)爆发起义,科苏特为首的自由派向在普雷斯堡(Preßburg)①的议会提出了自己的纲领,要求制定民主宪法,废除各种劳役,实现民族平等,建立独立的匈牙利人(Ungar)即马扎尔人(Magyar)民族国家,与奥地利帝国(Kaisertum Österreich)之间建立一种基于君合国之上的关系等。这就是所谓的"三月法令"(Märzgesetze)。② 4 月 11 日,奥皇费迪南德一世批准了相关要求,所以也称"四月法令"(Aprilgesetze)。但是匈牙利本身是一个多民族国家。在当时的匈牙利居民中,有匈牙利人 450 万,斯拉夫人(Schlawen)500 万,罗马尼亚人(Rumänen)和德意志人各 100 万。掌握政权的匈牙利人在居民中占少数。然而科苏特等人却试图建立匈牙利人独占的国家政权,因此引发匈牙利人与其他民族的冲突。6 月以后,匈牙利人先后与国内其他民族进入战争状态。奥地利政府决定利用这一矛盾镇压匈牙利革命。9 月,奥地利政府任命克罗地亚(Kroatien)总督耶拉契奇(Josef von Jellačić 1801 - 1859)率军镇压匈牙利人的反叛。

波希米亚革命的中心在布拉格。1848 年 3 月初,波希米亚的知识分子、大学生、小资产阶级(Kleinbürgertum)和工人等也提出了建立自己的政府、实行代议制等要求。迫于形势,奥皇于 4 月 8 日答应制定宪法。然而以历史学家帕拉茨基(František Palacký,1798—1876)为代表的捷克资产阶级自由派要求实现奥地利帝国境内所有斯拉夫人的自治。6 月 2 日,帕拉茨基主持下的斯拉夫人代表大会在布拉格召开。但是大会提

---

① 今斯洛伐克首都布拉迪斯拉发(Bratislava)。
② A. J. P. Taylor, *The Habsburg Monarchy*, 1809 - 1918: *A History of the Austrian Empire and Austria-Hungary*, London: Hamish Hamilton, 1948, p. 59.

出的一些要求遭到奥皇的拒绝。与此同时,奥军驻布拉格最高指挥官温迪施格雷茨侯爵(Alfred Fürst zu Windischgrätz,1787—1862)开始对布拉格实行军事管制。布拉格局势随之恶化。12 日,示威民众开始起义,5天后遭到温迪施格雷茨的血腥镇压。波希米亚革命由此结束。在奥地利帝国境内,反革命力量首次取得胜利。

奥地利统治下的伦巴底、威尼西亚、托斯坎纳(Toscana)和莫德纳等上意大利地区也爆发了革命。在米兰(Mailand),人们于 3 月 18 日发动起义,宣布伦巴底独立并且与撒丁王国合并,接受撒丁国王卡尔·阿尔伯特(Karl Albert,1798—1849)的统治。威尼斯于 3 月 17 日爆发反对奥地利统治的起义,并于 23 日宣布威尼西亚脱离奥地利独立。6 月 25日,拉德茨基(Josef Wenzel Radetzky von Radetz,1766—1858)率领的奥军在库斯托查战役(Schlacht von Custozza)中决定性地击败了撒丁王国的军队。8 月初,奥军占领了意大利革命中心米兰,逐步恢复了在上意大利的统治。

此后,奥地利政府逐渐恢复对局势的控制。10 月 4 日,奥皇下令解散匈牙利议会,驻扎维也纳的部分军队调往匈牙利。这时维也纳的革命势力认识到,如果匈牙利革命失败,维也纳革命也会遭到同样的命运。因此在 10 月 6 日,包括工人、学生和部分国民卫队在内的革命力量集结起来,阻止政府军,冲击国防部,打死了极端右翼的国防大臣拉陶尔伯爵(Theodor Graf Baillet von Latour,1780—1848),然后攻占军火库,控制了维也纳。奥地利帝国议会被迫迁往克雷姆西尔(Kremsier)①,皇帝也慌忙出逃。这就是所谓的维也纳十月起义(Wiener Oktoberaufstand)。但是这一局面并没有维持多久。10 月 23 日,耶拉契奇和温迪施格雷茨率领的奥军开始包围并进攻维也纳,起义者进行了激烈抵抗,2000 人战死,终因力量悬殊而失败。11 月 1 日,奥军重新占领了首都。11 月 21日,实行强硬政策的费利克斯·楚·施瓦岑贝格侯爵(Fürst Felix zu

---

① 今捷克东部的克罗梅日什(Kroměříž)。

Schwarzenberg，1800—1852）出任奥地利首相。12 月 2 日，患有精神疾病的费迪南德一世退位，弗兰茨·约瑟夫一世（Franz Joseph I.，1830—1916，1848 年—1916 年在位）成为奥地利新皇帝。1849 年 3 月 4 日，奥地利政府强行颁布了一部中央集权主义（Zentralismus）的宪法，7 日解散了帝国议会。封建专制统治在奥地利重新确立。

维也纳十月起义失败后，奥皇派温迪施格雷茨率军镇压匈牙利革命，并于 1849 年 1 月初攻克佩斯。此后，匈牙利革命力量曾多次击败奥军，并于 4 月 14 日宣布独立，推举科苏特为国家元首。然而，由于沙皇派兵进入匈牙利，协助奥军作战，匈牙利革命力量在腹背受敌的形势下，于 9 月最终失败。

三、法兰克福国民议会

法兰克福国民议会（Frankfurter Nationalversammlung），也称全德国民议会（Deutsche Nationalversammlung），是 1848 年德国革命的又一重要舞台，也是德国资产阶级实践自由民主和民族统一双重理想的初次尝试。就当时的形势而言，法兰克福国民议会承担着两大历史任务：制定一部具有资产阶级性质的宪法和建立统一的德意志民族国家。

1848 年 2 月 12 日，弗里德里希·丹尼尔·巴塞尔曼曾在巴登等级议会上提出德意志邦联议会实现人民代表制，3 月 5 日的海德尔堡大会（Heidelberger Versammlung）则发出了召开预备议会的邀请。3 月 3 日，德意志邦联议会在公众压力下宣布新闻自由，此后它又承认需要修订《德意志邦联文件》，并组成了以原核心委员会为基础的"十七人委员会"（Siebzehnerausschuß），负责起草德意志宪法。3 月 31 日至 4 月 3 日，由 574 名代表参加的预备议会（Vorparlament）在美因河畔法兰克福的圣保罗教堂召开。会议代表多数来自各邦议会，其中 141 人来自普鲁士，奥地利则只有 2 人参加。会议代表主要由民主派和自由派组成。以施特卢威为代表的民主派要求废除君主制，建立以美国为榜样的联邦制共和国。但是这一主张遭到以加格恩、达尔曼和马蒂等为首的自由派多数的反对。在他们看来,人民主权与君主制并不矛盾。他们主张建立一个在普鲁士领导下的联邦制国家。最后,预备议会决定设立"五十人委员会"(Fünfzigerausschuß),为选举和召开全德国民议会做准备。5 月初,全德国民议会选举开始。选举基于普遍、平等的原则进行,每 5 万选民选举 1 位代表。包括石勒苏益格以及普鲁士所属东、西普鲁士和波森等省在内的非德意志邦联地区也选出了参加全德国民议会的代表。

5 月 18 日,全德国民议会在美因河畔法兰克福的圣保罗教堂开幕。议员实际人数为 585 名,其中受过大学教育者 550 人。从代表身份看,大多数是大学教授、法官、律师、官员、商人和工厂主,下层民众代表很少,只有 1 位农民和 4 名手工业者,没有工人代表,因此该议会又被称为"教授议会"或"绅士议会"。大多数议员在政治立场上为温和的资产阶级自由派,其次为激进左派和保守派。[1] 自由派代表加格恩被选举为议会主席。

在法兰克福国民议会中,议员们因政治立场的差异形成了民主主义左派(Die demokratische Linke)、保守主义右派(Die konservative Rechte)和自由主义中间派(Die liberale Mitte,包括中间左派、中间右派)等议会党团,他们有各自的集会地点。

民主主义左派主要聚集于德意志旅馆(Deutscher Hof)和唐纳斯贝格(Donnersberg)两处。前者约 50 人,代表人物为罗伯特·勃鲁姆(Robert Blum,1807—1848)等人,他们要求制定宪法,建立共和国;后者约 50 人,以施特卢威等为代表,要求建立德意志共和国和进行激进的社会改革。11 月以后,从二者之中又分离出一部分相对温和的议员,形成了纽伦堡旅馆派(Fraktion Nürnberger Hof)。民主主义左派在法兰克福国民议会中居于少数派地位。

---

[1] Heinrich August Winkler, *Der lange Weg nach Westen*:*Deutsche Geschichte vom Ende des Alten Reiches bis zum Untergang der Weimarer Republik*,München:Verlag C. H. Beck, 2000,S. 107;Martin Vogt (Hrsg.),*Deutsche Geschichte*:*Von den Anfängen bis zur Wiedervereinigung*,S. 417.

　　保守主义右派约有 40 人,人数最少。代表人物是来自普鲁士的冯·芬克和约瑟夫·冯·拉多维茨(Joseph von Radowitz,1797—1853)等人,聚会地点为石房(Steinernes Haus)和米拉尼咖啡馆(Café Milani)。他们的主要目标是,在邦联制框架之下建立一个独立于议会的政府。

　　自由主义中间派是最强大的议会党团,它本身又分为中间左派和中间右派。自由主义中间左派(Das liberale linke Zentrum)的主要聚会地点在符滕堡旅馆(Württemberger Hof),主要代表人物有文艺学家和哲学家弗里德里希·特奥多尔·菲舍尔(Friedrich Theodor Vischer,1807—1887)、法学家罗伯特·冯·莫尔(Robert von Mohl,1799—1875)等,有 100 名议员。这一派的主要努力目标是建立强有力的议会。自由主义中间右派(Das liberale Rechte Zentrum)是法兰克福国民议会中最大的派别,有约 120 名议员,又称俱乐部党(Casinopartei)。其核心人物为法学家格奥尔格·贝泽勒(Georg Beseler,1809—1888)、历史学家达尔曼和德罗伊森等人。这一派别的主要努力目标是建立立宪君主制(Konstitutionelle Monarchie)的民族国家。[1]

　　国民议会的第一个重要举措是,根据加格恩的建议于 6 月 28 日作出了建立起临时中央权力机构的决议。议会选举奥地利的约翰大公(Johann,Erzherzog von Österreich,1782—1859)担任作为最高首领的帝国摄政。在内阁之中,普鲁士的影响则更大一些。内阁首相由倾向于普鲁士的英国女王维多利亚(Victoria,1819—1901,1837 年—1901 年在位)的异母兄弟、巴伐利亚将军卡尔·冯·莱宁根侯爵(Karl Fürst zu Leinignen,1804—1856)担任;内政大臣由奥地利的安东·冯·施梅林(Anton von Schmerling,1805—1893)担任;来自普鲁士的爱德华·冯·波伊克(Eduard von Peucker,1791—1876)和赫尔曼·冯·贝克拉

① 各派别的纲领见 Wolfgang Hardtwig und Helmut Hinze (Hrsg.), *Deutsche Geschichte in Quellen und Darstellung*, Band 7, *Vom Deutschen Bund zum Kaiserreich 1815 – 1871*, S. 280 – 291.

特(Hermann von Beckerath，1801—1870)分别担任国防大臣和财政大臣。

但是,法兰克福国民议会和新建立的帝国中央政府无论是对内还是对外方面都明显软弱无力。在德意志内部,奥地利、普鲁士、巴伐利亚和汉诺威等重要邦国根本没有服从帝国政府的意愿,它们公开拒绝国防大臣于 1848 年 8 月发出的各邦军队效忠于帝国摄政的命令。在对外政策方面,国民议会和新建立的帝国政府同样软弱无力,这一点突出显示在石勒苏益格-荷尔施泰因问题上。

1848 年 1 月,丹麦国王克里斯蒂安八世去世,新继位的弗里德里克七世(Frederik VII.，1808—1863,1848 年—1863 年在位)在以艾德尔丹麦人党(Eiderdänen)①为代表的丹麦民族主义者的压力下,答应颁布新宪法,加强丹麦与石勒苏益格公国之间的紧密联系,并于 3 月在哥本哈根(Kopenhagen)召开制宪国民议会,制定包含石勒苏益格在内的丹麦新宪法。这一举动违背了 1460 年《里伯条约》关于石勒苏益格-荷尔施泰因两公国"永不分离"的规定,因此立即引起两公国中的德意志人的不满,他们视之为脱离丹麦独立的机会,于 3 月 24 日宣布脱离丹麦,成立临时政府,并向德意志邦联议会和后来的法兰克福国民议会请求帮助。②然而,德意志邦联议会以及后来的国民议会都不敢决定接受石勒苏益格加入德意志邦联,只是以德意志邦联名义命令普鲁士的弗兰格尔将军(Friedrich Graf von Wrangel，1784—1877)指挥由普鲁士、汉诺威和其他德意志邦国组成的军队进入两公国,向丹麦政府施压。但是英国和俄国都反对德意志邦联的干涉。结果,普王弗里德里希·威廉四世在两国的压力下被迫让步,8 月 26 日在马尔默(Malmö)与丹麦签订停战协定,

---

① 艾德尔丹麦人党是 19 世纪的丹麦民族自由党,它主张艾德尔河(Eider)为德国与丹麦的边界,要求把石勒苏益格纳入丹麦王国。
② Robert Bohn, *Dänische Geschichte*, S. 98; Hagen Schulze, *The Course of German Nationalism: From Frederick the Great to Bismarck, 1763—1867*, translated by Sarah Hanbury-Tenison, Cambridge: Cambridge University Press, 1991, pp. 72 - 73.

规定邦联军队从两公国撤退。法兰克福国民议会虽然极不情愿,但由于没有实际可控的军事力量,只好接受停战。石勒苏益格-荷尔施泰因问题的结果使法兰克福国民议会认识到,德意志民族统一问题的最终解决必须具备两个条件:欧洲列强的认同和德意志大邦的支持。

法兰克福国民议会的主要任务是制定一部具有资产阶级性质的国家宪法,以便确认新的德意志国家形态,为德意志民族国家的建立奠定宪政基础。

1848 年 7 月初到 12 月底,国民议会首先用了近半年时间来讨论德意志人的基本权利,以便为日后建立资产阶级法治国家提供保证。12 月27 日,国民议会通过了名为"德意志人民的基本权利"(Grundrechte des deutschen Volks)的特别法(后来列入 1849 年 3 月 28 日通过的《德意志帝国宪法》第六部分)。该法规定:德意志人享有包括选举权、居住权和迁徙权等在内的公民权;取消各类特权,法律面前人人平等;人身自由不可侵犯;私有财产不可侵犯;新闻、言论、集会、结社和信仰自由;学术自由,等等。① 这些规定虽然由于革命的失败而没有得到实施,但毫无疑问,它们向世人昭示了德国近代历史发展中的自由和民主的传统,表明日后从魏玛共和国到联邦德国的资产阶级民主政治体制的确立和发展并非只是外部压力促成的结果,也有其内生的根源。

法兰克福国民议会在讨论和制定宪法的过程中,有三个主要问题需要解决。其一是确定统一的德意志民族国家的疆界。鉴于 1815 年确定的德意志邦联各邦疆界与德意志人实际居住地区不尽一致,因而存在疆界调整问题。在普鲁士东部,必须把德意志国家的疆界东移,以便把德意志人居住区纳入进来;在奥地利,则存在将非德意志居民纳入德意志国家的问题。其二是有关国家权力的分配问题。它涉及到立法、行政权力分配以及中央与各邦之间的相互关系。其三是设立国家元首的问题。

---

① Udo Sautter, *Deutsche Geschichte seit 1815: Daten, Fakten, Dokumente, Bd. 2, Verfassungen*, S. 68 - 75.

　　围绕着建立统一的德意志民族国家问题,除了少数民主主义左派要求建立德意志共和国外,法兰克福国民议会中的主流意见是,在保存现有的多邦制的基础上,建立起类似美国的联邦制国家。而要建立这样一个新的德意志民族国家,核心问题是如何对待奥地利多民族王朝国家中的非德意志因素。为此,国民议会中出现了小德意志方案(Kleindeutsche Lösung)和大德意志方案(Großdeutsche Lösung)之争。小德意志方案的支持者以历史学家达尔曼和德罗伊森等为代表,要求排除奥地利,建立普鲁士领导下的以普王为世袭皇帝的德意志民族国家;大德意志方案的支持者以法学家韦尔克等为代表,要求建立奥地利影响和领导下的德意志民族国家,但这一民族国家只包括德意志邦联德语区域以及波希米亚等与德意志有密切历史渊源的地区,匈牙利等非德意志人地区则将被排除在德意志民族国家之外。这意味着哈布斯堡家族统治下的奥地利帝国将被分解。起初,国民议会的多数代表支持大德意志方案。

　　但是大德意志方案遭到国民议会中的奥地利代表和奥地利政府的反对。1848 年 11 月 27 日,奥地利首相施瓦岑贝格侯爵在克雷姆西尔召开的奥地利议会上明确宣布:"奥地利作为统一的国家的继续存在是一种德意志的需要,也是欧洲的需要。……只有当新的奥地利和新的德国达成新的和固定的形态时,才有可能从国家层面明确它们的相互关系。到那时奥地利将继续前行,忠诚地履行其联盟义务。"这就是所谓的克雷姆西尔纲领(Programm von Kremsier)。① 它从根本上拒绝了大德意志方案。

　　在这种情况下,12 月 18 日继任帝国首相的加格恩就德意志与奥地利的关系提出了所谓的"二元联盟"(Doppelbund)概念,即普鲁士领导下的紧密的小德意志邦联与奥地利建立一种"密不可分的同盟"。然而,奥

① Wolfgang Hardtwig und Helmut Hinze (Hrsg.), *Deutsche Geschichte in Quellen und Darstellung*, *Band 7*, *Vom Deutschen Bund zum Kaiserreich 1815–1871*, Stuttgart: Philipp Reclam jun., 1997, S. 315.

地利对这一建议同样加以拒绝,因为这意味着它失去了在德意志的领导地位。施瓦岑贝格侯爵在给奥地利驻法兰克福全权代表的指示中表示,奥地利"仍然是德意志邦联的一员",未来德意志国家的任何形态都不能将奥地利排除在外。1849 年 3 月 9 日,施瓦岑贝格侯爵又提出了奥地利版的"大德意志方案",即"施瓦岑贝格计划"(Schwarzenberg-Plan):整个奥地利帝国加入德意志邦联;中央政府由七人组成的执政府(Direktorium,奥地利和普鲁士各 3 票,巴伐利亚 1 票)统治;各邦议会代表组成一院制国家议会,3 年一届;帝国首脑由奥地利和普鲁士轮流担任。从本质上看,这一方案与 1815 年建立的德意志邦联没有什么差异,与人们期盼的统一的德意志民族国家相距甚远。

　　奥地利的态度使许多原先支持大德意志方案的议员感到绝望,他们最终放弃了原来的立场。一直致力于大德意志方案的赫尔曼·冯·贝克拉特在 1849 年 1 月就寒心地表示:"对奥地利的等待就是德意志统一的灭亡。"①在大德意志方案失去可能的情况下,包括法学家韦尔克在内的大德意志方案支持者纷纷转向小德意志方案。1849 年 3 月 27 日,国民议会以 267 票对 263 票的微弱多数通过了帝国宪法,次日,国民议会以 290 票赞成、248 票弃权的结果,选举普王弗里德里希·威廉四世为"德意志皇帝"(Kaiser der Deutschen)。

　　1849 年《德意志帝国宪法》(Verfassung des Deutschen Reichs 1849)②虽然由于革命的失败而没有得到实施,但其中蕴含的一系列基本思想却对未来的德意志国家宪法产生了重要影响。宪法明确规定了"德意志人民的基本权利",从而成为德国历史上第一部具有资产阶级自由和民主性质的国家宪法。立法方面:宪法规定帝国议会由国家院

---

① Heinrich August Winkler, "Der Überforderte Liberalismus. Zum Ort der Revolution von 1848/1849 in der deutschen Geschichte", in Wolfgang Hardtwig (Hrsg.), *Revolution in Deutschland und Europa 1848—1849*, Göttingen: Vandenhoeck & Ruprecht Verlag, 1998, S. 190.

② 也称圣保罗教堂宪法(Paulskirchenverfassung)或法兰克福帝国宪法(Frankfurter Reichsverfassung)。

(Staatenhaus)和人民院(Volkshaus)两院组成。国家院是德意志各邦的代表,其成员由各邦政府和邦议会各派一半代表组成。人民院根据普遍、平等的原则选举产生。立法权由人民院和国家院共同拥有。行政方面:帝国中央政府是国际法意义上"唯一"的德国代表,具有全面的外交权、军队指挥权以及各种相关的立法和管理职能权限;帝国元首拥有"德意志皇帝"头衔,实行世袭制,在国际法上是帝国的象征,具有宣战、媾和、缔约、结盟之权;负责召集和结束帝国议会,有权解散人民院;掌握武装力量。司法方面:帝国法院(Reichsgericht)掌握帝国司法权,司法独立。①

综观 1849 年《德意志帝国宪法》,兼具联邦、中央集权、民主和君主制色彩,实际上是各派力量妥协的产物。联邦制因素在立法机关中具有明显体现。国家院在很大程度上代表了各邦的利益和倾向。宪法中有关中央权力超越各邦权力的规定,国家权力对于立法、外交、军事、管理方面的诸多权力的控制,则表明了宪法的中央集权倾向。同时,作为民主主义左派斗争的结果,有关普遍、平等原则基础上选举人民院以及人民的各项基本权利的规定,则在很大程度上凸显了宪法的民主色彩。宪法规定帝国元首由居于统治地位的德意志诸侯担任并冠以世袭皇帝头衔,则反映了立宪君主制的取向。

法兰克福国民议会通过帝国宪法并推选弗里德里希·威廉四世为帝国元首之后,国民议会主席爱德华·西姆松(Eduard Simson,1810—1899)②率领 32 名议员组成的代表团前往柏林,向普王敬献皇冠。但是出乎意料的是,普王在 4 月 3 日拒绝了这一份厚礼,4 月 28 日又以书面形式确认了这一拒绝。弗里德里希·威廉四世之所以拒绝帝国元首之衔,出于多层考虑。其一,作为正统的霍亨索伦王朝的继承人,不能接受革命赠予的皇冠。他曾在给普鲁士驻伦敦公使的信中指出:"这实非皇冠",它带有"1848 年革命的腐尸味道"。"一位受上帝恩宠的合法国王"

① 有关 1849 年《德意志帝国宪法》,见 Udo Sautter, *Deutsche Geschichte seit 1815: Daten, Fakten, Dokumente*, Bd. 2, *Verfassungen*, S. 48 - 77.
② 1888 年被授予贵族头衔,称爱德华·冯·西姆松(Eduard von Simson)。

决不会戴上"这样一项用粪土烘制出来的、想像中的头箍"①。其二,尽管20多个德意志小邦在4月14日批准了法兰克福国民议会通过的宪法,奥地利以及巴伐利亚、汉诺威、符滕堡和萨克森等四个王国却拒绝了该宪法。这意味着接受皇冠将会导致与奥地利及其他几个中等王国对抗,可能引发战争。其三,势力如日中天的沙皇也对普王施加压力,反对其接受这顶皇冠。②

法兰克福国民议会的努力由于普王拒绝接受皇冠而付诸东流。新的帝国宪法的实施和建立统一的民族国家的愿望也因此化为泡影。此后,奥地利和普鲁士从法兰克福召回了他们的议员。5月30日,剩下的"残余议会"(Rumpfparlament)迁往斯图加特。6月18日,符滕堡政府应普鲁士的要求,强行解散了"残余议会"。

四、1848年德国革命的失败及其影响

1848年底,正当法兰克福国民议会里面在为大、小德意志方案争吵不休之时,普鲁士和奥地利革命已先后遭到失败,反动势力重新恢复了在两大邦国的统治。面对恶化的形势,资产阶级自由派和民主派试图尽可能地拯救这场革命。

1848年11月底,法兰克福国民议会中的左派为了反击奥地利和普鲁士出现的反革命潮流,成立了以中德和南德地区代表为主体的中央三月联合会(Centralmärzverein),作为民主联合会的最高层组织。其核心成员有来自德累斯顿的威廉·阿道夫·冯·特吕奇勒(Wilhelm Adolph von Trützschler,1818—1849)、来自科隆的弗兰茨·拉韦奥克斯(Franz Raveaux,1810—1851)和来自维尔茨堡(Würzburg)的戈特弗里德·艾

---

① Dieter Hein, *Die Revolution von 1848/49*, München: Verlag C. H. Beck, ⁴2007, S. 122.

② Wolfgang Hardtwig und Helmut Hinze (Hrsg.), *Deutsche Geschichte in Quellen und Darstellung*, Band 7, *Vom Deutschen Bund zum Kaiserreich 1815–1871*, S. 321;邢来顺:《迈向强权国家:1830年—1914年德国工业化与政治发展研究》,华中师范大学出版社2002年版,第51页。

森曼(Gottfried Eisenmann,1795—1867)等人。到 1849 年 3 月底,中央三月联合会已经拥有 950 个民主联合会,会员 50 万人。在普王拒绝接受帝国皇冠,特别是主要邦国拒绝接受宪法后,格奥尔格·弗里德里希·科尔布(Georg Friedrich Kolb,1808—1884)和海因里希·赫尔曼·里曼等人又发起了以维护 1849 年德意志帝国宪法为目标的维护帝国宪法运动(Reichsverfassungskampagne),并且得到热烈响应。到 5 月,维护帝国宪法运动发展成为席卷许多邦的武装起义,整个德国境内出现了类似内战的状况。

5 月 3 日至 9 日,在萨克森王国,爆发了 1 万多人参加的德累斯顿五月起义(Dresdner Maiaufstand)。法兰克福国民议会的民主主义左派议员奇尔纳(Samuel Erdmann Tzschirner,1812—1870)、俄国无政府主义者巴枯宁(Michael Bakunin,1814—1876)等成为起义的领导者。时任宫廷乐队队长的著名音乐家理查德·瓦格纳(Richard Wagner,1813—1883)也参加了起义。起义者一度建立临时政府,宣布承认 1849 年帝国宪法。最后,起义在忠于国王的军队和普鲁士军队的联合镇压下失败。在巴伐利亚所属的普法尔茨,当政府宣布解散接受 1849 年帝国宪法的议会后,也爆发了起义。5 月 17 日,起义者宣布成立临时政府,承认帝国宪法,脱离巴伐利亚。普鲁士政府担心起义波及自己统治下的莱茵地区,在未征得巴伐利亚同意的情况下就出兵进行镇压。6 月 14 日,起义者临时政府从凯泽斯劳滕(Kaiserslautern)出逃,起义失败。

巴登是 1848 年德国革命的起始处,也是革命的最后失败地。早在 1848 年 4 月,为了建立共和国,资产阶级激进民主派的黑克尔就曾组织过从康斯坦茨(Konstanz)向卡尔斯鲁厄的"黑克尔进军"(Heckerzug);9 月,施特卢威也在勒尔拉赫(Lörrach)发动过革命起义。维护帝国宪法运动开始后,巴登再次出现革命风暴。与其他邦不同的是,巴登革命除了要求维护帝国宪法外,民主派提出的建立共和国的要求一直是革命的重要目标。1849 年 5 月 9 日至 11 日,在起义浪潮中,巴登军队纷纷调转枪口,转入起义者一边。13 日,起义者在第二次奥芬堡大会上提出包括承认帝国宪法和成立资产阶级自由派政治家劳伦茨·布伦塔诺(Lorenz Brentano，1813—1891)为首的新政府等在内的 16 点纲领，但遭到巴登政府拒绝。巴登大公从首府卡尔斯鲁危逃往科布伦茨(Koblenz)。起义者于是在拉施塔特成立了革命的邦委员会，14 日又成立了劳伦茨·布伦塔诺为首的执行委员会，接替逃亡的巴登大公政府。但是反动势力迅速组织力量对革命政府进行围攻。由普鲁士、巴登和普法尔茨军队组成的干涉军以及由黑森和符滕堡组成的同盟军队逐渐取得了战场优势。7 月 23 日，革命政府所在地拉施塔特被攻陷。1848 年德国革命最后失败。

需要指出的是，马克思和恩格斯也积极支持 1848 年德国革命，甚至参加了起义。1848 年革命爆发后，马克思和恩格斯于 4 月初回到德国。6 月 1 日，马克思担任总编辑的《新莱茵报》(Neue Rheinische Zeitung)在科隆出版，该报大力支持德国的民主共和运动，成为 1848 年德国革命期间左派的重要舆论阵地。1849 年 5 月 19 日《新莱茵报》被封闭后，马克思和恩格斯来到巴登首府卡尔斯鲁厄。他们积极向布伦塔诺政府献策，主张乘胜向法兰克福进军，以推动全德起义，但是相关建议没有被接受。

1848 年德国革命的失败，是多重因素综合作用的结果。保守势力的力量过于强大是主要原因。"三月革命"的突然爆发只是令保守势力在慌乱之中不知所措，失去了行动能力；革命力量过于分散是又一重要原因。革命爆发后，德意志境内形成了多个革命中心，各股革命力量之间缺乏统一的指挥和领导决策中心。同时，在解决和处理革命所面临的自由、民主和民族国家问题时，革命力量内部也是意见纷争不一，没有明确而集中的目标，在很大程度上影响了革命进程。

海涅曾说过，"一场革命是一次不幸，但更大的不幸是一场失败的革命"。[①] 1848 年革命的失败对德国的历史发展产生了极其重要的影响和后果。

首先，1848 年革命的失败"改变了德国历史的航程"。在法国和美国

---

① Reinhard Rürup, *Deutschland im 19. Jahrhundert 1815 - 1871*, S. 196.

等国,资产阶级革命是成功地将民族运动与民主进步紧密地结合在一起的。在德国,1848 年革命的失败则使得资产阶级自由派与民族主义者之间的联盟出现了破裂。实现德国统一的目标逐渐与建立自由宪政政府的梦想剥离开来。① 于是,德国历史的发展开始打上民族运动与民主运动分离的二元主义烙印,越来越呈现出与西方国家不同的"德意志独特道路"(Deutscher Sonderweg)。法兰克福国民议会的大、小德意志方案的争论则加剧了普鲁士与奥地利之间争夺德意志主导权的斗争,预示着一个统一的德意志民族国家最终将建立在武力之上,通过"铁血"来见分晓。

革命的失败也使德国在随后出现了一个所谓的"反革命"(Gegenrevolution)的"反动时代"(Reaktionsära),这一时期从 1848 年革命结束到 1858 年威廉出任普鲁士摄政开启"新时代"(Neue Ära)为止。在此期间,旧的反动势力力图卷土重来。②

不过,尽管 1848 年革命失败了,革命后的德国社会却已经无法完全恢复到梅特涅时期的那种状态,革命后的反动更多地仅仅表现为恢复旧的法律的努力和逆潮流而动的倾向。革命期间开展的废除诸如农奴制等封建制度的社会解放进程,在革命失败后并没有停止,而只是放慢了速度。在司法领域,复辟时期的秘密审讯制度逐渐被公开的刑事审判制度所取代。尽管一些邦议会失去了革命期间获得的权力,特别是作为大邦的奥地利于 1851 年 12 月 31 日取消了革命期间颁布的钦定宪法,③但另一大邦普鲁士毕竟仍然保留了邦议会,于 1849 年 5 月 30 日颁布了三级选举法(Dreiklassenwahlrecht),而且在 1851 年 1 月 31 日颁布了一部重新修订的钦定宪法。

1848 年革命的一个重要政治后果是,德国开始出现"现代意义上的

---

① Jason P. Coy, *A Brief History of Germany*, New York: Facts on File, 2011, p. 125.

② 参见第三章第一节"政治反动和民族问题的新发展"。

③ Wolfgang Hardwig und Helmut Hinze (Hrsg.), *Deutsche Geschichte in Quellen und Darstellung*, *Band 7*, *Vom Deutschen Bund zum Kaiserreich*, *1815 - 1871*, S. 361 - 362.

政党"。① 革命期间新闻检查的取缔、集会和结社自由等权利的实施,法兰克福国民议会、普鲁士邦议会以及奥地利帝国议会中各种思想的政治代表的活跃登场,为不同政治立场和思想倾向的人们组成政治联合创造了条件。这种政治联合首先表现为议会内部各种派别的存在。如前所述,法兰克福国民议会中就形成了各个政治派别,他们的政治倾向已经非常明显。这种政治联合也表现为议会外各种政治势力的汇集,如 1848 年 9 月在柏林成立的全德工人兄弟会(Allgemeine Deutsche Arbeiterverbrüderung)等。一些重要报刊则成为重要政治派别的标志。柏林的《新普鲁士报》(Neue Preußische Zeitung),即所谓的《十字报》(Kreuz-Zeitung)是普鲁士保守势力的喉舌,科隆的《新莱茵报》则在一段时间内成了资产阶级民主左派的代言者。

　　1848 年德国革命的失败也使人们认识到,如果没有强大力量的支持,聚集于圣保罗教堂的学者们所醉心的民族统一、自由和民主的理想都是无法实现的。因此,德国的资产阶级在革命失败后开始转向现实政治,将理想与权力结合起来,希望借助某一具有资产阶级自由主义色彩的大邦来帮助实现建立民族国家的愿望,务实地发展资本主义经济。资产阶级的这种态度在很大程度上影响了 19 世纪下半期德国政治的发展走向。更具自由主义色彩的大邦普鲁士于是成为德国资产阶级青睐的对象。

---

① Deutscher Bundestag (Hrsg.), *Fragen an die deutschen Geschichte: Ideen, Kräfte, Entscheidungen von 1800 bis zur Gegenwart*, S. 124 - 127.

第二章　非凡的经济革命：第一次工业革命
　　　　与快速经济增长

19世纪的德国是在政治和经济"双重"革命的进程中迈向现代社会的。由于政治革命的不彻底性，经济革命在德国社会的现代转型中所扮演的角色就变得尤其重要。

1815年以后，特别是19世纪30年代以后，尽管德意志各邦在政治上长期处于以稳定和秩序为目标的复辟阶段，经济上却取得了非凡的成就。19世纪初的普鲁士农业改革（Preußische Agrarreform）和营业自由（Gewerbefreiheit）原则的确立，为资本主义经济的发展打下了良好的基础；关税同盟的建立、第一次工业革命的启动和展开，则使以普鲁士为核心的德意志地区的经济出现了前所未有的发展和活力。资产阶级在积极参加政治生活受阻后，把全部精力都投入到发展资本主义经济中。

工业革命促成的快速经济增长使德国的工业实力在19世纪60年代已经超过法国，跃居欧洲第二位，仅次于老牌资本主义工业国家英国。经济的迅速发展也在一定程度上"淡化"或"掩盖"了德国在政治上的落后状况。经济生活的迅速变化引领着德国在物质、文化和社会生活方面的进步甚至根本改变，推动着德国社会的现代转型。

第一节 农业和手工业经济;德意志关税同盟的建立

1815 年以后的一段时期,德意志各邦面临的经济形势并不令人乐观。19 世纪初的农业改革不可能取得立竿见影的效果。法国人在战争时期征收的大量军税以及为改革支出的各种费用等,使各邦负债累累。以普鲁士为例,每个居民负担的债务额从 5.5 塔勒尔上升到了 19.9 塔勒尔。最后普鲁士政府不得不依靠向罗特希尔德家族(Familie Rothschild)大量借贷才避免了破产的命运。巴登和巴伐利亚则每年必须将收入的 20％和 30％用于偿还债务。[①] 面对这种艰难的财政状况,人们显然不能指望国家给予生产和经济发展以有力的财政支持。

一、农业经济的扩张

尽管总体经济形势并不乐观,德国农业经济领域却存在着极其有利的发展因素:农业改革本身动摇了农村的封建统治基础,有利于农业经济的进一步商品化和农业资本主义的发展;拿破仑战争以后,整个德意志地区社会出现了相对安定的局面,有利于农业经济的恢复和发展;西欧工商业发展对粮食和原料的需求对于农业生产的发展具有巨大的刺激作用;新的耕作技术对农业产量的提高也大有影响。轮作制(Fruchtweckselwirtschaft)代替三圃制(Dreifelderwirtschaft),使原有的休耕地得到较充分的利用。牲畜的饲养由于饲料问题的解决得到发展,农作物种植结构也得到改善。豆类、土豆、三叶草、甜菜等的种植日益推广。19 世纪初,德国 2100 万公顷的耕地中尚有 1/3 处于休耕状态,到 1850 年时这一数字已减少到大约 15％。[②] 在荷尔施泰因等地,由于饲料

[①] Manfred Botzenhart, *Reform, Restauration, Krise, Deutschland 1789 –1847*, Frankfurt am Main: Suhrkamp Verlag, 1985, S. 96.

[②] Hubert Kiesewetter, *Industrielle Revolution in Deutschland 1815 – 1914*, Frankfurt am Main: Suhrkamp Verlag, 1989, S. 154.

问题的解决,牛、马等牲畜的饲养量迅速增长。农民也因市场对黄油、奶酪等的旺盛需求而大得其利。此外,原先仅在冬天向地里施加肥料的做法已开始延伸到夏天,土地肥力得到进一步改善。基于这样一些原因,德国农业在 1815 年以后呈现一种较为强劲的发展势头。

德国农业经济的扩张可以从普鲁士的相关统计中得到反映。在 1810 年—1840 年间,普鲁士的粮食生产增长很快,包括小麦、黑麦、大麦和土豆等在内的几类主要粮食的生产增长达 170%。土豆产量的增长尤其突出,增长率高达 882%。土豆开始成为德国人食物中的"顶梁柱"。[①] 牲畜饲养量也有很大程度增长。牲畜总头数由 1816 年的 3121.7 万头增加到 1833 年的 3924.9 万头和 1853 年的 4652.5 万头。[②] 同一时期,人口增长虽然也很快,但与粮食生产的增长相比,明显滞后。以普鲁士为例,1816 年—1840 年间,其人口从 1034.9 万人增加到 1492.9 万人,增加约 44%,[③] 明显低于粮食产量的增长速度。粮食产量的高增长和人口增长相对滞后带来的一个必然后果是,供求关系向买方市场转移,造成粮价下跌。以小麦价格指数为例(1913 年＝100),1816 年为 126,1830 年为 79,1840 年为 89。[④] 因此,除了 1817 年等灾荒年份外,德国的粮食市场一直呈现低迷状态。

19 世纪上半期农业经济的快速扩张,给德国社会带来了巨大影响。农业生产的发展,特别是粮食产量的提高,为 19 世纪上半期德国人口的增长提供了物质前提。1800 年—1850 年,德国人口(以 1871 年德意志帝国疆界为统计基础)由约 2300 万增加到约 3600 万,[⑤]增长幅度超过

---

① 邢来顺:《德国工业化经济—社会史》,湖北人民出版社 2003 年版,第 26 页。

② Hubert Kiesewetter, *Industrielle Revolution in Deutschland 1815-1914*, S. 163.

③ Hans-Ulrich Wehler, *Deutsche Gesellschaftsgeschichte*, Zweiter Band, *Von der Reformärabis zur industriellen und politischen "Deutschen Doppelrevolution" 1815-1845/49*, S. 10.

④ Ebd., S. 128.

⑤ Jürgen Kuczynski, *Die Bewegung der deutschen Wirtschaft von 1800 bis 1946*, Meisenheim am Glan: Westkulturverlag Anton Hain, 1948, S. 195. 1800 年时德国尚无真正的人口统计,有关这一时期的人口数量只是一种估计,故而各类史著提供的数据有所出入。

50%。农业经济的快速增长也给农业生产带来了一些看似消极却有利于农业资本主义发展的积极影响。农产品供过于求使 19 世纪 20 年代的德国出现了所谓的"生产过剩"的"农业危机"。① 这种"生产过剩"的危机不仅导致粮食价格大幅下跌,也使地产价格呈现不景气状况,其价格跌落到原有估价的一半甚至 1/3。在普鲁士,数以百计的贵族地主因经营不景气而被迫卖掉地产。一些富裕的农民和商人则趁机低价买入土地,从事资本主义农业生产经营。1823 年—1832 年间,仅东普鲁士地区就有 230 个贵族庄园被卖掉。与此同时,许多农民因无法忍受高额税收和其他负担,也被迫出卖自己的土地,然后成为以工资为生的农业雇佣工人。因此,19 世纪上半期农业生产的"过剩"虽然暂时抑制了农业的继续扩张,却有利于农业资本主义经营方式的发展。

二、营业自由原则和手工业等非农业经济的发展

(一)营业自由原则的实行

在中世纪,欧洲各国都存在着对营业活动的限制。此后,随着资本主义经济关系的发展,西欧各国纷纷冲破这种封建樊篱,逐步确立起营业自由的原则。② 在英国,虽然 1814 年才正式废除行会,但行会以外的大规模手工业生产早就存在。出版、制造和采矿等行业早在 18 世纪就已大规模地使用许可证制度。法国则在 1776 年就取消了行会制度,对生产的限制也在 1791 年取消。在德国,这一过程则要来得慢一些。

德国各邦在实行营业自由原则的时间方面是不同步的。在西部,特别是在莱茵兰,由于拿破仑统治时期法国法律的颁布和施行,营业自由的原则很快就得到贯彻。在大邦普鲁士,个别行会特权早在 1806 年就

---

① Manfred Botzenhart, *Reform, Restauration, Krise, Deutschland 1789—1847*, S. 97.
② 德国经济社会史学家弗里德里希—威廉·亨宁(Friedrich-Wilhelm Henning, 1931-2008)曾给"营业自由"下了一个明确的定义:"任何人可以在任何规模上、在任何一个生产部门,用任何一种生产技术开业和经营。" Friedrich-Wilhelm Henning, *Die Industrialisierung in Deutschland 1800-1914*, Paderborn: Verlag Schöningh, ⁶1984, S. 60.

已开始废除。1807 年"十月敕令"(Oktoberedikt von 1807)中关于贵族可以从事市民职业、市民和农民可以购买贵族地产、农民可以自由选择职业的规定,实际上已经明确了营业自由的原则。哈登贝格在 1811 年颁布的《营业税敕令》(Gewerbesteueredikt)则进一步确立了营业自由的普遍性原则。它规定,国家保证"完全的营业自由",每个成年人都可以在购买国家营业执照后从事包括商业、工场、手工业等在内的每个行业的经营活动。此后,行会约束在食品等行业被取消,在农村地区禁止手工业的规定也被废除。于是,"行会思想在整个德国普遍地遭到强烈遏制",营业自由在许多地区得到实行。① 半个世纪以后,萨克森(1861年)、巴登(1862 年)、符滕堡(1862 年)和巴伐利亚(1868 年)等邦也先后实行了营业自由的原则。

就整个德国而言,统一的营业规定是在国家统一后才实行的。1869年 6 月 21 日,北德意志联邦(Norddeutscher Bund)就营业条例进行了统一。此后,这一条例又被德意志帝国(Das deutsche Kaisereich)所接受。而它实际上源于普鲁士于 1845 年 1 月 17 日实行的营业条例。② 该条例秉持的原则是,尽可能地排除妨碍营业自由的限制,以便最大限度地发挥个人的才能,促进提高福利,促进国家的繁荣。③

营业自由原则的确立对德国非农业行业的影响特别巨大,它意味着行会法规和行会束缚的完全废除。由于加入和退出行会完全取决于个人的决定,行会丧失了它作为一种约束性合作组织的明显法律特征,降为一种一般意义上的私人联合会。虽然 19 世纪中期以前德意志关税同盟(Deutscher Zollverein)地区有关行业的原始统计资料不足,要精确描

---

① Jürgen Kuczynski, *Die Bewegung der deutschen Wirtschaft von 1800 bis 1946*, S. 32 - 33.

② Eckard Reidegeld, *Staatliche Sozialpolitik in Deutschland*, Band II, *Sozialpolitik in Demokratie und Diktatur 1919—1945*, Wiesbaden: VS verlag für Sozialwissenschaften, 2006, S. 202.

③ Hans-Ulrich Wehler, *Deutsche Gesellschaftsgeschichte*, Erster Band, *Vom Feudalismus des Alten Reiches bis zur Defensiven Moernisierung der Reformära 1700 - 1815*, S. 428; Friedrich-Wilhelm Henning, *Die Industrialisierung in Deutschland 1800 - 1914*, S. 63.

述营业自由原则的确立给非农业行业带来的影响有些困难,①但是以下几点影响是可以确定的:工匠人数和企业的数目增加了;由于人们按市场供求关系来选择职业,一些生产供过于求的部门手工业者人数下降;而在农村地区,由于禁止手工业的有关规定被取消,手工业者人数则有所增加。

(二)手工业等非农业经济的发展

1815 年以后,农业经济的扩张为手工业等非农业经济的发展创造了较为有利的条件。德意志地区的手工业等非农业经济因此也有一定的增长。一方面,粮食产量的大幅提高使更多劳动力进入其他经济领域成为可能;另一方面,营业自由原则的确立也为更多的劳动力进入工商业生产领域提供了机会。

关于 19 世纪上半期德国手工业等非农业经济的发展状况,虽然尚无全德范围的统计数据,但人们可以从普鲁士等具有代表性的大邦的统计中窥见一斑。1816 年—1846 年间,普鲁士手工业者总人数由 40.4 万人增加到了 84.2 万人,其中师傅人数由 25.9 万增加到了 45.7 万,帮工则由 14.5 万增加到了 38.5 万。他们在总人口中所占比重由 3.9% 上升到了 5.2%。② 整体上看,19 世纪上半期普鲁士手工业发展有三个特点:一是工匠师傅队伍扩大;二是帮工伙计人数的增长率高于工匠师傅人数的增长率;三是从事手工业的人数占总人口的比重在增加。手工业等非农业经济的增长还可以从税收中得到反映。仍以大邦普鲁士为例,1824年手工业等领域的税收为 160 万塔勒尔,1831 年则达到 200 万塔勒尔,增幅高达 25%。③ 而同期普鲁士的人口仅增加了 9%。由此可见手工业等领域经济的较快增长。

---

① Hans-Ulrich Wehler, *Deutsche Gesellschaftsgeschichte*, Zweiter Band, *Von der Reformärabis zur industriellen und politischen "Deutschen Doppelrevolution" 1815－1845/49*, S. 55; Friedrich-Wilhelm Henning, *Die Industrialisierung in Deutschland 1800－1914*, S. 65.

② Hans-Ulrich Wehler, *Deutsche Gesellschaftsgeschichte*, Zweiter Band, *Von der Reformärabis zur industriellen und politischen "Deutschen Doppelrevolution" 1815－1845/49*, S. 56.

③ Friedrich-Wilhelm Henning, *Die Industrialisierung in Deutschland 1800－1914*, S. 78.

在 19 世纪上半期,就整个德国而言,手工业等非农业经济的发展主要有两个特点。一是各邦发展状况不平衡。在经济相对发达的萨克森,手工业等非农业经济的发展水平甚至大大高于普鲁士。在南德地区,手工业等非农业经济的发展则要远远低于普鲁士。① 二是受农业经济扩张的影响,增长呈现一种"U"形特征。以德国西部城镇赖特(Rheydt)为例,1822 年该地从事农业者为 120 人,1827 年增加到 314 人,1836 年下降到 123 人;在非农业领域则相反。以上对应年份从事手工业、工业和商业者为 701 人、372 人和 760 人。② 由此可以看出,19 世纪 20 年代农业扩张对手工业等曾经造成重大冲击,手工业等从业人数明显减少,农业领域就业人数大幅增加。19 世纪 30 年代中期以后,手工业、工业领域从业人数才开始明显增加。之所以出现这种根本性转变,原因之一是农业在"生产过剩"危机下经营压力增大,造成一部分过剩劳动力进入非农业领域寻找出路;另一个原因是德国第一次工业革命启动,工业领域开始吸纳大量劳动力。

三、德意志关税同盟的建立

(一)关税同盟建立前的德意志关税体系

中世纪以来,德意志地区一直处于分裂割据状态,诸侯各霸一方,聚敛钱财,征收关税就是其中的主要途径。18 世纪中叶,整个德意志大约有 1800 条关税线路交织着。18 世纪下半期以后,关卡林立的局面已经严重阻碍着德意志内部的商品流通和贸易的扩大,成为德意志地区经济无法与西欧邻国同步发展的决定性因素。③ 1765 年,巴伐利亚曾尝试实行新的过境税、国内货物税和交通税条例,但它很快发现,新的税则立即

---

① Hans-Ulrich Wehler, *Deutsche Gesellschaftsgeschichte*, Zweiter Band, *Von der Reformärabis zur industriellen und politischen "Deutschen Doppelrevolution" 1815 – 1845/49*, S. 57 – 58.
② Hartmut Kaelble (Hrsg.), *Probleme der Modernisierung in Deutschland: Sozialhistorische Studien zum 19. und 20. Jahrhundert*, Opladen: Westdeutscher Verlag, 1978, S. 37.
③ Hans-Werner Hahn, *Geschichte des Deutschen Zollvereins*, Göttingen: Vandenhoeck und Ruprecht Verlag, 1984, S. 10.

引起与周边各邦极其麻烦的法律纠纷。在这种情况下,人们认识到,中小邦国影响力有限,在建立统一的德意志关税体系问题上难有作为,只有普鲁士和奥地利这种大邦才有能力克服相关阻碍因素,使德意志各邦在"通往统一关税及商业体系的道路上取得进展"[①]。

在当时的德意志两大强国中,奥地利早在马丽亚·特蕾西亚(Maria Theresia,1717—1780,1740 年—1780 年在位)[②]统治时期就已经实行新的关税条例。但是相关改革仅着眼于奥地利本邦而非整个德意志地区。它将哈布斯堡君主国(Habsburgermonarchie)各部分整合成了统一的关税区,只有国家才能收税。[③] 1827 年,奥地利又完全废除了邦内各地区的关卡。

奥地利关税改革虽只涉及奥地利本邦,但还是对日后德意志关税体系的发展产生了重大影响。它在重商主义原则下严格限制进口,顽固坚持封闭的保护主义关税体系,使奥地利与其他邦国之间的商业政策难以协调,从而为另一大邦普鲁士提供了乘虚而入的机会。与奥地利相比,普鲁士直到 1800 年左右仍然远非一个统一的关税区,甚至也一度顽固坚持保护主义原则。但是进入 19 世纪以后,它却走上了一条与奥地利完全不同的关税政策道路,掌握了建立新的德意志关税体系的主导权。

首先给德意志地区带来统一关税希望的人是拿破仑。1806 年,古老的神圣罗马帝国在拿破仑军队的铁蹄下寿终正寝。同年,莱茵邦联(Rheinbund)在拿破仑的保护下建立起来。与旧帝国时期不同的是,莱茵邦联有统一的政治基础。更重要的是,通过拿破仑战争,德意志境内数百个邦国已减少到 30 个左右。所有这些变化皆有利于克服德意志内

---

① Hans-Werner Hahn, *Geschichte des Deutschen Zollvereins*, S. 10.
② 马丽亚·特蕾西亚 1740 年开始任奥地利大公兼匈牙利和波希米亚国王。1745 年她的丈夫被推选为神圣罗马帝国皇帝,即弗兰茨一世(Franz I.,1708—1765,1745 年—1765 年在位)。但哈布斯堡君主国的统治一直由马丽亚·特蕾西亚单独负责,因此她是实际意义上的女皇。
③ 黄正柏、邢来顺:《未竟的中兴——18 世纪的奥地利改革》,南京大学出版社 2001 年版,第102—103 页。

部原有的商业和贸易障碍。巴伐利亚、巴登和符滕堡等莱茵邦联各成员邦于是成了德意志关税体制的"合理进步的开创者"。①

1807年,巴伐利亚开始实行新的关税制度。随后,符滕堡(1808年)、处于拿破仑家族统治下的贝格(Berg)和威斯特法仑(1806/08、1811年)、巴登(1812年)等相继实行新的关税制度。根据新的关税制度,内部贸易障碍在统一的关税体系原则下被清除,但政治主权仍保留在各邦手中。最后各邦之间建立起统一的、等级性的关税管理体制。运作这一管理体系的人员是经过专业培训的、不再靠领手续费度日的高薪税务官员,因此有利于提高效率和防止腐败。但是,莱茵邦联是在拿破仑扶持下建立起来的,它随着1813年拿破仑的军事失败而解体,其建立统一的关税体系的努力也因之而受挫。

拿破仑战争结束后,德意志境内建立起由38个主权邦和城市组成的德意志邦联,仍然保持着分裂的局面。在这些邦国中,只有3个邦面积超过5万平方公里,7个邦人口超过100万。它们设立关卡,对过往商品征收繁重的关税,阻碍商业流通,使得德国统一的民族市场无法形成,不仅发展资本主义经济前景暗淡,而且即将到来的工业革命也必然会受到阻碍,以至于有学者叹之"希望渺茫"。②

实际上,一些有识之士早就看出统一的关税体系对于德国经济和政治发展的极端重要性。曾经发起普鲁士改革运动的施太因男爵在1814年时就提出了"取消所有国内关税"并建立统一的德意志关税体系的问题。③ 拿破仑战争结束后,经济发展成为各邦面临的共同主题,而且德国经济在英国工业革命浪潮冲击下,分工愈来愈细,各经济部门联系日益密切,建立统一的关税区日益迫切。而且国际竞争、法国和英国独立完

---

① W. Zorn, "Binnenwirtschaftliche Verflechtungen um 1800", in Friedrich Lütge (Hrsg.), *Die wirtschaftliche Situation in Deutschland und Österreich um die Wende vom 18. zum 19. Jahrhundert*, Stuttgart: Gustav Fischer Verlag, 1964, S. 101.

② Hubert Kiesewetter, *Industrielle Revolution in Deutschland 1815-1914*, S. 37 – 38.

③ Hubert Kiesewetter, *Industrielle Revolution in Deutschland 1815 - 1914*, S. 38; Hans-Werner Hahn, *Geschichte des Deutschen Zollvereins*, S. 14.

整的国民经济体系呈现出的巨大经济活力,也使德国人体会到建立起自己的民族市场经济体系的必要性,认识到德国经济的进步取决于一个统一的经济区,也即"统一的关税、交通和货币区"。①

要建立统一的经济区,首先必须清除关卡林立的局面。但是整个德意志地区在政治上的分裂使得消除这一障碍特别困难。1815 年维也纳会议上,一些政治家和国务活动家就曾提出建立全德关税问题,但是巴伐利亚等邦出于维护主权的考虑,立即对此表示反对,结果提案归于失败。此后,经济界又进行了一些跨区域性的联合尝试。1819 年 4 月 19 日,在美因河畔法兰克福复活节商品交易会上,著名国民经济学家弗里德里希·李斯特(Friedrich List,1789—1846)就发起建立了"德国商业和手工业联合会"(Deutscher Handels-und Gewerbsverein),出席大会的 5000 名商人和工厂主来自普鲁士、巴登、巴伐利亚、黑森、拿骚、萨克森和符腾堡等地。"德国商业和手工业联合会"向德意志邦联提交了一份申请书,要求"在德国境内取消关税和过境税,并在整个邦联内建立起统一的关税线路"②。但是这些努力都因各邦统治者坚持分离主义的特殊利益而遭到失败。德意志邦联议会则声称,它无权过问此事。

除了政治上的分裂等阻碍因素外,德意志内部无法实行统一关税政策的另一重要原因在于,各邦之间存在不同的经济结构。19 世纪三四十年代以前,德国存在三类不同的经济区域。北部和易北河以东的普鲁士地区属于大地产性质的纯农业地区;从莱茵河一直到西里西亚,则是手工业经济区。在这一地区,莱茵兰、威斯特法仑、西里西亚和萨克森开始形成日后德国的工业中心地带;在西南德地区以及黑森各邦中,农业和小工商业则占据着很大优势。这里与北部不同,除了占支配地位的农业经济外,还有以手工业为基础的工商业经济。这三种不同的经济结构,导致各邦在商业和关税政策上面临着不同的利益。在以农业为主的北

① Thomas Nipperdey, *Deutsche Geschichte 1800-1866:Bürgerwelt und starker Staat*, S. 358.
② Friedrich List, *Schriften / Reden / Briefe*, Band 1, *Der Kampf um die politische und ökonomische Reform 1815-1825*, Berlin:Hobbing Verlag, 1932, S. 493.

部和东北部,生产的农产品主要出口到英国,然后再从英国进口所需的廉价工业品。因此它们与汉萨各城市一样,主张自由的商业贸易政策。莱茵-威斯特法仑(Rhein-Westfalen)、西里西亚、萨克森等工业发达地区则主张保护关税,以对付外来工业品的竞争。在南部和西南部地区,众多的小工商业企业也主张实行保护关税政策。它们惧怕外国的竞争,甚至还担心来自萨克森和莱茵地区的制造业的竞争压力。这种利益差别预示着,德国在实行统一的商业和关税政策方面将有一段艰难的路程要走。

(二)普鲁士领导下的德意志关税同盟的建立

德意志境内关卡林立的旧关税体系首先受到大邦普鲁士的有力冲击和挑战。1818 年,出于政治、经济和财政等因素的考虑,普鲁士开始在其领土内实行新的统一关税法则。

首先,普鲁士出台新的关税法则,有其重要的政治动因。1815 年维也纳会议后,边界和领土经过重新调整的普鲁士出现了非常不利于管理的领土构成状况,其领土被分为东部原有领土和西部莱茵地区新获得土地两大部分,领土中间还有一些小邦以飞地形式存在。此外,它所统治的东部地区和西部地区的经济结构也不尽相同。东部是典型的农业经济区,西部的莱茵-威斯特法仑地区则是发达的工商业经济区。面对这种复杂的领土和经济结构,普鲁士政府需要以某种方式将新并入地区与原有统治区一体化,在管理上统一起来,以便巩固新获得的土地。而这种一体化的最快捷有效的方式就是实行统一的关税。就这一点而论,普鲁士统一关税的"政治一体化意图不能忽视"。①

其次,普鲁士实行统一的新关税法则,也有保护本邦经济的考虑。统一关税前,普鲁士关税体制特别混乱。仅在旧普鲁士各省就有 57 种不同的关税。当时经济发达的莱茵地区就埋怨,它的产品不仅要向外国

---

① Richard H. Tilly, *Vom Zollverein zum Industreistaat*: *Die wirtschaftlich-soziale Entwicklung deutschlands 1834 bis 1914*, München: Deutscher Taschenbuch-Verlag, 1990, S. 39.

关卡付出高额关税,还要受到普鲁士内部各种贸易限制的阻碍。此外,普鲁士领土分散,关税边界长达 7500 公里,造成管理困难,走私猖獗。因此普鲁士政府统一关税的起初目的之一就在于废除境内不同地区之间的交通限制,设置对外关税线路,对外来商品征收适当的贸易和消费税,保护国内工商业。① 与此同时,普鲁士还想通过新的关税政策,迫使被普鲁士领土包围着的小邦或其他邦的属地加入普鲁士关税体系,以防走私。后来的事实也证明了这一点。

此外,增加财政收入也是普鲁士政府实行统一的新关税法则的一个重要动力。拿破仑战争结束后,普鲁士政府的战争债务达到 21800 万塔勒尔。如何还清这笔庞大的债务一直使普鲁士政府愁眉不展。因此,它需要一个新的、稳定的收入来源。倘若能征收新的统一关税,必然会提供更多的间接税收入,②进而改善普鲁士政府财政状况。

至于学界常常提到的普鲁士打算通过建立自己领导下的关税同盟来谋求在德意志的霸权地位的说法,并无史实加以验证。实际上,普鲁士起初并没有这一层政治考虑,而是后来的形势发展才使它意识到,可以利用关税同盟来为自己争霸德意志服务。③ 因此,在涉及普鲁士创立关税同盟的最初动力时,不宜强调其争霸德意志的因素。或者说,普鲁士因建立关税同盟而取得在德意志的政治主导权,在某种程度上可谓其一大意外收获。

1818 年 5 月 26 日,普鲁士政府正式出台新的关税法则。据此,普鲁士将废除境内一切关卡,建立一个自由的国内市场,对外则实行新的关税体系。根据新关税法,在进口方面,除了盐等国家垄断产品,无任何限制;在征税税率方面,出口货物除了少数例外,一律免征关税。对于进口

---

① Hubert Kiesewetter, *Industrielle Revolution in Deutschland 1815 – 1914*, S. 39.

② Barbara Vogel（Hrsg.）, *Preussische Reformen 1807 – 1820*, Königstein ／ Ts：Verlagsgruppe Athenäum, Hain, Scriptor, Hanstein, 1980, S. 237.

③ Hans-Ulrich Wehler, *Deutsche Gesellschaftsgeschichte*, Zweiter Band, *Von der Reformärabis zur industriellen und politischen "Deutschen Doppelrevolution" 1815 – 1845／49*, S. 125；Hans-Werner Hahn, *Geschichte des Deutschen Zollvereins*, S. 20 – 21.

货物、原料、食品等免征关税,工业制成品要征收至多高达商品价值10%的税额;对于奢侈品和殖民地产品,出于财政方面的原因,则要征收30%或者更高的关税。从以上规定中不难看出新关税法的取向:一方面,为了照顾农业部门对国外廉价工业品的需求,新的关税法基本上取消了进口限制;另一方面,新的关税法又通过对出口货物和进口原料免税来鼓励出口和促进本邦制造业发展,以满足工商业界要求保护和加强本国工商业竞争力的愿望。因此,新关税法则实际上是"自由贸易的农业部门和更多地对保护关税感兴趣的工商业经济之间能够承受的妥协让步"。①

　　但是在德意志其他邦国的眼里,普鲁士新关税法则的实行不仅仅是一项经济措施,而是一种政治威胁。普鲁士具有优越的地理位置,正好处于德国的主要商路上。除了汉诺威和黑森-卡塞尔之间的瓶颈地带外,它控制了南北向的所有通道;作为重要运输通道的莱茵河,其下游两岸都在普鲁士的手中;德国贸易商品博览会城市莱比锡通往波兰和俄国的道路也都必须穿过普鲁士的西里西亚。由于这种情况,许多邦国都对普鲁士有所顾忌,惧怕其进行贸易上的"讹诈",进而在政治上进行要挟,削弱它们的独立地位。因此,普鲁士新关税法则出台后,各邦曾围绕关税问题进行了一系列斗争,其中包括各邦为维护本邦私利而进行的抗争以及普鲁士和奥地利之间为争夺德意志领导权而进行的斗争。这些斗争在关税同盟的建立和发展过程中往往交织在一起。

　　普鲁士统一关税的举动首先遭到普鲁士领土内以飞地形式存在的安哈尔特(Anhalt)等小邦的反对,它们担心因此遭到普鲁士的封杀。然而1828年以后,这些实力过于弱小的邦国最终都屈服于普鲁士的强大压力。

　　来自中等邦国的对抗是普鲁士需要克服的最大阻力之一。以巴伐利亚、符滕堡、巴登、汉诺威等为代表的中等邦国试图通过联合的方式来

---

① Hans-Werner Hahn, *Geschichte des Deutschen Zollvereins*, S. 23.

实行一种能够维护自身利益的关税政策。1820年5月,南德诸邦与中德地区部分小邦达成共识,准备就建立关税同盟进行谈判。但是1823年以后,南德诸邦分裂成以巴伐利亚、符滕堡为一方和以巴登、黑森、拿骚为另一方的两大集团,前者要求实行保护关税,后者要求实行自由贸易政策。1825年2月,巴伐利亚和符滕堡草拟了一个关于南德关税和贸易同盟的基本条约。1827年4月,双方又签订预备条约,并于1828年1月18日正式签订关税同盟条约,组成了南德关税同盟(Süddeutscher Zollverein)。

虽然遇到以上各种抵制,普鲁士建立关税同盟的努力还是出现了进展。普鲁士一直对中德地区的黑森-卡塞尔和黑森-达姆施塔特这两个邦国情有独钟,这两个黑森邦国正好处在普鲁士本土和它的莱茵省之间,如果能与它们结成关税联盟,将大大有利于普鲁士全境的商业流通。因此,普鲁士一直努力争取两个黑森邦国的合作。然而,当时夹在普鲁士和巴伐利亚-符滕堡集团之间的黑森-卡塞尔既不想与南方也不愿与北方联合。针对这一情况,同时也是为了限制南德关税同盟,普鲁士决定与黑森-达姆施塔特先行结盟。1827年8月,普鲁士财政大臣弗里德里希·冯·莫茨(Friedrich von Motz,1775—1830)开始与黑森-达姆施塔特就实行关税联合进行谈判。1828年2月14日,双方在普鲁士新关税法则的基础上建立了关税同盟。这是普鲁士在建立全德关税同盟的道路上迈出的重要一步。此后,在德意志出现了南北两个关税同盟对峙的局面。

普鲁士建立关税同盟的突破性进展进一步引起其他中等邦国的担忧和敌视,插梗于普鲁士领土之间的汉诺威、黑森-卡塞尔尤其如此。莫茨曾试图通过缔结一项贸易条约来争取汉诺威,但遭到拒绝,拉拢黑森-卡塞尔的努力也同样没有结果。它们都害怕普鲁士在北德意志建立霸权,威胁自己的独立地位。在它们看来,抵制普鲁士霸权比建立统一的关税和贸易体制更为重要。因此,各中小邦国之间一度出现反对普鲁士关税体系的联盟计划。1828年8月22日,在萨克森的策划下,汉诺威、黑森-卡塞尔、萨克森、汉萨各城市以及包括科堡(Coburg)在内的图林根(Thüringen)各邦结成了中部德意志商业同盟(Mitteldeutscher Handelsverein)①,旨在与以普鲁士为首的北部关税同盟和巴伐利亚、符滕堡组成的南德关税同盟相对抗。

但是,"中部德意志商业同盟"的存在并没有阻挡住德意志关税一体化进程,反而在某种意义上促进了这一天的到来。中部德意志商业同盟实行亲奥地利政策,它"既反对普鲁士也反对巴伐利亚"②,试图以此平衡德意志的政治格局,结果反而使得德意志南北两大关税同盟开始相互接近。

1828 年以后,普鲁士已经看到了关税同盟的光明前景,开始将统一关税从普鲁士的、至多是北德意志的政策转变为一种全德意志的政策。它主动与南德关税同盟中的巴伐利亚接近。虽然南德诸邦对普鲁士可能的霸权同样抱以反对态度,但是普鲁士-黑森关税区域的人均关税收入令它们垂涎不已。当时北方关税区域的人均关税收入达到 24 格罗森(Groschen,银币单位),而南德关税同盟的人均关税收入只有 9.5 格罗森。因此,它们希望与北部关税同盟联合,以便增加关税收入,缓解窘迫的财政状况。经过谈判,1829 年 5 月 27 日,普鲁士与南德关税同盟签订条约,规定保留巴伐利亚和符滕堡在日后与普鲁士西部诸省及黑森-达姆施塔特缔结关税同盟的可能性。这一条约涉及的人口达到 2000 万,为日后德意志关税同盟的建立奠定了基础。

此后,莫茨又以普鲁士与巴伐利亚—符滕堡之间的公路穿过萨克森-迈宁根(Sachsen-Meiningen)和萨克森-科堡-哥达(Sachsen-Coburg-Gotha)以及由此带来的巨大商机为诱饵,将这两个小邦拉入普鲁士的怀

---

① 这一同盟主要是因为惧怕和敌视普鲁士而走到一起的,且各成员邦之间相互妒忌,故而注定不会长久。参见:William O. Henderson, "Die Rolle Preussen bei der wirtschaftlichen Einigung Deutschlands", in Manfred Schlenke (Hrsg.), *Preussen: Beiträge zu einer politischen Kultur*, S. 198 - 199.

② [联邦德国]卡尔·艾利希·博恩等:《德意志史》,第三卷(下),第 532 页。

抱。1831年,黑森-卡塞尔经不起商业利益的诱惑,也加入了普鲁士关税区域,从而使普鲁士的东西两部分在经济流通方面完全连结了起来。两年后,"中部德意志商业同盟"解体,普鲁士开始与该同盟的原成员邦以及巴伐利亚、符滕堡之间进行谈判,商讨建立全国性关税同盟问题。1833年3月22日,普鲁士与南德关税同盟签署合并条约。同年,萨克森与图林根诸邦(Thüringische Staaten)[①]也加入这一同盟。1834年1月1日,由18个邦参加的、包括2350万人口的德意志关税同盟开始生效。

　　德意志关税同盟的建立所带来的冲击绝不仅仅是经济上的。它给德意志的政治生活也造成了巨大影响。关于这种影响的政治前景,莫茨在19世纪20年代已经看得非常清楚。他在给普王弗里德里希・威廉三世的备忘录中曾指出:必须在德意志邦联的各邦之间建立一个"置于相同利益和自然基础上的"经济联盟,然后"形成一个在普鲁士保护和庇护下真正联合的、从里到外都自由的德国"。[②] 当代德国著名史学家托马斯・尼佩代(Thomas Nipperdey,1927—1992)则以极其简练的笔触,从三个方面归纳了德意志关税同盟的建立对德国历史发展的影响:第一,它开辟了德意志民族经济发展的新时代。从此,德意志经济一体化步伐明显加快了。第二,它开辟了德意志民族国家构成历史的新纪元。它使德国的统一朝着小德意志方案迈出了重要的一步。第三,它开辟了普鲁士和奥地利争霸斗争的新阶段。[③] 从此,普鲁士在与奥地利的斗争中有了一张强有力的王牌。

[①] 图林根诸邦包括萨克森-魏玛-爱森纳赫大公国、萨克森-科堡-哥达、萨克森-迈宁根、萨克森-阿尔滕堡公国和大罗伊斯系(Reuß älteren Linie)、小罗伊斯系(Reuß jüngeren Linie)、施瓦茨堡-桑德斯豪森(Schwarzburg Sondershausen)、施瓦茨堡-鲁道尔施塔特(Schwarzburg Rudolstadt)等侯国。

[②] Hermann Oncken(Hrsg.), *Vorgeschichte und Begründung des Deutschen Zollvereins 1815-1834*, Band 3, Berlin: Hobbing Verlag, 1934, S. 534; Hagen Schulze, *Der Weg zum Nationalbewegung vom 18. Jahrhundert bis zur Reichsgründung*, München: Deutscher Taschenbuch Verlag, 1985, S. 95-96.

[③] Thomas Nipperdey, *Deutsche Geschichte 1800-1866: Bürgerwelt und starker Staat*, S. 358.

第二节　第一次工业革命

德国第一次工业革命(Erste Industrielle Revolution)起步较晚。19
世纪 30 年代中期,当英国第一次工业革命接近尾声,法国第一次工业革
命已经大规模展开之时,德国才开始了第一次工业革命的进程。尽管如
此,由于德国工业革命在铁路建设拉动下迅速从轻工业向钢铁、煤炭等
重工业转移,工业呈现高速增长态势,以至于在短短的 30 多年时间内就
完成了这一进程。

一、第一次工业革命的前提条件和早期准备

(一)第一次工业革命的前提条件

与英、法等国相比,德国第一次工业革命之所以姗姗来迟,乃多种因
素所致。

就地理因素而言,德国位于资本主义经济发达、且已经开始工业化
进程的西欧和经济相对落后、仍实行着农奴制度的东欧之间。直到 19
世纪初,德国仍处于分裂状态,没有在地理上形成自己的经济、政治和文
化中心。各邦之间的经济发展存在很大差异,一些邦国或地区与外部的
联系要比与内部的联系更紧密一些。著名的汉萨同盟(Hanse;
Düdesche Hanse;Deutsche Hanse)主要为尼德兰(Niederlande)等非德
意志地区服务。德国东西两侧在经济上呈现巨大落差。西部莱茵兰交
通便利,且与法国、比利时等西欧国家相邻,经济比较发达;易北河以东
的东普鲁士等地区则主要以落后的农业经济为主。这种状况对即将起
步的德国工业革命不可能不产生影响。

从历史和政治角度看,长期的政治分裂对德国经济的发展和即将开
始的工业革命也产生了不利影响。各邦在政治上的分裂造成关税重叠,
货币不统一,经济交流受到阻碍,影响到整个德意志地区的经济一体化
进程。德国在政治上也落后于西欧国家。当英国通过 17 世纪的革命确

立起立宪君主制时,德意志各邦还在继续加强专制主义。18 世纪末 19
世纪初,即使经历了法国大革命和拿破仑战争的剧烈冲击,许多德意志
邦国在 1815 年维也纳会议以后又恢复了专制统治,传统贵族阶级仍然
控制着国家政权。普鲁士等邦通过 19 世纪初的艰难改革,才刚刚迈上
资本主义发展的道路。资产阶级力量仍然很弱,资本主义发展在政治上
仍然面临着重重困难和阻力。

　　当然,当时的德国也存在一些有利于工业革命的条件。首先,德国
已经有一定的工业基础。在工业发达的萨克森,到 1800 年左右,主要人
口已经活跃在工商业领域,只有 20％的人口从事农业生产。在下莱茵
(Unterrhein)、威斯特法仑、西里西亚等地,以出口为目标的工商业已经
发展到很高的水平。[1] 所有这些,都为德国第一次工业革命的顺利开展
奠定了良好的经济和技术基础。

　　各邦政府的政策在一定程度上也具有两面性。一方面,各邦统治者
为了维护自己的利益和特权,顽固推行分裂政策,坚持专制统治,妨碍了
德意志境内的贸易往来,不利于资本主义经济的发展和统一的民族市场
的形成;另一方面,他们为了增强自己的实力,巩固自己的统治,又往往
采取一些积极的政策来刺激本邦经济的发展。19 世纪初德意志各邦的
改革运动推动了德国向资本主义现代社会的转型。农业改革的推行,使
许多获得人身自由同时却失去土地的农民进入城市谋生,为工业资本主
义发展提供了充足的产业后备军;营业自由原则的确立打破了封建制度
的束缚,有利于工商业的发展;教育改革和普及义务教育政策则使得德
国在人才培养和科学研究方面显示出越来越明显的优势,为工业革命奠
定了人才基础。各邦政府还通过各种方式支持、促进本邦工业的发展,
甚至通过资助到英国旅行以及"工业间谍"等方式从英国获取技术情报。

　　特别值得一提的是 1834 年建立起来的德意志关税同盟。它不仅克

---

[1] Knut Borchardt, *Die Industrielle Revolution in Deutschland*, München: Piper Verlag,
1972, S. 35 - 36.

服了各邦之间的关税障碍,促进了相互间经济交流和德意志地区经济一体化,也为第一次工业革命在德国的开展提供了更广阔的空间。

此外,德国第一次工业革命启动虽然较之英、法等国要晚,但作为后发国家,在借鉴英国等工业发展经验时有了更多的选择余地。换言之,德国可以选择适合自己的部门和领域,优先发展,"避免"走不必要的弯路,①从而取得最佳发展效果。这就是"后发"优势。实际上,早在18世纪末,就已经有许多德国商人和官员前往英国学习,并将所学带回国内。同时,法国和比利时这两个在工业革命方面先行的国家也成为德国输入各种创新事物的中介传播者。

(二)第一次工业革命的准备阶段

德国第一次工业革命的准备阶段可以追溯到18世纪80年代中期,即英国第一次工业革命大规模展开后。当时,萨克森、柏林和莱茵河右岸的杜塞尔多夫周围地区已经开始出现零星的纺织机器。1784年,在杜塞尔多夫附近的拉廷根(Ratingen)出现了欧洲大陆第一个棉纺纱厂。1785年,第一台瓦特蒸汽机在曼斯菲尔德(Mansfeld)的赫特施泰特(Hettstedt)安装成功。1792年,上西里西亚地区建成了第一座炼焦高炉。此后,铸铁设备、蒸汽机等相继被引入上西里西亚采矿区。

虽然德国在引进第一台纺纱机、第一台蒸汽机等方面都紧跟着英国工业革命的步伐,但它没有能够像英国那样,将这些新机器、新工艺迅速加以推广应用并形成工业领域广泛性的"革命"运动,而只是呈现为一种零星现象,以极其缓慢的发展速度向前移动,从而使其第一次工业革命的准备阶段与实质性开始之间存在长达半个世纪的漫长过程。② 在此期间,英国已接近完成第一次工业革命,法国、比利时则已经大规模展开工业革命。

德国第一次工业革命的准备时间漫长,有诸多原因。根本性原因是

---

① Knut Borchardt, *Die Industrielle Revolution in Deutschland*, S. 29.
② Mottek, Blumberg, Wutzmer, Becker, *Studien zur Geschichte der industriellen Revolution in Deutschland*, Berlin: Akademie Verlag, 1960, S. 19.

资本主义发展缓慢。农村的封建关系和城市中的行会法规等阻碍生产力的发展和资本主义生产方式的推行。这些因素直到 19 世纪上半期才通过改革的方式逐渐被废除。而资本主义的机器大生产在封建生产关系下显然难以成长。政治上的四分五裂以及由此造成的经济上的相互隔绝状态,也是阻碍德国工业革命开展的重要因素。

此外,一些其他的历史性因素,也使德国在引进机器生产等新的生产力因素方面显得力不从心。工业革命母国英国的竞争挤压是原因之一。由于英国在棉纺织业和生铁冶炼等领域的领先性竞争压力,德国在这些领域的投资受到明显阻碍。以纺纱业为例,1793 年英国爆发经济危机后,为摆脱危机,加大了棉纱线的出口,德国纺纱业在占优势的英国棉纱的冲击下很快陷于停顿,许多市场被英国产品占领,一些以手工纺纱为业的德国人陷入了困境。因此,人们在投资纺纱业方面信心不足。

开始于 18 世纪 90 年代的欧洲战争也对德国第一次工业革命的发展产生了阻滞作用。作为主要战场的德国饱受战火的摧残;拿破仑在战争中实行以战养战的政策,把德国变成了法军的驻扎地和军事物资供给地,在经济上大肆掠夺德国;为了从经济上打击英国,拿破仑还实行严格的"大陆封锁"(Kontinentalsperre)政策。结果,德国向海外出口受到严重阻碍,棉花和其他原料的进口也变得特别困难。更重要的是,大陆封锁妨碍了德国与英国的经济接触和交流,降低了英国工业革命对德国的影响;拿破仑还实行以民族压迫为特征的商业政策。这种政策的特点是,阻止德意志各邦的商品进入法国或法国控制下的意大利和西班牙,同时强迫德意志各邦向法国商品开放市场。所有这些,都使德国经济大伤元气。以吕贝克为例,在 1808 年—1811 年危机中,95 家公司的负债额高达 990 万吕贝克马克。[1]

1815 年以后,德国经济发展终于有了渴望已久的和平环境。各邦的

---

[1] Hermann Kellenbenz, *Deutsche Wirtschaftsgeschichte*, *Band 2*, *Vom Ausgang des 18 Jahrhunderts bis zum Ende des Zweiten Weltkriegs*, München: Verlag C. H. Beck, 1981, S. 132.

资产阶级改革在一定程度上削弱了发展资本主义的障碍性因素。但是德国并未因此进入工业革命的快车道。究其原因,一是19世纪初的改革相对温和,在克服传统封建生产关系方面不可能像革命那样在短期内取得明显的效果,而是经历了一个较长的过程;二是德国无论在经济上还是在政治上都仍然处于分裂状态。德意志地区的经济一体化进程直到建立起以普鲁士为核心的德意志关税同盟后,才开始起步;三是战争结束后军事装备订货的突然减少和军队的大量复员,使各邦在短时期内承受巨大经济和社会压力,失业率上升,经济受到冲击。

以上因素使19世纪30年代以前的德国工业发展始终无法取得突破性进展。以棉纺织业为例,1815年—1825年,全德精纺纱锭数量从36万锭增长到39万锭,仅增加3万锭。① 其他生产领域增长同样缓慢。在普鲁士,1800年—1834年间,生铁和钢产量分别从3万吨、2.14万吨增加到了7.54万吨和4.67万吨,②增量甚微。在机器制造业领域,虽然德国在1785年就已经制造出第一台蒸汽机,但是到1815年左右,各类工厂中基本上还是使用畜力作为动力。工业发达的萨克森到1825年时还只有3台蒸汽机。

当然,到19世纪30年代以前,尽管工业发展缓慢,但毕竟有所进展。19世纪20年代,柏林等地已经开始出现机器制造厂。1825年,当柏林的埃格尔斯(Egells)铸铁车间和机器厂建造一台大型蒸汽机时,日后成为著名机器制造商的博尔西希(August Borsig,1804—1854)就在这里学到了很多东西。1828年的《莱茵-威斯特法仑广告报》(Rheinisch-Westfälische Anzeiger)上也已经出现了这样的口号:"机器,到处是机器,这就是我们的奋斗目标!"③交通领域也开始出现重大变化,各邦开始

---

① Hubert Kiesewetter, *Industrielle Revolution in Deutschland 1815 – 1914*, S. 180.
② Wolfram Fischer, Jochen Krengel, Jutta Wietog, *Sozialgeschichtliches Arbeitsbuch*, Band 1, *Materialien zur Statistik des Deutschen Bundes 1815 – 1870*, München: Verlag C. H. Beck, 1982, S. 68 – 70.
③ Hubert Kiesewetter, *Industrielle Revolution in Deutschland 1815 – 1914*, S. 204.

大规模修筑公路。1817年—1828年,普鲁士在修建公路方面的投入高达1100万塔勒尔。总之,经过19世纪20年代和30年代初的缓慢进展,德国开始大规模工业革命的技术条件已经基本成熟。1834年关税同盟建立后,德国大部分地区开始了经济一体化步伐。工业革命的经济条件成熟了。

二、第一次工业革命

19世纪30年代中期,德国第一次工业革命开始启动并迅速展开。主要表现为:新技术和新机器得到广泛采用;以铁路建设为标志的交通运输业得到前所未有的发展;工业产量以极其迅猛的速度增加;工业固定资本投入迅速增长;商业和银行业迅速现代化;工业人口迅速增加。从第一次工业革命进程看,19世纪30年代中期启动,四五十年代进入高涨阶段,60年代势头有所减弱,然后以70年代初的小高潮结束。

(一)纺织工业

纺织业在多数国家是传统工业产业,德国也不例外。1815年以前,德国从事非农业生产的人口大多数集中在纺织业领域。工业革命前,纺织业主要是以家庭手工业和手工工场生产形式存在。由于纺和织的生产速度不一,通常一个织工需要10个纺工的支持。因此,在18世纪下半期,当英国因闹纱荒而大办纺纱学校时,普鲁士也曾让士兵和监狱中的犯人纺纱。19世纪30年代,随着新技术的采用和机械化,这一问题逐步得到解决,纺织工业在德国出现了快速发展,以至于"在整个工商业领域中,没有比年轻的棉纺织工业更令人感兴趣和更出色的表现"。①

亚麻布行业在工业革命前夕发展很快。18世纪末,手工亚麻布在纺织产品中居于支配性地位。1790年,西里西亚有10%的人口靠生产亚

---

① Klaus Eiler (Hrsg.), *Hessen im Zeitalter der industriellen Revolution：Text-und Bilddokumente aus hessischen Archiven beschreiben Hessens Weg in die Industriegesellschaft Während des 19. Jahrhunderts*, Frankfurt am Main：Insel-Verlag, 1984, S. 148.

麻制品生活。但是 1815 年以后,由于新兴棉纺织业的冲击和采用新生产技术的国外亚麻纺织业的竞争,相对落后的德国亚麻布生产行业陷入严重危机之中。1837 年德国境内只有 5 个机械亚麻纱厂,同期英国和比利时的亚麻纺织业则已经广泛机械化。[1] 此后德国亚麻纺织业通过采用新技术和新机器,出现了一定的发展。1834 年—1861 年,普鲁士亚麻布机织厂从 2 个增加到 26 个,纱锭数量从 5300 个增加到 106508 个。[2] 不过,在亚麻纺织业生产领域中,总体机械化程度始终不高,1850 年时仍只有 5%的亚麻纱出自机器生产,1855 年生产的亚麻织物中也只有 3%出自机器生产。因此,到 19 世纪中期时,德国的亚麻纺织业仍然基本上保持着手工和家庭的生产形态。[3]

德国的毛纺织业有着久远的历史。对德国毛纺织业的发展具有重大意义的事件是西班牙美利奴羊的引入。1765 年,西班牙送给萨克森政府 92 头美利奴羊。1803 年左右,这种优质绵羊在萨克森选侯国已经达到 200 万头。普鲁士的美利奴羊数量也增速极快,1831 年时已接近 240 万头。大量美利奴羊的饲养为毛纺织业的发展提供了原料保证。但是直到 19 世纪初,德国的毛纺织业仍然是手工业性质,[4]没有出现英国那种大规模的毛纺织工厂。普鲁士和萨克森是德国毛纺织业的中心。19 世纪 30 年代以后,毛纺织业才得到较快的发展。到 19 世纪中叶,毛纺织业主要集中在开姆尼茨、格劳豪(Glauchau)、茨维考(Zwickau)等地。1861 年德国有 622 个毛织厂,拥有 3655 台机器织机和 9068 台手工织机,它们主要集中在普鲁士(将近 3/4)和萨克森(将近 20%)。从机械化程度看,1835 年为 30%,1850 年时则已经达到 50%。

棉纺织业在第一次工业革命中有辉煌的发展。1784 年拉廷根建成

---

[1] Hubert Kiesewetter, *Industrielle Revolution in Deutschland 1815 – 1914*, S. 166.

[2] Mottek, Blumberg, Wutzmer, Becker, *Studien zur Geschichte der industriellen Revolution in Deutschland*, S. 78.

[3] Thomas Nipperdey, *Deutsche Geschichte 1800 – 1866: Bürgerwelt und starker Staat*, S. 186.

[4] Hubert Kiesewetter, *Industrielle Revolution in Deutschland 1815 – 1914*, S. 172.

第一个机器纺纱厂后,由于原料供应困难和英国的优势竞争等原因,德国棉纺织业曾在相当长的一段时间内发展缓慢。拿破仑战争时期,大陆封锁政策使德国棉纺织业免于英国的竞争性打击,萨克森、莱茵-威斯特法仑等地的棉纺业一度出现较快扩张。

从棉纺业看,1800 年,萨克森已经有 2000 多台"珍妮机"。德意志关税同盟建立后,巴登、符滕堡等西南德地区的机械棉纺业也得到快速发展。这一带工资偏低,生产成本相对较低,瑞士和法属阿尔萨斯(Elsaß)的企业主纷纷在此设厂生产,获取高额利润。1840 年,整个关税同盟区域拥有纱锭 65.8 万个,其中萨克森占 56.3%,普鲁士占 23.3%。当时棉纺织业前景非常看好,人们纷纷投资该领域,因此机械化发展相当轻松,[1]生产大幅提高。纱锭数量从 1835 年的 58 万个增加到 1865 年的 235 万个;同期棉纱生产从 3786 吨增加到了 37128 吨。[2]

在棉织业方面,19 世纪 30 年代在柏林、莱茵地区、西里西亚、施瓦本(Schwaben)和巴伐利亚等地出现较大规模的棉织企业后,棉织机数量和生产率出现大幅上升。1800 年德国有棉织机 3.5 万台,1846 年时上升到 15 万台,但机械织布机很少。1846 年手工织布机和机器织布机数量分别为 11.6 万台和 2600 台,1861 年时分别为 26.4 万台和 2.3 万台。[3]也就是说,手工织布机数量在第一次工业革命期间始终大大高于机器织布机。尽管机械化进程很慢,棉织业还是有很大发展,棉布产量从 1815 年的 3600 吨增加到了 1835 年的 14237 吨和 1865 年的 41294 吨。[4]

需要指出的是,第一次工业革命中德国纺织业有了较快的发展,但

---

① Thomas Nipperdey, *Deutsche Geschichte 1800 –1866：Bürgerwelt und starker Staat*, S. 186.

② Hubert Kiesewetter, *Industrielle Revolution in Deutschland 1815 – 1914*, S. 180；Wolfram Fischer, Jochen Krengel, Jutta Wietog, *Sozialgeschichtliches Arbeitsbuch*, Band 1, *Materialien zur Statistik des Deutschen Bundes 1815 –1870*, S. 79.

③ Thomas Nipperdey, *Deutsche Geschichte 1800 –1866：Bürgerwelt und starker Staat*, S. 186；Friedrich-Wilhelm Henning, *Die Industrialisierung in Deutschland 1800 –1914*, S. 140.

④ Wolfram Fischer, Jochen Krengel, Jutta Wietog, *Sozialgeschichtliches Arbeitsbuch*, Band 1, *Materialien zur Statistik des Deutschen Bundes 1815 –1870*, S. 79.

是从整体上看始终无法接近实力强大的英国纺织业。1835年德国棉纺织业的生产水平仅相当于英国1788年的生产水平,甚至德国1900年左右的皮棉加工能力也只是相当于英国1850年时的水平。①

（二）交通领域巨变,铁路建设成为工业革命火车头

第一次工业革命时期德国交通领域的最大变化是蒸汽轮船和蒸汽机车的引入和使用。从这一时期交通领域变革的状况看,虽然比西欧要晚,但是通过大规模的铁路建设,德国以惊人的速度赶了上去。

第一次工业革命前,德国陆上交通状况极端落后,主要依靠骑马和邮政马车等传统方式。19世纪30年代,从柏林到莱比锡需要一天半时间,从柏林到布雷斯劳需要4天,柏林到柯尼斯堡则需要一个星期。旅途之上邮政马车倾覆、遭遇抢劫等危险因素很多。因此人们在出远门之前常常先去教堂,立下遗嘱,以防不测。更有趣的是,有时候邮政马车和货车在经过某一地区时故意慢行,以便旅店店主在过客身上多赚一点。② 大宗货物则需用4到8匹马拉的大篷车运送,运费相当昂贵。1834年,萨克森驻美国领事在纽约(New York)买了17.5塔勒尔的书籍,经过法国的勒阿弗尔(Le Havre)运到萨克森,运费竟超过265塔勒尔。

陆上交通的改善是从公路建设开始的。1815年以后,出于发展农业经济和军事用途等目的,普鲁士首先开始了新的公路建设,公路里程在1816年为3836公里,1830年为7301公里,1850年增至16689公里。③ 为了缩短时间,普鲁士还引进了"快速邮政"(Schnellposten)系统,柏林到马格德堡(Magdeburg)的旅程由两天半缩短为15个小时。从整个德国来看,公路里程的增长也较快,1835年有公路2.5万公里,1873年已经增加到了11.5万公里。

---

① Friedrich-Wilhelm Henning, *Die Industrialisierung in Deutschland 1800 - 1914*, S. 140.

② Werner Sombart, *Die deutsche Volkswirtschaft im neunzehnten Jahrhundert und Im Anfang des 20. Jahrhunderts*, Berlin: Georg Bondi, 1923, S. 4.

③ Wolfram Fischer, Jochen Krengel, Jutta Wietog, *Sozialgeschichtliches Arbeitsbuch*, Band 1, *Materialien zur Statistik des Deutschen Bundes 1815 - 1870*, S. 80.

在内河水运方面,德国适航河流很多,但航运业一直处于落后状态。国家的分裂状态更加重了这种落后,沿岸各邦都只关心征收关税,不愿意整治河道。19 世纪初,易北河上的关卡多达 35 道。在莱茵河上,仅从宾根(Bingen)到科布伦茨的短短距离内就有 9 道关卡。众多关卡不仅妨碍了交通,也增加了运输成本。不过,由于水路运输有货物运量大和交通维护成本低等优势,因此从 19 世纪 30 年代起,人们开始大规模拓展水上运输,在利用自然河流的同时,大规模开凿运河。1800 年左右,德国约有 490 公里的运河。1836 年—1849 年,巴伐利亚开通了多瑙河和美因河之间的路德维希运河(Ludwigskanal)。1850 年,东普鲁士的奥斯特洛德(Osterode)和艾伯林(Ebling)之间的奥伯兰运河(Oberland-Kanal)开通。德国境内的人工水道总长度达到了 3528 公里。[①]

德国的海上运输一直比较发达,1805 年在波罗的海(Ostsee; Baltisches Meer)和北海(Nordsee)的船舶吨位分别达到 25 万吨和 10 万吨。拿破仑战争和大陆封锁时期,德国海上运输受到沉重打击,直至 19 世纪 30 年代才恢复到原有水平。汉堡和不莱梅是德国海上运输的主要操纵者。汉堡海运公司(Hamburger Reederei)和被称为"南海之王"的 J. C. 高德弗罗伊父子商行(J. C. Godeffroy & Sohn Handelshaus)的船只经常航行于亚洲和美洲。1847 年,阿道夫·高德弗罗伊(Adolph Godeffroy,1814—1893)、费迪南德·莱斯(Ferdinand Laeisz,1801—1887)、卡尔·沃尔曼(Carl Woermann,1813—1880)等人以 30 万马克成立了汉堡-美洲邮船股份公司(Hamburg-Amerikanische Packetfahrt-Actien-Gesellschaft,简称 HAPAG),专门从事海上航运业务。所有这些都展示了德国海上航运业的较好发展前景。

真正给德国交通运输事业带来革命性变化的是蒸汽轮船和蒸汽机车的使用。在水运方面,1819 年第一艘蒸汽船出现在德国境内的莱茵河上。1824 年,一艘荷兰蒸汽船可以一直上溯到巴哈拉赫(Bacharach)。3

---

① Thomas Nipperdey, *Deutsche Geschichte 1800 –1866*: *Bürgerwelt und starker Staat*, S. 190.

年后,科隆和美因茨之间的定期蒸汽轮船航班开通。1830 年,莱茵河上已经有 12 艘蒸汽船。19 世纪 40 年代,莱茵河上拖着驳船通过杜塞尔多夫船桥的蒸汽船数量以每 2—3 年左右翻一番的速度递增:1843 年 339 艘;1845 年 1073 艘;1848 年 2438 艘;1850 年 3989 艘。[①] 蒸汽轮船还被引入海运领域。汉堡-美洲邮船公司在 1855 年添置了两艘蒸汽轮船。1857 年成立的不莱梅"北德意志劳伊德"(Norddeutsche Lloyd)航运股份公司从开始就使用蒸汽轮船进行货物运输,并且很快发展为德国最重要的航运企业。

德国第一次工业革命时期,铁路建设属于"先导部门",它不仅对于德国的交通运输变革意义重大,而且对德国工业生产和资本主义经济体系的建立产生了"决定性意义"的影响。第一次工业革命时期诸如煤、铁和钢等一些新的至关重要的工业生产的发展都"建立在铁路建设的基础上"。[②] 19 世纪 20 年代中期英国开通世界上第一条铁路,10 年后德国也出现了这种交通工具。1835 年 12 月 7 日,纽伦堡(Nürnberg)到富尔特(Fürth)6 公里长的铁路开通,英国司机驾驶的机车首次行驶于这条铁路线上。[③]

铁路在德国的发展起初并不顺利。由于担心投资于铁路得不到丰厚的利润回报,一些邦政府一开始并不愿意在铁路建设方面进行大规模投资。大邦普鲁士正集中精力于公路建设,想建立以运送乘客为目的的快捷邮政系统,担心铁路建设会抢走公路运输的生意,因而对这种新型

---

① Hans-Ulrich Wehler, *Deutsche Gesellschaftsgeschichte*, *Zweiter Band*, *Von der Reformära bis zur industriellen und politischen "Deutschen Doppelrevolution" 1815 - 1845/49*, S. 121.

② Hubert Kiesewetter, *Industrielle Revolution in Deutschland 1815 - 1914*, S. 248; Rainer Fremdling, *Eisenbahnen und deutsches Wirtschaftswachstum 1840 - 1879*, Dortmund: Gesellschaft für Westfälische Wirtschaftsgeschichte, 1975. 后一部著作对第一次工业革命中德国铁路建设的经济影响有很深入的研究。Reinhard Rürup, *Deutschland im 19. Jahrhundert 1815 - 1871*, S. 74; Dieter Langewiesche, *Europa zwischen Restauration und Revolution 1815 - 1849*, München: Oldenbourg Verlag, 1993, S. 32.

③ 同年英国已有铁路 544 公里,法国有铁路 141 公里,甚至比利时也已经有 20 公里的铁路。

交通工具持一种消极的态度。官方的这种态度决定了铁路建设只能由私人投资作为开始。因此,德国的第一批铁路,如 1838 年投入使用的柏林到波茨坦的铁路和 1839 年竣工的莱比锡到德累斯顿的铁路等,都是由私营股份公司修建的。

　　德国一些具有远见卓识的企业家和学者对修建铁路抱以热烈的期待和支持。著名企业家哈尔科特(Friedrich Harkort,1793—1880)、汉泽曼、坎普豪森等都是铁路建设的积极鼓吹者。1833 年哈尔科特发表《从明顿到科隆的铁路》(Die Eisenbahnen von Minden nach Cöln)一文,呼吁修建从莱茵河畔科隆到威悉河畔明顿的铁路,以便形成横贯德国中西部地区的快捷交通。李斯特曾在美国亲眼目睹了铁路建设带来的好处,因此也成为铁路建设的最热心推动者之一,认为陆上铁路运输将给德国社会带来巨大的变化。[①] 1833 年,他专门为德国的主要铁路干线设计了规划草图。让他没有想到的是,这些规划设计到 1855 年时就变成了现实。[②]

　　铁路建设涉及社会许多领域和部门,需要进行统筹规划。因此不管各邦政府对待铁路建设的态度如何,它们都不能完全置身事外。总体上看,各邦政府对铁路建设的影响有两种方式:一是通过给予或拒绝特许权的方式操控铁路建设,迫使私营股份公司在政府的规划下修建铁路;二是国家直接出资建设铁路。

　　普鲁士政府起初为保护快捷邮政系统,对铁路建设持反对态度,曾拒绝私人资本修建柏林到汉堡、马格德堡到莱比锡之间的铁路。这种态度严重影响到私人资本投资铁路的积极性。因此,当私营的莱茵铁路公司(Rheinische Eisenbahngesellschaft)于 1837 年 3 月 15 日开工修建杜塞尔多夫到埃伯菲尔德(Elberfeld)的铁路后,到 1842 年时仍然只有比利时以 200 万马克参股。1847 年普鲁士政府出于战略考虑决定修建通

① 有关李斯特对铁路建设的看法见 Friedrich List, *Schriften / Reden / Briefe*, Band 3, *Schriften zum Verkehrswesen*, Berlin: Reimar Hobbing Verlag, 1929.
② Friedrich-Wilhelm Henning, *Die Industrialisierung in Deutschland 1800 - 1914*, S. 161.

向柯尼斯堡的东部铁路,但当时没有任何私营股份公司愿意接手这一商机小而投资巨大的项目,因而政府不得不决定由国家直接投资修建。

萨克森政府起初因为大量投资修筑国家公路,担心修建铁路会导致公路使用价值降低,也对铁路建设缺乏热情。直到 19 世纪 40 年代中期,一些私人股份公司陷入了财政困境,政府才不得不亲自加入铁路建设的行列。

南德地区的巴伐利亚、巴登和符滕堡在修建铁路方面政策各异。巴伐利亚早在 1836 年就已经明确了私营铁路制度的法律原则。巴登政府则一开始就致力于建立国营铁路体系,认为修建一条北起曼海姆南至巴塞尔(Basel)的南北铁路干线具有极大的商业和政治意义。但是它在修建铁路问题上秉持一种狭隘的地方保护主义和安全考虑,拒用通行路轨,使用宽轨,致使其铁路无法与邻邦铁路相连接。直到 1854/1855 年,巴伐利亚、巴登和符滕堡三邦的铁路网完成协调连接,巴登的铁路才换用标准轨距。符滕堡因为交通地理位置不便,对于商业路线吸引力不大,无法得到大量私人投资,不得不在 1843 年 3 月规定由国家修建铁路。

位于德国中部腹地的黑森诸邦政府起初也对铁路建设抱一种观望态度。但资产阶级看到了铁路建设将会带来的商机。在黑森选侯国,1833 年卡塞尔的资产阶级集团向政府呈递了一项请愿,建议利用地理位置的优势将卡塞尔建设成德国和欧洲铁路网的中心枢纽。1834 年黑森选侯国开始筹集款项,并决定由国家出资兴建铁路。在黑森大公国,为了使南北方向的铁路不至于绕道而行,就和法兰克福、巴登达成一致,于 1842 年开始修建美因—内卡铁路(Main-Neckarbahn)。

在北德地区,汉诺威政府起初对修建铁路持消极态度。汉诺威国王恩斯特·奥古斯特曾说过一段带有浓烈封建特权等级思想的话:"我不愿我的国土上有铁路,我不愿那些鞋匠、裁缝和我一样快捷地旅行。"[1]尽管如此,出于对"王国的财政和商业利益"考虑,也是为避免在新的铁路

---

[1] Hubert Kiesewetter, *Industrielle Revolution in Deutschland 1815 - 1914*, S. 253.

交通建设中边缘化,汉诺威政府于 1840 年 9 月宣布修建国营铁路。

德国第一次工业革命时期的铁路建设大致可划分为两个发展阶段。第一阶段从 19 世纪 30 年代中期到 40 年代末,主要以各个邦为单位建成一系列路段;第二阶段到 19 世纪 50 年代末为止,铁路建设集中于将各条已建成的路段连接起来,加以贯通,进而形成了全德范围的基本铁路网。在此期间,德国与比利时(1843 年)、法国(1852 年)、荷兰(1856 年)、瑞士(1858 年)、俄国(1861 年)等周边国家的铁路网也相继接通。此后德国的铁路建设转向各地区铁路网的进一步扩建。

第一次工业革命时期的铁路建设发展极其迅速。1835 年德国铁路营运里程为 6 公里,1845 年为 2300 公里,1855 年为 8290 公里,1865 年则达到了 14690 公里。[1] 铁路建设的飞速发展,使德国在短短的 30 年间就形成了稠密的铁路网。德国铁路建设发展如此迅速,有其独特的原因,实际上与德国的政治分裂有着直接的关系。一方面,由于政治上处于四分五裂状态,各邦自行其是,整个德国根本谈不上在铁路建设方面的统筹规划。一直到 1846 年,为了适应铁路建设发展的需要,统一铁路设施以及客货运输,才建立了"德意志铁路管理联合会"(Verein deutscher Eisenbahnverwaltungen)。因此人们无法用"强有力的国家政权支持"来解释德国铁路建设的高速发展。另一方面,我们必须看到的一个事实是,正是政治上的分裂促进了德国铁路建设的快速发展。虽然这种分裂曾经使德国政治上长期积弱,经济上落后,但在铁路建设方面却作出了重大"贡献"。当时各邦政府出于对本邦经济、交通以及安全等利益因素的考虑,在铁路建设中出现了一种"赛跑"性竞争,[2]促成了铁路建设的高速发展。

从德国第一次工业革命的角度来看,铁路建设的高速发展带来的强大推动作用不可忽视。与铁路建设紧密相关的产品,如铁轨、蒸汽机车、

---

[1] Gustav Stolper, *Deutsche Wirtschaft seit 1870*, Tübingen: Verlag J. C. B. Mohr, ²1966, S. 46.

[2] Hubert Kiesewetter, *Industrielle Revolution in Deutschland 1815 - 1914*, S. 255.

车皮等的需求量大大增加,进而直接刺激了采矿、冶金、木材加工、铁加工和机器制造等一系列行业部门的建立和发展。研究表明,19世纪40年代以后,德国所有现代型铁厂所产钢铁的50%以上都用来供应铁路建设,仍不能满足需求。① 铁路建设也促进了以蒸汽机车制造业为代表的机器制造业的进步。到19世纪中期,德国已经成为机车制造业强国。

铁路网的建成使全德范围内的运输能力得到极大提高,不仅方便了大宗货物的运输,而且降低了运输成本。1840年—1870年间,货物每吨/公里运价从16.9芬尼(Pfennig,1⁄100马克)下降到了5.6芬尼。② 此外,铁路网的建成也大大降低了煤炭运输成本,西里西亚和鲁尔等地区的煤炭通过铁路源源不断地运往德国各地,"排挤"了盘踞于德国市场的英国煤炭。③ 德国煤炭产量因此迅速上升。

基于上述状况,人们通常将铁路建设的巨大作用与德国第一次工业革命、德国的工业化紧密联系在一起,认为无论在时间上还是在事实上,德国第一次工业革命都与"铁路时代"的开端有着"最紧密的联系"。④

(三)机器制造业

第一次工业革命的技术基础是大量使用机器代替手工劳动,因此机器制造业是一个涉及全局的问题。19世纪初,德国工业生产领域已经具备了一定的技术基础,有了相当专业化的分工,拥有大批熟练的钳工、铁匠、木匠、钟表匠等技术人才。前文已经述及,1785年,从事矿山冶金的卡尔·弗里德里希·比克林(Karl Friedrich Bückling,1756—1812)就曾将第一台德国造蒸汽机安装到赫特施泰特的矿井上。18世纪末19世

① Richard H. Tilly, *Vom Zollverein zum Industriestaat: die wirtschaftlich-soziale Entwicklung Deutschlands 1834 bis 1914*, S. 52-53; Hans-Werner Hahn, *Die industrielle Revolution in Deutschland*, München: Oldenbourg Verlag, 1998, S. 109.
② Rainer Fremdling, *Eisenbahnen und deutsches Wirtschaftswachstum 1840-1879*, S. 57.
③ Hermann Kellenbenz, *Deutsche Wirtschaftsgeschichte*, Band 2, *Vom Ausgang des 18 Jahrhunderts bis zum Ende des Zweiten Weltkriegs*, S. 112.
④ Manfred Görtemaker, *Deutschland im 19. Jahrhundert*, Opladen: Leske + Budrich, 1986, S. 76.

纪初,德国机械师开始仿造英国的蒸汽机。1803 年弗兰茨·迪能达尔(Franz Dinnendahl,1775—1826)开始向威斯特法仑的矿井供应手工制作的蒸汽机。1819 年,哈尔科特已经在鲁尔开设了制造蒸汽机和纺织机械的"机械车间"。

但是 19 世纪初的德国机器制造业只是英国、比利时等国大规模工业革命冲击下出现的几缕波纹。实际上,到 1815 年左右,德国工厂中仍普遍使用人力和畜力。蒸汽机之所以在德国受到"冷遇",原因之一是缺少资本和制造机器所需的相应设备。例如,快速印刷术发明者弗里德里希·柯尼希(Friedrich König,1774—1833)就是因为资金短缺,不得不去英国,在那里研制成功了他的第一台现代化印刷机。1830 年,哈尔科特仍在抱怨德国的小车间里没有车床、打孔机等设备。[1] 另一个原因是当时人们对使用蒸汽机有负面看法。1818 年的《科隆报》(Kölnische Zeitung)就有文章认为,使用蒸汽机会带来严重的社会后果。由于蒸汽机可取代很多人的工作,"每一台新建成的蒸汽机都会增加乞丐的数量"。[2] 因此,即使在工业发达的萨克森,到 1825 年时也只有 3 台蒸汽机。此后,随着工业发展对机器需求的增加和英国在 1842 年以前一直禁止机器出口,人们不得不建立一些小的工厂尝试模仿制造机器。德国企业家、机械师和政府官员则去英国、比利时和法国"朝觐",以"工业间谍"的欺骗或收买方式搞到机器图纸。一些著名的德国机器制造商,如前文提到的博尔西希、哈尔科特、柯尼希等人,都曾经去英国搜集重要信息。

德国机器制造业发展初期的重要特点是,在机器进口受到限制的情况下,直接引入那些经验丰富的英国熟练工人和机器制造商。这些英国技工和制造商在高薪诱惑或各邦政府邀请下来德国工作和开设工厂。1819 年在哈尔科特建立的机械车间里,第一个熟练工人就是英国人。英

---

[1] Thomas Nipperdey, *Deutsche Geschichte 1800 -1866:Bürgerwelt und starker Staat*, S. 188.

[2] Günter Schönbrunn, *Geschichte in Quellen:Das bürgerliche Zeitalter*, München:Bayerischer Schulbuch-Verlag, 1980, S. 114.

国人约翰·科克里尔(John Cockerill,1790—1840)和詹姆斯·科克里尔(James Cockerill,1787—1837)兄弟到德国办厂则是"技术转让"的典范。1807 年他们接管了父亲威廉·科克里尔(William Cockerill,1759—1832)在比利时列日(Lüttich)的机器工厂。1815 年,约翰·科克里尔在柏林建立了一座工具机制造厂。该厂起初制造织布机和上浆机,后来又制造蒸汽机。詹姆斯·科克里尔则于 1825 年到亚亨图谋发展。

因此,到 19 世纪中叶,萨克森、柏林、莱茵兰、上西里西亚等地区已经出现了第一批机器制造厂。截至 1846 年,关税同盟区域内从事机器制造业的企业分布状况依次为:萨克森 232 家;普鲁士 131 家;巴伐利亚 17 家;巴登 14 家;黑森-达姆施塔特 14 家;黑森-卡塞尔 4 家;安哈尔特 2 家;拿骚 1 家。

机器制造业大发展则是在 19 世纪 50 年代开始的工业高涨之后。1846 年—1861 年,德国机器制造厂由 417 家增加到 665 家,同期工人人数由 12556 人增加到 35562 人。到德意志帝国建立时,整个帝国境内已经拥有 1400 家机器制造厂。[①] 在机器制造业规模扩大的同时,机械制造技术也有了明显的进步。诸如刨床、铣床、钻床等机床不仅广泛使用于机器制造领域,而且品种多样化。机器质量也得到显著提高。到 1861 年时,德国的机器制造在质量上已经赶上英国了。[②]

蒸汽机车制造业的大规模发展既反映了铁路建设对德国工业的巨大推动作用,也是德国机器制造业发展的一个缩影。德国开始铁路建设后,机器制造业受到极大的推动。1836 年德累斯顿附近的于比高(Übigau)成立了"股份机器制造企业"(Actien-Maschinenbauanstalt),建造出第一台德国机车"萨克森"号。1841 年博尔西希在柏林建成另一辆机车"博伊特"号。3 年以后,博尔西希机器厂成了专门制造机车和其他铁路设备的企业。到 19 世纪 70 年代,该企业已经发展成为世界上最大

---

① Alfred Schröter und Walter Becker, *Die deutsche Maschinenbauindustrie in der industriellen Revolution*, Berlin: Akademie-Verlag, 1962, S. 173.

② Hubert Kiesewetter, *Industrielle Revolution in Deutschland 1815 – 1914*, S. 209.

的机车制造厂。

经过 19 世纪四五十年代的高速发展,德国机器制造业无论在数量上还是在质量上都有了惊人的进步。1863 年德国的机器出口第一次超过了进口,①由机器进口国变成了机器出口国。机器制造业规模也越来越大。德意志帝国建立时,卡塞尔的亨舍尔机器厂(Maschinenfabrik Henschel)已经拥有 1050 名工人,380 台工具机,8 台蒸汽机;位于开姆尼茨的齐默尔曼机器厂(Maschinenfabrik J. Zimmermann)雇用工人多达 1300 人;什切青(Stettin)的"伏尔坎"机器制造股份公司(Maschinenfabrik AG "Vulkan")拥有工人 1486 人,蒸汽机 14 台;柏林的施瓦茨科普夫机器厂(Maschinenfabrik Schwartzkopff)的工人人数更是多达 7000 之众。② 机器制造业的发展为德国第一次工业革命奠定了坚实的技术基础。

(四)钢铁、煤炭工业

第一次工业革命期间,因铁路建设和机器制造业发展的刺激,钢铁和煤炭工业也出现了迅猛发展的势头。

钢铁工业在德国有着久远的历史。约公元 700 年,施泰尔马克(Steiermark)等地已经出现了冶铁业。此后,萨克森、图林根、阿尔萨斯和莱茵河下游地区也相继出现了冶铁业。18 世纪以后,上西里西亚的冶铁业迅速发展,后来居上。弗里德里希大帝(Friedrich der Große)③时期,由于普鲁士政府采取鼓励工商业发展的政策,这一地区的一些大庄园主获得了经营冶铁工业的特许权。1766 年的《修订矿山条例》(Revidierte Bergordnung)就明确规定了庄园主的铁矿开采权。于是这一地区迅速发展成为德国的冶金工业区,形成了马拉普纳河畔(Fluss Malapne)的冶铁业,塔尔瑙维茨(Tarnowitz)附近的铅、银开采业,察布

① Reinhard Rürup, *Deutschland im 19. Jahrhundert 1815–1871*, S. 77.

② Hubert Kiesewetter, *Industrielle Revolution in Deutschland 1815–1914*, S. 209–210.

③ 即弗里德里希二世(Friedrich II., 1712–1786,1740–1786 年在位),又译腓特烈大帝或弗里德里希大王。

尔策(Zabrze)和乔尔佐夫(Chorzow)附近的石煤开采业等三个中心。1804年,上西里西亚地区已经拥有有高炉49座,年生产铁40万公担(Zentner),钢筋24万公担。[1]

尽管冶铁业有一定发展,但在采用新技术方面明显落后于西欧。1784年英国人发明"搅拌法",用"搅拌炉"炼铁,使熟铁产量大增。这一技术却一直到1815年以后才引入德国。而英国先进的冶铁技术大规模引入德国,则已经在19世纪30年代以后。[2] 在这方面,著名的克虏伯企业在钢铁工业领域的发展经历具有一定的典型性。1811年弗里德里希·克虏伯(Friedrich Krupp,1787—1826)在埃森(Essen)建立铸钢厂。1826年,弗里德里希·克虏伯去世,企业由其儿子阿尔弗雷德·克虏伯(Alfred Krupp,1812—1887)继承。1831年该企业仍只有9名工人,1836年发展到80名工人,年销售上升到2.3万吨。40年代初,克虏伯企业的工人才增加到100人。由此可见,克虏伯企业最初30年的发展相当艰难。40年代后,随着铁路建设和设备生产的迅速扩张,对钢铁产品的需求不断增加,克虏伯才开始了它的"起飞"。[3]

德国钢铁工业大规模生产首先出现在鲁尔区(Ruhrgebiet)。1810年—1820年间,这里形成了一批著名的钢铁生产和加工企业。除了克虏伯,1810年,海因利希·许森(Heinrich Huyssen,1779—1870)、戈特洛布·雅各比(Gottlob Jacobi,1770—1823)和哈尼尔(Franz Haniel,1779—1868)等三家企业在奥伯豪森(Oberhausen)附近的施特克拉德(Sterkrade)联合建立了好希望冶炼厂(Gutehoffnungshütte,简称GHH)。20年以后,它就形成了拥有340名工人和年生产2.5万公担生铁的规模。40年代初,好希望冶炼厂已经拥有职工2000人。在冶铁业

[1] Hubert Kiesewetter, *Industrielle Revolution in Deutschland 1815-1914*, S.188. 一公担在德国等于50公斤,在奥地利和瑞士为100公斤。
[2] Verein deutscher Eisenhüttenleute in Düsseldorf, *Gemeinfassliche Darstellung des Eisenhüttenwesens*, Düsseldorf: Verlag Stahleisen, 1915, S.18.
[3] Hans-Ulrich Wehler, *Deutsche Gesellschaftsgeschichte*, *Zweiter Band*, *Von der Reformära bis zur industriellen und politischen "Deutschen Doppelrevolution" 1815-1845/49*, S.77.

规模扩大的同时,相关技术也在取得进步。在 40 年代,威斯特法仑地区已经开始生产硬度很大的"搅炼钢"。1851 年伦敦博览会上,德国的搅炼钢已经达到了令有些专家吃惊的地步。[①]

19 世纪 40 年代以后,钢铁工业发展加速。其中,铁路建设和机器制造等行业的大量需求是推动钢铁工业继续扩张的主要因素。上西里西亚、萨尔区(Saargebiet)和鲁尔区出现了一批综合性的搅炼厂和轧钢厂。与此同时,国家层面的政策因素也对钢铁工业起到了促进作用。40 年代中期,关税同盟各邦率先采取减少捐税、改善交通和降低运输费用等措施,促进冶铁业发展。1848 年关税同盟实行保护性关税后,制铁工业更是出现了"令人瞩目的高涨"。[②]

19 世纪五六十年代是德国钢铁工业发生巨变的时期。1857 年,鲁尔区已经有焦煤高炉 30 座。到 1873 年,整个普鲁士的焦煤高炉总数已经达到 180 座。关税同盟的生铁产量在 1848—1857 年间增加了 2 倍,到 1864 年时又增加了 4 倍。1860 年德国的生铁产量赶上了比利时,1870 年时又赶上了法国,生铁年产量由 1850 年的 21.7 万吨增加 1860 年的 52.9 万吨和 1870 年的 139.1 万吨。[③] 钢产量也有很大的增长。1800 年,整个德国的钢产量仅为 6 万吨,1840 年为 12.2 万吨,40 年间增加了 6.2 万吨。此后钢产量呈现加速递增趋势,1850 年 19.7 万吨,1860 年 42.6 万吨,1870 年达 104.5 万吨。其中,普鲁士钢产量一直在各邦中居于主导地位,1870 年为 91.7 万吨。[④]

煤炭开采在德国也有着较久远的历史。煤矿分布主要集中在萨尔(Saarland)、亚亨、鲁尔和西里西亚地区。尽管如此,第一次工业革命开

---

① Verein deutscher Eisenhüttenleute in Düsseldorf, *Gemeinfassliche Darstellung des Eisenhüttenwesens*, S. 19.

② Ebenda.

③ Reinhard Spree, *Die Wachstumszyklen der deutschen Wirtschaft von 1840 bis 1880*, Berlin: Verlag Duncker & Humblot, 1977, S. 473.

④ Wolfram Fischer, Jochen Krengel, Jutta Wietog, *Sozialgeschichtliches Arbeitsbuch*, Band 1, *Materialien zur Statistik des Deutschen Bundes 1815 - 1870*, S. 70 - 71.

始前，煤炭开采量非常小。主要原因是人们对煤炭的需求量很小。与此同时，交通运输不便，矿井建造难度较大，需要排水设备等，也制约着煤炭开采业的发展规模。工业革命开始后，钢铁生产等对煤炭的需求才大大刺激了采煤业的发展。

德国的煤炭生产也主要集中于普鲁士。1818 年普鲁士煤炭产量为109 万多吨，此后直到 1840 年，煤产量的增长一直比较缓慢。鲁尔区是普鲁士采煤业的主要地区。1837 年，克罗恩普林茨（Kronprinz）矿区开采出适合炼焦煤用的优质煤，煤炭开采量迅速增加。1836 年普鲁士煤炭产量为 200 万吨，1851 年猛增到 498 万吨。1856 年，弗里德里希·威廉·缪塞尔（Friedrich Wilhelm Müser，1812—1874）在多特蒙德（Dortmund）建立了著名的哈尔本矿业股份公司（Harpener Bergbau-AG）。

普鲁士政府新的矿山政策法规的出台也对采煤业产生了巨大影响。1843 年和 1851 年，普鲁士政府先后颁布《股份公司法》（Gesetz über Aktiengesellschaft）和《共同财产法》（Miteigentümergesetz），废除了国家对采矿业的控制，使私营企业进入这一领域，从而大大推动了煤炭开采。1865 年 6 月 24 日颁布的《通用矿山法》（Allgemeine Berggesetz）则进一步规定了采矿自由的原则，即不管某人是否拥有其地表，只要他发现了矿藏，这一矿藏财产就授予他。国家对企业经营的监管规定也被废除，只掌握对经营计划以及矿工的安全规章等的检查权。

新技术的应用也大大促进了煤炭开采业的发展。蒸汽机在煤炭采掘、运输和矿井的汲水方面得到广泛使用。1849 年普鲁士采矿业中蒸汽机数量已经达到 332 台，约 13700 马力。[1] 19 世纪 50 年代后，煤炭生产领域蒸汽机的数量继续保持上升趋势。

在上述诸种因素作用下，德国煤炭（石煤）开采业在 19 世纪中期以

---

[1] Hermann Kellenbenz，*Deutsche Wirtschaftsgeschichte*，*Band 2*，*Vom Ausgang des 18 Jahrhunderts bis zum Ende des Zweiten Weltkriegs*，S. 83.

后出现了繁荣局面,以鲁尔区为代表的采煤业得到飞速发展。1850年鲁尔区有矿井198个,煤炭开采量196万吨,到1870年则相应增加到215个和1157万吨。[①] 整个德国的煤产量则是:1840年318万吨,1850年518万吨,1860年1235万吨,1870年为2640万吨。其中普鲁士就独占2331万吨,居于绝对主导地位。[②]

褐煤开采也是德国煤炭工业的重要组成部分。德国褐煤储量丰富,主要集中于萨克森、劳齐茨(Lausitz)和科隆南部地区。由于技术方面的原因,褐煤起初仅用于取暖和褐色颜料等,开采量相对较小,增长相对缓慢,在采煤业中处于边缘地位。

第三节 第一次工业革命冲击下经济结构的变化

第一次工业革命带来的强劲工业增长对经济领域产生了重大影响。它主要表现为企业经营组织模式的变化、商业、金融业的发展和经济的强劲增长等。这些变化推动着德国从农业主导型经济结构向工业主导型经济结构转型。国民经济三大产业结构的变化验证了这种变化趋势。

一、企业经营的股份公司化

德国的大型企业是伴随着工业革命诞生的。随着工业革命的深入和生产规模的扩大,原有的小企业组织形式已经无法适应新的需要,于是一些新的企业经营组织形式应运而生。

采矿业和冶金业是各类企业组织发展的最活跃的领域。19世纪30年代后,采煤业中开始出现一些大型企业。位于埃施维尔(Eschweil)工业区的恩勒特家族(Familie Englerth)堪称典型。1834年,恩勒特家族

---

① Thomas Nipperdey, *Deutsche Geschichte 1800–1866: Bürgerwelt und starker Staat*, S. 196.
② Reinhard Spree, *Die Wachstumszyklen der deutschen Wirtschaft von 1840 bis 1880*, S. 439; Wolfram Fischer, Jochen Krengel, Jutta Wietog, *Sozialgeschichtliches Arbeitsbuch*, *Band 1, Materialien zur Statistik des Deutschen Bundes 1815–1870*, S. 63–64.

企业以"埃施维尔矿井联合会"(Eschweiler Bergwerks-Verein)之名建立了德国第一个采矿业股份公司。两年以后,为了"克服有害的、内部的竞争",人们又建立了"石煤开采联合公司"(Vereinigungsgesellschaft für Steinhohlenbergbau)。① 冶铁业中也开始出现综合性经营的企业。在亚亨地区,豪伊斯家族(Familie Hoesch)是这类经营的代表。它不仅经营铁矿,而且开设了冶炼、铸造、直到锻造的各种工厂,实现原料生产到制成品的一条龙生产模式。鲁尔区的一些企业经营范围更广。好希望冶炼厂不仅拥有冶炼厂,而且将铁矿开采到机器制造等综合于一个大企业之中。克虏伯公司在发展过程中也走上了与好希望冶炼厂类似的道路。纺织业和其他消费品工业生产领域也出现了零星的大股份制企业。1837 年建立的奥格斯堡机器棉纺织厂(Mechanische Baumwollspinnerei und Weberei Augsburg)拥有股资 120 万古尔登,这在当时属于规模相当大的股份制企业。

19 世纪 40 年代末以后,企业经营进一步向大型化发展,股份公司经营逐渐成为一种潮流。1850 年—1859 年间,普鲁士成立的股份公司达107 个,萨克森成立的股份公司也达到 87 个。② 鲁尔区的企业大型化和股份公司化发展趋势尤其突出。40 年代末,一些企业开始寻求从石煤开采到炼焦的一条龙综合性生产经营,并组建股份公司,甚至出现了采矿企业与冶金企业的跨行业联合。

第一个向采矿业和冶金业联合经营方向发展的企业是 1849 年建立起来的科隆矿业联合会(Kölner Bergwerksverein),拥有资本 150 万塔勒尔。在上西里西亚地区,则有 1855 年建立的米奈瓦西里西亚冶炼、森林和矿业公司(Schlesische Hütten-Forst-und Bergbaugesellschaft Minerva)。柏林的

---

① Hans Pohl & Wilhelm Treue (Hrsg.), *Die Konzentration im der deutschen Wirtschaft seit dem 19. Jahrhundert: Referate und Diskussionsbeiträge der 2. öffentlichen Vortragsveranstaltung der Gesellschaft für Unternehmensgeschichte*, Wiesbaden: Steiner Verlag, 1978, S. 7 - 8.

② Mottek, Blumberg, Wutzmer, Becker, *Studien zur Geschichte der industriellen Revolution in Deutschland*, S. 176, 178.

博尔西希机器厂也于 1854 年进入煤矿开采领域。[1] 著名的芬尼克斯
(Phoenx)也于 1851 年成立了股资达 150 万塔勒尔的股份公司。到 1870
年时该公司已经拥有职工达 4400 人。一些新的股份公司,如齐格—莱
茵 矿 业 冶 金 股 份 联 合 会(Sieg-Rheinische Bergwerks-und Hütten-
Aktien-Verein)、德 — 荷 冶 金 采 矿 股 份 联 合 会(Der Deutsche-
Holländische Aktienverein für Hüttenbetrieb und Bergbau)等纷纷建
立。这些企业到 1870 年时经营规模都达到了 1000 人以上。

铁路建设领域更是股份制经营的典型。"没有股份公司,19 世纪中期
铁路建设的快速进步是不可能的。"[2]由于需要巨额资金投入,莱茵铁路公
司等从一开始就采用了私营股份公司形式。正是这种股份公司为铁路建
设大规模筹措资金提供了机制保障。普鲁士是铁路建设中利用股份公司
资本的突出范例。1870 年以前,普鲁士各股份公司拥有资本 30.78 亿马
克,其中铁路股份公司就占到 21.5 亿马克,占到股份资本总额的 72%。[3]

股份公司因规模和实力之故,在各工业领域特别是重工业领域中扮
演着举足轻重的角色。德国第一次工业革命的特点是优先发展煤钢等
重工业,而这一类重工业的发展需要大规模资金的投入,绝非一般的小
企业所能胜任。就此而言,股份公司的经营形式在很大程度上成为德国
第一次工业革命迅速推进的重要保障。

二、商业和金融业

(一)国内商业;对外贸易

19 世纪早期,德国商业贸易的主要形式还是零售业。中小城市是各
种商业活动的中心,商人、小贩、马夫、旅馆老板、面包师和手工业者代理人

---

[1] Hermann Kellenbenz, *Deutsche Wirtschaftsgeschichte*, *Band 2*, *Vom Ausgang des 18 Jahrhunderts bis zum Ende des Zweiten Weltkriegs*, S. 104.
[2] Franz F. Wurm, *Wirtschaft und Gesellschaft in Deutschland 1848 – 1948*, pladen: Verlag Leske, 1969, S. 75.
[3] Richard H. Tilly, *Kapital*, *Staat und sozialer Protest in der deutschen Industrialisierung*, Göttingen: Vandenhoeck & Ruprecht Verlag, 1980, S. 85.

是商业活动的主体人群。乡村的商业网络则主要掌握在走村串户的小贩手中。商业贸易的内容集中于农产品的转运和交易。当时德国境内形成了多个谷物交易市场。南德地区的谷物交易市场被称为 Schrannen。巴伐利亚直到 1856 年时还有 167 个谷物交易市场,其中以慕尼黑的谷物交易市场最为著名。乌尔姆是符滕堡最大的谷物市场。美因河畔法兰克福、茨维考、开姆尼茨、布雷斯劳、曼海姆和科隆也都是重要的谷物交易中心。此外还有一些专门的牲畜和羊毛交易市场,前者以布特施泰特(Buttstädt)和布利格(Brieg)最为著名,后者则以亚亨和布雷斯劳为代表。

一年一度的集市通常汇集各种商品。在这类集市中双通常以博览会的规模最大。巴伐利亚的内尔特林根(Nördlingen)和美因河畔法兰克福是南德地区最大的博览会所在地。莱比锡、不伦瑞克、瑙姆堡(Naumburg)等是中部地区的博览会所在地。东部地区则以奥德河畔法兰克福(Frankfurt an der Oder)和布雷斯劳的博览会最重要。在这种博览会上,不仅有来自德国各地的商品,也有欧洲其他国家的商品参展。19 世纪 30 年代以后,随着铁路等交通事业的发展,商品交易会逐渐转变为样品展览会(Mustermesse),这意味着人们无需将大宗货物运抵博览会,而只需凭样品买卖了。

19 世纪 30 年代中期以后,德意志关税同盟的建立和铁路交通网的建设有力地推动着德意志地区向经济一体化方向迈进,为商业的进一步发展创造了有利条件,促使其从形式到内容都发生了新的变化。此外,工业人口的猛增和地区分工的加强也促使粮食、原料和工业制成品的流通量大大增加,推动着国内商业和对外贸易的迅速增长。

在国内贸易方面,1834 年关税同盟建立后,关税壁垒取消,国内贸易量快速增长,贸易货物总量由 1834 年的年平均 1450 万吨猛增到 1844 年的 2700 万吨。① 1836 年—1854 年,美因河畔法兰克福、不伦瑞克、莱比

---

① Hans-Ulrich Wehler, *Deutsche Gesellschaftsgeschichte*, *Zweiter Band*, *Von der Reformära bis zur industriellen und politischen "Deutschen Doppelrevolution" 1815 - 1845/49*, S. 132.

锡、柏林和奥德河畔法兰克福等五大博览会的国内交货量由 36466 吨上升到了 48404 吨。不过，这五大博览会贸易量增长并不均衡。莱比锡、柏林和奥德河畔法兰克福博览会的交货量在增长，美因河畔法兰克福和不伦瑞克博览会的交货量却在下降。[①] 究其原因，无论在工业经济还是农业经济方面，美因河畔法兰克福和不伦瑞克都不享有突出的优势，而莱比锡、柏林是德国第一次工业革命时期的工业中心，奥德河畔法兰克福则拥有靠近普鲁士东部农业地区的区位优势。从这种变化中，人们可以隐约地看到经济发展与城市兴衰进程之间的密切关系。

对外贸易也发生了很大的变化。在陆上贸易方面，1837 年德意志关税同盟与荷兰签订了航运条约，1839 年又签订了商业条约。此外，莱茵地区通过修建从科隆到安特卫普的铁路，进一步加强了与比利时的经济关系，双方于 1844 年签订了商业条约。法国对德国的贸易主要是输出葡萄酒、烈性酒和奢侈品，同时从德国输入谷物、木材以及其他原料。

德国的海上贸易主要通过埃姆登（Emden）、奥尔登堡（Oldenburg）、不莱梅、汉堡、吕贝克、维斯马（Wismar）、罗斯托克（Rostock）、什切青等北海和波罗的海的港口城市进行，其中汉堡和不莱梅扮演着主要角色。19 世纪 40 年代，汉萨城市（Hansestadt）与土耳其、希腊等签订了贸易条约。与波兰、芬兰（Finnland）、俄国的贸易则被吕贝克为首的波罗的海各港口所把持。在北欧，吕贝克承担了与瑞典（Schweden）的贸易，汉堡则承担着与挪威（Norwegen）的贸易。与英国贸易也主要经由汉堡港进行。19 世纪 30 年代末，在到达汉堡的船只中，英国船只占 45—55%。汉萨各城市还于 1827 年与美国缔结了商业条约，向美国输出纺织品等工业品，输入烟草、棉花等农产品。1832 年，汉堡船只开始航行于非洲西海岸，40 年代开始形成正规性商业往来。拉各斯（Lagos）是当时德国在西非（Westafrika）的重要商业据点。在东非（Ostafrika），桑给巴尔

---

① Wolfram Fischer，Jochen Krengel，Jutta Wietog，*Sozialgeschichtliches Arbeitsbuch*，Band 1，*Materialien zur Statistik des Deutschen Bundes 1815 – 1870*，S. 85 – 86.

(Sansibar)则成了德国海上贸易的转运地。汉堡和不莱梅还分别于1837年和1844年开通了与澳大利亚(Australien)之间的航线。

德国对外贸易结构也出现了重大变化。19世纪40年代以前,对外贸易基本上处于出超状态,此后基本上处于入超状态。1834年—1867年间,德意志关税同盟的商品进口额从318万马克增加到了1917万马克,出口额从431万马克增加到了1622万马克。[1] 从贸易结构看,1830年—1864年间,进口货物中的原料和粮食等产品由8508万塔勒尔增加到了29174万塔勒尔,半成品和成品由3005万塔勒尔增加到9202万塔勒尔;出口原料和粮食由9985万塔勒尔增加到15594万塔勒尔,半成品和成品由2814万塔勒尔增加到22622万塔勒尔。[2] 这些数据表明,德国对外贸易结构已经发生了重大的趋势性转变:进口货物中的原料和粮食增速很快,出口方面半制成品和制成品增速更快。出现这种现象,根本性的原因在于工业革命使德国的经济结构出现了巨大变化。工业发展使德国对原料和粮食需求增加,造成相关的出口减缓,而工业生产能力的提高则推动了成品和半成品的出口增长。

(二) 银行等金融业的发展

19世纪30年代中期以前,德国银行业主要从事两方面的经营业务:贷款给国家和开展抵押信贷业务。[3] 美因河畔法兰克福的罗特希尔德家族、贝特曼家族(Bethmanns),柏林的布莱希罗德家族(Familie Bleichröder)、门德尔松银行(Bankhaus Mendelsohn),莱比锡的弗雷格公司(Frege & Co.),科隆的奥本海姆家族(Familie Oppenheim),汉堡的帕里施银行(Bankhaus Parish)等,都是通过有价证券的发行、投机和钱币汇兑等获利。而各邦在拿破仑战争以后很长一段时间内债台高筑

---

[1] Gerhard Bondi, *Deutschlands Aussenhandel 1815 – 1870*, Berlin: Akademie-Verlag, 1958, S. 141.

[2] Wolfram Fischer, Jochen Krengel, Jutta Wietog, *Sozialgeschichtliches Arbeitsbuch*, Band 1, *Materialien zur Statistik des Deutschen Bundes 1815 – 1870*, S. 91.

[3] Friedrich-Wilhelm Henning, *Die Industrialisierung in Deutschland 1800 – 1914*, S. 179.

也造成了对银行资本的大量需求,减少了资本向工业领域的投入。[1]

19 世纪 40 年代以后,资本流向的市场结构开始发生转变。铁路建设、重工业的发展以及由此引发的创办股份公司的热潮等,造成对资本需求的大幅度增加,而且相关领域经营利润相当可观,于是一些私营银行开始涉足工业领域,转向为工业筹措经费。[2] 于是陆续建立了一些新的私营银行,其职责就是为经济筹集资金。

1848 年在科隆建立的 A. 沙夫豪森银行联合会(A. Schaaffhausen'scher Bankverein)是第一家以股份公司形式建立起来的银行,当时拥有资本 520 万塔勒尔。1851 年大卫·汉泽曼在柏林建立"贴现公司"(Disconto-Gesellschaft),明确提出通过贴现汇票和现金预支等方式向手工业者和小商人提供信贷。1856 年该公司转变为股份两合公司(Kommanditgesellschaft auf Aktien),开始为铁路建设和大型工业项目等筹集资金。1853 年达姆施塔特银行(Darmstädter Bank)成立,其宗旨很明确,就是"通过谨慎的资金投入促进有信誉的大企业的发展"[3]。此外,经济发展需要也促进了银行的分工,出现了合作信贷银行、信贷银行、国民银行(Nationalbank)、储蓄银行(Sparkasse)等功能各异、服务目的多样的新银行。

新建立的私营银行从一开始就与工业企业有着密切的关系,在"促进工业增长过程"中发挥了重要作用。1849 年,沙夫豪森银行联合会帮助建立了采矿业领域的第一个新型股份公司——科隆矿业联合会。1851 年—1852 年,它帮助建立了第一个股份制钢铁厂——霍尔德尔矿山冶金联合会(Hörder Bergwerks-und Hüttenverein),并参与了科隆棉

---

[1] 到 1848 年为止,德国各邦中只有普鲁士有清偿国债的能力。参见 Reinhard Rürup, *Deutschland im 19. Jahrhundert 1815 -1871*, S. 68.

[2] Helmut Böhme, *Deutschlands Weg zur Grossmacht:Verhaltnis von Wirtschaft und Staat während der Reichsgründungszeit 1848 -1881*, Köln:Verlag Kiepenheuer &. Witsch, 1966, S. 63.

[3] Jakob Riesser, *Die deutschen Grossbanken und ihre Konzentration im Zusammenhang mit der Entwicklung der Gesamtwirtschaft in Deutschland*, Jena:Verlag von Gustav Fischer, 1912, S. 42.

纺织厂(Cölnische Baumwollspinnerei und Weberei)、科隆机器制造股份公司(Cölnische Maschinenbau-Aktiengesellschaft)等股份制企业的建立活动。达姆施塔特银行则参与了海尔布洛恩机器制造公司(Heibronner Maschinenbaugesellschaft)、曼海姆毛纺织厂(Wollmanufaktur Mannheim)、符滕堡印花布厂(Württembergische Kattunmanufaktur)等股份制企业的建立和改造工作。

经济快速增长也引发了支付需求的增长,从而对货币发行提出了要求,并因此出现了众多拥有货币发行权的发行银行。但是,由于历史的原因,19世纪上半期的德国仍然流通着多种货币,存在数种货币体系,给人以混乱之感。德意志关税同盟建立以后,为了改善这种混乱的状况,德意志各邦先后通过了1838年德累斯顿货币条约(Dresdner Münzkonvention von 1838;Dresdner Münzvertrag)和1857年的维也纳货币条约(Wiener Münzvertrag von 1857),对货币发行状况和各种货币之间的关系加以规范。即便如此,整个德意志是仍存在几种地区性货币体系:北部地区流通塔勒尔,南部地区流通古尔登(Gulden),而汉堡、不莱梅和吕贝克等几个汉萨城市则使用马克(Mark)。其中,除了不莱梅使用金币外,其他地区基本上流通银币。这种混乱的货币体系不仅不利于商业流通,而且传统的金属货币也越来越无法满足支付的需要。发行纸币因而成为一种必然趋势。

弗里德里希大帝在1765年创办的柏林王家银行(Königliche Bank in Berlin)是德国最早的纸币发行银行之一。此后,什切青的骑士私营银行(Ritterschaftliche Privatbank)等少数银行也获得了纸币发行权。19世纪30年代以后,适应时代需要,又出现了众多纸币发行银行,其中有巴伐利亚抵押和汇兑银行(Bayerische Hypotheken-und Wechselbank)、莱比锡银行(Leipziger Bank)、柏林储蓄联合会银行(Bank des Berliner Kassenvereins,柏林商人储蓄联合会基础上组成的股份公司银行)、美因河畔法兰克福银行(Frankfurter Bank)、达姆施塔特的南德意志银行(Bank für Süddeutschland)、不莱梅银行(Bremer Bank)、哥达私立银行

(Gothaer Privatbank)、吕贝克的商业银行(Kommerzbank)等。[1] 纸币流通量由 1845 年的 600 万塔勒尔上升到了 1865 年的 1.91 亿塔勒尔。[2]

在银行业迅速扩张的同时,交易所事业也出现了前所未有的发展。1800 年左右,汉堡、不莱梅、吕贝克、柏林、法兰克福等城市已经有交易所存在,当时主要从事汇兑和有价证券交易。各邦发行的国债交易则主要集中在柏林和法兰克福的交易所中进行。后来,科隆、莱比锡、布雷斯劳、汉诺威、慕尼黑等地也都出现了交易所。30 年代中期以后,受工业革命特别是铁路建设的刺激,交易所事业出现了巨大变化。特别是根据铁路建设募集资金需要而成立的股份公司发行的股票在交易所中的投机交易十分活跃。1840 年,柏林交易所的铁路股票交易只有两种,1844 年已经猛增到 29 种。[3] 此后随着其他工业领域的股份公司不断上市,交易所事业出现了空前的繁荣局面。

三、经济增长和总体经济结构的变化

到 19 世纪 60 年代末 70 年代初,德国第一次工业革命已经基本完成。在第一次工业革命的进程中,德国经济出现了快速增长,社会经济结构也出现了重大变化,开始了从农业主体型经济向工业主体型经济的趋向性转变。

工业革命促进了经济的快速增长。以 1913 年价格计算,1800 年德国国民生产净值为 57 亿马克,1825 年 73 亿马克,1850 年 94.49 亿马克,1860 年 115.77 亿马克,1870 年达到 141.69 亿马克,相应年份的人均国民生产净产值分别为 250、261、268、308 和 347 马克。这组数据充分反映了德国经济加速增长的特征,在 1850 年到 1870 年工业化调整发展时

---

[1] Hubert Kiesewetter, *Industrielle Revolution in Deutschland 1815 – 1914*, S. 291.

[2] Richard H. Tilly, *Kapital, Staat und sozialer Protest in der deutschen Industrialisierung*, S. 42 – 43.

[3] Hermann Kellenbenz, *Deutsche Wirtschaftsgeschichte*, *Band 2*, *Vom Ausgang des 18 Jahrhunderts bis zum Ende des Zweiten Weltkriegs*, S. 153.

期的经济增长尤其迅速。

虽然总体经济增长迅速,但以农业为主体的第一产业、以工业为主体的第二产业和以服务业为核心的第三产业的经济增长速度差别很大。1850 年—1871 年,农业领域国民生产净产值由 43.97 亿马克增至 56.62 亿马克,年增长率为 1.2%;工业和手工业领域由 19.54 亿马克增加到 43.84 亿马克,年增长率为 3.9%;服务业领域由 30.98 亿马克增至 46.07 亿马克,年增长率为 1.9%。可见,第二产业对经济增长的贡献率最大。这种增长速度的差异促使德国的经济出现了巨大的结构性调整。同一时期,农业领域净产值在国民生产净产值中所占比重从 46.5%下降到了 38.6%;工业和手工业净产值所占比重从 20.7%上升到了 29.9%;服务产业在国民生产净产值中所占比重从 32.8%下降到31.4%。[1]第一、第三产业在国民生产净产值中所占比重均有所下降,唯有第二产业产值所占比重上升。由此可见德国国民经济已经出现了由农业主导型经济向工业主导型经济结构转变的总体趋向。

三大产业领域从业人数的变化也反映了这一时期德国经济结构正从农业主体型经济向工业主体型经济转变的趋向。1800 年—1871 年,农业领域从业人数由 651 万增加到 854 万,年增长率为 0.4%,其中 1849 年到 1871 年间的年增长率仅为 0.1%;工业和手工业领域的从业人数从 224 万上升到 501 万,年增长率为 1.2%,其中 1849 年到 1871 年间的年增长率达 1.7%;服务业从业人数由 178.5 万增加到 377.9 万,年增长率为 1.1%,1849 年到 1871 年间的年增长率仍为 1.1%。这些统计数据表明,虽然农业领域从业人数仍占据主导地位,但工业和手工业领域就业人数增速最快,五六十年代的增长速度尤其突出,远远高于农业和服务业领域。与此相对应,三大产业领域的就业人数比重也发生明显变化。同期农业领域就业人数占就业总人数比重从 61.8%降至 49.3%,工业和手工业领域的比

---

[1] Wolfram Fischer, Jochen Krengel, Jutta Wietog, *Sozialgeschichtliches Arbeitsbuch*, *Band 1*, *Materialien zur Statistik des Deutschen Bundes 1815 - 1870*, S. 101.

重从 21.3％上升到 28.9％,服务业领域从 16.9％增至 21.8％。[1]

　　第一次工业革命带来的经济高速增长使德国的工业实力位次在欧洲国家中明显前移。到 19 世纪 70 年代初,德国已经超过法国,成为仅次于英国的欧洲第二大拥有较强工业实力的国家。关于这一点,英、法、德三国关键工业数据的比较可以形象地说明德国工业实力的提升。蒸汽动力拥有量:1840 年—1870 年,英国从 62 万马力增加到 404 万马力,德国从 4 万马力增至 248 万马力,法国从 9 万马力增加到 185 万马力;同期煤产量:英国由 3420 万吨增至 11220.3 万吨,德国从 320 万吨增至 3400.3 万吨,法国从 300.3 万吨增至 1333 万吨;生铁产量:1835 年—1870/1874 年,英国从 101.6 万吨增至 648 万吨,德国从 15.5 万吨上升到 163.4 万吨,法国从 29.5 万吨增至 121.1 万吨。铁路里程:1840 年—1870 年间,英国由 2390 公里增至 2 万公里,德国由 469 公里增至 18867 公里,法国由 410 公里增加到了 15544 公里。1870 年,英国在世界制造业中所占比重为 31.8％,德国为 13.2％,法国为 10.3％。[2] 1867 年巴黎世界博览会(Pariser Weltausstellung 1867)上,一位德国人曾对本国的工业产品作了如下自豪的评价:"我们的铸钢无可比拟;我们的玻璃、纸张水平最高;在化学产品方面我们打击着英国和法国的竞争。我们的机器织布机、工具机、蒸汽机车至少与英、美不相上下——这一目标是在相当短的时间内实现的。"[3]

---

[1] Wolfram Fischer, Jochen Krengel, Jutta Wietog, *Sozialgeschichtliches Arbeitsbuch*, Band 1, *Materialien zur Statistik des Deutschen Bundes 1815 - 1870*, S. 52.

[2] Antonio Di Vittorio (ed.), *An Economic History of Europe from Expansion to Development*, London & New York: Routledge Press, 2006, pp. 182,185,187,195,213.

[3] Deutscher Bundestag (Hrsg.), *Fragen an die deutsche Geschichte: Ideen, Kräfte, Entscheidungen von 1800 bis zur Gegenwart*, S. 167.

第三章　"白色"政治革命：普鲁士领导下的
德意志统一运动

政治与经济通常是联动的。当第一次工业革命轰轰烈烈地在经济领域推进的时候,旧的德意志政治体系也正经历着剧烈变革的冲击和考验。随着资本主义经济的发展和资产阶级力量的日益强大,建立在"梅特涅体系"基础上的、以普奥二元政治架构为特征的松散的德意志邦联形式不断受到挑战。经济一体化的加强,经济发展不平衡的加剧和民族主义运动的发展等,都要求德意志从四分五裂的割据状态走向统一的民族国家。

从历史发展的视角看,近代德国走向统一,主要是三种因素共同作用的结果:18 世纪下半期以来,以赫尔德尔(Johann Gottfried Herder,1744—1803)、费希特、阿恩特等为代表的思想文化界对德意志民族的认同追求为德意志的统一奠定了思想和文化基础;以关税同盟为起点、以第一次工业革命为动力的经济一体化为德意志的统一提供了强大的物质基础;普鲁士领导下的德意志统一运动为最终实现德国统一确立了政治原则。第二、第三种因素实际上都在普鲁士的影响和主导之下。由于这种背景,德国的统一最终走上了大普鲁士的小德意志道路,即普鲁士霸权支配下的、摒弃奥地利的德意志统一道路。

第一节 政治反动和民族问题的新发展

从 1848 年革命失败到 50 年代,德意志进入了政治上的反动时期。这种反动体现在两个层面:一是从邦联层面对各种革命因素进行清算,形成了全德性的反动高压态势;二是各邦政府采取反动政策,试图恢复旧的统治秩序。与此同时,德意志民族国家问题出现了新的发展动向,作为德意志两大邦国的普鲁士和奥地利在对待建立统一的德意志民族国家问题上出现了两种截然不同的政策取向。

一、1848 年革命失败后德意志的政治反动

1848 年革命失败后,传统保守势力在政治上推行一种毫不妥协的镇压和稳定政策,尽可能地铲除革命造成的影响,打击各种反对派运动,恢复革命前的状态。

首先是从整个德意志层面恢复德意志邦联。在奥地利首相费利克斯·楚·施瓦岑贝格侯爵的坚持下,革命前的德意志邦联于 1850 年夏天得到恢复,从而使奥地利再次成为德意志事务的主导者。此后,奥地利和普鲁士两大邦国合作,在德意志境内采取了明确的反革命政策。普鲁士新首相曼陀菲尔(Otto Theodor von Manteuffel,1805—1882)1851 年 1 月谈到对待革命的态度时,公开声称"坚决与革命一刀两断"。[1]

1851 年 8 月 23 日,德意志邦联议会通过了所谓的"邦联反动决议"(Bundesreaktionsbeschluß),宣布废除法兰克福国民议会通过的"德意志人民的基本权利",并成立了一个"反动委员会",负责审查各邦宪法和选举法,剔除一切"革命"因素,使德意志邦联议会成为各邦宪法的最终确认者。包括萨克森-科堡、汉诺威在内的一些邦国在宪法问题上都受到

---

[1] Bernhard Becker, *Die Reaktion in Deutschland gegen die Revolution von 1848 beleuchtet in sozialer*, *nationaler und staatlicher Beziehung*, Wien: Verlag A. Pichlers Witwe & Sohn, 1869, S. 448.

邦联的干涉。一些邦国还于 1851 年 7 月组成了"警察联合会"（Polizeiverein），互相交换情报，镇压一切革命活动。① 1854 年 7 月，德意志邦联新闻法重新恢复了被法兰克福国民议会废除的种种新闻限制。同年，邦联结社法规定，原则上禁止一切政治性结社。所有这些措施给人的印象是，德意志邦联已经不是一个松散的联盟，以其介入各邦政治事务的程度看，它似乎已经是一个带有中央集权性质的国家政体。

各邦也采取各项反动政策，试图恢复革命前的旧秩序，但恢复的力度和执行程度各有不同。梅克伦堡（Mecklenburg）甚至恢复了 1755 年的等级法规。汉诺威也恢复了旧的宪法和贵族的统治。萨克森则重新采用了旧的等级制选举法。巴伐利亚相对较为温和，反动政策甚至被取消。首相普福尔滕男爵（Ludwig Karl Heinrich Freiherr von der Pfordten，1811—1880）从一开始就试图继续实施自由主义法律。此后虽然采取了某些限制性的政策，但国王马克西米利安二世（Maximilian II. Joseph，1811—1864，1848 年—1864 年在位）在文化和科学政策方面仍坚持自由主义政策。巴登最初也实行一种极其强硬的反动政策，但是在 1852 年以后，随着日后成为巴登大公的弗里德里希一世（Großherzog Friedrich I. von Baden，1826—1907，1856 年—1907 年在位）出任摄政，政治方面逐渐向自由主义政策过渡。②

德意志两大邦国推行的政策和措施也不尽一致。奥地利采取了一种更为反动的政策。费利克斯·楚·施瓦岑贝格侯爵是各种反动政策的总设计师。1851 年 12 月 31 日，奥地利政府通过了三个"除夕特别法令"（Silvesterpatente），废除了 1849 年颁布的"钦定"宪法。由此奥地利帝国再次恢复了专制主义体制，大臣只对君主负责。年轻的皇帝弗兰茨·约瑟夫一世成为所谓的"新专制主义"（Neoabsolutismus）的体现，集中了一切权力，是整个哈布斯堡君主国的统一象征。这种新专制主义体

① Wolfgang Hardtwig und Helmut Hinze (Hrsg.), *Deutsche Geschichte in Quellen und Darstellung*, Band 7, *Vom Deutschen Bund zum Kaiserreich 1815-1871*, S. 363-366.
② Reinhard Rürup, *Deutschland im 19. Jahrhundert 1815-1871*, S. 210.

制直到 1859 年奥地利在意大利战争中失败才开始发生动摇。[1] 1860 年
10 月 20 日的《十月公文》(Oktober-Diplom)和 1861 年的《二月特许令》
(Februarpatent)宣布召开议会,奥地利才重新开始立宪君主制的尝试,
但进程非常迟缓。1865 年 9 月 20 日,由于匈牙利拒绝以《二月特许令》
为基础的基本法,奥地利政府又颁布了《延迟特许令》(Sistierungs-
Patent),宣布推迟实施《二月宪法》(Februarverfassung)。1866 年对普
战争失败后,奥地利在 1867 年 5 月与匈牙利达成协议,才在二元君主政
治架构之上建立起宪法政治。[2]

　　普鲁士在 1848 年革命后也采取了一系列反动政策。1851 年普鲁士
政府恢复了旧的等级制县议会和省议会。易北河以东地区的骑士庄园
(Rittergut)又回到了过去的自主管理状态。在城市中,国家监控大大加
强,治安管理也国家化。至于新闻、集会和结社等自由则受到严格限制,
普鲁士政府为此在全邦范围内建立起一套政治警察和严厉的监控系统。
甚至官员队伍也受到清洗。这种反动政策的顶点是在 1854 年 10 月颁
布了《普鲁士国民学校规程》(Regulative über das preußische
Volksschulwesen),限制基本阅读、写作和算术等课程,将宗教传授置于
学校教育的中心地位。[3]

　　尽管采取了一系列明显的倒退性反动措施,普鲁士在政治上并没有
能够完全退回到革命前的状态。甚至立场保守的曼陀菲尔也明确表示:
"要想恢复已经崩塌的过往状态,那只能是徒劳之举。"[4]因此普鲁士政府
在推行反动政策的同时,仍给国家政治生活保留了一些温和的自由主义

---

[1] Friedrich Lenger, *Industrielle Revolution und Nationalstaatsgründung* (*1849 - 1870er jahre*), *Gebhardt Handbuch der deutschen Geschichte*, Band 15, Zehnte, völlig neu bearbeitete Auflage, Stuttgart: Klett-kCotta, 2003, S. 268.

[2] Michael Kotulla, *Deutsche Verfassungsgeschichte: Vom Alten Reich bis Weimar* (*1495 - 1934*), S. 484 - 485.

[3] Reinhard Rürup, *Deutschland im 19. Jahrhundert 1815 -1871*, S. 211.

[4] Hans-Ulrich Wehler, *Deutsche Gesellschaftsgeschichte*, *Dritter Band*, *Von der " Deutschen Doppelrevolution" bis zum Beginn des Ersten Weltkrieges*, München: Verlag C. H. Beck, 1995, S. 199.

色彩。1849 年 5 月,普王以紧急命令的形式颁布了三级选举法,以便选举新一届下议院。新的选举法规定实行普遍、平等和秘密的选举原则,但选举制度是间接、公开和不平等的三级制。根据这一选举制度,首先由"所有独立的普鲁士人"进行间接"初选",公开投票表决推举选举人,然后由选举人选举出议员。选民根据纳税额的多少被分为三个等级。每个等级选出人数相等的选举人。[①] 据统计,当时第一等级选民约占选民总人数的 6%,第二等级约占选民总人数的 17%,剩下的 75%—80% 的选民属于第三等级。这种三级选举制的提出者是普鲁士原财政大臣阿尔布莱希特·冯·阿尔文斯莱本(Albrecht von Alvensleben, 1794—1858)。其理由是,每一个国家公民通过纳税而承担了对国家的义务,他们也应该理所当然地被赋予相应的权利。显然,三级选举制使拥有大量财富的人成了特权阶层,即"一千个富人相当于十万个穷人"[②]。真正的多数民众的声音在选举中无法得到表达。因此,所谓代表民意的下议院实际上成了有产者的俱乐部。

1849 年 7 月 17 日,普鲁士在新选举法的基础上选出了新一届下议院。12 月 17 日和 18 日,普鲁士上下两院先后通过了对 1848 年"钦定"宪法的修改。1850 年 1 月,普王签发了修改的《普鲁士国家宪法》(Verfassungsurkunde für den Preußischen Staat vom 31. Januar 1850; Verfassung Preußens 1850; Revidierte preußische Verfassung)。这一宪法一直沿用到 1918 年 11 月 9 日革命后才被废除。经过修改的"钦定"宪法使普鲁士在政治上仍保持着"宪法国家"的特征,但政治格局已经大大偏向以普王为核心的旧的保守势力。对普鲁士宪政结构改动最大的地方是,普鲁士议会第一议院在 1854 年根据国王命令改成了贵族院(Herrenhaus)。据此,126 名贵族院议员中,贵族世袭议员 90 席,

---

① Ernst Rudolf Huber (Hrsg.), *Dokumente zur deutschen Verfassungsgeschichte*, Band 1, *Deutsche Verfassungsgeschichte 1803 -1850*, Stuttgart: Kohlhammer Verlag, 1978, S. 497 - 500.

② Diether Raff, *Deutsche Geschichte vom Alten Reich zur zweiten Republik*, S. 115.

大城市代表 30 席，大学代表 6 席。贵族完全控制了普鲁士国家的立法大权。

二、德意志民族国家问题的新发展

1848 年德国革命的两大任务是实现资产阶级自由民主的宪法政治和建立统一的民族国家。革命失败后，二者都化为泡影。尽管如此，人们对于民族国家的期待并没有消失，而是为之继续努力。实际上，在1848 年革命接近尾声之时，普奥两国就已经围绕着民族国家问题展开了斗争，试图在争夺德意志霸权的斗争中为自己谋取有利地位。

如前所述，虽然普王弗里德里希·威廉四世由于各种原因拒绝了法兰克福国民议会赠予的德意志皇冠，但普鲁士对于在德意志扮演主导角色有着极大的兴趣。因此，就在普王拒绝和法兰克福国民议会合作的同时，普鲁士政府开始提出新的创意，希望通过与德意志其他诸侯结盟的方式来建立普鲁士主导下的德意志民族国家。普鲁士之所以在最后镇压德意志各邦革命的过程中显示出极大热情，就是要以此表明自己的力量和领导地位。

普鲁士有关建立德意志民族国家的新创意由普王顾问、1850 年 9 至 11 月间短暂出任外交大臣的约瑟夫·冯·拉多维茨男爵提出，即所谓"普鲁士的同盟政策"（Unionspolitik Prueßens）。根据这一计划，将对1815 年成立的德意志邦联进行改革，建立起紧密和宽松的两个同盟。首先是建立一个在普鲁士领导下的、不包含奥地利的较为紧密的德意志联邦国家；这一德意志联邦国家再与整个哈布斯堡君主国结成范围更大的牢固的邦联。这一范围更大的邦联应该具有共同的关税和贸易政策，从长期着眼还应该有共同的外交政策。拉多维茨的这一计划既确保了普鲁士在德意志的霸主地位，又照顾到无法割舍奥地利的大德意志道路支持者们的情绪，因此得到许多德意志邦国的肯定，也得到部分推动德国统一的德意志民族运动力量的支持。拉多维茨男爵还通过召开全德性的同盟议会来对各邦施加"民族运动的道德压力"，以此克服反对因素。①

1850 年 3 月 20 日到 4 月 29 日,同盟议会(Unionsparlament)在爱尔福特召开,旨在制定一部同盟宪法(Unionsverfassung)。同盟议会比照法兰克福国民议会模式,设立人民院和国家院。参加议会的主要代表是法兰克福国民议会中的俱乐部党的部分自由派成员,其中包括巴塞尔曼、达尔曼和加格恩等人,他们因参加 1849 年 6 月 26—28 日的哥达后议会(Gothaer Nachparlament),又被称为哥达派。但是,由于当时普鲁士与萨克森、汉诺威之间的三王同盟还没有形成,巴伐利亚和符滕堡等南德邦国又害怕普鲁士的霸权而拒绝给予支持,所以同盟议会最后无果而终。普鲁士政府也因此一无所获。

奥地利在德意志民族问题上则采取另一种政策。1848 年革命后,在费利克斯·楚·施瓦岑贝格侯爵的领导下,奥地利把恢复和巩固统一的哈布斯堡君主国当作主要任务,因而它反对任何试图建立德意志民族国家的努力,更无法容忍普鲁士主导德意志的意图。所以,与拉多维茨的计划针锋相对,费利克斯·楚·施瓦岑贝格侯爵坚决要求恢复德意志邦联,并于 1850 年 9 月 1 日召开旧的邦联议会,以便继续奥地利在邦联中的领导地位,打破普鲁士称霸德意志的梦想。德意志两大邦国之间的矛盾因此迅速激化。到 1850 年 10 月,德意志已经处在内战的边缘。

事件起因于黑森选侯国宪法冲突(Kurhessischer Verfassungskonflikt)。1850 年 6 月,黑森选侯弗里德里希·威廉和首相路德维希·哈森普夫卢格(Ludwig Hassenpflug,1792—1864)取消宪法,意欲消弭 1848 年革命的影响,由此与等级议会中的资产阶级发生冲突,并发展为内战。黑森选侯随即向费利克斯·楚·施瓦岑贝格侯爵召集的德意志邦联议会发出求援,邦联议会出于反对革命的目的派出巴伐利亚军队干涉。由于黑森选侯国正好位于普鲁士通往其莱茵地区的军事通道上,关乎普鲁士的安

---

① Friedrich Meinecke, *Radowitz und die deutsche Revolution*,Berlin:Erst Siegfried Mittler und Sohn, königliche Hofbuchhandlung,1913,S. 385.

全,普鲁士因而把邦联议会的决定视为一种挑衅,也派兵进入黑森。双方一度在布隆采尔(Bronzell)发生小规模战斗。

但是,当时国际国内形势对实施拉多维茨男爵的计划不利。一是奥地利已经在俄国的帮助下平息了匈牙利革命,力量得到恢复。二是沙皇尼古拉一世以恢复 1848 年革命前的秩序为目标,视拉多维茨的计划为变相的革命,表示坚决反对。同时他也不愿看到德意志的统一。因此,尼古拉一世不仅以武力威胁企图统一德意志的普王,甚至对普鲁士在德意志邦联中与奥地利平起平坐的要求也嗤之以鼻。[1] 三是希望维持现状的普鲁士保守派也反对因推行拉多维茨计划而与奥地利发生对抗。面对国际国内的多重压力,普鲁士最终不得不放弃同盟政策。

1850 年 11 月 28—30 日,在沙皇尼古拉一世的主导下,俄、普、奥三国代表在奥尔缪茨(Olmütz)举行会议,讨论恢复德意志秩序问题。29日,三方签订《奥尔缪茨条约》(Vertrag von Olmütz; Olmützer Punktation)。根据该条约,普鲁士放弃在德意志担任领导角色的要求,恢复奥地利领导下的德意志邦联。[2] 普鲁士只得忍受着"奥尔缪茨之辱"(Schmach von Olmütz; Olmützer Erniedrigung),收藏起统一德国的图谋。但是《奥尔缪茨条约》只是暂时中止了德意志两强之间的对抗。普奥两大邦国在德意志民族国家问题上的不同态度已经向德意志民众表明:要建立统一的德意志民族国家,必须排除奥地利的阻挠;普鲁士是实现德意志民族统一的可期盼力量。

第二节 普鲁士统一德国的政治和经济准备

在论及 19 世纪的德意志统一运动时,人们通常会分析解决德意志

---

[1] [苏]波将金等编:《外交史》,第 1 卷(下),史源译,生活·读书·新知三联书店 1979 年版,第 750 页。
[2] Udo Sautter, *Deutsche Geschichte seit 1815: Daten, Fakten, Dokumente, Band 3, Historische Quellen*, S. 37.

民族问题的诸多可能性,①其中包括通过资产阶级民主革命推翻各邦统治阶级,建立统一的资产阶级民主共和国;由德意志的某一大邦通过王朝战争自上而下地统一德国,等等。然而,1848年德国革命的经验表明,当时的德国资产阶级无力担当这一重任。于是,由奥地利(大德意志道路)或普鲁士(小德意志道路)两大邦国通过王朝战争手段实现国家统一就成为人们的一种期待。历史最后选择了普鲁士作为统一德国的领导力量,一直在德意志事务中充当领导角色的奥地利则被排挤出了德意志。人们或许对这种历史的选择有些茫然,但历史所作的选择最终都是一种必然。普鲁士之所以能担当起统一德国的重任并完成德意志民族长期为之努力的统一大业,盖因其已经在政治和经济上具备了统一德国的充要条件:在经济上,它已经确立起在德意志无可争辩的领导权;在政治上,它通过资产阶级性质的改革已经逐渐由封建社会转入资本主义现代社会,由贵族独占统治转向贵族资产阶级的联合统治。普鲁士因此成了德国资产阶级的瞩目所在,成了建立统一的德意志民族国家的希望所在。

一、普鲁士向贵族资产阶级联合统治国家的转变

(一)普鲁士成为"钦定"宪法国家

施泰因-哈登贝格改革(Stein-Hardenberg-Reformen; Stein-Hardenbergsche Reformen)开启了普鲁士国家从封建社会向现代资本主义社会的转变。随着资本主义生产方式在普鲁士的逐步确立,作为上层建筑领域的国家统治形式也势必作出相应的调整。但这种转变是在调整和改革而非革命的方式下进行的,因此,进展缓慢和相对保守也就

---

① 德国史学家哈根·舒尔策曾列举出6种解决德意志问题的方案:1815年德意志邦联形式;1848/49年革命期间建立中央集权民族国家的尝试;1859年大德意志思想;普奥两国分别称霸北、南德意志;中等邦国组成第三德国;普鲁士的小德意志道路等。见 Hagen Schulze, *Der Weg zum Nationalstaat: Die deutsche Nationalbewegung vom 18. Jahrhundert bis zur Reichsgründung*, S. 110-113.

不可避免。普鲁士国家政权的调整主要表现为：封建贵族地主单独控制的国家政权逐步演变为以经济上资产阶级化的贵族地主为核心的贵族资产阶级联合统治的国家政权。形成这种贵族资产阶级联合统治的国家政权的重要标志就是普鲁士成为宪政国家。

在普鲁士实行宪法的想法首先来自改革发起者施泰因男爵(Heinrich Friedrich Karl vom und zum Stein，1757—1831)。他曾在1806年4月27日有关皇家内阁组织的备忘录中指出，"普鲁士国家没有国家宪法，其最高政权在国家元首和国家代表之间不加区分，普鲁士国家完全是由许多单一的、通过继承、购买、征服而凑到一起的地区的崭新的集合。"①换言之，普鲁士应该通过颁布宪法，使作为国家元首的普王和代表国民的议会区别开来，使普鲁士相对分散的各省凝聚成一个整体的国家。这种思想为其后继者哈登贝格所接受。前文已经提及，在哈登贝格的努力下，普王弗里德里希·威廉三世终于在1810年的财政敕令中作出了第一次"宪法允诺"，宣布要建立国民代议机构。②

1811年2月，哈登贝格召集普鲁士各省地方名流作为临时性国民代表，聚会柏林。此后，这些"国民代表"也经常开会，对各省内的债务调节等问题进行咨议。1815年5月22日，普王又作出了"第二次宪法允诺"，表示要建立议会代表机构，制定成文宪法。然而，普鲁士走向宪法国家的过程曲折而艰难。1817年3月30日，普鲁士政府颁布一项内阁命令，由国家官员组成一个宪法委员会，到各省巡游，向各地名流咨询，了解各省对当时的等级机构以及改革愿望的一般看法。当时22名委员会成员中至少有13人声明支持制定一部整体性的国家宪法。1819年哈登贝格根据普王的敕令草拟了一个宪法计划，试图建立一个不仅有咨询功能而且可积极参与政事的真正省级代表机构。然而，此时正值反动势力最猖狂之际，德意志邦联议会通过了《卡尔斯巴德决议》，坚决维

① Hans-Joachim Schoeps，*Preussen：Geschichte eines Staates*，S. 166.
② Ernst Rudolf Huber（Hrsg.），*Dokumente zur deutschen verfassungsgeschichte*，Band 1，*Deutsche Verfassungsgeschichte 1803－1850*，S. 46.

护原有的封建政治体系,此后又在维也纳作出了"君主制原则"的决定,"在整个德国,所有国家权力通过君主个人保持统一"。① 在这种形势下,普鲁士要制定和实施国家宪法显然不可能。普鲁士邦内的官僚和贵族因担心失去原有的各种特权,也联合起来反对制定宪法。出于上述原因,普王在 1821 年 6 月 11 日的敕令中决定对省级等级机构的咨议进行限制。

1828 年,普鲁士各省"根据古老的德意志宪法精神",建立了等级议会。这种省级议会"被视为普鲁士立宪运动的开端"。② 它们尽管建立于古老的贵族、市民和农民三个等级划分的基础上,但其实际的社会内容已经发生重大变化,作为统治主体的贵族正在失去原先强大的全国性政治影响力,"第三等级"的资产阶级则开始自觉地推动宪法运动。从这一意义上,省级等级代表作为全民代表的替代品,只是给正在转变中的政治和社会现实戴上了一具旧式面罩而已。此后相当长的一段时间内,由于当时资产阶级力量还不够强大,普鲁士宪法问题陷入了一种沉寂状态。直到 19 世纪 30 年代中期开始第一次工业革命以后,资产阶级力量得到进一步增强,这一问题才重新提上日程。

1840 年,弗里德里希·威廉四世继位。这位新君主似乎要给人们带来一种新气象。是年 10 月,来自 8 个省级议会的 98 名议员相聚柏林,组成"联合委员会",讨论政府的各项措施。此外,普鲁士政府还作出了以国家保证利息的方式来支持私人铁路股份公司发展等有利于工业发展的决定。③ 但是,人们很快就对这些看起来带有自由主义色彩的举措感到失望。因为新国王想要的只是一个国家债务和税收批准大会,在国家需要信贷或新附加税时,它能按国王指令行事。换言之,国王需要的是

---

① Volker Hentschel, *Preussens streitbare Geschichte 1594－1945*, Düsseldorf: Droste Verlag, 1980, S. 190.
② Hans-Joachim Schoeps, *Preussen: Geschichte eines Staates*, S. 171. 有关普鲁士早期宪法进程,参见第一章第一节之"德意志第一次宪法运动"。
③ 其中一个重要原因是普鲁士的经济官僚们可以从中谋取利益,他们手中持有铁路建设股份。Volker Hentschel, *Preussens streitbare Geschichte 1594－1945*, S. 191.

一个"钱袋子"。

1848 年革命才真正推动了普鲁士向宪法国家迈进的步伐。如前所述,在革命期间,迫于革命形势的压力,弗里德里希·威廉四世不得不作出让步,颁布了一部坚持君主主权论①的"钦定"宪法。在此基础上,普王又于 1850 年签发了经过修改的《普鲁士国家宪法》。②

从内容上看,1850 年普鲁士宪法"确立了介于专制主义和议会主义之间的立宪君主制的国家形式"。③ 根据该宪法,君主制原则是普鲁士国家法律的核心;国王"不可侵犯";国王掌握国家行政、军事和外交的最高权力。同时国王和议会共同行使立法权。由首相领导的各部大臣对国王而不对议会负责。国王还拥有宣布戒严、宣战、缔结和约、任命和解除大臣职务、解散议会等权力。尽管如此,国王颁布的有关法令都必须有相关大臣的副署,以确保政府的各项措施合乎宪法。这一规定意味着国王在一定程度上具有对大臣的依赖性,从而使国王的专制主义欲望受到约束,有利于防止专制暴政。

宪法对公民的不可侵犯的自由作出了明确规定:普鲁士公民在法律面前人人平等,宗教信仰自由,新闻自由,集会自由。宪法在第 6 部分(86—97 条)"法官权力"中还规定了司法的独立性。宪法还规定了地方自治原则(103 条)、研究和学术自由的原则(26 条)。

在立法方面,普鲁士模仿英国实行两院制议会。第一议院(Die Erste Kammer)由霍亨索伦家族中已经成年的王子、贵族、各社团选出的代表、国王敕命的终身议员和各大城市地方议会选出的代表组成,实质上是普鲁士贵族的代言人。1854 年 10 月第一议院改称贵族院。第二议院(Die Zweite Kammer)也相应地改称众议院(Haus der Abgeordneten),以后又改称为邦议会(Landtag),由三级选举制度选出

---

① Hans-Joachim Schoeps, *Preussen:Geschichte eines Staates*, S. 201.
② 宪法共 9 部分 119 条。Ernst Rudolf Huber (Hrsg.), *Dokumente zur deutschen Verfassungsgeschichte*, *Band 1*, *Deutsche Verfassungsgeschichte 1803–1850*, S. 501–514.
③ Hans-Joachim Schoeps, *Preussen:Geschichte eines Staates*, S. 203.

的议员组成。

1850 年《普鲁士国家宪法》尽管带有强烈的保守色彩,但在当时仍不乏一些"现代性"内容。① 宪法虽然规定了君主在国家权力中的核心地位,但其权力在一定意义上已经受到约束。根据宪法第 54 款,普王必须"坚定和信守不渝地遵守王国宪法并且依据宪法及各项法律进行统治"。② 这意味着普王由专制国王变成了依法而治的君主;普王颁布的法令必须由相关大臣副署才能有效的规定,同样限制了国王可能的为所欲为;建立在国王敕命和三级选举制基础上的两院制议会虽然形象保守,无法真正地反映民意,但毕竟资产阶级通过这种议会制形式开始跻身统治阶级行列,作为贵族地主的配角参与国家政治生活。这和 1832 年英国议会改革之后工业资产阶级跻身统治阶级行列如出一辙。

1850 年普鲁士宪法从法律意义上表明:普鲁士社会已经由传统封建社会向现代资本主义社会转变,普鲁士国家开始由贵族阶级统治国家向贵族资产阶级联合统治国家转变。鉴于这一事实,德国宪法史学者恩斯特·鲁道夫·胡贝尔(Ernst Rudolf Huber,1903—1990)指出,从表面上看,普鲁士在清除 1848 年革命的影响方面做得丝毫不比奥地利逊色,"立宪前的各种势力:王朝和宫廷、贵族、军官团以及高层官僚等又恢复了他们对国家政权的控制。然而,纵然有这种表面上的复辟,普鲁士的专制主义却已经被彻底打破了。不管是钦定宪法还是经过修订的宪法,都建立于新时代的架构和原则之上。尽管国王大权在握,尽管军队和行政地位特殊,尽管封建的和资产阶级的有产阶层享有特权,普鲁士在 1848 年和 1850 年的宪法下已经适应了立宪的宪法和法制国家的体制"。③

① Hans-Joachim Schoeps, *Preussen：Geschichte eines Staates*, S. 205.
② Ernst Rudolf Huber (Hrsg.), *Dokumente zur deutschen verfassungsgeschichte*, Band 1, *Deutsche Verfassungsgeschichte 1803 - 1850*, S. 506.
③ Ernst Rudolf Huber, *Deutsche Verfassungsgeschichte seit 1789*, Band 3, *Bismarck und das Reich*, Stuttgart：Kohlhammer Verlag, 1988, S. 53.

普鲁士向资产阶级宪法国家的转变使其在与奥地利争霸德意志的斗争中获得了极其有利的地位。它赢得了"德国各地"资产阶级自由派的"欢心",因为普鲁士的所有这一切变化都使他们确信,成为资产阶级利益代表者的普鲁士必定会努力实现他们所渴望的统一的民族国家。[①]与普鲁士的这种现代性政治转变相反,奥地利却在 1848 年革命以后又恢复了封建专制主义统治,犹如掷石入潭,波澜之后又复归沉寂。与此同时,它在德意志民族国家问题上则一直坚持维持德意志分裂现状的政策。正因为如此,有奥地利史学家一针见血地指出,"否认各民族组成自己国家的权利","低估民族情感的力量",把正统主义当作各种正当权利的唯一来源和历史发展的根源,是奥地利在与普鲁士争霸中失败的根本原因。[②]

(二)资产阶级成为普鲁士国家的服务对象

有学者曾指出:"19 世纪德国历史的核心问题是普鲁士国家与普鲁士以及普鲁士以外的资产阶级的关系。"[③]这里蕴含着一个历史事实,即普鲁士在 19 世纪逐渐发展演变为一个为资产阶级服务的资本主义国家。这就是为什么在德意志统一运动中资产阶级总是将希望寄托于普鲁士国家政权,而普鲁士政府也能理解德国资产阶级渴望民族统一的愿望,并肩负起实现这种愿望的使命。

德国资本主义制度以及资产阶级国家的建立并非通过胜利的革命,而是通过改革来实现的。这种发展道路虽然避免了因革命而出现的激烈社会动荡,却也给德国的历史发展带来了某种"负面后果"。这种"负面后果"在普鲁士表现得最为突出,这就是容克(Junker)和资产阶级之间的阶级妥协以及由此带来的资产阶级对于自己的政治使命的放弃。

---

① Volker Hentschel, *Preussens streitbare Geschichte 1594 - 1945*, S. 190.

② Gerd Fesser, *Königgrätz-Sadowa*: *Bismarcks Sieg über Österreich*, Berlin: Brandenburgisches Verlaghaus, 1994, S. 125.

③ Peter Brandt, *Preussen zur Sozialgeschichte eines Staates*: *Eine Darstellung in Quellen*, Berlin: Rowohlt Taschenbuch Verlag, 1981, S. 309.

其结果是,"各种封建形式及其残余在资本主义社会中得以继续生存"。①
这些封建残余中最主要的就是以容克②为代表的贵族阶级在国家政权中
继续占据支配地位。现在的关键问题是,在向资本主义社会的转型中,
贵族地主阶级处于支配地位的普鲁士国家政权能否实行有利于资本主
义发展的政策,能否为资产阶级的利益服务。历史对此的回答是肯
定的。

　　首先,19 世纪初开始的农业改革使贵族地主的社会经济特征开始发
生改变。经过长达半个世纪的发展,他们逐渐地适应了资本主义的经营
方式,在经济上逐渐资产阶级化。"随着时间的推移,资产阶级和贵族大
庄园主日益接近,最终紧密结合成一个单一的'资本家的灵活的经济阶
级'。"③后来的普鲁士首相奥托·冯·俾斯麦（Otto von Bismarck,
1815—1898）就是这样一个资产阶级化的容克地主。贵族地主们还进入
工业发展领域,成为第一次工业革命的弄潮儿。在普鲁士的重要工业中
心西里西亚,一部分变成了农业资本家的容克发展成为工业资本家,大
冶金企业主几乎都来源于封建贵族。"在制铁工业中,封建贵族出身的
企业主也在这里占支配地位。"④既然与资产阶级经济利益日益趋同,把
持国家政权的普鲁士贵族地主阶级推行有利于资本主义发展的政策,也
就不足为奇。普鲁士国家于是成了"贵族和资产阶级之间结成同盟的调
停机关"。⑤

---

① Gustav Seeber und Karl-Heinz Noack（Hrsg.）, *Preussen in der deutschen Geschichte nach 1789*, Berlin: Akademie-Verlag, 1983, S. 115.

② 容克一词来自中古高地德语 Juncherr, 即 Junger Herr 或 Jungherr, 意为年轻贵族。这一群体
起初指那些没有受过晋封骑士仪式的贵族,后来也指其他的年轻贵族子弟。在普鲁士,他们
大多为中世纪德意志人向东殖民过程中在东部地区定居下来的贫穷贵族,后来成为易北河
以东地区贵族地主的统称。

③ Peter Brandt, *Preussen zur Sozialgeschichte eines Staates: Eine Darstellung in Quellen*, S. 99, 103.

④ Mottek, Blumberg, Wutzmer, Becker, *Studien zur Geschichte der industriellen Revolution in Deutschland*, S. 153, 155.

⑤ Peter Brandt, *Preussen zur Sozialgeschichte eines Staates: Eine Darstellung in Quellen*, S. 313 - 314.

其次,普鲁士国家在事实上也推行着有利于资本主义发展的政策。1848 年革命失败后,虽然贵族阶级恢复了对普鲁士国家政权的支配地位,但出台的一系列政策无疑是具有资产阶级性质的。在农业领域,普鲁士政府于 1850 年 3 月 2 日宣布,在普鲁士王国内结束赎买和调整法令,由此加速了农业资本主义发展的普鲁士式道路(Preußischer Weg der Entwicklung des Kapitalismus in der Landwirtschaft)的进程,为消除仍然存在的封建剥削打下了法律基础。到 19 世纪 60 年代初,农业领域中资本主义生产方式取代封建生产方式的过程实际上已经结束。在工业领域中,普鲁士政府通过颁布新的矿山法、殷勤地扶持股份公司的发展、给予私人铁路公司以利息保证等一系列政策,满足"资产阶级经济上的需要"。因此,19 世纪 50 年代的普鲁士虽然"政治上极端反动",经济上却取得了令人惊讶的进步。

正是基于以上一些事实,研究普鲁士史的学者得出结论:"1848 年之后现存封建生产关系的迅速废除和 19 世纪五十年代资本主义经济的快速发展不是在国家的抵制下取得的,而是在这方面得到了法律规范和促进,至少是得到了宽容。""1807 年在普鲁士开始的贵族君主统治向资本主义基础的转变正加速进行。"[1]

二、普鲁士在德意志经济领导权的确立

(一)普鲁士在关税同盟中领导地位的巩固;德意志经济一体化

1815 年以后,奥地利和普鲁士两大邦国在政治和经济上呈现一种不平衡的发展状态。政治上,在 1815 年建立的德意志邦联中,奥地利担任着领导角色,普鲁士处于配角地位。但是在经济领域,1834 年关税同盟建立以后,普鲁士在德意志赢得了一种对奥地利的商业政策优势,继而又通过第一次工业革命发展成绝对性的经济优势。

---

[1] Gustav Seeber und Karl-Heinz Noack (Hrsg.), *Preussen in der deutschen Geschichte nach 1789*, S. 111.

奥地利对于普鲁士通过关税同盟夺取德意志的商业政策领导权进而夺取政治领导权的做法心知肚明。因此,1848 年革命以后,奥地利在重建德意志邦联并恢复其政治领导权的同时,也采取了新的策略来对付普鲁士利用关税同盟谋取政治利益。1849 年 10 月,奥地利提出了所谓的"中欧关税同盟"(Mitteleuropäische Zollunion)计划。根据这一计划,关税区域将囊括德意志各邦和包括匈牙利等在内的整个哈布斯堡帝国(Habsburgerreich)。这一计划的制订者是奥地利商业大臣卡尔·路德维希·冯·布鲁克(Karl Ludwig von Bruck,1798—1860)。1850 年 1 月奥地利正式提出这一建议后,立即在德意志引起了强烈反响。

由于"中欧关税同盟"计划前景诱人,而且迎合德国资产阶级的民族主义愿望,普鲁士政府感受到巨大压力,视之为一种"公开的挑战",但又不好明确加以阻拦,只能巧妙周旋。[1] 1853 年,负责普鲁士商业事务的鲁道夫·冯·德尔布吕克(Rudolf von Delbrück,1817—1903)以一种策略性的方式化解了这一困境,使奥地利的"中欧关税同盟"计划成为泡影。普鲁士一方面以完全不现实为理由拒绝了奥地利的大关税同盟方案,另一方面却又以拖待变,以退为进地表示,可以在奥地利和关税同盟之间缔结一项全面的商业条约。结果,奥地利的计划被搁置起来。与奥地利计划的失败相反,德意志关税同盟条约却在这一年召开的卡塞尔全体会议上得到延长(12 年)。

1860—1865 年是普鲁士和奥地利之间争夺德意志经济领导权的决定性阶段。奥地利深知,普鲁士对德意志的影响力在很大程度上缘于关税同盟,因此,尽管"中欧关税同盟"计划没有获得预期成果,进入 60 年代后却继续这一目标,以便削弱普鲁士通过关税同盟获得的经济领导地位。普鲁士的策略则完全相反,通过将奥地利完全排除出德意志经济圈来巩固自己的经济领导地位,进而获得政治领导权。而这时的欧洲形势

---

[1] Reinhard Rürup, *Deutschland im 19. Jahrhundert 1815 - 1871*, S. 216; Hans-Werner Hahn, *Geschichte des Deutschen Zollvereins*, S. 142.

为普鲁士提供了实现自己目标的有利机遇。

1860年1月23日,英法两国间缔结了一项商业条约,双方实行最惠国待遇,并大幅度降低关税。英国想以此进一步推进国际自由贸易的发展,扩大英国工业品在法国市场的份额,法国则想通过这种自由贸易来摒弃传统的贸易保护主义,提升大众购买力,进而给国家工业化以强有力的推动。在德意志地区,随着工业发展和工业实力的增强,工业家们也越来越倾向于自由贸易,将英法之间的这种自由贸易视为一种机遇,要求关税同盟能与法国签订类似的条约,以便"享受法国的低关税"。①

普鲁士从一开始就对与法国签订一个类似的商业条约持欢迎态度,其中除了经济上的好处外,还有其政治意图。它认为,通过实行自由主义的关税改革,势必给奥地利念念不忘的中欧关税同盟方案以致命性打击,因为发展水平很低而且处于贸易保护主义之下的奥地利经济绝对没有能力承受西欧的这种"革命性"低关税政策。因此,与法国签订商业条约"是将奥地利永远排除出去的一种有效手段"。② 法国也想与普鲁士签订一项新的商业条约,希望以此将这个德意志关税同盟的领导者与自己的政策联系起来,并"利用由于商业条约引发的德意志内部冲突来为法国在欧洲的霸权地位服务"。③ 出于各自的考虑,两国于1861年1月11日开始在柏林进行相关谈判。

但是普鲁士与法国订立商业条约的态度遭到关税同盟中的一些中等邦国的反对。它们很清楚,一旦与法国签订自由贸易性的商业条约,就意味着实行贸易保护主义的奥地利与关税同盟之间"特殊关系"的结束,普鲁士就会成为德意志内部没有竞争对手的霸主。因此,在奥地利外交大臣雷希贝格(Johann Bernhard von Rechberg,1806—1899)的鼓动下,关税同盟中的一些邦国公开要求与奥地利在商业上进行更紧密的合作。面对奥地利和中等邦国的阻挠,普鲁士决定加速与法国的商业条

---

① Hans-Werner Hahn, *Geschichte des Deutschen Zollvereins*, S. 166.
② David G. Williamson, *Bismarck and Germany 1862–1890*, London: Longman, 1998, p. 2.
③ Hans-Werner Hahn, *Geschichte des Deutschen Zollvereins*, S. 167.

约谈判,同时巧妙地利用关税同盟内部一些中等邦国的特别愿望来与法国讨价还价。1862 年 3 月 29 日,普鲁士在没有与关税同盟其他成员商量的情况下,就签订了《法普商业条约》(Französisch-Preußischer Handelsvertrag)。据此,到 1866 年 1 月 1 日,法普双方将降低各种关税。关税同盟的许多商品由此在法国获得和英国、比利时商品一样的关税优惠。以金属制品关税为例,铁丝的关税从每公担 14 法郎降为 10 法郎;铜制品则从 15 法郎降为 10 法郎。

1865 年,德意志关税同盟条约面临延长的问题。此前,关税同盟内部各派力量斗争非常激烈。南德诸邦要求继续保证 1853 年时给予奥地利的权利,即奥地利在向关税同盟地区出口时,可享受最低关税。与此同时,它们还反对普鲁士关于将关税同盟的重新组织与确认《法普商业条约》挂钩的建议。当时,巴伐利亚、符滕堡、汉诺威、黑森-达姆施塔特、拿骚、法兰克福等邦的反对立场完全有可能使《法普商业条约》在关税同盟中无法得到批准。面对这种阻力,普鲁士政府采用软硬兼施的政策。一方面普鲁士新首相俾斯麦以威胁的口气宣布,到 1865 年关税同盟条约期满时,他将解散关税同盟,然后与各邦在《法普商业条约》的基础上重新谈判;另一方面他又大力改善与奥地利的关系,于 1864 年 3 月在布拉格和奥地利举行奥德关税同盟谈判。不过,俾斯麦早就知道,奥地利和德意志关税同盟的经济和管理状况差异很大,所谓的奥德关税同盟只是一种"无法实现的乌托邦"。[1] 尽管如此,这种表演性的举动在一定程度上使得那些担心普鲁士霸权野心的中等邦国得到些许安慰。

与此同时,尽管对于普鲁士称霸德意志顾虑重重,对《法普商业条约》持反对态度的关税同盟各邦却不得不正视越来越大的经济和政治压力。首先,如果关税同盟解体,它们将失去巨大的经济利益。关税同盟建立以来,各邦在商业贸易方面受惠很大。南德各邦从北德地区输入工业制成品,北德各邦则从南部大量输入原料和粮食。更为重要的是,关

---

[1] Hans-Werner Hahn, *Geschichte des Deutschen Zollvereins*, S. 177.

税收入已经成为中小邦国增长最快的财政收入来源。在符滕堡,1830/31 年时关税收入只占收入预算的 7.4%,1839/42 年时则已经上升到 14.6%。在巴登,1830 年的关税收入占总收入的 8.4%,1850 年时则达到了 19.6%。黑森-达姆施塔特在加入关税同盟前几乎没有净收入可供支配,到 19 世纪 40 年代,关税收入已经占其财政的 13%。黑森-达姆施塔特的一位议员曾指出:如果没有普鲁士分拨的关税收入,国家开支就无从谈起。[①] 在政治上,对《法普商业条约》持反对态度的各邦也受到越来越大的压力。不仅地方商业团体持续向本邦政府施压,要求接受自由贸易条约,资产阶级自由派也在各邦议会中大力鼓吹继续关税同盟条约。

在这种形势下,对普鲁士抱敌视态度的各邦政府不得不改变立场。巴伐利亚国王路德维希二世曾在 1864 年 8 月无可奈何地指出,除了接受普鲁士的条件,"没有别的选择",南德地区"出于巨大的利益,迟早要被迫与德国其他部分连接起来"。符滕堡也表达了同样的看法:"我们迟早要向普鲁士屈服,因为我们的需要使然。"[②]于是,曾经持反对立场的各邦纷纷向普鲁士"投降"。1864 年夏天,萨克森、不伦瑞克、图林根、法兰克福等达成了继续关税同盟的协议。黑森-卡塞尔也在公众舆论压力下和普鲁士的收买下放弃了抵抗。同年 10 月,巴伐利亚、符滕堡、黑森-达姆施塔特、拿骚等邦也同意在《法普商业条约》的基础上继续延长关税同盟。

这无疑是普鲁士的巨大胜利。有学者在谈及这一巨大胜利的意义时指出:《法普商业条约》的成功实施"将作为领导性强权的哈布斯堡国

---

① Hans-Werner Hahn, *Geschichte des Deutschen Zollvereins*, S. 100.

② Hans-Werner Hahn, *Geschichte des Deutschen Zollvereins*, S. 178 - 179; Helmut Böhme, „Politik und Ökonomie in der Reichsgründungs-und späten Bismarckzeit", in: Michael Stürmer (Hrsg.), *Das Kaiserliche Deutschland: Politik und Gesellschaft 1870 - 1918*, Düsseldorf: Droste Verlag, ²1976, S. 39.

家最终排挤出了中欧"。① 1865 年 5 月 16 日,关税同盟正式宣布再延长 12 年。奥地利试图瓦解关税同盟的努力至此完全遭到失败。在一些历史学家看来,奥地利的这一失败可称为"经济上的柯尼希格莱茨"。② 从此,奥地利和德意志中小盟邦之间的关系被一堵坚固的经济长墙隔开,普鲁士在关税同盟中的领导地位则进一步得到巩固。

在普鲁士确立其对关税同盟不可动摇的领导地位的同时,德国经济也日益趋于一体化。如果说 1815 年建立起来的德意志邦联是奥地利领导下的维持现状、阻止一切新事物、保持德意志分裂的工具,那么普鲁士支配下的关税同盟恰好相反,随着经济力量和财政重要性的持续增长,它会对各中小邦国产生越来越大的吸引力,进而凝聚成一个共同体。因此,关税同盟的作用在于促进德意志的统一。这种对德意志统一的促进作用主要体现在对德意志地区经济一体化的影响:第一,随着关税同盟的建立和扩大,德意志内部逐渐形成了一种稳定的商业政策框架结构,原先妨碍经济交流的人为因素大大减少;第二,关税同盟促进了德意志内部各经济圈的相互交织,北部工业品南运,南部原料和粮食则北上,统一的民族市场开始形成;第三,劳动力和资本的自由流动得到一定的改善;第四,各邦之间因关税消除,经济交流日增,公路、水运交通得到促进和发展,相互联系更加密切。就以上意义而言,关税同盟对德意志地区的经济整合功不可没。可以说,19 世纪下半期德国一些重大事件和历史进程,如帝国的政治统一和工业化都是以关税同盟的建立为基础的。③

但是,建立一种紧密联系的、一体化的经济,仅仅凭关税等财政手段是不够的。关税同盟虽然将德意志 2/3 的地区联合成了统一的经济区,诸如马车、驳船等缓慢和不可靠的交通工具却制约着这一经济区内联系

---

① Helmut Böhme, „Politik und Ökonomie in der Reichsgründungs-und späten Bismarckzeit", in: Michael Stürmer (Hrsg.), *Das Kaiserliche Deutschland: Politik und Gesellschaft 1870 -1918*, S. 35.

② David G. Williamson, *Bismarck and Germany 1862 -1890*, p. 20. 1866 年普奥战争中,奥地利军队在柯尼希格莱茨战役中遭到决定性的军事失败。

③ Hans-Joachim Schoeps, *Preussen: Geschichte eines Staates*, S. 177.

的进一步加强。1835 年开始的铁路建设解决了这一难题。全国性铁路
网的建成,使原先由于交通不便而造成的一些封闭性经济地带开始对外
开放,形成了全国性的供需和价格体系。此外,铁路运输可以用低廉的
运价将原料运往遥远的加工地点,可以使农产品在腐烂变质之前就运抵
数百公里以外的城市居民手中,使得大宗货物、寻找工作的人们甚至整
建制的军队等都可以轻易地穿越整个德国。正是因为有了铁路交通的
这种作用,虽然 1848 年革命中的政治统一努力遭受夭折,经济上的交织
作为一种牢固的、统一的民族纽带已经形成。从这一意义上讲,铁路网
和关税同盟是推进德意志地区经济一体化的"连体双胎"。①

　　随着内部联系的日益密切,德意志关税同盟内的经济呈现繁荣态
势。1853 年—1856 年间,关税同盟的出口额由 35690 万塔勒尔猛增到
了 45610 万塔勒尔。同期奥地利由于采取一种"保守的、保护主义的、对
技术和工业感到恐惧的政策"②,出口额由 18430 万塔勒尔下降到了
15030 万塔勒尔,在经济发展上远远落后于关税同盟地区。奥地利政府
的这种政策使奥地利日益疏离于德意志其他邦国并远离西欧发达国家。

　　关税同盟各邦在货币和度量衡的统一方面也有所进展。1834 年关
税同盟条约规定"在各邦内实行相同的货币、计量单位和重量体系"(第
14 条)。③ 其后,日益密切的经济交流和融合促使各邦向统一的货币和
度量衡方向努力。

　　在货币体系方面,1837 年 8 月,南德的巴登、符腾堡、巴伐利亚、黑
森-达姆施塔特、拿骚、美因河畔法兰克福等邦缔结《慕尼黑货币条约》
(Münchener Münzvertrag)。1838 年 7 月,关税同盟各邦又订立了《德累

---

① Hagen Schulze, *Der Weg zum Nationalstaat*: *Die deutsche Nationalbewegung vom 18.
　 Jahrhundert bis zur Reichsgründung*, S. 98; Hans-Werner Hahn, *Geschichte des Deutschen
　 Zollvereins*, S. 93.

② Hagen Schulze, *Der Weg zum Nationalstaat*: *Die deutsche Nationalbewegung vom 18.
　 Jahrhundert bis zur Reichsgründung*, S. 99.

③ Udo Sautter, *Deutsche Geschichte seit 1815*: *Daten, Fakten, Dokumente, Band 3,
　 Historische Quellen*, S. 21.

斯顿货币条约》。前一项条约中明确规定,每一科隆马克须纯银233.856克,即24.5古尔登(每古尔登60十字币)铸造。后一项条约则接受了第一项条约的规定,并确定每一科隆马克铸造14塔勒尔。这样就确定了北方的塔勒尔与南部的古尔登之间的比价:1塔勒尔=1.75古尔登,并造出了统一的2塔勒尔(3.5古尔登)的货币。原先货币领域的混乱状况因此得到大幅度改善。由于这两项条约均只提及银币,19世纪30年代以后,银币就成为德国大部分地区的货币,只有不莱梅还保持着金币体系。1857年1月,为满足经济发展对货币量的需求,各邦间又达成了《维也纳货币条约》,规定每50克纯银铸造30塔勒尔、52.5南德古尔登或45奥地利古尔登。统一塔勒尔(Vereinstaler)开始作为主要流通货币在关税同盟各邦和奥地利得到使用。

在计量单位和重量体系方面,虽然真正统一度量衡单位是在北德意志联邦和德意志帝国时期,但是这时已经出现了一种统一的趋势。1837年关税同盟开始统一规定重量单位:1关税磅=500克。这一重量单位后来成为除巴伐利亚以外各邦的通用重量单位。

(二)普鲁士成为德意志经济强权

关税同盟使普鲁士有了控制德意志其他邦国的强有力工具,第一次工业革命则使普鲁士的工业实力以惊人的速度提升。普鲁士成了德意志名副其实的经济巨无霸。

铁路建设是德国第一次工业革命的先导部门,普鲁士则是该领域的榜样。鉴于铁路建设需要大量资金投入的客观情况,它在铁路建设中采用了当时最新的股份公司形式筹集资金。在1837年—1842年成立的28家铁路公司中,有多家公司采用了股份公司形式。如前所述,普鲁士政府还给予私人铁路公司以利息保证,从而吸引大量资本注入铁路建设领域。由于资金充盈,普鲁士的铁路建设速度令人刮目。仅头5年,它就完成了800公里的铁路建设里程,同时有1000公里在建,1500公里处于计划中。1850年普鲁士的铁路长度已经达到4200公里,同期德国铁路总里程才5800多公里。

　　在其他重要工业生产领域,普鲁士也拥有绝对优势。石煤生产方面:1850 年—1865 年,整个德意志邦联的开采量从 550 万吨增加到 2177 万吨,普鲁士则从 457 万吨增加到 1856 万吨,在总产量中的比重由 83.2%上升到 85.3%;同期生铁产量:德意志邦联的总产量由 21.4 万吨增至 98.8 万吨,普鲁士由 13.5 万吨增至 77.2 万吨,所占比重由 62.9%上升至 78.1%;钢的生产方面:德意志邦联由 19.7 万吨上升到 70.8 万吨,普鲁士从 14.6 万吨增加到 61.1 万吨,比重由 75.8%上升到 86.3%。[1] 在其他工业生产领域,普鲁士也拥有巨大优势。以蒸汽机的使用量为例,1835 年普鲁士工业领域使用蒸汽机数量还寥寥无几,1850 年以后,蒸汽机的使用数量则呈直线上升趋势。1855 年各工业企业的蒸汽机数量已经达到 3049 台,[2]其他邦国中无一能望其项背。这种巨大的经济优势为普鲁士统一德国奠定了雄厚的物质基础。正是基于这一点,著名经济学家凯恩斯认为,普鲁士领导建立的德意志帝国"与其说建立在铁和血之上,不如说建立在煤和铁之上"。[3]

　　从国民收入的角度看,普鲁士的财富总量也非德意志其他邦国可比。1851 年—1869 年间,德国(包括德意志邦联和阿尔萨斯-洛林)国民收入从 91.35 亿马克增加到了 135.72 亿马克,增幅为 32.3%;同期普鲁士国民收入从 41.28 亿马克上升到了 78.49 亿马克,增幅超过 90%,[4]在德国国民收入中所占比重从 45.2%增加到了 57.8%。在金融领域,柏林在 1866 年前已经成为德国的银行和交易所领域中"举足轻重"的金

---

[1] Wolfram Fischer, Jochen Krengel, Jutta Wietog, *Sozialgeschichtliches Arbeitsbuch*, *Band 1*, *Materialien zur Statistik des Deutschen Bundes 1815 -1870*, S. 63 - 64, 67, 68 - 69, 70 - 71.

[2] Peter Brandt, *Preussen: Zur Sozialgeschichte eines Staates: Eine Darstellung in Quellen*, S. 229.

[3] John Maynard Keynes, *The Economic Consequences of the Peace*, London: Macmillan & Co., Ltd., 1919, p. 40.

[4] Wolfram Fischer, Jochen Krengel, Jutta Wietog, *Sozialgeschichtliches Arbeitsbuch*, *Band 1*, *Materialien zur Statistik des Deutschen Bundes 1815 - 1870*, S. 119 - 120.

融中心。[1]

上述表明,普鲁士已经确立了在德国经济中不可动摇的优势地位。经济实力的增强使普鲁士在争夺德意志霸权的斗争中有了雄厚的物质资本。诚如一位德国历史学家所言:"经济的发展诚然没有导致必然建立一个普鲁士的德意志民族国家,但五十和六十年代的经济成果使普鲁士的政治崛起明显地变得更加轻松。"[2]

三、德意志民族主义运动的新发展

1848 年革命期间,德意志邦联与丹麦之间曾为石勒苏益格-荷尔施泰因问题开战,即所谓的石勒苏益格-荷尔施泰因战争(Schleswig-Holsteiner Krieg)。普鲁士领导的德意志邦联军队于 1848 年 5 月一度进入丹麦境内。但是,英、俄两国都反对普鲁士打击丹麦,前者担心普鲁士控制丹麦海峡(Dänemarkstraße),后者则不愿普鲁士染指波罗的海。[3] 8 月 26 日,在英、俄两国的压力下,普鲁士与丹麦签订了《马尔默停战协定》(Waffenstillstand von Malmö)。1850 年 7 月 10 日,德意志邦联与丹麦签订《柏林和约》(Frieden von Berlin),石勒苏益格由丹麦、普鲁士和英国三方代表组成的政府进行管理。1852 年 5 月 8 日,英、法、俄、普、奥等欧洲列强以及瑞典和丹麦两个波罗的海国家又共同签订《伦敦议定书》(Londoner Protokoll 1852)。据此,丹麦的完整和统一得到确认和保障;石勒苏益格、荷尔施泰因和劳恩堡三个公国通过丹麦国王实现与丹麦的个人联合;上述诸公国的独立和传统特权不受侵犯,石勒苏益格与丹麦的关系不得比与荷尔施泰因之间更紧密。丹麦与两公国之间的传统君合国关系由此重新得到恢复。因此,从民族国家角度而言,两公国

---

[1] Helmut Böhme, „Politik und Ökonomie in der Reichsgründungs-und späten Bismarckzeit", in: Michael Stürmer (Hrsg.), *Das Kaiserliche Deutschland: Politik und Gesellschaft 1870-1918*, S. 36.

[2] Reinhard Rürup, *Deutschland im 19. Jahrhundert 1815-1871*, S. 217.

[3] René Albrecht-Carrié, *A Diplomatic History of Europe Since the Congress of Vienna*, p. 77.

问题并没有得到彻底解决。随着民族主义的发展,丹麦与德意志之间的冲突势必重现。

普鲁士在这场冲突中的表现对德国历史的发展产生了重要影响。由于它在对丹麦战争中成了德意志民族的代表,扮演了领导者的角色,给德意志民族主义者留下了深刻印象,因此在德意志内部取得了一次前所未有的精神上的胜利。19世纪50年代开始,德国学界形成了以德罗伊森(Johann Gustav Droysen,1808—1884)、聚贝尔(Heinrich von Sybel,1817—1895)和特赖奇克(Heinrich Gotthard von Treitschke,1834—1896)等为代表的小德意志历史学家学派(Kleindeutsche Historikerschule),也称普鲁士历史学家学派(Preussische Historikerschule)或普鲁士学派(Borussische Schule)。他们大力鼓吹在普鲁士领导下实现德意志民族的统一。德罗伊森从1855年开始出版的多卷本《普鲁士政治史》(Geschichte der preußischen Politik)是这种观点的集中体现,[1]也是该学派开始形成的标志。就普鲁士而言,尽管对丹麦战争以及"同盟政策"的努力皆因列强的压力和阻挠而中途收场,但是其称霸德意志的企图并未因此而放弃。它将寻找合适时机,实现自己的抱负。

1859年撒丁战争(Sardinischer Krieg)[2]的爆发为德意志民族主义运动注入了新的动力,也给了普鲁士称霸德意志提供了新的机遇。这年4月,撒丁王国为实现意大利的统一,联合法国对奥地利开战,希图从奥地利手中收回伦巴底和威尼西亚。面对强敌,奥地利转而求助于德意志邦联,特别是普鲁士。[3] 普鲁士视之为确立自己在德意志领导地位的大好时机,因此,摄政王威廉一面动员军队,对法国进行威胁,另一面却又

---

① Joh. Gust. Droysen, *Geschichte der preußischen Politik*, Leipzig: Verlag von Veit & Comp, ²1868.

② 也称1859年意大利战争(Italienischer Krieg von 1859)。

③ [德]弗兰茨·梅林:《中世纪末期以来的德国史》,张才尧译,生活·读书·新知三联书店1980年版,第172页。

要求"奥地利以承认普鲁士在德意志的霸主地位为代价",换取帮助。①
但是普鲁士的要求立即遭到奥地利的拒绝。奥地利为了保住其在德意
志的霸主地位,宁愿割地媾和。因此,1859 年 6 月 24 日索尔费里诺战役
(Schlacht von Solferino)中奥军战败后,双方即在 7 月 11 日缔结了《维
拉弗朗加预备和约》(Vorfrieden von Villafranca;Präliminarfrieden von
Villafranca),11 月 10 日又签订了《苏黎世和约》(Frieden von Zürich)。
奥地利把除曼图亚(Mantua)和佩西拉(Peschiera)等要塞以外的伦巴底
割让给法国,然后由法国转让给撒丁王国。威尼西亚则继续处于奥地利
统治之下。

撒丁战争在德国引起极大反响。德国人把法国对德意志邦联"主席
国"奥地利的开战视为对整个德意志民族感情的伤害。② 于是,在德意志
出现了新一波的民族主义浪潮。人们把这场战争与反对拿破仑统治的
解放战争联系起来,各种跨越邦界的射击联合会、歌唱联合会和体操联
合会纷纷举行爱国主义集会,大唱诗人马克斯·冯·申肯多夫(Max von
Schenkendorf, 1783—1817)和阿恩特的爱国歌曲,形成了一种全德性的
共同体情感。1860 年左右,德国歌唱联合会和体操联合会会员分别达到
6 万人和 17 万人之众。1859 年 11 月 10 日是席勒(Fridrich Schiller,
1759—1805)诞辰 100 周年纪念日,德意志各邦都出现了民族主义的游
行活动。在巴伐利亚,国王马克西米利安二世批准在自己的科学院中成
立兰克主持的"德意志历史和资料研究委员会"(Kommission für
deutsche Geschichts-und Quellenforschung),③以突出德意志民族的共
同文化和历史记忆。

致力于国家统一的全德性民族主义组织也开始出现。1859 年 9 月

---

① J. A. S. Grenville, *Europe Reshaped 1848-1878*, London:Fontana Press, 1976, p. 165.
② Hans-Ulrich Wehler, *Deutsche Gesellschaftsgeschichte*, *Dritter Band*, *Von der »Deutschen Doppelrevolution« bis zum Beginn des Ersten Weltkrieges 1849-1914*, S. 229.
③ Martin Vogt (Hrsg.), *Deutsche Geschichte:Von den Anfängen bis zur Wiedervereinigung*, S. 445.

15 至 16 日,在美因河畔法兰克福成立了由鲁道夫·冯·本尼希森(Rudolf von Bennigsen, 1824—1902)、赫尔曼·舒尔策-德利奇(Hermann Schulze-Delitzsch, 1808—1883)等资产阶级自由派和民主派领导的德意志民族联合会(Deutscher Nationalverein),该联合会的努力目标是建立普鲁士领导下的小德意志联邦国家。到 1862 年,德意志民族联合会成员已经达到 25000 人。1862 年 10 月 28 日,主张大德意志道路者又在美因河畔法兰克福成立了由尤利乌斯·弗勒贝尔(Julius Fröbel, 1805—1893)等领导的德意志改革联合会(Deutscher Reformverein)。[1] 这一联合会人数较少,最多时为 1500 人左右,成员主要来自南德地区,因此缺乏群众基础。此外,在 19 世纪 50 年代末 60 年代初还出现了一系列基于全民族平台之上的联合组织,其中有 1861 年成立的由各商会代表组成的德意志商业代表大会(Deutscher Handelstag)、1863 年成立的法学家代表大会(Juristentag)等。[2]

　　普鲁士也借助于撒丁战争而再次扩大了在德意志的影响力。战争开始后,根据普鲁士的要求,德意志邦联动员了 35 万兵力向法国施压。正是由于这一原因加上战争中的人力和物力消耗巨大,法皇拿破仑三世(Napoleon III., 1808—1873,1852 年—1870 年在位)才被迫见好就收,迅速结束了战争。

第三节　普鲁士"铁血"统一德国

　　虽然普鲁士统一德意志的尝试因奥地利的阻挠和俄、英等国的干涉而屡遭挫折,但 19 世纪五六十年代的经济和政治形势都朝着有利于普鲁士的方向发展,普鲁士日益成为德意志民族主义者期盼的对象。这种

---

[1] 1879 年,随着反犹主义(Antisemitismus)运动的发展,在德累斯顿成立了一个反犹主义的名称相同的"德意志改革联合会"(Deutscher Reformverein)。两者不可混淆。

[2] Johannes Willms, *Nationalismus ohne Nation: Deutsche Geschichte von 1789 bis 1914*, S. 326.

形势推动着普鲁士继续其统一德国的政策。

一、"新时代"的开端；普鲁士军队改革和宪法冲突

（一）"新时代"的开端

1858 年 10 月 7 日，因普王弗里德里希·威廉四世患精神病，其弟威廉亲王，即日后的普王和德意志帝国皇帝威廉一世（Wilhelm I.，1797—1888，1861 年—1888 年普鲁士国王，1871 年—1888 年德意志皇帝）出任摄政。11 月，曼陀菲尔辞去首相职务。威廉逐步抛弃了曼陀菲尔内阁在 50 年代推行的反动政策，放松了对政论和公共舆论的压制，开始了所谓的"新时代"（Neue Ära）。

威廉亲王思想保守，不喜欢自由主义，坚信君权神圣，曾在 1848 年柏林三月革命中率军镇压革命群众，并因此获得了"霰弹亲王"（Kartätschenprinz）的臭名。然而他为人注重实际。他从时代潮流中预感到，顽固坚持旧的统治秩序不会有出路，因此在执政以后，出人意料地释放出了具有自由主义倾向的信号。这位摄政亲王在 11 月 8 日对新任命的国务大臣们的演讲中，对普鲁士政府的统治原则以及普鲁士在德国的角色进行了明确定位：在内政方面，普鲁士政府必须在教育、宗教和军事政策方面有更好的打算，要符合时代需要；在对外政策方面，突出普鲁士的独立性；普鲁士的未来角色定位要迎合资产阶级自由派的意见。他强调，在德国，普鲁士要博得人们在"道德上的欢心"，但必须"在政治上有强有力的态度"，要呈现出一个自由主义的，同时又是冷静、坚强的普鲁士，以迎合并承担起自由派资产阶级提出的关于"普鲁士在德国的历史使命"。[1] 这实际上暗示普鲁士要以实力为后盾来取得在德意志的领袖地位。他的这种"保守而自由主义的、温和的民族纲领"，加上奥地利

---

[1] Hans-Joachim Schoeps, *Preussen: Geschichte eines Staates*, S. 238；Wolfgang Hardtwig und Helmut Hinze（Hrsg.），*Deutsche Geschichte in Quellen und Darstellung*, Band 7, *Vom Deutschen Bund zum Kaiserreich 1815 – 1871*, S. 388 – 392.

在撒丁战争中宁愿割让土地求和也不愿让普鲁士主导德意志的态度,使得由普鲁士领导建立德意志民族国家的"小德意志方案"在德国得到空前的拥护。

1861 年 1 月 2 日,弗里德里希・威廉四世去世,威廉一世继任普鲁士国王。10 月 18 日,他在柯尼斯堡举行了隆重的加冕典礼,其间为了强调作为国王的至高无上地位,仍不忘宣称自己的王冠"只来自上帝"。[①]这预示着这位新国王开启的自由主义"新时代"不会有太多的"自由"。

告别反动时期的自由主义"新时代"的政治特征不仅出现在普鲁士,也出现在其他德意志邦国。在奥地利,由于在意大利的失败,皇帝弗兰茨・约瑟夫不得不结束新专制主义的统治,任命代表资产阶级自由派的安东・冯・施梅林为首相。施梅林于 1860 年开始了谨慎的自由化政策,但在次年即遭解职。在巴伐利亚,1859 年的议会选举中自由派获得多数,出现了政府与议会的严重冲突,最后国王不得不决定与人民和解,组成了温和的自由派政府,与自由派占多数的议会合作。在巴登,以自由主义倾向著称的大公弗里德里希一世于 1860 年任命议会两院中的自由派多数领袖奥古斯特・拉迈(August Lamey,1816—1896)和安东・施塔贝尔(Anton Stabel,1806—1880)为内政和司法大臣,后者于 1861 年出任内阁首相。符滕堡也停止执行反动政策,转向温和的中间路线。萨克森、汉诺威和两个黑森邦国虽然仍坚持保守的旧统治体制,但已经变得更为温和。在这种趋势之下,反动法令逐渐停止实行,司法、自治管理、新闻、结社和教育领域的自由主义改革计划重新得到推行。和解和改革成了"新时代"的政治纲领,自由主义在德意志各邦出现了重大进展。[②]

---

① Jan Andres,Mathias Schwengelbeck,»Das Zeremoniell als politischer Kommunikationsraum:Inthronisationsfeiern in Preußen im 'langen' 19. Jahrhundert",in:Ute Frevert,Heinz-Gerhard Haupt (Hrsg.),*Neue Politikgeschichte:Perspektiven einer historischen Politikforschung*,Frankfurt/Main:Campus Verlag,2005,S. 64.

② Thomas Nipperdey,*Deutsche Geschichte 1800 - 1866:Bürgerwelt und starker Staat*,S. 699 - 701.

德意志各邦在 19 世纪 50 年代末 60 年代初转向自由主义"新时代"的原因很多。王位和权力的交替是一个重要因素。一些新君主目睹了资产阶级力量的壮大,感受到自由主义思想的冲击,有意识地调整自己的政策方向;同时,1848 年革命失败后确立反动政策的过程中,统治阶级内部本身就存在分歧,从而为自由主义的重新崛起留下了空隙;1859 年撒丁战争则在一定程度上打破了各邦统治者在反动政策方面的统一步调,加剧了奥地利和普鲁士的竞争。普鲁士为了在争霸中取得先手,赢得民心,首先在政治上"与人民和解",打出自由主义旗帜也就不足为奇。

(二)普鲁士军队改革和宪法冲突

普鲁士统治者在几经挫折后认识到,要称霸德意志和统一德国,必须有强大的武力作后盾。威廉亲王在 1849 年后就已经得出结论:"谁要统一德国,就必须征服德国。"①然而,在 1815 年到 1858 年间,普鲁士人口从 1100 万增至 1800 万,军队规模却没有扩大。根据普遍义务兵役制(Allgemeine Wehrpflicht)原则,1815 年普鲁士每年应召 40700 人入伍,1858 年应召 65000 人入伍。但是由于财政方面的原因,普鲁士军队的征召人数一直未超过原先规模。此外,19 世纪 50 年代几次大规模的欧洲战争也表明,军事现代化进展迅速,只有进行军队改革,才能保障德意志和普鲁士的安全,使普鲁士的国际政策能够获得强大军事实力的支持。因此,1858 年出任摄政的威廉亲王决定实行彻底的军事改革,建立一支强大而有威望的军队。②

但是普鲁士国内政治在 19 世纪 60 年代初出现了戏剧性的转变。普鲁士政府与议会中的资产阶级自由派之间在军队改革方面出现了矛盾,形成了所谓的普鲁士宪法冲突(Peußischer Verfassungskonflikt)或宪法纠纷(Verfassungszwist),使普鲁士国家陷入一场深刻的政治危机

---

① Hellmut Diwald, *Geschichte der Deutschen*, Frankfurt am Main: Propyläen-Verlag, 1978, S. 340.

② Thomas Nipperdey, *Deutsche Geschichte 1800 – 1866: Bürgerwelt und starker Staat*, S. 749 – 750;[德]卡尔·艾利希·博恩等:《德意志史》,第三卷(上),第 211 页。

之中。这场冲突的政治根源在于普鲁士资产阶级政治力量的崛起。1858 年 11 月的议会选举中,保守派在众议院仅获得 47 席,作为老自由派的格奥尔格·冯·芬克领导的芬克派(Fraktion Vincke)和路德维希·艾米尔·马蒂斯(Ludwig Emil Mathis,1797—1874)领导的马蒂斯派(Fraktion Mathis)却获得了 195 席,[①]从而使资产阶级自由派在众议院中占据了多数优势。这意味着,普鲁士政府推行相关政策时,必须面对众议院中自由派多数的挑战。

早在 1859 年,威廉亲王就已经宣布要进行军队改革。1860 年 2 月,新任国防大臣阿尔布莱希特·冯·罗恩伯爵(Albrecht Graf von Roon,1803—1879)提出了一项军队改革草案。根据这一方案,普鲁士和平时期的军队人数将通过两个途径得到相应增加:一是将每年征召的新兵人数从 4 万人增至 6.3 万人,二是将服役期从两年延长到三年。普鲁士现役军事力量将因此从 15 万人增加到 22 万人。与此同时,普鲁士军队结构将进行调整,取消自解放战争以来作为军队重要组成部分的民兵和战时后备军。

在众议院中占多数的普鲁士资产阶级自由派"出于民族政治的考虑,对提高国家的军事力量自然有兴趣"[②],本应支持罗恩提出的军队改革草案。但是,三大原因使他们成为这一改革的反对者。第一,改革将大大增加军事方面的支出费用。普鲁士政府每年将新增军费 950 万塔勒尔,税收因此将大大提高。第二,军事改革是一个敏感的政治问题。根据宪法,军队掌握在国王手中。军队的加强势必增强以国王为代表的传统贵族阶级的力量。而取消与资产阶级关系较为密切的民兵和战时后备军则意味着进一步削弱军事力量与资产阶级的关系。这是资产阶级所不愿意的。第三,国防部内部对服役期延长到 3 年是否有必要存在分歧。因此,众议院的资产阶级自由派决定利用手中的预算权阻止军队

① Bernhard Vogel, Dieter Nohlen, Rainer-Olaf Schultze, *Wahlen in Deutschland*, Berlin: Verlag de Gruyter, 1971, S. 287.

② Reinhard Rürup, *Deutschland im 19. Jahrhundert 1815 - 1871*, S. 218 - 219.

改革,争取议会对军队的控制权。他们拒绝批准增加预算。于是围绕军队改革问题,普鲁士政府与议会之间出现了长达数年之久的冲突。

由于无法与议会达成一致,普鲁士政府收回了草案并要求议会仅批准一年的"临时性"改革费用。议会于 1860 年 5 月批准了 900 万塔勒尔的预算,希望以此与政府达成妥协。1861 年,普王再次要求增加军费预算 500 万塔勒尔,以推进军事改革,议会中犹豫不决的资产阶级自由派再次批准了相关预算。此后议会与政府的政治斗争日趋尖锐化。

1861 年 6 月 6 日,反对向政府让步的一部分资产阶级自由派议员从老自由派多数中分离出来,成立了德意志进步党(Deutsche Fortschrittspartei)。该党要求建立普鲁士领导下的统一的德意志国家,发展普鲁士法制国家。在军队改革问题上,它明确要求保存地方民兵和两年服役期。1861 年 12 月的众议院选举中,进步党取得明显胜利,获得 104 个议席,成为议会中最强大的势力。保守派议席则下降到 14 个。从议会中的整个力量对比看,不支持政府的反对派议席数为 245 个,多达 2/3。[①] 于是,资产阶级议会反对派试图利用自己的优势改变普鲁士的政治权力结构。他们不仅反对政府的军队改革方案,而且提出了新的要求,即政府必须使国家预算专门化,以便无法利用其他预算补充军队改革所需开支。可见,所谓的宪法冲突,实际上是国王为代表的普鲁士传统贵族统治阶级与资产阶级之间为争夺国家领导权进行的斗争。

面对议会的反对,国王和政府并不准备屈服,坚持认为只有国王才有权决定军队的组成,议会的职能只是表决通过所需预算,因此转而试图通过解散议会重新选举来寻找突破口。但是 1862 年春天的新选举中,保守派席位进一步下降到 12 个,反对派席位却增加到 284 个,其中进步党议席上升到 133 个。普鲁士国家政治陷入危机之中。鉴于资产阶级不愿让步,陷于绝望之中的威廉一世在 1862 年 9 月已经考虑让位

① Bernhard Vogel, Dieter Nohlen, Rainer-Olaf Schultze, *Wahlen in Deutschland*, S. 287; Thomas Nipperdey, *Deutsche Geschichte 1800 – 1866*; *Bürgerwelt und starker Staat*, S. 755.

给他的儿子。这时,罗恩力荐其密友、普鲁士驻法公使俾斯麦出任首相。普王虽然对此并不乐意,但又别无选择。9月22日,俾斯麦临危受命,出任普鲁士首相,不久又兼任外交大臣,承担起挑战自由民主运动和稳定普鲁士君主专制政体的任务,他也因此获得了"冲突大臣"(Konfliktsminister)的名号。

　　俾斯麦1815年4月1日出生于易北河畔舍恩豪森庄园(Schönhausen bei der Elbe)一个资产阶级化的贵族世家。其父费迪南德·冯·俾斯麦(Ferdinand von Bismarck,1771—1845)是一位贵族庄园主,母亲威廉明娜(Wilhelmine von Bismarck,1789—1839)则来自资产阶级学者和高官家庭。[①] 俾斯麦因此既沿袭了传统贵族的倔强保守,又继承了学者的缜密和资产阶级的圆滑等多种因子,形成了集统治权欲、坚强意志和无穷智慧于一身的独特天赋。他在后波莫瑞(Hinterpommern)瑙加德(Naugard)的克尼普霍夫庄园(Gut Kniephof)长大成人,先后在哥廷根大学和柏林大学学习法律。1839年以后曾在克尼普霍夫和舍恩豪森度过他的庄园主岁月。

　　但是小小的庄园无法容纳俾斯麦的雄心壮志。1847年5月俾斯麦成为波莫瑞(Pommern)联合省议会的代表,开始了他的政治生涯。在温和的资产阶级自由派占多数的这一议会中,他好斗善辩,竭力维护各种封建特权和君主制度,成了"铁杆"的保守派政治家。1848年革命期间,他甚至准备组织勤王军前往柏林解救国王。1849年他当选为普鲁士邦议会议员。在这一时期,他反对德意志的统一,也反对拉多维茨的"同盟政策",甚至为"奥尔缪茨条约"辩护,认为德意志的统一只是幻想。1851年8月,在利奥波德·冯·盖拉赫的力荐下,俾斯麦开始了长达8年的普鲁士驻德意志邦联公使的生涯,这是当时普鲁士最重要的外交职务。其间,切身的感受使他从保守主义转向现实主义,主张在国家利己主义

① Ernst Engelberg, *Bismarck*: *Urpreuße und Reichsgründer*, Berlin: Siedler Verlag, 1985, S. 1.

原则下,通过强权政治来实现普鲁士在德意志的霸主地位。1859年1月俾斯麦出任驻俄公使,1862年春又被派任驻法公使。与俄法两国宫廷交往的经历也成为他日后制定外交政策的重要依据。这一时期,俾斯麦作为一名优秀政治家的特征开始展示出来。他有坚定而明确的政治目标:对外扩大普鲁士的力量,对内稳定君主的权力;为达到目的,不择手段;清楚了解各种力量对比,并善于利用他们来为自己的目标服务。

在俾斯麦看来,宪法冲突无关保守派或自由派的问题,而首先涉及是国王统治还是议会统治的原则问题。[1] 因此在出任首相之后,面对国王和议会不可调和的对立,他决定采取果断措施来解决二者的纠缠,实现国王的意志。他巧妙地利用了半官方《星报》(Sternzeitung)8月14日提出的"漏洞理论"(Lückentheorie)[2]来为自己的政策服务。根据"漏洞理论",在国王和议会没有能够就预算达成一致的情况下,宪法并没有明文规定该如何处理。面对这一"宪法漏洞",作为政府首脑和国王的代表,有责任采取行动,以防国家生活陷入停顿状态。于是,他无视议会的预算批准权,擅自筹集资金,强行推进军队改革,为普鲁士称霸德意志做军事准备。

"宪法冲突"的历史意义在于:它表明,就国家政权的性质而言,普鲁士已经是一个贵族地主和资产阶级实行联合统治的国家。在这一联合统治政权中,以国王为代表的贵族地主仍然保持着支配地位,维持着自己的政治特权。与此同时,日益强大的资产阶级虽然处于配角地位,但已经不满足于这样一个角色。于是就出现了贵族地主和资产阶级争夺对军队的控制权(实际上也是国家领导权)的斗争。而在普鲁士增强军事实力统一德国的政策中,虽然包含着贵族地主将自己的统治扩及整个德国的期望,但是这一政策在客观上符合历史发展趋势,符合资产阶级

---

[1] Adolf Mathias, *Bismarck:Sein Leben und sein Werk*, München:C. H. Becksche Verlagsbuchhandlung, 1915, S. 190.

[2] Udo Sautter, *Deutsche Geschichte seit 1815:Daten, Fakten, Dokumente, Band 3, Historische Quellen*, S. 43.

建立统一的德意志民族国家的愿望,因此在某种程度上体现的是一种资产阶级的国家政策。

二、"铁血政策"与德国的统一

(一) 俾斯麦的"铁血政策"

虽然 19 世纪初以来的资产阶级改革使普鲁士逐步从封建社会转变为资本主义社会,普鲁士国家政权已经踏上了为资产阶级服务的道路,尽管普鲁士通过关税同盟和第一次工业革命已经确立了在德意志的经济领导权,但所有这些并不意味着普鲁士就可以顺利地实现德意志的统一大业。进入近代以来,德意志问题就一直受欧洲国际因素的制约,换言之,普鲁士要统一德国,还必须有合适的欧洲国际环境,"奥尔缪茨之辱"和 1859 年撒丁战争中的碰壁就是最好的说明。因此,普鲁士在改革军队增强武备的同时,必须在外交上做好充分的准备和制定正确的策略。

担任驻邦联代表和俄法两国公使的亲身经历使普鲁士新任首相俾斯麦对当时的形势有了充分的现实主义的认识:一方面,他意识到德国统一已经是无法阻挡的历史潮流,认为普鲁士掌握统一运动的领导权是顺应这一历史潮流的最有利的方式,它可以保证普鲁士君主政体和贵族的特权地位。因此普鲁士要学会"向前逃跑",主动承担起统一德国的历史使命。[1] 另一方面,他也清楚地认识到,无论德意志各邦统治者还是相邻的俄国和法国,都不愿看到德国的统一。前者担心因此丧失自己的独立政治特权,后者则将保持德国分裂当作"使自己在欧洲事务中取得政治优势的重要条件"。[2] 有鉴于此,俾斯麦特别欣赏著名军事理论家克劳塞维茨(Carl von Clausewitz,1780—1831)的观点:"德国实现政治统一

---

[1] Wolfgang J. Mommsen, *Imperial Germany* 1867 - 1918: *Politics*, *Culture*, *and Society in an Authoritarian State*, London: Bloomsbury Academic Press, 1995, p. 1.

[2] [苏]波将金等编:《外交史》,第 1 卷(下),第 733 页。

的道路只有一条,这就是用剑,由一个邦支配其余各邦。"(Deutschland kann nur auf einem Wege zur politischen Einheit gelangen, das ist das Schwert, wenn einer seiner Staaten alle anderen unterjocht.)①从此,他致力于德意志的民族统一事业,并且因其实绩而成为 19 世纪下半期德国乃至欧洲最著名的政治家。

俾斯麦决定给议会中作梗于军队改革的资产阶级多数派议员们迎头痛击,向他们指明德意志问题的最终解决之路。1862 年 9 月 30 日,这位新任首相在众议院预算委员会上发表了著名的"铁血演说"(Eisen-und-Blut-Rede)。他声称,当代的重大问题并非靠演说和多数人的决议所能解决的,而是必须靠实力和战争来决定:"德国所注意的不是普鲁士的自由主义,而是它的强权;巴伐利亚、符滕堡、巴登愿意尊重自由主义,对此它们却无法得到普鲁士的角色。普鲁士必须积聚自己的力量以等待有利的时机,这样的机会我们已经错过多次了;当代的重大问题不是通过演说和多数人的决议能够解决的——这正是 1848 年和 1849 年的错误——而是要通过铁和血。"②俾斯麦此次演说,一方面向议会中的资产阶级反对派展示了强硬的态度,另一方面也试图将话题转向民族问题,以博取资产阶级的支持,淡化宪法冲突。同时这一演说也表明,他决心用武力来实现普鲁士雄霸德意志的目标。此后,史学界一直将这一演说当作俾斯麦统治的一种最明显的特征。③ 而他推行的武力统一德国的政策也因此被称为"铁血政策"("Blut und Eisen" – Politik; Blut-und

---

① Beatrice Heuser, *Clausewitz lesen!*, München: Oldenbourg Wissenschaftsverlag, 2005, S. 10.

② Adolf Mathias, *Bismarck: Sein Leben und sein Werk*, S. 193.

③ 有关"铁血"的见识并非俾斯麦原创,而是来自 1813 年解放战争时期诗人马克斯·冯·申肯多夫为志愿者们(这些志愿者们日后成为德国大学生统一和自由运动的骨干)创作的诗歌《铁十字》(Das eiserne Kreuz)。其中有歌词为:"只有铁可以拯救我们,只有血才能解救我们"(Denn nur Eisen kann uns retten, und erlösen kann nur Blut)。因此"铁血"原意为拿起武器、不怕牺牲,赶走法国统治者,是一种革命和解放的声明。俾斯麦只是在一定程度上采纳了这种思想。见 Hagen Schulze, *Der Weg zum Nationalstaat: Die deutsche Nationalbewegung vom 18. Jahrhundert bis zur Reichsgründung*, S. 114.

Eisenpolitik)。

但是议会中的资产阶级进步党并不甘心就此丧失自己的预算批准权。政府与议会之间的妥协变得遥遥无期。于是,在没有通过 1863 年预算的情况下,俾斯麦干脆在 10 月 13 日关闭了议会,开始了普鲁士没有预算的时代。他根据"漏洞理论",强制实行军事改革,使用军费开支,为武力统一德国做准备。在他看来,双方在统一德国问题上的意见是一致的,只要政府满足资产阶级最迫切需要的国家统一,他们最终会改变态度。事实证明,俾斯麦的判断是正确的。1866 年普鲁士战胜奥地利后,欢呼雀跃的资产阶级议会反对派立即放弃了原先的抵制立场,追加预算,拜倒在这位铁血宰相的脚下。

(二)欧洲国际关系格局的变化

19 世纪 50 年代到 60 年代上半期,欧洲国际关系格局发生了巨大变化。这种变化对普奥两强争霸德意志产生了重大影响,使原本对奥地利有利的国际局势发生了有利于普鲁士的逆转。

首先对欧洲国际关系格局造成重大冲击的是克里米亚战争(Krimkrieg)。1848 年革命中,俄国成为欧洲宪兵。它不仅帮助奥地利镇压匈牙利起义,而且以仲裁者角色调解 1850 年普奥之间的冲突,压制普鲁士争霸德意志的要求。俄国的国际地位空前加强,沙皇尼古拉一世的自负也达到了顶点。在他看来,普鲁士已经成为俄国言听计从的小伙伴,奥地利为了报答俄国帮助镇压匈牙利革命,也有义务协助俄国,因此俄国有足够向外扩张的国际空间。于是,自彼得大帝(Peter I. der Große, 1672—1725,1682—1725 年在位)以来的肢解土耳其,控制黑海海峡,进入地中海和夺取巴尔干的扩张目标再次提上俄国对外政策的日程。1853 年 1 月和 2 月,尼古拉一世连续四次与英国驻俄大使谈话,提出瓜分土耳其方案:俄国控制巴尔干和黑海两海峡,英国获得埃及等地。但是这一方案遭到英国的反对。它不愿俄国自由出入地中海,威胁其在地中海东部和通往印度的交通线,因此明确主张维护奥斯曼帝国的领土完整,维持现状。

在遭到英国的拒绝后,尼古拉一世决定利用耶路撒冷(Jerusalem)圣地保护权①问题独自向土耳其这位"博斯普鲁斯海峡边的病人"发难。1740 年法国曾与土耳其签订条约,使法国及其保护下的天主教教士获得了圣地的保护权。但是 18 世纪 70 年代以后,俄国通过对土战争获得了保护土耳其东正教徒的权利,有关圣地的管理和保护权也落入东正教教士手中。

1848 年路易·波拿巴(Louis Bonaparte)当选为法国总统,1852 年 12 月 2 日又发动政变,登上法国皇帝宝座,称拿破仑三世。他为了赢得国内天主教徒的支持,于 1850 年要求土耳其苏丹恢复天主教在圣地享有的特权,1851 年又再次向土耳其施压,甚至出动舰队恐吓,迫使土耳其政府同意将圣地的钥匙交给天主教教徒掌握。对此,俄国立即向土耳其提出抗议。1853 年 2 月底,俄国派特使缅希科夫侯爵(Fürst Alexander Sergejewitsch Menschikow,1787—1869)前往君士坦丁堡,要求恢复东正教对圣地的管辖权,并且发出威胁,如果谈判破裂,将兵戎相见。但是土耳其在英法两国的支持下拒绝了俄国的要求。俄国于是断绝了与土耳其的外交关系。5 月 30 日,俄国决定出兵占领多瑙河两公国摩尔多瓦(Moldau)和瓦拉几亚(Walachei)。7 月 3 日俄军占领两公国。土耳其遂于 10 月 16 日向俄宣战。11 月 30 日俄国舰队在锡诺普港(Sinope)歼灭了土耳其舰队。土耳其正式请求英、法参战。1854 年 3 月 13 日,英、法与土耳其签订同盟条约,并于 27 日和 28 日先后向俄国宣战。9 月,英、法、土三国联军登陆克里米亚半岛。此后形势向不利于俄国的方向发展。

尼古拉一世原本打算依靠普、奥,与英国妥协,孤立法国,以此取得对土战争的胜利。但是这一打算完全落空。首先,英法两国不愿在近东争霸中向俄国让步;其次,德意志两大邦国的立场也让俄国失望。奥地利害怕俄国在巴尔干地区的扩张会阻断其东扩之路,也担心由此引发国

---

① 所谓圣地(Heiliges Land)是指耶路撒冷的圣墓和伯利恒(Bethlehem)耶稣诞生地。圣地保护权是指在上述地区天主教徒享有的管理圣地的特权。

内斯拉夫人的民族运动,因而对俄国采取了不友好的态度。俄土战争爆发后,它一方面要求俄国从两公国撤军,另一方面寻求普鲁士的支持。普鲁士因不久前受过"奥尔缪次之辱",加上英法两国的压力,于1854年4月20日和奥地利缔结了攻守同盟。不过普鲁士很快就发现,这一同盟会使之成为奥地利政策的追随者,因此当奥地利12月2日与英、法签订攻守同盟条约,并于1855年1月提出动员德意志邦联军队时,普鲁士驻邦联公使俾斯麦坚决反对奥地利把德意志邦联及其成员绑到自己战车上的企图。他认为,普鲁士若参与英法针对俄国的战争,必将遭到俄国的忌恨。一旦拿破仑三世改变其政策,普鲁士就会陷于无助的境地并面临俄国的报复。[1] 因此,他把奥地利推动德意志邦联议会针对俄国的备战变成了针对一切外来威胁的武装中立。这一招不仅使普鲁士在德意志邦联中获得多数支持,而且使普鲁士远离针对俄国的敌意,从而为日后普俄友好打下了基础。[2]

1855年3月2日,因战争进程不利而陷于内外交困的尼古拉一世自杀。9月俄国在黑海的重要基地塞瓦斯托波尔(Sewastopol)被盟军攻陷。12月,已经占领多瑙河两公国的奥地利落井下石,向俄国发出最后通牒,提出极其苛刻的和平条件,包括取消俄国对两公国的保护权,黑海非军事化,俄国放弃对土耳其东正教的保护权等,并且宣称,如果相关要求遭拒绝,就向俄国宣战。新沙皇亚历山大二世(Alexander II.,1818—1881,1855年—1881年在位)在败局已定的形势下,被迫求和。1856年3月30日,战争双方加上德意志两大邦国签订《巴黎和约》(Frieden von Paris 1856)[3],主要内容包括俄国撤回对土耳其东正教教徒的保护权;黑海中立化和非军事化;俄国割让多瑙河口和比萨拉比亚(Bessarabien)给

---

[1] James Wycliffe Headlam, *Bismarck and the Foundation of the German Empire*, New York: G. P. Putnam's Sons, 1899, p. 104.

[2] Martin Kitchen, *A History of Modern Germany*, 1800—2000, Oxford: Blackwell Publishing, 2006, p. 93.

[3] 也称《第三巴黎和约》(Dritter Pariser Frieden),以便与先前拿破仑战争结束时分别于1814年和1815年签订的两个巴黎和约相区别。

摩尔多瓦;多瑙河航行自由等。

克里米亚战争及其结局对欧洲国际关系格局产生了颠覆性的影响。俄国结束了维也纳会议以来的霸主角色,国际地位大大下降;英法两国在地中海和土耳其的地位大大加强;法国改变了维也纳会议以来的不利国际地位,成为欧洲大陆的主宰。

克里米亚战争对德意志的政治发展而言,也具有根本性意义。俄、奥、普三个东方君主国自维也纳会议以来结成的"神圣同盟"彻底瓦解;更为重要的是,它彻底改变了俄国与德意志两大邦国之间的关系。普鲁士由于在战争中采取温和的中立态度,赢得了俄国的好感,继续与俄国保持着友好的关系;奥地利则由于"忘恩负义"、落井下石的行为而与俄国关系恶化。俄国原先扶奥抑普的态度发生根本性转变。这一变化为普鲁士争夺在德意志的霸主地位提供了极为有利的条件。

克里米亚战争结束后,欧洲国际关系格局继续朝着有利于普鲁士的方向发展。其一,俄国因战争失败而从欧洲霸权的顶峰跌落下来,元气大伤,使普鲁士统一德国的外部阻力大减。其二,英国的态度发生重要变化。由于法国取代俄国成为欧洲大陆的霸主,希望保持欧洲大陆均势的英国转而支持普鲁士,以抗衡和牵制法国。其三,法国在 1862 年—1867 年间派大军远征墨西哥(Mexiko),无暇顾及欧洲事务。同时,拿破仑三世准备利用普鲁士统一德国的愿望,与之讨价还价,坐收渔利。其四,奥地利由于在克里米亚战争中开罪俄国而失去了重要的国际支持,1859 年的意大利战争中又受到进一步打击。所有这一切,都为普鲁士统一德国提供了有利的国际空间。

(三)俾斯麦的统一战争与德意志帝国的建立

普鲁士统一德国的进程是在俾斯麦策划的三次连锁反应式王朝战争中完成的。第一场统一战争是 1864 年德丹战争(Deutsch-Dänischer Krieg)。如前所述,1848 年德意志与丹麦之间曾因石勒苏益格-荷尔施泰因问题发生冲突。为解决丹麦与德意志在两公国问题上的矛盾,欧洲列强曾于 1852 年签订《伦敦议定书》,规定两公国通过丹麦国王个人各自与丹麦联合,同时保证荷尔施泰因的德意志邦联成员资格以及两公国自古以来的不可分离。丹麦国王也答应不归并石勒苏益格。然而,1863年新即位的丹麦国王克里斯蒂安九世(Christian IX.,1818—1906,1863年—1906年在位)却在丹麦民族主义者压力下批准了议会提交的新宪法,将拥有独立地位的石勒苏益格改由丹麦政府直接管辖,从而违反了1852年《伦敦议定书》。对此,德国舆论一片哗然。德意志邦联议会在要求丹麦政府收回法令未果之下,于1863年派萨克森和汉诺威军队开进了荷尔施泰因。①

　　两公国争端的出现,成为俾斯麦检验其"铁血政策"的良机。他毫不隐讳地表示要吞并两公国。② 此时国际关系格局也有利于俾斯麦推行自己的政策。在德意志内部,另一大邦奥地利不敢明确支持德意志在两公国争端中的要求,害怕因此引发本国非德意志地区的民族运动。俄国由于普鲁士支持其镇压1863年波兰起义(Polnischer Aufstand 1863)而心存感激,做出了不对普鲁士采取军事行动的保证。③ 法国此时正兵陷墨西哥,自顾不暇,且俾斯麦在1863年底暗示可能将莱茵河西岸地区割让给法国,④故而拿破仑三世对因两公国争端可能引发的冲突问题态度淡漠。英国虽然威胁要进行干涉,但没有大陆盟国的配合,仅凭自己的两万陆军难有作为,况且它还想利用普鲁士牵制法俄两国,故而没有全力介入。⑤ 在这种有利的国际形势下,俾斯麦采取了明智的策略。其一,打出维护1852年《伦敦议定书》旗帜,从而可以堂而皇之地抵制各列强的

---

① Chris Cook & John Poxton, *European Political Facts 1848 –1918*, New York: Facts on File, 1978, p. 5.

② [德]奥托·冯·俾斯麦:《思考与回忆》,第2卷,山西大学外语系翻译组译,东方出版社1985年版,第7—8页。

③ [美]巴巴拉·杰拉维奇:《俄国外交政策的一个世纪》,福建师范大学外语系编译室译,商务印书馆1978年版,第131页。

④ Erich Eyck, *Bismarck and the German Empire*, London: George Allen & Unwin, 1968, p. 88.

⑤ Paul M. Kennedy, *The Realities Behind Diplomacy: Background Influences on British External Policy*, *1865 –1980*, London: Fontana Press, 1985, p. 77.

干涉,避免"招致和其他强国的紧张关系"。① 其二,拉拢奥地利共同行动。这样既可防止英法的联合军事威胁,又掩盖了普鲁士吞并两公国的企图。当时各列强都不愿普鲁士吞并两公国而进一步壮大,因此,在它们看来,普奥共同行动是防止普鲁士吞并两公国的可靠保证。此外,俾斯麦与奥地利合作还另目的,即为日后对奥战争埋下伏笔。②

经过周密策划,普奥两国于 1864 年 2 月初联合进攻石勒苏益格,迅速击败了丹麦军队。由于俄、法、英等列强作壁上观,丹麦政府求援无望,被迫于 10 月 30 日签订《维也纳和约》(Wiener Friedensvertrag),将石勒苏益格、荷尔施泰因和劳恩堡三公国交给了普奥两国。

俾斯麦的第二场统一战争是 1866 年的普奥战争(Preußisch-Österreichischer Krieg),也称德意志战争(Deutscher Krieg)。③ 俾斯麦担任驻法兰克福公使期间就已经认识到,奥地利是普鲁士的"天然敌人","德意志命运的难解之结,不能用执行双雄并立政策这种温和方式来解开,而只能用剑来斩开"。④ 因此,他在结束对丹麦战争后就立即将还没冷却的枪口对准了盟友,准备利用在两公国问题上的矛盾向奥地利发难。1865 年 8 月 14 日,普奥两国签订《加施泰因协定》(Gasteiner Konvention;Vertrag von Gastein),石勒苏益格和荷尔施泰因归两国共管,但行政分开,前者管理石勒苏益格,后者管理荷尔施泰因,劳恩堡以 250 万塔勒尔卖给了普鲁士。虽然两公国问题表面上获得了解决,但"共管两公国"实际上是俾斯麦有意埋下的纷争种子。荷尔施泰因远离奥地利本土,却完全处于普鲁士的包围之中,因此迟早会落入普鲁士手中。

---

① Andreas Hillgruber, *Bismarcks Aussenpolitik*, Freiburg: Verlag Rombach, 1972, S. 57.

② [德]奥托·冯·俾斯麦:《思考与回忆》,第 2 卷,第 11 页。

③ 这场战争在德国历史上又称德意志邦联战争(Deutscher Bundeskrieg)、德意志兄弟战争(Deutscher Bruderkrieg)、七周战争(Siebenwöchiger Krieg)、德意志内战(Deutscher Bürgerkrieg)等。

④ Munroe Smith, *Bismarck and German Unity*, New York: Columbia University Press, 1915, p. 16;[美]科佩尔·S. 平森:《德国近现代史:它的历史和文化》,上册,范德一译,商务印书馆 1987 年版,第 191 页。

俾斯麦自己也称《加施泰因协定》只是"遮盖裂缝的糊墙纸"。1866 年 2 月，俾斯麦在御前会议上表示：普奥战争已经只是时间问题。[①]

当时对普奥两国的较量具有决定性影响的是德意志的两大强邻的态度。俄国原本在普奥争霸中是抑普助奥的，但奥地利在克里米亚战争中采取敌视俄国的举动，还与英法一道支持反对俄国统治的 1863 年波兰起义，都引起俄国的不满。普鲁士则相反。1863 年 2 月初，普鲁士派阿尔文斯莱本将军（Gustav von Alvensleben，1803—1881）前往圣彼得堡，签订《阿尔文斯莱本协定》（Alvenslebensche Konvention），明确支持俄国镇压波兰起义。俄国因此转而亲普疏奥。对于法国，俾斯麦则施以诱饵。他向法国驻柏林大使馆秘书放风，表示将承认法国在世界上一切通行法语的地方扩张（暗示法国可以获得比利时）。拿破仑三世信以为真，明确表示不会支持奥地利。[②] 稳住法国后，俾斯麦又争取意大利的支持，以期在未来战争中使奥地利腹背受敌，分散其力量。意大利正盼着收复奥地利统治下的威尼西亚，故而与普鲁士一拍即合。双方于 1866 年 4 月 8 日签订了《普意同盟条约》（Preußisch-Italienischer Allianzvertrag）。

在一切准备就绪后，俾斯麦开始采取措施加剧与奥地利的冲突。《普意同盟条约》签订后的第二天，他便提出了一项改革德意志邦联的建议，要求按普遍、平等和秘密投票的原则选举全德议会，意在选出一个资产阶级自由派控制的亲普鲁士的全德议会，进而削弱奥地利在德意志邦联中的霸主地位。接着，他又向奥地利提出了貌似公允却难以被接受的解决普奥矛盾的条件：两公国由普鲁士亲王管理，但不得并入普鲁士；德意志军事领导权由奥普两国分享，普王成为北德意志军队的首领。[③] 显然，普鲁士要变相吞并两公国并确立其在北德意志的霸权。

为了化解普鲁士咄咄逼人的态势，压制普鲁士的称霸野心，奥地利

[①] J. A. S. Grenville, *Europe Reshaped 1848 – 1878*, p. 290.

[②] Erich Eyck, *Bismarck and the German Empire*, p. 88；J. A. S. Grenville, *Europe Reshaped 1848 – 1878*, p. 290.

[③] Erich Eyck, *Bismarck and the German Empire*, p. 119.

于 1866 年 6 月 1 日提出将两公国的前途交由德意志邦联议会议决,目的在于争取中小邦国的支持,让普鲁士在两公国问题上与整个德意志邦联为敌。

奥地利的举动正中俾斯麦下怀。他立即宣称,奥地利将两公国前途交由德意志邦联裁决的决定破坏了《加施泰因协定》中有关奥普共管两公国的规定,遂命令普军于 6 月 7 日开进了奥地利管辖的荷尔施泰因。6 月 14 日,德意志邦联通过反对普鲁士的议案,普鲁士宣布脱离德意志邦联。6 月 15 日,普军侵入萨克森。意大利立即加入普鲁士一方作战。7 月 3 日,普奥两军展开决定性的柯尼希格莱茨战役(Schlacht bei Königgrätz),[1]双方投入的总兵力在 40 万人以上,结果,奥军惨败。

奥地利在败局已定的形势下,请求法国出面调停。这时俾斯麦力排普王和将军们乘胜进军维也纳的主张,提出了温和的停战条件:解散德意志邦联;奥地利退出德意志并同意建立普鲁士为首的北德意志联邦。他之所以如此,除了防止法国可能的干涉,一个重要的原因是已考虑到日后对法国的战争。根据他的计划,在对奥战争之后,接踵而来的必然是对法战争,因此不能羞辱奥地利,以免其在日后普法冲突时不顾一切地站到法国一边复仇。[2] 1866 年 7 月 26 日,普奥签订《尼科尔斯堡预备和约》(Vorfrieden von Nicolsburg),8 月 23 日又正式签订对奥地利而言相当温和的《布拉格和约》(Prager Frieden;Friede von Prag):奥地利退出德意志;石勒苏益格和荷尔施泰因两公国以及协助奥地利作战的汉诺威、黑森-卡塞尔、拿骚和法兰克福自由市并入普鲁士;建立以普鲁士为首的北德意志联邦;巴伐利亚、巴登、黑森-达姆施塔特、符腾堡等南德四邦自主;威尼西亚归并意大利。[3]

---

[1] 战役在柯尼希格莱茨附近的萨多瓦村(Sadowa)展开,因此又称萨多瓦战役(Schlacht von Sadowa)。

[2] Otto Fürst von Bismarck, *Bismarcks Table Talk*: *Being the Story of the Life in His Own Words*, London: H. Grevel and Company, 1898, p. 218.

[3] Udo Sautter, *Deutsche Geschichte seit 1815*: *Daten*, *Fakten*, *Dokumente*, *Band 3*, *Historische Quellen*, S. 47 - 49.

8月18日,即《布拉格和约》签订前5天,普鲁士就已经与北德诸邦间缔结了一系列条约,即所谓的"八月盟约"(Augustverträge),形成了所谓的"八月联盟"(August-Bündnis),建立了北德意志联邦。1867年7月1日,俾斯麦起草的《北德意志联邦宪法》(Verfassung des Norddeutschen Bundes)正式生效。它包括21个邦和3个自由市,成为未来统一的德意志帝国的基础。根据宪法,普鲁士国王和首相分别兼任联邦主席和总理。联邦的军政和外交大权也由普鲁士掌握。[1]

俾斯麦的第三场统一战争是1870年—1871年德法战争(Deutsch-Französischer Krieg)。[2] 1866年战争并未从根本上解决德国统一问题。美因河以南的巴伐利亚等四个邦国由于法国的阻挠仍滞留于北德意志联邦之外。拿破仑三世宣称:德意志应划分为三块,永远不得统一。如果俾斯麦要把南德诸邦拉进北德意志联邦,法国的大炮就会自动发射。俄英两国也反对普鲁士强行吞并南德地区。沙皇亚历山大公开表示反对普鲁士"侵犯"该地区,英国外交大臣克拉林顿也表示不能容忍普鲁士以压力政策克服美因河界线(Mainlinie)。[3] 因此,要最终完成德国的统一,还必须克服法国的阻挠,并寻找可为英俄接受的时机。俾斯麦为此又开展了一系列外交活动。

首先,加强德意志内部的团结。1866年8月13日、17日和22日,俾斯麦以宽大和约为交换条件,同时利用法国对南德地区的领土要求所造成的压力,促使符滕堡、巴登和巴伐利亚与普鲁士缔结了抵御法国进攻的秘密攻守同盟(Schutz und Trutzbündnisse),次年4月11日又与黑森-达姆施塔特签订了攻守同盟条约,从而使南德四邦在军事上和军事体

---

① Wolfgang Hardtwig und Helmut Hinze (Hrsg.), *Deutsche Geschichte in Quellen und Darstellung*, Band 7, *Vom Deutschen Bund zum Kaiserreich 1815 – 1871*, S. 442 – 452.
② 也称普法战争(Preußisch-Französischer Krieg)。由于这场战争是在法国与北德意志联邦之间进行,南德诸邦也加入了战争,实际上是法国与整个德国之间的战争,所以德国史学界更多地称之为德法战争。
③ Andreas Hillgruber, *Bismarcks Aussenpolitik*, S. 100.

制上普鲁士化。①

其次,设置外交陷阱,为孤立法国作准备。普奥战争结束后,法国大使贝内德梯(Vincent Benedetti, 1817—1900)向俾斯麦提出将比利时并入法国作报酬。俾斯麦一面让法国大使提出有关书面材料供普王研究,一面却暗中促使英俄出面制止法国的要求。当英国向法国问及比利时问题时,拿破仑三世慌忙表示"不想用武力或威胁取得任何领土"。② 结果,法国不仅一无所得,有关领土野心的证据还落到了俾斯麦的手中。此后法国又将目光转向驻扎有普军的卢森堡,③但俾斯麦以卢森堡是"古老的德意志土地"为由予以了拒绝,由此形成了所谓的"卢森堡危机"(Luxemburg-Krise; Luxemburger Krise)。④ 最后,1867 年 5 月的伦敦会议上,卢森堡被各大国保证为中立国,但"经济上卢森堡仍保留在'德意志关税同盟'中,并因此而继续属于德意志关税区域"⑤。法国的补偿要求再次落空。

当时欧洲其他大国的态度也对普鲁士有利而于法国无益。英国将法国视为海上及殖民争霸的强敌,把俄国当作争夺中亚(Mittelasien)的主要对手,因而"总是欢迎加强中欧以反对其周边两大强国的发展"⑥。俄国则对于法国反对俄国肢解土耳其的政策并支持波兰民族运动而大感不快。相反,普鲁士推行媚俄政策。俾斯麦在普奥战争结束不久即提出支持俄国修改关于黑海非军事化的 1856 年《巴黎条约》,得到俄国的欣赏。1868 年 3 月,俄国甚至提出与普鲁士结盟的主张:一旦普法开战,

---

① Wolfgang Hardtwig und Helmut Hinze (Hrsg.), *Deutsche Geschichte in Quellen und Darstellung*, *Band 7*, *Vom Deutschen Bund zum Kaiserreich 1815–1871*, S. 453.
② [苏]波将金等编:《外交史》,第 1 卷(下),第 930 页。
③ 由荷兰国王兼卢森堡大公管辖下的卢森堡是德意志邦联成员,普鲁士根据维也纳会议决议在此驻军。1867 年 3 月法国劝说荷兰国王将该公国卖给法国,并就此征求普鲁士的意见。
④ Friedrich Lenger, *Industrielle Revolution und Nationalstaatsgründung* (1849–1870er jahre), *Gebhardt Handbuch der deutschen Geschichte*, Band 15, S. 330–331.
⑤ Andreas Hillgruber, *Bismarcks Aussenpolitik*, S. 92.
⑥ A. J. P. Talor, *The Struggle for Mastery in Europe*, *1848–1918*, Oxford: Oxford University Press, 1954, p. 171.

俄国陈兵奥地利边境,以防奥法结盟;普鲁士则应同意终止黑海中立化,并阻止奥地利在巴尔干地区扩张。俾斯麦虽无心与俄结盟,但此时已知俄国不会站到法国一边。① 奥地利则还没有从 1866 年战争的惊恐中恢复过来,针对法国的结盟建议,它竟然表示普法开战 6 周后才能加入战争,实际上是要等到法军胜利时参加分享胜利果实。意大利则明确提出,只有法国军队撤出罗马(Rom),才能考虑结盟问题。② 法国在欧洲已陷于形影相吊的孤立境地。

1868 年 9 月,西班牙女王伊莎贝拉二世(Isabella II.，1830—1904，1833 年—1868 年在位)被废黜,逃往法国,新上台的西班牙军政府决定寻找一位新君主。俾斯麦认为这是刺激法国、挑起冲突的良机,遂派人往马德里活动。1870 年 2 月,西班牙政府提出将王位献给霍亨索伦-西格马林根家族(Hohenzollern-Sigmaringen)的利奥波德亲王(Prinz Leopold von Hohenzollern-Sigmaringen，1835—1905)。俾斯麦力主利奥波德接受王位。其理由是:这意味着霍亨索伦家族将从东南两面包围法国,必然遭到法国反对;与此同时,一旦爆发战争,法国将被迫分兵比利牛斯山一线,从而减轻普军压力;此外,它还可以促进德国与西班牙殖民地的贸易,使德国在经济上受益。③

法国则早就想用战争来摧毁日益强大的普鲁士。还在普奥战争结束时,法国国务大臣欧仁·鲁埃(Eugéne Rouher，1814—1884)就曾敦促拿破仑三世"粉碎普鲁士并夺取其莱茵地区"。④ 因此,当利奥波德亲王接受西班牙王位的消息在 7 月初传到巴黎后,法国舆论立即一片哗然。法国政府不仅要求普王说服利奥波德放弃继承王位,而且命令其大使贝内德梯前往埃姆斯浴场(Bad Ems)疗养地,要求普王声明无意侵犯法兰

---

① [美]巴巴拉·杰拉维奇,《俄国外交政策的一世纪》,第 135 页。
② A. J. P. Talor, *The Struggle for Mastery in Europe*，1848 - 1918，p. 195.
③ [德]奥托·冯·俾斯麦:《思考与回忆》,第 2 卷,第 61—63 页。
④ Geoffrey Wawro, *The Franco-Prussian War*：*The German Conquest of France in 1870 - 1871*，Cambridge：Cambride University Press，2003，p. 17.

西民族的利益和尊严,并书面保证永远不赞成霍亨索伦家族的亲王登上西班牙王位。对于法国的命令式要求,普王自然不悦,因此,虽同意劝说利奥波德放弃王位,但拒绝做出其他保证,表示对法国大使再"无话可说"。7月13日,普王顾问、外交部驻宫廷代表海因里希·阿贝肯(Heinrich Abeken,1809—1872)将相关情况电告俾斯麦,这就是著名的埃姆斯电文(Emser Depesche)。

俾斯麦意欲让法国挑起战争的如意算盘因普王的忍让而落空。当他从普军总参谋长毛奇(Helmuth Karl Bernhard von Moltke,1800—1891)①那里得到"迅速爆发战争比推迟对我们更加有利"的结论时,立即将埃姆斯电文加以删节和压缩,使原来表示委屈和解的电文在含义上变为:法国提出了令人难以接受的、侵略性的要求;普王拒绝了法国大使的无礼要求。② 这一电文果然成了引逗"高卢牛"的红布。原来听起来是退却的信号,在俾斯麦的笔下却瞬间转换成了回答挑战的号角。7月14日,经删节的埃姆斯电文刊登于《北德总汇报》(Norddeutsche Allgemeine Zeitung)。法国政府在一片"打到柏林去!"的呼声中于7月19日正式向普鲁士宣战。

此时欧洲国际形势更有利于普鲁士。沙皇对法国强加于普王的要求非常不满。以"比利时中立保护人"自居的英国则由于俾斯麦公布了暴露法国对比利时领土野心的贝内德梯文件而大为愤慨。奥地利和意大利也先后于7月20日和25日宣布中立。法国陷入形影相吊之中。

政治和军事形势也对普鲁士有利。政治上看,法国主动宣战,具有侵略性和阻挠德意志民族统一的非正义性特征,德国方面客观上具有防御性和民族统一战争的正义性质。在军事上,初看起来,法国是欧洲霸主,拥有40万经过克里米亚战争、撒丁战争和墨西哥战争的经验丰富的老兵,而普军只有30万人,而且大多是新兵,力量对比有利于法军。但

---

① 即老毛奇(Moltke der Ältere)。

② Wolfgang Hardtwig und Helmut Hinze (Hrsg.), *Deutsche Geschichte in Quellen und Darstellung*, *Band 7*, *Vom Deutschen Bund zum Kaiserreich 1815 - 1871*, S. 460 - 461.

是普鲁士实行的是全民皆兵(Volksbewaffnung；Volk in Waffen)体制，除了常备军，还有 40 万预备役军人和 50 万民兵，动员后的普军总兵力可以达到 120 万人，占有明显的数量优势。此外，普军还得到南德诸邦的军事支持。正因为如此，一位普军军官曾对他的法国同行说："你们可以在上午占有先机，但我们将在下午用预备部队取得胜利。"更重要的是，法军的总体军事部署和战略明显不利。当时法军分散驻扎于世界各地，其中阿尔及利亚(Algerien)6.3 万人，墨西哥 2.8 万人，罗马 8000 人，印度支那(Indochina)还驻扎了 2000 人。拿破仑三世手中立即能够投入战场的作战兵力只有 10 万人。[①]

上述有利形势，加之外交、军事准备充分，由北德意志联邦、南德的巴伐利亚、符滕堡和巴登组成的军队在毛奇指挥下，兵分三路迎敌，很快击败了孤立无援的法国军队。9 月 1—2 日，20 万德军与 13 万法军展开决定性的色当战役(Schlacht von Sedan)，法军遭到彻底失败。拿破仑三世和 10 多万法军成为阶下囚。就这次战役的历史意义而言，按照著名国际关系史学者 A. J. P. 泰勒的说法，如果说柯尼希格莱茨战役确立了普鲁士在德意志的支配地位，那么色当战役就是对已经发生的事情的进一步确认。[②] 9 月 4 日，法国成立了由特罗绪(Louis Jules Trochu，1815—1896)、茹尔·法夫尔(Jules Favre，1809—1880)和甘必大(Léon Gambetta，1838—1882)领导的国防政府，开始了法兰西第三共和国(Dritte Französische Republik)的历史。9 月 19 日，德军包围巴黎。

随着战争的胜利，整个德意志的民族主义情绪迅速高涨。南德四邦代表陆续到达普军占领下的凡尔赛(Versailles)，开始加入北德意志联邦的谈判。11 月 25 日，南德四邦与普鲁士签订了联合条约。1871 年 1 月18 日，普王威廉一世在凡尔赛宫(Schloss zu Versailles)镜厅加冕为德意志皇帝(Deutscher Kaiser)，发表皇帝宣言，宣告德意志帝国成立。普鲁

---

① Geoffrey Wawro, *The Franco-Prussian War*：*The German Conquest of France in 1870 - 1871*，pp. 41 - 42，18.

② A. J. P. Talor, *The Struggle for Mastery in Europe*，*1848 - 1918*，p. 210.

士领导下的德意志民族统一大业终于完成。

1871 年 1 月 28 日,长期被德军围困的巴黎宣布投降。2 月 26 日,以梯也尔为首的法国临时政府与德国政府签订《凡尔赛预备和约》(Friedens-Präliminarvertrag von Versailles)。5 月 10 日,两国正式签署《法兰克福和约》(Friede von Frankfurt)。根据和约:法国割让阿尔萨斯和洛林;支付战争赔款 50 亿法郎,三年内还清;德军占领法国东部地区至 1874 年,直到法国付清赔款为止。[①] 显然,和约具有明显的对法国掠夺的性质。

(四) 德国统一的历史地位和国际影响

从历史的角度看,德国的统一是一个进步的历史事件,符合历史发展的潮流。它结束了中世纪以来德意志的长期分裂割据局面,使德意志民族不再受欧洲强邻的逼迫和欺压。国家的统一也有利于德国资本主义经济的发展。这一点在德国统一后的强劲经济增长中充分显示出来。就此而论,俾斯麦领导的德国统一运动是一次"自上而下"的"革命"或所谓的"白色革命"。[②]

不可否认,由于客观历史条件的限制,德国的统一带有明显的保守色彩。在政治上,普鲁士支配下的德意志国家成了普鲁士的放大版,专制主义君主政体被保留下来;普鲁士贵族地主的统治随着统一的进程扩张到整个德国,他们因此实力大增,在很大程度上阻碍了德国资产阶级民主改革的进程;三次王朝战争的胜利以及统一过程中激起的民族主义情绪使新建立的德意志帝国充斥着军国主义和民族沙文主义的喧嚣,不利于德意志民族的健康发展。

从国际视角看,德国的统一对传统的欧洲国际关系格局产生了深远

---

① Andreas Hillgruber, *Bismarcks Aussenpolitik*, S. 127 – 128.

② 马克思、恩格斯:《"法兰西阶级斗争"导言》,《马克思格斯全集》第 22 卷,人民出版社 1965 年版,第 599 页;Wolfgang J. Mommsen, *Imperial Germany 1867 -1918*: *Politics*, *Culture*, *and Society in an Authoritarian State*, p. 1; Lothar Gall, *Bismarck*: *Der weiße Revolutionär*, Frankfurt am Main: Verlag Ullstein, ²1990.

影响。亲眼目睹德意志统一的英国著名政治家、保守党领袖迪斯雷里(Benjamin Disraeli,1804—1881)将德国的统一比喻为影响超过法国大革命的"德意志革命",因为它使欧洲"所有外交传统被一扫而光","均势遭到彻底摧毁"。[①] 新统一的德国由于其人口、经济方面的巨大潜能以及强大的军事力量,成了欧洲大陆的潜在霸主。

德法战争的结果也对欧洲国际关系产生了深远的影响。从德国的角度出发,50亿法郎战争赔款的获得是对胜利者的奖赏和对失败者的惩罚;通行德语的阿尔萨斯-洛林的获得也只是对黎塞留(Herzug von Richelieu,1585—1642)和路易十四(Ludwig XIV.,1638—1715,1643年—1715年在位)时代霸占德意志土地的一种历史纠正。大量赔款的获得和富有铁矿资源的阿尔萨斯-洛林的割占,为德意志帝国时期的经济飞速发展提供了极大的推动力。但是,对法国而言,大量赔款的支付,特别是阿尔萨斯-洛林的丧失,则是永远无法忘怀的耻辱。它必然寻找机会进行复仇。甘必大就是主张对德复仇的代表,其名言是:"始终想着,但不要说出来(*Toujours y penser,jamais en parler*)。"就此而言,1871年的《法兰克福和约》"给法德关系留下了一块难以愈合的溃烂的炎症",[②]为日后新的战争埋下了祸根。

法国的失败使俄国获益匪浅。首先,俄国利用法国战败和普鲁士在战前所做的保证,于1870年10月31日宣布中止1856年《巴黎和约》有关黑海中立化条款。对此,法国已经无力顾及,英国则仅作出了一种象征性的敌对反应。英国驻普军指挥部的代表曾向俾斯麦表示,为了捍卫条约,英国即使没有盟友也不惜一战。其实,格拉斯顿(William Ewart Gladstone,1809—1898)政府知道修改《巴黎和约》已经不可避免,只是

---

① Theodor Schieder, *Handbuch der Europäischen Geschichte*, Band 6, *Europa im Zeitalter der Nationalstaaten und europäische Weltpolitik bis zum Ersten Weltkrieg*, Stuttgart: Klett-Verlag, 1973, S. 62; J. A. S. Grenville, *Europe Reshaped 1848 - 1878*, p. 358.

② René Albrecht-Carrié, *A Diplomatic History of Europe Since the Congress of Vienna*, p. 78.

希望通过国际条约来对相关修改加以规范。这时,俾斯麦担心德法之间的战争会演变一场欧洲列强之间的战争,急忙出面调停,建议召开有关黑海问题的国际会议。1871 年 1 月至 3 月在伦敦举行了俄、英、土、德、法、奥、意参加的国际会议。会议最终决定废除 1856 年《巴黎和约》规定的黑海中立化条款,恢复俄国在黑海设防和部署舰队的权利。[①]

意大利也是德法战争的获益者。作为德法战争的副产品,意大利利用法兰西第二帝国(Zweites Französisches Kaiserreich)垮台和法军撤走的机会,派兵进入罗马,最终完成了国家的统一。

俾斯麦通过小德意志方案解决德国统一问题的又一国际后果是,1866 年被逐出德意志的奥地利在法国被打败后完全放弃了重返德意志的念想,开始将注意力集中于其多民族国家问题。鉴于 1848 年革命以来帝国境内非德意志人地区特别是匈牙利人持续不断的动乱和自治要求,帝国政府于 1867 年于 2 月 18 日和 27 日分别恢复了匈牙利内阁和匈牙利王国议会,并且与匈牙利议会就匈牙利的特殊地位问题达成协议,即所谓的"奥匈平衡"(Österreichisch-ungarischer Ausgleich)。根据该协议,帝国由两个平等且独立的部分构成。这两个部分通过统治者个人和对外交、国防和财政等共同事务的管理而相互联合。1867 年 6 月 8 日,奥地利皇帝兼匈牙利国王弗兰茨·约瑟夫加冕。由此,哈布斯堡帝国变成了奥匈二元君主国(Doppelmonarchie Österreich-Ungarn)。需要指出的是,尽管奥地利被排挤出了德意志,但是,传统的帝国思想使新建立的德意志帝国与奥匈二元君主国之间有着一种无法割断的情结,这种情结在很大程度上成为日后两国结成同盟的历史、思想和文化基础。

[①] A. J. P. Talor, *The Struggle for Mastery in Europe*, 1848-1918, pp. 215-216.

第四章　革命时代的社会、思想和文化

　　革命时代的德意志正处于新旧更替的社会转型时期,不仅经济、政治领域经历着工业革命、自由民主运动和民族统一运动等前所未有的剧烈变化和冲击,社会、思想和文化领域也呈现前所未有的现代性强烈趋向,推动着德国向现代资本主义社会大步迈进。在社会领域,由于快速工业化之故,人口的增长和流动性加速,城市化趋势明显;包括饮食、消费、住房等在内的日常生活皆出现了重大变化,人们的生活质量得到明显提高;社会结构则出现了从传统等级社会向现代阶级社会的转变。在思想文化领域,自由主义、民族主义和保守主义等各种思潮涌动不息;文化发展则呈现日益明显的"资产阶级化"特征。与此同时,科学和现代教育事业也出现了革命性进步。

第一节　人口、日常生活和社会阶级结构

一、人口运动;日常生活

（一）人口运动

　　1815 年—1871 年期间,德意志地区的人口一直处于一种较快增长的状态。德国在 1816 年以后才开始有人口普查的精确统计。根据有关

统计,到1871年为止,若以1871年新建立的德意志帝国(包括阿尔萨斯-洛林)为界,德国的人口规模相应为:1817年为2500万,1831年为2964万,1841年为3298万,1851年为3562万,1861年为3800万,1871年为4099万。[①] 人口密度由1816年的每平方公里46人增加到了1870年的76人。[②] 大邦普鲁士的人口增长尤其迅速。1816年到1866年的半个世纪中,总人口从1034万增加到了1950万(1866年吞并汉诺威等邦后人口增至2397万),增幅高达90%。[③] 其他邦国的人口也有不同程度增长。其中,巴伐利亚人口在1816年到1871年间从360万增加到486万,符滕堡从141万增加到181万,巴登从100万增加到146万,萨克森从119万增加到255万。[④] 这一时期德国人口较快增长的主要原因在于:1815年以后农业经济的扩张在很大程度上增加了粮食的供给,提升了生存的机会;营业自由原则带来的手工业生产的发展和第一次工业革命带来的工业化等,大幅度提高了农村和城市的人口吸纳能力;西欧地区工业化带来的经济繁荣也为德意志地区人口的增长提供了国际空间。

这一时期德国人口运动的重要特征还表现在:由于资本主义发展和工业化等因素的作用和影响,人口社会流动性增强,城市化进程加快,人口的地理分布状况开始出现重大调整。

德国第一次工业革命时期,也是农业地区人口大规模流向工业地区、农村人口迅速向城市集中的过程。出现这种情况的主要原因在于:各新老城市集中了德国的主要工商业,工业的迅速扩张和商业的繁荣为人们提供了越来越多的工作机会;与此同时,工业和服务业等领域的劳

① Wolfram Fischer, Jochen Krengel, Jutta Wietog, *Sozialgeschichtliches Arbeitsbuch*, *Band 1*, *Materialien zur Statistik des Deutschen Bundes 1815-1870*, S. 26-28.

② Johannes Müller, *Deutsche Bevölkerungsstatistik: Ein Grundriss für Studium und Praxis*, Jena: Fischer Verlag, 1926, S. 17.

③ Hans-Ulrich Wehler, *Deutsche Gesellschaftsgeschichte*, *Zweiter Band*, *Von der Reformära bis zur industriellen und politischen »Deutschen Doppelrevolution« 1815-1845/49*, S. 10.

④ Hubert Kiesewetter, *Industrielle Revolution in Deutschland 1815-1914*, S. 124-125.

动收入要大大高于农业领域的劳动收入,从而吸引着大量农村劳动力涌入城市。此外,铁路等现代化交通的发展也为人口的社会流动提供了极为便利的条件。就此而言,工业化和交通事业的发展在很大程度上是德国城市化的两大动力因素。[1]

普鲁士的城市发展是当时德国城市发展状况的一个缩影。1816年,普鲁士共有城市人口 288.2 万人,城市人口在总人口中所占比重为 27.9%。到 1840 年,虽然城市人口增加到了 406.6 万人,但由于这一时期农业的扩张,城市人口在总人口中所占比重却下降到了27.2%。总的看来,在第一次工业革命大规模开展以前,普鲁士的城市人口在总人口中所占比重一直徘徊于 26%—28%之间。这实际上是原有农业型经济结构制约的结果。人们很难想象在一个工商业经济欠发达的农业社会中城市人口会出现大比例的增长提高。19 世纪 40 年代中期以后,随着第一次工业革命的大规模展开,在工商业经济的神奇之手的招引之下,人们开始大规模涌向城市,普鲁士城市人口及其在总人口中所占比重开始出现双双上升的状况。1846 年,普鲁士城市人口为450.9 万人,在总人口中所占比重为 28%,1852 年城市人口上升到481.5 万人,在总人口中所占比重上升到了 28.4%,1864 年城市人口为601.6 万人,在总人口中所占比重为 31.6%,1871 年则分别上升到了800.1 万人和 32.5%。[2]

需要指出的是,德国各地工业化程度进展不一,城市化发展也呈现地区性差异,工业发达地区的城市化速度较高,反之则较低。在普鲁士王国,工业发达的西部地区的城市化速度明显高于东部农业地区。1871年普鲁士东部地区的城市化率为 24.2%,同期西部地区的城市化率为

① Horst Matzerath, „Die Urbanisierung Deutschlands im 19. Jahrhundert", in: Bernhard Sicken (Hrsg.), *Stadt und Militär 1815 - 1914: wirtschaftliche Impulse, infrastrukturelle Beziehungen, sicherheitspolitische Aspekte*, Paderborn: Verlag Schöningh, 1998, S. 14.
② Wolfram Fischer, Jochen Krengel und Jutta Wietog, *Sozialgeschichteliches Arbeitsbuch, Band 1, Materialien zur Statistik des Deutschen Bundes 1815 - 1870*, S. 38.

34.2%。①

　　人口的增长和农村人口大量流入城市,也使这一时期德国城市的规模迅速扩大。以大城市为例,1800 年前后,整个德意志地区只有维也纳、柏林和汉堡 3 个 10 万人口以上的城市,1850 年,慕尼黑和布雷斯劳加入这一行列,到 1871 年时,已经有 8 个城市的人口规模超过了 10 万人。

　　这一时期德国人口运动的又一重要特征是,在大量的人口从农业地区涌向工业地区、从农村涌入城市的同时,还重叠着规模巨大的海外移民浪潮。实际上,几乎整个 19 世纪,德国一直在向海外输出移民。1816年—1869 年,德国向海外移民总人数达到 248 万人。其间有两个移民高峰期:1850—1854 年,出境移民人数达 72.82 万;1865—1869 年,出境移民达 54.25 万人。② 从这两个移民高峰的形成看,前者与发生农业歉收有关,③后者与美国内战后加强西部土地垦拓带来的吸引力有关。这些出境移民主要来自德国西南部、西部和南部农业地区。1830—1834 年,来自符滕堡、巴登和普法尔茨等德国西南部地区的海外移民人数达到当时德国出境移民总数的 98.8%,1835—1839 年为 36.8%。甚至到 19 世纪 50 年代中期以前,来自这些地区的出境移民仍占德国出境移民总数的 28% 以上。④ 移民目的地主要是美国。1847—1860 年,德国向海外移民共 81.69 万人,其中 84.6% 去了美国,4.8% 去了加拿大,以澳大利亚和巴西为目的地者分别占 2.9% 和 2.2%。⑤ 大规模的海外移民对德国

---

① Horst Matzerath（Hrsg.）, *Städtewachstum und innerstädtische Strukturveränderungen: Probleme des Urbanisierungsprozesses im 19. und 20. Jahrhundert*, Stuttgart: Klett-Cotta Verlag, 1984, S. 78, 88.

② Peter Marschalck, *Deutsche Überseewanderung im 19. Jahrhundert*, Stuttgart: Klett Verlag, 1973, S. 35 - 37; Wolfram Fischer, Jochen Krengel und Jutta Wietog, *Sozialgeschichtliches Arbeitsbuch*, Band 1, *Materialien zur Statistik des Deutschen Bundes 1815 - 1870*, S. 34 - 35.

③ Wolfram Fischer, Jochen Krengel und Jutta Wietog, *Sozialgeschichtliches Arbeitsbuch*, Band 1, *Materialien zur Statistik des Deutschen Bundes 1815 - 1870*, S. 58 - 59.

④ Peter Marschalck, *Deutsche Überseewanderung im 19. Jahrhundert*, S. 38.

⑤ Ebd., S. 49

的人口状况产生了重要的影响,它使德国的人口过剩状况在整个 19 世纪都显得微不足道。在 19 世纪 50 年代,由于大规模移民的影响,符滕堡等一些地方的人口不仅没有增加,甚至还有所回落。

(二)日常生活

在革命时代,德国不仅经历着经济和政治领域各种新旧交替的冲击,德国民众的日常生活也出现了明显变化,这一点可以从收入和消费等层面的变化中窥见一斑。

总体上看,在这一时期,人们的收入有了一定的增长。以工人群体为例,1816 年,德国工人的平均工资为 283 马克,1830 年为 288 马克,1840 年为 303 马克,1850 年为 313 马克,1860 年为 396 马克,1870 年为 487 马克。若工资指数以 1913 年等于 100 计算,则名义工资指数在 1816 年为 26,1870 年为 45;实际工资指数则从 1816 年的 39 增加到了 1870 年的 65。[①] 需要指出的是,尽管收入有了一定的增长,但各地区、各阶层和各行业之间收入差别较大,不平衡特征明显。整体而言,西部地区的收入高于东部地区,大城市的工资高于农村地区,工厂工人的工资高于手工业帮工的工资。

首先,地区收入差异非常明显。以普鲁士为例,东部的东、西普鲁士等省份明显要低于西部的莱茵、威斯特法仑等省份。如果以普鲁士总体收入指数为 100 计算,那么 1816 年、1837 年、1867 年三个年份收入指数分别是:东普鲁士:84、85、90;西普鲁士:96、94、94;莱茵:113、113、118;威斯特法仑:102、102、105。

其次,各阶层之间的收入差距也相对较大。以魏玛为例,1820 年,魏玛(Weimar)居民中收入超过 6000 马克者仅 11 人,其中国家、城市管理人员和警察官员占 6 人,宫廷事务人员 1 人,从事教会和教师职业的学者各 1 人,商人、店主各 1 人。年收入在 2700 马克以上者也都集中于这

[①] Thomas Nipperdey, *Deutsche Geschichte 1800 - 1866: Bürgerwelt und starker Staat*, S. 225, 237.

几类职业阶层。手工业者收入大多集中于 300 到 900 马克之间。手工业帮工则大多在 300 马克以下。[1]

再其次,不同行业收入状况也不尽相同。根据对 1820 年—1849 年间一些地方的不同行业的工资情况进行的统计,埃斯林根(Eßlingen)泥瓦工在 1820/1829 年的周工资为 6.5 马克,1840/1849 年为 8.5 到 10.5 马克;同期克虏伯五金工人的周工资分别为 5.4 马克和 8.25 马克;在纺织业领域,符滕堡纺织工人的周工资分别为 7.2 马克和 10.5 马克,萨克森纺织工人工资为 7.2 马克和 12 马克;哈勒印刷工人的周工资在 20 年间基本没有变化,保持在 8.8 马克;萨尔煤矿工人的周工资则从 9 马克增加到了 11 马克。工业革命开始后,一些重要工业部门的收入增长明显高于其他部门。鲁尔采煤业的年平均工资从 1850 年的 334 马克增加到了 1870 年的 829 马克,同期纺织业领域的状况是:纺纱工人工资从 345 马克增加到 435 马克,织布厂工人工资从 275 马克增加到 480 马克。[2] 女工和童工的工资更低。在纺织等生产领域中,妇女工资要低于男性,有的甚至只有男性工资的一半。童工工资一般在男性工人工资的 10% 和妇女工资之间波动。

在住房方面,富裕的资产阶级家庭的住房条件有明显提高,建筑风格向舒适、实用和美观方向发展。在这类家庭中,各家庭成员通常有自己的房间,还有集睡觉、玩耍和生活于一体的儿童用房。一些大企业主则开始修建带有围栏的别墅,其特点是简洁、坚实、持久、实用和舒适。室内布置也呈现时尚和现代的特点。豪华窗帘使居家与外界隔开;沙发和椭圆形桌子置于客厅的中央;室内橱柜陈列着各种金银和玻璃器皿、瓷器等;书柜、地毯、绘画则成了不可或缺的装饰。

---

[1] Wolfram Fischer, Jochen Krengel und Jutta Wietog, *Sozialgeschichteliches Arbeitsbuch*, Band 1, *Materialien zur Statistik des Deutschen Bundes 1815–1870*, S. 121–125.

[2] Jürgen Kuczynski, *Die Bewegung der deutschen Wirtschaft von 1800 bis 1946*, S. 197; Wolfram Fischer, Jochen Krengel und Jutta Wietog, *Sozialgeschichteliches Arbeitsbuch*, Band 1, *Materialien zur Statistik des Deutschen Bundes 1815–1870*, S. 147–148.

　　一般民众的居住情况各有不同。城市中的普通民众的住房状况有一些新的变化。一是原先那种生产和生活结合在一起的居住状况得到改变。由于现代工厂制的发展,住家与生产的分离成为一种趋势。住家日益成为下班后休息和生活的私人场所。二是租房居住成为一种主流。不仅下层工人租房居住,一些市民也成了房客。起初是一些房主将自己住宅的一部分出租,到 19 世纪 60 年代则出现了专供出租用的纯租房。三是受益于工业和技术的进步,屋内生活设施得到改善,人们的生活也变得更加便利。煤饼的使用方便了冬季取暖;节约型的小火灶开始用于厨房;菜油灯、煤油灯和煤气灯取代蜡烛和油脂灯成为照明工具;卫生条件也得到改善,冲水厕所在 19 世纪 60 年代开始得到推广。在农村地区,人们基本上还保留着老式的居住传统,只有部分富裕的农民才钟情于资产阶级的新式住宅。贫穷雇工的居住条件则很差,他们通常居于简陋、阴暗、缺乏卫生条件的单间茅屋中。①

　　19 世纪中期前后,随着闲暇时间的增加,娱乐和社交等休闲活动开始成为日常生活的重要内容。对于普通民众而言,射击比赛、游艺、各种博览会和诸如嘉年华等地方民间节日成为休闲的主要方式;拥有较高社会地位的人们和有教养的人士除了参加上述各类节庆,还出席各类假面舞会、球类竞技和交谊舞会。绅士阶层则现身于各类咖啡馆、饭店,应酬诸多的宴请;各类社交场所、剧院、即兴诗会和音乐会也是他们的休闲去处。

　　此外,随着铁路和公路交通的发展,旅游开始成为中上层社会休闲活动的重要内容。上层社会的主要休闲去处通常是诸如卡尔斯巴德、埃姆斯、基辛根(Kissingen)等设施齐全的温泉度假地。巴登-巴登(Baden-Baden)、威斯巴登仅 1850 年就各自接待了 3 万来访者。海滨洗浴和山地旅游也开始发展起来。为了适应旅游业发展的需要,相关经营公司和

---

① Thomas Nipperdey, *Deutsche Geschichte 1800 – 1866：Bürgerwelt und starker Staat*, S. 130 - 132.

组织开始出现。1863/1864 年德国出现了第一家旅游公司。1862 年奥地利阿尔卑斯联合会(Österreichischer Alpenverein)建立,1869 年则成立了文化资产阶级登山联合会(Bildungsbürgerlicher Bergsteigerverein),即当今世界上最大的登山联合组织——德意志阿尔卑斯联合会（Deutscher Alpenverein)的前身。①

饮食结构和饮食文化也在发生变化。随着工业化、城市化以及生产的统一和标准化,在 19 世纪初仍占主导地位的以"自给"为特征的饮食,到 19 世纪中期前后逐渐向以"购买"为主要特征的饮食取向转变。19 世纪 60 年代,虽然农村地区的主要食品如面包等仍然有 2/3 在家中烤制完成,但购买的现成食品所占的比重越来越大。1800 年左右,诸如大米、蔗糖等域外产品对于普通百姓而言还是望而却步的奢侈品,如今却越来越多地摆上寻常人家的餐桌。香肠等肉类制品也开始了工业化生产。土豆、咖啡开始成为主流食品和饮品。重要食品的消费量也在发生重大变化。以肉类消费为例,19 世纪 30 年代,德国人均肉类消费量为 40 公斤,50 年代中期降到 34 公斤,60 年代后又上升到 38—39 公斤。糖的消费量等也有所上升。② 从食物结构看,植物类食物从 1850/54 年的 45.1％下降到了 1870/74 年的 41.4％,动物类食品则相应地从 54.9％上升到了 58.6％。③

此外,随着经济技术的发展,烹饪也日益精致和现代化。在原先的宫廷饮食和农民饮食之间又形成了资产阶级的烹饪文化。这种资产阶级的烹饪文化表现为中上层资产阶级家庭良好的餐桌礼仪的形成以及盘子、刀、叉等餐具的普遍使用。

从消费角度看,到 19 世纪中期前后,尽管日常生活有了上述各方面

---

① Thomas Nipperdey, *Deutsche Geschichte 1800 – 1866：Bürgerwelt und starker Staat*, S. 138 – 139.

② Hermann Kellenbenz, *Deutsche Wirtschaftsgeschichte*, *Band 2*, *Vom Ausgang des 18 Jahrhunderts bis zum Ende des Zweiten Weltkriegs*, S. 162.

③ Walther G. Hoffmann, *Das Wachstum der deutschen Wirtschaft seit der Mitte des 19. Jahrhundert*, S. 120 – 121.

的进步和品质的提高,但是由于收入较低,德国居民生活的恩格尔系数
(Engel-Koeffizient)仍然较高。居民的食品开支虽然在总收入中所占比
重有所下降,但仍然较大。根据相关统计,1850/54 年,德国私人消费结
构状况是:食品 60%,住宅 11. 5%,家具、取暖和照明 4. 3%,服装等
10. 9%,卫生保健 2. 4%,家庭服务 4. 3%,教育和休闲 0. 5%,交通
0. 2%,到 1870/74 年,相应的比重分别为:食品 58. 9%,住宅 11. 5%,家
具、取暖和照明 4. 6%,服装等 14. 6%,卫生保健 2. 0%,家庭服务 6. 9%,
教育和休闲 0. 7%,交通 0. 8%。[1] 在下层家庭中,这类情况尤其突出。
以纽伦堡的工人家庭为例,1849 年食品类支出占到总支出的 65%,1857
年时仍占到 64%。在汉堡和美因河畔法兰克福这两个大城市中,1837
年—1847 年间工人家庭的食品类支出分别达到了家庭支出总额的
70. 2%和 63. 3%。[2] 可见,食品的开支在整个消费结构中依然占据主要
地位。健康、教育和交通等费用的支出仍然较低。

二、社会阶级结构

　　受法国大革命的冲击,各邦统治阶级守势现代化政策和工业革命带
来的社会经济发展等诸多因素的综合作用和影响,19 世纪中期前后的德
国社会阶级结构已经发生了重要变化。这些变化主要表现在三个方面:
一是由国家通过法律确认的不平等的传统等级社会带着残余慢慢地进
入到了法律面前人人平等的现代资产阶级社会;二是靠出身等级门第来
确定社会地位的传统观念逐渐被根据成就和职业来确定社会地位的现
代原则所取代,开始形成职业和成就的社会;三是财产拥有量、经济地
位、在社会生产中的地位和社会威望等共同构成了社会阶层的认定基
础。与这些变化相适应,德国社会的阶级结构开始出现一些调整。

---

[1] Walther G. Hoffmann, *Das Wachstum der deutschen Wirtschaft seit der Mitte des 19.
　Jahrhundert*, S. 116 - 117.
[2] Wolfram Fischer, Jochen Krengel und Jutta Wietog, *Sozialgeschichteliches Arbeitsbuch*,
　Band 1, Materialien zur Statistik des Deutschen Bundes 1815 - 1870, S. 169,170.

（一）贵族阶级

经过法国大革命的冲击和 19 世纪初的改革运动,虽然德意志大部分邦国逐步向资本主义社会转型,但是作为封建等级制度残余的特权贵族并未因社会的转型而退出历史舞台。从政治和社会角度而言,贵族作为一个阶级或阶层继续存在。虽然贵族的地位受到强烈冲击,他们在政治等领域的影响力仍然非其他社会阶级或阶层可以相比。如前所述,从1815 年拿破仑战争结束到 1848 年革命前夕,德意志处于政治上的复辟和反动时期。在德意志各邦,部分贵族特权不仅被保留下来,甚至还得到加强。各邦君主仍然高高在上,他们周围是权势显赫的宫廷贵族。在乡村,贵族庄园主仍保留着司法权,并拥有自己的法庭。在诸如县、省和各邦议会以及日后的普鲁士上议院中,贵族霸占着最重要的职位。所有这些,都是传统贵族特权在新时期的新表现。普王弗里德里希·威廉四世在 1840 年以后甚至想赋予那些新的大地产占有者们以新的特权,并惩罚那些进入资产阶级阵营的贵族,[1]后来因为激起资产阶级的强烈抗议而作罢。此外,贵族还独占或垄断着一些重要的教育机构。其中,普鲁士军官学校(Kadettenanstalten)就是贵族的天下。在南德地区,那些在拿破仑战争中被废除的失去领地的贵族,在新的邦国中又重新获得了特殊地位,身份是所谓的等级贵族(Standesherren)。[2] 直到 1848 年革命以后,这种倒退性的特权化倾向才得到遏制。1849 年的普鲁士钦定宪法以及 1850 年经过修改的宪法都明文规定:所有人在法律面前一律平等,取消贵族特权。

贵族的传统特权社会地位也一直保留着。不论在宫廷、邦议会和高层官员中,还是在军队中,升迁都一如既往地与出身、继承、婚姻以及相关的社会地位联系在一起。贵族在这些部门中的比例甚至比以往有所增加。以普鲁士为例,在省级行政机构中,贵族占据的职位由原先的 1/4

---

[1] Thomas Nipperdey, *Deutsche Geschichte 1800 - 1866：Bürgerwelt und starker Staat*, S. 256.

[2] Ernst Rudolf Huber, *Dokumente zur deutschen verfassungsgeschichte*, *Band 1*, *Deutsche Verfassungsgeschichte 1803 - 1850*, S. 88.

上升到了 1/3,19 世纪 20 至 40 年代更是一度上升到 50％。1858 年,78％的省长和 82％的县长职位掌握在贵族手中。在军队中,1820 年时贵族军官占军官总数的 54％,到 1860 年则增加到了 75％。1855 年—1865 年间,步兵中贵族担任的团级军官的比重由 87％上升到了 95％。[1]

但是,受资产阶级革命和改革的冲击,贵族阶层的传统地位和构成状况毕竟有了一些新的变化。

变化最大的是小贵族。他们大部分居于农村,由于在改革中失去了许多特权,状况较从前更为窘迫。20 年代的农业危机则进一步使他们在经济上陷于入不敷出的境地。许多小贵族不得不拍卖自己的庄园。到 1829 年,东普鲁士 888 个庄园中有 510 个换了主人,波莫瑞 1311 个庄园中有 507 个被拍卖,波森 1405 个庄园中有 172 个被出卖,西里西亚则有 369 个庄园换了主人。甚至从前根本就无权拥有土地的犹太人(Juden)也开始购置土地。到 1835 年,已经有 51 个犹太庄园主。1845 年—1867 年,易北河以东地区的 11771 个骑士庄园的负债额从 10840 万塔勒尔增加到了 18660 万塔勒尔,地产抵押债务也从 1837 年的 550 万塔勒尔增加到了 1857 年的 1110 万塔勒尔。[2] 在这种艰难的形势下,小贵族地主为生存之际,不得不改变原有经营方式,或从事资本主义经营,即所谓的贵族资产阶级化,或依附于宫廷,在高层管理机构和军队中谋得一官半职。

与小贵族相比,大贵族因其雄厚的经济实力和较高的社会地位,在以改革方式和缓地迈入资本主义现代社会的进程中应裕自如。他们之中的许多人积极实现经营转型,通过投资开矿或建立农产品加工企业,成为资本主义工业化进程的重要参与者。相关研究表明,在西里里亚的

---

[1] Hans-Ulrich Wehler, *Deutsche Gesellschaftsgeschichte*, *Dritter Band*, *Von der »Deutschen Doppelrevolution« bis zum Beginn des Ersten Weltkriegs*, S. 177 – 178.

[2] Hans-Ulrich Wehler, *Deutsche Gesellschaftsgeschichte*, *Zweiter Band*, *Von der Reformära bis zur industriellen und politischen »Deutschen Doppelrevolution« 1815 – 1845/49*, S. 259; Hans-Ulrich Wehler, *Deutsche Gesellschaftsgeschichte*, *Dritter Band*, *Von der »Deutschen Doppelrevolution« bis zum Beginn des Ersten Weltkriegs*, S. 176.

冶金业中,贵族出身的企业主就占据了支配地位。① 西里西亚原先许多种植亚麻的庄园主也成了亚麻纺织厂企业主。他们由此实现了向资产阶级化贵族的华丽转身。

这一时期贵族阶层的另一重要变化是,随着资本主义经济的发展,部分社会和经济地位突出的资产阶级加入贵族集团的行列,即所谓的资产阶级贵族化。一些富有的商人、资产阶级庄园主、犹太银行家和实力雄厚的工业企业家通过册封形式加入贵族行列。②

德国开始向现代资本主义社会转变的一个重要特点是,传统贵族阶级通过"自上而下"的改革,即通过主动适应社会经济发展的防御性政治现代化,牢固地控制着国家政权。贵族阶层因此而充分自信,视自己为国家的政治精英,并一直坚持自己的生活方式。贵族的这种态度在很大程度上吸引着处于上升中的资产阶级向他们看齐。各邦君主则根据传统对此加以利用,授予一些成就突出的资产阶级以贵族特权和社会威望,使他们为自己的统治服务。于是,那些已经进入上层管理机构的资产阶级都几乎无一例外地贵族化,从而使德国在整个 19 世纪始终存在着一个贵族化的资产阶级官僚集团。每一个高层管理职位都成了资产阶级贵族化的实验点。在资产阶级贵族化方面,南德地区的巴伐利亚和符滕堡甚至超过了 1848 年革命前的普鲁士。在这些邦国中,除了世袭贵族,君主们还册封了许多资产阶级出身的终身贵族。在普鲁士,1807年—1848 年间,包括 95 名军官、82 名官员、50 名大地产所有者、10 名商人和 4 名其他身份者在内的 241 人贵族化。③

这些资产阶级新贵族给旧的贵族阶层起到了输送新鲜血液的作用。一些资产阶级还通过联姻方式加强与旧贵族集团的联系。在普鲁士,存

① Mottek, Blumberg, Wutzmer, Becker, *Studien zur Geschichte der industriellen Revolution in Deutschland*, S. 153, 155.

② Hans-Ulrich Wehler, *Deutsche Gesellschaftsgeschichte*, *Zweiter Band*, *Von der Reformära bis zur industriellen und politischen "Deutschen Doppelrevolution" 1815 –1845/49*, S. 149.

③ Thomas Nipperdey, *Deutsche Geschichte 1800 –1866*: *Bürgerwelt und starker Staat*, S. 259.

在许多小贵族与资产阶级的联姻，二者通过通婚而互补长短，前者得到后者财力上的支持，后者则得到前者政治和社会地位上的扶持。当然，两者的结合也与小贵族的资产阶级化倾向有一定的关系，经济上的资产阶级化使他们与资产阶级在思想观念和经济利益上逐渐趋向接近。

（二）资产阶级

19 世纪中期前后是德国资产阶级迅速崛起和发展的时期。工业革命、现代交通运输的爆炸性扩张以及资本主义贸易规模的扩大等，是资产阶级发展壮大的经济前提。从整个德国资产阶级群体看，大致可划分为经济资产阶级（Wirtschaftsbürgertum）、文化资产阶级（Bildungsbürgertum）、小资产阶级（Kleinbürgertum）等几个阶层或类型。

经济资产阶级即所谓的工商业资产阶级。[1] 其成员主要有两个来源：一是来自原先的手工工场主和传统商业城市的大商人；二是第一次工业革命中发迹的重工业巨子、工厂主、大商人和银行家等。他们主要来自较发达的工业区和经济中心。例如，曾经出任普鲁士财政大臣的大卫·汉泽曼就是 1837 年建立的莱茵铁路公司的股东；曾经出任普鲁士首相的鲁道夫·坎普豪森则是科隆商会的主席。经济资产阶级的发展壮大主要依赖于迅速扩张的亚麻、毛纺、酿酒等轻工业和随着机械制造、铁路建设等发展起来的煤、铁等重工业。根据对 1830 年到 1870 年期间的 120 个到 150 个柏林企业家的统计，78％出身于工厂主、商人和银行家，12％出身于神甫和教师，10％出身于手工业者、小商人、旅馆老板和租地农场主。[2]

经济资产阶级和国家政治生活有着密切的联系。他们不仅与上层官僚机构的官员保持着密切的关系，许多人因在经济领域的巨大成就而

---

[1] 参见 Jürgen Kocka，*Unternehmer in der deutschen Industrialisierung*，Göttingen：Vandenhoeck & Ruprecht Verlag，1975.

[2] Hans-Ulrich Wehler，*Deutsche Gesellschaftsgeschichte*，*Zweiter Band*，*Von der Reformära bis zur industriellen und politischen »Deutschen Doppelrevolution« 1815 - 1845/49*，S. 186.

加入了贵族的行列,享有贵族的社会地位。而这种社会政治地位反过来则有利于他们的经济能量的释放和经济力量的进一步扩张。不过这一时期的经济资产阶级只是在莱茵、威斯特法仑、萨克森等工商业发达地区以及科隆、亚亨、莱比锡、柏林等少数工商业发达的城市中起着领导作用。他们更多地关注经济领域,把实行资本主义经济方式和工业化当作主要目标。

文化资产阶级的发展始于 19 世纪初的现代化改革运动,①主要是指为国家服务的受过高等教育的资产阶级知识分子。当时各邦都需要大量拥有专业知识和能力的官僚机构来帮助从封建社会向现代资本主义社会转型,管理拿破仑战争中以及后来因领土调整并入的大量异邦人口,而仅仅依靠传统贵族显然无法满足国家在教育、税收、法律裁决等专业性很强的领域中进行管理的需要。于是,受教育程度较好的资产阶级开始进入管理、教育等领域。但是,19 世纪 20 年代以后的"贵族回潮"一度使资产阶级进入管理等部门受到阻碍,②以至于以阿诺尔德·鲁格、卡尔·瑙威尔克(Karl Nauwerck,1810—1891)等为代表的许多资产阶级知识分子非常不满,走上了激烈批评时政的道路,以表达自己的不满。哥廷根的一些编外讲师甚至还领导和参加了 1830 年的革命起义。

从事自由职业的资产阶级知识分子也属于文化资产阶级的范畴,但他们与那些受过高等教育的资产阶级官员和学者有所不同,通常是作家、诗人、新闻记者、编辑、律师、医生、药剂师以及没有职位的受过高等教育者。代表性人物有海因里希·海涅、卡尔·马克思、弗里德里希·黑克尔、古斯塔夫·冯·施特卢威等人。这一部分人生活没有保障,因而对社会下层的困苦生活有更多的感受,并试图解决各种社会问题。1847 年 9 月的奥芬堡大会上,这部分资产阶级民主主义者就提出了新闻

① Hansjoachim Hennig, *Die deutsche Beamtenschaft im 19. Jahrhungert: zwischen Stand und Beruf*, Wiesbaden: Steiner-Verlag, 1984, S. 47 - 51.
② Wolfram Siemann, *Die deutsche Revolution von 1848/49*, Frankfurt am Main: Suhrkamp Verlag, 1985, S. 24 - 26.

和结社自由、平等选举和工作的社会保障等要求。这些要求实际上成了1848 年德国革命的主要努力目标。

随着时代的发展和现实的需要,文化资产阶级群体也在不断发展壮大之中。以 1871 年德意志帝国疆域估算,1850 年德国约有 23 万到 27 万人隶属于文化资产阶级社会群体,到 1871 年,这一社会群体则已经增加到 24 万至 30 万人。[1]

关于小资产阶级的概念和范围,学界还有一些分歧。根据马克思和恩格斯的划分,自由职业的知识分子也应在小资产阶级队伍之列,因为他们曾将法兰克福议会中的少数民主派也归于其中。我们这里所指的小资产阶级主要是指那些独立的手工业工匠和小商人,也即用自己的生产工具进行生产的小规模经营者。[2] 在 19 世纪中期以前的德国社会中,他们仍然是传统意义上的城市资产阶级的核心。他们很少涉猎所居住的城市以外的地方,在邦议会中也几乎没有自己的代表,不过他们在本地、在社区议会中拥有强大的势力和影响力。

就这一时期小资产阶级的社会状况而言,由于工业革命带来的机器大工业的竞争,他们的境况日益恶化,生活艰难。以巴登为例,1844 年要缴纳营业税的独立经营者中,约 80% 的人没有营业资本,还有 11% 的人不得不免去营业税,有营业资本者仅占 9%。在 60560 名独立的手工工匠中,89% 无资本,5.9% 免去营业税。[3] 还有一大半的独立工匠没有帮工。同一时期,虽然普鲁士的手工业发展相对较快,工匠和帮工人数的增长均超过了总人口的增长,但其实际收入并无多大增长。营业自由原

---

[1] Hans-Ulrich Wehler, *Deutsche Gesellschaftsgeschichte*, *Dritter Band*, *Von der »Deutschen Doppelrevolution« bis zum Beginn des Ersten Weltkriegs*, S. 127 – 128.

[2] Helmut Sedatis, *Liberalismus und Handwerk in Süddeutschland: Wirtschafts-und Gesellschaftskonzeptionen des Liberalismus und die Krise des Handwerks im 19. Jahrhundert*, Stuttgart: Klett-Cotta Verlag, 1979, S. 221.

[3] Helmut Sedatis, *Liberalismus und Handwerk in Süddeutschland: Wirtschafts-und Gesellschaftskonzeptionen des Liberalismus und die Krise des Handwerks im 19. Jahrhundert*, S. 122.

则的实施一方面刺激了工商业的发展,另一方面则使更多的人们进入手工业和商业领域,也带来了更加激烈的竞争,从而在一定程度上加剧了手工业工匠等小资产阶级的困境。19 世纪 30 年代开始的工业革命更使他们雪上加霜。40 年代以后,在有些地方,多数手工工匠已经与无产者无异。①

(三)农民群体

19 世纪中期前后,德国仍然是一个典型意义上的农业国家。1848年,德意志邦联境内仍有 60%的人口从事农业生产,从事包括工业、手工业、采矿、交通等在内的工商业生产的人口占 25%,剩余 15%的人口或从事服务行业,或是退休人员和受救济的穷人。② 重要的是,经过 19 世纪初的农业改革和 1848 年革命的冲击,德国农业最终走上了资本主义发展道路,而且自 1825 年以来总体上保持着繁荣发展的局面,形成了所谓的"黄金年代"。农业的改革和繁荣极大地动摇了传统的农村社会。1850 年左右,农民群体出现了前所未有的分化,形成了多个阶层,他们可划分为:不用再亲自劳作的极少数大农(农场主);仍需亲自参与农事劳作的中农;拥有小块土地但仍需接干其他农活以增加收入的小农;拥有农舍和少量家畜、通常依附于某一农庄的临时工以及极少数偶尔才拥有工作或以乞讨为生的贫穷者。③

以大邦普鲁士为例,经过 19 世纪初的农业改革,农村中出现了几个层次的农民。

首先是一些通过农奴制改革获得人身自由的富裕农民。他们经过精耕细作,积极经营,逐渐发展起来,成了大农或中农。随着生产规模的不断扩大,他们对劳动力的需求也不断增加。因此在工业革命开始前,

---

① Wolfram Siemann, *Die deutsche Revolution von 1848/49*, S. 31.
② Ebd. , S. 32.
③ Hans-Ulrich Wehler, *Deutsche Gesellschaftsgeschichte*, *Dritter Band*, *Von der „Deutschen Doppelrevolution" bis zum Beginn des Ersten Weltkriegs*, S. 179 – 180.

许多寻找工作的人们不断从人口相对过剩的西部地区涌向东部，[1]这种状况与工业革命开始后的人口流向截然相反。不过，这部分富裕农民人数不多。在东普鲁士，勃兰登堡（Brandenburg）、马格德堡、萨克森王国、汉诺威等地，他们通常只占农村生产人口的1/5，最多占1/4。在其他地方，诸如帕德博恩（Paderborn）、施瓦本和西里西亚的大部分地区，这类富裕农民更少，只占农村生产人口的6%—17%。他们在农村中势力很大，可以优先利用公共草地和森林，是自己所在地区行政管理方面的特权享有者，成为村长或乡长，继而"垄断了地方政治权力"。

其次是那些按规定不能赎免封建义务或在赎免相关封建义务之后已经身无分文的农民。1800年左右，普鲁士的这种贫困和无地的农民几乎占农业人口的2/3。农业改革后，这一数目继续增长。在梅克伦堡，1820年—1850年间大约有25%的农民卖掉了手中50%的土地或干脆卖掉全部土地。这些农民实际上成了资本主义农业生产的后备劳动力。1846年普鲁士农业生产中的固定工人、雇农和佃农数量近67万人，临时工87万多人，按照当时平均5口之家的规模计算，这一阶层在农村中达800万之众。

在德国的其他农村地区，尽管不断开垦新土地，但由于人口增长较快，许多农民的境况依然非常恶劣，他们甚至无法养活自己的子女。如前所述，在德国南部和西南部地区，这些过剩的人口最后不得不向海外移民，或流向东部地区，或加入开始启动的工业化所需的产业后备军的行列。

在农民群体中，小农数量较大，而且发展较快。1816年，整个德国大约有53.3万户小农，他们拥有土地通常在15摩尔根[2]以下，到1849年前夕，其数量达到了139.2万户。在西里西亚的农业生产中，规模在5

---

[1] Wolfram Siemann, *Die deutsche Revolution von 1848/49*, S. 33 - 34.
[2] 摩尔根（Morgen）是德国旧的土地面积计量单位，各地规定不一。1摩尔根约等于2500—3500平方米或0.25—0.35公顷。

摩尔根以下的小农户达到 44% 以上。[①] 小农数量的这种扩张主要得益于公有土地的分配和一些庄园的解体等因素。其中也不乏一些小农通过辛勤劳作、联姻等途径上升到了中农行列。

(四)工人阶级

在德国,到 19 世纪中期前后,除了贵族、资产阶级和农民等社会阶层,已经形成了更下层的工人阶层。这一时期的工人并非完全现代意义上的大机器生产的附属者,他们还包括前工业革命时期的手工业工人群体,其共同特征是"经济上的非独立性"。他们缺乏独立经营农业和工商业的经济基础,只能靠打工挣取工资为生。整个工人阶层可划分成六大群体:手工业帮工;采矿和冶金工人;依附于企业主和包卖商的家庭手工业者;工厂工人;手工业工人;临时工、城市和农村雇工。这些群体按照工作类型和职业特点又可以分为手工业工人、工厂工人和前文已经提到的农业工人。

手工业工人队伍的扩大是与营业自由原则的确立紧密联系在一起的。以普鲁士为例,1816 年—1840 年间,普鲁士人口增长不足 40%,手工业领域帮工和学徒的数量却增加了 93%,远远高于工匠师傅人数的 50% 的增长速度。当然,并非所有德意志邦国都与普鲁士的情况相同。在南德地区,由于人口增长较慢,经济发展和缓,手工业领域人数的增长就比普鲁士要低。在巴伐利亚,手工业领域中的工匠师傅和帮工人数的增长甚至低于总人口的增长。在开始工业化的萨克森王国地区,手工业发展水平则比普鲁士更高。

尽管手工业从业人数有所增加,但是在第一次工业革命的冲击下,手工业工人日益陷入窘境。例如,在大机器生产的竞争面前,德国西北部和西里西亚的亚麻纺织业工人就不得不直面工资回落、工时延长和大量使用童工的情况。大量手工业者由于破产和失业被迫加入无业人员

---

① Hans-Ulrich Wehler, *Deutsche Gesellschaftsgeschichte*, *Zweiter Band*, *Von der Reformära bis zur industriellen und politischen „Deutschen Doppelrevolution" 1815 –1845/49*, S. 165 – 168.

行列。加上人口过剩、缺乏工作机会等,一些大城市中的乞丐、流浪者等无业人员猛增。在汉堡,此类人员占到 10%—12%,在科隆则超过 20%。[1] 正是在这种困境和压力下,出现了包括 1844 年西里西亚织工起义在内的工人抗争。

现代工厂工人在工人阶层中所占的比例是逐步上升的,并且随着工业化的进展日益占据主导地位。在普鲁士,工厂工人之中有许多人是来自东普鲁士地区出来的小农,为生计所迫,离开家园,迁往上西里西亚或柏林等地。与手工业工人或临时工相比,工厂工人一般工资增长较快,工作更稳定。但是 19 世纪 30 年代末以后,由于劳动力供过于求,企业主趁机压榨工人,不仅工资回落,甚至许多人失去了谋生的机会。从整个德国看,到 19 世纪中期前后,在大型企业中工作的工人人数仍然微乎其微。一些著名的企业当时规模并不大。克虏伯在 1846 年时只有大约 140 名工人,博尔西希机器制造厂也只有 120 名工人。因此,这一时期的德国还谈不上存在强大的现代工人阶级队伍。

至于整个德国的工人人数,此时还找不到精确的统计数据。据估计,1847 年时柏林有 1 万名工人,占当时柏林人口的 1/40。普鲁士至多有约 50 万工人,萨克森有约 25 万名工人,整个德国有约 100 万名工人。[2] 但是随着工业化的迅速进展,工厂工人的数量增加很快。到 1871 年时,德意志帝国境内工业、采矿、冶金和建筑领域的从业人员已经达到 571 万人,其中绝大多数属于现代工人阶级行列。工人阶级群体的迅速壮大,为德国工人运动的兴起奠定了社会阶级基础。

---

[1] Hermann Kellenbenz, *Deutsche Wirtschaftsgeschichte*, *Band 2*, *Vom Ausgang des 18 Jahrhunderts bis zum Ende des Zweiten Weltkriegs*, S. 35.
[2] Ebd., S. 37.

第二节　革命时代的思想文化；马克思主义与工人运动

一、自由主义、民族主义与保守主义思潮

革命时代的德国处于新旧交替的风云激荡年代。各种思潮汹涌澎湃，自由主义、民族主义、社会主义等思潮广泛冲击着思想文化界。多种社会思潮的涌现表明，政治已不再仅仅是宫廷和政府的事，不再仅仅是特权等级和教会的事，处于上升阶段的资产阶级以及开始登上政治舞台的无产阶级也要表达自己的愿望和看法。在这些思潮中，民族主义和自由主义是最强劲的政治思想运动。与此同时，作为与民族主义、自由主义相抗衡的一种思潮，保守主义也有充分的表达。在德国，由于特殊的政治和社会环境，这三大思潮呈现独特的发展趋势。1815 年维也纳会议以后，资产阶级出于对现实的不满，在思想意识领域掀起了自由主义和民族主义的波涛。封建保守势力则力图维护自己的统治和权威，祭出了保守主义的思想大旗，形成了强大的保守主义思潮。这三股思潮的较量及其结果对日后德国历史的走向产生了极其重要的影响。

革命时代的德国，自由主义是最强大的一股思潮和运动。它给德国社会带来了巨大的冲击。同时，它在德国发展的困难性和不断失败也向人们表明，作为德国近代社会政治发展核心问题的民主化进程为何一直处于进展缓慢状态。

自由主义是正在上升时期的资产阶级的思想运动，其政治含义主要体现为自治、自主的原则；理性、自治、个人自由、私有财产不可侵犯、法律面前人人平等是它的主要内容。它体现了资产阶级的利益和原则。这种思想首先来自 18 世纪的启蒙运动。从自由主义角度出发，个体的自治、自由是生命观的核心，也应该是国家和社会的目标。自由主义也是 1789 年法国大革命思想的产物。根据自由主义思想，国家活动的内容和方法都应该受到限制，个人的自由在强大的国家优势面前应该得到

保障。为此,必须保障人权和公民权,必须进行权力分工,建立法制国家。因此,自由主义是针对封建专制主义提出的,是一种反封建的思想。

自由主义在法国和英国的影响要大的多。但是德国人对自由主义有自己的独特看法,或者说,德国的自由主义可以解读为一种温和的、保守的自由主义。在大多数德国人的眼中,自由主义是一种"后革命性的运动"(postrevolutionäre Bewegung)。① 其理由是,法国大革命时期雅各宾派(Jakobiner)的恐怖统治(Terrorherrschaft;Schreckensherrschaft)已经使人们意识到,必须保障自由、权利和分权性的宪法,以便更有效地对付激进的多数派的危险。革命是无计划的,不幸的,因此人们更宁愿社会在改革和循序渐进地演变的基础上稳步前进。19世纪初的普鲁士改革就是在这种思想的指导下进行的。普鲁士统治者实行自上而下改革的主要目的就是要防止法国革命在本国重演,使普鲁士通过"自由、和平的努力"而非革命性暴力,迈入资本主义现代社会。② 莱茵邦联的改革运动也是这种思想的体现。正是基于这种看法,德国的历史发展在通向自由主义王国的道路上明显不同于西欧。

德国资产阶级自由主义的发展有自己的特点。其一,19世纪上半期的德国社会与英、法等国相比,资本主义尚欠发达,资产阶级力量较弱。因此,自由主义并非体现为正在上升的经济资产阶级的运动,打头阵的不是经济资产阶级,而是一群思想意识方面资产阶级化的、受过高等教育的知识分子,即文化资产阶级。其二,与英、法等国的资产阶级自由派不同,德国资产阶级自由派由于力量软弱,希望借助于国家力量实现自由主义的目标。在他们眼里,国家"有自我纠错的能力,是现代性、进步和自由的代理人"③。对国家政权的这种特殊认识使德国资产阶级自由派在日后表现出对国家政权的高度信任和依赖,也使他们的自由主义仅仅停留于思想、理论和原则上,缺少危及现存国家和秩序的实际行动。

---

① Thomas Nipperdey, *Deutsche Geschichte 1800 - 1866: Bürgerwelt und starker Staat*, S. 287.
② Manfred Schlenke, *Preussen: Beiträge zu einer politischen Kultur*, S. 185.
③ Thomas Nipperdey, *Deutsche Geschichte 1800 - 1866: Bürgerwelt und starker Staat*, S. 289.

正因为如此,德国自由主义的精神鼻祖康德在论及"自由"时将它划归理念和 Sollen(应该)的范畴,表现出极大的温和性和软弱性。所以,当普鲁士政府施加压力时,这位哲学大师没有做出任何反抗的表示,而是选择了缄默。① 这种温和性和软弱性,使德国资产阶级自由主义者在各种事关国家前途的重大政治决定方面不可能有决定性影响力。

德国的自由主义还表现为一种对国家进行改造,使之成为法制和宪法国家的努力和运动。资产阶级自由主义者总是用自由主义的眼光来审视现行制度并提出批评,这必然与 1815 年建立起来的维也纳反动政治体系发生尖锐矛盾,导致自由主义者与坚持维护现状的各邦封建专制势力之间的斗争。资产阶级自由派的一些重要代表,如蒂宾根大学(Universität Tübingen)教授、法学家罗伯特·冯·莫尔等人,通过国家法讲座鼓吹宪法自由主义,宣传"法制国家"(Rechtstaat)的概念,主张用自由主义的法制国家取代专制主义的强权国家(Machtstaat),甚至为此丢掉了在大学的职位。1834 年开始出版的罗泰克和韦尔克等人反映自由主义国家政治观点和法律观点的著作在资产阶级自由派中得到广泛传播。此后,自由主义思潮逐渐从大学生和知识分子群体扩大到了整个中小资产阶级社会阶层,成为一种运动。1832 年的汉巴赫大会、1837 年的哥廷根七君子事件等,都是自由主义运动在德国广泛发展的体现。而赫尔曼·舒尔策-德里奇在 19 世纪中期发起的合作社运动(Genossenschaftsbewegung)则从社会层面反映了追求社会平等的社会自由主义运动。1847 年,他建立了第一个针对木匠和鞋匠的"原料联合会"(Rohstoffassoziation),1850 年又建立了"预先支付联合会"(Vorschussverein)。同年,在萨克森小城艾伦(Eilen),手工业者和工人们创办了德国第一个真正的消费合作社"生活资料联合会"(Lebensmittelassoziation)。

---

① 〔美〕威尔·杜兰特:《哲学的故事》(下),金发燊等译,生活·读书·新知三联书店 1997 年版,第 38—39 页。

德国的自由主义思潮和运动收效甚微,其主要原因在于它的软弱性和对国家政权的严重依赖性。这种软弱性和依赖性使得德国资产阶级自由主义者在与封建势力斗争的过程中始终处于被动的地位。

在德国,民族主义是与自由主义相伴而行的另一股社会思潮。德意志民族意识的真正觉醒是在法国大革命和拿破仑战争中。法兰西民族释放出的巨大能量以及包括普鲁士和奥地利在内的德意志各邦在对法战争中的失败,使许多德国人意识到,民族统一对一个国家的强大和一个民族的生存具有极端的重要性。因此,法国大革命是催生德国现代民族主义的"政治根源",反对拿破仑统治的解放战争时期也成了"德国民族主义运动诞生的年代"。[①] 但是,1815 年建立起来的德意志邦联实际上是由 30 多个主权邦组成的松散国际联盟,德国仍然处于分裂状态,人们建立统一的德意志民族国家的愿望并没有得到实现。这种政治上的分裂严重阻碍了社会的进步和资本主义的发展。资产阶级因此继续打出了建立统一的民族国家的大旗,形成了广泛的民族主义思潮和运动。

与自由主义一样,德国的民族主义也首先表现为一批资产阶级化的、受过教育的知识分子的运动。一些著名学者,如赫尔德尔、费希特、阿恩特等,都是德意志民族主义思潮的积极推动者。这股由知识分子鼓动的民族主义思潮首先从文化领域开始,形成了一种与其身份相一致的文化民族主义(kultureller Nationalismus)。这种文化民族主义思潮在古典浪漫主义文学中得到最集中的体现。浪漫主义强调从各民族的生活中搜集文化经历的重要性,强调从过去的历史中找到一个民族未来的发展道路。[②] 因此当德意志各邦在法国军队的铁蹄面前溃败,法军横行于德意志大地时,德意志文人们开始从过往的历史中去寻找民族的慰藉,德国文坛出现了浪漫主义的潮流。人们沉湎于中世纪德意志的辉煌

---

① Thomas Nipperdey, *Deutsche Geschichte* 1800 – 1866: *Bürgerwelt und starker Staat*, S. 302, 303.

② Dietrich Orlow, *A History of Modern Germany 1871 to Present*, Engelwood Cliffs, New Jersy: Prentice-Hall , 1987, p. 7.

历史,不仅将曾经雄霸欧洲的神圣罗马帝国当作光荣的历史象征,而且还看成德国的伟大未来的预兆。在这一思潮推动下,德国文坛推出了一大批充分反映德意志传统文化的优秀成果。

文化领域的民族主义思潮还体现在哲学、历史学和经济学等领域中。在哲学领域,黑格尔以历史哲学为名,把德国的民族主义哲理化,强调历史是国家的历史,国家是民族精神的现实化。德意志民族必须重新组织成一个国家,建立起君主统一领导下的国家政权力量。① 在历史学领域,著名史学家兰克从历史角度出发,提出要强化德意志民族自己的语言、风俗、内在一致性和共同的生活方式的期望。② 在经济学领域,著名经济学家李斯特则出版了著名的《政治经济学的民族体系:国际贸易、贸易政策与德意志关税同盟》(Das nationale System der politischen Ökonomie. Der internationale Handel, die Handelspolitik und der deutsche Zollverein),明确提出了建立统一的德意志关税和经济区,保护民族利益的经济民族主义(wirtschaftlicher Nationalismus)主张。③

民族主义思潮还外化为一种政治运动。1815 年以后,人们开始采取各种实际性活动来推进民族统一进程。全德性的大学生协会的出现、汉巴赫大会的举行等,都深深地打上了这一时期民族主义思潮的烙印。前文提及的各种全德性的民族主义社团的成立则表明,文化民族主义思潮和运动已经向民族主义政治运动转变。1848 年法兰克福全德国民议会则成了德国人争取民族统一的象征,是德意志民族主义思想的最大胆实践。因此,尽管在 19 世纪中期以前德意志民族统一问题仍然没有得到解决,但是,民族主义作为一股强大的思潮、一种运动,已经使德国各邦

---

① [德]黑格尔:《黑格尔政治著作选》,薛华译,商务印书馆 1981 年版,第 74—75 页。

② Hedda Grameley, *Propheten des deutschen Nationalismus*: *Theologie*, *Historiker und Nationalökonomen*, Frankfurt am Main: Campus Verlag, 2001, p. 9.

③ Fritze Borckenhagen, *National-und handelspolitische Bestrebungen in Deutschland* (*1815 - 1822*) *und die Anfänge Friedrich Lists*, Berlin und Leipzig: Verlagsbuchhandlung Dr. Walther Rothschild, 1915, S. 30; Karl Jentsch, *Friedrich List*, Berlin: Ernst Hofmann & Co., 1901, S. 134 - 173.

统治阶级中一些有识之士大受触动,从而为日后普鲁士领导的德意志民族统一运动奠定了思想基础。

在 19 世纪中期以前的德国,除了要求改变现状的自由主义和民族主义思潮,还有一股被人们所忽视的要求维持现状的保守主义思潮。它之所以受到忽视,主要原因在于其不太醒目或缺乏新鲜色彩,因为在历史研究中,人们通常只关心一些激烈的、对社会变化有较大作用力的思想和运动,对于那些扮演保持社会相对稳定角色的思想和力量似乎不太注意。

保守主义是以自由主义对立面出现的。法国大革命使德国社会原有的各种传统和原则受到极大冲击,仍然抱着旧传统和社会秩序不放的各种势力必然会对此做出回应,由此形成了保守主义的思想和政治运动。这是德国保守主义思潮泛起的根本动因。保守主义认为,1789 年革命带来的不是自由,而是恐怖、军事独裁和混乱。因此自由主义本质上就是一种危险。有鉴于此,保守主义提出了自己的基本原则:传统、秩序和稳定。

根据保守主义的观点,没有自由,只有秩序。只有保持秩序,才能防止混乱。因此,秩序才是真正的自由。要保持秩序,必然离不开稳定。要保持秩序和稳定,就必须树立权威,而不是根据多数人的意志行事,因为多数意见往往会处于一种摇摆不定的状态,不利于社会的稳定。所以,"权威而不是多数"成了保守主义者的战斗口号。[1] 权威必须统一,不能分享,否则会造成社会各种因素的冲突。于是君主的权威就成了必然性的选择。君主的权威是通过正统主义原则(通过出身和世袭)来确立的。同时,君主的权威还要借助于神学理论,即"君权神授"论。因此宗教就必不可少,"王冠和圣坛联合"的状况也就不足为奇。正是针对这种状况,著名诗人海涅曾一针见血地指出:"如果天堂出现造反,地上就不

---

[1] Thomas Nipperdey, *Deutsche Geschichte 1800 - 1866 : Bürgerwelt und starker Staat*, S. 314.

会太平。"①由此可见，19世纪上半期保守主义的逻辑思想体系可以概括起来表达为：在宗教基础上确立起君权神授原则，根据君权神授原则建立起正统主义的君主制权威，在君主制权威下保持社会的稳定和秩序。

作为保守主义思想核心的传统、秩序和稳定，也是1815年以后梅特涅在德意志邦联内部所推行的各种政策的出发点。《卡尔斯巴德决议》以及以正统主义自居的神圣同盟的各项举措，无不以维持既有秩序，防止改变现状为其根本宗旨。

德国的保守主义思想最初出现于普鲁士改革运动中。19世纪初的普鲁士改革运动是要在最大限度保存现有社会秩序的前提下，实现国家的现代化，发展资本主义，但是这仍免不了会损害传统贵族的某些利益。于是，一些贵族起而反对政府的改革政策，特别是农业改革政策。1810年底开始，以马尔维茨（Friedrich August Ludwig von der Marwitz，1777—1837）为代表的贵族首先发出了反对的声音。他们认为，将农民从农奴制度下解放出来并不能带来真正的自由。农民摆脱贵族的控制会使国家增添更多的管理官员，农民走出庄园也会使人际关系更趋疏远。更重要的是，农奴制改革意味着摧毁贵族阶级，而没有贵族阶级，仅靠君主是"管不住大众的"。马尔维茨还反对1812年3月11日给予犹太人平等权利的"关于犹太人公民待遇的敕令"（Edikt über die bürgerlichen Verhältnisse der Juden），认为犹太人是"地地道道的唯物主义和贪财的体现"。②

在保守主义思潮中，浪漫的保守主义（romantischer Konservativismus）引人注目。其代表人物有亚当·米勒（Müller，Adam，1779—1829）、弗里德里希·施莱格尔等人。1807年，亚当·米勒曾在德累斯顿的萨克森宫廷做"治国之术之要素"（Elemente der Staatskunst）演讲，并于1809年以书的形式出版。他反对经济自由主义，反对市场和竞争，反对农村

① Thomas Nipperdey, *Deutsche Geschichte 1800 -1866 : Bürgerwelt und starker Staat*, S. 315.
② Axel Schildt, *Konservatismus im Deutschland : von den Anfängen im 18. Jahrhundert bis zur Gegenwart*, München: Verlag C. H. Beck, 1998, S. 46, 47.

经济的商品化,鼓吹财产应该是感情的、个性的东西,是"延伸的肢体"。
在他看来,"中世纪时期的国家、等级社会和宗教的统一"才是一种理想
化的状态,一切改革和进步都是背离理想的,一切新事物都是不可接受
的。出于这种看法,亚当・米勒等在政治上一直站在力主改革的普鲁士
哈登贝格政府的对立面,坚持主张建立"一种基督教的、等级的秩序"。①

　　出身瑞士伯尔尼的卡尔・路德维希・冯・哈勒尔是保守主义的另
一著名理论家。他主要从非浪漫主义的自然主义的立场出发,针对现代
的社会契约(Gesellschaftsvertrag)和人民主权理论,提出了建立基于宗
教之上的等级世袭国家的观点。他认为,国家是拥有地产的各家庭的组
合,权力是与财产相对应的,所有的公共权力都基于财产、个人权利和契
约之上。君主是最大的财产所有者,因此他是当然的国家主宰,国家是他
的"世袭领地",除上帝之外,他不对任何人负责。然而,如今他的权力却受
到契约、权利、财产和自治等因素的限制。就此而言,诸如税收、兵役义务
和义务教育等现代意义上的国家与臣民之间的关系都是"无耻的"。

　　保守主义者在反对自由主义的同时,也反对民族主义。民族主义要
建立统一的现代德意志民族国家,就必然要反对传统的东西,反对正统
主义,反对历史上形成的分裂的诸侯邦国和君主,要求改变现状,危及现
存秩序。因此,民族主义在保守主义者的眼中同样是一种革命思潮,民
族主义者就是革命者,是保守主义者所不能接受的。因此,直到俾斯麦
时期,普鲁士保守派著名人物恩斯特・路德维希・冯・盖拉赫等人还称
民族主义就是"抢劫王冠和民族骗局"。② 普鲁士的保守派还反对普鲁士
统一德国的政策,认为它有悖于正统主义原则。

　　由此可见,保守主义代表的是传统贵族阶级的立场,维护的是贵族
的特权地位、既得利益和既有社会秩序,总是反对一切新的东西,怀念旧
的事物。但是,加入保守主义阵营的并非只有贵族等既得利益者。诸如

---

① Axel Schildt, *Konservatismus im Deutschland*; *von den Anfängen im 18. Jahrhundert bis zur Gegenwart*, S. 48.
② Thomas Nipperdey, *Deutsche Geschichte 1800 - 1866*; *Bürgerwelt und starker Staat*, S. 318.

农民和手工业者等一些旧的社会阶层,由于现代化进程和资本主义市场体系的冲击,在经济和社会等方面陷入困境,也时常怀念传统的社会秩序。结果,他们也成为保守主义思想的拥护者。因此,保守主义思想在德国同样拥有较大的市场。

上述三股思潮及其倾向对日后德国的政治发展产生了重要影响。由于自由主义思潮的温和、保守特性以及对国家政权的依赖性,与西欧的英、法等国相比较,德国的资本主义现代化更强烈地表现出国家"自上而下"地进行引导的特征。19世纪上半期的资产阶级改革和1871年德意志帝国建立以后推出的各项发展资本主义的措施①等,都充分地体现了国家政权在发展资本主义过程中的作用;思想文化领域的民族主义思潮和运动则为19世纪中期以后的德意志统一运动奠定了思想基础;渴望稳定、秩序的保守主义思潮的涌动则反映了德国传统保守势力的强大和顽固性,这种强大而顽固的保守主义思潮是德国资本主义现代化进程中政治发展长期滞后、传统统治阶级长期把持国家政权的重要思想根源。

二、思想、文化领域的新趋势

思想文化是一定时期政治和经济发展在意识形态领域的反映。在革命时期的德国,因应政治、经济形势的发展变化,思想和文化领域也出现了新的变化和发展趋势。政治上的反动滞后和经济上的发展进步都对这一时期德国的思想文化生活产生了巨大的影响。

(一)哲学与史学

1. 古典哲学的终结;唯意志论哲学的出现

德国古典哲学到哲学大师黑格尔时发展到了顶峰。黑格尔出生于斯图加特,1788年进入蒂宾根大学学习神学。1801年他来到其好友、著

---

① 参见吴友法、邢来顺:《德国:从统一到分裂再到统一》,三秦出版社2005年版,第23—37、60—67页。

名哲学家谢林(Friedrich Wilhelm Joseph Schelling,1775—1854)所在的耶拿大学,在那里第一次发表论文《费希特与谢林哲学体系的差异》(Unterschied der Philosophischen Systeme Fichtes und Schellings)。1805年在歌德和谢林的推荐下,被聘为耶拿大学的编外教授。1816年获得海德尔堡大学(Universität Heidelberg)哲学教授职位。1818年应普鲁士文化大臣阿尔滕施泰因男爵(Karl Freiherr von Stein zum Altenstein,1770—1840)的邀请,到柏林大学任教,1829年出任柏林大学校长,1831年因病去世。

黑格尔是德国古典哲学的集大成者,他建立了欧洲哲学史上最庞大的唯心主义(Idealismus)哲学体系,全面、系统地阐明了辩证法(Dialektik)。1807年,他发表第一部重要著作《精神现象学》(Phänomenologie des Geistes),阐述了他的哲学体系的基本轮廓。它将人类意识的发展划分为意识、自我意识、理性(主观精神)、精神(客观精神)、绝对精神等五个阶段。1812年—1816年,他又发表三卷本《逻辑学》(Wissenschaft der Logik),即《大逻辑》,在客观唯心主义的前提下,以辩证法为主线,把本体论、认识论和逻辑结合在一起,表达了主客统一体自我展现的整体过程,标志着黑格尔客观唯心主义的形成。其庞大、严谨的辩证法体系在日后的马克思主义哲学(Marxistische Philosophie)中被加以改造和利用,成为辩证唯物主义的合理内核。1817年出版的《哲学全书》(Enzyklopädie der philosophischen Wissenschaften),其中包括《小逻辑》(Wissenschaft der Logik)、《自然哲学》(Naturphilosophie)和《精神哲学》(Philosophie des Geistes),全面系统地阐述了他的哲学体系。1821年出版的《法哲学原理》(Grundlinien der Philosophie des Rechts)则集中阐明了他的社会政治观点。黑格尔去世后,他的学生相继整理出版了他的《哲学史讲演录》(Vorlesungen über die Geschichte der Philosophie)、《历史哲学》(Vorlesungen über die Philosophie der Weltgeschichte)和《美学讲演录》(Vorlesungen über die Ästhetik)等著作。

黑格尔哲学的基本出发点是唯心主义的思维和存在同一论,精神运动的辩证法及其发展过程的正反合三段式,认为思维和存在统一于绝对精神,绝对精神是万事万物的本原和基础,它的辩证发展经历了逻辑、自然、精神三个阶段。他的哲学就是对三个阶段的描述,相应地由逻辑学、自然哲学和精神哲学三个部分构成。根据黑格尔的客观唯心主义,自然界和人类社会都是从精神中派生出来的。绝对理念由于自身的发展而外化为自然界,又通过进一步发展克服了外化,在人类的精神生活中回到自身,最后在精神发展的最高阶段绝对精神中认识了自身。恩格斯高度肯定了黑格尔哲学:"近代德国哲学在黑格尔的体系中达到了顶峰,在这个体系中,黑格尔第一次——这是他的巨大功绩——把整个自然的、历史的和精神的世界描写为一个过程,即把它描写为处于不断运动、变化、转化和发展中,并企图揭示这种运动和发展的内在联系。"①

19世纪20年代,黑格尔哲学已经完全主导了德国哲学界。但是,黑格尔哲学本身包含着方法与体系之间的矛盾,这种矛盾使各种政治势力从各自的立场出发来解读黑格尔哲学。黑格尔学派因此出现了分裂。②主张在现行制度下进行改革的保守派,抛弃了黑格尔哲学中的辩证法,只抓住其唯心主义部分,为现存国家辩护,形成了老黑格尔派(Althegelianer)。在政治上公开反对封建专制制度、要求变革的激进派则利用黑格尔哲学中的革命因素,批判宗教神学和专制制度,组成了黑格尔学派的左翼,即青年黑格尔派。

费尔巴哈曾经是青年黑格尔派的杰出代表。他1804年出生于纽伦堡附近的赖兴贝格(Rechenberg),著有《论哲学和基督教》(Über Philosophie und Christentum,1839)、《黑格尔哲学批判》(Zur Kritik der Hegelschen Philosophie,1839)等,从唯物主义立场出发,对以康德和黑格尔为代表的德国古典唯心主义哲学进行了尖锐批评,成为德国古典哲

---

① 《马克思恩格斯选集》,第3卷,人民出版社1972年版,第63页。

② Tom Rockmore, *Before and After Hegel: A Historical Introduction to Hegel's Thought*, Berkeley Los Angels: University of California Press, 1993, pp. 139 – 143.

学的终结者。他批判康德的不可知论,认为思维和存在之间并没有不可逾越的鸿沟,物质世界客观存在于人的意识之外,人的认识和思维是客观世界在头脑里的反映。物质世界在原则上是可以认识的,人的认识能力是无限的。他也批判了黑格尔的思维和存在同一说,认为黑格尔把精神、思维看成脱离人脑而独立自在的东西,把自然和人都说成是精神、思维的产物,颠倒了思维和存在、精神和自然的关系。他认为人是自然的产物,是灵魂与肉体的统一;人是认识的主体,主体和客体通过感觉达到统一。费尔巴哈由此创立了人本学的唯物主义哲学体系。但是,费尔巴哈在批判黑格尔唯心主义哲学的同时,连同其辩证法的合理内核也抛弃了。

19世纪中期前后,自然科学和技术进步迅速,物质生产不断发展,社会分化加剧。所有这些变化引发了德国哲学界新的思考。原先由唯心主义主导的德国哲学界开始呈现多元化的趋势,出现了一些新的流派。其中,马克思和恩格斯在吸取黑格尔和费尔巴哈哲学的合理内核的基础上,形成了辩证、历史的唯物主义,揭示了由生产力与生产关系矛盾运动决定的社会规律,创立了马克思主义哲学。以阿图尔·叔本华(Arthur Schopenhauer,1788—1860)为代表的新哲学流派则致力于对传统的思辩的理性主义(Rationalismus)进行批判,把人类冲动的意志作为认识和解释世界的出发点,形成了非理性主义(Irrationalismus)的哲学。

阿图尔·叔本华生于但泽(Danzig),1809年进入哥廷根大学学习医学,但其兴趣在于哲学,因而在1811年进入柏林大学学习哲学,受教于费希特。但他很快就对费希特的哲学失去了兴趣,称之为"蒙昧主义、难以理解和极其无法置信"。[1] 1819年,他出版了第一部重要著作《作为意志和表象的世界》(Die Welt als Wille und Vorstellung),但是发表后无人问津。1820年他开始在柏林大学举办哲学讲座,但其思想始终无法得到学生的认同。1831年柏林发生霍乱,他与坚持留守在柏林的黑格尔不

---

[1] Robert Wicks, *Schopenhauer*, Malden, MA.:Blackwell Publishing, 2008, p. 4.

同,去了美因河畔法兰克福,并最终定居于此。此后他在长期的孤寂中发表了一系列重要著作:《论自然中的意志》(Über den Willen in der Natur, 1836)、《论意志的自由》(Über die Freiheit des menschenlichen Willens, 1839)、《论道德的基础》(Über das Fundament der Moral, 1840)、《附录与补遗》(Parerga und Paralipomena, 1851)等。

叔本华哲学是一种唯意志的哲学,它抛弃了古典哲学的思辩传统,力图从非理性方面寻求新的出路。它把意志当作世界的本原和发展动力。意志独立于时间、空间,所有的理性、知识都从属于它。意志的要义在于求生存,谋求生存是自然物的基本特征。人生也是意志,即生命意志(Wille zum Leben),它为欲望所困扰,由于欲望得不到满足,生命意志的本质就是痛苦。生命意志论因此带有浪漫主义的悲观主义色彩,认为意志的支配最终只能导致虚无和痛苦。①

叔本华的著作在 1850 年以前一直无人问津。尽管如此,他却执着于自己的哲学思想体系。1851 年,为《作为意志和表象的世界》所写的《附录和补遗》发表后引起巨大反响,年逾花甲的叔本华终于赢得了该有的声望。他的非理性主义哲学和唯意志论一时大行其道,《作为意志和表象的世界》到 1891 年为止再版了 18 次。虽然哲学领域并没有形成一个真正的"叔本华学派",但他影响了一大批现时乃至日后的思想家,其中包括弗里德里希·尼采(Friedrich Nietzsche, 1844—1900),因此在思想史领域具有重要的地位。他也因此成了 19 世纪下半期和 20 世纪早期欧洲文化界的宠儿。②

2. 史学的骄人成就

19 世纪是西方历史学繁荣发展的世纪,它的中心就在德国。在 19 世纪的前 70 年中,德国史学取得了骄人的成就。其间,如果说尼布尔(Niebuhr, Barthold Georg, 1776—1831)通过采用新的批判性研究方法

---

① Christopher Janaway, *Schopenhauer:A Very Schort Introduction*, Oxford: Oxford University Press, 2002, p. 103.

② Christopher Janaway, *Schopenhauer:A Very Schort Introduction*, p. 120.

把历史学研究引入了科学的殿堂,那么利奥波德·冯·兰克则把德国史学送上了巅峰,并且在特奥多尔·莫姆森(Theodor Mommsen,1817—1903)等人的努力下持续辉煌。普鲁士历史学家学派则是历史研究关照现实、与现实需要结合的典范,它以史学为武器,在思想文化领域为德国的统一作出了巨大贡献。

历史学作为一门规范、严格的科学,形成于 19 世纪初。18 世纪末19 世纪初,浪漫主义史学一度盛行。它反对启蒙运动对中世纪传统的否定,把历史看成有机、发展和连续的过程,认为人具有历史性,这种历史性存在于由过去形成的传统和意识之中,历史不应通过哲学的或者形而上学的构建来加以解释,而只能是对单个时代和事件的理解,从而确立了历史主义(Historismus)的原则。在这种原则下,浪漫主义史学把历史看成艺术,在研究中追求诗的意境,放纵想象,轻视史料的作用,缺乏科学和严谨的态度。尼布尔的功绩则在于纠正了这种倾向。

尼布尔出生于哥本哈根,曾在基尔大学学习和工作,1806 年到柏林,服务于普鲁士政府。1810 年开始在新建立的柏林大学讲授罗马史,受到热烈欢迎。其代表性著作是三卷本《罗马史》(Römische Geschichte,1811/1832,第一、二卷分别在 1811 年和 1812 年出版)。尼布尔在进行历史研究时具有两大特点:一是强调从过去了解现在,以史为鉴。他撰写罗马史的一个重要目的就是探察罗马强盛的原因,从罗马衰亡中感受当时普鲁士国家的危难,从而为普鲁士的新生做好思想准备。二是强调历史研究的批判性考证原则和方法,坚持使用第一手资料。他主张对史料进行批判性考证,确定其可信度,进而达到重建历史的目的。[①] 尼布尔的这种研究方法大大推进了历史研究的科学化,使历史学科摆脱了对于哲学、语言学、法学和政治学的从属地位,进而"提高为一门有尊严的独

---

① Antoine Guilland, *Modern Germany and Her Historians*, New York: Mcbridge, Nast & Company, 1915, p. 41.

立学科",从而表明"历史学家在现代社会是可以生存的"。①

继尼布尔之后的兰克是客观主义史学的鼻祖,也是 19 世纪西方最杰出的史学大师。他 1795 年出生于维厄(Wiehe),早年在莱比锡大学(Universität Leipzig)学习神学和语言学,1825 年获得柏林大学编外教授职位,1834 年获得正式教授之职,1841 年被弗里德里希·威廉四世任命为普鲁士国家史官。他一生著作极其丰富,1871 年到 1890 年间出版的《兰克全集》多达 54 卷,②相关研究集中于政治史领域。他在德意志帝国建立以前的主要著作有《罗曼和日耳曼民族史》(Geschichte der romanischen und germanischen Völker von 1494 bis 1514, 1824)、《教皇史》(Die römischen Päpste in den letzen vier Jahrhunderten, 1834—1836)、《宗教改革时期的德意志史》(Deutsche Geschichte im Zeitalter der Reformation,1839—1847)等。

兰克的史学成就不仅在于他浩繁的史学著述,更在于其在历史研究过程中形成的客观主义的史学理论和方法。兰克的治史原则是提倡"如实直书"(wie es eigentlich gewesen)③,认为历史学家在进行历史研究时要尽可能不带任何主观色彩,要用不偏不倚的文字再现过去发生的事情。他在相关著述中也试图身体力行,践行这样的原则。在治史方法上,兰克主张充分利用档案资料,与此同时,通过批判性考证,区分原始资料、间接资料和派生资料,并对撰述者的身世、性格特征和心理动机等进行研究,以此确认史料的真伪。这种外部考证与内部考证相结合的方法推动了史料考证的深入,为西方史学的科学化奠定了基础。

兰克对史学发展的重要贡献还在于,他创办了历史研讨班(Seminar)模式,培养了大批优秀的历史学研究人才,形成了以格奥尔

① G. P. Gooch, *History and Historians in the Nineteenth Century*, London, New York: Longmans, Green, 1913, p. 77.
② *Leopold von Ranke's Sämmtliche Werke*, Leipzig: Verlag von Duncker & Humblot, 1871 - 1890.
③ Reimer Hansen und Wolfgang Ribbe (Hrsg.), *Geschichtswissenschaft in Berlin im 19. und 20. Jahrhundert*, Berlin: Verlag de Gruyter, 1992, S. 39.

格·魏茨(Georg Waitz,1813—1886)和威廉·冯·吉泽布莱希特(Wilhelm von Giesebrecht,1814—1889)等为代表的"兰克学派"(Rankische Schule)。兰克的治史原则和方法还影响了一批英、美史学家,英国天主教历史学家阿克顿勋爵(Lord Acton,1834—1902)和美国著名历史学家亨利·亚当斯(Henry Adams,1838—1918)等皆在其列。

兰克强调治史的客观原则,但并不抹杀历史学的现实意义。他深信历史可以资鉴生活的古老教育原则。[①] 他认为,任何政治家都必须认识到,每一个国家都有自己的个性,因此,"没有很好的历史知识,就根本谈不上政治"。[②] 他虽然秉持客观主义的治史原则,但他在政治立场上明显与普鲁士统治者的利益以及德意志民族的命运站在一起。他是一位"普鲁士君主制度的忠实仆人",也热爱他的"德意志祖国",相信普鲁士有能力实现德意志国家的统一,甚至鼓吹建立与法兰西民族迥异的"真正德意志国家"。[③]

特奥多尔·莫姆森是继兰克之后的又一位德国史界巨擘。莫姆森出生于石勒苏益格的加丁(Garding),曾赴意大利进行古罗马法律的考证,1847年起先后在莱比锡大学、苏黎世大学(Universität Zürich)、布雷斯劳大学、柏林大学任教。他还积极参加1848年革命,曾任普鲁士和德意志帝国议会的议员。他在史学领域的最大成就是1854年开始出版的五卷本《罗马史》(Römische Geschichte,1854年—1856年推出了前3卷),它全面概括了罗马共和国的历史。该著作的特点是,资料翔实,无懈可击,文采活泼,情感丰富饱满。此后很长一段时间内,无人能在罗马史研究领域望其项背。莫姆森的其他重要著作还有《罗马货币史》(Geschichte des römischen Münzenwesens,1860)、《罗马编年史》(Die römische Chronologie bis auf Caesar,1858)、《罗马公法》(Römisches

---

① Eugen Guglia, *Leopold von Rankes Leben und Werke*, Leipzig: Verlag von Jr. Wilh. Grunow,1898,S. 209.

② Eugen Guglia, *Leopold von Rankes Leben und Werke*,S. 210.

③ Antoine Guilland, *Modern Germany and Her Historians*,pp. 70,72,77-78.

Staatsrecht，1860)等。

这一时期德国史学研究的一个非常突出的特点是强调历史学的现实关怀，其中以"普鲁士历史学家学派"最为典型。这一学派的历史学家同时也都是政治家。

达尔曼(Dahlmann，1785—1860)是普鲁士历史学家学派的精神鼻祖。[1] 他出生于汉萨城市维斯马，早年就读于哥本哈根大学(Universität Kopenhagen)，1812 年以后在哥本哈根、基尔、哥廷根、波恩等大学任教。作为"哥廷根七君子"成员和 1848 年法兰克福国民议会帝国宪法的起草者之一，他的整个学术生涯充满了自由主义、民族主义的激情，是一位集学者和政治家于一身的人物。他主张学术要与政治相结合，因此其历史研究也带有明显的现实关怀色彩。他将目光集聚于从历史中寻找自由和民族振兴的良方，大力鼓吹建立统一、集权的德意志民族国家。主要著作有《德意志史源学》(Quellenkunde der deutschen Geschichte，1830)、《丹麦史》(Geschichte von Dänemark，1843)、《英国革命史》(Geschichte der englischen Revolution，1844)、《法国革命史》(Geschichte der französischen Revolution bis auf die Stiftung der Republik，1845)等。

聚贝尔(Heinrich von Sybel，1817—1895)是普鲁士历史学家学派的首要代表。这位出生于杜塞尔多夫的历史学家积极参加政治活动，散发出浓烈的政治气味。聚贝尔曾是兰克最杰出的学生，但由于其治史态度与兰克的主张相悖，最终导致与兰克决裂。他认为历史是政治的工具，主张历史研究要为现实服务，为普鲁士统一德国提供历史依据。其主要著作有《法国大革命时期的历史》(Geschichte der Revolutionszeit von 1789 bis 1800，5 Bände，1853/1870)、《德意志民族和德意志帝国》(Die deutsche Nation und das Kaiserreich，eine historisch-politische Abhandlung，1862)等。有史家在评论聚贝尔时指出："在聚贝尔的身上我们可以看到这样一位历史学家，他

① G. P. Gooch, *History and Historians in the Nineteenth Century*, p. 130.

将一切置于自己的理想之下,在他那里,过去的一切事件都成了他证明霍亨索伦家族各种制度的优越性和民族自由主义政策的正当性的托词。"①1859 年,聚贝尔创办了著名的《历史杂志》(Historische Zeitschrift),该杂志后来成为西方最重要的史学杂志之一。

普鲁士历史学家学派的另外一名主将是德罗伊森(Droysen, 1808—1884)。德罗伊森出生于里加河畔特莱普托夫(Treptow an der Rega,今波兰境内),年轻时就读于柏林大学,1833 年起先后任教于柏林大学、基尔大学、耶拿大学,主要著作有《亚历山大大帝传》(Alexander der Große, 1833)、《解放战争讲义》(Vorlesungen über die Freiheitskriege, 1846)、《史学概论》(Grundriss der Historik, 1868)等。在《史学概论》中,他明确表达了自己的史学观点,认为历史学家的任务就是根据现实的需要去了解和解释历史。多卷本《普鲁士政治史》是德罗伊森的扛鼎之作。在该著作中,他将普鲁士王国的起源和发展解释为德意志民族发展的内在必然性的显现,认为勃兰登堡-普鲁士的历史"职责"就是要"实现德意志的民族统一"。②

特赖奇克(Heinrich Von Treitschke, 1834—1896)是普鲁士历史学家学派中的后来者,也是这一学派中最富有战斗激情的成员。他 1834年出生于德累斯顿,曾在波恩、莱比锡、蒂宾根和弗赖堡等大学学习历史和国民经济,1863 年以后先后任教于弗赖堡、基尔、海德尔堡和柏林大学。他也强调历史研究为政治服务,认为客观主义史学观缺乏血性。在他的眼中,"领导德国走向统一"是普鲁士的不二选择。③

普鲁士历史学家学派关注政治现实,将历史研究服务于社会需要的理念,从根本上说符合历史科学的目的,是历史学的现实功能的体现。但是,该学派在贯彻这一理念的过程中,为了达到政治目的而无视历史

---

① Antoine Guilland, *Modern Germany and Her Historians*, p. 172.

② Wilfried Nippel, *Johann Gustav Droysen: Ein Leben zwischen Wissenschaft und Politik*, München: Verlag C. H. Beck, 2008, S. 8.

③ Hildegard Katsch, *Heinrich von Treitschke und die preußisch-deutsche Frage von 1860 - 1866: Ein Beitrag zur Entwicklung von Treitschkes politischen Anschauungen*, München: Verlag von R. Oldenbourg, 1919, S. 6.

科学的客观性,为了迎合现实需要而罔顾史实,把历史当作达到政治目的的御用工具,这显然是不可取的。

(二)晚期浪漫主义;毕德麦耶尔派;现实主义的开端

1. 晚期浪漫主义文学

在德国文学的发展历程中,1815 年到 1848 年革命期间属于晚期浪漫主义阶段。晚期浪漫主义的中心在柏林、维也纳、纽伦堡、海德尔堡等地,主要特征是突出人的心理的阴暗面,日益倾向于宗教,与启蒙运动完全决裂,渴望旧的专制统治秩序等。代表人物有恩斯特·特奥多尔·阿玛迪乌斯·霍夫曼(Ernst Theodor Amadeus Hoffmann,1776—1822)、艾辛多夫(Joseph von Eichendorff,1788—1857)、克莱门斯·布伦塔诺(Clems Brentano,1778—1842)、阿希姆·冯·阿尼姆(Achim von Arnim,1781—1831)等人,创作题材主要集中于民间和艺术童话、长篇和中篇小说、抒情诗。在这一时期,包括威廉·豪夫(Wilhelm Hauff,1802—1827)、古斯塔夫·施瓦布(Gustav Schwab,1792—1850)、路德维希·乌兰德(Ludwig Uhland,1787—1862)等在内的一批浪漫派(Romantik)醉心于施陶芬王朝(Staufische Dynastie)时期的历史和文化,并将其作为自己的主要创作对象,因而又以该王朝发迹的施瓦本地区为名,称为施瓦本浪漫派(Schwäbische Romantik)。

E. T. A. 霍夫曼出生于柯尼斯堡,是最有影响力的晚期浪漫派作家,在绘画、音乐等方面也富有成就。他一生创作甚丰,代表作有《金罐》(Der Goldene Topf,1814)、《魔鬼的长生仙丹》(Die Elixiere des Teufels,1815/1816)、《塞拉皮翁兄弟》(Die Serapionsbrüder,1819—1821)等。童话《金罐》是其最成功的作品,讲述了一位年轻大学生凭借纯真的"信仰、爱情和希望",与心爱的姑娘走到一起,找到诗境生活的故事,表明了作者对资产阶级的庸俗现实追求的厌恶。

艾辛多夫出身于上西里西亚的拉蒂博尔(Ratibor)附近一个没落贵族家庭,是德国人心目中最出色的浪漫主义抒情诗人。其著名小说《一个废物的生涯》(Aus dem Leben eines Taugenichts,1826)描写了一位不满却又无力改变周围环境、孤芳自赏、饱食终日、到处漫游的"废物"主人公形象,是作者这类没落贵族面对新旧交替时代的社会心态的真实表达。作为浪漫主义诗人,艾辛多夫的诗体现着一种对自然的渴望、田园生活的向往和理想主义追求,其中诸如《渴望》(Sehnsucht,1834)、《月夜》(Mondnacht,1837)等意境优美,清丽可人,都是诵吟不衰的绝世名作。

路德维希·乌兰德出生于符滕堡的蒂宾根,是一位学者和政治家,曾任蒂宾根大学教授和符滕堡邦议会的议员,同时也是一位出色的诗人,施瓦本浪漫派的主要代表。其诗歌题材主要来源于古代传说和神话,代表作品有抒情诗《春天的信念》(Frühlingsglaube,1812)、《女店主之女》(Der Wirtin Töchterlein,1808)、叙事诗《歌手的诅咒》(Das Sängers Fluch,1814)等。其作品或者通过描写优美的自然风光,在淡淡的感伤中透出对未来的希望,或者以神话形式来谴责统治者的残暴,表达对现实的不满。

其他一些浪漫派作家也留下了丰富的作品。威廉·豪夫是施瓦本浪漫派的艺术童话诗人,代表性作品有《仙鹤哈里发》(Kalif Storch)、《小莫克》(Der kleine Muck)、《侏儒鼻》(Zwerg Nase)和《冷酷的心》(Das kalte Herz)等。古斯塔夫·施瓦布的主要作品有《古典时代的美丽传说》(Die schönsten Sagen des klassischen Altertums,1838—1840)、《德国民间故事书》(Die deutschen Volksbücher,1836)等。克莱门斯·布伦塔诺的代表作品有《勇敢的卡斯帕尔和美丽的安耐尔的故事》(Geschichte vom braven Kaspel und dem schönen Annel,1817)。阿希姆·冯·阿尼姆在这一时期的作品则有长篇小说《王冠守护者》(Die Kronenwächter,1817)等。

在德国晚期浪漫主义文学中,著名诗人海因里希·海涅占有特殊的地位。海涅出生于杜塞尔多夫,是德国浪漫主义文坛的"最后一位诗人","浪漫主义之子",[①]其早期创作深受浪漫主义的影响。他又是浪漫

---

① Otto zur Linde,*Heinrich Heine und die deutsche Romantik*,Freiburg:C. A. Wagner's Universitats-Buchdruckerei,1899,S. 7;Georg Mehlis,*Die deutsche Romantik*,München:RÖSl & CIE Verlag,1922,S. 65.

主义向现实主义过渡时期的一位诗人,大量作品中蕴含着现实主义的洪涛。就此而言,他又是浪漫主义的最强有力的敌人。① 作为浪漫主义作家,海涅的最大成就在于把日常语言抒情诗化,赋予"游记"以艺术形式,使德国文学呈现出前所未有的时尚和轻盈,他也因此成为最受世界欢迎的德国诗人之一。

海涅的诗歌创作可划分为三个阶段。第一阶段是早期抒情诗时期,代表作是《诗歌集》(Buch der Lieder,1827)。他的早期抒情诗具有鲜明的浪漫主义色彩,内容大多抒写自己的经历、感受、憧憬,但没有其他浪漫派诗人那种浓烈的思古幽情。第二阶段的代表作为《新诗集》(Neue Gedichte,1844),其中包括为人熟知的《德国,一个冬天的童话》(Deutschland. Ein Wintermärchen)。在这一时期,他研究了圣西门(Henri de Saint-Simon,1760—1825)的空想社会主义(utopischer Sozialismus)学说,又受马克思的影响,在创作上开始把政治观点和美学思想有机地结合起来,出现了向批判现实主义(Kritischer Realismus)的转变,作品体现出战斗性和艺术性的高度统一。长诗《德国,一个冬天的童话》描写了作者 1843 年从巴黎返回德国的观感,揭露和讽刺了德意志的封建割据、市民的庸俗、普鲁士的专横,表达了渴望革命的心情,是海涅诗歌创作的顶峰。1848 年以后,海涅健康状况恶化,但仍创作了大量作品,第三部诗集《罗曼采罗》(Romanzero,1851)是这一时期的代表作。这一时期的作品既表达了对生活的渴望,也显示出死亡威胁下的忧郁悲观,但是讽刺的锋芒和细腻的抒情并没有消失。有人在论及海涅及其作品的思想性时给予了高度评价,称他是"人类解放战争的一名战士",是"歌德的最重要的德国后继者"。②

海涅还写过一些影响深远的论文,其中包括《论浪漫派》(Die romantische Schule,1833)和《论德国宗教和哲学的历史》(Zur

---

① Otto zur Linde, *Heinrich Heine und die deutsche Romantik*, S. 1.

② Matthew Arnold, *Heinrich Heine*, Philadelphia: Frederick Leypoldt, 1863, p. 6.

Geschichte der Religion und Philosophie in Deutschland，1834)。《论浪漫派》认为，德国浪漫派怀念中世纪，逃避现实，希图恢复中世纪的宗教精神，与时代精神不符，是病态的、不健康的；但是浪漫派的作品语言优美，在搜集民歌、翻译世界名著等方面作出了重要贡献。《论德国宗教和哲学的历史》则从宗教、哲学的角度向法国人介绍了德国的文化。它考察了宗教的演变过程，认为马丁·路德以来德国宗教和哲学的发展是德国社会革命的准备，中世纪以来的德国宗教和哲学的历史是一部理性、自由、民主与宗教、愚昧、专制进行斗争并取得胜利的历史。它还论述了康德哲学的划时代意义以及德国古典哲学从康德到黑格尔的发展状况。[①] 上述相关论著成为学界研究德国浪漫派以及近代以来德国宗教和哲学的历史的必读之作。

2. 浪漫主义音乐和绘画

浪漫主义还波及音乐领域。19 世纪 20 年代以后，开始于贝多芬(Ludwig van Beethoven，1770—1827)的浪漫主义音乐风格进一步发展成为整个 19 世纪的主流音乐风格。正如浪漫主义文学和古典文学之间有着巨大差别一样，浪漫主义音乐与传统的古典音乐之间也有着明显的区别。它更突出情感，对于现实生活中的一切，更多地通过个人的主观感受表现出来。因此，抒情、自我、心理刻画等成了浪漫主义音乐的主要特征。基于这些特征，浪漫主义音乐在表现方面更讲究音响的丰满、和谐和舒适，突出旋律的歌唱性、抒情性和不规则性，因此能够表现出丰富多样的情感。

浪漫主义音乐在德国的发展经历了三个阶段。早期浪漫主义音乐的主要代表是弗兰茨·舒伯特(Franz Schubert，1797—1828)和卡尔·玛丽亚·冯·韦伯(Carl Maria von Weber，1786—1826)。舒伯特出生于维也纳近郊，他一生短暂，却创作了 600 多首歌曲，获得了"歌曲之王"

---

① Ernst Elter （Hrsg.），*Heinrich Heines Sämtliche Werke*，*Fünfter Band*，Leipzig：Bibliographisches Institut，⁴1898，S. 207 - 364；Ernst Elter（Hrsg.），*Heinrich Heines Sämtliche Werke*，*Vierter Band*，Leipzig：Bibliographisches Institut，⁴1898，S. 161 - 296.

的美誉。他表现了浪漫主义艺术家对诗歌的向往,善于以自然完美的音乐向人们呈递诗的意境,其作品通常是歌词与音乐、人声与伴奏的理想统一。在他的笔下,歌德、席勒、海涅、米勒、施莱格尔等人的诗作都变成了意境优美的音乐。其代表作有歌曲套曲《美丽的磨坊女》(Die schöne Müllerin,1823)、《冬之旅》(Winterreise,1827)和歌曲《鳟鱼》(Die Forelle,1816/1817)等。韦伯出生于欧丁(Eutin),是一位富有才华的作曲家、音乐指挥家。他的音乐成就主要集中在歌剧创作上,代表性作品有《自由射手》(Freischütz,1821)、《奥伯龙》(Oberon,1826)等,其中《自由射手》是第一部浪漫主义歌剧。

中期浪漫主义音乐的主要代表人物是罗伯特·舒曼(Robert Schumann,1810—1856)、弗兰茨·李斯特(Franz Liszt,1811—1886)、理查德·瓦格纳(Wilhelm Richard Wagner,1813—1883)、约翰内斯·勃拉姆斯(Johannes Brams,1833—1897)等人。

罗伯特·舒曼出生于茨维考,是一位具有强烈的浪漫主义精神的音乐家。他喜爱霍夫曼和雅恩·保罗(Jean Paul,1763—1825)等富于幻想的诗人和作家,把诗人的激情与幻想气质带入了音乐。其主要成就在钢琴音乐领域,代表作有《狂欢节》(Carnaval,1833,1834/1835)、《大卫同盟者舞曲》(Davidsbündlertänze,1837)等,歌曲代表作有《诗人之恋》(Dichterliebe,1840)、《妇女之恋》(Frauenliebe und-leben,1840)等。

弗兰茨·李斯特出生于距奥地利边境不远的匈牙利小镇赖丁(Raiding),是 19 世纪欧洲最著名的钢琴演奏家,也是一位多产的作曲家,曾在 1848 年—1861 年间任魏玛宫廷乐队指挥与音乐总监。他首创了交响诗(Sinfonische Dichtung)的音乐体裁,代表作有《爱之梦》(Liebesträume,1850)、4 首《梅菲斯托圆舞曲》(Mephisto Walzer,1860,1881,1883,1885)、《匈牙利狂想曲》(Ungarische Rhapsodien,ab 1851)、《匈奴战役》(Hunnenschlacht,1857)等。

理查德·瓦格纳生于莱比锡,曾任萨克森国王的宫廷乐队指挥,一度因参加 1848 年革命而遭通缉,流亡瑞士。1864 年以后,因为受到巴伐利亚国王路德维希二世的资助而事业大起。瓦格纳是 19 世纪下半叶最有影响力的浪漫主义作曲家之一,其最大贡献在于创立了一种将戏剧、诗歌、音乐高度融合的新型歌剧——音乐剧,体现了浪漫主义综合艺术的最高理想,因此被称为"歌剧之王"。在德意志帝国时期,瓦格纳的音乐事业有了进一步的发展。

　　19 世纪中期前后,德国的绘画领域基本上处于浪漫主义风格支配之下。这种浪漫主义艺术风格体现在两个方面:一是逃避现实,创作者的目光通常转向远离尘世的自然风光;二是眷恋过去,作品流露出对中世纪生活的恋恋不舍。与这两种取向相对应,德国绘画领域出现了两大流派。

　　一是以卡斯帕尔·达维德·弗里德里希(Karspar David Friedrich,1774—1840)和菲利普·奥托·伦格(Philipp Otto Runge,1777—1810))为代表的北德浪漫主义画派(Norddeutsche Romantik)。这一画派把大自然与艺术家的幻想融合在一起,肯定人的主观生活,赋予风景画创作以一种深邃的意境,试图通过对人的主观世界的表达来探索艺术的理想精神。

　　卡斯帕尔·达维德·弗里德里希出生于波莫瑞的格莱夫斯瓦尔德(Greifswald),曾经就学于格莱夫斯瓦尔德大学(Universität Greifswald)和丹麦王家艺术学院(Königlich Dänische Kunstakademie),是 19 世纪上半期德国最著名的浪漫派画家。主要代表作有《海边的修道士》(Der Mönch am Meer,1809/1810)、《孤寂之树》(Der einsame Baum,1822)、《山中的十字架》(Kreuz im Gebirge,1822)、《窗口眺望的女人》(Frau am Fenster,1822)、《冰海》(Das Eismeer,1823/1824)、《雪中墓地》(Friedhof im Schnee,1826)等。其绘画风格细腻,意境深远、悲怆,人物画通常以剪影出现,很少出现脸部表情。墓地、十字架、教堂废墟、寒冬、孤寂等,是其作品经常表现的主题。其作品使人感悟到深深的孤独、伤感与渴望,甚至能平慰人们激动和愤怒的心境。[①] 他也因此而被

---

① Franz Dülberg, *Deutsche Malerei*, Berlin:Wegweiser Verlag, 1900, S. 153.

称为"风景中的悲剧的发现者"。

菲利普·奥托·伦格出生于德国东北部的沃尔加斯特（Wolgast），曾在丹麦王家艺术学院学习，是德国最重要的浪漫主义画家之一。代表作有铜版画《日分四时》（Die Zeiten，1803）、油画《晨》（Der Morgen，1808）、《逃往埃及途中的休息》（Die Ruhe auf der Flucht nach Ägypten，1806）等。与弗里德里希作品的忧郁风格不同，伦格的作品中充满蓬勃朝气。油画《晨》就以象征早晨的裸体女神为中心，伴以欢喜可爱的小天使和躺在绿草地上可爱婴儿，呈现出完美的宗教感受和对生活的热爱，给人以灿烂愉悦的心境。

另一个浪漫主义画派是以弗里德里希·奥弗贝克（Friedrich Overbeck，1789—1869）和彼得·冯·科尔内利乌斯（Peter von Cornelius，1783—1867）为代表的"拿撒勒派"（Nazarener；Nazarener Kunst）①。这一派别以陈旧的宗教题材为首选，带有浓烈的复古倾向和中世纪神秘主义，对自然则兴趣淡然。

弗里德里希·奥弗贝克出生于吕贝克，曾在维也纳造型艺术学院（Akademie der bildenden Künste Wien）学习，1810 年后与其他志趣相投者一道前往罗马，住在废弃的修道院中体悟基督教精神，并以此作为创作的思想源泉。代表作品有《基督来到耶路撒冷》（Einzug Christi in Jerosalem，1824）、反映德国和意大利友谊的《意大利娅和日耳曼尼娅》（Italia und Germania，1828）、《宗教的艺术凯旋》（Triumph der Religion in den Künsten，1840）、《圣母升天》（Himmelfahrt Mariä，1857）等。奥弗贝克对宗教的虔诚由此可见一斑。他曾表白道："艺术对我而言是一架竖琴，我非常乐意从中倾听到赞美上帝的响亮圣歌。"

科尔内利乌斯出生于杜塞尔多夫，从小受到任教于杜塞尔多夫造型艺术学院（Akademie der bildenden Künste in Düsseldorf）的父亲的艺术熏陶，曾与奥弗贝克等一道前往罗马。科尔内利乌斯是德国壁画领域的

———————

① 拿撒勒派是犹太教的一个派别，基督教由此发展而来。

杰出代表,代表作品有湿壁画《希腊诸神》(Die Götter Griechenlands,
1830)、祭坛壁画《末日审判》(Das Jünste Gericht,1840)等。他使"拿撒
勒派"在19世纪德国壁画领域占有重要的一席之地。①

3. 毕德麦耶尔派和"三月革命前时期"文学;现实主义的开端

19世纪中期前后,受政治上的复辟、反动、资产阶级革命、民族主义
运动和工业化等一系列复杂因素的影响,除浪漫主义外,德国文化领域
中还出现了毕德麦耶尔派(Biedermeier)、"青年德意志兰"和现实主义等
文化思潮,形成了多种流派同台共技的局面。

毕德麦耶尔派②是指1815年到1848年复辟时期德意志邦联范围内
的一股资产阶级文化思潮。它反映了1815年以后对德意志政治现状不
满的一部分资产阶级逃避现实,遁入田园和私人生活空间,追求和享受
"现实"生活的心态。但是,由于它逃避现实政治,迷恋于田园生活、自己
的小安乐窝和精神上的自我陶醉,因此也有学者称之为"欧洲晚期浪漫
主义的德意志特殊形态"。③ 作为一股思潮,毕德麦耶尔派波及文学、音
乐、绘画甚至生活等诸多领域。

在文学领域,毕德麦耶尔派的主要代表人物有约翰·内波穆克·内斯
特罗伊(Johann Nepomuk Nestroy,1801—1862)、费迪南德·莱蒙德
(Ferdinand Raimund,1790—1836)、弗兰茨·格里尔帕策(Franz
Grillparzer,1791—1872)和阿达尔伯特·施蒂夫特(Adalbert Stifter,
1805—1868)等。约翰·内波穆克·内斯特罗伊创作了80多部大众戏剧,
代表作品有《流浪者的烦躁精神状态》(Der böse Geist Lumpazivagabundus,

---

① W. P. Paterson (ed.), *German Culture: The Contribution of the Germans to Knowledge, Literature, Art, and Life*, London: T. C. & E. C. Jack, 1915, pp. 227-228.
② "毕德麦耶尔"一词源自1855年起,作家路德维希·艾希罗特(Ludwig Eichrodt,1827-1892)和医生阿道夫·库斯毛尔(Adolf Kußmaul,1822-1902)在慕尼黑《飞叶》(Fliegende Blätter)杂志上发表的一系列故事中的庸俗市民戈特利布·毕德麦耶尔(Gottlieb Biedermeier)。
③ Wolfgang Beutin, Klaus Ehlert, Wolfgang Emmerich, Helmut Hoffacker, Bernd Lutz, Volker Meid, Ralf Schnell, Peter Stein and Inge Stephanp, *A History of German Literature: From the beginnings to the present day*, p. 232.

1833)和《幸福的心情》(Die Launen Glücks，1835)；费迪南德·莱蒙德的代表性作品为《农民百万富翁》(Der Bauer als Millionär，1826)和《阿尔卑斯之王与人类之敌》(Der Alpenkönig und der Menschenfeind，1828)；弗兰茨·格里尔帕策代表作有历史剧《奥托卡国王的幸福和死亡》(König Ottokars Glück und Ende，1825)和喜剧《撒谎带来的痛苦》(Weh dem，der lügt，1838)；阿达尔伯特·施蒂夫特的代表作有《乔木林》(Der Hochwald，1842)等。这些毕德麦耶尔派的文学作品大多带有民众消闲性质，表现出一种远离政治和革命的倾向。

在造型艺术领域，毕德麦耶尔派以世俗画和风景画为主，宗教和历史等传统题材的绘画极其少见。其绘画风格带有现实主义色彩，作品类似摄影插图。但是，由于其"现实"过于理想化，不免陷入伪现实主义。毕德麦耶尔画派的主要代表有：路德维希·里希特(Ludwig Richter，1803—1884)，擅长田园素材绘画，代表作有《亚平宁的傍晚》(Abend in den Apenninen，1828)、《从田野回家》(Heimkehr von Felde，um 1840)等。莫里茨·冯·施温德(Moritz von Schwind，1804—1871)的创作集中于民间传说，代表作品有《魔王》(Erlkönig，1830)、《玫瑰》(Rose，1847)。卡尔·施皮茨韦格(Carl Spitzweg，1808—1885)擅长描绘德国小城市中安逸的小市民世界，代表作品有《书虫》(Der Bücherwurm，1850)、《截获的情书》(Der abgefangene Liebesbrief，1860)等。

在音乐领域，毕德麦耶尔派主要体现为音乐的大众化取向，家庭音乐成为市民精神生活的重要组成部分。其中，弗兰茨·舒伯特(Franz Peter Schubert，1797—1828)和罗伯特·舒曼(Robert Schumann，1810—1856)的音乐作品成为市民们日常生活中的最爱。此外，来自南德和奥地利农村的华尔兹舞(Waltzer)也开始成为一种大众时尚，在维也纳等城市流行开来，成为人们远离政治、享受生活、消磨时光的重要方式。

在文学领域，与持逃避、遁世态度的毕德麦耶尔文学相对的是三月革命前文学(Vormärzliteratur)，其中以"青年德意志兰"为代表。这类文学通常站在小资产阶级和工人阶级的立场上对当时的反动政治状况进行抨击,要求改变现存社会秩序,展现了一种革命的精神。因此,三月革命前的文学作品中已经带有现实主义的色彩。

三月革命前文学流派的主要代表,除海因里希·海涅(Heinrich Heine,1797—1856)外,还有:格奥尔格·毕希纳(Georg Büchner,1813—1837),代表作品有戏剧《丹东之死》(Dantons Tod,1835)、小说《伦茨》(Lenz,1839)和喜剧《莱昂斯和莱纳》(Leonce und Lena,1842)等。费迪南德·弗莱利格拉特(Ferdinand Freiligrath,1810—1876),代表作品有诗集《信仰的自白》(Ein Glaubensbekenntniß,1844)、诗歌《死者致生者》(Die Todten an die Lebenden,1848)等。克里斯蒂安·迪特里希·格拉贝(Christian Dieterich Grabbe,1801—1836),作品集中于历史题材,代表作有《拿破仑或百日》(Napoleon oder die hundert Tage,1831)、《赫尔曼战役》(Die Hermannsschlacht,1838)等。

19世纪中期以后,两大因素影响着德国思想文化领域趋向现实主义。一是1848年革命失败后,德国资产阶级放弃了在国家政治生活中扮演积极角色的努力,转而追求远离政治的"现实"生活;二是第一次工业革命在德国迅速展开后,德国资产阶级的经济实力进一步增强,为积极的"现实"生活奠定了物质基础。与此同时,在向资本主义社会转变过程中,传统社会发生巨大变化。农民的解放、营业自由原则的实施、工厂制的形成等,使德国社会分化严重,各种矛盾和弊端开始显露,人们开始用批判的眼光审视各种现实问题。由此出现了新的现实主义的文化取向。当然,在某种程度上,现实主义也是对过于强调情感和主观感觉的浪漫主义的一种反动性回答。[1]

在德国,现实主义通常指1850—1890年俾斯麦下台为止这一历史时期的文化思潮,也称资产阶级现实主义(Bürgerlicher Realismus),它

---

[1] Claudia Stockinger, *Das 19. Jahrhundert: Zeitalter des Realismus*, Berlin: Akademie Verlag, 2010, S. 39.

从追求"现实"生活的角度可表达为"诗性的现实主义"(Poetischer Realismus),从不满现实的角度则表达为批判现实主义。这一文化思潮的主要载体是资产阶级,反映的主要是资产阶级的思想和价值观。

从1850年到德意志帝国建立是德国现实主义文化思潮的第一阶段。这一时期的现实主义文化思潮主要集中于以下方面:一、借用历史题材说明现实;二、随着工人阶级登上政治舞台,现实的社会阶级状况成为关注的中心;三、对于面临的民族统一问题进行探讨;四、在个人与社会关系问题上,更多地关注个人。这一文化思潮的理论代表是文学史家尤里安·施密特(Julian Schmidt,1818—1886)。他在《边境信使》(Die Grenzboten)杂志和三卷本《德国文学史》(Geschichte der deutschen Literatur,1855)中明确提出:诗人要描写现实,反对形而上学的空想;同时,他们应该发现世界的美和现实中的诗性。小说也应如此,它是真实的,但又不是现实事件的仿制品。①

这一时期德国现实主义文学的主要代表有古斯塔夫·弗赖塔格(Gustav Frey,1816—1895)、特奥多尔·施托姆(Theodor Storm,1817—1888)和威廉·拉伯(Wilhelm Raabe,1831—1910)。古斯塔夫·弗赖塔格(Gustav Freytag,1816—1895)的长篇小说《责任和权利》(Soll und Haben,1855)是现实主义文学作品的典范。在这部小说中,作者通过描写小私有者如何变成资本家的发财过程,真实地反映了德国商业资本的兴起状况。弗赖塔格的主要作品还有小说《丢失的手稿》(Die verlorene Handschrift,1864)。特奥多尔·施托姆的主要创作领域是中篇和短篇小说,代表作有描写不幸爱情故事的《茵梦湖》(Immensee,1850)等。威廉·拉贝的代表作有小说《黑色的木战舰》(Die schwarze Galeere,1861)和《饥饿的牧师》(Der Hungerpastor,1864)等。

现实主义绘画艺术实际上是艺术家们从浪漫幻想中摆脱出来,回归

---

① Wolfgang Beutin, Klaus Ehlert, Wolfgang Emmerich, Helmut Hoffacker, Bernd Lutz, Volker Meid, Ralf Schnell, Peter Stein and Inge Stephanp, *A History of German Literature: From the beginnings to the present day*, pp. 284 - 285.

丰富多彩的现实世界的反映。初期阶段的现实主义绘画艺术主要体现在世俗画、风景画和历史画领域。它们或反映普通市民的生活,突出民族色彩和田园风情,肯定生活,或赞美自然,或通过历史题材引发对现实的思考。此外,对现实社会批判的需要也推动了具有讽刺功能的漫画艺术的发展。

　　早期现实主义绘画艺术往往与毕德麦耶尔派的风格重叠交融,诸如路德维希·里希特(Ludwig Richter,1803—1884)、卡尔·施皮茨韦格(Carl Spitzweg,1808—1885)等毕德麦耶尔派画家的作品中就已经具有浓烈的现实主义倾向。路德维希·里希特既是毕德麦耶尔绘画风格的代表,也是现实主义绘画风格的最早涉猎者之一,其现实主义的创作集中体现在风俗画上,代表作品有《春天里的婚礼队伍》(Brautzug im Frühling,1847)、《小商贩》(Kleinhandel,1864)等。卡尔·施皮茨韦格的代表作品有《贫困潦倒的诗人》(Der arme Poet,1839)、《忧郁症患者》(Hypochonder,1865)等。此外,他在《飞叶》杂志上创作的讽刺漫画以各种社会陈规陋俗为嘲弄对象,也具有现实主义色彩。

　　在现实主义绘画中,由杜塞尔多夫普鲁士王家艺术学院(Königlich-Preußischen Kunstakademie in Düsseldorf)的画家组成的杜塞尔多夫画派(Düsseldorfer Malerschule)占有重要的一席之地。杜塞尔多夫位于鲁尔区,受法国等西欧文化思潮的影响较大,因此西欧盛行的现实主义文化思潮迅速波及此地,在这里的艺术家们的作品中反映出来。杜塞尔多夫画派现实主义绘画的主要代表有卡尔·莱辛(Carl Lessing,1808—1888)、卡尔·许布纳尔(Karl Hubner,1814—1879)等。卡尔·莱辛擅长历史题材的绘画,借古讽今,代表性作品有《胡斯》(Hus,1842)、《悲伤的国王夫妇》(Trauerndes Königspaar,1842)等。卡尔·许布纳尔作品的现实主义风格更为突出,代表性作品有反映社会矛盾的《西里西亚织工》(Die schlesischen Weber,1846)和《偷听》(Belauscht,1874)等。

　　阿道夫·冯·门采尔(Adolph von Menzel,1815—1905)和威廉·莱布尔(Wilhelm Leibl,1844—1900)则是德国现实主义绘画开始呈现

繁荣时期的典型代表,他们的作品更大胆地面向社会和生活。门采尔出生于布雷斯劳,是19世纪德国最重要的现实主义画家,19世纪40年代开始进行现实主义绘画创作,代表性作品有《带阳台的房间》(Das Balkonzimmer,1845)、《无忧宫弗里德里希大帝笛子音乐会》(Flötenkonzert Friedrichs der Großen in Sanssouci,1852)等,它们鲜明地反映了日常生活的温馨画面。威廉·莱布尔出生于科隆,擅长人物肖像画,早期代表作有《格东女士》(Frau Gedon,1869)、《盲人头像》(Kopf eines Blinden,1869)、《戴白头巾的村姑》(Bauernmädchen mit weißem Kopftuch,1876)等。

（三）文化领域的资产阶级化

19世纪初开始,随着从封建社会向资本主义社会的转变,随着工业化进程和资产阶级经济实力的壮大,文化发展在德国出现了一种新趋势。广大民众特别是资产阶级对于知识和教育的需求日益增加,对于各种书籍和报刊的兴趣不断增长,这种趋势甚至开始向手工业者和工人群体扩散。[1] 作为唯美主义(Ästhetizismus)的文学和艺术的社会载体因此发生变化,原先服务于旧的贵族特权阶层的文化艺术逐渐转向为广大的市民群体服务,为资产阶级服务,成为资产阶级生活的重要组成部分,这就是文学艺术的"资产阶级化"。[2] 其具体表现是,文学艺术逐渐从与宫廷、贵族和教会的紧密联系中解放出来,趋于市民化,走入普通的受过教育的资产阶级阶层的生活之中。

18世纪末以前,音乐活动的主要场所是宫廷和教堂。德国一些著名的音乐家几乎无一例外地服务于贵族们的娱乐活动。19世纪初,当音乐发展进入"浪漫主义时代"后,这一状况开始发生改变。听众不再是清一色的贵族,由商人和企业主等构成的富裕的新中产阶级开始光顾音乐会。[3] 音乐艺术的受众开始由贵族特权阶层向市民阶层转变。面向社会的现代

---

[1] Reinhard Rürup, *Deutschland im 19. Jahrhundert 1815–1871*, S. 199.

[2] Thomas Nipperdey, *Deutsche Geschichte 1800–1866: Bürgerwelt und starker Staat*, S. 533.

[3] ［美］安妮·格雷:《西方音乐史话》,李晓东、董晓航译,海南出版社2001年版,第48页。

音乐事业开始形成,诸如慕尼黑音乐学院(Musikalische Akademie in München,1811)、维也纳音乐之友协会(Gesellschaft der Musikfreunde in Wien,1812)、柏林交响乐协会(Philharmonische Gesellschaft in Berlin,1826)、科隆音乐会协会(Kölner Konzertgesellschaft,1827)等纷纷成立。一些社团开始组织音乐会演出。

19世纪40年代,只需购入场券就能进入的公共音乐会开始排挤当时还相当繁荣的私人音乐会。李斯特等一些来回巡演的音乐名家和独奏大家,开始亮相于公共音乐生活,成为令人瞩目的人物。原本服务于宫廷的歌剧也开始面向资产阶级。资产阶级逐渐成为剧院的主体客源,甚至昔日为宫廷贵族准备的包厢也成了资产阶级唱主角的地方。歌剧本身所表现的内容也日益散发出资产阶级的价值气味。与过去以宫廷贵族为主要内容的歌剧不同,新的歌剧,诸如莫扎特(Mozart,Wolfgang Amadeus,1756—1791)的"魔笛"等,主要反映的是资产阶级的愿望和价值观。

音乐的大众性特征也日益明显。群众性歌咏活动日益繁荣。这种群众性歌咏活动是在歌唱教会圣乐的基础上发展起来的,逐渐形成了所谓的"歌唱学会"。它们负责组织一些地方性的音乐节。1818年,在下莱茵地区开始出现这种音乐会。1832年,仅杜塞尔多夫就有20个合唱队和30个"代表团"。[1] 此外,业余的钢琴演奏、独唱、家庭室内音乐会等也迅速增加,音乐成为资产阶级附庸风雅、展示自己受教育程度和地位的象征。

在造形艺术领域,资产阶级化趋势也非常明显。这种趋势的一个重要表现是,艺术的公共特征日益突出。许多诸侯和城市通过在宫廷、城堡、公共场所等地方装饰湿壁画等,使艺术呈现出为公众服务以及市民教育和自我表现的价值。艺术作品还大量进入公共生活,在一些邦国的

---

① Thomas Nipperdey, *Deutsche Geschichte 1800－1866：Bürgerwelt und starker Staat*, S. 534－535.

首府出现了各种对公众开放的画廊、博物馆,如慕尼黑的雕塑作品展览馆、达姆施塔特的大公博物馆、柏林的古代博物馆、慕尼黑的古代画廊等。艺术作品因此转变成了"民族的财产",博物馆成了接受"民族精神教育"的地方。在汉堡、科隆、法兰克福和汉诺威等资产阶级占主导地位的城市,则通过捐赠、搜集、资助等方式纷纷建立起自己的博物馆。19世纪50年代起,还出现了纽伦堡的"日耳曼民族博物馆"(Germanisches Nationalmuseum,1852/53)等一些突出反映德意志民族历史文化发展方向的艺术史和历史博物馆,以弘扬民族精神。

造型艺术领域资产阶级化的另一个表现是各种群众性艺术组织的出现。进入19世纪后,在卡尔斯鲁厄(1818年)、慕尼黑(1824年)、柏林(1825年)、德累斯顿(1828年)、杜塞尔多夫(1829年)等地相继出现了一些非国家性质的艺术联合会。它们成为聚结艺术家和热心于艺术的市民的所在。这实际上是在宫廷和艺术学会之外,给艺术家们增添了一个新的社会活动场所。在这里,艺术家们通过举办展览和出卖他们的艺术作品,扩大自己的艺术影响力,将艺术推向社会。艺术与音乐一样,最后也成为资产阶级的教育标准和社会地位的象征。[1]

雕塑艺术也反映出资产阶级化趋势。一些中产阶级的典型居屋装饰上了石膏和青铜浇铸的作品。新的公园里也建起了喷泉和雕塑。城市的广场上则建立起各种纪念像。在这些纪念像中,除了传统的君主和将军的雕像,路德、席勒、丢勒、莫扎特等体现德意志精神和文化的伟人塑像越来越多。这些新的现象在很大程度上是与当时的民族主义运动联系在一起的,是资产阶级的民族主义思想的体现。

在文学领域,资产阶级化趋向也非常明显,具体而言体现在两个方面。一是文学读物日益普及,文化资产阶级所拥有的小说、杂志、抒情诗集等的数量越来越多。在大众场合、日常交际和讨论中,文学已经成为人们的重要话题。二是诸如剧院等文学传媒设施有了新的发展变化。

---

① Thomas Nipperdey, *Deutsche Geschichte 1800－1866；Bürgerwelt und starker Staat*, S. 537.

除了宫廷剧院和私人(企业主)剧院,通过各种联合会和资助者创立起来的城市剧院首先于 1839 年在曼海姆出现,此后在各地陆续建立起来。它们最后都成为一种永久性的文化机构,并得到国家的资助。由于城市剧院要不断为创收操心,因此必须吸引大众,迎合公众的口味。于是,戏剧在内容取向和形式上日益亲近市民,变成了折射市民日常生活的一种缩影,成了讨论生活意义和同时代的人们的命运的讲坛,成了令人振奋和震撼的场所。① 而席勒等人创作的诸如《威廉·退尔》等作品则使人们在观看的过程中不知不觉地受到资产阶级文化的熏陶。

总之,随着向资本主义社会的迈进,文化领域中资产阶级的气息越来越浓,资产阶级正日益成为德国社会文化生活的主角,资产阶级的审美情趣和价值取向开始成为文化艺术的主要取向。

第三节 科学和教育

19 世纪是科学迅速发展并大规模介入和改变人们的生活、观念的世纪。达尔文(Charles Darwin,1809—1882)的进化论(Evolutionstheorie)的提出,使生物学和自然哲学在人们对生命和人类发展史的研究中得到确证。科学技术的发展和应用则使整个世界发生了翻天覆地的变化。②

革命时代的德国在科学技术的发展中扮演了重要的角色。19 世纪中期前后,德国科学技术的发展状况与西欧的英、法等国相比有两大特点:一是起步稍晚,但进步迅速,后来居上;二是主要涉及基础科学的研究和发现。这种状况在德意志帝国时期才发生根本性改变。届时,在基础科学研究继续深入的同时,应用科学技术也广泛发展,并极大地促进了德国经济的进步。

19 世纪也是德国教育事业发生巨变和迅速进步的时期。这一时期,

---

① Thomas Nipperdey, *Deutsche Geschichte 1800 –1866*:*Bürgerwelt und starker Staat*, S. 538.
② Claudia Stockinger, *Das 19. Jahrhundert*:*Zeitalter des Realismus*, S. 33.

德国的教育发展在欧洲地区已经处于领先地位。① 义务教育和义务兵役、义务纳税一样,成了每个现代公民的基本义务,它打破了原先那种只有教会、宫廷和特权等级才有权享受教育的旧有教育体系,使教育成为一种大众性的、民族的事业。但是必须实事求是地说,具体到革命时代的德国,其教育体系尚处于从旧体制向新体制的转变阶段,在取得进步的同时,在很大程度上仍带有传统色彩。

一、科学的进步

1800 年左右,与英、法等国相比,德国在自然科学和医学等研究领域都明显处于落后状态。实验归纳法和理性演绎法等现代科学方法的创立主要是由英国的弗朗西斯·培根(Francis Bacon,1561—1626)和法国的笛卡尔(Descartes,Rene,1596—1650)等人来完成的,实验、数学分析、光学发展、电学、化学分析、原子理论、病理解剖学,等等,都首先在西欧出现。当然,这一时期的德国也出现了一些颇有成就的科学家,其中,约翰·威廉·里特尔(Johann Wilhelm Ritter,1776—1810)发现了紫外光,欧姆(Georg Simon Ohm,1789—1854)创立了电阻定律,约瑟夫·弗劳恩霍菲尔(Joseph Fraunhofer,1787—1826)发现了以其命名的弗劳恩霍菲尔线(Fraunhofersche Linien,光谱分析的基础),并计算出光谱色的波长。最著名的则当数数学泰斗卡尔·弗里德里希·高斯(Carl Friedrich Gauß,1777—1855),他不仅在数学领域成就卓著,而且在物理学、天文学和测量学等方面也造诣很深。

19 世纪二三十年代以后,威廉·冯·洪堡发起的教育改革开始取得显著成效,在新的教育思想和理念的指导下,德国的科学研究人才辈出,自然科学和医学研究等终于摆脱落后状态,迅速发展起来。

就自然科学和医学发展来看,19 世纪 20 年代到 19 世纪中期前后是德国科学界的一个极其重要的年代。在生物学领域,1827 年卡尔·恩斯

---

① [英]博伊德、金合:《西方教育史》,任宝祥、吴元训译,人民教育出版社 1985 年版,第 327 页。

特·冯·巴尔(Karl Ernst von Baer,1792—1876)发现了哺乳动物的卵细胞,从而将授精的生理研究与胚胎的发展联系起来,建立了比较胚胎学,细胞成了生命结构及其演变研究的基本单位。19 世纪三四十年代,约翰内斯·彼得·米勒(Johannes Peter Müller,1801—1858)通过研究发现,人体的各个感官会对外部刺激做出特定的反应,进而和他的学生一起创立了生理学。

化学是 19 世纪上半期德国自然科学发展的一个成绩卓著的领域。在尤斯图斯·冯·李比希(Justus von Liebig,1803—1873)和弗里德里希·韦勒(Friedrich Wöhler,1800—1882)等德国著名化学家的努力下,有机化学作为一门新学科建立起来。这一新学科的建立被李比希称作"新的一天的曙光"①。李比希还主张将化学运用于农业等领域,服务于生产。1840 年,他出版《有机化学在农业和生理学中的运用》(Die organische Chemie in ihrer Anwendung auf Agrikultur und Physiologie),明确指出了植物生长与氮、磷、钾等元素的关系,为现代科学农业的发展奠定了基础。19 世纪中期以后,德国人在化学研究领域更是出现了一种迅猛发展的势头,为现代化学的发展作出了重大贡献,也为日后德国现代化学工业的崛起奠定了科学基础。

在物理学领域,德国科学家也开始以其异乎寻常的开创性研究成果震撼世界。物理学家尤里乌斯·罗伯特·冯·迈耶尔(Julius Robert von Mayer,1814—1878)和赫尔曼·冯·赫尔姆霍尔茨(Hermann von Helmholtz,1821—1894)分别在 1842 年和 1847 年独立地发现了能量守恒规律(Energieerhaltungssatz)。1850 年,物理学家鲁道夫·克劳修斯(Rudolf Clausius,1822—1888)得出了热量在做工时不可能充分运用结论。1856 年威廉·韦伯计算出了光速。

到 19 世纪中期前后,德国人在多个科学研究领域中已经处于领先水平,有的科学研究领域甚至开始处于支配地位。

---

① Thomas Nipperdey, *Deutsche Geschichte 1800 –1866：Bürgerwelt und starker Staat*, S. 490.

相关统计可以说明这一时期德国人在科学研究领域取得的辉煌成就。1805 年—1824 年,德国科学家在生理学领域的突破性研究成果有22 项,其他国家科学家有 191 项;1845 年—1869 年,德国人在该领域的突破性研究成果达到 350 项,而其他国家的相关成果总共为 107 项。1800 年—1829 年,德国人在医学领域的发现数量为 23 项,同期英国人和法国人的发现数量为 108 项;1850 年—1869 年,德国人在该领域的发现数量为 65 项,其他国家的发现总和为 66 项。1806 年—1825 年,德国人在热能、电磁学理论和光学等研究领域的发现为 60 项,同期英国人和法国人在相关领域的发现数量为 250 项;1846 年—1870 年,德国人的发现数量达到 556 项,英国人和法国人的发现总和为 561 项。①

相关统计数据表明,德国的科学研究正处于快速进步之中。到 1830 年以后,如果按国别单独计算,德国人的科学发现已经处于领先地位。所有这些科学发现和进步为 19 世纪 30 年代以后德国的经济发展和社会进步奠定了坚实的科学基础。更重要的是,随着自然科学的飞速进步,科学的影响越来越大,全德国出现了一种科学热潮,以至于 19 世纪中期以后自然科学联合会组织各种演讲报告日益普遍广泛。有人甚至宣称,科学对有些人而言已经变成了一种"宗教"。②

二、教育的发展

19 世纪初的洪堡教育改革和 30 年代启动的工业革命,从主观和客观两个方面推动着德国教育向现代教育转轨,教育的规模、管理制度、专业结构和课程结构设置等都出现了重大变化。这种转变的一个重要取向就是教育要适应时代需要,为社会服务,服务于社会对人才的需求,服务于社会的进步和社会生产的发展。

---

① Thomas Nipperdey, *Deutsche Geschichte 1800 -1866*; *Bürgerwelt und starker Staat*, S. 494.
② Friedrich Lenger, *Industrielle Revolution und Nationalstaatsgründung* (*1849 - 1870er jahre*), *Gebhardt Handbuch der deutschen Geschichte*, Band 15, S. 226.

　　小学教育在 19 世纪以后得到很大发展。这一点在普鲁士尤为明显。普鲁士早在 1763 年就重申了普遍义务教育的要求,但是到 19 世纪初,仍只有 50％的学龄儿童接受过或多或少的没有规律的教育。拿破仑战争结束以后,这一状况开始有所改善。19 世纪初的洪堡教育改革中,由于采取了"教育服务于国民"①的政策,大力发展强迫义务教育,初等教育得到较快发展。1816 年,普鲁士共有 20345 所小学,配备教师 21766 人,220 万适龄儿童中有 116.7 万人入学,入学率约占 60％。但是,由于经济发展程度的差异等原因,各地小孩的入学率相差悬殊。经济发达的萨克森地区入学率达 80％,莱茵地区为 50％,以农业为主的波森地区则仅有 20％的儿童入学。1846 年各类小学达到 24044 所,教师增至 27770 人,入学学生达 243.3 万人,相应增长率为 18％、40％和 108％。地区间的差别也开始有所缩小。在萨克森地区,学龄儿童入学率为 94％,莱茵地区为 86％,波森地区也上升到 69％。到 1848 年时普鲁士学龄儿童入学率已经达到 82％。1864 年普鲁士国家公立小学数目已经增加到 25056 所,教师和在校学生人数分别达到 30805 人和 282.5 万人。②

　　在德意志其他邦,小学教育的发展速度有所差异,但是总的趋势是相同的。符滕堡于 1649 年开始引入强迫义务教育,但直到 19 世纪初莱茵邦联时期才得到顺利实现。巴伐利亚则直到 1802 年才开始实际性的义务教育。

　　国家层面的强迫义务教育对推进德国小学教育的发展起到了非常重要的作用。研究表明,在 19 世纪 30 年代,德国的一些工业城市中还存在很多童工,到 30 年代末 40 年代初,童工数量开始回落。以科隆为

---

① Sonja Wende, *Briefe an Lehrer : Ein Beitrag zur Schulgeschichte des 19. Jahrhunderts*, Frankfurt am Main: Verlag Peter Lang GmbH, 1994, S. 23.

② Hans-Ulrich Wehler, *Deutsche Gesellschaftsgeschichte, zweiter Band, Von der Reformära bis zur industriellen und politischen »Deutschen Doppelrevolution" 1815 - 1845/49*, S. 485; Wolfram Fischer, Jochen Krengel, Jutta Wietog, *Sozialgeschichtliches Arbeitsbuch, Band 1, Materialien zur Statistik des Deutschen Bundes 1815 - 1870*, S. 224.

例,1827 年有童工 2130 名,到 1844 年,童工现象在这一城市消失。①

　　中 等 教 育 的 发 展 状 况 要 比 小 学 教 育 落 后 许 多。文 科 中 学 (Gymnasium)是德国 19 世纪中等教育的正规学校。这类中学是从众多 的拉丁语学校中挑选出来的,在数量上一直保持比较保守的、缓慢的发 展状态。以普鲁士为例,1818 年,其境内有文科中学 91 所,1830 年时为 110 所,直到 1848 年时还只有 118 所。而且这类文科中学还禁止女孩入 学,因而又被称为男童文科中学(Knabengymnasium)。尽管如此,文科 中学的学生人数还是有一定增长。1822 年时,普鲁士的文科中学学生总 人数为 14826 人,1846 年增至 26816 人。② 文科中学在原则上都是国立 学校,从学校的建立、维持、教学计划的制订、各类考试、监督以及教师的 聘用等,都由国家负责进行。在课程设置上,文科中学偏重于古代语言 以及古典题材。1837 年,学制为 9 年的普鲁士文科中学共有 280 个周学 时,学时分配明显偏重于古代内容,拉丁文和古希腊文占用的周学时最 多。这种基于古代文化研究之上的学校,显然无法满足社会进步对现代 科学文化知识的需求,需要进行调整和改革。

　　除了文科中学,还有一些其他类型的中学,诸如城市中学(höhere Stadtschule)、实科学校(Realschule)等。它们构成了对文科中学的补 充。19 世纪 40 年代以后,这类中学的学生人数约占中学学生总人数的 1/3。到 1864 年,普鲁士的各类中学数量已经达到 264 所,在校学生达 到 78718 人。③

　　在这一时期,德国科学界之所以能取得令世界瞩目的辉煌成就,各 大学在其中起了非常重要的作用。需要特别指出的是,正是 19 世纪初

① Thomas Nipperdey, *Deutsche Geschichte 1800 – 1866*: *Bürgerwelt und starker Staat*, S. 463.
② Thomas Nipperdey, *Deutsche Geschichte 1800 – 1866*: *Bürgerwelt und starker Staat*, S. 454; Hans-Ulrich Wehler, *Deutsche Gesellschaftsgeschichte*, *zweiter Band*, *Von der Reformära bis zur industriellen und politischen »Deutschen Doppelrevolution« 1815 – 1845/49*, S. 492.
③ Gerd Hohorst, Jürgen Kocka, Gerhard A. Ritter, *Sozialgeschichtliches Arbeitsbuch*, *Band 2*, *Materialien zur Statistik des Kaiserreichs*, *1870—1914*, München: Verlag C. H. Beck, 1975, S. 159.

普鲁士教育改革中出现的新型大学给德国的大学教育带来了巨大的生机和活力,创造了德国大学教育史上的辉煌。

新型大学的典范是 1810 年创建的柏林大学。而事实上,在柏林大学建立以前,哥廷根大学已经在德国的大学改革方面作了一些尝试,诸如保障教和学的自由;引进研讨班等新的教学形式;教授须进行科学研究并将其研究成果公开出版,以便让国际学者进行评价,等等。所有这些,给曾在这里求学的威廉·冯·洪堡留下了深刻印象,从而为其推行普鲁士教育改革奠定了思想基础。柏林大学建立后,新型大学的指导思想和组织结构在德国迅速得到实施。布雷斯劳、波恩、兰茨胡特(Landshut)/慕尼黑、维尔茨堡、海德尔堡等大学都作了类似的改革。这些大学因此声望大增。1815 年以后,柏林、莱比锡、布雷斯劳、波恩和兰茨胡特/慕尼黑、哈勒等大学成为最受欢迎的大学。①

新型大学教育奠基于新的科学理念之上,集中精力于新的真理探索和发现,侧重于研究。在这一指导思想之下,大学的科学研究以突飞猛进的形式发展,成绩斐然。各大学建立起各种研讨班和研究所,实现了研究与教学的统一。柏林大学在 1820 年时有 7 个医学研究所和 3 个神学及哲学研究所,1850 年时,其数目分别上升为 10 个和 8 个。吉森大学(Universität Giessen)的李比希化学研究所和柏林大学的约翰内斯·彼得·米勒生理学研究所都因为其取得的巨大研究成果而分别对化学和生理学的发展产生了划时代的影响。研讨班和研究所都是进行研究训练的机构,聚集着一些最具研究能力的学生。因此,德国大学从 19 世纪40 年代起开始享誉世界,吸引了众多的外国学生和研究人员。

这一时期在校的大学生数量并非始终处于上升趋势。1800 年德国各大学在校学生约为 6000 人,1819 年为 8277 人,1825 年为 12480 人,1830 年更增到约 1.6 万人。但是,此后在校学生人数开始下降。1835

---

① Thomas Nipperdey, *Deutsche Geschichte 1800 -1866*: *Bürgerwelt und starker Staat*, S. 471; Hans-Ulrich Wehler, *Deutsche Gesellschaftsgeschichte*, *Zweiter Band*, *Von der Reformära bis zur industriellen und politischen ,,Deutschen Doppelrevolution" 1815 -1845/49*, S. 513.

年减为 11899 人,1850 年时更降至 11169 人。以柏林大学为例,1810 年
有 250 名学生在校学习,1830/1831 年有 2175 名学生,但是 1848 年却下
降到了 1518 人。哥廷根大学则从 1830/1831 年的 1123 名学生下降到了
1848 年时的 612 名学生。这种下降趋势直到 19 世纪 60 年代才开始扭
转。造成这种局面的主要原因是,当时各大学的专业设置在很大程度上
与社会的需求脱节,学生毕业后就业前景暗淡。此外,恶劣的政治生态
也影响到相关大学的学生数量,哥廷根大学受"哥廷根七君子"事件影响
而学生数量减少即是例证。

各个专业的学生人数的增减在一定程度上反映出社会对人才需求
的动态。面对注册学生人数减少的情况,各大学纷纷调整院系和专业规
模,以适应社会对各种人才的需求。由于法律类人才对行政管理的垄断
以及司法官员队伍和律师事务的扩大,法学成为热门专业。法学专业学
生所占的比例从 1830/1831 年的 28.3% 上升到了 1846/1851 年的 33.
6%。医学专业则由于一直保持着相对稳定的需求,1830/1831 年时为 15.
8%,1846/1851 年为 15.2%。而神学类专业学生则有所缩减,新教神学学
生数量从 1830/1831 年的 26.8%猛烈下降到 1846/1851 年的 15.9%。[1]

为了满足社会生产领域中工业实际应用技术的需要,技术教育
(Technische Bildung)学校也开始出现,它们成为日后德国的技术类大
学的前身。早在 18 世纪晚期,德国已经出现了著名的弗赖贝格矿业学
院(Bergakademie in Freiberg)等类似技术教育的机构。

1794 年建立的法国巴黎综合技术学校(École Polytechnique in
Paris)为德国建立技术教育类学校树立了榜样。拿破仑战争结束后,德
国各邦陆续建立此类学校。1815 年建立的维也纳综合技术学院
(Polytechnisches Institut in Wien)开德国技术教育的先河。后来,斯图
加特(1825 年)、慕尼黑(1827 年)、卡塞尔(1830 年)、汉诺威(1831 年)、

---

[1] Hans-Ulrich Wehler, *Deutsche Gesellschaftsgeschichte*, zweiter Band, *Von der Reformära
bis zur industriellen und politischen „Deutschen Doppelrevolution" 1815-1845/49*, S. 514-
515.

不伦瑞克(1835 年)、达姆施塔特(1836 年)等地纷纷建立起这类技术教育学校。起初它们只是一种专科学校,主要用于培训工厂主、工程师等,19 世纪中期以后才日渐学术化。

　　虽然此时德国的技术教育还处于起步阶段,但与社会生产的紧密结合已经使其表现出强大的生命力。当 19 世纪 30 年代以后各大学的学生规模在缩减时,技术类学校的学生人数却在迅速增加。据统计(以1871 年德意志帝国为界),1840 年各类技术学校有学生 757 名,1850/51年时学生人数已经增加到了 1180 名。此外,维也纳、布拉格等地还有1000 多名技校生。① 新型技术教育的发展为第一次工业革命的开展和国家工业化提供了人才的保证。

---

① Thomas Nipperdey, *Deutsche Geschichte 1800 −1866*: *Bürgerwelt und starker Staat*, S. 483.

第二编

德意志帝国时代

第五章 帝国时期的政治生活

　　德意志帝国时期的政治生活可以用斑驳陆离来形容。它大致可划分为俾斯麦时期和威廉二世时期两个阶段。总体上看，德意志帝国初期的政治架构呈现为行政结构上的联邦主义（Föderalismus）和政治体制上的专制主义。此后则相应地出现了向中央集权主义和议会化发展的趋势。

　　就国内政治生活而言，在俾斯麦时代（Bismarcks Zeitalter；Bismarcksche Zeit），突出体现在这位铁腕宰相发动的对于天主教中央党（Zentrumspartei）和社会民主党（Sozialdemokratie）等两大群众性政党的大规模政治斗争以及他不断通过更换议会多数派而进行政治操控的统治方式。威廉二世时期，也称威廉时代（Wilhelmische Zeit；Wilhelminische Epoche）的治国之道则带有即兴的特点，政策方面缺乏俾斯麦的连贯缜密的思考和全局意识，政治生活常常受到皇帝、宰相、国务秘书、普鲁士大臣、军队、利益集团等多种力量的纠缠博弈的影响，呈现"摇摆不定"的特征。

　　在对外政策方面，俾斯麦时期主要推行以欧洲大陆为关注重点的大陆政策（Bismarcks Kontinentalpolitik），通过建立以德国为中心的庞大联盟体系来确保德意志帝国在欧洲大陆的主导性地位。威廉二世时期的对外政策则在世界政策的指引下,将确立德国的国威和争夺世界霸权作为德意志帝国的努力目标。不同的对外政策给德意志帝国带来了迥然不同的国际性后果。

第一节 俾斯麦时代的内政外交

虽然德国的统一是历史发展的必然,1871年建立起来的德意志帝国却是俾斯麦推行"铁血政策"的产物,是普鲁士凭借强大的经济和军事力量推行强权政治的结果。因此,在德意志帝国建立初期,帝国的政治体制不可避免地受到俾斯麦个人的主观意志的影响,打上了普鲁士政治特色的印记。

一、政治架构和主要政党

德意志帝国初期,国家政治架构的设置考虑到了德国长期分裂割据的历史因素。普鲁士一方面要确保自己在新建立的帝国中的主导地位,同时也在一定程度上赋予这一帝国以联邦主义的色彩。这些政治安排可以从1871年德意志帝国宪法中一目了然。

(一)1871年德意志帝国宪法

1871年德意志帝国宪法(Verfassung des Deutschen Kaiserreichs 1871)与其他西方资产阶级国家的宪法出台形式不同。它并非制宪会议或国民议会民主讨论的结果,而是和德意志帝国的诞生一样,由俾斯麦一手炮制,实际上是"俾斯麦贯彻普鲁士霸权"的结果。①

1866年普鲁士对奥地利战争胜利后,在普鲁士的领导下,除奥地利和南德四邦以外的德意志其他邦国组成了北德意志联邦。为了使这个新成立的联邦"有章可循",惯于专断的普鲁士首相俾斯麦像签发公文一样,将他拟定的一个宪法草案送给北德意志联邦议会审议,最后在只允

---

① *Der Spiegel*, Nr. 7 / 9. 2. 1998. S. 48.

许做微小修改的情况下,强行通过了事。因此该宪法可谓俾斯麦的个人杰作。1867 年 4 月 16 日,北德意志联邦宪法通过。德意志帝国宪法就是在这样一部宪法的基础上形成的,不同之处是在原宪法中加上了与南德四邦签订的条约。宪法草案于 1871 年 3 月 21 日提交选举产生的德意志帝国议会,4 月 14 日帝国议会(328 票中仅有 7 票反对)原样通过,16 日皇帝威廉一世签发,20 日由俾斯麦公布。① 此后到 1917 年为止,这部德意志帝国宪法只根据实用和习俗的需要做过几处修改。

根据 1871 年的德意志帝国宪法,德意志帝国政治架构呈现出两大特点。

第一大特点是行政结构上的联邦主义色彩。实行联邦主义的主要原因在于,新建立的德意志帝国是各种力量之间妥协的产物。它既要照顾到德国人民建立统一的民族国家的愿望,又要考虑到各邦的利益,特别是最大邦普鲁士的利益。

最初的宪法文本中就含有明显的联邦主义成份。俾斯麦是一位现实主义的政治家。还在讨论北德意志联邦宪法时,他就已经考虑到联邦的大门要对南德各邦敞开。为了减少南德诸邦分离主义势力的阻挠和抵抗,顺利实现德国的统一,他在不动摇根本原则的前提下,曾作出了很大的让步。关于这一点,提交议会讨论的宪法草案中在新统一的国家及其首脑的称呼方面有清楚的规定。根据宪法文本,新统一的德国在政体上为"德意志联邦",其最高首脑为"联邦主席"。1 月 18 日,人们从发布的皇帝宣言中得知,"联邦主席"的名称改成了"德意志皇帝"。但这个"皇帝"的称号也是经过一番周折才分娩出来的。威廉一世曾表示,如果接受皇帝称号,希望自己能被称为"德国皇帝"(Kaiser von Deutschland),甚至直到加冕前的一天,他仍坚持这一点。然而这一要求遭到巴伐利亚国王和符滕堡国王的反对。他们的理由是,如果承认这一

---

① Ernst Rudolf Huber (Hrsg.), *Dokumente zur Deutschen Verfassungsgeschichte. Band 2. Deutsche Verfassungsdokumente 1851 – 1918*, Stuttgart: Kohlhammer Verlag, 1964, S. 385 – 402.

称号,就意味着正式承认普鲁士国王居于帝国内其他国王之上,同时它也包含着对非普鲁士的领土提出主权要求。对此,"各邦君主是不会同意的"。巴伐利亚国王因此明确提出要将"实施联邦的领导权力和德意志皇帝称号结合起来"。[①] 这意味着新统一的德意志国家必须给各邦政府保留一定的权力。作为新帝国助产士的俾斯麦最后劝说威廉一世接受"德意志皇帝"(Deutscher Kaiser)这一折中方案。"德意志皇帝"的称号意味着只能与德意志民族联系起来,而不能与领土统治权联系在一起。而且俾斯麦从一开始就确认皇帝在原则上不享受高于各国王的优先地位。[②] 可见,德意志帝国在筹划建立时,就已确立了它的联邦主义性质。

从组织结构上也可以看出帝国的联邦主义性质。1871 年帝国宪法规定,新成立的帝国"缔结为一个永久的联邦",由 25 个邦和帝国直属领地阿尔萨斯-洛林(Reichsland Elsaß-Lothringen)组成。帝国主权实际上掌握在 25 个邦的代表,即 22 个诸侯和 3 个自由市的议会的手中。他们派出的 58 名全权代表组成的联邦议会是帝国最高权力机构,享有立法权。任何未经联邦议会同意的法律一概无效。它还有权否决帝国议会通过的议案。联邦议会的议席分配也确保了联邦主义原则的贯彻。在联邦议会的 58 个议席中,作为国家统一运动领导者的普鲁士仅拥有 17 席,不足总数的 1/3。在这种情况下,虽然普鲁士有能力否决任何意欲修改宪法的议案和不利于它的法案(14 票足以否决议案),但其他中小邦也可以联合起来以多数票压制普鲁士,确保自己的权利不受侵犯,甚至只要巴伐利亚(6 票)、萨克森(4 票)和符滕堡(4 票)联合起来就可以否决对它们不利的议案。

帝国的联邦主义性质还表现在各邦保留了大量体现国家主权性质的权利。宪法虽然规定了在国际交往中皇帝是国家主权的唯一体现者,

[①] [德]奥托·冯·俾斯麦:《思考与回忆》,第 2 卷,第 92—93 页。
[②] 同上书,第 93 页。

但帝国各邦在对外关系方面却仍然保留了派遣和接受外交使节的权利。
巴伐利亚直到 1918 年时还在奥匈帝国、法国和梵蒂冈（Vatikan）派驻着
自己的外交代表机构。帝国的军事力量也由各大、中邦国分担一定份额
的军队组成。除普鲁士的国防部以外，巴伐利亚和符滕堡也有它们自己
的陆军部。尽管皇帝是帝国军队的最高统帅，巴伐利亚的军队却只有在
战时才听从皇帝的命令。在邮政方面，除帝国邮局外，巴伐利亚和符滕
堡也有各自的邮政管理机构。各邦还保留着教育、宗教、部分司法、征收
直接税等自治权利。① 在原北德意志联邦宪法的 79 条中，巴伐利亚总共
违反了 26 条。例如，在有关结婚和定居的法规中，巴伐利亚竟然规定，
国民在普鲁士或萨克森结婚，如果没有得到国王批准，其婚生子女在巴
伐利亚境内被视为私生子女，②这俨然将普鲁士和萨克森视作外国。

　　以上情况表明，德意志帝国在建立初期是一个联邦制国家，而且由
于各邦权力过大，新建立的帝国甚至带有一些邦联的意味。俾斯麦本人
也认为，1871 年宪法是一个同时包含有联邦和邦联因素的混合物。他曾
公开地表示："我们不得不保持邦联，与此同时，通过使用富有弹性的和
不显眼的却是明确的表达方式，在实际上给予一种联邦的特征。一个联
邦议会而非内阁因而将行使中央权力。"③由于各邦在内政管理上自主权
极大，以至于当时德国的一些资产阶级自由派人士抱怨新建立的德意志
帝国"是一座尚未完工的建筑物，包含统一的因素太少"。④

　　德意志帝国政治架构的第二大特点是政治体制上的专制主义色彩，
即一个用议会装饰的君主专制体制国家，或称半专制国家。

　　德国统一是由普鲁士完成的，普鲁士因此在新统一的帝国中占有明

---

① Ernst Rudolf Huber, *Dokumente zur Deutschen Verfassungsgeschichte. Band 2. Deutsche Verfassungsdokumente 1851 - 1918*, S. 392, 393, 396, 400.

② ［德］梅林：《德国社会民主党史》，第 4 卷，青载繁译，生活·读书·新知三联书店 1966 年版，第 13 页。

③ Wolfgang J. Mommsen, *Imperial Germany 1867 - 1918：Politics, Culture, and Society in an Authoritarian State*, p. 23.

④ ［德］卡尔·艾利希·博恩等：《德意志史》，第三卷（上），第 276 页。

显的优势。它拥有帝国 2/3 的土地和 3/5 的人口。帝国最重要的原料
产地和工业都在普鲁士境内,帝国军队的构成中有 2/3 属于普鲁士的武
装力量。在这种情形下,德国的统一实际上成了普鲁士邦的扩大。于
是,普鲁士那种在立宪面具下的专制主义统治模式也就理所当然地成了
帝国的统治模式。这一点可以从帝国宪法对行政、立法权力分配的规定
中得出结论。

在行政权力方面,君主政体在法律上得到确认。作为帝国首脑的皇
帝由普鲁士国王担任。他手中集中了"过多的、无论整体上还是部分地
都不受影响的权力"。① 皇帝有任免国家官吏之权,帝国宰相由他任命;
他还有法律的创制权,有权签署和公布帝国法律并监督法律的实施;他
是帝国武装力量的统帅,帝国的全部陆海军在战时、平时均由皇帝统帅;
他决定帝国的对外政策,在国际上代表帝国,以帝国的名义宣战、媾和,
与外国缔结同盟和签订条约,委派驻外使节。德意志帝国没有内阁。由
普鲁士首相兼任的帝国宰相是全帝国唯一的大臣,主持帝国政府。由于
帝国宰相由皇帝直接任命,因而他只对皇帝而非议会负责。同样,由宰
相任命的国家各部门负责人则对宰相负责。虽然皇帝批准的一切法案
必须经帝国宰相副署后才能生效,但这并不意味着宰相有什么牵制皇帝
的权力,因为帝国宰相兼普鲁士首相的任免完全取决于帝国皇帝兼普鲁
士国王的意愿。

从有关立法机构权力的规定方面也可以看出帝国政治生活中的专
制主义色彩。帝国按照联邦国家立法机构的模式建立两院制议会。作
为上议院的联邦议会代表各邦;作为下议院的帝国议会则是全体人民的
代表。然而就实质而言,这些所谓的立法机构不过是掩盖专制主义的一
种宪法门面。第一,联邦议会体现的只是一种君主的权力。联邦议会中
的各邦代表只是各邦君主委派的代言人;议会中各邦代表人数也不像美

---

① Wolfgang J. Mommsen, *Imperial Germany 1867 - 1918: Politics, Culture, and Society in an Authoritarian State*, p. 37.

国的参议院那样由各州以相等人数的代表组成,而是按各邦的大小和力量来决定,于是普鲁士以拥有超过否决权的票数控制了联邦议会。第二,虽然帝国议会由 25 岁以上的男性公民通过普遍、平等、直接和秘密的选举产生,具备了一个真正的立法机构的一切外部特征,但它的实际权力极其有限。它有权提出法案,但只有得到联邦议会和皇帝的同意才能生效;它对任命帝国宰相、组织政府等都没有影响,因此不存在对它负责的政府;帝国议会在对外交和军事问题上也毫无发言权。它最大的权力就是审查和通过预算。因此,帝国议会被称为只是一个"发表独白"的"没有政府的议会"。① 而且不管是联邦议会还是帝国议会,它们的召集权和宣布休会的权力都掌握在皇帝手中。

德意志帝国宪法关注的核心是帝国的组织机构,在人民的基本权利等方面只字未提。天主教中央党和南德资产阶级自由派的一些代表曾提出在宪法中增加一些有关基本权利的内容,但是这些努力都以极其悬殊的票数遭到否决。

由此可见,1871 年建立起来的帝国在政治结构上是一个立宪君主制外衣下的专制政体国家,或者叫半专制国家。在这一国家中,传统贵族阶级仍然居于领导地位,资产阶级通过帝国议会在参与意义上加入了统治阶级行列。正是从这一意义上,马克思称德意志帝国是"一个以议会形式粉饰门面、混杂着封建残余、已经受到资产阶级影响、按照官僚制度组织起来、并以警察来保卫的、军事专制制度国家"。②

虽然德意志帝国在最初建立时具有行政结构上的联邦主义和政治体制上的半专制主义特征,但是随着德国社会迅速由农业形态向工业形态转变,人口流动大幅度增强,各邦、各地区之间的经济和文化等融合不断加强,各种分离主义因素逐渐失去了存在的基础和环境,帝国的行政结构在日后出现了由联邦主义向中央集权主义的缓慢转变。而工业化

---

① [美]科佩尔·S. 平森:《德国近现代史:它的历史和文化》,上册,范德一译,商务印书馆 1987 年版,第 224 页。
②《马克思恩格斯选集》第 3 卷,人民出版社 1972 年版,第 21—22 页。

引发的社会政治力量的多元化趋势以及与此相适应的民主思想的进步等,也促使帝国政体由半专制体制向议会民主制迈进,但这一进程相对和缓,可以称作一种"悄无声息的议会化"。①

1871年宪法是一部"约定性的宪法"。正是这部带有照顾各种势力利益的妥协性宪法,使统一的德意志民族国家成为一种现实。宪法是在顾及三个主要因素的基础上产生的,它们分别是:各邦统治者的利益,资产阶级自由派的建立统一民族国家的愿望和普鲁士的霸权。宪法的任何一个部分,包括国家行政结构的设置、政治体制的构架等,都可以从这三大因素中找到根据。帝国宪法对各方利益的照顾,是俾斯麦的波拿巴式统治②策略的体现。他是要通过在各种新旧势力之间保持平衡,加强自己的权力地位。③ 客观上讲,在当时,这一带有妥协色彩的宪法对于巩固新创立的德意志民族国家,应该是利大于弊。

就政治色彩而论,1871年帝国宪法与欧洲其他国家的宪法相比,选取的是中间道路。一方面,它比西欧国家的宪法要落后一些;另一方面,它和东欧及东南欧的绝对专制独裁体制相比,仍不失为一部进步的宪法。宪法中所包含的普遍、平等、直接选举和秘密投票制的民主原则,在当时是相当进步的。这一点甚至比当时最老牌的资本主义国家英国还要进步,因为英国直到1884年—1885年选举改革后,才基本上实现了男性普选制。而拿破仑三世统治下的法兰西第二帝国,虽然也实行普选制,却做不到平等。④

---

① Wolfgang J. Mommsen, *Der autoritäre Nationalstaat*: *Verfassung*, *Gesellschaft und Kultur des deutschen Kaiserreichs*, Frankfurt am Main: Fischer Verlag, 1990, S. 43.

② 波拿巴式统治又称波拿巴主义(Bonapartismus)。其概念最早来源于马克思的《路易·波拿巴的雾月十八日》一文。在历史学意义上,波拿巴主义是指19世纪的一种政治体制,即统治者打着"人民意志"的大旗,在势均力敌的各方力量之间斡旋,保持平衡,通过限制政治自由来维护自己的独裁统治,形成所谓"民主的中央集权"。从历史上看,波拿巴主义是很多具有强大专制传统的国家在现代化过程中无法绕过的过渡阶段。

③ Wolfgang J. Mommsen, *Imperial Germany 1867–1918*: *Politics*, *Culture*, *and Society in an Authoritarian State*, p. 21.

④ [法]皮埃尔·米盖尔:《法国史》,蔡鸿滨等译,商务印书馆1985年版,第380—383页。

当然,上述比较只说明了问题的一个方面,它并不意味着德国的宪政结构较之英法两国更民主和进步。在议会对各种政策和决定的影响方面,英、法等国要远远大于德国。德意志帝国宪法在规定民主选举议会的同时,却保存了一套与奥地利和俄国相类似的独裁主义结构的中央政府。于是乎,在德意志帝国存在着一种奇怪现象:帝国政府不对帝国议会负责,却可以在得到联邦议会同意后解散民选的帝国议会。正是由于这些特点,著名社会学家马克斯·韦伯(Max Weber,1864—1920)称新建立的德意志帝国是"半宪法的"甚至是"假宪法的"国家。也有学者称,从宪法角度而言,德意志帝国是一个"怪胎"(Monstrous)。① 德意志帝国的这些独特政治发展,使之与德国史学界争论不休的所谓"德意志独特道路"紧密联系在一起。②

（二）现代政党的起步:帝国初期的政党状况

在德国,现代意义上的政党出现于 1848 年革命时期。③"三月革命"后,由于取消了书报检查制度,结社、集会等权利得到保障,整个德意志因此出现了广泛的政治公开化,并且在此基础上形成了五个党派性质的集团。它们分别是:资产阶级自由派、资产阶级民主派、保守派、政治性天主教运动和早期工人运动。此外,还有代表各种利益集团的社团和协会。所有这些派别在政治倾向上大体上可以归类为"保守派"和"自由派"。

政党政治通常只有在一个国家建立起议会时才会产生。1848 年革命期间召开的全德国民议会(法兰克福议会)成了德国政党政治的最初诞生地。在这一议会中,虽然还没有明确形式的政党,但参加议会的代表在事实上已经分成了右派、中派和左派等派别,这三个派别之中又进

① Helmut Böhme, *Probleme der Reichsgründungszeit 1848 – 1879*, Köln: Verlag Kiepenheuer & Witsch, 1968, S. 455.
② Hans-Peter Ullmann, *Politik im Deutschen Kaiserreich 1871 – 1918*, München: Oldenbourg Verlag, 1999, S. 53.
③ Deutscher Bundestag, *Fragen an die deutsche Geschichte: Ideen, Kräfte, Entscheidungen von 1800 bis zur Gegenwart*, S. 124.

一步分成了若干个小派别。[1]

1848 年革命失败后,现代意义上的德国政党得到进一步发展。在普鲁士,1848 年"三月革命"中,威廉四世曾被迫召开联合的邦议会,允诺缔造一个德意志联邦国家,建立人民代议制和制定立宪君主制宪法。此后通过三级选举制选出的议会虽然不可能真正代表广大人民群众的意志,但议会制的出现本身就是具有重要的历史意义的政治进步,它给普鲁士政党政治的发展提供了空间。在普鲁士议会中逐渐形成了保守党(Konservative Partei)、自由保守党(Freikonservative Partei)、民族自由党(Nationalliberale Partei)和进步党(Fortschrittspartei)等几大党派。19 世纪 60 年代的宪法冲突就带有明显的党派政治色彩。如前所述,以进步党为代表的资产阶级与贵族地主阶级保守派之间展开了激烈的争夺国家领导权的斗争。因此,在帝国建立以前,政党政治在德国已经有了一定的基础。

必须指出的是,由于德意志帝国时期的政党状况混乱,变化组合迅速,且一些政党在纲领和主张上极其类似,因此,相关著作在述及这些政党和分析其纲领时不尽相同。[2] 总体上看,帝国建立初期的党派可以区分为旧党和新党两种类型。所谓旧党,是指在选民人数相对较少、广大民众尚未积极参与政治生活情况下形成的政党。原普鲁士各政党等都

---

[1] 参见第一章第四节"1848 年德国革命"之"法兰克福国民议会";Gunther Hildebrandt, *Opposition in der Pauls Kirche*, Berlin: Akademie Verlag, 1981.

[2] 有著述将德意志帝国时期的政党划分成民族自由党、左派自由主义者、保守派各党、帝国党、中央党和社会民主党等加以阐述。见 Deutscher Bundestag, *Fragen an die deutsche Geschichte: Ideen, Kräfte, Entscheidungen von 1800 bis zur Gegenwart*, S. 204 - 205。另有著作认为,德意志帝国时期的政党可分为 5 大集团,即保守党—农业集团、天主教集团、自由派—工业集团、激进派—商业集团以及社会主义者—无产者集团,这是将各政党与其所代表的阶级或利益集团联系在一起。见 Robert Herndon Fife, Jr., *The German Empire between Two Wars: A study of the political and social development of the nation between 1871 - 1914*, New York: Macmillan Company, 1916, p. 120. 此外,路德维希·贝格施特莱塞尔在《德国政党史》中也对这一时期德国政党的发展状况作了较详细的介绍。Ludwig Bergsträsser, *Geschichte der politischen Parteien in Deutscheland*, München: G. Olzog Verlag, 1965.

属于旧党类型,它们在帝国建立初期仍占有重要地位。虽然 19 世纪 60 年代的普鲁士进步党在议会选举中得到多数选民的支持,但是三级选举制的普遍代表性和民众参与性显然不足,因此进步党也只能归属旧党类型。所谓新党,是指社会民主党、天主教中央党等真正代表民众的党派,它们拥有庞大的政党组织,在民众政治生活中扮演着重要角色。下面就德意志帝国初期的几个主要政党加以介绍。

(1)保守党。该党是源于普鲁士的旧党,核心成员是普鲁士易北河以东的容克地主。[①] 作为旧秩序的维护者,在帝国建立以前,保守党拥护普鲁士王室及其传统政策,反对德国的统一以及任何政治变动。它担心在德国统一过程中会减少邦国的数量,动摇"正统主义"原则;同时它也担心普鲁士会在统一后的德意志民族国家中丧失自己的独立性。因此,尽管俾斯麦也是容克地主阶级的成员之一,由于他推行统一德国的政策,在其当政的最初 10 年中,保守党毫不犹豫地一直站在他的对立面。只是由于该党在普鲁士议会中只占少数,才没有对俾斯麦统一德国的政策构成威胁。在政治上,保守党是社会民主党的死敌,仇视犹太人,也反对俾斯麦发动的反天主教的文化斗争。保守党的著名代表人物有恩斯特·路德维希·冯·盖拉赫、汉斯·胡果·冯·克莱斯特-雷措夫(Hans Hugo von Kleist-Retzow,1814—1892)等人。

德意志帝国建立后,部分保守党人看到普鲁士在新的帝国中仍拥有不可动摇的霸主地位,逐渐改变了对帝国的敌视态度。保守党因此发生分裂,出现了所谓的"老保守党人"和"新保守党人"。前者仍顽固坚持反对帝国的态度,后者则支持帝国政府和普鲁士政府的政策。1876 年,该党两派重组,更名为德意志保守党(Deutschkonservative Partei),以表示对新建立的德意志帝国的默认。改组后的德意志保守党的核心成员仍为普鲁士东部的容克地主,但他们的目光和兴趣已经从普鲁士扩展到了

---

① Gerhard A. Ritter, *Das Deutsche Kaiserreich 1871 - 1914*: *Ein historisches Lesebuch*, Göttingen: Vandenhoeck & Ruprecht Verlag, 1977, S. 124 - 126.

整个帝国。在外交上,他们鼓吹帝国对外扩张政策,主张扩建海军和夺取殖民地;在经济上,他们赞成发展工业,但特别强调发展和保护农业。保守党虽然在新建立的德意志帝国议会中势力较小,但是因其传统地位以及与皇帝的密切关系,在普鲁士政治中拥有巨大的影响力。①

后来,保守党中又分离出了基督教社会党(Christlich-soziale Partei)、德意志改良党(Deutsche Reformpartei)和农场主同盟(Bund der Landwirte)等小党派,他们或反对犹太人,或主张保护农业,实际上是保守党的分支。

(2)德意志帝国党(Deutsche Reichspartei),简称帝国党(Die Reichspartei),源自1866年普奥战争之后从普鲁士保守党中分离出来的自由保守党。该党派起初很小,核心成员是旧普鲁士各省之外的大土地所有者、富商,特别是那些已经贵族化了的大工业家。② 这种成员构成决定了该党的主要目标是既要保护业已得到的各种特权,同时也有资产阶级的建立统一的民族国家的意愿。因此它对俾斯麦在保护贵族各种特权前提下统一德国的努力持坚决支持的立场。其口号是"祖国高于党"。③

帝国建立以后,自由保守党更名为德意志帝国党。其主要根据地在接近波兰的各省、符滕堡以及莱茵河下游地区。帝国党在政治立场上徘徊于保守党和民族自由党之间。在政治上,该党支持俾斯麦的立宪政府形式和其中包含的中央集权主义因素,支持俾斯麦反对天主教的文化斗争,是帝国初期支持俾斯麦的主要力量。作为俾斯麦的亲信党,它的许多成员成了帝国在外交和内政方面的高级官员。但是作为保守派政党,

---

① Gerhard A. Ritter, *Das Deutsche Kaiserreich 1871 - 1914*: *Ein historisches Lesebuch*, S. 128 - 129.

② Golo Mann, *Deutsche Geschichte des 19. und 20. Jahrhunderts*, Frankfurt am Main: Büchergilde Gutenberg, 1958, S. 418.

③ [美]科佩尔·S. 平森:《德国近现代史:它的历史和文化》,上册,范德一译,商务印书馆1987年版,第232页。

它反对帝国在议会化方面的任何进步。^① 它也反对社会民主党和犹太人。在经济方面,它同样重视农业,但与保守党相比,它更关心工业的发展。这种特性在该党的代表人物身上特别突出。帝国党的主要代表人物威廉·卡尔多夫(Wilhelm von Kardorff,1828—1907)既是西里西亚的骑士庄园主,又是德国工业家中央联合会的创始人之一。这一政党的代表还有工业家卡尔·冯·施图姆-哈尔贝格(Carl Ferdinand von Stumm-Halberg,1836—1901)等人。

(3)民族自由党。1866 年 11 月,资产阶级进步党因是否在北德意志联邦中支持俾斯麦的宪法出现不同看法,进而发生分裂,一部分人分离出来,组成了民族自由党。这是一个真正的"帝国党"。其成员主要来自西普鲁士、被普鲁士吞并的汉诺威、黑森等地区以及南德的巴登、符滕堡等邦,代表信奉新教的文化资产阶级和工业大资产阶级。这一政党的主要目标是实现法制的、进步的、宪政的议会制国家和实现民族的强权国家。民族自由党与包括进步党在内的其他资产阶级自由党人的最大区别在于,它将建立强大的民族国家与实现自由主义的、民主的法制国家置于同等重要的地位,同时兼顾到自由和民族国家利益。为此,它以自由贸易、议会通过预决算等为条件,支持俾斯麦统一德国的政策。在帝国建立初期,民族自由党是帝国议会中最强大的政党,也是俾斯麦在帝国议会中的最强有力的支持者。它支持开展反对天主教的文化斗争,但对社会问题不感兴趣。

民族自由党内部也并非铁板一块,它可划分为左右两派。左派领导人是爱德华·拉斯克(Eduard Lasker,1829—1884)。该派追求的目标是,保持基本的自由权利,反对政府,节约开支。因此俾斯麦对拉斯克恨之入骨,称之为"德国的病患"。右派领导人为鲁道夫·冯·本尼希森。他是原德意志民族联合会的主席,因此更钟情于强权民族国家。

---

① Deutscher Bundestag, *Fragen an die deutsche Geschichte*: *Ideen*, *Kräfte*, *Entscheidungen von 1800 bis zur Gegenwart*, S. 205.

　　(4)进步党,即德意志进步党,是帝国议会中资格最老的一个政党。在 19 世纪六十年代的宪法冲突中,它是普鲁士议会中最强大的政党,主要支持者是商业资产阶级、手工业者、小商人、小官吏和知识分子。该党可谓真正意义上的资产阶级自由党,是 19 世纪德国自由主义的代表。该党最重要的领袖有欧根·里希特(Eugen Richter,1833—1906)和弗里德里希·诺曼(Friedrich Naumann,1860—1919)。它在政治上和经济上都主张自由放任,力求将立宪君主制改变为议会君主制,反对贸易保护主义和中央集权下的统制经济。这种政治态度使得进步党在议会中一直处于和俾斯麦对立的状态,是俾斯麦眼中的"帝国之敌"。[1] 同时,它也反对军国主义和扩军备战,反对社会主义。

　　(5)德意志人民党(Deutsche Volkspartei)[2]。该党源自 1864 年以巴登、巴伐利亚和符腾堡等南德各邦为基地建立的民主人民党(Demokratische Volkspartei),从法兰克福议会中的民主派演变而来,1868 年改名为德意志人民党。该党是资产阶级自由派中最激进的一个派别。在政治上,它笃信共和政体,主张平等自由,发展人权,要求建立责任内阁,实行地方自治;在对外政策上,它主张和平和削减军备;在经济上,它反对经济自由主义而主张国家干预的社会政策,要求进行各种经济和社会改良,实行劳工立法等。因此,它又被称为民主党。

　　以上各党派都属于旧党类型。他们的民众基础相对较窄,在民众中的影响力也有限。以中央党和社会民主党为代表的新党则由于其广泛的民众基础而呈现蓬勃的生命力,发展成为德意志帝国时期最强大的政党。

　　(6)中央党。中央党是德国社会历史发展的独特产物。16 世纪马丁·路德宗教改革以后,德国在宗教信仰方面分裂成了新教和旧教两

---

① Golo Mann, *Deutsche Geschichte des 19. und 20. Jahrhunderts*, S. 419.
② 德意志帝国时期的德意志人民党(缩写 DtVP)与魏玛共和国时期的德意志人民党(缩写 DVP)虽然文字表达一样,但不可混淆。前者是德意志帝国时期的左翼自由派,后者由原民族自由党的保守派发展而来。

派。19世纪五六十年代以后,新教邦国普鲁士的力量迅猛发展,而且得到反天主教的自由主义者的支持。这一形势迫使德意志的天主教徒们不得不利用新发展起来的政党政治来捍卫自己的宗教信仰和利益,保障天主教会在强大的世俗国家力量面前的独立性,并通过各种现代性的组织机构、报纸和俱乐部等保持对人们的灵魂的影响力。所有这些都需要介入政治生活。于是普鲁士的天主教力量在1852年成立了中央党①,以便与普鲁士的反天主教势力对抗,反对政府限制天主教的举动。该政党后来在普鲁士宪法冲突中解散。19世纪70年代初,欧洲政治形势对天主教势力更加不利。新教的普鲁士先后击败了作为天主教大国的奥地利和法国,建立起它主导的德意志帝国;与此同时,意大利趁德法战争之机完成了国家统一,作为天主教中心的罗马眨眼间变成了意大利王国(Königreich Italien)的首都。在这一背景下,1870年12月13日,普鲁士议会中的天主教议员在彼得·赖兴施佩格尔(Peter Reichensperger, 1810—1892)和路德维希·温特霍斯特(Ludwig Windthorst, 1812—1891)的领导下,"恢复"了中央党。德意志帝国建立以后,中央党的组织覆盖到整个德国。中央党的基础是德国的分离主义势力,是各种对帝国不满因素的联合,诸如阿尔萨斯-洛林的天主教代表、信仰天主教的波兰人、不顺从的汉诺威人②等,都是它的坚定支持者。因此中央党的成员和支持者呈现出一种"社会多元性"。③

　　中央党的社会基础并非存在于特定的社会阶层之中。最初它只是为了对付新教的普鲁士和日益强大的自由主义,捍卫天主教群众的利益,是一个宗教性的党派。因此它在政治立场上有一种不可思议的混杂

---

① 该党名为中央党,是因为它在普鲁士议会中处于保守派和自由派之间,站在介于左派和右派之间的立场上,吸取了保守派和社会主义者的倾向。Golo Mann, *Deutsche Geschichte des 19. und 20. Jahrhunderts*, S. 423.

② 汉诺威被普鲁士吞并后,那些仍效忠于原汉诺威宫廷居尔夫家族(Guelfe,在中部高地德语中称Welf,译韦尔夫)的人就成了居尔夫派(韦尔夫派)。

③ Hans-Peter Ullmann, *Das Deutsche Kaiserreich 1871 - 1918*, Berlin: Suhrkamp Verlag, 1995, S. 39.

性,既有保守性的一面,又有类似社会主义的激进成分。从保守性方面
看,中央党主张联邦制,反对资产阶级自由主义者所主张的中央集权的
国家形式,认为宗教信仰自由是公民的最基本的权利之一,每个个体的
自由不应受到严格的限制;国家应该承认包括宗教团体在内的各种社团
和协会的独立性。从激进层面看,中央党的社会主张中具有社会主义的
成份。天主教工人运动(Katholische Arbeitnehmer-Bewegung)的创始
人美因茨主教威廉·埃马努埃尔·冯·克特勒(Wilhelm Emmanuel von
Ketteler,1811—1877)认为,富人和穷人之间的鸿沟是由于经济自由主
义对财产的放任态度造成的;为了消除社会的苦痛,"必须填平社会中巨
大的鸿沟,消除贫富之间根深蒂固的敌对"。[①] 1864 年,克特勒出版《工
人问题和基督教》(Die Arbeiterfrage und das Christentum)一书,其中特
别强调必须关心工人阶级的社会和经济状况。

(7) 社会民主党。社会民主党是德国工人阶级力量迅速壮大和工人
运动飞速发展的产物,代表的是工人阶级的利益。它有两个来源:一是
1863 年在莱比锡成立的费迪南德·拉萨尔(Ferdinand Lassalle,1825—
1864)领导下的全德工人联合会(Allgemeiner Deutscher Arbeiterverein);二
是 1869 年奥古斯特·倍倍尔(August Bebel,1840—1913)和威廉·李卜克
内西(Wilhelm Liebknecht,1826—1900)在爱森纳赫创立的德国社会民主
工党(Sozialdemokratische Arbeiterpartei Deutschlands)。1875 年,两派在哥
达合并为德国社会主义工人党(Sozialistische Arbeiterpartei
Deutschlands)。1891 年爱尔福特大会上开始采用德国社会民主党
(Sozialdemokratische Partei Deutschlands)的名称。德国社会民主党与
帝国时期其他政党的区别在于,其斗争更着眼于未来,要求建立新的社
会制度。

帝国时期还存在一些地方性党派,诸如波兰人党、汉诺威人党、丹麦

---

① [美]科佩尔·S. 平森:《德国近现代史:它的历史和文化》,上册,范德一译,商务印书馆 1987
年版,第 253 页。

人党、阿尔萨斯-洛林人党等。它们各自代表自己的地方利益,敌视新建立的帝国,甚至希望脱离帝国回归自己原来的国家。在政治、经济和社会等各项主张方面,它们一般介于中央党和民族自由党之间,没有自己的特殊纲领。

二、国内政治生活

在俾斯麦时代,帝国政治生活的主要内容就是以俾斯麦为首的帝国政府与天主教中央党和社会民主党两大"敌视帝国"的政党之间的斗争。众所周知,俾斯麦自出任普鲁士首相以来,与包括进步党在内的精英型旧党的斗争都取得了胜利。在德意志帝国建立以后,这位铁腕宰相出于巩固统一成果和维护统治秩序的考虑,又非常自负地对天主教中央党和以社会民主党为代表的社会集团发动了两次规模空前的政治战役。它们都是以轰轰烈烈开始,但都以失败告终。这是俾斯麦执政以来在政治上遇到的最强有力的两大对手,也是他在国内政治斗争中尝到的少有的几次失败苦果。

这一时期帝国的政治发展趋势也有两点新的变化:一是帝国政府在行政管理上的中央集权走向明显加强;二是议会政治有一定的进展。

（一）文化斗争;普鲁士省级行政改革

帝国建立后,俾斯麦发动的第一场国内政治战役是针对天主教的所谓"文化斗争"①。俾斯麦发动这场斗争,主要出于国内和国际两个方面的考虑。

从国内方面看,俾斯麦特别担心以中央党为代表的天主教势力对新建立的帝国不利。作为宗教集团,天主教势力"从一开始就站在这个新

---

① "文化斗争"一词是进步党领袖鲁道夫·菲尔绍（Rudolf Virchow，1821—1902）在1873年1月的一次选举演说中首先使用的。参见 Erich Schmidt-Volkmar, *Der Kulturkampf in Deutschland*, Göttingen: Verlagsgesellschaft Musterschmidt, 1962, S. 119; Helmut M. Müller, *Schlaglichter der deutschen Geschichte*, S. 186。

国家和福音派新教皇权的对立面"。①　例如,中央党在 1871 年春天公布的纲领中就曾提出两大要求:各邦的独立和自决;保护宗教团体不受世俗立法的干涉。中央党的这些主张得到阿尔萨斯-洛林人、波兰人、丹麦人等分离主义势力的支持。显然,对于这种可能危及来之不易的国家统一的举动,俾斯麦绝对不会坐视不理。

从国际方面看,有两个重要因素促使俾斯麦对天主教采取打击措施。一是反对罗马教廷对德国国内事务的可能干涉。1864 年,教皇庇奥九世(Pius IX.，1792—1878)发表《谬说汇编》(Syllabus Errorum),从天主教信仰的立场出发,批驳了政治、文化和经济上的自由主义原则,把一切反对教皇统治的学说和社会主义、共产主义统统列入了"谬说"。1870年 7 月 18 日,梵蒂冈宗教会议(Vatikanisches Konzil)明确确认了"教皇无谬误"(Päpstliche Unfehlbarkeit)的信条,据此,教皇就教义和伦理学方面所作的决定没有谬误。②　罗马天主教会的这些举动在德国资产阶级自由派和新教世界中引起广泛的愤慨,他们希望建立脱离罗马教廷的民族教会。"脱离罗马"因此成为"'文化斗争'的主要目标"。③

俾斯麦起初认为,《谬说汇编》和"教皇无谬误"信条是天主教会内部事务,因而在 1870 年时仍要求普鲁士驻罗马教廷大使哈里·冯·阿尼姆伯爵(Harry von Arnim, 1824—1881)采取中立态度。甚至 1870 年 9月 20 日罗马被意大利占领后,他还表示愿让教皇在德国享受庇护权。④但是,后来天主教会对德国内部事务的干涉最终迫使他无法再保持超然的态度。

事情起因于 70 年代初德国天主教集团的分裂。当时由著名神学家、

---

① Helmut M. Müller, *Schlaglichter der deutschen Geschichte*, S. 186.
② Gerhard A. Ritter, *Das Deutsche Kaiserreich 1871－1914*：*Ein historisches Lesebuch*, S. 194.
③ Paul Majunke, *Geschichte des "Kulturkampfes" in Preußen-Deutschland*, Paderborn：Verlag von Ferdinand Schöningh, 1902, S. 30.
④ Gordon Boyce Thompson, *The Kulturkamp*：*An Essay*, Toronto：The Macmillan Co. of Canada, 1909, pp. 11－12.

慕尼黑教会历史学家伊格纳茨·冯·德林格尔（Ignaz von Döllinger，1799—1890）等组成的天主教反对派——老天主教徒（Die Altkatholiken）拒绝接受"教皇无谬误"的信条。① 天主教会为此不仅将他们逐出教门，解雇反对派教师，而且要求德国政府将其中的一些人清除出国家机关。这是干涉德国境内世俗事务的明显举动，也违背了普鲁士政府一贯遵循的宗教宽容和平等政策。此外，普鲁士境内波兰语地区的一些天主教会传教士不仅不传布德语，反而鼓励波兰语，有使波兰民族运动复兴的危险。这一切都是赤裸裸的教权主义（Klerikalismus）的体现。它们使俾斯麦认为，必须调整国家与天主教会的关系，以杜绝天主教会对国家事务的影响。②

促使俾斯麦打击天主教势力的第二个国际因素是当时的国际形势。帝国建立后，俾斯麦对外政策的重点是孤立法国，防止其复仇。1873 年，法国共和派的梯也尔政府由于国民议会内部危机倒台，主张复仇的保皇派麦克马洪（Patrice de Mac Mahon，1808—1893）当选为总统。这意味着法国可能出现君主制复辟。由于前法国国王是正统天主教徒，俾斯麦担心他重返王位后会与天主教的奥地利走到一起对付德国。③ 而且当时反对教权主义④的意大利和信奉东正教的俄国都与罗马教皇关系不佳。因此俾斯麦想通过打击天主教势力来确保和俄、意等国的友好关系，孤立教权主义的法国。

出于上述原因，俾斯麦开始了反天主教的文化斗争。1871 年 6 月 30 日，普鲁士政府在一份呈文中向威廉一世建议，取消文化部的天主教处。⑤ 与此同时，在俾斯麦授意下，保守党的喉舌《十字报》也发起了一场

① Johannes B. Kißling, *Geschichte des Kulturkampes im Deutschen Reiche*, *Erster Band*, *Die Vorgeschichte*, Freiburg: Herdersche Verlagshandlung, 1911, S. 278 - 279.

② Bernhard Pollmann, *Lesebuch zur deutschen Geschichte*, S. 699.

③ ［德］奥托·冯·俾斯麦：《思考与回忆》，第 2 卷，第 131 页。

④ 所谓教权主义，是指赞成教会神职人员在政治或非教会事务中的权力及影响的政策。

⑤ Gerhard A. Ritter, *Das Deutsche Kaiserreich 1871 - 1914: Ein historisches Lesebuch*, S. 194.

反对教权主义的宣传运动。文化斗争随之大规模展开。1871 年 12 月 10 日,帝国议会通过《布道条例》(Kanzelparagraph),禁止宗教人员在行使其职责时"以危害公共安宁的方式"处理国家事务。1872 年 1 月 22 日,对教士和所有宗教机构都带有自由理性主义仇恨的民族自由党法学家阿达尔伯特·法尔克(Adalbert Falk,1827—1900)出任普鲁士文化大臣,俾斯麦给他的任务就是"恢复国家对教会的权力"。[1]

1872 年 3 月 11 日,根据文化大臣法尔克的建议,普鲁士颁布了《学校监督法》(Schulaufsichtsgesetz),以确立国家对学校的监督权。这一法令取消了教会向地区或县级学校派遣视察员的制度,将所有公立学校和私立学校都置于国家监督之下。7 月 4 日,联邦议会和帝国议会也通过《反耶稣会士法》(Jesuitengesetz),禁止耶稣会(Jesuitenorden)在帝国内活动。1873 年 1 月 9 日,法尔克又提出一系列的反天主教法令,并于当年 5 月颁布,这就是所谓的"五月法令"(Maigesetze)。据此,在德国担任教职人员必须具有德国高级文科中学毕业文凭,在德国大学学习,并须通过哲学、历史和德国文学等学科的国家"文化考试",从而把教士教育完全置于世俗国家政权的控制之下;国家对教士的授职拥有否决权,教会任命教职时有义务向普鲁士省长报告,省长则有权提出异议;教会对下属的惩戒权只限于教会机关;设立负责教会事务的王家法庭,以处理不服教会机构纪律裁决而提出上诉的案件等。相关法令激起了天主教会的强烈不满。天主教会的主教们在富尔达集会,明确宣布不承认这些法令。

此后,普鲁士政府和帝国政府又出台了一系列旨在打击天主教势力的措施和法令。1874 年 3 月,普鲁士开始实行强制的非宗教婚姻,规定只准举行世俗婚礼。出生、结婚和死亡等户籍登记工作也从教会转到了新成立的户籍机关。5 月,帝国政府通过法令,规定各邦政府有权限制传教士住在特定的地区,甚至将他们驱逐出境。7 月,天主教帮会成员爱德

[1] Erich Schmidt-Volkmar, *Der Kulturkampf in Deutschland*, S. 77 - 79.

华·库尔曼(Eduard Kullmann，1853—1892)刺杀俾斯麦未遂，进一步激化了反天主教运动。12月德国驻梵蒂冈大使馆完全停止了活动。1875年4月22日和5月31日，普鲁士又相继颁布"面包篮法令"(Brotkorbgesetz)和"寺院法令"(Klostergesetz)：停发国家给天主教会的补助款；取消一切教团在普鲁士的住所，只有纯粹照顾病残者的教团除外。到1876年，普鲁士所有的主教或被逮捕，或被驱逐出境，天主教教士职位的空缺接近1/4。

俾斯麦政府反对教权主义的斗争得到资产阶级自由派的支持。他们从根本上反对与现代自然科学不相容的天主教教义，同时也想借助这场斗争来打垮作为分离主义势力代表的天主教中央党，巩固新统一起来的民族国家。

然而，相关斗争收效甚微。1875年2月5日，教皇庇奥九世发布通谕，宣布"违反教会神圣制度"的普鲁士各项法令一概无效，并威胁要将所有遵守这些法令的人逐出教门。同时，中央党经过这场斗争不仅没有被打垮，反而愈加壮大。德国的天主教徒都团结到了中央党的周围，抵制政府的各项反天主教法令和措施。中央党因此发展成群众性大党，在议会中的势力也迅速壮大。1871年议会选举中，中央党的得票数为72.4万多张，占选票总数的18%，拥有63个议席；1874年选举中的得票数达到134.1万多张，得票率上升为27.9%，拥有91个议席，与帝国议会第一大党民族自由党的差距明显缩小。[①]

中央党之所以能顶住普鲁士和帝国政府的强大压力而发展壮大，原因主要有二。一是严厉的文化斗争激发了天主教中央党领袖们的战争精神。中央党领袖温特霍斯特与俾斯麦展开了针锋相对的激烈斗争，以

---

① Gerd Hohorst，Jürgen Kocka und Gerhard A. Ritter：*Sozialgeschichteliches Arbeitsbuch. Band 2. Materialien zur Statistik des Kaiserreichs 1870 - 1914*，S. 173 - 175；Peter Flora，*State，Economy，and Society in Western Europe 1815 - 1975：A Data Handbook*，vol. 1. *The Growth of Mass Democracies and Welfare States*，London：Macmillan Press，1983，p. 119.

至于俾斯麦对其恨之入骨。这位宰相曾说过:"恨和爱一样,都是生命的伟大动力。我的生命是由两个人维持着并给予愉快的——我的妻子和温特霍斯特。一个活着让我爱,另一个活着让我恨。"①二是中央党采取了正确的斗争策略。在这场斗争中,中央党的口号是,宗教自由是普鲁士宪法规定的最基本权利之一,如今普鲁士国家却在威胁着一切大的宗教团体。② 就此而言,《布道条例》的打击目标虽然是天主教教士,但该条例的内容也让其他宗教派别为之不安。因此,正统路德教的保守派分子担心这种对天主教的进攻会殃及一切传统宗教,也转而支持中央党。

俾斯麦文化斗争失败的根本原因则在于,他低估了德国社会的天主教传统力量。他试图在短期内通过国家政权力量强行清除天主教会势力的做法显然是行不通的,因为人们对天主教的信仰已经深深植根于德国人的思想意识和文化之中。因此,迫害天主教教士只会促使多数的天主教徒带着本能的反抗心理团结起来,在议会选举中一致地投中央党的票。

19世纪70年代中期以后,国际国内形势最终迫使俾斯麦结束文化斗争。在国际上,法国已经确立了共和体制,并且成了反教权主义的国家,因此通过打击天主教会来孤立法国的最初目的已经失去了依据。在德国国内,形势也已经发生了新变化。一方面,中央党的不断壮大使俾斯麦认识到,文化斗争已经没有前途;另一方面,他看到了更可怕的社会主义工人运动正在迅速发展壮大。与天主教会仅仅威胁国家的统一不同,这股力量威胁的是整个现有社会秩序和统治阶级的利益。因此俾斯麦决定先集中一切力量来对付这股洪水猛兽。在这种形势下,视社会主义工人运动为敌人的天主教会和中央党就成了俾斯麦可以联合的力量。出于以上原因,俾斯麦在1876年以后开始转向,罗马教廷和中央党也逐

---

① Gerhard A. Ritter, *Das Deutsche Kaiserreich 1871 - 1914*: *Ein historisches Lesebuch*, S. 196 -198;[美]科佩尔·S. 平森:《德国近现代史:它的历史和文化》,上册,范德一译,商务印书馆1987年版,第261页。

② Golo Mann, *Deutsche Geschichte des 19. und 20. Jahrhunderts*, S. 422 - 423.

步停止了与俾斯麦政府的对抗。

1878 年 2 月，执拗的教皇庇奥九世去世，温和的利奥十三世（Leo XIII.，1810—1903）接任教皇，从而为俾斯麦铺平了通向"卡诺莎觐见"（Gang nach Canossa）①的道路。1878 年和 1879 年，俾斯麦和教皇大使两度谈判，并采取了让步的态度。

1880 年 7 月 14 日普鲁士政府颁布第一个《和缓法令》（Milderungsgesetz），免除主教对帝国法律宣誓的手续，把取消的国家对教会的财政拨款重新发给教会。罗马教会也作出妥协，允许德国主教在教会授职前把神甫的名单报给政府。1882 年 5 月和 1883 年 7 月，德国政府颁布第二个和第三个《和缓法令》，允许被国家免职的主教返回原任职教区，限制帝国法庭对教会事务的管辖权。俾斯麦还特请教皇出面调解德国与西班牙在加罗林群岛（Karolinen；Karolineninseln）问题上的纠纷，以示对教皇的恭敬。利奥十三世投桃报李，于 1885 年 12 月授予俾斯麦教会最高荣誉——基督勋章。1886 年 5 月德国政府发布第一个《和平法令》（Friedensgesetz），承认教皇有惩戒下属之权，撤销管辖教会事务的国家法院，取消文化考试。1887 年 4 月又颁布了第二个《和平法令》，弱化教会向政府报告的义务和给教士授职时国家的抗议权，允许除耶稣会以外的所有教团存在。利奥十三世则将反对俾斯麦最激烈的科隆大主教梅尔歇斯（Paulus Melchers，1813—1895）调往罗马，以为报答。1887 年 5 月，利奥十三世在一次红衣主教会议上宣布文化斗争结束。

俾斯麦发动的文化斗争是失败的。但是，作为一名精明的政治家，俾斯麦在原则上达到了自己的目的。在与罗马教会和解后，一些涉及国家安全和世俗权力的措施，诸如《布道条例》、取缔耶稣会、取消普鲁士文

---

① 1075 年，教皇格里高利七世（Gregor VII.，zwischen 1025 und 1030 - 1085，1073 年被选为教皇）趁神圣罗马帝国国内局势不稳之际，宣布取消世俗君王的主教叙任权，皇帝亨利四世（Heinrich IV.，1050—1106，1056 年—1105 年在位）随之宣布废黜格里高利七世，格里高利七世则宣布革除亨利四世的教籍并解除臣民对他的效忠。双方形成了所谓的"授圣职权之争"（Investiturstreit）。一些诸侯在教皇煽动下趁机谋反。迫于形势，亨利四世于 1077 年前往意大利的卡诺莎城堡向格里高利七世悔罪，求其宽恕并恢复教籍。

化部的天主教文化处、强制非宗教婚姻等依然保存着。正因为如此，中央党对这场斗争的结果很不满意。但是俾斯麦将他那圆滑的外交手腕运用于文化斗争的撤退战略中。他避开中央党而直接与罗马教廷打交道，并利用后者对中央党施加压力，从而避免了彻底投降。

19世纪70年代的反天主教文化斗争其实与宗教、文化的关系不大。很显然，反天主教文化斗争的根本目的不是出于维护宗教信仰的需要，而是更大程度上出于世俗因素的考虑。从这次斗争中采取的手段和斗争的结果看，都呈现强烈的世俗特征和倾向。罗马教廷的妥协态度也再次表明，它在文化斗争中坚持和争夺的是世俗权力，而非宗教信仰的原则。

俾斯麦还利用文化斗争之际对普鲁士各省进行了有利于现代国家管理的行政改革。1872年法尔克出任文化大臣后，曾提出有关国家对学校进行监督的立法，但遭到普鲁士上议院容克们的反对。这使俾斯麦认识到，必须削减贵族专断独行的权力。同年秋天，俾斯麦提出实行针对贵族特权的行政改革，又遭到上议院容克的反对。针对这一状况，俾斯麦请求威廉一世任命25名非保守派议员进入上议院，为政府在上议院赢得多数，其目的才得以实现。1872年12月13日，普鲁士通过了主要由内政大臣欧伦堡伯爵（Friedrich Albrecht Graf zu Eulenburg，1815—1881）拟定的东部6省行政机构改革的法令。据此，取消地主在村社和乡区中的世袭警察和司法权；乡长和村长由选举产生；县长和区长分别由各省省长从地方选举会议提出的候选人中选拔委任。

普鲁士的省级行政改革将普鲁士东部容克地主的世袭政治特权变成了受政府委任的方式，将普鲁士农村的容克政权置于中央政府的控制之下，从而有利于国家的统一和政令的畅通。对容克地主的警察和司法权的剥夺，也是清除传统封建残余、建立现代资本主义正常统治秩序的一种进步表现。

（二）社会主义工人运动与《非常法》

文化斗争之后，俾斯麦又发动了对另一群众性政党——代表工人阶级的德国社会民主党的战役。德国工人运动是随着工业化和工人阶级队伍的壮大发展起来的。1848年革命前,德国工人总数还不到60万,而且主要是手工业学徒和作坊工人,19世纪60年代初则已经发展到了150多万人,其中产业工人所占比重因工业革命的深入而快速增长。起初,工人运动作为资产阶级自由民主运动力量的一部分而存在,主要斗争目标是封建势力。60年代后,受国际共产主义运动和国际工人运动的影响,德国工人运动开始以自觉的面貌出现,发出了自己的政治呼声和要求。

德国工人阶级的第一个全国性组织是全德工人联合会。1862年秋,参观伦敦世界博览会(Weltausstellung London 1862)归来的德国工人发出了建立独立的工人组织的呼吁,产业工人相对集中的柏林、汉堡、莱比锡等城市的工人开始筹划召开全德工人代表大会。12月4日,筹备全国工人代表大会的莱比锡委员会致函由于发表《工人纲领》(Arbeiterprogramm, 1862)而在工人中有重要影响力的费迪南德·拉萨尔(Ferdinard Lassalle, 1825—1864),请求领导工人运动。拉萨尔出生于布雷斯劳一个犹太丝绸商之家,是一位激进民主派,曾与马克思在《新莱茵报》合作。他接受了莱比锡委员会的邀请,并于1863年3月发表《公开答复》(Offenes Antwortschreiben),阐述了有关德国工人运动的观点。他认为德国工人阶级应当摆脱对资产阶级政党的追随,建立自己的独立政党,争取普选权;同时又认为,在资本主义制度下,工人的贫困是由"铁的工资规律"造成的。要废除这一规律,必须通过和平和合法的宣传争得普选权,获得议会多数,由此取得国家帮助,建立生产合作社,使工人成为自己企业的主人。① 最后,莱比锡委员会以6比4的多数票通过了将《公开答复》作为工人运动纲领。

---

① Ferdinand Lassalle, *The Workingman's Programme (Arbeiterprogramm)*, translated by Edward Peters, New York: The International Publishing Co. , 1899; Edward Bernstein, *Ferdinand Lassalle as a Social Reformer*, translated by Eleanor Marx Eveling, London: Swan & Sonnenschein & Co. , 1893, pp. 134 - 147.

　　1863 年 5 月 23 日,全德工人联合会在莱比锡召开,来自德国 11 个工业中心城市的代表参加了大会。拉萨尔被推选为联合会主席。全德工人联合会的成立是德国工人运动的重大进步,拉萨尔有其不可抹杀的功绩。他的活动对于德国工人阶级摆脱资产阶级的影响,建立独立的政治组织,显然是有益的。正是从这一意义上马克思给予了他高度评价:"在德国工人运动沉寂了十五年之后,拉萨尔又唤醒了这个运动,这是他的不朽的功绩。"①但是,拉萨尔有一种机会主义倾向。为了得到政府帮助和实现普选,他从 1863 年起曾与俾斯麦进行多次通信和会谈,保证工人将支持普鲁士以王朝战争方式统一德国。他甚至向俾斯麦透露全德工人联合会的组织状况和计划。拉萨尔的这些举动在全德工人联合会内部引起越来越多的反对声音。生性高傲的拉萨尔决定退出工人运动,移居国外。1864 年 8 月,在瑞士疗养的拉萨尔与情敌决斗,死于日内瓦。此后,他的继任者贝克尔(Bernhard Becker,1826—1882)、施韦泽(Johann Baptist von Schweitzer,1833—1875)②等继续推行其机会主义路线,支持俾斯麦政府的政策。他们形成了德国工人运动中的拉萨尔派。

　　德国社会民主工党的成立是德国工人运动史上的另一件大事。出于对拉萨尔主义(Lassalleanismus)的不满,在全德工人联合会成立后不久,即 1863 年 6 月 7 日,来自柏林、纽伦堡和杜塞尔多夫等 48 个城市的工人代表在法兰克福成立了另一个全国性工人组织德国工人联合会代表大会(Vereinstag Deutscher Arbeitervereine)。该联合会批评拉萨尔主义,但在组织上很松散,实权掌握在银行家兼出版商利奥波德·宗内曼(Leopold Sonnemann,1831—1909)等资产阶级自由派手中。1869 年 5 月,在威廉·李卜克内西和倍倍尔等人的推动下,德国工人联合会代表大会理事会提出了建立"社会民主党"的问题。7 月,李卜克内西和倍倍

―――――――――――――――

① 《马克思恩格斯选集》,第 4 卷,人民出版社 1965 年版,第 370 页。
② 贝克尔 1864 年—1865 年任全德工人联合会主席。施韦泽 1867 年—1871 年担任全德工人联合会主席。

尔等决定召开德国社会民主党成立大会,号召各地派代表参加这一大
会。8月7—9日,全德工人代表大会在爱森纳赫召开,来自德国各地和
瑞士、奥地利的260多名代表出席大会。大会正式成立了德国社会民主
工党,通过了基于马克思主义理论的《爱森纳赫纲领》(Eisenacher
Programm),[1]号召为废除资本主义生产方式而斗争。社会民主工党也
因此被称为爱森纳赫派。

德国社会民主工党的成立,在国际共产主义运动和德国社会主义工
人运动史上都具有重大意义。它是第一个按照马克思主义学说在一国
范围内组织起来的社会主义工人政党,也是德国工人运动发展到新阶段
的重要标志。

德意志帝国建立后,由于工业快速发展,工人阶级力量迅速壮大。
到1875年,德国已经有118家200—1000名工人的大型企业。但是工人
的实际工资却由于经济危机而一度出现下降。1874年—1879年间,工
人实际工资下降了17.5%。工人运动因此趋于高涨。1871年11月开
姆尼茨机器制造工业的8000名工人举行声势浩大的罢工。次年夏天,
鲁尔地区1.6万名矿工举行大罢工,要求实行8小时工作制和提高工
资。同年纽伦堡、莱比锡和柏林等地都发生了罢工运动。不断高涨的工
人运动要求有统一而强有力的政治组织的领导,建立统一的工人政党的
任务提上日程。

俾斯麦政府的镇压政策也要求工人运动团结对敌。在第一届帝国
议会上,议会中唯一的社会民主党议员倍倍尔曾发出"对宫廷战争,对茅
屋和平,消灭贫困和寄生现象"的号召。这一演说使当时的统治阶级大
为震惊,俾斯麦因此决定采取镇压政策。[2] 1873年夏,德国国家检查官
特森多尔夫(Hermann Tessendorf,1831—1895)开始对工人运动进行

① W. Kulemann, *Die Sozialdemokratie und deren Bekämpfung*：*Eine Studie zur Reform des Sozialistengesetzes*, Berlin：Carl Heymanns Verlag, 1890, S. 395 - 397.
② [德]弗·梅林:《德国社会民主党史》,第4卷,青苗繁译,生活·读书·新知三联书店1959年版,第21页。

迫害。仅1874年头7个月,就有87名拉萨尔派成员被捕,爱森纳赫派也有成员被判刑。当年6月全德工人联合会被查封,不久爱森纳赫派也遭到了同样的厄运。[1]

严峻的形势要求工人阶级团结起来,共同对敌。1875年5月22—27日,73名拉萨尔派代表和56名爱森纳赫派代表在哥达召开合并大会,正式成立德国社会主义工人党。大会选举了由三名拉萨尔派和二名爱森纳赫派组成的领导机关执行委员会,通过了《哥达纲领》(Gothaer Programm),[2]要求"用一切合法手段争取自由国家和社会主义社会"。合并使德国工人阶级在一定程度上结束了分裂局面,壮大了工人运动的力量。社会主义工人党党员人数在一年内从2.4万人猛增到3.8万人,党办的各种报刊达23种。1871年帝国议会选举中,有12.4万人投票给社会民主党,1874年和1877年,支持者增加到35.2万人和49.3万人。[3] 1874年的帝国议会选举中,社会民主党获得9个议席,1877年增加到12个议席。

工人运动的发展使帝国政府非常震惊。俾斯麦在策略上对日益壮大的社会主义工人运动采取了"蜜糕加鞭子"的两手政策。首先,他采取更严厉的镇压措施来对付迅速发展的社会主义工人运动。1878年发生的两次谋杀德皇事件给俾斯麦采取镇压手段提供了强有力的口实。这年5月11日,铁匠帮工赫德尔(Max Hödel,1857—1878)在柏林菩提树下街刺杀皇帝未遂。6月2日,一位名叫诺比林(Karl Eduard Nobiling,1848—1878)的知识分子再一次谋刺威廉一世并使之受重伤。俾斯麦抓住这两次刺杀大做文章,渲染"赤色危险"。

5月24日,俾斯麦向帝国议会提出一项反对社会民主党的非常法

---

① [德]弗·梅林:《德国社会民主党史》,第4卷,青蕸繁译,生活·读书·新知三联书店1959年版,第79—81页。

② W. Kulemann, *Die Sozialdemokratie und deren Bekämpfung : Eine Studie zur Reform des Sozialistengesetzes*, S. 397 - 398.

③ Martin Vogt (Hrsg.), *Deutsche Geschichte : Von den Anfängen bis zur Wiedervereinigung*, S. 496.

(Ausnahmegesetz)草案。由于议会中的资产阶级自由派担心因此而破坏法治国家原则,该草案遭到议会的否决。于是他利用第二次谋刺皇帝事件敦促联邦议会解散帝国议会,然后选出了保守派力量占优势的新议会。10 月 19 日,新帝国议会通过了联邦议会提出的《反对社会民主党企图危害治安的法令》(Gesetz gegen die gemeingefährlichen Bestrebungen der Sozialdemokratie),即所谓的"反社会党人非常法"(Sozialistengesetz),①简称"非常法"。据此,凡社会民主主义者、社会主义者或共产主义者的活动,旨在推翻现存政府和社会秩序的各种组织,应一律禁止;参加被禁止的团体、继续出版和散布已被查封的出版物等,都将被处以巨额罚金或重刑;警察当局有权撤销出版商、书商、租书人和店主的营业执照;对因社会民主党活动而使治安受到威胁的地区,各邦有权实行至少一年的小戒严。为了消除帝国议会中民族自由党对该议案的担忧,获得他们的支持,俾斯麦作出让步,同意"非常法"实施期限为两年半(1881 年 3 月 31 日止)。② 但是此后这一镇压法令一再延长,直到 1890 年。

"反社会党人非常法"出台后,全国陷入一片白色恐怖之中。到 1879 年年中,政府共发出了 627 项禁令,有 217 个协会、5 个互助会、127 种定期刊物和 278 种不定期刊物被禁止。在"非常法"施行的 12 年间,共有 1300 多种社会主义刊物被禁止,332 个工人组织被解散,900 多人被放逐,还有 1500 多人被判处监禁和劳役。

德国社会主义工人党领导人显然对俾斯麦的镇压措施缺乏思想准备,在突然来临的高压政策下陷入一片混乱。在"非常法"生效的当天,党的执行委员会和议会党团竟决定党自行解散,并要求地方党组织也作出相应决定。1879 年,流亡于瑞士苏黎世(Zürich)的卡尔·赫希贝格

---

① Rüdiger vom Bruch und Björn Hofmeister (Hrsg.), *Deutsche Geschichte in Quellen und Darstellung*, Band 8, *Kaiserreich und Erster Weltkrieg*, 1871–1918, Stuttgart: Reclam Verlag, 2002, S. 50–52.

② C. Grant Robertson, *Bismarck*, New York: Howard Fertig, 1969, p. 360.

(Karl Höchberg,1853—1885)、爱德华·伯恩斯坦(Eduard Bernstein,
1850—1932)和卡尔·奥古斯特·施拉姆(Carl August Schramm,
1830— 1905)等在《社会科学与政治年鉴》(Jahrbuch für
Sozialwissenschaft und Sozialpolitik)上发表《德国社会主义运动的回顾》
(Rückblicke auf die sozialistische Bewegung in Deutschland)一文,认为
非常法是党的"过火行为"的结果,要求党声明"走合法的改良道路"。以
约翰·莫斯特(Johann Most,1846—1906)和威廉·哈赛尔曼(Wilhelm
Hasselmann,1844—1916)为首的左倾激进派则要求采取个人恐怖策
略,反对合法斗争,甚至策划组织新党。

在德国社会主义工人党处于混乱危急的关键时刻,马克思和恩格斯
帮助倍倍尔、李卜克内西等认清形势,制定正确的路线和策略。1879 年
9 月,马克思和恩格斯写了《给奥·倍倍尔、威·李卜克内西、威·白拉克
等人的通告信》,①谴责了赫希贝格等的投降主义,同时又批判了莫斯特
等人的左倾盲动,指出其策略只能使党脱离群众而陷于孤立。在马克思
和恩格斯的帮助下,李卜克内西和倍倍尔等人从"非常法"初期的慌乱中
摆脱出来。1880 年 8 月,德国社会主义工人党在瑞士苏黎世召开了第一
次代表大会。大会根据倍倍尔的建议,对《哥达纲领》进行修改,把"用一
切合法手段争取自由国家"改为"用一切手段达到自己的目的",表明将
采取合法斗争和秘密斗争相结合的革命策略。

此后,社会主义工人党将合法斗争和非法斗争有机地结合起来。一
方面,他们用"教育俱乐部""互助储金会"等合法组织掩护活动,把在瑞
士出版的《社会民主党人报》(Sozialdemokrat)偷运到德国散发,鼓动民
众斗争;另一方面,倍倍尔和李卜克内西等利用议会进行斗争,扩大党的
影响。由于以上活动,德国社会主义工人运动不仅没有被"非常法"打
垮,反而愈加壮大。

工人罢工斗争达到空前的规模。1885 年柏林爆发 1.2 万建筑工人

---

① 《马克思恩格斯全集》,第 19 卷,人民出版社 1965 年版,第 172—190 页。

罢工。1889 年 5 月鲁尔区 9 万矿工举行大规模罢工,卷入这次斗争的还有萨克森、萨尔和上西里西亚的矿工,参加人数达 13.4 万。仅 1890 年发生的罢工就达到 200 次之多。①

社会主义工人党的议会斗争也取得了巨大成就。1881 年,由于非常法的冲击,社会主义工人党所获选票曾一度下降,只有 31 万多张,获得议席 12 个,1884 年开始回升,得选票近 55 万张,获议席 24 个,1890 年赢得近 143 万张选票,获议席 35 个。社会主义工人党成为帝国议会中的大党之一。在德国工人运动史上,社会主义工人党反对"非常法"斗争的历程以德国工人运动的"英雄时代"载入了史册。

俾斯麦也深知仅靠镇压手段不能摧毁社会主义工人运动,因而从 19 世纪 80 年代初起又试图通过实行国家社会保障制度②来缓和工人阶级的不满情绪。但是这一切并不能掩盖他镇压社会主义工人运动的败绩。1890 年,帝国议会以 169 票对 98 票否决了延长"反社会党人非常法"的提案。同年 9 月 30 日,"非常法"被正式废除。德国社会主义工人党恢复了合法地位。10 月 12—18 日,为了适应新形势,建立新的组织,德国社会主义工人党在哈勒召开代表大会,改名为德国社会民主党。1891 年 10 月 14—20 日的爱尔福特代表大会根据新面临的形势制定了新的"爱尔福特纲领"(Erfurter Programm),③其中明确表达了资本主义必然灭亡和社会主义必然胜利的原理。

(三)行政管理上的中央集权主义趋势;议会政治生态

1. 行政管理上的中央集权主义趋势

根据 1871 年宪法建立起来的德意志帝国行政架构是各种势力妥协的产物。当时照顾各方利益的联邦体制有利于缓和矛盾,巩固新统一起

---

① [德]赫伯特·瓦恩克:《德国工会运动简史》,容凡译,生活·读书·新知三联书店 1958 年版,第 27—28 页。

② 见第七章"德意志帝国时期的社会变迁"。

③ Albert Bovenschen, *Die Grundsätze und Forderungen der Sozialdemokratie in ihrer geschichtlichen Entwicklung am Erfurter Programm und an der deutschen Revolution dargestellt und beleuchtet*, Berlin: Verlag von Karl Siegismund, 1920, S. 87-90.

来的民族国家。然而,随着帝国的巩固、经济的发展和帝国国际作用的不断增长,原来包含过多分离主义因素的联邦体制日益显示出弊端,已经无法满足帝国政治和经济发展的需要。于是,帝国内部围绕着联邦制和中央集权问题出现了两大对立势力的斗争。以各小邦政府、保守党、中央党等为一方,主张尽可能保持各邦的独立地位,维持帝国的联邦性质。保守党担心,加强中央集权会增强代表中央集权主义的帝国议会的力量,导致民主趋势的加强;中央党则出于反对新教普鲁士支配下的中央集权国家的考虑,它希望能够保持联邦制,以便继续更好地维护小邦权利,保证天主教的自治地位。而民族自由党等资产阶级左派政党则支持加强帝国中央政府的权力。在帝国建立初期,后一派力量在帝国议会中占有明显优势。

对帝国中央集权主义倾向影响最大的因素是普鲁士在帝国内部的特殊地位。俾斯麦统一德国走的是"大普鲁士"的"小德意志"道路。帝国建立之初,为缓和各邦分离主义势力的阻挠,帝国行政体制上含有较浓厚的联邦主义色彩。但随着统一的稳固,普鲁士在帝国内的压倒性优势使它的要求和愿望自觉地或不自觉地成为各邦必须奉行的准则。帝国初期的联邦主义色彩因此逐步淡化,让位于政令统一的中央集权主义。与此同时,普鲁士实际把持着帝国行政权力,它不会长期容忍各邦自行其是的行为。

中央集权主义也是国民经济发展和政府职能不断强化的必然结果。19世纪早期,国家行政职能除外交和军事以外,在内务管理上只有财政、教育和司法等部门。经济领域中所涉及的管理部门仅为农业、采矿、铸币、商业、工业和手工业等。此后随着工业化的深入,经济活动日趋复杂化和多元化,国家不断出台相应的经济政策。结果是"经济政策愈多,经济管理也就愈多"。① 国家必须涉猎农业、工业和手工业、商业、银行、交

---

① Thamas Nipperdey, *Deutsche Geschichte 1866 - 1918*, *Band 2*, *Machtstaat vor der Demokratie*, München: Verlag C. H. Beck, 1992, S. 110.

易所、保险业、竞争、专利、商标、卡特尔(Kartell)、度量衡、统计、交通、通讯等一系列领域,并设立相应的专门机构进行规范管理。由此会自觉或不自觉地加强国家中央各部门在日常经济和政治生活中的地位和影响力,提升中央权力因素的重要性,改变帝国与各邦之间以及联邦主义体系内的力量对比,引发中央集权趋势。①

　　统一的司法制度的确立是帝国迈向中央集权的重要步骤。1872 年,继在北德意志联邦时期实行商法典之后,帝国刑法典成为全国统一的法典。1873 年帝国政府开始制定民法典,该法典于 1888 年完成,经过重大修改后由联邦议会和帝国议会在 1896 年通过,1900 年开始生效。此后,帝国又统一了诉讼和法院制度。1876 年—1879 年,帝国政府相继通过了法院组织法、刑事诉讼法和民事诉讼法,统一调整了法官和检察官的地位、法院人员的任命和管辖权限、审判程序和诉讼程序等。1879 年,帝国法院在莱比锡建立,从而表明已经拥有了"帝国司法权"。② 帝国政府能如此顺利地建立起统一的法制体系,资产阶级自由派在帝国议会中占有多数是一个重要因素。在建立统一法典和法院制度的过程中,民族自由党议员拉斯克和普鲁士司法大臣莱昂哈特(Adolf Leonhardt,1815—1880)起了重要的领导作用。

　　统一货币是加强中央权力的又一重要步骤。由于长期分裂,德国的银行系统一直十分混乱。到 1871 年,帝国境内还有 7 个不同的货币区和 33 个拥有钞票发行权的银行。随着国家统一和经济发展,建立统一的银行货币系统显得十分迫切。因此,资产阶级自由党议员路德维希·班贝格尔(Ludwig Bamberger,1823—1899)和帝国宰相办公厅(Reichskanzleramt)主任德尔布吕克(Delbrück)等人开始了帝国货币的统一工作。1871 年,马克成为帝国的法定货币单位。1873 年,帝国政府

① Thamas Nipperdey, *Deutsche Geschichte 1866 - 1918, Band 2. Machtstaat vor der Demokratie*, S. 112.
② Diether Raff, *Deutsche Geschichte vom alten Reich zur Zweiten Republik*, S. 151.

利用对法战争中获得的赔款建立起黄金通货,货币银本位改成了金本位。[①] 1875 年 3 月,帝国通过了银行法,将原普鲁士银行改成帝国银行(Reichsbank)。帝国政府还规定了极为苛刻的纸币发行条件,其中包括发行银行均不许承兑汇票,不能自行或代理顾客先期买卖货物和证券等,以限制帝国银行以外的其他银行发行纸币。到 1876 年,原先 33 家银行中已有 14 家放弃了纸币发行权;1907 年时已经只有 4 家银行仍保留着纸币发行权。1912 年,德国发行货币总额为 1.34 亿英镑,其中 1.26 亿出自帝国银行。其他银行在纸币发行方面已经无足轻重了。[②]

统一的邮政系统的建立是帝国中央集权发展的重要标志,也是经济发展迫切需要的结果。德国邮政在分裂时期是一盘散沙,1867 年后才在北德意志联邦境内建立起联邦邮政。帝国建立后,先后在 1871 年、1873 年和 1874 年通过相关法律和补充规定,实现了国家的邮政统一。[③] 1871 年出任帝国邮政总局局长、1880 年起担任帝国邮电部(Reichspostamt)国务秘书的海因里希·冯·施特凡(Heinrich von Stephan,1831—1897)在统一帝国邮政方面作出了突出的贡献。他的重要举措是由国家控制和建设邮电通讯事业。1876 年德国各邦电报系统在帝国邮政总局之下合并起来。1897 年德国政府取消了柏林、汉诺威等地的最后几十家私人邮政。

帝国政府还统一了对铁路的管理。帝国建立初期,存在着帝国铁路、各邦铁路、私营铁路、私人所有但由各邦经营或各邦所有而由私人经营的铁路等多种体系,管理混乱。1873 年,俾斯麦建立帝国铁路局(Reichsbahnamt),协调各铁路系统的建设、装备和营运,以提高效率。1876 年,有 67 家铁路管理局和 1357 种运费的德国铁路组成了实行统一运费原则的自由联合,使铁路运费率实现了统一和系统化。俾斯麦政府

---

① 1857 年德意志各主要邦国曾与奥地利签订协定,各签字国实行银本位制。

② J. H. Clapham, *The Economic Developmen of France and Germany 1815 - 1914*, Cambridge: Cambridge University Press, 1921, pp. 378 - 379, 391 - 393;[联邦德国]卡尔·艾利希·博恩等:《德意志史》,第三卷(上),张载扬等译,商务印书馆 1991 年版,第 327 页。

③ Werner Sombart, *Die deutsche Volkswirtschaft im neunzehnten Jahrhundert*, Berlin: Georg Bondi, 1909, S. 138.

还一度想实施铁路国有化的帝国铁路计划,但由于各邦不愿放弃铁路这一财源而受到阻碍。此后俾斯麦政府继续通过普鲁士的铁路国有化来带动其他邦的铁路国有化。1879 年—1880 年普鲁士开始铁路国有化,仅 1880 年—1882 年普鲁士的国有铁路就从 6190 公里增加到 15305 公里。① 由于普鲁士的铁路里程在帝国内占有主导地位,它的铁路国有化对推动整个帝国的铁路国有化的影响不言而喻。

19 世纪 70 年代末以后,保护关税、扩充军备和殖民扩张等一系列事务的需要,也提出了加强帝国政府权力的新要求。与这些要求相适应,帝国行政体制也"逐渐地呈现出中央集权而非联邦的特点"。② 其最明显的特征是帝国中央行政机构的扩大。起初,除前普鲁士外交部这一负责外交事务的外交官厅外,帝国宰相办公厅是负责包括商业、财政、司法、铁路和邮政等全国内政事务的最高官厅。1872 年普鲁士海军部被帝国接收,于 1889 年发展成为由国务秘书领导的帝国海军部(Kaiserliche Admiralität),负责帝国海军事务。后来,帝国宰相办公厅主任德尔布吕克在俾斯麦的默许下,把归入帝国管理的各项任务都并入帝国宰相办公厅之下,结果形成了一个和帝国宪法中的联邦原则明显不相符的、权力高度集中的帝国官厅。

1876 年 6 月,主张自由贸易的德尔布吕克与俾斯麦在保护关税政策上发生分歧,辞去帝国宰相办公厅主任的职务。俾斯麦随后试图将帝国政府和普鲁士政府合二为一,让普鲁士大臣领导相应的帝国各部门,以加强帝国政府的行政权力。1878 年—1880 年间,他通过帝国"国务秘书普鲁士化"等形式,对帝国与普鲁士之间的关系以及帝国行政管理部门的结构进行调整。1878 年 3 月的"副职法"把帝国和普鲁士官员一身兼两职的办法延伸到帝国和普鲁士主要大臣的副职身上。例如,帝国副宰

① A. Sartorius von Waltershausen, *Deutsche Wirtschaftsgeschichte 1815 – 1914*, Jena: Verlag von Gustav Fischer, 1923, S. 298.
② David Blackbourn and Geoff Eley, *The Peculiarities of German History*, Oxford: Oxford University Press, 1984, pp. 276 – 277.

相同时又是普鲁士的副首相。后来俾斯麦又将帝国宰相办公厅分解成内政、司法、财政、邮政、铁路等帝国官厅,然后任命在普鲁士政府中拥有席位和表决权的国务大臣充当这些官厅的国务秘书。例如,帝国外交部国务秘书又是普鲁士国务大臣。俾斯麦下台之后,"国务秘书普鲁士化"模式在其后任手里得到了更有力的推行和落实。

随着政府管理事务的增多,一个最明显的结果是,帝国政府的人员编制也越来越多。以帝国最高层厅局级官员为例,1876 年为 500 人,1914 年时增加到了约 2000 人,增幅达 300%。[①] 帝国政府管理人员的数目也快速增长。1871 年帝国政府管理人员有 20.4 万人,1890 年增加到 26.7 万,到 1910 年时已经达到 44.2 万人。[②] 换言之,这时的帝国政府管理人员较之帝国建立初期翻了一番还多。

2. 俾斯麦时代的议会政治生态

1871 年—1890 年是德意志帝国政治发展的第一阶段。在这一时期,国家政治生活基本上操控在俾斯麦手中。俾斯麦主政期间,虽然耗费了很多精力在帝国议会和普鲁士邦议会中,在那里发表过许多演说,但是在事实上他是一个议会和政党政治的反对者。他拒绝接受政党统治或多数派统治的原则,也拒绝任何扩大议会制政府的举动。[③] 用他自己的话说,他是靠自己的威望和皇帝的信任而非议会多数来进行统治的,他的委任状来自帝国皇帝兼普鲁士国王而非议会。因此,俾斯麦时期帝国政治生活的特点是,帝国议会多数派角色可以不断地调换,帝国宰相却始终是同一个人,可谓"铁打的宰相,流水的议会"。帝国议会如果不服从,则予以解散。不过,俾斯麦在实际政治斗争中又表现出对议会多数的依赖性。他在执政时期与议会的合作大致经历了三个阶段:民

① Manfred Rauh, *Die Parlamentarisierung des Deutschen Reiches*, Düsseldorf: Droste Verlag, 1977, S. 34.

② Peter Flora, *State, Economy, and Society in western Europe 1815 - 1975: A Data Handbook*, vol. I: *The Growth of Mass Democracies and Welfare States*, pp. 214-215.

③ Golo Mann, *The History of Germany since 1789*, London: Chatto & Windus,1968, p. 365.

族自由党时期、中央党时期和卡特尔政党联盟时期。

在帝国议会最初两届议会（1871 年—1877 年）期间，俾斯麦依靠民族自由党在帝国议会中的多数开展工作。其间，支持国家统一的民族自由党是帝国议会最强大的政党，而俾斯麦的主要政治目标是巩固刚刚取得的国家统一，加强中央政府的调控能力，因此双方一拍即合。如前所述，这种合作的重要结果是，俾斯麦不仅展开了轰轰烈烈的反对天主教的文化斗争，而且大大扩张了帝国政府的权能，实现了司法、货币、邮政、铁路等的统一。

但是民族自由党和其他资产阶级自由派除支持巩固国家统一的努力外，还特别关注政治和经济"自由"，因此与独断专行的俾斯麦时常发生冲突。1874 年和 1875 年，民族自由党先后拒绝了俾斯麦提出的新闻法草案和在刑法典中增加对煽动阶级仇恨者施以刑罚的条款。1878 年他们又否决了俾斯麦关于取缔社会民主党的"非常法"提案，理由是该提案破坏了公民权利平等的原则。他们只愿意根据俾斯麦的意愿对原有的法律进行完善。最后，俾斯麦利用威廉一世遇刺受伤而激起的民愤，解散并改选议会，使保守派在议会选举中获胜，才迫使选举中遭到惨败的民族自由党在强大民意压力下同意通过"反社会党人非常法"。[1]

俾斯麦与民族自由党的另一矛盾是有关保护关税和财税改革问题。19 世纪 70 年代经济危机爆发后，市场竞争日趋激烈，在国内重工业界和农业界压力下，俾斯麦的经济政策开始从自由贸易转向保护主义，出现了所谓的"保守主义转向"（Konservative Wende）。这一转向使俾斯麦与民族自由党之间的分歧已经无法弥合，也开始了他与议会合作的第二个时期，即中央党时代。

事实上，从 1876 年开始，主张自由贸易的戴尔布吕克、欧伦堡、坎普豪森、海因里希·冯·阿亨巴赫（Heinrich von Achenbach, 1829—1899）等官员皆因与俾斯麦意见相左而失宠并辞职。在清除政府内部的阻力之后，俾

---

[1] Erich Brandenburg, *50 Jahre：Nationalliberale Partei 1867 - 1917*, Berlin: Verlag Schriftenvertrielsstelle der Nationalliberalen Partei Deutschlands, 1917, S. 14 - 15.

斯麦于1878年向议会提出了实行新的关税和财税政策问题。为了获得议会的支持,他转而与曾经的"帝国之敌"中央党合作。中央党也希望借机拆散俾斯麦与民族自由党的联盟,打击和瓦解民族自由党这一文化斗争的支持者。于是,在帝国议会中形成了以中央党为主,包括保守党、帝国党和部分民族自由党在内的所谓"自由经济联合"(Freie wirtschaftliche Vereinigung),或称"帝国议会国民经济联合"(Volkswirtschaftliche Vereinigung des Reichstags),支持采取保护关税政策,使俾斯麦的保护关税法案于1879年7月获得顺利通过。民族自由党则因内部意见不合而分裂,以拉斯克为代表的左派退出了民族自由党党团。

此后,俾斯麦还想借助这一以中央党为主的议会多数进行税收改革,建立烟草专卖制度,提高间接税,以便改善政府财政。但是在1881年秋天的议会选举中,两个保守派政党大败。中央党席位略有增加,成为帝国议会第一大党。民族自由党议席数剧减,左翼自由党人和社会民主党的席次有所增加。俾斯麦想赢得议会多数支持的希望因此落空。

与此同时,帝国议会的政治生态也发生巨大变化。随着文化斗争的停止、保护关税政策的实行、反社会党人非常法的实施和国家社会政策的出台,帝国议会中各个政党之间以及各政党与政府的关系都出现了调整。中央党放弃了原先作为政府反对派的立场,在保护关税法案、社会保险法案等问题上与两个保守党站在一起,支持政府。民族自由党在美因河畔法兰克福市长约翰·冯·米克威尔(Johannes von Miquel, 1828—1901)的领导下立场趋于保守,也成了亲政府的政党。从民族自由党中分离出去的左派则与进步党联合,于1884年组成德意志自由思想党(Deutsche Freisinnige Partei),成为反对派政党。

1887年,俾斯麦为了应对法俄联合出现的威胁,在议会中提出了第三个"七年期"[①](Septennat)扩充军队法案,要求扩大军队人数。此时的

---

① "七年期"在此特指德军防卫预算和常备军规模的有效期限。俾斯麦提出如此长时间的军队法案,目的在于减少议会的掣肘。1874年—1887年是前两个"七年期"军队法案的实施期。

中央党和自由思想党虽然也同意扩充军队,但只同意将期限确定为 3 年。向来独断专行的俾斯麦不愿让步,解散了议会。在新的议会选举中,两个保守党与民族自由党一起结成卡特尔政党联盟(Kartell-Parteien)进行议会竞选。结果,由于法国的复仇威胁和俄国的反德压力等因素激起的德国民族主义情绪的影响,卡特尔政党联盟在新的议会选举中获得多数,从而使第三个"七年期"法案获得通过。俾斯麦与帝国议会的合作进入了卡特尔政党联盟时期。

在政党问题上,俾斯麦有一套令常人难以理解的理论。一方面他反感政党政治,另一方面他又需要议会政党通过预算和法律。他需要的是顺从的而非和他讨价还价的政党,否则他就弃之一边。他曾利用民族自由党来打击中央党,当民族自由党在保护关税问题上成为他的政策障碍时,他又转而争取他所痛恨的"帝国之敌"中央党,在帝国议会中依靠他们为自己的保护关税政策鸣锣开道,同时帮助他打击另一个"帝国之敌"社会民主党。因此,俾斯麦与议会政党的关系特点是:利用议会多数派实现自己的意图,而不是他为议会多数派所左右。这种主动与被动的关系是俾斯麦与帝国议会多数派政党关系的实质所在。在俾斯麦眼中,议会多数派只是实现自己现实政策目标的一种工具,政府不是与议会所代表的国家立场一致的执行机关,而是可以与国家讨价还价的一种力量。

俾斯麦反感政党和议会政治,却又要保存这一套制度。对于这种矛盾性的态度,1884 年 7 月他在瓦尔青(Varzin)对"国内敌人"进行评论时曾就这两个问题作了很好的解释。根据伯恩哈德·冯·比洛(Bernhard von Bülow, 1849—1929)在回忆录中的记载,俾斯麦并不想进行独裁统治,而且作为现实主义政治家,他已经完全意识到,在 19 世纪下半期的德国,要实行专制主义和独裁是不可能的。然而,一个议会制的政府对他来说也是不可能的。其理由是:这种判断是基于对德国的政党和人民的政治能力的认识。他认为,德国的政党"既没有法国人的那种爱国主义,又缺乏英国人的常识"。"鉴于普通德国人缺乏政治能力,理智的议会制度会就导致 1848 年时所出现的那种状况,也就是说,上层的软弱和无能以及下层的自负和不断的新要求"。① 因此,只要他还在官位上一天,就不会支持建立对议会负责的政府。

三、俾斯麦时期的对外政策及实践

如果说 19 世纪上半期拿破仑曾以其杰出的军事才能横行欧洲于一时,那么 19 世纪下半期就是俾斯麦以其纵横捭阖的外交手腕操纵欧洲的时代。从 1862 年出任普鲁士首相到 1871 年德意志帝国建立,他在不到 10 年的时间里就结束了德意志的分裂局面,完成了德国人长期渴望的民族统一大业。帝国建立后,他根据国际国内形势的变化,明确将德国外交政策的重心置于欧洲大陆,推行所谓的大陆政策,从保持欧洲和平中谋求德国在欧洲大陆的霸主地位,使欧洲僻壤柏林一跃成为世人瞩目的国际政治中心。确切地说,俾斯麦时期德意志帝国的总体对外政策主导思想有两点:一是维持和平,二是阻止法俄两国威胁性的联合。②

(一)俾斯麦的大陆同盟体系

俾斯麦的大陆政策包括三个主要内容:(1) 孤立法国,防止其复仇;(2) 建立以柏林为中心的德奥俄三皇同盟、德奥意三国同盟和德奥罗三国同盟体系。在这一体系中,一方面拉拢俄国,防止因法国和俄国接近而使德国受到两面夹击的威胁,另一方面支持奥匈帝国,以应付法俄两国可能的联合,并遏制俄国向欧洲中部和巴尔干地区扩张;(3) 在殖民地问题上持审慎态度,重点谋求在欧洲大陆的霸权。其中,孤立法国是俾斯麦大陆政策的基点,也是俾斯麦时代的德国基本外交路线。俾斯麦推行大陆政策,根本原因在于德国的统一使欧洲传统的国际关系格局发生

---

① S. Brooks, *Documents and Debates: Nineteenth Century Europe*, London: Palgrave Macmilan, 1983, p. 94.

② Bernhard Schwertfeger (Hrsg.), *Zur europäischen Politik. Unveröffentliche Dokument, Band 5, Revanche-Idee und Panslawismus. Belgische Gesandtschaftsberichte zur Entstehungsgeschichte des Zweitbundes*, bearbeitet von Wilhelm Köhler, Berlin: Verlag von Reimar Hobbing, 1919, S. 59.

了根本性的变化,德法矛盾成为欧洲国际关系的焦点。

　　1871 年《法兰克福和约》使法国丧失了阿尔萨斯-洛林和 50 亿法郎的赔款,这对法国人而言是一次无法忘怀的打击。特别是德国对阿尔萨斯-洛林的割占,埋下了未来德法两国纷争的种子。阿尔萨斯-洛林对两国而言都是重要的战略要地。当时毛奇为首的德国军方坚持认为,占领麦茨(Metz)和斯特拉斯堡(Strassburg)等地可以使德军节省 10 万军队。[①] 因为德军在占领阿尔萨斯-洛林后,可以更容易对巴黎构成威胁,从而使德国入侵的危险就像达摩克利斯之剑一样悬于法国人的头上。这自然是法国人难以容忍的。因此,恩格斯作为 1870 年—1871 年德法战争的见证者,曾预言:“法兰克福和约对法国来说只不过是暂时的休战”,“法国将力图而且必然重新得到阿尔萨斯-洛林。”[②]事实证明,割占阿尔萨斯-洛林成了德国的一种外交重负,它使得“德国的每一个外交方面的敌人都可以无条件地指望法国的支持”。俾斯麦也深知法国不会善罢甘休。在对法战争结束不久,他便肯定地回答了总参谋部对法国是否会复仇的疑问。[③]

　　基于以上考虑,防止法国复仇就成了俾斯麦时期德国对外政策的基点。当时要防止法国复仇,有三条道路可供选择:一是要求法国人宽容并忘记国土的丢失。这显然不切实际;二是彻底击溃法国,使之不能东山再起。三是把一切可能成为法国盟友的国家团结在德国周围,孤立法国。只要法国孤立无援,它仅凭自己的力量显然复仇无望。最终,国际国内形势使俾斯麦政府选择了后者。

[①] 俾斯麦从一开始就认识到,占领阿尔萨斯-洛林是一个错误,但他没有阻止军方的要求。Count Julius Andrassy, *Bismarck, Andrassy and Their Successors*, Boston and New York : T. Fisher Unwin, 1927, pp. 12 - 13;古奇(George Peabody Gooch, 1873 - 1968)也认为俾斯麦不赞成吞并阿尔萨斯-洛林。他引用俾斯麦的话说:“我不想太多的法国人在我的屋里。”见 G. P. Gooch, *Germany*, New York:Schribner Press, 1927, p. 31。

[②]《马克思恩格斯全集》,第 22 卷,第 510 页。

[③] Charles Seymour, *The Diplomatic Background of the War 1870 - 1914*, New Haven:Yale University, 1918, pp. 14 - 15;[德]奥托·冯·俾斯麦:《思考与回忆》,第 3 卷,山西大学外语系翻译组译,东方出版社 1985 年版,第 231 页。

从国内看,年轻的帝国需要一个和平的国际环境,以便有充裕的时间和精力消除内部的分离主义因素,巩固统一的成果。因此,俾斯麦在与法国签订和约后宣布,新建立的德意志帝国已经"满足",它以后努力的目标只是要维持现状。[1]

从国际上看,客观形势不允许德国进一步打击法国。因为一贯奉行欧洲大陆均势政策的英国不会接受继续削弱法国的举动,俄国更不愿冒单独面对强大的邻国的风险。在这种形势下,俾斯麦政府只能选择拉拢可能成为法国盟友的国家,孤立法国,使之不能复仇的外交政策。这一政策可以称为"保守性的和平政策"或"保障和平的政策"。[2] 用俾斯麦的话说,"如果法国不愿和我们保持和平,我们就必须阻止它找到盟友。只要法国没有盟友,它就不会对我们构成威胁"。[3] 俄、英、奥等列强在近东巴尔干地区的矛盾,则为俾斯麦推行上述政策提供了有利的国际环境。向巴尔干扩张是俄国历代沙皇一贯的对外政策。但这一政策与已经被逐出德意志而转向巴尔干地区寻求补偿的奥匈帝国发生冲突。同时,俄国势力南下巴尔干,进入地中海,威胁到英国通往印度的生命线,也为英国所不容。鉴于这种矛盾,三国都想保持与德国的友好关系,争取其支持。这就为俾斯麦贯彻自己的外交意图提供了良机。

俾斯麦孤立法国的第一步是拉拢俄、奥,建立以德奥俄三皇同盟(Dreikaiserbündnis)为基础的大陆同盟体系。他将奥匈和俄国作为首要拉拢对象,一是因为德、奥、俄三国因瓜分波兰而在波兰问题上有共同的语言,而且三国都是不同于西方议会制的君主制国家,容易找到合作的政治基础;二是在当时欧洲五强中,英国奉行孤立政策,只要德、奥、俄三国团结一致,法国就不敢也无力妄动。而奥地利对外政策的转变则正好

---

① Lothar Gall, *Bismarck. Der weiße Revolutionär*, S. 503.

② Erich Eyck, *Bismarck and the German Empire*, p. 222; Robert-Hermann Tenbrock, *Geschichte Deutschlands*, München: Max Hueber Verlag, ³1977, S. 210.

③ Emil Ludwig, *Bismarck: The Story of a Fighter*, translated by Eden and Cedar Paul, New York: Little, Brown, and Company, 1927, p. 507.

为俾斯麦的联盟计划提供了机会。

奥地利在 1866 年失败之后,曾试图寻机恢复在德意志的霸主地位,但是 1870 年普法战争的结果迫使它放弃了这一希望。当时满怀复仇希望的奥匈外交大臣博伊斯特(Friedrich Ferdinand von Beust,1809—1886)不得不承认"1866 年和 1870 年的事件有如火山喷发",已经无法复原。① 奥匈帝国遂将对外政策目标转向东方,力图在巴尔干得到补偿。但是它在巴尔干遇到了比自己更强的对手俄国。由于法国新败不可依恃,英国虽支持反俄政策,却不愿承担义务,奥匈只得转而争取德国的支持。因此,1871 年新上任的奥匈外交大臣安德拉西(Julius Andrassy,1823—1890)明确表示,与德国密切合作将是他的整个对外政策的基础。② 此后他刻意讨取俾斯麦的欢心,以达到联德目的。

俾斯麦乐见奥匈寻求德国的友谊,但他并不愿意因为获取奥匈的友谊开罪俄国,而是希望三个国家能在君主制原则上团结起来,孤立共和制的法国。在与德国合作成为不二选择的情况下,安德拉西虽不愿与俄国为伍,仍决定迎合俾斯麦的意愿,暂与俄国言好,静观其变。"既然将俾斯麦从俄国那里拉开是不可能的,奥匈最好的政策就是参加这一联盟"。③

这时俄国也需要德国的支持。一方面,统一后的德国成了欧洲大陆首屈一指的经济和军事强国,俄国在许多方面需要与德国合作;另一方面,19 世纪 70 年代初俄国正在与英国争夺中亚。由于法国新败待复,德奥两国的接近使俄国在欧洲有孤立之虞,故而俄国也想保持与德国的友好关系。

1872 年,奥皇弗兰茨·约瑟夫为加强奥德友好关系,准备访问柏林。

---

① William Harbutt Dawson, *The German Empire 1867–1914, and the Unity Movement*, vol. 2, New York: The Macmillan Co. , 1919, p. 81.
② Nicholas Der Bagdasarian, *The Austro-German Rapproachement 1870–1879: From the Battle of Sadan to the Dual Alliance*, London: Associated Universty Press, 1976, p. 108.
③ Erich Eyck, *Bismarck and the German Empire*, p. 193.

亚历山大二世得知这一消息后,决定直接介入德奥接触,化解可能导致俄国孤立的局面。这位沙皇向德国大使表示:德奥二皇相会,却将他弃之一边,不怎么令人愉快。① 其言下之意一目了然。结果,1872 年 9 月德、奥、俄三国皇帝聚会柏林。俾斯麦将三皇聚会看成是欧洲大陆三个君主制国家对共和制法国的一种示威性亲善。此后俾斯麦继续加强三皇之间的关系。1873 年 5 月,俄国建议德俄签订一项旨在保障俄国西部边界安全的军事协定,以便集中精力与英国争夺中亚。但俾斯麦坚持要奥匈参加,否则"协定不会有效"。② 这一条件迫使俄国与奥匈修好。

1873 年 6 月,奥俄两国皇帝签订了《舍恩布伦协定》(Schönbrunner Konvention),规定两国遇有第三国侵略危险时,"议定所应采取的共同行动方针"。10 月德皇在访问维也纳时也加入了该协定,第一次三皇同盟(Erstes Dreikaiserbündnis)形成。虽然第一次三皇同盟没有书面约束,其基础只是三位君主的个人友谊和信任,③但是很显然,俾斯麦的目的已经达到。在他看来,只要奥俄两国重视三皇关系,就不存在奥匈或俄国向法国提供援助的危险。

三皇同盟形成后,俾斯麦继而拉拢意大利。意大利自统一后一直与罗马教廷关系不和,而处于天主教会影响之下的法国政府却与罗马教廷关系密切。意法两国因此难以交好。与之相反,德国政府的反天主教文化斗争则使它与意大利有了共同语言。意大利舆论也认为,意大利的主要敌人是教皇统治,而和教皇站在一起的是法国,即德国的死敌。④ 在这种背景下,1872 年 2 月普鲁士的弗里德里希·卡尔亲王(Prinz Friedrich Karl von Preußen, 1828—1885)前往罗马,拜访了意王维克多·厄曼纽尔二世(Victor Emmanuel II., 1820—1878,1861 年—1878 年在位)。同

① Walter Bußmann, *Das Zeitalter Bismarcks*, Frankfurt am Main: Akademische Verlaggesellschaft, 1968, S. 130.

② [苏]赫沃斯托夫编:《外交史》,第 2 卷(上),高长荣等译,生活·读书·新知三联书店 1979 年版,第 45 页。

③ Adolf Matthias, *Bismarck: Sein Leben und sein Werk*, S. 415.

④ Charles Seymour, *The Diplomatic Background of the War 1870 - 1914*, p. 33.

年 5 月意王回访了柏林和维也纳。于是,在三国同盟的基础上又形成了四国协议(quadruple entente)。1874 年 1 月,俾斯麦要求驻法大使转告法国:如果意大利受到法国的攻击,不论是否影响到德国的利益,也不论是否有正当的理由,德国都将立即援助意大利。① 四国协议之后,法国在欧洲大陆陷入了完全孤立的状态。

然而,就在俾斯麦洋洋自得之际,1875 年德法"战争在望"危机("Krieg-in Sicht" Krise)让这位外交老手尝了一口失败的苦酒。此次危机起因于法国重整军备。1870 年战败后,法国不甘于永远被压制的状态,因此从 1872 年起开始实行义务兵役制,迅速恢复其陆军。1873 年,主张复仇的保皇党在法国选举中获胜。8 月法国南锡(Nancy)主教号召教徒们为阿尔萨斯-洛林归还法国而祈祷。1875 年初法国计划在德国购买 1 万匹军马。同年 3 月法国议会通过扩军法案。这一年法国军力达到 46.1 万人,军费开支为 4.85 亿法郎,两项指标均高于德国。②

法国的迅速重整军备和复仇呼声引起德国的不安。俾斯麦决定对法国日益增长的威胁加以遏制。当然,他也知道一场"目的仅仅在于不让法国得到喘息和恢复元气的战争"很可能使俄、奥、英联合起来反对德国,所以只是选择了通过"施加政治压力"来"制止法国重整军备"。③ 他首先派约瑟夫·玛丽亚·冯·拉多维茨(Joseph Maria von Radowitz,1839—1912,约瑟夫·冯·拉多维茨之子)于 1875 年 2 月前往彼得堡,争取俄国支持,希望俄国不要声援法国。接着德国的新闻媒体开始制造舆论。4 月 9 日柏林《邮报》(Post)刊载《战争在望?》(Ist der Krieg in Sicht?)文章,认为德法"战争就在眼前"。文既刊出,欧洲为之震惊,国际局势骤然紧张。其实,相关情况表明,德国的外交活动和德国新闻界的

---

① William Harbutt Dawson, *The German Empire 1867 –1914 , and the Unity Movement* , vol. 2 , pp. 89 – 90.

② Ibid. , p. 136.

③ [德]奥托·冯·俾斯麦:《思考与回忆》,第 3 卷,第 136 页;Walter Bußmann, *Das Zeitalter Bismarcks* , Frankfurt am Main:Akademische Verlaggesellschaft, 1968, S. 131.

舆论只是对法国的一种心理恫吓。《战争在望？》文章发表后三天，俾斯麦就向帝国议员巴尔豪森（Robert Lucius Freiherr von Ballhausen，1835—1914）谈了自己的看法："当偶然有一束光亮投向一种混乱的形势时，是非常有用的。但战争是完全不可能的。"[①]总参谋长毛奇在与英国大使奥多·拉塞尔（Odo Russel，1829—1884）谈话时也表示，只要列强都站到德国一边，向法国表明其复仇的梦想是徒劳的，则"战争可以，也许能永远避免"。[②]

　　但是，俾斯麦这次遇到了法国外长德卡兹（Louis Decazes，1819—1886）这位难缠的对手，遭到后者强有力的反击。德卡兹以一种无辜的弱者的面目出现，到处散布德国准备发动战争的消息，促使英俄等国出面干预，使德国处于被动的目的。当法国驻柏林大使将拉多维茨在英国大使拉塞尔晚宴上"预防性战争"（Präventivkrieg）的谈话报告巴黎后，德卡兹立即将消息告知了英国《泰晤士报》（The Times），并将报告副本送给各列强宫廷。其实，德卡兹此时已经知道直接的战争危险并不存在，也未因拉多维茨的言语失检而惊慌失措。他只是要让德国在国际上处于被动地位。俄英两国显然中了德卡兹的圈套，它们深恐欧洲均势因法国受到打击而再遭破坏，赶忙出面干预。沙皇偕宰相哥尔查科夫（Alexander Michailovitsch Gorčakov，1798—1883）5月去柏林作例行拜会时明确表示，难以容忍德国再次打击法国。英国也支持俄国的态度。俾斯麦虽矢口否认有对法国动武的计划，但是众口难辩。

　　俾斯麦首次遇到重大外交挫折，德国一时陷于孤立。不过，就整个欧洲国际关系格局来看，德国并没有受到什么损失。著名史学家泰勒对1875年战争危机的评价是，"如果说这次危机使法国有了某种针对德国攻击的保障，那么也同样给了俾斯麦一种保障，即对一场复仇战争而言，法国将找不到盟友。俄国人和英国人既不想使德国也不想使法国在西

① Nicholas Der Bagdasarian，*The Austro-German Rapproachement 1870 - 1879*：*From the Battle of Sadan to the Dual Alliance*，p. 165.
② Erich Eyck，*Bismarck and the German Empire*，p. 218.

欧称霸;他们想要一种均势,而俾斯麦准备给他们这种均势"。① 换言之,只要俾斯麦以孤立法国为基点的保守性的和平政策不变,其对外政策与英俄维持均势的目标就无根本性冲突,德国也就不会受到英俄两国与法国结盟的威胁。

恰在此时,由于东方问题重新出现,终于使俾斯麦摆脱了因德法战争危机造成的窘境。1875 年 7 月,巴尔干的波斯尼亚(Bosnien)和黑塞哥维纳(Herzegowina)爆发反土耳其统治的起义。这一形势引起欧洲列强的关注。俄国欲借机向巴尔干扩张,对起义者采取积极支持的政策。而境内有上百万斯拉夫人且伺机向巴尔干扩张的奥匈帝国则表示反对斯拉夫人解放运动和俄国南下巴尔干。英国也反对俄国势力南下巴尔干,进而威胁其通往印度的生命线。这时德国在巴尔干地区尚无直接利益,但近东危机对俾斯麦而言是福祸相依。一方面,列强在巴尔干的争夺为德国转移它们对德法关系的关注和分化它们提供了机会;另一方面,由于俄、英、奥三国都希望得到德国的支持,德国的任何不慎举动都可能使其中一方转而寻求法国的安抚。

俾斯麦当然不希望他建立起来的三皇同盟因奥俄两国的不和而发生动摇。他在与英国大使拉塞尔的谈话中表示,德国对土耳其的欧洲部分没兴趣,他关心的是奥俄两国不要因为争夺土耳其这位病夫的遗产而发生冲突。他要严格充当和事老,不偏袒任何一方,以免三皇同盟中出现两方对付一方的局面。但是在实际的外交实践中,俾斯麦却无法完全做到这一点。1876 年 9 月俄国向德国提出了一个令德国左右为难的问题:一旦俄奥开战,德国能否保持中立。俾斯麦在拖延无效之下于 10 月作了如下回答:德国既不允许俄国的武器因欧洲联合而失灵,也不能容忍奥匈作为欧洲均势因素受到削弱或消失。这一回答貌似公允,但明眼人一看便知:由于奥匈的力量弱于俄国,实际上是德国"不允许俄国击溃

---

① A. J. P. Taylor, *The Struggle for Mastery of Europe 1848 – 1918*, p. 227.

奥匈帝国"。①

俾斯麦在俄奥对抗中的这种实际偏向奥匈的态度主要出于以下考虑:第一,1875年德法战争危机中俄奥两国的不同态度给他留下了深刻的印象。当时俄国明确表示反对德国再次打击法国,而奥匈却刻意回避得罪俾斯麦,不参加联合干预行动,以博取德国的好感。俾斯麦是一个恩怨分明的人:"对于朋友我是更好的朋友,对于敌人我是更坏的敌人。"故而他在奥俄对抗中作出了有利奥方的表示。第二,德国的公众舆论站在奥地利一边。德国金融界将奥地利占领巴尔干视为保证德国在那里投资的前提条件;中央党则认为天主教大国奥地利占领巴尔干关系到"在东方的德意志文化";民族自由党也宣称,德国必须保证巴尔干问题的解决不损害奥地利的利益。面对这样一种氛围,当时俄国驻柏林大使感叹:在柏林"没有任何人"怀有真正的对斯拉夫人的同情。② 第三,为了保持欧洲大陆的均势格局,要求德国维持奥地利的地位。俾斯麦曾在私下谈话中指出:"如果奥地利垮了,俄国对我们就太危险了。与奥地利在一起我们可以保持与俄国对弈。"③

德国的态度最终迫使俄国与奥匈妥协。1877年1月,俄奥两国签订了《布达佩斯协定》(Konvention von Budapest),奥匈在俄土战争中保持中立,俄国同意奥匈占领波黑地区。但是俄国打败土耳其后签订的《圣斯特凡诺和约》(Frieden von San Stefano)中建立大保加利亚(Groß-Bulgarien)的条款又引发了它与英奥两国的冲突。

1878年6—7月,欧洲各列强召开柏林会议(Berliner Kongreß),以解决在东方问题上的分歧。在会上俾斯麦自喻为"诚实的掮客"(Ehrlicher Makler),居中调停。他既支持俄国对黑海海滨领土的要求,又支持奥匈驻军于波黑地区。但是在英奥联合的形势下,德国的这种中

---

① [苏]赫沃斯托夫编:《外交史》,第2卷(上),第126页。

② Heinz Walter, *Bismarcks Außenpolitik 1871 – 1881*, Berlin: Akademie Verlag, 1983, S. 284, 208.

③ Ebd. , S. 211.

立态度显然不利于俄国。最后俄国被迫吐出了一些到口的胜利果实。它恼怒于德国的不合作态度,沙皇甚至指责柏林会议是"俾斯麦侯爵领导下的欧洲反俄联盟"。① 于是俄国决定在外交、军事领域向德国施加压力。俄国驻土耳其代表与法国代表显示了引人注目的亲热;俄军也开始集结重兵于俄德边境。

面对俄国的压力,德国方面也采取了应对性措施。一方面,德国军方从 1878 年开始制定针对俄法两国的两线作战(Zweifrontenkrieg)计划,②另一方面,俾斯麦开始从外交上寻求其他保障,筹划德奥同盟(Deutsch-österreichisches Bündnis),以防备法俄联合可能带来的威胁。1879年 4 月,俾斯麦在给驻俄大使施魏尼茨(Hans Lother von Schweinitz,1822—1901)的信中指出:鉴于德国已不能像从前一样依赖俄国,那就应该和奥地利发展"一种有机的、没有两国政府的协议不能解除的关系",以保障自己的安全。③

对于德国的这种期望,奥匈期待已久。8 月 27—28 日,俾斯麦与安德拉西在加施泰因(Gastein)进行会谈。安德拉西的回答是:"奥德同盟是针对俄法同盟的必然对策。"④9 月 21 日俾斯麦到达维也纳。3 天以后,德奥签订了针对俄国的联合备忘录。对此,德皇威廉一世却感怀德俄传统友好,反对针对俄国的同盟,只是在俾斯麦内阁总辞职的威胁下,才被迫于 10 月 5 日批准签订两国之间军事同盟协定。10 月 7 日《德奥同盟条约》(Deutsch-Österreichisch-Ungarischer Bündnisvertrag)签字。据此,两缔约国之一受到俄国进攻,另一方有义务全力援助;双方对本条

---

① Gordon A. Craig, *Deutsche Geschichte 1866-1945*, München: Verlag C. H. Beck, 1980, S. 111.

② Andreas Hillgruber, *Bismarcks Aussenpolitik*, S. 154.

③ W. N. Medlicott & Dorothy K. Coveney (eds.), *Bismarck and Europe*, New York: St. Martin's Press, 1972, pp. 113-114.

④ Adolf Matthias, *Bismarck: Sein Leben und sein Werk*, S. 421.

约保守秘密,须经协议方可通知第三国。[1]

　　德奥同盟只是俾斯麦针对俄法之间可能的结盟的一种迫不得已的防备手段。鉴于俄国在战略上对德国的重要性,他并不想作出永久性的反俄抉择。[2] 相反,他想通过施加外交压力的"曲线政策"来迫使俄国重返三皇同盟。因此,在缔结德奥同盟的同时,他又授意驻英大使明斯特(Georg Herbert zu Münster,1820—1902)与英国谈判,试探英国在德俄冲突中将要采取的态度。俾斯麦的策略很快见效。由于在巴尔干问题上处于孤立状态且与英国在黑海海峡问题上关系紧张,俄国也迫切需要改善对德关系,以便保证西部边界的安全。德奥结盟和德英会谈的传言等,则更使俄国感到不安。为了保障自己的安全,俄国被迫作出妥协,提出了与德国缔结针对奥匈的双边协定的主张。俾斯麦给俄国的答复是:"没有人愿当少数派。……只要这个世界还为不稳定的五强均势所操纵,就要努力成为三成员中的一位。"[3]他明确告诉俄国特使,重建三皇同盟是唯一保障欧洲和平的最大稳定体系。迫于无奈,俄国只得与奥匈和好。

　　1881 年 6 月,新三皇同盟在柏林缔结。与原先协议性的三皇协定不同,新三皇同盟通过具体的条约义务将俄国拴得更紧。根据该条约,一旦发生法德战争,俄国保持中立;在英俄战争中则德国保持中立。条约还保证了俄奥两国在巴尔干的势力范围。在三皇同盟的束缚下,俄国实际上同意背弃法国而迁就德国,借以换取德国不帮助英国反对俄国。此后,新沙皇亚历山大三世(Alexander III.,1845—1894,1881 年—1894

---

[1] Rüdiger vom Bruch und Björn Hofmeister (Hrsg.), *Deutsche Geschichte in Quellen und Darstellung Band 8*, *Kaiserreich und Erster Weltkrieg*, 1871–1918, S. 78–80.

[2] Heinz Walter, *Bismarcks Außenpolitik 1871–1881*, S. 303.

[3] Nicholas Der Bagdasarian, *The Austro-German Rapproachement 1870–1879*: *From the Battle of Sadan to the Dual Alliance*, p. 302; Gordon A. Craig, *Deutsche Geschichte 1866–1945*, S. 112.

年在位)前往但泽拜会德皇,也与奥皇之间表现出非常亲密的友谊。①

俄国重返三皇同盟后,俾斯麦继续扩大他的大陆同盟体系。将对手从自己周围引开,是俾斯麦的一贯做法。② 1878 年柏林会议上,俾斯麦为转移法国的注意力,曾鼓励其占领突尼斯(Tunesien),同时又私下建议意大利去抢夺突尼斯,希图挑起法意两国的冲突。1881 年法国抢先占领突尼斯。在争夺中败北的意大利自知力量不足,为了与法国对抗,主动提出加入德奥同盟。1882 年 5 月,出于在战略上孤立和包围法国的考虑,俾斯麦拖着奥匈一道与意大利结成了三国同盟(Dreibund)。根据条约,如果意大利遭到法国攻击,德奥将援助意大利;德国遭到法国侵略或德奥遭到法俄攻击时,意大利将参加战争。③ 意大利因此成为德国威胁法国后方的一枚棋子。

接着,俾斯麦又怂恿奥匈同罗马尼亚(Rumänien)接近。1878 年柏林会议上,俄国抢走了罗马尼亚的比萨拉比亚,罗马尼亚既恨又怕,转而寻求德奥两国保护。为了抵制俄国向欧洲中南部的扩张,德奥也愿意接纳这一小伙伴。1883 年 10 月 30 日,罗奥两国订立同盟条约,同日德国加入此约。1888 年 5 月意大利加入该约。

至此,俾斯麦建立起了以德国为中心的德奥俄、德奥意、德奥罗三个联盟体系。这一体系包含着孤立法国和防备法俄联盟两个方面。一方面,只要这一体系不动摇,法国在欧洲大陆将陷于孤立,复仇无望;另一方面,一旦法俄联合,这一体系将变为针对法俄两国的同盟集团。俾斯麦苦心经营的这一联盟体系在相当长时间内主导了欧洲国际关系,使德国左右着欧洲大陆的国际政治格局。但是,由于这一联盟体系从一开始就存在着包括俄奥在巴尔干地区的对抗等在内的复杂内部矛盾,因此不

---

① Hans Plehn, *Bismarcks Auswärtige Politik nach der Reichsgründung*, München: Oldenbourg Verlag, 1920, S. 174 - 175.

② Hans-Ulrich Welher, *Das Deutsche Kaiserreich 1871 - 1918*, Göttingen: Vandenhoeck & Ruprecht Verlag, 1973, S. 182.

③ Rüdiger vom Bruch und Björn Hofmeister (Hrsg.), *Deutsche Geschichte in Quellen und Darstellung Band 8*, *Kaiserreich und Erster Weltkrieg*, *1871 - 1918*, S. 87 - 89.

可能长期稳固下去。

(二) 德国殖民帝国的建立;再保险条约

俾斯麦认为,德国地处中欧,强邻环列,宿敌法国随时会复仇,须将主要精力集中于欧洲大陆,因而在殖民扩张问题上总是很谨慎。而且他也担心抢夺海外殖民地会导致与海上霸主及殖民强国英国的冲突,促使英法联合对付德国。故此他曾宣称:"只要我是宰相,我们就不会实行任何殖民政策。"①然而,到 19 世纪 80 年代中期,他一反常态,突然涉足殖民扩张,并且在短时间内取得了引人注目的进展,建立起世界第三大殖民帝国。

从国际层面而言,当时的形势有利于德国进行殖民扩张。一是俾斯麦此时已经建立起庞大的联盟体系,德国在欧洲大陆的地位暂时有了保障,可以放手向外扩张;二是此时法国对外政策的重心放在殖民扩张方面,法德关系趋向缓和,德国暂时可以将精力从防止法国复仇中解放出来,转向海外;三是英国的国际困境也为德国获得殖民地提供了机会。此时正值英国与法国因争夺埃及发生冲突,与俄国在阿富汗问题上剑拔弩张。② 因此,英国在欧洲需要德国的支持,在殖民地问题上容易向德国让步。英国首相格拉斯顿及其继任者索尔斯伯里(Robert A. T. Marquess of Salisbury,1830—1903)都曾表示,为了取得德国在埃及和亚洲的支持,英国必须在殖民地问题上与德国合作。③

俾斯麦创立德国殖民帝国也有其国内动因。一是德国统一后工业资本主义迅速发展,对海外商品市场和原料产地的需求增强。据统计,1878 年德国与萨摩亚群岛(Samoainseln)、汤加群岛(Tongainseln)的贸易逆差达 103 万马克;1879 年—1883 年德国向非洲出口由 27.92 万马克增至 42.28 万马克,通过汉堡进口的非洲货物却从 519.65 万马克增

---

① Andreas Hillgruber, *Bismarcks Aussenpolitik*, S. 167.

② Richard Shannon, *The Crisis of Imperialism 1865 - 1915*, London: Paladin, 1986, p. 169.

③ Marvin Swartz, *The Politics of British Foreign Policy in the Era of Disraeli and Gladstone*, London: Palgrave Macmillan, 1985, pp. 152 - 153.

至910.52万马克。① 二是推行殖民扩张政策成为俾斯麦在国内争取政治主动的一个筹码。19世纪70年代末80年代初,德国出现了许多以鼓吹殖民扩张为目的的组织,包括1878年成立的商业地理及促进德国海外利益中央协会(Centralverein für Handelsgeogrphie und Förderung deutscher Interessen)、1881年夏天在工业家比克(Henny Axel Bueck, 1830—1916)等人支持下成立的西德意志殖民及出口协会(Westdeutscher Verein für Kolonisation und Export)、1882年民族自由党政治家约翰·冯·米克威尔等策划建立的德意志殖民联合会(Deutsche Kolonialverein)和1884年成立的德意志殖民开拓协会(Gesellschaft für deutsche Kolonisation)等。② 因此,在殖民地问题上有所作为,以争取这些组织的支持,显然非常重要。俾斯麦曾在私下谈话中表示,需要利用殖民事务来帮助选举。③

1882年11月,不莱梅商人吕德里茨(Adolf Lüderitz,1834—1886)在西南非(Südwestafrika)向当地土著首领买下一块土地,并申请德国政府予以保护。1884年4月24日,俾斯麦电告德国驻南非领事,令其转告英国开普(Kap)殖民政府,吕德里茨所占之地已置于德国保护之下。德国殖民帝国诞生。接着德国又将殖民扩张目标转向西非。1884年7月,德国驻突尼斯总领事、著名探险家纳赫蒂加尔(Gustav Nachtigal, 1834—1885)先后宣布将多哥(Togo)、喀麦隆(Kamerun)置于德国保护之下。随后德国又将矛头指向东非。1884年9—11月,萨克森牧师之子卡尔·彼得斯(Carl Peters,1856—1918)以烈性酒等诱使当地土著首领接受保护。1885年2月德国政府向彼得斯颁发特许证,认可其在东非攫取的权利。德属东非殖民地诞生。德国在太平洋(Pazifischer Ozean;

---

① Mary Evelyn Townsend, *The Rise and Fall of Germany's Colonial Empire 1884 - 1918*, New York: The Macmillan Company, 1930, pp. 47 - 49.

② Winfried Speitkamp, *Deutsche Kolonialgeschichte*, Stuttgart: Reclam Verlag, 2008, S. 19 - 20.

③ S. Brooks, *Documents and Debates: Nineteenth Century Europe*, p. 96.

Stiller Ozean)的殖民活动也迅速展开。1885 年 5 月英德签订协议,德国获得新几内亚(Neu-Guinea)北部沿岸地区、所罗门群岛(Salomonen;Salomoninseln)部分岛屿以及俾斯麦群岛(Bismarck-Archipel)等的宗主权。就这样,在 1884 年 4 月至 1885 年 5 月的短短一年中,西南非、西非、东非以及南太平洋的许多岛屿都升起了德意志帝国的大旗。

然而,正当德国人为新创立的殖民帝国兴奋不已之际,欧洲形势出现了新变化。1885 年 3 月,由于在中法战争(Sino-Französischer Krieg;Franco-Chinesischer Krieg)中败给中国(China),法国茹尔·费里(Jules Ferry,1832—1893)内阁垮台,法国对外政策视线转回欧洲,法国国内对德复仇呼声再次高涨。同年 9 月,东鲁美利亚(Ost-Rumelien)爆发反土耳其统治的起义,东方问题再次提上日程。欧洲列强之间出现了一系列新的外交冲突。俾斯麦政府于是急忙将对外政策重心收回到欧洲大陆,以防不测。事后俾斯麦在会见非洲问题专家、殖民扩张政策的鼓吹者欧根·沃尔夫(Eugen Wolf,1850—1912)时指出:“您的非洲地图的确很美,可是我的非洲地图在欧洲。这里是俄国,这里是法国,而我们在中间,这就是我的非洲地图。”在俾斯麦眼中,抢占殖民地同欧洲问题相比,始终只是枝末问题。[①]

1885 年—1887 年,德国外交开始面临所谓的双重危机(Doppelkrise),严重影响到俾斯麦建立起来的联盟体系。

一是保加利亚危机(Bulgarische Krise)引发俄奥冲突,动摇了俾斯麦联盟体系基石之一的三皇同盟。1885 年保加利亚(Bulgarien)占领东鲁美利亚,引起塞尔维亚(Serbien)的不满,双方爆发战争。塞尔维亚遭到决定性失败,只是由于奥匈的外交干涉才免于丢失领土。俄国对于奥匈没有与自己协商就进行干涉表示不满,认为违反了三皇同盟协定规定的协商原则。与此同时,俄国也对自己一手扶植起来的保加利亚君主巴

---

① Gordon A. Craig, *Deutsche Geschichte 1866-1945*, S. 114; Andreas Hillgruber, *Bismarcks Aussenpolitik*, S. 174.

滕贝格(Alexander von Battenberg,1857—1893,1879 年—1886 年在位)试图摆脱它的控制感到不满,于 1886 年 9 月赶其下台。此后奥俄两国在保加利亚新君主人选问题上展开了斗争,直到 1887 年 7 月费迪南德·冯·科堡(Ferdinand von Coburg,1861—1948,1887 年—1918 年在位),即费迪南德一世(Ferdinand I.)登位。① 俄奥两国在巴尔干的争夺,严重破坏了三皇同盟的基础,以至双方都不再愿意延长将于 1887 年夏天到期的条约。

二是 1885 年茹尔·费里下台后,主张对德复仇的布朗热将军(George Ernest Jean Marie Boulanger,1837—1891)出任法国新政府的国防部长,法国舆论出现了对德复仇的热烈讨论。1887 年 4 月,由于德国以诱骗方式逮捕了法国官员施奈贝尔·纪尧姆(Schnaebelé Guillaume,1831—1900),两国之间的对立情绪进一步加剧。直到 5 月布朗热下台,德法关系才趋于缓和。

当时面对来自东西两侧的双重危机压力,德国特别担心法俄两国的接近。② 虽然俾斯麦在公开场合竭力淡化这种可能性,全面肯定德俄友好关系,只对法国的复仇表示担心,但他显然无法排除法俄两国接近的可能。因此,他从军事到外交等多个层面采取应对措施来防范这种可能性。首先是加强军备。他在帝国议会大谈严峻的政治形势和法国战争威胁,提出了第三个"七年期"扩充军队法案,将常备军人数从 427000 人增加到 468000 人。③ 与此同时,他在外交方面采取所谓的"拦阻政策"(Eindämmungspolitik),④积极鼓动英、意、奥三国在近东问题上联合起来向俄国施压,迫使俄国重回德国怀抱。他利用英国与法国之间以及英国与俄国之间存在的紧张关系,向英国施压,促使其与意、奥两国联合起

---

① Albert Schreiner, *Zur Geschichte der deutschen Aussenpolitik*, *1871 - 1945*, *Erster Band*, *1871 - 1918*:*Von der Reichseinigung bis zur Novemberrevolution*, Berlin: Dietzverlag, 1952, S. 139 - 140.

② Andreas Hillgruber, *Bismarcks Aussenpolitik*, S. 179 - 180.

③ Adolf Matthias, *Bismarck*: *Sein Leben und sein Werk*, S. 424.

④ Andreas Hillgruber, *Bismarcks Aussenpolitik*, S. 181.

来抵制俄国的扩张。1887 年 2 月，英意两国签订《地中海协定》（Mittelmeerentente；Mittelmeerabkommen），也称东方协定（Orientabkommen）。3 月奥匈加入该协定。根据该协定，英奥意三国将尽力维持地中海和黑海地区的现状，制止一切试图改变现状的行为；奥意两国支持英国在埃及的利益，英奥则支持意大利在的黎波里（Tripolis)的利益。由此英国与三国同盟之间形成了一种伙伴关系，三国同盟的地位因而得到进一步加强。但是，由于条约是以文本互换的外交照会形式缔结的，没有法律的约束力。

尽管如此，俾斯麦并未放弃俄国。在他看来，如果俄国遭到孤立，它势必通过与法国接近来解脱困境，这会使德国面临东西夹击的危险。因此，防止俄法接近，确保俄国在未来的德法冲突中保持中立，仍是最佳选择。而俄国虽然对奥匈不满，却也不愿完全与德国分道扬镳。俄国外交大臣吉尔斯(Nikolai Karlovitsch von Giers，1820—1895)期望用一种新的德俄协定来取代原来的三皇同盟条约。双方于是一拍即合，在 1887 年 6 月 18 日缔结了秘密的《再保险条约》(Rückversicherungsvertrag)①。条约分为正文和附加议定书两部分。根据该条约，缔约国之一在与第三方发生战争时，另一方有义务保持中立，但这一规定不适用于德国进攻法国或俄国进攻奥匈；德国承认俄国在巴尔干半岛获得的诸项权利，支持俄国在保加利亚的政策。一旦俄国认为有必要保卫黑海入口，德国要保持善意中立。可见，《再保险条约》实际上是德俄双方在有关可能的冲突中有条件保证中立的条约。

俾斯麦与俄国签订再保险条约有两个明显的动机。一是要防止俄国与法国结盟；二是通过支持甚至鼓励俄国在巴尔干的政策，使之摆

---

① Rüdiger vom Bruch und Björn Hofmeister（Hrsg.），*Deutsche Geschichte in Quellen und Darstellung Band 8*，*Kaiserreich und Erster Weltkrieg*，*1871–1918*，S. 90–93. 再保险条约的含义是：德国通过三国同盟条约确保了针对法俄的安全，通过德奥罗条约获得了针对俄国的安全，现在又通过德俄条约再次确保了德国的安全。Albert Schreiner，*Zur Geschichte der deutschen Aussenpolitik*，1871–1945，*Erster Band*，1871–1918；*Von der Reichseinigung bis zur Novemberrevolution*，S. 145.

脱孤立之感,同时加剧俄国与英、奥、意三国的对立,迫使英国为抵制俄国的扩张而继续与奥意两国合作,从而在实际上站到三国同盟一边。

《再保险条约》使德国暂时摆脱了法俄联合的恶梦。但俾斯麦深知,一旦近东局势恶化,奥俄冲突再起,德国势必无法置身事外。由于德国不能允许俄国消灭奥匈这样一个欧洲大陆的均势因素,最好的办法就是加强遏制俄国的联盟力量,降低其在近东的野心。1887年夏,奥意两国试图进一步强化《地中海协定》的义务,英国因无法肯定得到德国支持而犹豫不决。对此,俾斯麦于11月22日致函英国首相索尔斯伯里表示,德国希望那些在近东有共同利益的国家足够强大,以便对付俄国。[1] 在得到德国方面的肯定性保证后,英国和奥意两国于12月再次强化了地中海协定,即所谓的《第二次地中海协定》(Zweite Mittelmeerentente)。德国在近东问题上给俄国的支持事实上成了空头支票。

至此,俾斯麦心中并未完全踏实。当时包括官方报纸在内的俄国新闻界反德声浪日渐高涨,主张与法国接近的呼声不断;俄国政府也推出了明显针对德国人的敌视性措施:禁止外国人在俄国西部购买地产。面对德俄关系继续恶化和俄法两国的接近,俾斯麦感觉有必要寻求进一步的安全保障。为此,他一方面禁止德国市场购买俄国有价证券,试图以此对俄国施加经济压力,使之认识德国友谊的重要性;另一方面则决定加强与英国的关系,以便确保对可能形成的法俄同盟的优势。

1889年8月,俾斯麦明确提出要争取英国对三国同盟的支持,命令驻伦敦大使哈茨费尔德伯爵(Paul Graf von Hatzfeld, 1831—1901)向索尔斯伯里提出签订德英同盟条约的建议,即两国之一遭到法国的进攻时相互支持。但是英国对于该建议采取了一种回避的态度。尽管如此,与

---

[1] Albert Schreiner, *Zur Geschichte der deutschen Aussenpolitik*, *1871 - 1945*, *Erster Band*, *1871 -1918: Von der Reichseinigung bis zur Novemberrevolution*, S. 149.

英国接近以保持对可能的法俄同盟的优势已经成为德国对外政策的一种趋势。俾斯麦下台后,这种与英国接近的外交目标在继任者卡普里维(Leo Caprivi, 1831—1899)那里得到了进一步的贯彻。①

第二节 威廉时代的帝国政治

威廉二世时代的政治生态与俾斯麦时代不尽相同,无论是对内政策还是对外政策,都出现了明显的转向。在对内政策方面,不稳定和非连续性成了这一时期的主要特征;在对外政策方面,推行"世界政策"和谋求世界霸权成了主导性的取向。

一、俾斯麦解职和威廉二世亲政

1888 年是德国历史上的所谓"三皇之年"(Dreikaiserjahr)。是年 3 月 9 日,老皇帝威廉一世去世,具有自由主义思想的弗里德里希三世(Friedrich III. , 1831—1888,1888 年在位)即位。但是这位新皇帝在位仅 99 天,还没有来得及挑战俾斯麦独断专行的政治地位,就驾鹤西去了。此后,弗里德里希三世与英国维多利亚女王(Viktoria,1819—1901)的长女维多利亚公主(Viktoria, 1840—1900)婚生之子、年仅 29 岁的威廉二世(Wilhelm II. , 1859—1941)登上了德意志皇帝的宝座。

起初新皇帝与老宰相之间的关系尚算融洽。1888 年 6 月 25 日,威廉二世在帝国议会发表登基演说时,两人不仅热烈握手,年迈的俾斯麦还弯腰亲吻新主人的手,以示躬顺之意。但是年轻气盛的新皇帝有着一种极强的权势欲,他希望能直接行使君主的权力,亲自治理国家,这势必会与擅权独断的俾斯麦发生冲突,无法长期共处。而根据俾斯麦一贯奉行的君主制原则,大臣是君主的奴仆,在与君主发生矛盾时只能选择后

---

① Albert Schreiner, *Zur Geschichte der deutschen Aussenpolitik*, *1871 - 1945*, *Erster Band*, *1871 -1918*: *Von der Reichseinigung bis zur Novemberrevolution*, S. 151.

退。这就预示着这位三朝元老的最终命运。果然，威廉二世继位不久，双方在内政和外交方面出现了一系列的分歧和矛盾。

　　双方的一个重要分歧是关于解决社会问题的对策。1883 年，为了打击社会民主党，拉拢工人阶级，缓和国内阶级矛盾，同时也是为了解决因工业化而带来的诸种社会问题，俾斯麦曾促使帝国议会通过了《疾病保险法》(Krankenversicherungsgesetz)，1884 年和 1889 年又先后促使帝国议会通过了《事故保险法》(Unfallversicherungsgesetz)和《老年及残废保险法》(Alters-und Invaliditätsversicherungsgesetz)等国家层面的社会保险立法。此后，当看到社会民主党并未因此被打垮，工人运动仍持续高涨后，老宰相便失去了继续推动社会保险立法的兴趣。但是新皇帝却希望进一步完善社会政策，以凸显自己的慈恩形象，因而对社会问题表现出"特别的兴趣"。[1] 1889 年 5 月，鲁尔煤矿工人大罢工，威廉二世不仅亲自参与调解，甚至在柏林皇宫中接待工人代表，而且在罢工结束后还要求就进一步实施国家社会政策提出建议，并把这些建议写成了备忘录，于 1890 年 2 月 4 日以《二月公告》(Februarerlasse)形式颁布，提出要实施劳工保护。俾斯麦则认为，鉴于社会民主党的力量仍在发展，此时推出新的社会政策只会对社会主义工人运动起到鼓励作用，因而加以反对。

　　二者之间的另一个分歧是关于延续"反社会党人非常法"问题。俾斯麦对以和平方式争取工人阶级已经不存在幻想，因而主张采取更严厉的措施镇压社会民主党。他在 1889 年 10 月提交给议会的新的反社会党人提案中，加入了所谓的驱逐出境权力(Ausweisungsbefugnis)条款。这一条款遭到民族自由党等许多议会党团的反对，因为他们担心此条款会用到自己的身上。所以帝国议会在 1890 年 1 月 25 日以 167 票对 98 票否决了新的反社会党人提案。威廉二世也不赞成添加"驱逐出境"条

---

[1] Wilhelm von Massow, *Die deutsche innere Politik unter Kaiser Wilhelm II.*, Stuttgart und Berlin: Deutsche Verlags-Anstalt, 1913, S. 94.

款,他希望用和平手段来争取工人。结果,在 1890 年 2 月 20 日的新议会选举中,支持俾斯麦的卡特尔政党联盟大败,该联盟在议会中的议席由 220 个下降到 135 个;在野党则大胜,其中社会民主党虽然只获得 35 个议席,但赢得了 150 万张选票,支持者接近选民总数的 20%,成为得票数最多的政党。[1] 这一切表明,俾斯麦的镇压政策已经失败。

　　俾斯麦与新皇帝的关系也因其政敌的挑拨而受到损害。威廉二世受到俾斯麦的保守党死对头、宫廷传教士阿道夫·施特克尔(Adolf Stöcker,1835—1909)等人的影响。1888 年 8 月 14 日,施特克尔以《薪堆书简》(Scheiterhaufenbrief)为名在《十字报》上发表文章,阐明了除掉俾斯麦的路径:让新皇帝确信不会从俾斯麦那里得到好的建议;放火烧掉俾斯麦赖以统治的卡特尔政党联盟。此后,施特克尔和日后成为普鲁士农业大臣的哈默施泰因(Ernst von Hammerstein-Loxten,1827—1914)等人又通过格弗肯事件(Geffcken-Affäre)继续恶化俾斯麦与新皇帝的关系。格弗肯(Friedrich Heinrich Geffcken,1830—1896)是弗里德里希三世的同学,他在 1888 年秋发表的 1870 年—1871 年战争日记中谈到,弗德里希三世期望建立中央集权,他不信任德意志联邦内的诸侯们的作用。俾斯麦认为这些日记危害帝国的联邦建设,对格弗肯提出控告。尽管俾斯麦的担心不无道理,但其行为无疑有对弗里德里希三世不敬之意,因而影响到威廉二世与老宰相之间的信任。[2]

　　新皇帝与老宰相在外交上也有分歧。俾斯麦把维持与俄国的友好关系视为其对外政策的基石之一,外交重点置于欧洲大陆。新皇帝则更倾向于亲近英国,以便在海外扩张中得到英国的帮助。他希望在殖民地问题上有所作为,以便为迅速工业化中的德国夺取所需的原料产地、商品和资本输出场所,并多次与俾斯麦谈及该问题,但后者总是充耳不闻。

---

[1] Dieter Langewiesche (Hrsg.), *Das deutsche Kaiserreich 1867/71 bis 1918:Bilanz einer Epoche*, Freiburg:Verlag Ploetz, 1984, S. 95, 99.

[2] Wilhelm von Massow, *Die deutsche innere Politik unter Kaiser Wilhelm II.*, S. 91 - 92.

对此,皇帝非常不满。①

　　威廉二世与俾斯麦彻底决裂的最根本的原因是两者之间的权力斗争。1890 年 3 月 2 日的内阁会议上,俾斯麦要求大臣们严格遵守 1852 年 9 月 8 日弗里德里希·威廉四世颁发的内阁指令,即除陆军大臣外,其他大臣在向国王直接汇报涉及内阁政策的问题时,必须事先通知首相。俾斯麦此时提出这一问题,目的在于牢牢控制内阁,防止内阁大臣在皇帝面前谈及对自己不利的政见。威廉二世认为该指令限制了他与其他大臣的自由交往,限制国王权力而有利于首相,要求加以修改。3 月 12 日,俾斯麦在未事先请示皇帝的情况下就与中央党领袖温特霍斯特会面,商讨中央党在议会中支持政府的问题,威廉二世又视之为对君主的极端不尊重。3 月 15 日,威廉二世与老宰相进行最后一次谈话,批评其未经皇帝同意就与议员谈判。他还批评俾斯麦在外交政策上没有向皇帝作详细的报告,没有将驻外使节的报告及时转呈给自己。17 日,皇帝派人通知俾斯麦,要么同意废除 1852 年内阁指令,要么提出辞呈。倔强的俾斯麦不愿让步,只有递上辞呈。②

　　3 月 19 日,俾斯麦向威廉二世提出辞呈,3 月 20 日,风云欧洲政坛近 30 载的俾斯麦被免去宰相之职。不过,威廉二世对这位为普鲁士和德意志民族作出过巨大贡献的宰相还是表示了极大的尊重。他不仅册封俾斯麦为劳恩堡公爵和陆军元帅,而且采纳其建议,任命卡普里维接任帝国宰相和普鲁士首相之职。事后威廉二世在其回忆录中也表示:俾斯麦作为一位伟大的政治家以及他对普鲁士和德国的不朽贡献是毋庸置疑的,对他有的只是"尊敬和崇拜"。③ 这应该是发自威廉二世内心的想法。至于他逼迫俾斯麦辞职,显然是不想永远被笼罩在这位老宰相的

---

① James Wycliffe Headlam, *Bismarck and the foundation of the German Empire*, pp. 448, 454; Wilhelm II, *The Kaiser's Memoirs*, English translation by Thomas R. Ybarra, New York and London: Haper & Brothers Publishers, 1922, pp. 7 - 8.

② James Wycliffe Headlam, *Bismarck and the foundation of the German Empire*, pp. 455 - 456.

③ Wilhelm II, *The Kaiser's Memoirs*, p. 1.

权力阴影之下,迫不及待地希望能亲自作为一番。

　　早在俾斯麦下台前,就已经有舆论指出:"皇帝日后想自己做宰相。"①俾斯麦下台后,威廉二世终于有了"亲政"(persönliches Regiment)的机会。德国历史由"俾斯麦时代"进入了"威廉时代"。威廉二世时期的帝国中央行政治理特点与俾斯麦时代截然不同。在俾斯麦时代,作为帝国创立者,俾斯麦凭借其巨大的影响力和过人的政治谋略,大权独揽,规范着帝国的政治生活。到了威廉二世时期,尽管皇帝也试图自己亲自治理国家,把大臣们当成自己的帮手,但他的治国之道通常带有即兴的特点,在政策方面缺乏俾斯麦那种连贯缜密的思考和全局意识。结果是,帝国的政治生活陷入了皇帝、宰相、国务秘书、普鲁士大臣、军队、宫廷侍从、顾问、利益集团等多种力量的纠缠博弈之中,"摇摆不定"成了这一时期的主要政治特征。人们通常把威廉二世统治时期在政治、社会、文化和艺术领域所形成的这种典型特征和现象统称为"威廉主义"(Wilheminismus)。

二、威廉时代国内政治的发展

　　与老宰相俾斯麦不同,威廉二世在国内政治生活中表现出极具时代特点的形象。一方面,他与19世纪末德国经济文化的高速发展相契合,特别关心德国工业界的利益和德国在世界上的地位,希望通过与工业界建立一种亲密的关系来树立自己的现代君主形象。另一方面,他在骨子里又继承了霍亨索伦王朝传统的君主统治理念,将自己的君主权力凌驾于人民之上,惘顾宪法,强调君主权力高于议会,表现出一种孤傲的独裁意识。这种集现代和传统于一身的矛盾性使得威廉二世时期的政治生活呈现一种摇摆不定和无重心的特征。

　　威廉二世时代的德意志帝国国内政治发展大致经历了四个时期:卡

---

① *Kaiser Wilhelm II. und der Reichskanzler：Ein Beitrag zur Zeitgeschichte*，Berlin：Hugo Steinitz Verlag，1889，S. 37.

普里维时期(1890—1894)、霍恩洛厄时期(1894—1900)、比洛时期(1900—1909)和贝特曼·霍尔维格时期(1909—1917)。

（一）卡普里维的"新路线"

卡普里维接任俾斯麦之后,在内外政策方面都出现了转向,推行所谓的"新路线"(Neuer Kurs)。"新路线"的主要内容是:在对内政策方面,为了适应德国向工业社会转型过程中形成的新型社会结构,一反俾斯麦的强硬镇压政策,试图通过进一步推进社会政策来实现社会的全面和解。其口号是:"凡与国家福祉有关的,无论何处何人,都要予以善待。"①在对外政策方面则转向亲英疏俄,开始了"世界政策"的前奏曲。

为了顺利推行新路线,原俾斯麦时代的多数重要官员都被替换。在新政府中,新任商业大臣汉斯·冯·贝尔莱普施(Hans von Berlepsch,1843—1926)、新任财政大臣冯·米克威尔、内政大臣恩斯特·路德维希·赫富特(Ernst Ludwig Herfurth,1830—1900)和留任的帝国内政部国务秘书兼普鲁士副首相冯·伯蒂歇尔(Karl Heinrich von Boetticher,1833—1907)成为核心人物。

卡普里维的"新路线"在对内政策上有明确的目标,亦即用和解政策(Versöhnungspolitik)取代俾斯麦的对抗政策。用卡普里维自己的话说,他的任务就是要让"德意志民族在经历了伟人和伟业之后回归日常层面",②实现社会各阶层的平衡和安宁。其和解政策有两大核心内容:一是积极介入社会冲突,在俾斯麦的国家社会保险立法的基础上继续推进社会政策,博取工人阶级对现存制度的支持;二是抛弃俾斯麦在议会中推行的分裂政策,不仅要依靠保守派政党,还要积极争取中央党和资产阶级自由派政党等在野政党的支持,实现各政党之间的和平。

---

① Rudolf Arndt（Hrsg.）, *Die Reden des Grafen von Caprivi im Deutschen Reichstage*, *Peußischen Landtage und bei besonderen Anlässen* 1883-1893, Berlin: Ernst Hofmann & Co., 1894, S. 371.

② Otto Hammann, *Der Neue Kurs: Erinnerungen*, Berlin: Verlag von Raimer Hobbing, 1918, S. 108.

　　在社会政策方面,基于1889年鲁尔工人大规模罢工斗争的教训,新政府决意进一步推行社会政策,缓和社会矛盾。《二月公告》是新的社会政策的发端,也是新路线的开始。1890年3月,由威廉二世亲自发起的第 一 届 国 际 劳 工 保 护 会 议(Erste internationale Konferenz für Arbeiterschutz)在柏林召开。1891年,帝国议会又相继通过了《职业条例 修 正 案》(Gewerbeordnungsnovelle),增 加 了《劳 工 保 护 法 案》(Arbeiterschutzgesetzgebung)等劳工保护立法。相关法令规定:禁止星期日工作,取缔14岁以下童工,未满16岁青年每天工作不得超过10小时,女工每天工作时间不得超过11小时;设立职业法庭处理劳资纠纷,加强对劳工保护的监督,规定对劳工的生活和健康的保护等。[①] 这些法案的通过和实施,彰显了德国社会政策的巨大进步,也是德国向现代社会国家转型的重要标志。

　　"新路线"也涉及普鲁士。同样基于社会调和和平衡原则的考虑,财政大臣米克威尔在普鲁士推行了税制改革,取得了明显成效。1891年6月24日,普鲁士引入新的所得税法,改变了过去实行分级征税的办法,代之以累进所得税,人们根据收入的多寡纳税,一些最低收入的人群获得了免税待遇,从而使纳税更趋公平,政府税收也有所增加。1892年,普鲁士政府又将土地税、房产税和营业税等转给社区,从而改善了城市和乡镇的财政状况。从实现公平税收、提高征税效率和改善普鲁士国家财政状况的角度来看,新的税制改革具有明显的进步意义。

　　与税收改革相对应,普鲁士还进行了三级选举制改革。原本的三级选举制一直按照纳税额的多少划分为三个等级。由于新的税制改革将土地税、房产税和营业税等转给了社区,并且取消了分级征税制,国家征收的税种只剩下累进所得税和财产税,第一和第二等级的选民因此大幅减少。在这种情况下,新的三级选举采用了选区制,也就是将等级的划

---

① Dieter Langewiesche(Hrsg.),*Das deutsche Kaiserreich 1867/71 bis 1918:Bilanz einer Epoche*,S. 105.

分直接放在初选选区中进行。如此一来,在乡镇,由于选区与乡镇范围一致,改革对选举影响不大,但在城市中,相关改革对选情冲击很大。它意味着,住在富人区者,即便纳税额较高,也可能被纳入第三等级,住在穷人区者,即使只交较少的税,也可能进入第一或第二等级。以柏林为例,1893 年时穷人区的第一等级纳税额只需 12 马克,而居住于宰相官邸所在的弗斯大街的人,即使纳税额高达 2.7 万马克,也只能列入第三等级。宰相卡普里维和他的 8 个大臣都属于第三等级,只有三位大臣位列第二等级。① 因此,在所在居住区的社会经济地位成为划入选举等级的决定性因素。

对外贸易政策的转变是"新路线"的重要内容之一。卡普里维政府在对外贸易中推行新的贸易条约政策,即通过与相关国家订立贸易条约,降低农产品等关税来换取别国更多地进口德国商品,特别是德国的工业品,从而在一定程度上放松了俾斯麦自 19 世纪 70 年代末以来实行的贸易保护主义。1891 年—1893 年间,德国分别与奥匈、意大利、比利时、瑞士、塞尔维亚、罗马尼亚等国签订了贸易条约,以降低德国从这些国家进口的农产品和原料的进口税为条件,换取它们降低德国工业品的进口关税。甚至从俄国进口的谷物也于 1894 年获得了"最惠国待遇"。

卡普里维政府的新贸易政策兼具社会政策和外交政策双重目的。就社会政策层面而言,到 19 世纪 90 年代,德国已经从农业国转变为工业国,工业的迅速发展要求促进工业品出口,降低农产品和原料的进口关税,以便创造更多的就业岗位,降低工业生产成本和工人购买面包等所需生活费用,进而缓和工人阶级的斗争情绪。② 关于这一点,卡普里维在帝国议会中说得非常明白:"我们必须出口,要么出口货物,要么输出

---

① Ernst Rudolf Huber, *Deutsche Verfassungsgeschichte seit 1789*, Band 3, *Bismarck und das Reich*, S. 91 - 92.

② Karl Erich Born, *Staat und Sozialpolitik seit Bismarcks Sturz*, Wiesbaden: Steiner Verlag, 1957, S. 94.

人口。面对增长的人口,没有一个稳定增长的工业,我们就无法继续生存。"①从外交层面看,与奥匈、意大利签订相关贸易条约,进一步巩固了三国同盟的关系,1894年德国与俄国贸易协定的签订则在很大程度上缓和了两国之间的紧张关系。

在与各政党的关系方面,卡普里维并不想过份依赖各右派政党,而是希望与其他政党或政治势力也保持友好关系。他给天主教会补发了在文化斗争中被扣留的国家补助金,归还了被没收的汉诺威居尔夫家族的财产,停止了1886年开始的压制波兰人的措施,通过社会政策缓和了与工人阶级的关系。但是,所有这些平衡政策都有一个限度,那就是不损害君主和国家的权威。就此而言,卡普里维的政策是一种开明的保守主义。

但是卡普里维在实施国内"新路线"方面并不顺畅。首先,卡普里维政府对外贸易政策的转变直接导致了他与保守党之间的冲突和决裂。新的贸易政策侧重于关注工业界的利益而忽视了对农业的保护,导致农产品价格下跌,因而遭到以大庄园主为核心的保守党的强烈反对。他们把降低农产品关税视为对德国农业的极大威胁。正是在这一背景下,1893年2月18日,大庄园主成立了旨在保护德国农业界利益的"农场主同盟",抵制政府的新贸易政策。

其次,卡普里维在缓和与在野党的关系方面也出现了挫折。1892年春,普鲁士文化大臣策德利茨-特吕奇勒(Robert von Zedlitz-Trützschler, 1839—1914)向邦议会提出新的学校法草案(Schulgesetzentwurf),据此,普鲁士各城市的混合教派学校的校理事会将由教派理事会接替,教会有权考察老师讲授的宗教课程是否合理。这一草案迎合了中央党的口味,却遭到资产阶级自由党人和科学界、教育界的强烈反对。策德利茨最终被迫辞职,草案也因此撤销。结果,卡普

---

① Gustav Schmidt, *Der europäische Imperialismus*, München: Oldenbourg Verlag, 1985, S. 91.

里维两边都不讨好,自由党人批评其支持草案,中央党人则对于撤销草案不满。

面对这样一种结局,卡普里维于 1892 年 3 月 23 日辞去了普鲁士首相之职,从而导致了帝国宰相兼任普鲁士首相的行政运作模式的分解。卡普里维的权力由此大大削弱。接替其出任普鲁士首相的是倾向于保守党立场的博托·楚·欧伦堡(Botho zu Eulenburg,1831—1912)。

1893 年 5 月帝国议会又拒绝了政府提出的扩充军队提案,卡普里维政府再次受到打击。当时卡普里维政府认为,由于德俄两国交恶,两线作战的威胁与日俱增,有必要增加德国陆军人数,但相关提案遭到议会中多数议员的反对。卡普里维为此不得不解散议会。在新选出的帝国议会中,保守派政党借助于民众的民族主义情绪获胜。新的扩军法案才在帝国议会中获得通过。

最终导致卡普里维垮台的是 1894 年的"防止颠覆提案"(Umsturzvorlage)。随着博托·楚·欧伦堡接任普鲁士首相和保守派政党在帝国议会选举中获胜,普鲁士的政治气候明显右转。威廉二世对于社会民主党在国家推行积极的社会政策之下仍不放弃反对国家的态度颇为不满,决定采取新的斗争策略。1894 年 6 月,法国总统卡诺(Marie François Sadi Carnot,1837—1894)被无政府主义者谋杀,在担任普鲁士内政大臣期间曾制订过"反社会党人非常法"的欧伦堡非常震惊,立即提出制订新的特别法令,用以镇压社会民主党从事颠覆国家的活动。威廉二世甚至考虑进行政变,解散帝国,废除普选制,然后在等级选举制的基础上建立新的帝国。但是卡普里维认为欧伦堡提出的法令无法得到帝国议会多数的批准,因而加以反对,同时他也劝说皇帝放弃了政变计划。尽管如此,温和的帝国宰相与保守的普鲁士首相之间的矛盾已经无法调和。在这种形势之下,1894 年 10 月 20 日,威廉二世同时解除了卡普里维和欧伦堡的职务。

(二)霍恩洛厄时期反社会民主党的"集结政策"

卡普里维去职后,威廉二世任命 75 岁高龄的霍恩洛厄侯爵

(Chlodwig Fürst zu Hohenlohe‐Schillingsfürst，1819—1901)为帝国宰相兼普鲁士首相。霍恩洛厄曾在 1866 年—1870 年间担任巴伐利亚总理大臣,1848 年革命时期属于资产阶级自由派,支持德意志的统一。但是,在出任帝国宰相和普鲁士首相后,这位老自由主义者在一种所谓的"迫切的爱国主义义务"压力下,[①]基本上顺从了皇帝和内阁中占优势的保守派力量的意愿,推行保守的、反社会民主党的政策。在霍恩洛厄内阁中,反社会民主党政策的主要推动者是卡普里维时期"新路线"的推动者米克威尔等人。米克威尔认为,推进社会政策的"新路线"并没有促使工人阶级脱离社会民主党,也没有能够使社会民主党放弃与国家对抗的政策,反而把原先拥护国家的中等阶层变成了反对派。因此他放弃了"新路线",转而实行所谓的集结政策(Sammlungspolitik),也就是集结一切力量来反对社会民主党。先后出任普鲁士内政大臣的恩斯特·冯·克勒尔(Ernst von Koeller，1841—1928)和艾伯哈德·冯·德尔·雷克(Eberhard von der Recke,1847—1911)也都主张对社会民主党采取镇压政策。

因此,霍恩洛厄上任后,立即推动通过卡普里维时期没有完成的"防止颠覆提案"。1894 年 12 月,他将提案呈递帝国议会。根据此提案,凡唆使犯罪、煽动阶级仇恨、侵犯家庭和财产、污蔑国家者,都将受到严厉惩处。[②] 但是,该提案遭到除两个保守党和中央党外的其他多数政党的反对,于 1895 年 5 月被帝国议会否决。反社会民主党的斗争只得从帝国层面转入各邦层面进行。在萨克森,为了打压社会民主党,1896 年的议会选举仿照普鲁士实行三级选举制,使社会民主党原先在下议院中的席位丧失殆尽。普鲁士政府则试图用普鲁士版的反社会党人非常法来

---

① Friedrich Curtius （Hrsg.）, *Denkwürdigkeiten des Fürsten Chlodwig zu Hohenlohe-Schillingsfürst，zweiter Band*, Stuttgart und Leipzig: Deutsche Verlags-Anstalt, 1907, S. 516 - 517.

② Rüdiger vom Bruch und Björn Hofmeister （Hrsg.）, *Deutsche Geschichte in Quellen und Darstellung Band 8，Kaiserreich und Erster Weltkrieg，1871 - 1918*, S. 233 - 241.

替代没有通过的"防止颠覆提案"。据此,普鲁士警方有权解散一切危害公共安宁和国家安全的社团和集会。但中央党和各资产阶级自由党害怕相关规定会被用来对付自己,在邦议会中否决了这一法案。

由于上述举措难以落实,帝国政府又准备通过限制结社权(Koalitionsrecht)来打击社会民主党的力量。1899 年 5 月 26 日,在威廉二世的敦促下,新任内政部国务秘书波萨多夫斯基(Arthur von Posadowsky-Wehner,1845—1932)向议会提出了一项加重惩罚强制结社的法律草案,旨在遏制包括自由工会(Freie Gewerkschaften)在内的社会主义工人运动的发展和社会民主党力量的壮大。根据该草案,凡以强制方式结社者要受到严厉惩罚,轻则处以最高达 1000 马克的罚金,重则处以最长达 1 年的监禁。① 因此该法案又被称为"长期监禁法案"(Zuchthausvorlage)。政府本以为这一法案会得到资产阶级自由派等中间力量的支持,但是,由于该法案违背了法治国家的权利平等原则,因此再次遭到除保守派政党之外的其他政党的一致反对,也归于失败。

霍恩洛厄时期镇压社会民主党的各项政策的失败表明,强硬的压制政策无法在帝国议会中得到多数党派议员的支持,必须进行调整。

霍恩洛厄主政期间的重要功绩是,在法律方面进行了具有重要意义的改革。年老的霍恩洛厄虽然在许多方面顺从皇帝的意愿,但并不赞同后者"亲政",因此两者之间也有激烈冲突。例如,在普鲁士军法改革问题上,一向谨慎的霍恩洛厄就呈现出坚强的一面。当时军法改革的目标是要向民法靠拢,引入公开原则。视军队为自己私有之物的威廉二世对此断然拒绝,而曾经在巴伐利亚主持过类似改革的宰相则坚决支持。两者形成了截然不同的立场并开展了攻防战。在 1896 年秋霍恩洛厄宣布相关改革的内容后,威廉二世欲施加预设规定,但是前者不顾皇帝的考虑,直接公布了自己的文本。这位老宰相表示,自己是帝国宰相而非办

---

① Rüdiger vom Bruch und Björn Hofmeister (Hrsg.), *Deutsche Geschichte in Quellen und Darstellung Band 8*, *Kaiserreich und Erster Weltkrieg*, *1871—1918*, S. 242 - 244.

公顾问,必须清楚自己要表达什么。1898 年,威廉二世不得不在相关法律上签字。

霍恩洛厄在法律方面的第二个成就是通过了作为统一的德国私法的《民法大全》(Bürgerliches Gesetzbuch)。[1] 这部从北德意志联邦时期就开始编撰的私法数易其稿,于 1896 年 8 月 18 日颁布,1900 年 1 月 1 日生效。该法克服了传统的等级法规,将 18、19 世纪以来的自然权利思想融入其中,在德国法制史上是一重大进步。

霍恩洛厄时期的第三项法律成就是在 1899 年 12 月 11 日通过了"霍恩洛厄法"(Lex-Hohenlohe),这是一部涉及结社问题的法律。根据该法,允许各类社团之间的相互联系,原先各邦禁止各种结社和集会之间联系的规定一律废除。这一规定显然有利于各政党和社团组织的扩大,有利于政治生活的活跃,因此具有进步意义。

(三)比洛时期从平衡政策向集团政策的转变

霍恩洛厄只是一个过渡性人物。在其出任宰相不久,即 1895 年,受到欧伦堡等人的影响,威廉二世就已经决定伯恩哈德·冯·比洛为霍恩洛厄的接班人。1897 年 10 月,比洛出任帝国外交国务秘书。同时,阿尔弗雷德·冯·蒂尔皮茨(Alfred von Tirpitz,1849—1930)出任帝国海军部负责人。1900 年 10 月 17 日,鉴于霍恩洛厄年事已高,加之"长期监禁法案"在帝国议会遭到否决,威廉二世任命比洛接任帝国宰相和普鲁士首相之职。比洛出身外交界,对国内事务没有经验,因此国内相关事务主要由 1899 年 5 月已经出任帝国内政部国务秘书的波萨多夫斯基负责处理,由此出现了 1899—1906 年的所谓"波萨多夫斯基时期"(Ära Posadowsky)。总体上看,比洛时期的国内政策可划分为两个阶段:和解性的社会平衡政策阶段和对抗性的集团政策阶段。

由于霍恩洛厄时期有关镇压社会民主党的政策得不到帝国议会多

---

[1] Ferd. A. Gebhard und Josef P. Lutz (Hrsg.), *Bürgerliches Gesetzbuch für das Deutsche Reich*, Berlin: Verlag des neuen deutschen Gesetzbuches, 1909.

数派的支持,在比洛出任宰相后,波萨多夫斯基转而推行平衡政策
(Ausgleichpolitik)或所谓的和解路线(Versöhnungskurs),希望争取议
会多数支持,实现国内各派政治力量的和解合作。他通过颁布前文提到
的"霍恩洛厄法"、废除《反耶稣会士法》中驱逐耶稣会士出境的规定以及
1906 年开始给议员发津贴等举措,博得了中央党等议会党团的好感,从
而为取得帝国议会的支持创造了条件。中央党在很长一段时间内成为
比洛政府的主要支持者。

积极推进社会政策是波萨多夫斯基时期的重要成就。1900 年—
1903 年间,在社会民主党的支持下,多个社会立法得到扩大。1900 年,
伤亡事故保险者范围扩大,寡妇和孤儿也纳入抚恤保险之列;1901 年,开
始在 2 万人口以上的市镇强行设立仲裁劳资纠纷的职业法庭,工业和建
筑业领域的工人在星期日和节日期间休息;1903 年又明确规定将禁止童
工扩大到家庭工业,禁止夜工,延长疾病保险期限达 13 周;1901 年起,国
家每年投入数百万马克用于修建工人住宅,改善工人居住条件,等等。①
这些社会立法和措施在帝国议会中得到了社会民主党团的支持,也提升
了波萨多夫斯基在社会民主党中的声望。

比洛政府在积极推进社会政策的同时,也注意照顾农业界的利益。
它推行折中主义的关税政策,既促进工业产品的出口,又要给农业界更
多的帮助,以便德国农业在外来竞争中能够立住阵脚。② 1903—1904
年,卡普里维时期签订的贸易条约相继到期,农场主同盟提出了大幅度
提高农产品进口关税的要求:每百公斤谷物税一律从当时的 3.5 马克提
升至 7.5 马克,牲畜和肉类进口税提高 300%。对此,比洛政府在考虑到
工业界的反对和贸易条约缔约方接受意愿的情况下,做出折衷妥协,将
谷物关税提高到了 1892 年时的水平。

① Dieter Langewiesche (Hrsg.), *Das deutsche Kaiserreich 1867/71 bis 1918:Bilanz einer Epoche*, S. 107;[联邦德国]卡尔·艾利希·博恩等:《德意志史》,第三卷(上),第 449 页;Wilhelm von Massow, *Die deutsche innere Politik unter Kaiser Wilhelm II.*, S. 221.
② A. Sartorius von Waltershausen, *Deutsche Wirtschaftsgeschichte 1815-1914*, S. 416.

根据 1902 年 12 月帝国议会通过的新关税法案,针对签订贸易条约国家的最低关税为:小麦为每公担 6 马克,黑麦和燕麦每公担 5.5 马克。最高关税相应为:小麦每公担 7 马克,黑麦和燕麦每公担 6.5 马克。其他农产品的进口税率提升幅度更大。[①] 与此同时,工业原料的进口给予免税待遇,初级产品进口给予低税待遇,制成品进口关税则大幅度提高,有的升幅高达 50%。从中可以看出,比洛时期的关税政策特点是既要安慰农业界,又要保护工业界利益。这一标准在帝国议会中得到中央党、民族自由党和保守派政党中的温和派的支持。

在扩建中部运河(Mittellandkanal)问题上,比洛政府也采取了折衷方案。起初政府提出的方案是建设贯穿莱茵河、威悉河(Wesser)、易北河直到普鲁士东部的维斯瓦河(Weichsel,今波兰境内)的中部运河,但是农业界担心一旦这一方案得到实现,会更加方便进口便宜谷物,对德国东部农业造成冲击,因而在 1899 年和 1901 年两次否决中部运河提案。最后,比洛政府做出妥协,放弃了从汉诺威到易北河之间的中间段运河的建设,以消除农业利益集团的担忧。[②]

比洛时期帝国政府面对的一个严峻困难是财政入不敷出。由于不断扩充陆军、建设海军,加之镇压中国的义和团起义(Boxeraufstand)等海外用兵的巨额投入,德国政府的财政出现了严重亏空。相关统计表明,1880 年,德国政府债务为 2.677 亿马克,1895 年为 21.25 亿马克,1905 年已经达到 35.43 亿马克。[③]

面对日益困难的财政状况,帝国政府本可以通过发行公债来弥补赤字。但是根据宪法,帝国政府的财政收入来源只能限于关税、间接税。俾斯麦时期曾希望通过对烟酒等奢侈品征收间接税和提高关税来增加

[①] Karl Erich Born, *Wirtschafts-und Sozialgeschichte des Deutschen Kaiserreichs* (*1867/71— 1914*), Stuttgart: Steiner-Verlag, 1985, S. 137.

[②] Wilhelm von Massow, *Die deutsche innere Politik unter Kaiser Wilhelm II.*, S. 220.

[③] Dieter Langewiesche (Hrsg.), *Das deutsche Kaiserreich 1867/71 bis 1918: Bilanz einer Epoche*, S. 111.

帝国政府的财政收入,但是反对中央集权的中央党通过附加所谓的"弗兰肯施泰因条款"(Frankensteinsche Klausel)来限制帝国政府的财政筹措能力。据此,帝国政府通过提高关税和烟草税所获收入的最高限额为1.3 亿马克,剩余部分必须分给各邦。到比洛时期,帝国政府债台高筑,该条款已经明显过时。因此 1904 年以后,中央党采取合作态度,提议废除了"弗兰肯施泰因条款"。但这仍无法满足帝国政府的财政需要,于是帝国政府又提出了征收直接税和提高间接税的要求。1906 年,第一项帝国直接税即遗产税获得批准。

帝国的财政困难最终导致比洛政府与帝国议会的合作出现裂痕。1904 年—1907 年,德属西南非爆发赫勒罗人(Herero)和霍屯督人(Hottentotten)反对德国殖民统治的赫勒罗起义(Hereroaufstand)。德国政府在镇压相关起义的过程中花费甚巨。1906 年秋,帝国政府提出追加经费以支持驻扎当地的德国守卫部队,中央党和社会民主党却想趁机扩大议会的影响力,对政府在殖民地管理方面的种种不当提出了批评,要求加以革除。[1] 结果,帝国议会以 177 票对 168 票的微弱多数拒绝了政府追加预算的要求,中央党与政府合作的密月期结束。比洛随之改变和解路线,于 12 月宣布解散帝国议会,转而向中央党和社会民主党开战。

1907 年 1 月举行第 12 届帝国议会选举,又称"霍屯督选举"(Hottentottenwahlen)。在这次选举中,保守党、民族自由党和左派自由党等组成反对中央党和社会民主党的选举联盟,依靠对大城市不利的选区划分,在所得选票数低于对手的情况下,仍取得了帝国议会中的多数席位,[2]形成了所谓的"比洛集团"(Bülow-Block),成为政府在帝国议会中的支柱。但是,由于保守党反感波萨多夫斯基推行积极的社会政策,

---

[1] Stephen J. Lee (ed.), *Imperial Germany 1871—1918*, London and New York: routledge, 1999, pp. 51-52.

[2] Dieter Langewiesche (Hrsg.), *Das deutsche Kaiserreich 1867/71 bis 1918: Bilanz einer Epoche*, S. 94-95.

自由党又讨厌波萨多夫斯基与中央党合作，波萨多夫斯基的国内政策因此失去了政治基础。1907 年 6 月 24 日，波萨多夫斯基下台，普鲁士内政大臣贝特曼-霍尔维格（Theobald von Bethmann Hollweg，1856—1921）接任其职。

此后，比洛政府推行依靠保守党人和自由党人的集团政策（Blockpolitik）。但是，诚如比洛在新的帝国议会中指出的那样，由于这两派只是在民族主义问题上有共同话语，①因此它们之间的合作不会长久。

比洛政府推行集团政策的目标是，依靠"比洛集团"在帝国议会中的有利多数，继续保护一切民族性劳动，对各行业利益一视同仁；继续推进社会政策，将社会保障从工人阶级扩大到中等阶层等。② 基于这些目标，1908 年实行了结社和集会法改革，通过了新的《帝国结社法》（Reichsvereinsgesetz），在更为自由的意义上确定了全国统一的结社权和集会权。新的结社法甚至一改往日禁止妇女参加社团和集会的规定，允许社团和集会向女性开放。

然而，随之而来的几个事件使比洛的地位受到彻底动摇，并使比洛集团最终崩溃。

一是所谓的《每日电讯》事件（Daily-Telegraph-Affäre）。1908 年 10 月 28 日，英国《每日电讯》发表采访德皇威廉二世的文章，其中报道，皇帝声称他是英国的朋友，由于这种态度，他在德国属于少数派。在布尔战争（Burenkrieg）期间，他不仅阻止了建立反英大同盟，而且给维多利亚女王送去了对布尔人（Bure，在南非的荷兰人后裔）的作战计划。文章发表后，英国、法国和俄国以及德国国内都对威廉二世不满。英国人不仅从中看到了大部分德国人的反英态度，而且认为威廉二世关于英国对布尔人的胜利得益于威廉二世的作战计划的说法是一种傲慢的表现。法

---

① Wilhelm von Massow, *Die deutsche innere Politik unter Kaiser Wilhelm II.*, S. 272.
② Ebd., S. 272.

俄两国则认为,关于建立反英大同盟的说法是在挑拨它们与英国的关系。国内的泛德意志主义者则批评皇帝从背后袭击了作为"德意志同胞兄弟"①的布尔人。帝国议会和新闻界也对于皇帝"亲政"而破坏德国对外关系的做法提出了严厉批评。面对巨大压力,比洛不仅不敢为威廉二世辩护,反而加以推脱。他在帝国议会中表示,如果皇帝不克制自己,今后宰相无法对帝国的政策负责。威廉二世视比洛的这种行为是对自己的背叛,因为他曾在文章发表前征求过宰相的意见。此后,他就寻找时机让比洛下台。

二是围绕改革普鲁士选举法进行的斗争。当时自由党人主张加强帝国议会并取消普鲁士的三级选举,比洛出于平衡的考虑,于 1908 年 10 月宣布改革普鲁士选举法,但他拒绝把选举帝国议会的平等、普选的原则照搬到普鲁士。其结果是,自由党人因为要求没有得到满足而不满,保守党人则由于反对修改普鲁士选举制也对比洛不满。双方因此都对比洛产生了不信任感。

三是在帝国财政改革问题上出现的矛盾。尽管德国在 1906 年进行了财政改革,但力度太小,根本无法满足帝国的财政支出需要。帝国国债到 1908 年时已经增至 42.5 亿多马克。② 为了解决财政方面的困难,帝国政府打算把遗产税扩大到子女遗产和夫妇遗产,同时提高和征收各种消费税。对此,部分资产阶级自由党人和社会民主党坚持反对提高会使日用品价格上涨的消费税,保守党和中央党则反对可能增加继承土地成本的遗产税。结果,政府的征税提案在帝国议会闯关失败。保守党和自由党组成的集团瓦解。

走投无路的比洛不得不在 1909 年 6 月 26 日提出辞职。7 月,贝特曼-霍尔维格出任帝国宰相。新政府接受了中央党和保守党提出的通过

---

① H. Elß, *Die Buren：der deutsche Bruderstamm in Südafrika*, Bielefeld：Verlag von Ernst Siedhof, 1899.

② Dieter Langewiesche (Hrsg.), *Das deutsche Kaiserreich 1867/71 bis 1918：Bilanz einer Epoche*, S. 111.

对流动资本增加税收来改善帝国财政状况的办法。

比洛政府的垮台在德意志帝国政治发展进程中具有积极的象征意义。一位帝国宰相因为在帝国议会失去多数支持而下台,这在德意志帝国历史上是第一次。它表明,帝国议会的作用在增长,也是德国议会化取得进展的重要体现。

(四) 贝特曼-霍尔维格的对角线政策

贝特曼-霍尔维格是德意志帝国在和平时期的最后一位宰相。按照历史学家汉斯-乌尔里希・韦勒(Hans-Ulrich Wehler,1931—2014)的说法,这位宰相从一开始就站在帝国国内政治的废墟之上。[1] 在其执政期间,原先的"比洛集团"已经瓦解,德国各政党大致形成了两个阵营:中央党、民族自由党和保守党人顽固捍卫普鲁士选举法,反对帝国对不动产征税;社会民主党、左翼自由党人属于改革党,他们明确要求推进议会化进程,加强帝国议会的影响力,建立对议会负责的帝国政府。这种政治状况预示着,新宰相的国内政策不会一帆风顺。贝特曼-霍尔维格本人在政治立场上倾向于自由主义,与左翼自由党人在1910年3月组建的进步人民党(Fortschrittliche Volkspartei)立场相近。他致力于成为一位超党派的宰相,在社会民主党为代表的左翼激进派和保守党人为代表的极右派之间采取一种以平衡为特征的"对角线政策"(Politik der Diagonalen)。

贝特曼-霍尔维格上台后的第一件任务是推行前任尚未完成的普鲁士选举法的改革。他在1910年2月提出了一个新的普鲁士选举法改革提案,据此,将实行直接的、公开的而非秘密的选举;每年超过5000马克的纳税额将不再成为划分选民等级时的依据;"有文化的人"(Kulturträger)将在其纳税额规定等级基础上提升一个选民等级。然而,由于保守党人和中央党的反对,该提案在议会中遭到拒绝。

---

[1] Hans-Ulrich Wehler, *Deutsche Gesellschaftsgeschichte*, *Dritter Band*, *Von der „Deutschen Doppelrevolution" bis zum Beginn des Ersten Weltkrieges* 1849—1914, München: Verlag C. H. Beck, 1995, S. 1011.

贝特曼-霍尔维格在任期间的一项成就,是在 1910 年通过了"阿尔萨斯-洛林宪法和选举法"(Verfassungs-und Wahlgesetz für Elsaß-Lothringen)。早在担任帝国内政部国务秘书期间,贝特曼-霍尔维格就提出要对帝国直属领地阿尔萨斯-洛林进行体制改革,明确其在帝国内的地位,给予自治权,以便淡化该地的亲法反德情绪。根据他的提案,阿尔萨斯-洛林将设立两院制议会,上院议员由皇帝敕命一半,教会、城市和行会等推举另一半;下院议会由直接和秘密的选举产生,选举权按年龄和职业划分等级。后经帝国议会修订,下院一律实行平等和普遍选举产生。虽然受到保守党人和军方的强烈反对,该提案最终得以通过。此外,这一帝国直属领地在联邦议会中也获得了投票权。相关改革终于使阿尔萨斯-洛林获得了平等权利,在一定程度上改善了它在德意志帝国中的地位,从而增强了阿尔萨斯-洛林人的归属感。

但是,随之而来的察贝恩事件(Zabern-Affäre)使贝特曼-霍尔维格在阿尔萨斯-洛林的努力付诸东流。1913 年 10 月 28 日,驻扎在阿尔萨斯小城察贝恩(Zabern)的德军少尉冯·弗斯特纳男爵(Günter Freiherr von Forstner,1893—1915)在士兵面前发表侮辱阿尔萨斯人的讲话,要他们毫不留情地杀死反叛的阿尔萨斯人,结果引发当地民众的抗议示威。当地驻军长官随后非法下令逮捕了数十名示威者,此后军事法庭却判其无罪。这一判决使得帝国与阿尔萨斯-洛林人之间刚刚开始愈合的裂痕再次受创。

贝特曼-霍尔维格在任期间,帝国议会的政治力量格局出现了巨大改变。1912 年 1 月的第 13 届帝国议会选举中,出现了一种前所未有的景象。在 1907 年帝国议会选举中惨败的社会民主党成为这次选举的最大赢家。它不仅获得了 35％的选票,而且在 397 个议席中获得 110 席,成为帝国议会得票最多、拥有最多议席的强大政党。[1] 其余主要政党的

---

[1] James Retallack (ed.), *Imperial Germany* 1871—1918, Oxford: Oxford University Press, 2008, p. 46.

议席分配是:中央党 91 席,民族自由党 45 席,进步党 42 席,而两个保守党只获得了 57 席。结果,政府在帝国议会中的支持者中央党和保守党人由多数派变成了少数派。

此后,贝特曼-霍尔维格政府虽然在 1913 年的扩军法案上得到议会中左派多数派的支持,即同意政府通过向 1 万马克以上财产所有者和年收入超过 5000 马克者征收国防税,使扩充军备获得财政保障,但是在其他方面却明显受到掣肘,无法开展有效活动。

上述可见,威廉二世时期的德国国内政治生活呈现一种明显的不稳定和非连贯性特征,坚持君主制的政府与要求扩大议会权力的左翼政党之间的分歧已经无法弥合。卡普里维担任宰相 4 年,霍恩洛厄在职 6 年,比洛时间最长,做了 9 年宰相,贝特曼-霍尔维格因第一次世界大战爆发之故而在宰相位置上待了 8 年。每一任宰相都有自己的国内政策,甚至在同一任内的国内政策也有重大变化。这种政策的非连贯性显然不利于国家政治生活的健康和稳定发展。

三、"世界政策"与德国迈向世界强权

威廉二世时期,随着迅速工业化带来的经济实力的增长和经济结构的变化,[1]德国对外政策也相应地发生了重大转变。在帝国建立的过程中,普鲁士虽然通过几次所向披靡的战争显示出强大的军事实力,但帝国建立之初的经济实力和综合国力尚不具备越出欧洲大陆的能力,无法与英国等老牌资本主义国家在世界范围内一争高下。与此同时,不稳定的国际时局也使新统一的德国无暇顾在海外扩张问题。所以俾斯麦在对外政策上奉行以谋求欧洲大陆霸权为中心的大陆政策。然而,随着帝国经济、军事力量的不断增强和德国在欧洲大陆主导性联盟体系的建立,仅仅作为欧洲大陆强国的政策已经无法满足德国统治阶级以及资产阶级的欲望,甚至已经无法安慰一般民众的民族主义情绪。因此,俾斯

---

① 参见第六章"帝国时期的经济"。

麦下台后,德国在外交政策上改弦易辙,出现了从大陆强国政策向世界强国政策的转变。

（一）外交政策转向的动因

威廉二世时期外交政策转向的动力来自内外两个方面。应该说,19世纪末20世纪初各列强瓜分世界、抢占殖民地的帝国主义（Imperialismus）潮流对德国角逐世界霸权的政策产生了巨大影响,是重要的外部原因,但是根本原因和动力存在于其自身的冲动和内部的要求。

迅速工业化带来的高速经济增长和国家综合实力的增强,向工业国家及外向型经济国家的转变,[①]是德国走上帝国主义扩张道路的根本动因。帝国建立后,经过20余年的飞速发展,德国已经成为一个以重工业为主导的工业强国,钢铁工业产量跃居欧洲之冠,化学、电气、光学等新兴工业迅速崛起,领先世界。德国本身已经难以容纳强劲经济增长释放出的巨大能量。它的生产能力越大,本身所拥有的原料供给能力和产品销售市场就越显现出不足。在这种情况下,它迫切需要走出国门,寻找新的原料产地和商品销售市场。

首先,从进口角度看,强劲的工业增长导致进口的粮食和原料猛增。由于工业生产发展、急剧都市化、人口猛增和人民物质生活水平的提高,德国对粮食和工业原材料等的需求大幅度增长。以农业为例,德国国内的农业生产已经无法满足本国市场对农产品的需要。1895—1900年,德国生产的小麦仅能供应全国需求量的73.7%。1900—1904年,德国小麦年平均产量为390万吨,进口量却达到203万吨;1905—1908年,其国内小麦平均产量为372万吨,进口增长到232万吨;1911—1912年,在国内生产达到421万吨的情况下,进口仍达到208万吨。[②] 工业原料对外依赖也极其严重。1872年德国进口原料仅570万马克,1910年时已增

---

① Baron von Falkenegg, *Die Weltpolitik Kaiser Wilhelm's II.*: *Zeitgemässe Betrachtungen*, Berlin: Boll u. Pickardt Verlagsbuchhandlung, 1901, S. 63.

② J. H. Clapham, *The Economic Developmen of France and Germany 1815 - 1914*, p. 213.

至 16130 万马克,增长近 30 倍。①

其次,从出口角度看,呈现跳跃性发展的工业也迫切需要寻找国外市场释放它发出的巨大能量。到第一次世界大战前夕,德国全部工业品的五分之一到四分之一依赖出口国外市场。例如,一位法国人曾经这样描述过德国商品无所不在的感受:"在我巴黎的家中,电梯是德国的,室内电气装置是德国的,厨房灶具是德国的,最好的照明灯是德国的。……刀具是德国的,餐厅中的椅子是德国的,浴室里的镜子是德国的……而且实际上所有授予专利的药物以及一些盥洗室用品都来自德国。……所有这些用品都购自巴黎各市场。"②德国商品甚至大举进军英国这一老牌工业国的市场。有经济学家曾描述道,在现代化学合成染料生产领域,英国向德国出口煤焦油等初级产品,德国则向英国返销高附加值的化学染料。就此而言,英国已经与德国的殖民地无异。因此,在一定程度上讲,德国从欧洲大陆政策走向世界政策,是德国产品对国外市场依赖性加强的必然结果。③

德国对外贸易额的飞速增长也反映了对国外原料和市场的严重依赖。德国对外贸易在世界贸易中所占比重由 1870 年的 9.7％上升到 1913 年的 12.6％,从世界第三位跃居第二位,与第一外贸大国英国的差距大大缩小。④ 德国对国际市场的依赖性也因此与日俱增。正因为如此,宰相比洛在谈到对外贸易时曾强调,有关对外贸易额的统计数据是单调的,但它们对德国人的福利却有着重要的意义,成千上万德国人的工作和直接生存都仰赖于它们。

---

① [德]弗里茨·费舍尔:《争雄世界:德意志帝国 1914 年—1918 年战争目标政策》,上册,何江等译,商务印书馆 1987 年版,第 16 页。

② Charles Seymour, *The Diplomatic Background of the War* 1870-1914, p. 75.

③ Herry de Beltgens Gibbins, *Economic and Industrial Progress of the Century*, Toronto, the Linscott Publishing Company, 1903, p. 441;[法]夏尔·贝特兰:《纳粹德国经济史》,刘法智等译,商务印书馆 1990 年版,第 7 页。

④ [德]阿柏特·诺尔登:《德国历史的教训》,矛弓译,生活·读书·新知三联书店 1958 年版,第 33 页。

随着经济实力的增强，德国不仅大规模输出商品，也开始向外输出资本。根据统计，第一次世界大战前德国资本输出的流向为：拉丁美洲38亿马克，北美洲37亿马克，奥匈帝国30亿马克，俄国18亿马克，土耳其18亿马克，西班牙和葡萄牙17亿马克，巴尔干17亿马克，英国和法国13亿马克，欧洲其余地区12亿马克，亚洲其余地区10亿马克，非洲20亿马克，其他5亿马克。① 也就是说，到第一次世界大战前夕，德国的资本输出已经达到230多亿马克。寻找资本输出场所成为德国的努力目标。

总之，到19世纪末20世纪初，德国已经发展成为一个外向型经济国家。工业发展的结果使得德国像英国等老牌帝国主义国家一样，迫不及待地到境外去寻找新的原料产地、产品销售市场和资本投放的场所。

这一时期德国的综合国力大大加强了，从而为对外扩张打下了雄厚的物质基础。关于经济方面的实力自然无须赘述。② 从人口方面看，1913年德国居民已经达到6700万，在欧洲仅次于俄国。而且由于在受教育水平、社会供应和人均收入等方面都相对较高，德国人口资源占有明显的质量优势。正是有感于这一点，著名学者保罗·肯尼迪（Paul Kennedey，1945—）在谈到德意志帝国的对外扩张政策时认为，此时的德国已经拥有了改变现状的实力手段和创造这种手段的物质资源。③

极端民族主义思想是德国向外扩张的主要精神动力。近代以来，由于长期分裂和遭受外族入侵等缘故，在德国形成了一种强烈而近乎畸形的民族主义。如果说统一德国的过程中三次所向披靡的战争已经表明了德国人在军事上的强大实力，那么现在经济、科学技术等领域所取得的一系列举世瞩目的成就更使德国人有理由相信，他们确实象黑格尔所

① Herbert Feis, *Europe, the World's Banker* 1870 - 1914: *An Account of European Foreign Investment and the Connection of World Finance with Diplomacy before the War*, Clifton: Kelley, 1974, p. 74.
② 详见第六章"帝国时期的经济"。
③ ［美］保罗·肯尼迪：《大国的兴衰》，王保存等译，求实出版社1992年版，第257页。

说的那样,是"世界精神"的集大成者,负有开化全世界的使命。然而,当时的世界形势却让德国人愤愤不平。在许多德国人看来,世纪之交的德国虽然在军事和经济上的成就令人瞩目,但是它在国际舞台上的地位,特别是在瓜分世界和争夺世界霸权的斗争中的所得,却与其实力极不相称。

于是,积压已久的民族主义能量开始向外喷射。德国人急急忙忙地踏上了征服、"开化"世界的道路。各种极端民族主义和扩张主义的喧嚣充斥国内各界。历史学家特莱奇克就明确宣称:没有殖民地的德国"注定只能当二等强国"。也有学者称,开拓殖民地是"为了给充满进取精神和活力的德国人民提供一个活动场所"。德国工商业利益集团也急切呼吁向外扩张。通用电气公司总裁艾米尔·拉特瑙(Emil Rathenau,1838—1915)的长子、公司董事会领导人瓦尔特·拉特瑙(Walther Rathenau,1867—1922)也曾埋怨:"我们时代的最大不公平在于,这个地球上最有经济才能的民族,具有最坚强的思想和最强大的组织能力的民族却不能对世界起支配作用,承担责任。"①

各种民族沙文主义团体也纷纷建立。如前所述,早在19世纪70年代末80年代初,德国就已经出现了一批鼓吹向外殖民扩张的社会政治团体。1887年,在原来的德意志殖民联合会和德意志殖民开拓协会的基础上,又建立了新的德意志殖民协会(Deutsche Kolonialgesellschaft,简称DKG)。1891年4月9日,克虏伯康采恩经理阿尔弗雷德·胡根贝格(Alfred Hugenberg,1865—1951)等人在卡尔·彼得斯等的支持下发起成立"德意志总同盟"(Allgemeiner deutscher Verband),并在3年后改组为臭名昭著的"泛德意志协会"(Alldeutscher Verband)。这是一个由垄断资本家、政府官员、教授、军官等参加的狂热的民族沙文主义组织,宗旨是复苏民族意识,支持政府的对外扩张政策。该组织最醒目的口号

① [美]科佩尔·S. 平森:《德国近现代史:它的历史和文化》,上册,范德一等译,商务印书馆1987年版,第405页;邢来顺:《迈向强权国家——1830年—1914年德国工业化与政治发展研究》,华中师范大学出版社2002年版,第300页。

就是"德国,醒来吧!"(Deutschland,wach'auf!)。① 泛德意志协会的成员不多,最多时也不超过 4 万人,但对政府以及德皇的顾问们都有巨大的影响力。② 此外,1898 年 4 月成立的德国海军联合会(Deutscher Flottenverein)等民族沙文主义团体及其活动也对当时德国政府的对外政策产生了重大影响。

公众舆论对威廉二世时期的对外政策也有巨大的影响力。在许多人看来,俾斯麦的对外政策是一篇经过深思熟虑的论文,很少受到他人的干扰。但是威廉二世不同。他好大喜功,对德国"公众舆论中、尤其是上层中等阶级和学术界的新时尚总是极为敏感",是首先意识到帝国主义政策会对公众具有巨大号召力的人之一。③ 因此,在俾斯麦下台之后,年轻的皇帝就立即在对外政策方面提出了新要求和目标,希望通过鼓吹向外扩张来博取民众的支持。

既然工业化以后的德国经济需要国外市场和原料产地,既然德国已经拥有了角逐世界霸权的实力,而且民族主义者也发出了向外扩张的呼声,有着扩张主义传统、代表贵族资产阶级利益的德国政府就顺乎这些要求,提出了重新瓜分世界和获取世界威望的问题。

(二)对外政策的"新路线"

1890 年,新上台的卡普里维政府在威廉二世的授意下,尝试着滑离俾斯麦所制定的欧洲安全政策的轨道,开启了对外政策的"新路线"。从本质上看,卡普里维对外政策的着眼点仍然是巩固德国在欧洲大陆的地位。但是他觉得俾斯麦留下的联盟体系过于复杂,必须予以清理。④ 他

① Otto Bonhard, *Geschichte des Alldeutschen Verbandes*, Leipzig, Berlin: Theodor Weicher, 1920, S. 2 - 4.

② Helmut M. Müller, *Schlaglichter der deutschen Geschichte*, S. 203; Imanuel Geiss, *German Foreign Policy* 1871 - 1914, London: Routledge & Paul, 1976, p. 61.

③ Wolfgang J. Mommsen, *Imperial Germany* 1867 - 1918: *politics, culture, and society in an authoritarian state*, p. 192.

④ Wolfgang J. Mommsen, *Imperial Germany* 1867 - 1918: *politics, culture, and society in an authoritarian state*, p. 191.

首先在对英和对俄关系上重新做了调整,由俾斯麦时期的联俄政策转而实行亲英疏俄政策。

德国政府此时改变对俄政策是有原因的。在俾斯麦对外政策中,俄国曾是孤立法国为基点的大陆联盟体系的至关重要的一环。因此,即使在德国和奥匈帝国建立起针对法俄两国可能联合的同盟的情况下,俾斯麦也没有放弃俄国,而是先通过"曲线政策"迫使其签订新的三皇同盟,尔后又与之签订了《再保险条约》。这种似乎有些矛盾的同盟体系在俾斯麦看来并非不可行。这位德国宰相曾做了这样的论述:在三个友好国家之间,如果每个国家向另一个国家做出针对第三者的承诺,即倘若与第三者破裂,将互相支援,那么第三者只会获得更坚定的保障。① 事实上,俾斯麦执政时期,德俄之间虽有矛盾,仍基本上保持着较平稳的关系。甚至与俾斯麦矛盾重重的威廉二世也不得不承认:"无论人们对俾斯麦的俄国政策抱以何种态度,有一点必须承认,侯爵能够避免严重不和。"②然而,后继者卡普里维却没有俾斯麦的这种驾驭能力。新宰相向驻俄大使坦率承认,在与俄国续签《再保险条约》问题上他感到有些力不从心,因为他无法像俾斯麦那样,如杂技演员般地同时玩五个球,他只能同时抓住两个球。③

于是,卡普里维决定放弃同俄国的友谊,其标志就是拒绝续签《再保险条约》。卡普里维认为,《再保险条约》有悖于德奥同盟条约的精神,隐藏着削弱德奥同盟的危险。它迫使德国在俄国和奥匈之间采取一种摇摆不定的政策,而俄国却可以随时通过透露这样一个文件来破坏德国与奥匈、意大利、英国以及土耳其等国家之间的关系。此外,《再保险条约》的存在会妨碍德国与英国的接近,而追求德英友好是德国新一任政府的重要努力目标。此外,卡普里维还受到具有丰富外交经验的弗里德里希·冯·荷尔施泰因(Friedrich von Holstein,1837—1909)等人的影

---

① Heinz Walter, *Bismarcks Außenpolitik* 1871 - 1881, S. 298.

② Wilhelm II, *The Kaiser's Memoirs*, p. 19.

③ Diether Raff, *Deutsche Geschichte vom alten Reich zur Zweiten Republik*, S. 203.

响,认为俾斯麦通过与俄国保持关系而阻止法俄接近的目的是不现实的,相信德俄对立不可避免,主张应该采取优先与英国联系的政策,以便使英国站到三国同盟一边,壮大三国同盟。只有这样,才能建立一个力量绝对超过法俄两国的大国集团。

正是在这种思想的指导下,新上任的卡普里维政府于 1890 年 3 月拒绝了俄国驻柏林大使保尔·舒瓦洛夫(Paul Schuwalow,1830—1908)提出的将《再保险条约》延长 6 年的建议,给予的答复是:德国愿意一如既往地与俄国保持最好的关系,但由于人事变动,目前必须保持冷静,所以不能缔结广泛的协定,不能延长该条约。甚至在俄国外交大臣吉尔斯做出了各种让步后,德国政府仍不松口。卡普里维政府的这种坚定态度使俄国开始意识到,德国的对外政策方针已经改变。而正是这种改变成了"促使俄法之间早已成熟的亲近关系正式成立的新的推动力"。①

形成鲜明对比的是,德国在拒绝与俄国续签《再保险条约》的同时,却对改善与英国的关系表现出极大的热情。1890 年 7 月 1 日,两国签订了《赫尔果兰-桑给巴尔条约》(Helgoland-Sansibar-Vertrag)。这一条约是英德之间为解决殖民地问题争端进行谈判的结果。实际上,早在 1889年,俾斯麦曾就德英两国在殖民地问题上的争端向英国首相索尔斯伯里提出了谈判的建议。但这只老狐狸不急于达成协议,而是想从英国人手中得到更好的价钱。现在,新一任德国政府由于对外政策方向的转变,一反俾斯麦时的态度,反而迫切要求与英国达成协议。威廉二世甚至表示,在东非殖民地问题上,德国准备向英国的任何要求作出让步。新的德国政府的这种态度主要出于两大考虑:一是通过德英和解来争取英国对三国同盟的支持,弥补由于拒绝续签《再保险条约》给德国带来的外交损失;二是卡普里维政府认为,北海海岸附近的赫尔果兰岛是易北河口和正在开凿的北海-波罗的海运河西口前面一个不可缺少的堡垒,具有

---

① [苏]涅奇金娜:《苏联史》,第 2 卷第 2 分册,刘祚昌等译,生活·读书·新知三联书店 1959 年版,第 460 页。

很高的战略价值。

根据《赫尔果兰-桑给巴尔条约》,德国在东非把领地维图(Witu)和索马里(Somalia)沿岸等德属部分让给英国,并且把对桑给巴尔及其附属岛屿的保护权交给英国。此外,条约还保证英国人免税穿越德属东非。作为交换,英国把1807年获得的赫尔果兰岛让给德国,并且为德属西南非提供一条通往赞比西河(Sambesifluss)的通道"卡普里维角"(Caprivizipfel)。[①]

《赫尔果兰-桑给巴尔条约》对英国人让步太多。按照英国人的说法,英国"获得了一件簇新的燕尾服,而付出的代价只是裤子上的一个纽扣"。[②] 因此,这一条约在德国国内受到了激烈而广泛的批评,并且引起了超党派的、民族主义的泛德意志运动的出现,具体表现就是泛德意志协会的建立。

德国拒绝续订《再保险条约》,已经给俄国人留下了德国政府正在改变其对外政策的印象。《赫尔果兰-桑给巴尔条约》的签订则进一步"向俄国展示明证,即与俄国的友谊相比,德国新政府更偏爱英国的友谊"[③]。由于当时俄国与英国在近东和东亚地区关系紧张,在巴尔干地区与奥匈有隙,德国的转变使俄国在欧洲处于一种孤立的境地。因此,面对这种新的形势,俄国政府必然会相应地调整自己的对外政策。为了摆脱不利的局面,它加快了与同病相怜的法国接近的步伐。

1891年7月,法国舰队访问俄国军港喀琅施塔得(Kronstadt),俄国外交大臣吉尔斯也与法国大使会谈,商讨接近的步骤。1892年8月《俄法军事协定》(Russisch-Französische Militärkonvention)签署。1893年,德国为迫使俄国开放德国工业品进口,对俄国发动激烈的关税战,加之

---

① Hans Delbrück (Hrsg.), *Das Staatsarchiv. Sammlung der officiellen Actenstücke zur Geschichte der Gegenwart*, *Einundfünfzigster Band*, Leipzig: Verlag von Duncker & Humblot, 1891, S. 151 - 157.

② 外交学院编译室:《近代国际关系史参考资料》(苏联外交辞典选译),世界知识出版社1957年版,第169页。

③ Helmut M. Müller, *Schlaglichter der deutschen Geschichte*, S. 202.

德国的扩军举动,原本仍处于犹豫状态的俄国最终决定与法国携手对敌。① 1893 年 12 月《俄法军事协定》获得俄国批准,次年 1 月法国也批准该协定生效。根据协定:如果法国遭到来自德国或受德国支持的意大利的进攻,俄国将以全部军队进攻德国。如果俄国遭到德国或受德国支持的奥匈进攻,法国将以全部军队进攻德国。双方军队将以最快的速度投入作战,以便使德国不得不立即在东西两线交战。随着俄法同盟(Russisch-Französiches Bündnis)的正式形成,德国终于出现了现实意义上的面对两线作战的危险。沙皇亚历山大三世说得很明确:"一旦法、德两国开战,我们必须立刻以全力打击德国,不让他们从容地把法国打倒然后马上转过来对付我们。我们必须纠正过去的错误,一有机会就要把德国摧毁。"有鉴于此,有学者认为,正是"威廉自己的不智"在某种程度上造就了法俄同盟。②

在与俄国关系破裂的情况下,德国希图通过建立一种良好的德英关系来取得补偿。1891 年 7 月,威廉二世在访问其外祖母维多利亚女王时,表达了与英国友好的愿望。德国外交国务秘书马沙尔(Marschall von Bieberstein,1842—1912)与英国首相索尔斯伯里会晤时,也提出了英德联手对付俄法的要求。然而,由于德国在殖民地问题和世界强权方面咄咄逼人的姿态,由《赫尔果兰-桑给巴尔条约》建立起来的德英良好关系却很快出现了裂痕。

1893 年秋,德国希望把由德、英、美三国共管的萨摩亚群岛全部划归自己,遭到英国的拒绝,于是决定通过与英国的对手法国接近来向英国施加压力。③ 1894 年 5 月,英国与刚果国(Kongostaat)签订条约,试图租

① Albert Schreiner, *Zur Geschichte der deutschen Aussenpolitik*, *1871—1945*, *Erster Band*, *1871—1918*: *Von der Reichseinigung bis zur Novemberrevolution*, S. 167.

② [美]巴巴拉·杰拉维奇:《俄国外交政策的一世纪 1814—1914》,第 189 页;[美]巴巴拉·W. 塔奇曼:《八月炮火》,上海译文出版社 1984 年版,第 15 页。

③ Johannes Lepsius, Albrecht Mendelssohn Bartholdy, Friedrich Thimme (Hrsg.) *Die Große Politik der Europäischen Kabinette* 1871—1914: *Sammlung der Diplomatischen Akten des Auswärtigen Amtes*, 8. *Band*, *Die Anfänge des Neuen Kurses*, II, *Die Stellung Englands zwischen den Mächten*, Berlin: Deutsche Verlagsgesellschaft für Politik, 1924, S. 415.

借一条贯通东非的地带。这一地带不仅穿越德属东非,也截断了法国向尼罗河上游扩张的通道。德法两国为此联合向英国抗议,迫使英国废除了已经签订的条约。在南非,德国则支持布尔人的德兰士瓦(Transvaal)共和国与英国人对抗,甚至派出了战舰示威。在英国人看来,德国方面的所有这些举动都是两国关系疏远的理由。

上述表明,卡普里维时期对外政策的"新路线"的成就不容乐观。它的东西两大邻国已经联手,德俄关系趋于冷淡,相互间缺乏信任。德国在非洲的举动,特别是对南非布尔人共和国的支持在很大程度上也影响到与英国的关系,给德英关系带来了不确定性。[1]

(三)"世界政策"与争雄世界

卡普里维时期,德国虽然在对外政策方面有所转变,但没有从根本上摆脱固守欧洲大陆的政策。1894年10月霍恩洛厄继任宰相后,受新沙皇尼古拉二世(Nikolaus II.,1868—1918,1894—1917年在位)对德友好态度和霍恩洛厄本人的亲俄倾向的影响,再次出现了德俄两国接近的迹象。但是,新宰相在对外殖民扩张等方面未能做出"令人振奋"之举。于是,急于要使德国成为世界强国的威廉二世再也沉不住气了,决定起用更得力的人物来贯彻自己的意志。1897年,主张向海外扩张的海军少将蒂尔皮茨和比洛分别出任帝国海军国务秘书和外交国务秘书。德国对外政策由此开始从欧洲大陆政策向"世界政策"的转变,德意志帝国踏上了争雄世界的舞台。[2] 1897年12月6日,外交国务秘书比洛在帝国议会一次涉及对华政策的演说中就"世界政策"作了明确的解释:"德国人让他们的一个邻国占有陆地,另一个邻国得到海洋,而只给自己留下天空,自命清高,这样的时代已经过去了。……总之,我们不想将他人挤

---

[1] Ernst zu Reventlow, *Deutschlands auswärtige Politik 1888 - 1914*, Berlin: Ernst Siegfried Mittler und Sohn königliche Hofbuchhandlung, 1916, S. 53 - 54.

[2] Conrad Bornhak, *Deutsche Geschichte unter Kaiser Wilhelm II.*, Leipzig: R. Deichertsche Verlagsbuchhandlung, 1921, S. 96.

到阴影中去,但是我们也需要阳光下的地盘。"①20 年以后,比洛在他的
《德国政策》(Deutsche Politik)一书中再次提到威廉二世时期的外交政
策时,对德国世界政策的追求目标作了更明确的解释:世界政策的目标
就是要使德国成为强国并获得与英法等列强的平等地位。②"世界政策"
主要包括两个方面的内容:大力扩建海军和抢占海外殖民地。

1. 大力发展海军

要成为世界强权和抢占海外殖民地,一支强大的海军是必不可少的
手段,这是德意志帝国热衷于所谓的"舰队政策"(Flottenpolitik,亦译为
海军政策)的主要动机。蒂尔皮茨在 1896 年 2 月给原海军部领导人阿
尔布莱希特·冯·施托施(Albrecht von Stosch,1818—1896)的信中明
确指出,建立一支强大的海军,对于保护德国的世界政策和经济利益都
是必需的。③ 威廉二世对建立一支强大的德国舰队更是情有独钟。他在
多次演说中大力鼓吹海军建设。他的"一支强大的舰队对于我们来说极
其需要""帝国的力量意味着海上力量"、德国的"命运将在海上决定!"④
等诸如此类的话在德国到处传播。威廉二世的母亲、皇太后维多利亚回
到英国拜见英国女王时也曾谈到:"威廉的唯一想法就是拥有一支比英
国更大更强的舰队。他真的完全疯了。"⑤

为了实现将德国建成海军强国的梦想,早在 1889 年 3 月,登基不久
的威廉二世就批准成立了帝国海军部,以便从机构方面保证海军建设。
1895 年 1 月,德皇又连续召集会议和做报告,论述加强海军建设的必要
性和重要性。但是,在帝国财政紧张的情况下,有关建设海军的预算遭

① Gerhard A. Ritter, *Das Deutsche Kaiserreich 1871 – 1914*:*Ein historisches Lesebuch*, S. 301.
② Fürst von Bülow, *Deutsche Politik*, Berlin:Verlag von Reimar Hobbing, 1916, S. 11.
③ Alfred von Tirpitz, *Erinnerungen*, Leipzig:Verlag von K. F. Koehler, 1920, S. 55.
④ [美]科佩尔·S. 平森:《德国近现代史:它的历史和文化》,上册,第 406 页;[德]阿柏特·诺尔登:《德国历史的教训》,第 8 页。
⑤ Wilhelm Schüssler (Hrsg.), *Weltmachtstreben und Flottenbau*, Witten-Ruhr:Luther-Verlag, 1956, S. 16.

到各政党的反对,在帝国议会没有取得结果。①

　　扩建海军计划也得到与之有关的德国重工业以及航运公司等的大力促进和支持。德国重工业界等之所以对扩建海军如此热心,不仅因为强大的海军舰队意味着会为德国带来海上和殖民霸权,而且因为建造战舰会给与之相关的工业企业带来巨额利润。单是舰队装甲一项,克虏伯和萨尔钢铁巨头施图姆每年就各有 500 万马克的利润,而这仅仅是全部收益的一小部分。② 正因为如此,日后担任德国海军联合会主席的奥托·冯·萨尔姆-霍斯特马尔侯爵(Otto Fürst von Salm-Hostmar, 1867—1941)③在 1901 年 12 月致蒂尔皮茨的信中直接指出了扩建海军与经济的关系:"通过新战舰的定货以及由此而带来的商业和工业的活跃,会使与之有关的交易所行情上涨,挽救许多财富并稳定市场。"④

　　在以上政治与经济双重动力的驱使下,帝国议会终于在 1898 年 3 月通过了由蒂尔皮茨制定的第一个海军法案(Erstes Flottengesetz)。该法案提出了一个为期 6 年的海军建设计划。德国海军将由 1 艘旗舰、各配 8 艘主力舰的 2 个分舰队、各拥有 4 艘海岸装甲舰的 2 个分队、用于国内战略舰队训练的 6 艘大型巡洋舰和 16 艘小型巡洋舰、海外服役的 3 艘大型巡洋舰和 10 艘小型巡洋舰以及备役的 2 艘主力舰、3 艘大型巡洋舰、10 艘小型巡洋舰组成。为此,德国将在 1898 年—1903 年间投入 40890 万马克。⑤ 这对德国海军建设来说,是一个大的飞跃。在此以前,德国海军是相当弱小的。1888 年,德国海军年度经费只有 6500 万马克,

①　Conrad Bornhak, *Deutsche Geschichte unter Kaiser Wilhelm II.* , S. 96 - 97.

②　[德]阿柏特·诺尔登:《德国历史的教训》,第 9 页。

③　1898 年—1901 年,维德侯爵(Wilhelm Fürst zu Wied, 1845—1907)任德国海军联合会主席,萨尔姆-霍斯特马尔侯爵 1902 年—1908 年在任,汉斯·冯·克斯特(Hans von Koester, 1844—1928)1908 年—1919 年间在任。1919 年—1931 年间德国海军联合会更名为德国海洋联合会(Deutscher Seeverein)。

④　Eckart Kehr, *Der Primat der Innenpolitik*, Berlin: Verlag de Gruyter, 1965, S. 146.

⑤　Georg Neudeck und Heinr. Schröder, *Das kleine Buch von der Marine: Ein Buch alles Wissenswerten über die deutsche Flotte nebst vergleichender Darstellung der Seestreitkräfte des Auslandes*, Kiel und Leipzig: Verlag von Lipsius & Tischer, 1899, S. 28 - 31.

官兵 1.5 万人,即使到 1898 年时,它也只有年度经费 1 亿马克,官兵 2.3 万人,装甲战舰 9 艘。①

　　此后,受到世纪之交美西战争(Amerikanisch-Spanischer Krieg;Spanisch-amerikanischer Krieg)、英布战争(Britisch-Burischer Krieg;Burenkrieg)等的刺激,德国政府建设强大海军的紧迫感明显增强,要求在 1898 年法案的基础上再加快扩建海军。威廉二世在 1899 年 10 月 18 日"查理大帝"号(Kaiser Karl der Große)战列舰的命名仪式上明确表示"亟需一支强大的德国舰队"。② 此后的十几年中,德国的造舰计划也是一扩再扩。1900 年 6 月,德国通过了第二个海军法案(Zweites Flottengesetz),规定主力舰增至 38 艘,装甲巡洋舰 14 艘,小型巡洋舰 45 艘,使德国海军力量达到英国的水平。③ 1906 年 5 月,根据英国建成新式无畏舰(Dreadnought)的新情况,德国赶忙通过新的海军补充法案(Flottennovelle 1906),规定今后建造的一切新式战列舰都必须是无畏舰级军舰。

　　德国大力扩建海军的举动引起海上霸主英国的强烈担忧。根据蒂尔皮茨的计划,第一个海军法案只是满足德国对北海和波罗的海的形势需要,第二个海军法案则已经包含着要使德国成为海上强权的"思想"。④ 英国害怕自己的海上优势受到动摇,随之和德国展开了激烈的海军军备竞赛。然而,尽管声称要保持对德国的海军优势,正在走下坡路的英国在这场角逐中明显感到有些力不从心。财大气粗的德国则咄咄逼人,声称要建立一支足够强大的舰队,以至最强大的海军强国在发动进攻时也要冒严重的风险。到 1908 年,英国有 8 艘无畏舰,德国有 7 艘,旧式装甲

① Charles Seymour, *The Diplomatic Background of the War 1870-1914*, p. 79.
② Ernst zu Reventlow, *Deutschlands auswärtige Politik 1888—1914*, S. 152.
③ Wilhelm Schüssler (Hrsg.), *Weltmachtstreben und Flottenbau*, S. 79; Dieter Langewiesche (Hrsg.), *Das deutsche Kaiserreich 1867/71 bis 1918: Bilanz einer Epoche*, S. 107.
④ Wilhelm Schüssler (Hrsg.), *Weltmachtstreben und Flottenbau*, S. 159.

舰的对比为 51：24。① 德国海军已经从 1897 年时还仅位居世界第七的"婴儿舰队"一跃成为几乎可以向英国海上霸权挑战的世界第二大舰队。

2. 在非洲的殖民扩张

德国在大力扩建海军的同时,殖民扩张的步伐也骤然加快。其触角伸至远东、南太平洋、中近东和非洲。在非洲,德国企图在俾斯麦创立的殖民帝国的基础上建立一个西起西南非和西非,东至坦噶尼喀(Tanganjika)的斜断非洲殖民大帝国。这一计划与英国的殖民计划发生了冲突。当时英国正计划修建一条从开普敦(Kapstadt)至开罗(Kairo)的纵贯非洲大陆的铁路。于是,19 世纪 90 年代初两国曾在殖民地问题上出现过的默契很快被激烈的争吵所取代,并且双方在开普敦以北、德属东非和德属西南非之间的南非地区展开了争夺,其中对德兰士瓦和奥兰治(Oranje)两个布尔人共和国(Burenrepublik)的争夺最为激烈。

早在俾斯麦时期,就有德国人主张在布尔人共和国土地上建立殖民地。19 世纪 80 年代,德国资本已经与德兰士瓦建立了密切的联系。1886 年,在德兰士瓦发现世界上最丰富的金矿后,德英两国殖民者都急于夺取对这一布尔人共和国的控制权。结果,经营南非钻石矿公司的英国殖民者塞西尔·罗得斯(Cecil Rhodes,1853—1902)捷足先登。但是德国资本在德兰士瓦的渗透也极为迅速。德国推行世界政策的先锋威廉·克纳佩(Wilhelm Knappe,1855—1910)在 1891 年—1894 年间担任南非中央银行首脑,实际上已经操纵了德兰士瓦国家银行。汉堡各大商行与德兰士瓦也进行着大规模的贸易。在南非的重要工业中心约翰内斯堡(Johannesburg)就有将近 1.5 万名德国移民,联络德国移民的俱乐部更是布满了整个德兰士瓦。② 1895 年以后,德国已经控制了德兰士瓦的绝大部分对外出口贸易。

英国将包括两个布尔人共和国在内的整个南非地区视为自己要占

---

① [苏] И. И. 罗斯图诺夫:《第一次世界大战史》,上册,钟石译,上海译文出版社 1982 年版,第 145 页。
② [苏]赫沃斯托夫编:《外交史》,第 2 卷(上),第 370—371 页。

领的土地。19 世纪 90 年代初,它已经从西、北、南三面包围了布尔共和国。1895 年 12 月,罗得斯的下属詹姆森(Leander Starr Jameson, 1853—1917)率领一支 800 人的队伍进入德兰士瓦,进攻约翰内斯堡,这就是所谓的"詹姆森袭击"(Jameson‐Raid)。对于英国的举动,在德兰士瓦拥有巨大经济利益的德国自然不会坐视不理。德国政府得到这一消息后,立即作出强烈反应,表示决不允许改变德兰士瓦的现状。威廉二世甚至准备宣布德兰士瓦为保护国,不惜与英国一战。英国人的冒险行动失败后,激动不已的威廉二世又立即给德兰士瓦总统克吕格尔(Paulus Stephanus Krüger, 1825—1904)发去贺电,即所谓的"克吕格尔电报"(Krügerdepesche),祝贺他在"不求助于友邦"的情况下,仅用自己的力量就"对外捍卫了国家的独立"。①

英国对德国的态度非常不满,甚至派出海军到英吉利海峡和北海示威。最后,德国因为自己的海军力量薄弱,不得不放弃了夺取南非的计划。而英国正处在与布尔人战争的前夕,为防止德国从中作梗,也准备给德国一些好处。1898 年 8 月,双方签订了两项瓜分葡属非洲的秘密协定。据此,英国将莫桑比克(Mozambique)南部和安哥拉(Angola)南部纳入自己的势力范围,德国则将莫桑比克北部、安哥拉中部和北部纳入自己的势力范围。作为瓜分葡属殖民地的交换条件,德国政府答应不再给予布尔共和国以任何支持。

除了与英国在非洲的争夺,德国还与法国在北非展开了争夺摩洛哥(Marokko)的斗争,并引发了两次危机。鉴于德国在扩建海军和殖民扩张方面咄咄逼人,英国决定与殖民争霸中的老对手法国和解,共同对付德国。1904 年 4 月,英法两国就有关在北非的权益达成协议,即所谓的《英法协约》(Britisch‐französische Entente cordiale)。根据该协约,英国控制埃及,法国操纵摩洛哥。从此两国在协调欧洲事务方面再没有什么

---

① Conrad Bornhak, *Deutsche Geschichte unter Kaiser Wilhelm II.* , S. 99.

障碍。① 1905 年 2 月,法国在英国的支持下试图将摩洛哥变成完全从属于自己的殖民地。对此,德国政府为了争夺这块扼守大西洋和地中海的战略要地,同时也是为了打击日益紧密的英法关系,决定对法国施加压力。3 月底,威廉二世突然访问摩洛哥港口丹吉尔(Tanger)并发表演说,声称摩洛哥应对世界各国的和平竞争开放,不得由任何人独占。德国甚至发出威胁,"如果法军越过摩洛哥边界,德军也就立即越过法国边境"。这就是所谓的第一次摩洛哥危机(Erste Marokkokrise)。然而,英国马上出面支持法国,结果使得德国的武力讹诈黯然失色。最后,德国不得不同意通过国际会议来解决争端。1906 年召开的阿尔吉西拉斯会议(Algeciraskonferenz)上,英、俄、意、美等国都一边倒地支持法国。几乎成了孤家寡人的德国一无所获,反德联盟却得到巩固。②

3. 在远东太平洋地区的扩张政策

太平洋地区也是德国推行世界政策的重要方向。德国对于和英国达成瓜分葡属殖民地的协定并不满足,它希望利用英国急于发动对布尔人战争的机会,捞取更多的好处,因而在 1898 年 8 月又提出了瓜分萨摩亚群岛的问题。

德国侵入南太平洋地区很早。早在 19 世纪 60 年代,汉堡商人高德弗罗伊(Johann Cesar Godeffroy,1813—1885)已经垄断了萨摩亚(Samoa)一带的商业贸易。俾斯麦时期,德国也逐渐在新几内亚一带站稳了脚跟。1889 年,德、英、美三国在争夺萨摩亚群岛的过程中暂时达成协议,规定该群岛由三国共管。但是德国政府想独占该群岛,或至少是该群岛的一部分,以便为德国海军建立一个军事基地。出于这一动机,它趁英布战争即将爆发之际再次提出了瓜分萨摩亚群岛的问题,并利用萨摩亚国王去世的机会搅乱了萨摩亚的局势,以此说明只有瓜分该群岛才有利于问题的解决。英国原本反对瓜分计划,因为索尔斯伯里认为,

---

① G. W. Prothero, *German Policy before the War*, London: John Murray, 1916, p. 68.

② Albert Schreiner, *Zur Geschichte der deutschen Aussenpolitik, 1871—1945, Erster Band, 1871—1918: Von der Reichseinigung bis zur Novemberrevolution*, S. 233-235.

英国在这场瓜分中不会得到任何好处。英国殖民大臣张伯伦（Joseph Chambelain，1836—1914）更是明确表示，德国的政策"是公开进行讹诈"。[1] 只是考虑到英布开战后的困难处境，英国政府才决定对德国作出让步。

　　1899 年 11 月 14 日，即英布战争爆发后的第四天，德英两国签订了一项协定。根据该协定，德国取得萨摩亚群岛中两个最大的岛屿乌波卢（Upolu）和萨韦（Sawai），其他两个岛屿归美国；英国放弃对萨摩亚群岛的一切要求，为此它取得了汤加群岛以及德属所罗门群岛（Salomoninseln）的一部分作为补偿。在得到英国让步后，德国立即背弃了曾经许下的支持布尔人的诺言，甚至拒绝前来求援的布尔共和国的代表进入德国。德国还利用西班牙在美西战争中战败之际，以 1725 万马克从其手中购得了加罗林群岛、帕劳群岛（Palauinseln）和马利亚纳群岛（Marianeninseln）。[2]

　　在德意志帝国时期，德国对东亚（Ostasien）地区的政策呈现阶段性特点。俾斯麦时期，德国的注意力主要集中在欧洲，对远东地区兴趣不大。当时俾斯麦政府的策略是，怂恿法国等列强在中国等地进行争夺，以便转移它们在欧洲的视线。[3] 1883 年中法战争爆发后，德国驻巴黎大使霍恩洛厄就曾经谈到，俾斯麦支持法国占领中国的沿海岛屿。[4] 威廉二世时期，德国改变了俾斯麦时期的保守态度，开始在东亚特别是在中国采取一种积极拓展的政策。

　　早在 19 世纪 60 年代，欧伦堡伯爵等就向当时的普鲁士政府提到过占领台湾（Taiwan；Formosa）一事；1869—1870 年，德国著名地理学家、中国通李希特霍芬（Ferdinand Freiherr von Richthofen，1833—1905）也

---

① ［苏］赫沃斯托夫编：《外交史》，第 2 卷（下），高长荣等译，生活・读书・新知三联书店 1979 年版，第 623 页。

② Ernst zu Reventlow, *Deutschlands auswärtige Politik 1888—1914*, S. 139 - 140.

③ Charles Seymour, *The Diplomatic Background of the War* 1870 - 1914, p. 35.

④ ［德］施丢克尔：《十九世纪的德国与中国》，乔松译，生活・读书・新知三联书店 1963 年版，第 186 页。

在给俾斯麦的报告中提出过夺取中国的舟山(Chu-Shan-Inseln)的建议。① 中日甲午战争(Japanisch-Chinesischer Krieg 1894/1895)爆发后，受到刺激的德国政府再次萌生了在中国攫取侵略基地的想法。1894年11月,在外交国务秘书马沙尔与宰相霍恩洛厄相互交换的电文中曾多次提及割占台湾的问题。1895年2月,马沙尔在给德国驻伦敦大使的机密信件中再次提到为德国的"东亚海军及商业取得一个永久的基地"的问题,并首次提到"位于山东西南部的胶州湾"。马沙尔在谈到要选择胶州湾(Bucht von Kiautschou)作为基地的理由时指出,胶州湾具有重要的战略意义,"占据该处""也就是占据中国之大陆"。② 出于以上动机,德国政府曾在甲午战争后积极发动并参加了三国干涉迫日还辽(Intervention der drei Mächte)的行动,以便博得中国政府的感激,捞取好处。当然,德国政府积极策划迫日还辽,还有另外的目的,这就是要赢得正在觊觎辽东半岛(Halbinsel Liautung)的俄国的友谊,把俄国的注意力从欧洲转移到远东,减轻德国东部边境的压力。③

因此,三国迫日还辽后,德国政府立即向清政府提出了索取报酬的问题。1895年10月德国获得了在天津(Tientsin)和汉口(Hankau)的两处租界。1896年3月德国又获得了对华贷款。但是,它想在中国获得一个立足点的愿望没能实现。1895年10月,德国外交部致函中国政府,提到在中国取得一块基地之事,中国政府以"史无前例"为由予以直截了当的拒绝。次年6月,李鸿章访问柏林,德国政府再次试探此事,李鸿章只答应在北京支持德国的要求,并没有作出任何承诺。④ 德国对此自然心有不甘。1896年春天,身为德国东亚舰队(Ostasiengeschwader)司令官的蒂尔皮茨专程来到远东,为德国在华选择立足点,并倾向于胶州湾。⑤

①《德国外交文件有关中国交涉史料选译》,第1卷,孙瑞芹译,商务印书馆1960年版,第9页。
② 同上书,第1卷,第5—9页。
③ [英]菲利浦·约瑟夫:《列强对华外交》,胡滨译,商务印书馆1962年版,第127页。
④ 同上书,第180页。
⑤ 刘善章、周荃主编:《中德关系史译文集》,青岛出版社1992年版,第82—83页。

1897 年 11 月 1 日，山东（Shantung）发生两名德国传教士被杀事件，给了德国一个千载难逢的借口。时任外交国务秘书的比洛直言不讳地指出，德国传教士被杀"为德国提供了充分的理由立刻进行外交与海军行动"来强占胶州湾。威廉二世得到这一消息后更是喜不自胜，认为"为德国工业获取新的销售市场"的机会到来了。[①] 他在给比洛的信中写道："中国人终于给我们提供了渴望已久的理由和事件。我决定马上进攻。在意识到德意志帝国终于在亚洲站稳了脚的时候，千百个德国商人将会欢呼。当千百万中国人的脖子感觉到德意志帝国的铁拳时，他们就会发抖，而全体德国人民将会高兴。"[②]

于是，德国没等中国政府表态，就急忙于 11 月 13 日命令它的东亚舰队驶进了胶州湾。次日德军登陆夺取了青岛（Tsingtau）。11 月 15 日，威廉二世在宰相官邸主持军政要员会议，确定"永久占领"胶州湾。1898 年 3 月 6 日，在德国的外交和军事压力下，无能的清政府被迫签订《胶澳租界条约》（Pachtvertrag von Kiautschou），中国把胶州湾周围半径 50 公里内的领土及青岛港租让给德国，租期 99 年。此外，德国还获得了在山东修筑铁路并在两旁采矿的权利。德国人终于在中国"站住了脚跟"。

19 世纪末反帝排外的义和团起义以及由此引发的远东国际局势的变化，成为德国加剧侵略中国的又一借口，同时也引发德国与其他列强关系的变化。

首先，义和团起义成为德国彰显其世界强权形象的重要机会。它积极策划并参与了列强联合镇压义和团起义的所谓"义和团战争"（Boxerkrieg）。威廉二世在 1900 年 7 月 3 日的一次演说中宣布："海洋对于德国而言具有必不可少的重要意义。然而海洋也会证明，在其所及

[①]《德国外交文件有关中国交涉史料选译》，第 1 卷，第 204 页；Tyler Whittle, *Kaiser Wilhelm II.: Eine Biographie*, München: List Verlag, 1979, S. 200.

[②]［德］保罗·汪戴尔：《德国帝国主义与战争》，何名译，世界知识出版社 1959 年版，第 12—13 页。

之处,如果没有德国,没有德意志皇帝,那就决不允许再有什么重要的决定。"27 日,他在不莱梅港向开赴中国的军队发表臭名昭著的"匈奴演说"(Hunenrede),更显出极度的张狂和凶残:"对待敌人不要手软!不要宽恕!不要抓俘虏!谁落入你们手中,就意味着死亡!"①在各列强组成的侵华联军中,联军统帅的位置成为各方争夺的对象。最后,因英俄两国之间矛盾、德国公使克林德(Clemens von Ketteler,1853—1900)被杀以及最高军阶等原因,德军元帅瓦德西(Alfred Graf von Waldersee,1832—1904)成为联军司令。他指挥的联军不仅残酷镇压义和团起义,而且对中国进行了无耻的掠夺。1901 年 9 月列强强迫中国清政府签订的《辛丑条约》(Boxerprotokoll),进一步加深了中国社会的半殖民地性质。

在镇压义和团起义期间,德英两国就在中国的利益进行了谈判。当时俄英两国都担心对方在中国势力范围的扩大,德国因此成为二者拉拢的对象。英国为了遏制俄国在华势力范围的进一步扩大,特别是为了阻止其对满洲(Mandschurei;Manjurei)的觊觎,与德国就列强在华行动规则进行了谈判,并于 1900 年 10 月 16 日签订了《扬子江协定》(Jangtse-Abkommen)。根据该协定,各国在对华贸易中实行"门户开放"(Offene Tür)原则;在两国可以施加影响的中国地区,确保这一原则不受侵犯;尊重中国现有的领土完整;若有其他列强利用中国复杂的形势谋取领土,两国将协商采取反制措施。②

《扬子江协定》促成了德国与英国的接近。两国间因此恢复了结盟谈判。英国希望由此推动德国加入反对宿敌俄国的行列。然而,比洛政府认为英俄敌对不可避免,因此想在英俄之间保持所谓的"骑墙政策"(Politik der freien Hand),同时德国也认为,英国不可能与利益对立相当严重的俄、法两国结盟,而且认为德英继续接近可能导致德国与俄法

---

① Albert Schreiner, *Zur Geschichte der deutschen Aussenpolitik, 1871—1945, Erster Band, 1871—1918; Von der Reichseinigung bis zur Novemberrevolution*, S. 213 - 214.
② Ernst zu Reventlow, *Deutschlands auswärtige Politik 1888—1914*, S. 167 - 168.

的对立,因而拒绝了英国提出的维护地中海、北非等地现状的建议。两国的结盟谈判最终归于失败。于是,英国为了牵制俄国,与日本在 1902年签订了同盟条约。

此后德国为了减轻其东部边境的压力,大力鼓励俄国在中国与日本争夺。日俄战争(Japanisch-Russischer Krieg;Russich-Japanischer Krieg)结束后,由于日本在华势力的迅速扩张,德国被迫将殖民扩张的目标转向非洲和近东,由此进一步加剧了它与英、法、俄等列强的矛盾,促使它们日益接近。[①]

4. 德国的近东政策与巴格达铁路

中近东地区是连接欧、亚、非三大洲,勾通地中海和印度洋的战略要地,也是德国“世界政策”的重点目标。在德国对中近东的扩张中,巴格达铁路(Bagdadbahn)成为最主要的工具。巴格达铁路是指从博斯普鲁斯海峡到波斯湾(Persischer Golf)之间的土耳其小亚细亚铁路以及延伸到叙利亚和伊拉克的支线铁路,也称“三 B 铁路”[②]。根据“三 B 铁路”计划,德国将修建一条从柏林,经布拉格、维也纳、布达佩斯、君士坦丁堡、摩苏尔(Mosul)、巴格达,直到波斯湾的巴士拉(Basra)的铁路。德国的盘算是,通过建造这样一条铁路,将使土耳其及其邻国屈从于自己的势力之下,在波斯湾建立德国的阵地,并在通往印度的最近的道路上站住脚跟。

最早促使德国向中近东扩张的动力是经济因素。当时中东地区已经是“德国经济扩张的一个主要突击方向”。[③] 据统计,1880 年德国和土耳其的经济关系还微乎其微,对土耳其的出口为 600 万马克,到 1893 年时则已经增长了 7 倍。贸易的迅速增长使德国人认识到,“在中近东地

---

① Albert Schreiner, *Zur Geschichte der deutschen Aussenpolitik, 1871—1945, Erster Band, 1871—1918: Von der Reichseinigung bis zur Novemberrevolution*, S. 216.

② “三 B”是指柏林(Berlin)、拜占廷(Byzanz)、巴格达(Bagdad)。

③ Willibald Gutsche, *Monopole, Staat und Expansion vor 1914: zum Funktionsmechanismus zwischen Industriemonopolen, Grossbanken und Staatsorganen in der Aussenpolitik des Deutschen Reiches 1897 bis Sommer 1914*, Berlin: Akademie Verlag, 1986, S. 148.

区,德国可望发展能够吸收大批德国制造业商品的市场,并取得那些可以为德国工业提供必需原料的地区"。① 因此,从 19 世纪 80 年代末起,德国几家大银行开始向土耳其铁路投资,并提出了修筑巴格达铁路的计划。1888 年德国从土耳其手中取得一条从博斯普鲁斯海峡到伊兹密尔(Izmir)的铁路的租借权,并获得了从伊兹密尔到安卡拉(Ankara)的新铁路的建筑权。1893 年德国又获得了将铁路从安卡拉延长到科尼亚(Konya)的建筑权,并在 1896 年建成了这条铁路。德国银行界在土耳其的铁路计划,引起了德国重工业界的兴趣并得到其支持。它们认为小亚细亚的铁路建设会对铁轨、机车、车辆等形成巨大需求,进而带来巨额利润。

起初,德国政府考虑到巴格达铁路的修建侵入了英、俄两国的势力范围,有所顾忌。为了防止与英、俄等国发生冲突,它采取听任德国工业侵入的政策,在政治上也不明确表示支持修建巴格达铁路。但是,到 19 世纪末,由于重工业界的压力和推行世界政策的需要,中近东显得日益重要,德国政府再也无法顾及避免得罪英、俄等列强的考虑。从战略上讲,德国若能在美索不达米亚(Mesopotamien)建立一个像英国在埃及和印度一样的殖民地,就可以通过控制美索不达米亚,进入印度,与英国展开竞争。② 因此,德国政府开始在政治上对巴格达铁路倾注极大的热情。1898 年,威廉二世为了加强对土耳其的影响和争取巴格达铁路的修筑权,在比洛和德意志银行(Deutsche Bank)行长格奥尔格·冯·西门子(Georg von Siemens,1839—1901)的陪同下,专门访问了土耳其。他向土耳其苏丹提出了科尼亚-巴格达-波斯湾的铁路建筑权问题,并得到后者的同意。随后,威廉二世又在大马士革(Damaskus)发表演讲,声称自己是土耳其苏丹和 3 亿穆斯林至死不渝的朋友。1899 年 12 月 23 日,德意志银行力排英、法、俄等国的竞争,与土耳其政府签订了科尼亚-巴格

---

① Charles Seymour, *The Diplomatic Background of the War* 1870 - 1914, p. 86.
② Ibid. , pp. 86 - 87.

达-波斯湾铁路租借权的"初步协议"。

5. 世界政策的后果

表面上看,德国政府的世界政策是有一些成就的。在抢占殖民地方面,到 1914 年,德国拥有的殖民地已经达到 100 多万平方英里,人口 1500 万。[①] 但是,德国在海外殖民扩张方面并没有捞到多少实惠。统计表明,1893 年,德国的进口总额中只有 0.1% 来自已经获得的殖民地,1912 年时相关比重也只提升到了 0.4%。在出口方面,1893 年德国输出总额中有 0.2% 是输往自己的殖民地的,到 1912 年时相应数额也只是增加到了 0.5%。[②] 因此,虽然德国推行殖民扩张有其深刻的经济背景,但仅从经济利益而言,德国的殖民扩张政策并没有带来明显的好处。实际上,威廉时代的德国之所以如此大张旗鼓地抢占殖民地,在很大程度上是出于对世界强国形象和声望的渴望和追求。它大力扩建海军的政策,在很大程度上也是出于这样的目的。

威廉二世时期锋芒毕露的世界政策的一个重要后果是,它大大加剧了德国与其他帝国主义列强之间的矛盾,迫使它们联手共同对敌。德国大力扩建海军和抢占殖民地的政策,严重威胁到英国的海上和殖民霸权,英德矛盾逐步发展为帝国主义国家之间的主要矛盾。德国与法国在非洲的争夺,使得这两个国家之间旧仇未了又添新怨。尤其是德国在中近东地区的势力扩张,引起英、法、俄三国的严重关注。巴格达铁路一旦建成,不仅使德国势力深入土耳其和西亚,而且将成为威胁英国在伊朗、阿富汗利益的工具,变为架在英属印度上面的一把剑。俄国从黑海海峡的控制权考虑,法国作为土耳其最大的债权国,也都不愿意德国在土耳其势力的扩大。因此,修筑巴格达铁路大大加剧了德国与英、法、俄三国的矛盾。

---

① D. K. Fieldhouse, *The Colonial Empires: A comparative Survey from the Eighteenth Century*, London: Palgrave Macmillan, ²1982, p. 365.

② Karl Erich Born, *Wirtschafts-und Sozialgeschichte des Deutschen Kaiserreichs* (1867/71 - 1914), S. 149.

　　为了对付德国咄咄逼人的攻势,这三个宿敌终于捐弃前嫌,走到了一起。结果,继1904年英法协定解决了英法两国在非洲的矛盾冲突之后,1907年8月又签订了英俄《圣彼得堡条约》(Vertrag von Sankt Petersburg),解决了英俄两国在伊朗、阿富汗和中国西藏等问题上的争端,从而为三国联手对付德国创造了条件,由此形成了三国协约(Tripelentente;Triple Entente)。欧洲终于形成了德、奥、意为一方和英、法、俄为另一方的两大帝国主义军事集团。

第六章 帝国时期的经济

19世纪六七十年代,德国基本完成了第一次工业革命,工业产量超过法国,成为继英、美之后的世界第三大工业经济体。然而,就整体经济结构而言,这一时期的德国还没有达到工业化国家的水准,充其量只能称作拥有较强大工业经济实力的农业国。据统计,1870/1874年德国国内生产结构百分比为:农、林、渔等第一产业占37.9%,工业、手工业和采矿业等第二产业占31.7%,第二产业产值与第一产业产值相比差距仍然很大。在就业结构方面,第一产业从业人数仍远远高于第二产业从业人数。1861/1871年,第一产业从业人数占就业总人数的50.9%,第二产业从业人数仅占27.6%。[1] 但是,19世纪70年代以后,德国抓住国家统一带来的有利条件和第二次工业革命(Zweite Industrielle Revolution)的机遇,利用建立在电气、内燃机、合成化学等新技术平台上的优势,迅速实现了从农业国向工业国的转变,一跃成为工业先锋国家。

---

[1] Walther G. Hoffmann, *Das Wachstum der deutschen Wirtschaft seit der Mitte des 19. Jahrhundert*, Berlin: Springer Verlag, 1965, S. 33, 35.

第一节　第二次工业革命与高速工业化

第二次工业革命极大地促进了德国的工业化进程。德国通过用新技术改造传统产业和拓展新兴工业领域,不仅确立起工业在整个国民经济中的主导地位,而且一跃成为世界工业先锋国家。与此相适应,企业经营模式也出现了集中的趋势。

一、传统工业领域新进展;新兴电气、化学工业

第二次工业革命对德国的工业发展产生了巨大的促进作用。这种推动作用主要表现在两个方面:一是以钢铁、煤炭等为代表的传统工业部门受益于新的技术发明和创造,焕发出新的生机和活力,出现了突飞猛进的发展;二是以电气和化学工业等为代表的新兴工业部门迅速崛起,为德国先进工业强国地位的确立奠定了坚实的基础。

（一）传统工业领域新进展

19 世纪 60 年代,德国已经成为仅次于英国的欧洲第二钢铁生产大国,但与当时世界头号工业强国英国相比,其钢铁产量仍微不足道。1870 年,世界生铁总产量 1290 万吨,其中英国为 670 万吨,占世界总产量的 52%,美国为 190 万吨,约占世界总产量的 15%,而德国在同年的生铁产量仅为 140 万吨,占世界总产量的 12%。[①] 美、德等后起资本主义国家之所以在钢铁工业方面无法动摇英国的霸主地位,根本原因在于英国充分掌握着第一次工业革命时期各项钢铁冶炼技术的优势。

1877 年,英国人西德尼・G. 托马斯(Sidney G. Thomas,1850—1885)和帕西・C. 吉尔克里斯特(Percy C. Gilchrist,1851—1935)发明了托马斯-吉尔克里斯特炼钢法(Thomas-Gilchrist Process;Thomas-

---

① Karl Erich Born, *Wirtschafts- und Sozialgeschichte des Deutschen Kaiserreichs（1867/71 - 1914）*, S. 42.

Gilchrist-Verfahren),也称托马斯炼钢法(Thomas-Verfahren),通过向传统的贝塞麦转炉(Bessemerbirne)中掺入石灰,解决了含磷铁矿石的脱磷问题。这一新工艺使德国广泛利用丰富的磷铁矿,提高钢的质量和降低生产成本有了可能。德国在1879年迅速将这一专利引入钢铁生产领域,此后钢产量出现了直线上升的发展势头。到1913年,德意志关税区域内(包括卢森堡)以托马斯炼钢法这种新工艺生产的钢产量已经接近1063万吨,大大超过了传统的贝塞麦炼钢法(Bessemer Process; Bessemerverfahren)生产的钢产量。因此,托马斯炼钢法对德国钢铁工业的大规模发展具有决定性意义。这一年,德国的钢铁产量已经分别达到了1620万吨和1931万吨。[1] 此外,托马斯法炼钢过程中产生的大量磷酸钙残渣,也成为农业生产中具有重要意义的肥料。德意志帝国时期的农作物单位面积产量在主要资本主义国家中居于首位,与此不无关系。

德国钢铁产量的迅猛增长与洛林地区的铁矿资源也有很大关系。托马斯炼钢法出现以后,洛林地区丰富的含磷铁矿成为德国钢铁工业迅速增长的强大推进器,洛林成了钢铁工业的新中心。据估计,当时洛林地区的铁矿储藏量为7亿吨,而德国其他地区的铁矿储藏总数为3亿吨。到1911年,阿尔萨斯—洛林地区的铁矿开采量已占当时德国铁矿总开采量的75%。[2]

德国的钢铁工业随之出现了大规模的集中趋势。盛产铁矿的洛林、卢森堡和盛产石煤的鲁尔、萨尔相互各取所需,形成了一种"联合经济":洛林的铁矿石运到鲁尔和萨尔区冶炼,鲁尔和萨尔则向洛林和卢森堡的冶炼厂提供焦煤。[3] 鲁尔—卢森堡—萨尔区域于是成了德国乃至西欧地

[1] Hans-Ulrich Wehler, *Deutsche Gesellschaftsgeschichte*, *Band 3*, *Von der „Deutsche Doppelrevolution" bis zum Beginn des Ersten Weltkrieges 1849 -1914*, S. 601.

[2] Hubert Kiesewetter, *Industrielle Revolution in Deutschland 1815 -1914*, S. 200.

[3] Karl Erich Born, *Wirtschafts-und Sozialgeschichte des Deutschen Kaiserreichs (1867/71 -1914)*, S. 42.

区钢铁工业的中心。德国的钢铁产量因而迅速增长,将英、法等国远远甩在后面。1913 年英、美、德三国在世界生铁产量中的比重分别为13.3%、39.3%和 24.1%,钢产量的比重则分别为 10.2%、41.5%和24.7%。①德国钢铁生产居欧洲第一位,世界第二位。

迅猛发展的钢铁工业成了德国工业领域最强大的主导性部门。到1913 年,德国已经成为世界第二大金属生产国和最大的金属出口国。这一年,德国出口金属 20 亿马克,占德国出口商品总额(101 亿马克)的近20%。② 德国钢铁工业的竞争力也得到提升。19 世纪 90 年代初开始,德国的生铁和钢都成了欧洲价位最低的产品。1900 年左右,德国每个钢厂的年平均产量为 7.5 万吨,英国同类企业的产量却只有 4000 吨。③ 差距之大可见一斑。

在钢铁工业和动力用煤等的拉动下,煤炭工业也出现了大幅度增长。石煤产量由 1871 年的 2900 万吨猛增到了 1913 年的 1.9 亿吨。④与钢铁工业一样,这一时期煤炭产量迅速增加的一个决定性因素是技术的进步。首先,由于深钻工艺的进步和矿井支撑技术的改进,鲁尔地区和亚亨地区对更深层煤矿的开采变得更加容易,从而使采煤区域继续向北延伸,并且不断找到新的煤田。快速钻机的出现(1894 年)和凝固工艺运用于矿井建造(1902 年)等新技术的采用,对于加快煤炭开采速度和开采地质情况高度复杂的煤矿都具有重要意义。此外,在这一时期,开采锤、凝胶炸药、电动泵、震动溜槽、电力矿用铁路等新技术和新机器陆续投入使用,也大大提高了采煤效率。

与第一次工业革命时期不同,帝国时期,不仅石煤开采量得到迅猛

① Wilfried Feldenkirchen, *Die Eisen-und Stahlindustrie des Ruhrgebiets* 1879 - 1914, Wiesbaden: Steiner Verlag, 1982, S. 170.

② Karl Erich Born, *Wirtschafts-und Sozialgeschichte des Deutschen Kaiserreichs（1867/71 - 1914）*, S. 43.

③ Hans-Ulrich Wehler, *Deutsche Gesellschaftsgeschichte, Band 3, Von der „Deutsche Doppelrevolution" bis zum Beginn des Ersten Weltkrieges 1849 -1914*, S. 602 - 608.

④ Franz F. Wurm, *Wirtschaft und Gesellschaft in Deutschland 1848 - 1948*, S. 105.

增加,褐煤也开始得到大规模的开采。德国的褐煤储量丰富,西部地区莱茵河西岸的科隆和波恩之间,中德地区的萨勒河(Saale)和姆尔德河(Mulde)之间,东部的黑埃尔斯特河(Schwarze Elster)和施普雷河(Spree)上游之间的劳齐茨山脉(Lausitzer Gebirge)等地,是褐煤的主要分布区。由于燃值较低,起初褐煤只能用来取暖和用作颜料。第二次工业革命期间,人们发明了煤砖压制技术,将褐煤压制成方便和可燃性更好的煤砖,褐煤开采量因此大幅度上升。1880 年,德国的褐煤开采量仅为 1210 万吨,1913 年已经达到 8750 万吨,增加 6 倍以上。

机器制造业也出现了加速发展的趋势,成为工业领域中的领头雁。新帝国建立后,机器制造业出现了两大趋势:一是新建企业不断增加,二是企业规模扩大和职工人数迅速增长。1882 年—1907 年,德国机器制造业 5 人以下的小企业数从 77627 个上升到 79285 个,略有增加,同一时期 6—50 人的中等企业数目从 4356 个增加到了 11798 个,增加近两倍,50 人以上的大企业则从 894 个增至 3409 个,增加近 3 倍。这意味着机器制造企业在数量增加的同时,规模也在扩大,实力在增长。机器制造业领域的职工人数也由 1882 年大约 16.7 万人增加到 1907 年的 78.9 万人,增幅近 4 倍。从指数增长(1913 年=100)看,机器制造业(包括船舶制造业)的增长速度也非常快:1875 年 13.7;1885 年 17.0;1895 年 28.1;1905 年 56.8;1910 年 63.8。[1] 到 20 世纪初,德国已经成为仅次于英国的世界第二大机器出口国。[2]

这一时期德国机器制造业迅速发展的一个重要原因是"专门化"。在 19 世纪最后 25 年中,随着新技术的涌现和新机器的发明,"专门化变得越来越具有重要意义"。[3] 生产某种特定机器的企业愈来愈多。除了

---

① Walther G. Hoffmann, *Das Wachstum der deutschen Wirtschaft seit der Mitte des 19. Jahrhundert*, S. 358.

② Hubert Kiesewetter, *Industrielle Revolution in Deutschland 1815 - 1914*, S. 213.

③ Ernst Barth, *Entwicklungslinien der deutschen Maschinenbauindustrie von 1870 bis 1914*, Berlin: Akademie-Verlag, 1973, S. 14.

克虏伯等大型企业外,许多高度专门化的中小企业也得到相应的发展和壮大。柏林和开姆尼茨是这类企业的主要集中地。有关机器制造业的专门化发展趋势,著名学者维尔纳·松巴特(Werner Sombart,1863—1941)曾作了生动的描述:"在几十年前,一个工厂还把'从园艺用斧到蒸汽机'的尽可能多样性的制造当作一种荣誉,尔今呈现在我们面前的却是泵、涡轮机、枪械、缝纫机、自行车、蒸汽机、燃气发动机或者工具机的专门化生产工厂,其他的企业则主要从事锅炉、桥梁、装甲板和大炮的制造。"[1]生产的专门化是机器制造业进步的一种表现,它不仅有利于提升生产效率,也有利于提升产品的质量和生产工艺。

机车和造船工业是帝国时期机器制造业的亮点。机车制造业的发展主要表现为机型的增多和产量的大幅增加。到1905年时,汉诺威机器制造股份公司(HanoMag)向国内外市场提供的机车类型已经超过20种。博尔西希机器制造公司发展更突出。到1914年左右,该公司机车生产总量的60%已经是柴油机车等新型产品。第一次世界大战前夕,德国拥有大约18家机车制造公司,每年生产各类大小型机车已经达到约2300台。

轮船制造业发展相对较晚,但进步迅速。1892—1907年,德国在世界造船业中的份额从7.3%增加到了13.8%。[2] 在大力发展海军的政策出台之后,造船业的发展尤其迅速。曾任帝国海军大臣的阿尔布莱希特·冯·施托施明确要求由德国船厂来建造他的战舰。[3] 但泽、弗伦斯堡(Flensburg)、基尔、吕贝克、罗斯托克和什切青等地发展成为德国造船业的基地,主要造船厂有位于基尔的日耳曼尼亚造船厂(Germania-

① Werner Sombart,*Die deutsche Volkswirtschaft im neunzehnten Jahrhundert und im Anfang des* 20. *Jahrhunderts*,Berlin:Georg Bondi,1923,S. 308.

② W. O. Henderson,*The Rise of German Industrial Power 1834 - 1914*,Berkley and Los Angeles:University of California Press,1975,p. 198 - 199.

③ 德国造船业不仅为本国海军制造战舰,而且大量出口战舰。仅1885年和1886年,就有意大利、俄国、奥匈、土耳其、中国等向德国订购战舰。Ernst Barth,*Entwicklungslinien der deutschen Maschinenbauindustrie von 1870 bis 1914*,S. 33 - 34.

Werft)、不莱梅的 H. F. 乌尔里希船舶制造公司(Schiffbaugsellschaft H. F. Ulrich)、什切青伏尔坎机器制造股份公司(Stettiner MaschinenbauAktien-Gesellschaft Vulcan)等。1913 年,德国造船业为国内外建造的船舶总吨位累计达到了 134.58 万吨。[1]

传统的纺织工业在继续发展的同时,内部出现了结构性调整。亚麻纺织业发展出现回落趋势;毛纺织业和棉纺织业稳中有升;丝织业则借助于新的科学技术的运用而得到迅速发展。

亚麻纺织业曾被誉为"最具民族性的德国工业"。[2] 19 世纪 70 年代末,德国政府曾对进口的亚麻纱每 100 公斤征收 3—12 马克的进口税,以保护本国的亚麻纺织工业,但是没有能够阻止亚麻纺织业的下滑。据统计,1880—1913 年,亚麻纱产量下降了 40%,亚麻布产量下降了 18%。

毛纺织业则有所发展。19 世纪 80 年代,许多毛纺织厂已经实现了机械化。一些毛纺织企业甚至发展为大型的股份公司。羊毛制品的出口也由 1880 年的不到 1.2 亿马克增加到了 1905 年的 3.5 亿马克。棉纺织业也有所发展。从纺纱业看,1875 年—1913 年间,纱锭数量从 42.3 万多枚增加到了近 120 万枚,增长超过 180%,同期棉纱产量却由 93613 吨猛增至 447264 吨,增长幅度超过 370%。这意味着每一枚纱锭平均产纱量得到提高。[3] 棉织业也有明显的进步。同期棉织机数量由 22.6 万台增到了 34.32 万台,增幅约 52%。棉织品产量则由 101415 吨猛增到了 426837 吨,增幅超过 320%。[4]

与棉、毛等传统纺织业相比,丝织业由于采用新技术而发展更快。1889 年人造丝发明后,德国人表现出极大的热情。第一次世界大战前

---

[1] W. O. Henderson, *The Rise of German Industrial Power 1834 – 1914*, p. 201; Hubert Kiesewetter, *Industrielle Revolution in Deutschland 1815 – 1914*, S. 217.

[2] Hubert Kiesewetter, *Industrielle Revolution in Deutschland 1815 – 1914*, S. 170.

[3] Ebd., S. 183.

[4] Ebenda.

夕,欧洲有 25 个人造丝生产厂家,年产量达 5500 吨,产值 7200 万马克,其中 1/3 产自德国。

　　总体上看,德国的纺织业在第二次工业革命时期有了很大发展。尽管如此,该生产部门在德国工业化过程中所起的作用始终不如在英国所扮演的角色那样重要,发展速度也低于其他工业部门。因此这一时期的德国纺织业又被称为"停滞性行业"。[①]

　　(二) 新兴电气、化学工业

　　电气、化学等新兴工业部门异军突起,是德国确立自己在世界上的工业强权地位的重要标志,正是这些新兴工业使德国成为真正意义上的工业领袖国家。

　　1. 电气工业

　　电能的应用、电气工业的兴起和发展是第二次工业革命的核心内容和主要标志。1866 年维尔纳·冯·西门子(Werner von Siemens,1816—1892)发明发电机,解决了电的生产问题,使电气工业的发展和推广有了可能,人类开始从蒸汽时代步入电气时代。19 世纪 80 年代,以维尔纳·冯·西门子和艾米尔·拉特瑙等为代表的德国企业家利用电灯、电话等普及的契机,率先开始了电气工业的大规模发展,使德国取得了这一领域的领导权。[②] 1875 年,德国共有 81 家电气工程企业,职工 1157 人,20 年以后,德国电气工业企业增加到 1326 家,职工 26321 人。新兴电气工业成了 19 世纪 90 年代中期以前经济"大萧条"期间维持德国工业经济持续发展的一个重要动力源。同时代的经济史家曾经形象地描述了当时德国电气工业的繁荣景象:"19 世纪 80 年代,特别是 19 世纪 90 年代,这一部门中从事工业活动的企业,有如雨后春笋,一个超一个地猛

① Volker Hentschel, *Wirtschaft und Wirtschaftspolitik im Wilhelminischen Deutschland:Organisierter Kapitalismus und Interventionsstaat?*, Stuttgart: Klett-Cotta, 1978, S. 58.
② H. J. Habakkuk, *Cambridge Economic history of Europe*, Vol. 4. *The industrial revolutions and after: Population and technalogical change*, Cambridge: Cambridge University Press, 1966, p. 514.

长,以致今天的德国(1912 年)已经遍布这一新兴工业,而这一工业在三十年前还几乎无人知晓。"①

德意志帝国时期电气工业企业发展的显著特征是,从一开始就呈现强劲的集中化趋势。1896 年,电气工业领域有 39 家股份公司,到 19 世纪末 20 世纪初,逐步形成了位于柏林的西门子-哈尔斯克股份公司(Siemens & Halske A. G.)、位于纽伦堡的电气股份公司(Elektrizitäts-Aktiengesellschaft)、位于柏林的通用电气公司(Allgemeine Elektrizitäts-Gesellschaft,简称 AEG)、设在科隆的赫里欧斯电气股份公司(Elektrizitäts-Gesellschaft Helios)、美因河畔法兰克福电气公司(Elektrizitäts-Aktiengesellschaft Frankfurt a. M.)、柏林的电气公司联盟(Union-Elektrizitäts-Gesellschaft)、德累斯顿的电气工业股份公司(Aktiengesellschaft Elektrizitätswerke)等七大巨头。此后,为了减少竞争风险,各电气公司之间继续合并。到 1910 年,西门子和通用电气公司两大集团已经占据了当时德国电气工业生产的 75%。

电的使用在很大程度上改善了德国工业动力的地理分布和使用状况。第一次工业革命中,德国中、南部地区由于缺乏矿藏资源,工业化进程长期受到制约,而这时已经有了新的发展动力。这些地区多山,水力资源丰富,可以利用涡轮机以及河流、水库等水能发电,以解决发展工业所需的动力源,将生产出的电力输往各个地区。动力源的解决,使中南部的美因河畔法兰克福、纽伦堡等地区有可能成为德国经济增长的新热点地区。

电能的使用也使工业生产领域的动力结构发生变化。发电机和电动机逐渐排挤笨重、体积巨大且难以移动的蒸汽机。1900 年以前,德国电力生产的 86% 用于照明,到 1911 年,在总数达 1000 万千瓦的发电量中,绝大部分已经用于动力。在德国 1913 年的电力生产中,有 63% 来自

① Werner Sombart, *Die deutsche Volkswirtschaft im neunzehnten Jahrhundert und im Anfang des* 20. *Jahrhunderts*, S. 314.

石煤火电,23%来自褐煤火电,另有11%出自水能发电。

帝国时期电气工业发展的一个特点是将大城市作为自己的主要依托载体。第一次工业革命时期,煤炭、钢铁、纺织等工业的发展促成了一系列新兴工业城市,城市围绕着工业矿区发展起来。新兴的电气工业则把城市,特别是大城市,作为自己的主要选择对象。柏林就集中了通用电气公司和西门子-哈尔斯克等多家大型电气工业集团。此外,亚亨、不莱梅、德累斯顿、莱比锡、开姆尼茨、杜伊斯堡(Duisburg)、埃森、美因河畔法兰克福、汉堡、基尔、科隆、纽伦堡、曼海姆、斯图加特等城市也是电气工业的汇集之地。

电气工业的飞速发展使德国迅速向电气化国家迈进。1891年,德国仅有35个地方可以供应电力,到1913年已经有17500个地方通了电,约一半的德国居民用上了这种清洁方便的能源。这种在电气化方面的巨大成就在当时各主要资本主义国家中无一可与之相比。到第一次世界大战前夕,各主要资本主义国家在世界电气工业生产中所占比重分别为:德国34.9%,美国28.9%,英国16%,法国4%。从电气产品的出口总量看,德国所占比重更高。据统计,德国电气工业产品的约1/4销往世界各地,其电气工业出口占世界电气产品出口量的46.4%。[1]

2. 独步世界的化学工业

化学工业是第二次工业革命中标志着德国异军突起的另一支重要力量,也是德国工业化进程中最成功的产业发展标志之一。德国之所以能建立起独领风骚的化学工业,主要得益于两大因素。一是德国拥有化学工业发展所需的丰富矿产资源,如钾盐、黄铁矿、煤焦油等。例如,施塔斯富尔特(Staßfurt)的钾盐产量就由1861年的2400吨猛增到了1910年的831万多吨,50年间增长了300多倍,从而为相关化学工业的发展提供了充足的原料保证。二是德国各个化学公司、大学和技术研究所建立了大批应用化学实验室。在这些实验室中,科学家们研制成功各种各

---

① Hubert Kiesewetter, *Industrielle Revolution in Deutschland 1815-1914*, S. 221.

样的新药物和合成染料。后一个因素是德国化学工业发展的关键所在。许多国家都具备德国所拥有的矿产资源，但缺少德国所拥有的第二个因素。有关学者在评述这一时期德国化学工业的发展原因时感慨道："没有任何地方像德国那样，科学和技术结合得如此紧密。"①

19 世纪 40 年代，德国在化学领域的许多研究已经呈现领先趋势。到 19 世纪中期，德国化学界开始出现一批具有国际声望的著名学者，农业化学之父尤斯图斯·冯·李比希（Jwstus von Liebrg 1803—1873）就是其中的代表。早在 1844 年，李比希就已经预言，将会出现一种新工艺，从煤焦油中提取各种颜料。② 但是，当时的德国还没有条件向有前途的青年化学家们提供最大的发展机会。于是一些人前往政治、经济和研究条件更好的英国寻求发展，并且取得了令人注目的研究成果。其中奥古斯特·威廉·冯·霍夫曼（August Wilhelm von Hofmann，1818—1892）就成了伦敦化学学院（College of Chemistry in London）的院长和伦敦化学学会（Chemical Society in London）的会长，在苯胺染料研究方面取得了突出的成就。1856 年，霍夫曼的学生提炼出第一种苯胺染料"泰尔红紫"（Tyrian Purple）。不久霍夫曼也提炼出了数种煤焦油染料。

德国工业界对霍夫曼等人在化学领域的新发现作出了迅速反应，不但在化学工业领域中取得了领先地位，而且占据了苯胺染料、药物和肥料等世界化工产品生产市场的主导地位。1861 年，啤酒酿造商之子弗里德里希·恩格尔豪恩（Friedrich Engelhorn，1821—1902）在曼海姆建立了一座焦油颜料厂。1865 年，李比希的学生奥古斯特·克莱姆（August Clemm，1837—1910）和卡尔·克莱姆（Carl Clemm，1836—1899）兄弟从该企业中分离出来，在莱茵河左岸的路德维希港（Ludwigshafen）建立了巴登苯胺-苏打企业（Badische Anilin-und Sodafabrik，简称 BASF）。1870 年巴登苯胺-苏打企业拥有职工 490 人，1900 年左右，该企业职工

---

① W. O. Henderson, *The Rise of German Industrial Power 1834 - 1914*, p. 186.
② Franz F. Wurm, *Wirtschaft und Gesellschaft in Deutschland 1848 - 1948*, S. 67.

人数已经超过 6000 人。1863 年,化学药品商弗里德里希·拜尔(Friedrich Bayer,1825—1880)在乌珀塔尔开设了弗里德里希·拜尔染料公司(Farbenfabrik Friedrich Bayer),生产品红染料,最初只有 1 名工人。此后该企业迅速发展,1881 年转变为股份公司。到 1891 年,拜尔公司在卡尔·杜伊斯贝格(Carl Duisberg,1861—1935)领导下,发展为拥有 400 名职工的大企业。

各大化工企业在化学工业发展中起着举足轻重的作用。许多重要的化学研究成果都是在这些大型化工企业的实验室中完成的。其中,弗里德里希·拜尔公司属下卡尔·杜伊斯贝格领导的实验室所取得的成绩特别令人注目。杜伊斯贝格本人就发现了三种新的苯胺染料。他的实验室还与柏林大学、维尔茨堡大学(Universität Würzburg)的化学系建立起紧密的合作联系。[①] 这种将科学研究与生产紧密联系在一起的方式使弗里德里希·拜尔公司的发展充满了活力,也是帝国时期工业强劲增长的秘诀所在。有史家在论及这一时期德国化学工业的发展特点时指出:"科学、技术和工业生产之间的联系在这里尤其突出。"[②]

新兴的化学工业主要分布于在莱茵-美因地区、柏林周围和北莱茵地区。起初,一些化学原料如明矾、硫磺、硫酸盐等主要是作为采矿、冶金、制盐业的副产品来生产的,因此早期化学工业只是作为一种副业存在于图林根、莱茵-威斯特法仑等矿区。作为现代基础化学工业的苏打、硫酸等生产企业主要建立在城市或河流旁,因此,亚亨、巴门、杜伊斯堡、曼海姆等紧靠河流的城市是化学工业企业的重要选择地。在这些地方,不仅原料易于供应,而且有充足的水源来保障生产过程中冷却的需要和排放有害物质。巴登苯胺-苏打企业、弗里德里希·拜尔公司等都选择了这种地理位置设厂生产。

德意志帝国建立后,化学工业发展呈加速趋势。仅 1870 年—1874

---

① W. O. Henderson, *The Rise of German Industrial Power 1834 -1914*, p. 188.

② Thomas Nipperdey, *Deutsche Geschichte 1866 -1918*, Band 1, *Arbeitswelt und Bürgergeist*, München: Verlag C. H. Beck, 1990, S. 234.

年,德国就成立了42家化学公司,资本总额达4200万马克。到1896年,德国已经拥有108家化学工业股份公司,总资本达到33290万马克,企业10385家。化工生产也以惊人的速度增长。以1913年化学工业生产指数＝100计算,则1872年为8.4,1882年为15.5,1892年为27.1,1902年为46.8,1912年为93.7。[①]

当时德国的化学工业中,化学染料生产最引人注目。德国的染料工业在世界染料工业生产中的地位也不断上升。1880年德国合成染料生产占世界总产量的50％,1900年以后,这一比例上升到了90％。德国还是当时世界上最大的钾盐生产者,生产和加工着世界化工生产中95％—98％的钾化合物原料。基础化学工业也呈现较快的增长势头。1900年德国硫酸产量仅相当于英国的55％,1913年时产量已经大大超过英国,相当于它的硫酸产量的155％。有人在评价这一时期的德国化学工业时指出,它是"德意志帝国最伟大的工业成就",是德国在世界市场上旁若无人的"最快乐的工业"。[②]

二、工业主导型经济结构的确立

在德意志帝国时期,德国迅速实现了从农业国向工业国的转变,由工业化进程中的"追随国家变成了先锋国家"。[③] 在这一转变过程中,原有的经济结构也发生了根本性变化。工业确立起在国民经济中的主导地位;工业部门内部出现结构性调整,工业发展重心迅速转向最新科学技术支持下的钢铁、煤炭、机器制造工业和新兴化学、电气等工业领域。

---

① Walther G. Hoffmann, *Das Wachstum der deutschen Wirtschaft seit der Mitte des 19. Jahrhundert*, S. 361 - 362.

② H. J. Habakkuk, *Cambridge Economic History of Europe*, vol. 4, *The industrial revolutions and after: Population and technological change*, p. 107; Werner Sombart, *Die deutsche Volkswirtschaft im neunzehnten Jahrhundert und im Anfang des 20. Jahrhunderts*, S. 109.

③ Thomas Nipperdey, *Deutsche Geschichte 1866 -1918*, Band 1, *Arbeitswelt und Bürgergeist*, S. 268.

随着工业生产的大规模扩张,企业经营方面出现了卡特尔化趋势。

(一) 工业主导型经济结构的形成

帝国时期,社会生产有了很大的增长。以 1913 年价格计算,在 1869 年—1913 年间,国内生产净值从 151 亿马克增加到了 524 亿马克,增长约 2.5 倍,按人口计算,则人均增长了 1.6 倍。同期人均年收入由 380 马克增加到了 780 马克。这种增长的动力主要源自工业发展以及由此引起的社会经济结构的改变。

就业人数和就业结构的变化清楚展示了德国由农业社会向工业社会转变的动态画卷。总体上看,帝国时期的就业人数有了巨大增长。1867 年—1913 年间,德国就业总人数从 1617 万多人增加到了近 3097 万人,增幅超过 91%,大大高于同期的人口增长率。它从一个角度说明了这一时期经济的活跃和繁荣程度。但是,各个产业领域的就业人数增长差别很大。在三大产业领域中,作为第一产业的农业领域就业人数从 833.3 万人增加到 1070.1 万人,仅增长 28.4%,同期包括工业、手工业、采矿业在内的第二产业的就业人数却从 441 万人猛增到 1172 万人,增长幅度达 165.8%。与此同时,第三产业的服务业领域就业人数也出现了强劲增长,由 308 万人增加到 768.3 万人,增长将近 150%。[1] 各个产业部门从业人数在就业总人数中的比重也因此发生巨大变化。1876—1913 年,农业领域就业人数所占比重从 51.5% 下降到了 34.5%,工业、手工业就业人数所占比重则由 27.1% 上升到了 37.8%,商业和交通行业的就业人数所占比重也由 5.4% 上升到了 11.2%,家庭服务领域从业人数所占比重则由 9% 左右下降到了约 5%。从 1904/1905 年开始,第二产业就业人数开始赶上并超过第一产业就业人数。与此相对应,农业领域中的人口大幅度下降,工业领域中的人口则迅速增加。1882—1907 年,农业生产人口所占比重从 41.6% 下降到了 28.4%,工业生产人口所

---

[1] Walther G. Hoffmann, *Das Wachstum der deutschen Wirtschaft seit der Mitte des 19. Jahrhundert*, S. 205.

占比重则从 34.8% 上升到了 42.2%,商业和交通行业人口所占比重也由 9.4% 增长到了 12.9%。工业生产领域人数已经超过农业生产领域人数。

各生产部门在社会生产中所占比重的变化也折射出德国由农业国向工业国转变的运行轨迹。1870 年—1913 年,第一产业价值创造虽然从 57.38 亿马克增加到了 112.7 亿马克,增长率为 196%,在社会生产总额中的所占比重却从 40.5% 下降到了 23.2%。同一时期第二产业的社会产值由 39.97 亿马克增加到了 218.05 亿马克,增长率近 546%。第二产业在社会生产总额中的比重从 28% 上升到 45% 以上。商业、交通、金融等第三产业也有明显的增长。[①] 从 1888/1889 年起,第二产业产值开始赶上并超过第一产业。到 1913 年,农业产值已经不足社会生产总值的 1/4,占社会生产总值将近一半的工业已经成为德国经济的主体。

工业生产在成为国民经济主体的同时,其内部的结构也在发生着重大变化。各个工业部门的就业人数、资本投入和生产增长幅度等呈现很大的区别,行业重心处于调整之中。

首先,各个工业部门就业人数呈现不平衡增长。纺织、服装加工等传统工业部门就业人数的增长速度明显低于化学、电气等新兴工业部门和煤炭、钢铁等重工业部门。1875 年以前,服装和皮革加工业、纺织工业等两大传统工业部门的就业人数在工业中占有明显的优势。1875 年服装和皮革加工业职工总数占整个工业领域就业总人数的 20.9%,纺织工业占 18%,居于第一和第二位。此后这两大行业就业人数绝对值仍继续增长。1875—1913 年,服装和皮革加工业就业人数从 107.8 万人增加到 154.4 万人,纺织业从业人数从 92.6 万人增加到了 110.1 万人。但是由于增长速度较低,它们在工业领域就业总人数中的比重明显减少。其中,服装和皮革加工业职工人数所占比重下降到了 14.2%,纺织业下降

---

① Walther G. Hoffmann, *Das Wachstum der deutschen Wirtschaft seit der Mitte des 19. Jahrhundert*, S. 454 – 455.

到了9.3％,分别降到了第三位和第五位。同一时期,包括钢铁、机器制造、造船、车辆制造和电气工业等在内的金属生产和加工工业、建筑业、化学工业的就业人数则上升很快。金属加工工业就业人数从60.1万人上升到了188.7万人,在工业领域就业总人数中的比重从11.7％上升到了17.3％,跃居第一位。与此同时,受益于工业城市的快速发展及其带来的大量工业建筑、学校、行政大楼、车站等公共设施的建设,建筑业就业人数迅速增长并跃居第二位。①

其次,从生产增长率的角度来考察,则这一时期的工业发展重心在向新兴工业部门转移。就整个德国的工业生产而言,1870年—1913年的年平均增长率为3.7％,但具体到各个部门时则区别很大。同期各工业生产部门的年生产增长率分别为:煤炭和土类工业3.7％;金属生产工业5.7％;金属加工业5.7％;化学工业6.2％;纺织工业2.7％;皮革生产业2.8％;服装工业和皮革加工业2.5％;木材和雕刻材料加工业3.1％;纸张生产和加工业6.9％;食品和享乐品工业2.7％;煤气、水、电供应9.7％;建筑行业3.1％。② 从中可以看出,化工、煤气、电力、金属加工和生产等含有新科技因素的工业部门的年生产增长率明显高于食品和服装生产等传统工业。

基于以上各种因素的综合影响,各工业部门在整个工业生产领域中所占比重也发生了显著变化。1882—1907年,比重处于增长状态的有采矿类(5.46％上升到6.32％)、金属生产(4.22％上升到5.30％)、金属加工(13.21％增加到17.87％)、化学工业(4.05％上升到5.77％)、煤气和水电供应(0.80％上升到2.22％)等部门,而纺织(13.41％下降到8.58％)、皮革生产(1.73％下降到1.18％)、服装和皮革加工(18.73％下

---

① Walther G. Hoffmann, *Das Wachstum der deutschen Wirtschaft seit der Mitte des 19. Jahrhundert*, S. 198 - 199; Karl Erich Born, *Wirtschafts-und Sozialgeschichte des Deutschen Kaiserreichs (1867/71 -1914)*, S. 47.

② Walther G. Hoffmann, *Das Wachstum der deutschen Wirtschaft seit der Mitte des 19. Jahrhundert*, S. 63.

降到 11.98％)、食品和享乐品(20.65％下降到 18.26％)等生产领域所占比重则皆有所下降。① 工业结构重心正朝着以钢铁、机器制造为主导的重工业和电气、化工等构成的新兴工业部门转移。

(二)企业经营规模扩大和卡特尔化

19 世纪末 20 世纪初,由于生产力飞速发展,企业规模不断扩大,市场竞争日趋激烈,西方主要资本主义国家在生产领域出现了垄断的趋势。② 德国工业界通过条约性协商,即卡特尔的形式,实现了较之其他国家的工业更高程度的垄断。③ 因此,当美国在 1890 年以后逐渐成为托拉斯(Trust)控制下的国家时,德国成了"卡特尔的主要国家"。

这一时期德国企业规模明显趋向大型化。1882—1907 年,德国 1—5 人的家庭式小企业数目由 2175857 个减少到 1870261 个;6—50 人中型企业有较快增长,从 85001 个增加到 187074 个;51 人以上大企业数目则增速最快,从 9481 个增加到了 29033 个。1907 年,小、中、大三类企业的数量比重分别为 90％、8.7％和 1.3％;职工人数比重则相反,分别为 29.1％、23.2％和 47.7％。④ 从生产能力看,大企业的优势更加明显,它支配着 73.9％的蒸汽动力和 77％的电力,中型企业的蒸汽动力和电力支配比重分别为 18.4％和 15.5％,小企业则仅占 7.7％和 7.5％。克虏伯是大型企业发展的典型。1873 年克虏伯公司有职工 1.6 万人,1890—1893 年达到 2.4 万人,世纪之交时为 4.5 万人,1912 年时则达到了 6.83 万人。大型企业的发展还可以从股份公司和两合公司⑤的增长中窥见一斑。1886/1887 年,德国共有 2143 家股份公司和两合公司,股份名义资

① Walther G. Hoffmann, *Das Wachstum der deutschen Wirtschaft seit der Mitte des 19. Jahrhundert*, S. 390-391.
② Volker Hentschel, *Wirtschaft und Wirtschaftspolitik im wilhelminischen Deutschland: Organisierter Kapitalismus und Interventionsstaat?*, S. 99.
③ Knut Borchardt, *Die industrielle Revolution in Deutschland*, S. 92.
④ A. Sartorius von Waltershausen, *Deutsche Wirtschaftsgeschichte 1815-1914*, S. 489.
⑤ 两合公司(Kommanditgesellschaft)是一种商业公司,在这种公司中,至少有一个合伙人是负完全责任的,并且至少有一个合伙人只用投资作担保。

本 48.76 亿马克,1909 年,股份公司和两合公司增加到 5222 家,股份名义资本则达到了 147.37 亿马克。股份公司的资本拥有规模也在不断扩大。1886/1887 年,有 74 家公司资本超过 1000 万马克,到 1909 年,拥有 1000 万马克资本的公司已经达到 229 家。[1]

　　大企业的迅速发展和扩张使工业领域竞争日益加剧。为了降低竞争造成的损失和风险,尽可能多地获取利润,各大企业逐渐趋向于通过协议来达成有关生产、销售等方面的妥协,以取得双赢局面。早在 19 世纪中期工业革命高涨时期,德国已经出现了销售的协定形式,[2]冶炼、铁轨、煤炭等生产领域有了商人和生产者之间达成协议的卡特尔。但是 19 世纪 70 年代以前,这种形式仍处于早期阶段,达成的通常只是一种自由的地区性联合。19 世纪 70 年代以后,经济的迅速发展和经济环境的变化对卡特尔等垄断组织的出现起了促进作用。1871—1873 年,德国因对法战争胜利取得巨额赔款等原因而出现了创办企业的热潮。短短数年间成立的股份公司达 500 家,投资和生产等规模迅速扩张。随之而来的又是严重的经济危机冲击和德国政府为保护国内市场从贸易自由主义转向贸易保护主义。这种过山车式的剧烈变化,造成了竞争的加剧,推动着企业在限制竞争方面建立强有力的组织。[3]

　　帝国时期卡特尔的发展可以划分为两个阶段。19 世纪 70 年代初到 1893 年建立莱茵－威斯特法仑煤业辛迪加(Rheinisch-Westfälisches Kohlensyndikat)为止,是卡特尔化的第一阶段。这一阶段卡特尔的主要形式是价格和份额卡特尔,它主要流行于诸如煤炭、钢铁、钾盐等单一产品占主导地位的生产部门。1893/94 年到 1914 年是卡特尔化的第二阶段。这一时期卡特尔发展的特征是急剧扩张。特别是帝国法院于 1890

[1] A. Sartorius von Waltershausen, *Deutsche Wirtschaftsgeschichte 1815-1914*, S. 514-515.
[2] Hans Pohl und Wilhelm Treue (Hrsg.), *Die Konzentration in der deutschen Wirtschaft seit dem 19. Jahrhundert: Referate und Diskussionsbeiträge der 2. öffentlichen Vortragsveranstaltung der Gesellschaft für Unternehmensgeschichte*, S. 7.
[3] Ebd., S. 8.

年和 1897 年判定卡特尔为符合营业自由原则的联合和卡特尔协议具有法律约束力以后,卡特尔的发展呈现加速趋势,不仅出现了许多跨地区性的企业联合,卡特尔的规模也不断扩大。卡特尔化的这两个发展阶段可以从其数量变化中看得一清二楚。1866 年普奥战争前德国有 4 个卡特尔,1875 年有 8 个卡特尔,1887 年有 70 个,1890 年有 117 个,直到 1895 年,卡特尔数量也才增加到 143 个。此后卡特尔数量出现爆炸性增长,1910 年达到 673 个,1914 年时则已增至 700 个左右。[①]

卡特尔化对德国经济的影响相当大。1905 年德国共有 366 个工业卡特尔,最重要的卡特尔分布状况为:采煤业 9 个,冶铁业 20 个,五金工业 7 个,化学工业 17 个,水泥工业 5 个。到第一次世界大战前夕,煤炭、钢铁、五金、化工、纺织、建筑、印刷等各个行业中都已经或多或少地卡特尔化了。从卡特尔在各工业领域所占的生产份额也可以看出卡特尔在德国国民经济中的巨大影响力。以 1907 年为例,这一年各工业部门卡特尔的生产份额分别为:采矿业:7.4%(其中石煤生产 82%,铁矿石 38%,钾盐 100%);制铁工业:49%(其中生铁 26%,粗钢 50%,轧钢生产 59%);钢铁制品:20%;机器制造:2%;电气工业:9%;玻璃工业:36%;光学工业:5%。从中可以看出,一个工业部门生产的产品越单一,卡特尔化程度就越高,反之则越低。前者以煤炭和钢铁工业最明显,后者以机器制造业最典型。

各个工业部门的集中程度和方式千差万别。在这方面,采矿、冶金等重工业和化学、电气等新兴工业部门都有一定的典型性。

采矿业的集中经历了两个阶段。第一阶段从 1850 年到 1880 年。这一时期出于筹措资本、增添设备和扩大生产的需要,出现了许多股份公司。除五六十年代成立的各股份公司[②]外,70 年代初又出现了一些新的股份公司。1873 年,弗里德里希·格里洛(Friedrich Grillo, 1825—

---

① Hans-Ulrich Wehler, *Deutsche Gesellschaftsgeschichte*, *Band 3*, *Von der "Deutschen Doppelrevolution" bis zum Beginn des Ersten Weltkrieges 1849 - 1914*, S. 632 - 634.

② Mottek, Blumberg, Wutzmer, Becker, *Studien zur Geschichte der industriellen Revolution in Deutschland*, S. 176.

1888)联合各矿区成立的格尔森基尔欣矿业股份公司(Gelsenkirchener Bergwerks-Aktiengesellscaft，简称 GBAG)即是一例。19 世纪 80 年代以后是采矿业和冶金工业的第二个集中时期。一些大型采矿企业通过合并开始组建康采恩(Konzern)。其中，格尔森基尔欣矿业股份公司在艾米尔·基尔道夫(Emil Kirdorf, 1847—1938)的领导下扩张成了格尔森贝格康采恩(Gelsenberg-Konzern)。1904 年，该康采恩已经拥有 16 个矿区，职工近 2.5 万人，年开采石煤达 650 万吨，成为德国最大的石煤开采企业。冶金工业领域则出现了辛迪加(Syndikat)。1896 年，德国西部各冶金企业成立了莱茵－威斯特法仑生铁辛迪加(Rheinisch-Westfälisches Roheisensyndikat)。钢生产领域则于 1904 年成立了钢业联盟(Stahlwerkverband)。采矿业和冶金工业之间还出现了纵向联合的康采恩方式的集中。1904 年以后，格尔森贝格康采恩陆续合并了铁矿、冶炼厂、钢厂、轧钢厂等企业，在 1912/1914 年间发展成为最大的生铁和煤炭生产者。[①]

　　化学工业的集中有自己的特点。化工产品的多样化使这一工业领域的卡特尔化相对缓慢。直到 1904 年，在弗里德里希·拜尔公司总裁杜伊斯贝格的推动下，化学工业才形成了两大集团，即由巴登苯胺-苏打企业、弗里德里希·拜尔公司和苯胺制品股份公司(Aktiengesellschaft für Anilinfabrikation，简称 AGFA)组成的"三方联盟"(Dreibund)和由豪伊希斯特染料厂(Farbwerke Höchst)、美因库尔卡塞拉染料厂(Cassella Farbwerke Mainkur)和卡勒化工厂(Chemische Fabrik Kalle)等三家企业组成的"三方联合"(Dreiverband)。各集团内部诸公司之间关系非常密切，它们不仅通过相互交换股份形成"利益共同体"(Interessengemeinschaft，简称 I. G.)，而且还将交换延伸到原料购买、生产、销售、专利和特许权等领域。到第一次世界大战前夕，这两大化学

[①] Hans Pohl und Wilhelm Treue (Hrsg.), *Die Konzentration in der deutschen Wirtschaft seit dem 19. Jahrhundert: Referate und Diskussionsbeiträge der 2. öffentlichen Vortragsveranstaltung der Gesellschaft für Unternehmensgeschichte*, S. 11.

工业集团的染料生产已经占据当时德国同类生产的 95％和世界总产量的 80％以上。①

电气工业也出现了大规模的集中趋势。如前所述,1900 年左右电气工业中已经形成了西门子-哈尔斯克股份公司等七大巨头,此后经过合并重组,又逐渐形成了通用电气公司和西门子-哈尔斯克公司两大集团。到 1910 年,通用电气公司和西门子-哈尔斯克公司已经占据了德国电气工业生产的 75％以上,实际市场占有率达到了 50％—60％。②

以卡特尔、康采恩等为特征的德国企业的集中趋势是生产力发展到一定阶段的必然产物,它们的存在有其合理的一面。与此同时,卡特尔等垄断组织作为资本家谋取更高利润的手段,也必然有其阴暗的一面。从积极方面看,作为“‘组织起来’的德国资本主义”,卡特尔等形式间接地促进了企业生产的“合理化”,③有利于提高企业的生产效率、节约成本和优化资源配置。参加卡特尔的企业只有通过合理化,才有可能在卡特尔内部已经确定生产份额和价格的情况下继续获利。进一步说,在生产份额和价格已经确定的情况下,生产效率越高,生产成本越低,赢利空间就越大。一些“利益共同体”内部的专利、特许共享协议等也有利于生产的发展。就消极方面而言,由于卡特尔的一个重要目标在于消除企业间竞争,操纵市场,阻止“价格跌落”和牟取高额利润,因此最后往往导致卡特尔组织在市场上实行价格垄断,人为抬高物价,危害经济的正常运作。正因为如此,在卡特尔化时期,德国常常可以听到抗议卡特尔“价格强制”的声音。④

① Hans Pohl und Wilhelm Treue (Hrsg.), *Die Konzentration in der deutschen Wirtschaft seit dem 19. Jahrhundert: Referate und Diskussionsbeiträge der 2. öffentlichen Vortragsveranstaltung der Gesellschaft für Unternehmensgeschichte*, S. 12.
② Peter Czada, *Die Berliner Elektroindustrie in der Weimarer Zeit*, Berlin: Colloquium-Verlag, 1969, S. 50.
③ Thomas Nipperdey, *Deutsche Geschichte 1866-1918*, Band 1, *Arbeitswelt und Bürgergeist*, S. 248.
④ Ebd., S. 249.

第二节 服务性产业的扩张

德意志帝国时期,随着第二次工业革命引发的快速工业化和国家总体经济实力的提升,交通、邮电、商业、银行等服务性行业也都得到迅速发展,取得了巨大进步,这种发展和进步既是适应工业化社会发展的需要,也为工业的迅速发展提供了相应的支持。

一、现代化快捷交通运输体系的形成

第一次工业革命时期,以铁路建设为代表的交通运输业的快速发展曾给德国经济发展以极大的推动力。在第二次工业革命中,交通运输业与钢铁、电气、化工等行业相比,虽然没有了第一次工业革命时期的辉煌,但持续发展的总体势头依然存在,在一定程度上保证了迅速工业化对交通运输方面的需求。

铁路建设依然是第二次工业革命时期交通运输业发展的重头戏。1873 年—1913 年间,交通运输业产值增长近 9 倍,其中,铁路业绩远远高于国内航运和公路等其他交通领域。如果将铁路与国内航运进行比较,1870 年—1879 年铁路业绩年平均为 26790 万马克,国内航运为 1330 万马克;1910 年—1913 年铁路年平均创造价值 178700 万马克,航运仅为 9550 万马克。[①] 从建设进展看,在第一次工业革命时期已经建成主干铁路的基础上,又陆续新建了一些支线和地方性铁路,从而将农村地区也纳入了全国铁路网络之中。因此,铁路里程仍保持较高的增长势头。1870 年德国共有铁路 18667.2 公里,1910 年已经发展到了 59030.9公里。

德意志帝国时期铁路发展的一个重要特征是,通过铁路国有化政策

---

① Walther G. Hoffmann, *Das Wachstum der deutschen Wirtschaft seit der Mitte des 19. Jahrhundert*, S. 424-425.

克服铁路管理方面的混乱。帝国初期,除国有铁路外,还存在相当数量的私营铁路,约有 70 个独立的铁路管理系统,状况混乱。为了改变这种混乱状况,同时为了增加政府的财政收入,俾斯麦在 1876 年提出了铁路国有化的建议。① 结果,尽管遭到巴登、符滕堡和萨克森等大邦的反对,障碍重重,铁路国有化仍取得了巨大进展。到第一次世界大战前夕,国有铁路已超过 5.9 万公里。② 换言之,德国铁路已经完成了国有化。铁路管理的混乱局面因此大为改观。

技术和设施的现代化是这一时期铁路发展的又一特征。首先,列车的运行速度得到提高。1890 年,一辆快速机车的运行速度为每小时 75公里,到 1913 年其速度提高到每小时 100 公里,而且运载量提高了 3 倍。与此同时,柏林到哈勒、曼海姆到海德尔堡之间的一些干线开始扩建为复线,运输能力进一步增强。此外,基础设施进一步得到完善。火车站的建设日显豪华气派。莱比锡新火车站的建设费用高达 1.35 亿马克。列车种类也开始系列化,出现了小火车、电车、内燃机车等多种类型的机车。车厢设计更趋合理。快速列车一般配有过道相通的车厢、卧车和餐车。这些改进措施使人们的旅途生活日益舒适。

有轨电车作为铁路交通的一个分支,也开始进入城市交通生活。20世纪初,德国已经有 130 个城市和地区拥有有轨电车。1912 年,有轨电车的运营里程达到了 4846 公里。有轨电车给人们的生活带来了极大的方便。1913 年,德国铁路运送旅客 18 亿人次,同年市内有轨电车的乘客人数却达到 23 亿人次。③ 1902 年,地铁作为改善城市交通的又一新型交通工具开始在柏林投入运营。

第一次工业革命中,公路建设因铁路建设的迅猛扩张而一度受到很

---

① 当时欧洲各国在建设国有铁路还是私营铁路的问题上存在争议。比利时从一开始就实行国有铁路政策,英国则倾向于私营铁路,德国直到 19 世纪 70 年代仍实行混合制(Das gemischte System)。

② Hermann Kellenbenz, *Deutsche Wirtschaftsgeschichte*, *Band 2*, *Vom Ausgang des 18 Jahrhunderts bis zum Ende des Zweiten Weltkriegs*, S. 74.

③ Hubert Kiesewetter, *Industrielle Revolution in Deutschland 1815-1914*, S. 260-261.

大冲击。公路运输在整个交通领域中所创造的价值份额由 1859 年的
25% 下降到了 1880 年的 7%。此后,随着铁路网的建成,三大刺激性因
素又推动着人们将交通发展目标转向公路:一是人们需要有公路将居住
地、工厂和火车站之间连接起来;二是城市的发展需要扩建公路;三是汽
车等新型交通工具的出现,对公路建设起到了极大的推动作用。公路交
通因此仍有一定的发展。1907 年德国有小汽车 25815 辆和载重汽车
1211 辆,1913 年则分别上升到了 83333 辆和 9739 辆。1880 年以后,公
路运输在整个交通领域中所创造的价值份额开始回升,1913 年时达到
了 12%。[1]

　　内河航运业起初也因铁路建设的爆炸性发展而受到冲击。帝国时
期,由于大批量运输谷物、木材、煤炭、矿石等的需要,内河航运业重新显
现出活力。以科隆港为例,1830 年货物转运量为 45 万吨,1880 年下降
到了不足 22 万吨,到 1913 年又上升到了 141 万吨。杜伊斯堡港口是当
时世界上最大的内河港,当时转运的货物达到 1560 万吨。19 世纪下半
期开始,德国出现了第二次开凿运河的热潮,其中奥德河-施普雷河运河
(Oder-Spree-Kanal)于 1887—1891 年间建成,多特蒙德-埃姆斯运河
(Dortmund-Ems-Kanal)在 1886—1900 年间建成。最著名的是 1887
年—1895 年间建成的威廉皇帝运河(Kaiser-Wilhelm-Kanal),长度达
98.65 公里。[2] 这些运河将德国的主要河流连接了起来,形成了水路运
输网络。尽管如此,内河航运业与铁路运输仍相差很远。1912 年,德国
内河航运所涉及的水域仅为铁路运输所覆盖地域的 1/5。

　　帝国时期的海上航运事业也获得了令人瞩目的发展。这种发展体
现在两个方面。一是航海船舶制造业的发展。19 世纪末 20 世纪初,德
国的蒸汽轮船制造技术已经达到世界先进水平。1897 年下水的"威廉大
帝"号(Kaiser Wilhelm der Große)、1900 年下水的"德意志兰"号

---

[1] Hermann Kellenbenz, *Deutsche Wirtschaftsgeschichte*, Band 2, *Vom Ausgang des 18 Jahrhunderts bis zum Ende des Zweiten Weltkriegs*, S. 277.
[2] 今天的北海-波罗的海运河(Nord-Ostsee-Kanal)。

(Deutschland)等轮船都获得了著名的"大西洋蓝带奖"(Blaues Band des Atlantiks；Blue Riband of the Atlantic，授予欧洲和美洲间最快远洋轮的荣誉奖)。1912 年下水的"皇帝"号(Imperator)和 1914 年下水的"祖国"号(Vaterland)等船只也属于当时世界上最大和最快的航船之列。

　　二是海上航运业的发展。1867 年，当北德意志联邦的黑白红三色旗成为德国海上船只悬挂的旗帜时，德国海上运输船队的规模还很小。当时德国还没有强大的海军，一些德国船主只能到国外登记注册，托庇于英国或丹麦海军的保护。1871 年帝国建立时，德国海上商船队总共只有 4350 条帆船和 175 艘轮船。在其后的 40 年间，德国海运业以每年 3％的速度递增，迅速拥有了世界上最强大的商船队之一。1870 年德国各海运公司的船舶净登记吨位共 93.8 万吨；1880 年为 110.4 万吨，1890 年为 127.5 万吨，1900 年为 190.3 万吨，1910 年为 289 万吨，到 1913 年时已经达到了 332 万吨。[①]

　　德国的海运公司主要集中于汉堡和不莱梅等北海沿岸港口城市。汉堡拥有数量最多的航运公司，其中以汉堡-美洲邮船股份公司最为著名。它与汉堡人阿尔伯特·巴林(Albert Ballin，1857—1918)的成功经营联系在一起。1886 年巴林加入汉堡-美洲邮船股份公司，1898 年成为公司总经理。1886 年，汉堡-美洲邮船股份公司仅有 32 艘远洋轮船，排水量 6 万吨，到 90 年代末，该公司通过兼并其他海运公司一举成为世界上最大的海上航运公司，拥有船只总吨位 33.7 万吨。1913 年，该公司共有远洋轮船 172 艘，排水量超过 100 万吨。资本也由 1886 年的 1500 万马克增至 1.57 亿马克。汉堡-美洲航班的主要航线为纽约、西印度群岛(Westindien)、墨西哥，它还开通了南美洲、澳大利亚和远东地区的航班。汉堡还有另外一些重要的海运公司。1871 年建立的汉堡-南美轮船航运公司 (Hamburg-Südamerikanische Dampfschiffahrtsgesellschaft) 主要

---

① Walther G. Hoffmann, *Das Wachstum der deutschen Wirtschaft seit der Mitte des 19. Jahrhundert*, S. 409 - 410.

航线为巴西(Brazilien)、阿根廷(Argentinien)和乌拉圭(Uruguay)。到
第一次世界大战前夕,该公司已经拥有远洋轮船 57 艘,排水量 35 万
吨。汉堡海上航运公司(Hamburger Seeschiffahrtsgesellschaft)主要经
营通往澳大利亚的航班。德意志宇宙航班轮船公司(Die Deutsche
Dampfschiffahrtsgesellschaft der Kosmos-Linie)则主要经营通往美洲西
海岸的航线。

在不莱梅的海运公司也拥有强大的实力。其中最著名的就是北德意
志劳伊德。该公司由于连续推出了"威廉大帝"号、"威廉皇储"号
(Kronprinz Wilhelm)、"威廉二世"号(Kaiser Wilhelm II.)等多艘吨位
大、航速快的大型客轮,很快就登上了北大西洋客运业务的头把交椅。
此外,19 世纪末 20 世纪初的一系列历史事件,如德国侵占胶州湾、义和
团起义等,都大大刺激了德国与东亚之间的交通往来。不莱梅的海运公
司于是抓住这些"机遇",迅速取得了经营东亚和太平洋航线的主导地
位。参加镇压义和团运动的德国侵略军都是在不莱梅港登船的。到
1913 年,北德意志劳伊德已经成为继汉堡-美洲邮船股份公司之后的世
界第二大海运公司,拥有 1 万吨以上的超级轮船 17 艘,汉堡-美洲邮船
股份公司则只有 15 艘。

在海运业发展的同时,海运船只的技术构成也发生了根本性变化,
现代动力轮船逐渐占据了绝对性主导地位,帆船下降成为配角。在德意
志帝国建立前夕,机动船只无论在数量上还是在总吨位上,都只占海运
船只的很小一部分。19 世纪 80 年代以后,德国海运船只的机动化、大型
化大大加速。1880 年—1913 年间,机动船只数量增加了约 4.2 倍,总吨
位增加了 15 倍。机动船只吨位数在总吨位中所占比重由 1870 年的不
足 7.2%上升到了 1913 年的 85%以上。[1]

---

[1] Walther G. Hoffmann, *Das Wachstum der deutschen Wirtschaft seit der Mitte des 19. Jahrhundert*, S. 409 - 410.

二、现代邮电体系的建立

帝国时期,无论是现代化邮政还是电讯事业都取得了令人侧目的进步。

19世纪上半期的德国,邮政状况相当混乱,各大、中邦国都有自己的邮政系统,1850年时仍有16个邮政管理系统和31个邮政区域。这种状况显然不利于邮政业务的发展和效率的提高。此后随着铁路等交通事业的迅猛发展和国家的统一,邮政领域的混乱状况开始出现重大改变。北德意志联邦宪法和后来的德意志帝国宪法第48条都规定,北德意志联邦、德意志帝国境内实行统一邮政。① 1871年的邮资价目法则进一步规定,整个德国境内的信件邮寄实行根据重量付邮资的统一价目表,相关邮费定价低廉。

统一的邮政系统的建立,邮资的降低和迅捷便利的铁路交通体系的建立,刺激了邮政业务的迅速发展。1870—1913年,德国的信件、印刷品和货样邮寄数量从3.82亿件猛增到了70.24亿件,超过每10年翻一番的速度。报纸、代收货款、邮局汇款等数量也几乎都以每10年翻一番的数量增长。② 从这种通邮量的迅速增加中隐约呈现出社会发展的两大趋势:其一,社会的物理空间越来越"小",信息交流日益频繁,步伐加快;其二,特别要指出是,代收货款、邮局汇款等数量激增,它表明社会经济联系日益紧密。

由于经济联系和社会发展的需要,邮政业务还扩展到金融领域。1909年1月1日,德国邮政开始经营邮局支票往来业务,柏林、但泽、布雷斯劳、美因河畔法兰克福、汉堡、科隆、莱比锡、卡尔斯鲁厄、纽伦堡、慕尼黑、斯图加特等地都开设了邮局支票部,经营有关存取和汇划业务。

---

① Ernst Rudolf Huber, *Dokumente zur Deutschen Verfassungsgeschichte*, *Band 2*, *Deutsche Verfassungsdokumente 1851–1918*, S. 279, 394.

② Walther G. Hoffmann, *Das Wachstum der deutschen Wirtschaft seit der Mitte des 19. Jahrhundert*, S. 420–422.

德国邮政还开通了和奥匈、瑞士、卢森堡、比利时等国的国际间汇划业务。由于通邮量的高速增长,德国成为第一次世界大战前夕世界上信函交往最多的国家,也是继美国之后拥有最多的邮政机构的国家。[①]

在主要资本主义国家中,德国是较早大规模发展电报事业的国家。新兴电讯事业的发展使之成为迈向信息化社会的先锋。1844 年,德国第一条电报线路在卡塞尔-威斯巴登-比布里希(Biebrich)之间的铁路段开通。两年后柏林-波茨坦、不莱梅-不莱梅港(Bremerhaven)之间也开通了电报线路。1847/1848 年,西门子开始铺设柏林到美因河畔法兰克福的地下电缆,这是欧洲第一条长途电报线路。

德国电报业的真正发展是在帝国建立之后。19 世纪 70 年代中期,帝国将邮政和电报系统合并,电报网开始从铁路系统扩展到各大城市的警察、消防系统、饭店、医院以及电力、煤气和供水部门。德国与美洲、南太平洋、近东以及非洲的电报线路也相继开通。电报机构和电报线路里程因此迅速增加。1850 年德国拥有电报机构 47 个,线路 3571 公里,1870 年有 2405 个电报机构和 81840 公里线路;到 1913 年,德国电报机构已经达到 38509 个,线路 186.36 万公里。[②] 电报业务量也大幅度增长。1850 年德国电报业务量仅 4 万份,1870 年为 866 万份,1913 年则增长到了 5230 万份。[③] 1900 年左右,无线电报开始进入德国电报业领域,但规模还比较小。

作为一种全新的现代化通讯工具,电话在德国的普及速度尤其快捷。1877 年美国人贝尔(Alexander Graham Bell,1847—1922)发明电话后,1881 年柏林开通了第一家电话分机。此后电话逐渐成为各城市内部的信息传递工具。1894 年以后,电话网向异地对话方向发展。德国电

---

① A. Sartorius von Waltershausen, *Deutsche Wirtschaftsgeschichte 1815 - 1914*, S. 584.

② Hubert Kiesewetter, *Industrielle Revolution in Deutschland 1815 - 1914*, S. 264. 1850 年的统计数字仅限于巴伐利亚、符滕堡、巴登、萨克森、汉诺威、梅克伦堡和普鲁士。

③ Walther G. Hoffmann, *Das Wachstum der deutschen Wirtschaft seit der Mitte des 19. Jahrhundert*, S. 420 - 422.

话事业的发展速度可以从以下各组数据中窥见一斑：1888 年有 175 个居民点设有电话机构，共有电话机 3.7 万部；1896 年设有电话机构的居民点增至 587 个，电话分机 15.11 万部；1913 年已有 32682 个居民点通了电话，电话机达到 1387 万部。电话线长度也由 1888 年的 5.64 万公里增加到了 1912 年的 545.66 万公里。通话次数由 1888 年的 1.55 亿次增加到了 1913 年的 25.18 亿次。到第一次世界大战前夕，德国已与美国、南太平洋地区、巴西、西非等世界各地建立了电话联系。德国的电缆量在当时世界电缆网总量中的比重达到 8.3%。20 世纪初，德国的电话系统较之英、法等国已经处于无可争议的优势地位。1912 年，德国的电话线里程将近法国的 3 倍，电话设备超过法国的 4 倍，德国人在电话上的交谈时长将近法国人的 7 倍。[①]

三、现代商业经营体系的出现和国内商业的繁荣

在稠密的铁路、内河航运、公路等交通网的支持下和大规模城市化、人口快速增长的推动下，德国商业经营体系在 19 世纪 70 年代以后出现了新的变化。

首先是国内贸易内容和贸易格局发生了重大变化。从贸易物资的内容看，原先生活资料占主导地位的贸易运输让位于工业原料为主的运输。洛林的铁矿石和鲁尔的石煤等大量运往各冶炼厂；鲁尔的煤炭大量运往南部地区；鲁尔和上西里西亚的船舶建造材料大批运往北海和波罗的海沿岸造船厂；东部地区的谷物等农产品大量运往工业人口密集的莱茵-威斯特法仑地区。从贸易格局看，由于铁路等现代交通运输手段的支持，各贸易集散地与沿海堆货场之间的直接联系就有了可能。因此，虽然美因河畔法兰克福、柏林、莱比锡、慕尼黑等老城市仍然是重要的商业中心，但一些新兴工业城市，如杜塞尔多夫、杜伊斯堡、鲁尔河畔缪尔海姆(Mülheim an der Ruhr)等，开始向老城市的贸易中心地位发起了

---

① J. H. Clapham, *The Economic Developmen of France and Germany 1815 - 1914*, p. 364.

挑战。

　　现代的商业经营形式也开始在出现。最具影响力的是百货商店（Kaufhaus 或 Magazin）的出现。这类商店在 19 世纪三四十年代出现于法国。1879 年，莱昂哈德·蒂茨（Leonhard Tietz，1849—1914）在科隆建立了德国第一个百货商店。① 此后，陆续出现了"德国官员百货商店"（Das Warenhaus für deutsche Beamte，1889）和"凯撒市场股份公司"（Die Kaiserbazaraktiengesellschaft，1891）等。较著名的大型百货商店有赫尔曼·蒂茨百货公司（Warenhausfirma Hermann Tietz）、亚伯拉罕·韦尔特海姆百货商店（Kaufhaus Abraham Wertheim）等。百货商店的经营特点是商品种类较为齐全。亚伯拉罕·韦尔特海姆是柏林最大的百货商店之一。它在 20 世纪初供应的商品达到 65 个不同的种类，涉及殖民地产品、罐头、新鲜蔬菜、水果、肉类、蛋类、烟酒、书籍、文具、绘画，等等。它甚至还为一些年轻的艺术家举办艺术画展。由于商品供应丰富，而且经常举办各种活动，大型百货商店成了大城市生活中最富特色的组成部分。它们通常以薄利多销的方式吸引顾客，以快速的资本周转赢利。一些大型百货商店在柏林确立了自己的地位后还向布雷斯劳、德累斯顿、汉堡、科隆等地扩张，开设分店。

　　各种消费联合会（Konsumverein）也是这一时期新的商业经营形式。它们主要是由工人组织和参加的，同时也有其他社会阶层的人加入。这种商业经营形式的主要目的在于降低零售差价或由协会的成员共同分享赢利。到第一次世界大战前夕，德国有关的消费联合会已经达到 2394 个，会员 200 万，销售额达 6 亿马克。②

　　百货商店和消费联合会的大规模、多品种经营形式对传统的中、小零售商构成了强大的竞争威胁。不过，这些新的大型商业经营形式当时在整个商界所占的比例仍然比较低。1913 年，百货商店在销售总额中仅

---

① Karl Erich Born, *Wirtschafts-und Sozialgeschichte des Deutschen Kaiserreichs 1867/71 - 1914*, S. 60.

② Friedrich-Wilhelm Henning, *Die Industrialisierung in Deutschland 1800 - 1914*, S. 252.

占 2.2%，消费联合会则仅占 1.1%。造成这种状况的主要原因在于，这些大型商业形式长期限于而且也只适合于少数大城市，发展空间有限。广大农村和中小城镇则仍然是传统商业经营形式的天下。

随着邮政和交通事业的发达，这一时期还出现了函购商店或邮售商店(Versandhaus)等新型商业形式。它们根据顾客的定购，以邮寄方式将商品送达顾客。此外，这一时期已经出现了分期付款(Abbesteunng)等现代商业营销形式。

出于买卖某些特定产品的需要，期货贸易也逐渐形成。当时经常性的重要期货交易所有：汉堡的咖啡交易所，不莱梅的烟草、大米、棉花交易所，马格德堡的糖类交易所，柏林和曼海姆的谷物交易所等。还有一些将谷物、土豆、烧酒直到铁制品等都包括在内的总汇型产品交易所，它们主要分布在柏林、布雷斯劳、但泽、德累斯顿、美因河畔法兰克福、科隆、斯图加特等中心城市。

尽管各种新型的商业经营方式不断涌现，而且竞争日趋激烈，传统的零售商业受益于经济的繁荣和快速城市化的刺激，仍呈现快速增长势头。据统计，在 1866—1890 年间，每 1000 名居民拥有商店的数目翻了一番。1895—1907 年间，商店的数量增加了 42%，而人口的数量仅增长了 8%。[1] 与此同时，面对百货商店等现代大型商业企业的竞争挤压，零售商业在经营方式上也出现了一些变化，即通过调整自己的经营策略来求得生存和发展。它们或者通过专门化来强化自己的经营特色，开办专卖店，扬自己之长，或者增加营销品种，弥补自己的不足。

商业企业数量的增长和规模的扩大从一个侧面向人们展示了德意志帝国时期商业的繁荣局面。1882 年—1907 年，德国的商业企业总数（包括银行）从 61.7 万家增加到了 108.8 万家，从业人数由 83.8 万人上升到了 206.4 万人。其中 5 人以下的小企业所占比重从 78.9%下降到

---

[1] Thomas Nipperdey, *Deutsche Geschichte 1866 - 1918*, *Band 1*, *Arbeitswelt und Bürgergeist*, S. 263.

了66.1％,6—50人的中型企业所占比重由19.6％上升到了27.3％,大企业所占比重则由1.5％上升到了6.6％。1882年还有63％的商业企业是"一人企业",1907年时这一比例已经下降到37％。[①] 这些变化表明,帝国时期的商业企业在数量和经营规模方面都有了很大的发展。

四、现代金融保险事业的形成和扩张

(一)银行业的发展和集中浪潮

帝国建立之初,德国境内货币种类五花八门,有北德地区的银塔勒尔、不莱梅的塔勒尔金币、汉堡-吕贝克的马克硬币、南德地区的古尔登等。1871年12月,德国政府以法律形式确认马克为统一货币。同时,马克与邻国货币的比价也简单化:1奥地利古尔登等于2马克;1英国先令等于1马克;1法郎等于0.8马克。货币的统一和规范化为金融事业的发展创造了有利条件。

帝国时期金融业发展的一个明显特征是大银行的股份公司化。工业、交通等行业的快速发展需要大笔的、长期的资金投入,建立股份制信贷银行,通过建立分行来动员、吸纳和集结资本,成为筹集资金的重要途径。早在19世纪中期,德国已经开始出现股份制银行(Aktienbank)。在各个股份制大银行中,最重要的有1848年改为股份公司的A.沙夫豪森银行联合会、1851年建立并于1856年转为股份公司的贴现公司、1853年建立的达姆施塔特工商银行(Darmstädter Bank für Handel und Industrie)、1856年建立的柏林商业公司(Berliner Handels-Gesellschaft)、1870年建立的德意志银行和汉堡商业贴现银行(Commerz-und Disconto-Bank)、1872年建立的德累斯顿银行(Dresdner Bank)等。到第一次世界大战前夕,德意志银行、贴现公司、德累斯顿银

---

① Thomas Nipperdey, *Deutsche Geschichte 1866 -1918*, *Band 1*, *Arbeitswelt und Bürgergeist*, S. 265; Gerhard A. Ritter und Jürgen Kocka (Hrsg.), *Deutsche Sozialgeschichte 1870 - 1914*: *Dokumente und Skizzen*, München: Verlag C. H. Beck, 1974, S. 104.

行和 A. 沙夫豪森银行联合会发展成为德国最大和最重要的四大银行。这些大银行通过吸纳、合并其他银行，组成更强大的银行集团。以四大银行为例，A. 沙夫豪森银行联合会建立时股资为 1560 万马克，到 1914 年股资已经达到 1. 45 亿马克；贴现公司建立时股资为 3000 万马克，1914 年达 2 亿马克；德意志银行股资由成立时 1500 万马克增至 1914 年的 2 亿马克；德累斯顿银行建立时股资为 960 万马克，1914 年已经达到 2 亿马克。[①]

抵押银行（Hypothekenbank）是重要的银行组织形式，主要经营长期性抵押契据和债券。最初，抵押银行主要从事农业方面的信贷，此后随着城市化浪潮，经营范围逐渐进入发展行情看好的城市房地产和住宅建设领域。到 1900 年，各抵押银行几乎 90％的投资都集中在这些领域，在农村地区的业务则迅速下降。到 1912 年，农村抵押已经下降到抵押银行业务的 6. 6％。抵押银行的营业额却不断上升。1870 年各抵押银行外借营业额为 2 亿马克，1913 年已经达到 110 亿马克。抵押银行的数目也从 1870 年的 11 家增加到 1913 年的 38 家。

信用合作社（Kreditgenossenschaft）的出现是传统中等阶层在工业化浪潮下谋求自保的体现，主要服务于手工业者、个体商贩和农民。他们希图通过建立这种合作组织来相互帮助，应付大工业的竞争。1849 年舒尔策－德利奇创办了第一家工商信用合作社"鞋匠合作社"（Schuhmachergenossenschaft）。此后这类信贷机构发展特别迅速。1870 年德国有工商信用合作社 740 家，会员 31. 5 万人，到 1913 年，工商信用合作社数目已经增加到将近 1500 家，会员 80 万人。[②]

储蓄银行（Sparkasse）是一种地方性的信贷机构，也被称为"小民们"的银行。它最初只是一种社会政治思想的产物，即在大工业日趋激烈的竞争形势下，为低收入的工薪阶层服务，使他们在疾病、养老等生活风险

---

① A. Sartorius von Waltershausen, *Deutsche Wirtschaftsgeschichte 1815 - 1914*, S. 559.

② Karl Erich Born, *Geld und Banken im 19. und 20. Jahrhundert*, Stuttgart: Kröner Verlag, 1977, S. 221.

面前能有所保障。19世纪80年代国家社会保险立法出台和实施以后，储蓄银行在这方面的功能逐渐减退，转向新的领域进行发展，成为以中等阶级为服务对象的银行信贷机构，其存款吸纳量也因此大幅度上升。1876年各储蓄银行储蓄总额为20亿马克，到1913年时猛增到了197亿马克。①

帝国时期的银行规模明显扩大。1882年只有28家银行职工人数在49人以上，1907年已经上升到144家。1877年，柏林8大银行的分行仅有7家，1913年则增加到227家。各大银行业绩骄人，红利特别丰厚。19世纪80年代到第一次世界大战前夕，德意志银行的股息达到10%左右，贴现公司股息为10%—12%，德累斯顿银行的股息为7.5%，商业银行股息也达到了6%—9%。② 这种高额股息则进一步吸引着大量资金注入银行业中。

随着工业企业的规模扩大和集中，组建"银行集团"以便支持"工业集团"对巨额资金的需求成为一种必然发展趋势。③ 因此，银行界也出现了集中浪潮。

第一次集中浪潮发生于19世纪70年代。帝国建立初期创办企业的热潮中，仅1873年经济危机爆发前的两年，德国一下冒出了130个股份公司形式的银行。它们之中的大部分在1873年—1876年经济危机中破产。只有德意志银行为代表的部分银行通过合并壮大起来。1875/76年，德意志银行通过接收柏林联合银行(Berliner Unionbank)和柏林银行联合会(Berliner Bankverein)，成为德国最大的银行。④

---

① Thomas Nipperdey, *Deutsche Geschichte 1866 –1918*, *Band 1*, *Arbeitswelt und Bürgergeist*, S. 267.

② Hans – Ulrich Wehler, *Deutsche Gesellschaftsgeschichte*, *Band 3*, *Von der „Deutschen Doppelrevolution" bis zum Beginn des Ersten Weltkrieges 1849 –1914*, S. 629.

③ Hans Pohl und Wilhelm Treue (Hrsg), *Die Konzentration in der deutschen Wirtschaft seit dem 19. Jahrhundert: Referate und Diskussionsbeiträge der 2. öffentlichen Vortragsveranstaltung der Gesellschaft für Unternehmensgeschichte*, S. 4.

④ Ebd., S. 45.

19 世纪 90 年代,银行界开始新的集中浪潮。集中形式主要有两种。一是大银行继续吸纳和合并其他银行。德累斯顿银行、德意志银行、贴现公司和沙夫豪森银行联合会等成为吸纳和合并其他银行的主要受益者。二是大银行之间为避免竞争,通过购买和交换股份而组成强大的银行集团或利益共同体。沙夫豪森银行联合会就在保留自己整体结构的状况下加入了贴现公司。① 德意志银行则在 1897 年通过与埃伯菲尔德的贝格-马克银行(Berg-Mark Bank)、布雷斯劳的西里西亚银行联合会(Schlesischer Bankverein)等交换股票,结成了利益共同体。1902 年资本雄厚的私人银行与柏林各大银行间结成的利益共同体有 9 个,此后这一数目很快上升到了 30 个。到 1906 年,德国银行界管理的所有资金已有 80% 掌握在各大银行及其附属机构手中。②

银行业和工业之间的关系也日益密切。银行业因工业集中的需要而趋于集中,集中以后的银行则转而介入工业,通过扶持大企业,促进工业企业进一步集中。德意志银行不仅通过与贝格-马克银行、西里西亚银行联合会等联合,和莱茵兰、西里西亚等地的重工业界建立起了密切联系,还大力进军发展迅速和资金需求旺盛的新兴电气等工业领域,对西门子和通用电气公司予以支持;德累斯顿银行等则对克虏伯予以支持。经济上的密切联系最终使各大银行成了一些大企业的"利益代表者"。③

各大银行通常在企业监事会中派驻自己的代表,以加强对企业的影响。到第一次世界大战前夕,各大银行派驻代表的企业数目为:德意志

① A. Sartorius von Waltershausen, *Deutsche Wirtschaftsgeschichte 1815 – 1914*, S. 360. ; Hans Pohl und Wilhelm Treue (Hrsg), *Die Konzentration in der deutschen Wirtschaft seit dem 19. Jahrhundert: Referate und Diskussionsbeiträge der 2. öffentlichen Vortragsveranstaltung der Gesellschaft für Unternehmensgeschichte*, S. 45.
② Volker Hentschel, *Wirtschaft und Wirtschaftspolitik im wilhelminischen Deutschland: Organisierter Kapitalismus und Interventionsstaat?* S. 129 – 130.
③ Volker Wellhöner, *Grossbanken und Grossindustrie im Kaiserreich*, Göttingen: Vandenhoeck & Ruprecht Verlag, 1989, S. 164 – 165, 218 – 221, 320, 336.

银行 186 个,贴现公司 161 个,沙夫豪森银行联合会 148 个,达姆施塔特银行 132 个,柏林商业公司 123 个,德累斯顿银行 120 个,国民银行 100 个。1911 年德国 6 大银行的经理出任企业监事会代表的情况为:采矿业企业 112 个(在其中 16 个监事会中任主席);金属加工企业 41 个(在其中 9 个监事会中任主席);机器制造业 64 个(在其中 15 个监事会中任主席);电气工业 27 个(在其中 8 个监事会中任主席);纺织工业 34 个(在其中 5 个监事会中任主席)。工业企业和银行业之间的"紧密联系"最终导致了"通过银行垄断组织起来的工业统治"。[①]

(二)保险业和交易所事业

工业化给德国经济和社会的发展注入了无限生机,同时也增加了企业经营的风险。劳动阶层则面临着失业、疾病和意外事故等的威胁。企业降低经营风险的愿望和劳动阶层应对失业、疾病和意外事故的需要等,都给保险业的发展带来了契机。

19 世纪 80 年代国家社会保险立法出台后,除国家社会保险体系覆盖的人群外,其他人口也日益意识到保险的必要性。于是,在国家社会保险体系之外又出现了许多私营保险公司,创立者通常来自银行业和商业领域。保险业因此出现了迅速发展的势头。相关统计表明,1850—1880 年,保险业每 10 年的平均增长率不足 3.3%,其后增长速度明显加快。1880—1890 年间增长率近 15%,1890—1900 年间增长率则为 32.6%。[②] 1850—1860 年德国保险业领域约有 50 个机构,产值 6000 万塔勒尔,到 1911 年,保险业已经扩大到日常生活、火灾、事故、赔偿和农业等各领域,产值规模达到 65 亿马克。[③] 各保险企业出于维护自

① Volker Hentschel, *Wirtschaft und Wirtschaftspolitik im wilhelminischen Deutschland: Organisierter Kapitalismus und Interventionsstaat?*, S. 131. Hans-Ulrich Wehler, *Deutsche Gesellschaftsgeschichte*, Band 3, *Von der „Deutschen Doppelrevolution" bis zum Beginn des Ersten Weltkrieges 1849-1914*, S. 630.

② Walther G. Hoffmann, *Das Wachstum der deutschen Wirtschaft seit der Mitte des 19. Jahrhundert*, S. 442-443.

③ A. Sartorius von Waltershausen, *Deutsche Wirtschaftsgeschichte 1815-1914*, S. 189-190.

身利益的需要,成立了德国私人保险联合(Vereinigung der deutschen Privatversicherung),即后来的保险经济联合总会(Gesamtverband der Versicherungswirtschaft)的前身。

　　保险企业的数量也不断增加。到第一次世界大战前夕,处于政府监督下的人寿保险企业已经达到 962 家,事故和赔偿保险企业 48 家,冰雹保险企业 18 家,牲畜保险企业 685 家,应对火灾、风暴、水灾等保险企业 101 家,其他领域保险企业 67 家。此外还有各邦政府监督下的保险企业 311 家,外国保险企业 81 家。保险事业也覆盖到了社会生产和生活的各个领域。保险企业的资本不断增长。以人寿保险业为例:1880 年资产仅为 4.4 亿马克,1913 年则已经增长到 56.4 亿马克。其他保险行业的资本到 1913 年时也增加到了 20.5 亿马克。如果加上社会保险,整个保险业资本总额已接近 100 亿马克。①

　　交易所事业也呈现繁荣的局面。19 世纪中期以前,美因河畔法兰克福由于拥有罗特希尔德等著名的私人银行,一直是国际金融中心,也是德国主要的交易所所在地。1866 年以后,由于普鲁士统一德国带来的政治格局的变化,柏林不仅成为德国的政治中心,其经济功能也不断增加,逐渐发展成了全国最重要的交易所所在地。此外,在一些大邦和地区性首府,如汉堡、布雷斯劳、莱比锡、汉诺威、慕尼黑和斯图加特等城市,也有交易所存在。

　　当时的交易所生意主要有三种:有价证券、外汇交易和商品买卖。商品交易所主要涉及农业和工业原料等产品,因此通常又称为产品交易所。它分为包括各种商品的一般交易所和只涉及某种产品的专门交易所。有价证券的发行量也迅速增长。根据《德国经济学家》(Der Deutsche Ökonomist)的统计,1895 年德国有价证券发行总额为 13.74 亿马克,其中外国证券为 3.17 亿马克,1898 年有价证券发行总额则上升

---

① Thomas Nipperdey, *Deutsche Geschichte 1866 - 1918*, *Band 1*, *Arbeitswelt und Bürgergeist*, S. 267; Hermann Kellenbenz, *Deutsche Wirtschaftsgeschichte*, *Band 2*, *Vom Ausgang des 18 Jahrhunderts bis zum Ende des Zweiten Weltkriegs*, S. 299.

到 24.07 亿马克,其中外国证券占 7.09 亿马克。世纪之交时,德国的资本年增长为 25 亿—30 亿马克,其中对有价证券的投资至少有 10 亿马克。[1]

总体上看,到第一次世界大战前夕,德国金融和保险事业无论在经营机制还是在结构上,都已经实现了与现代工业经济和社会的对接。

第三节　现代高效型农业经济

工业发展和农业进步是联动的。工业化带来的高速经济增长、非农业人口猛增对粮食需求的增加、工业生产对原料的大量需求、大量新式农机具和人工肥料的发明和使用、生活水平改善对食物结构要求的提高等,都会极大地刺激农业生产的发展;同时,农业的进步、农业产量的提高、农民收入的增长和购买力的提高等,不仅保证了工业发展对粮食和原料等的需求,也会为工业品开辟广阔的农村市场,进而促进工业的发展。帝国时期国民经济从农业主导型经济结构向工业主导型经济结构的转变,对农业造成了巨大冲击,推动着农业生产向现代高效型农业发展。

一、种植业的进步

帝国时期的农业生产主要受到两大因素的影响:一是科学技术进步的推动作用;二是交通运输改善带来的美、俄等国廉价农产品的竞争和冲击。[2] 这两大因素都推动和刺激着德国农业耕作技术的进步和生产效率的提高。农业生产的总趋向是向质量效益型转变,一方面是量的增长,另一方面为质的提高。

产量的提高是农业生产面临的首要问题。19 世纪上半期,面对工业

---

[1] A. Sartorius von Waltershausen, *Deutsche Wirtschaftsgeschichte 1815-1914*, S. 551.

[2] Gerhard A. Ritter und Jürgen Kocka (Hrsg.), *Deutsche Sozialgeschichte 1870-1914*, *Dokumente und Skizzen*, S. 175.

发展对粮食和原料的需求,德国在农业生产领域主要是通过扩大耕种面积来解决这一问题。但有限的土地资源决定了这种方式的不可持续性。因此,到 1860 年左右,扩大耕种面积的过程已经基本结束。休闲地的数量也急剧减少。1878 年已经只剩下 8.9％的闲置土地,1913 年进一步下降到了 2.7％。[①] 最终,在持续工业化对粮食、原料等不断增长的需求面前,农业生产只有走提高单位面积产量和劳动生产率的高效模式。

高效型农业首先意味着最大限度地提高农作物的单位面积产量,但这也意味着土地肥力损耗的增加。采用人工施肥的方法补充地力消耗就成为保持粮食单位面积产量增长的重要手段。19 世纪早期,人们通常采用施加粪肥等自然肥料的方法补充地力。1840 年著名化学家李比希解释了施肥的科学道理,人类的农业生产进入了化学农业时代。人们开始有针对性地使用鸟粪、骨粉等人工肥料。到帝国时期,农业生产中已经大量使用人工肥料。第一次世界大战前夕,德国谷物种植总成本的将近 40％用在肥料上。研究表明,与 1890 年相比,1913 年德国农业中所施的人工肥料增加 8000 万公担以上。其中,钾盐由 210 万公担上升到 3010 万公担,过磷酸钙从 500 万公担增加到 2000 万公担,硫酸氨由 60 万公担上升到 400 万公担。仅 1913 年使用的人工肥料就达 5.73 亿马克。[②] 单位面积矿物肥料的使用量也大大增加。1878—1880 年德国每公顷农业用地年均施矿物肥料 1.7 公担,1913 年已增至 20.1 公担。1910 年以后,根据哈勃-博施工艺(Haber-Bosch Verfahren)生产出的合成氨产量已经远远超过其他种类的氮肥。[③]

在这一时期的农业生产中,小农占主导地位,经营规模相对较小。

① Friedrich-Wilhelm Henning, *Die Industrialisierung in Deutschland 1800 - 1914*, S. 185; Ernst Klein, *Geschichte der deutschen Landwirtschaft im Industriezeitalter*, Wiesbaden: Franz Steiner Verlag, 1973, S. 127.

② A. Sartorius von Waltershausen, *Deutsche Wirtschaftsgeschichte 1815 - 1914*, S. 452.

③ Günther Franz, *Deutsche Agrargeschichte von Anfangen bis zur Gegenwart*, Stuttgart: Ernst Klett Verlag, 1962, S. 36; Hubert Kiesewetter, *Industrielle Revolution in Deutschland 1815 - 1914*, S. 161.

1882 年—1907 年间,这种特点变化很小。1882 年,经营规模在 2—5 公顷及其以下的小农约 404 万户,占总农户数 76.6％,使用面积占 6.7％;经营规模在 5—20 公顷的中农为 93 万户,占总数的 17.6％,使用面积占 28.8％;20—100 公顷及其以上的大农和庄园主为 30.5 万户,占总数的 5.8％,使用面积占 55.5％。1907 年,小农数目增加到 440 万户,占农户总数的 76.5％,中农数为 110 万户,占总数的 18.5％,大农和庄园主数为 28.4 万户,占总数的 5％。100 公顷以上规模的庄园和 20—100 公顷规模的大农的经营面积不仅没有扩大,反而有所下降。中、小农经营的土地面积则相对有所扩大。①

这种小规模经营农业不利于大规模机械化作业,因此,犁、滚筒、耙、松土耙等传统农具仍然是农业生产中最重要的耕种工具。尽管如此,为弥补大量人口流向城市和工业领域而造成的劳动力短缺,在许多妇女加入农业劳动大军的同时,机械化也出现了相对的"强劲增长"。② 1882 年—1907 年,简易脱粒机由 26.8367 万台增加到了 94.7003 万台,播种机由 6.3842 万台增加到了 29.0039 万台,割草机由 1.9634 万台增加到了 30.1325 万台,蒸汽犁由 836 台增加到了 2995 台。1907 年,97.4％的大农场(100 公顷以上)、92.8％的中等农场(20—100 公顷)和 72.5％的小农场(5—20 公顷)至少已经配备了 12 种机械。③

高效型经营使德国农业生产呈现极高的效率,农作物单位面积产量遥遥领先其他国家。1912 年德国的小麦、大麦和土豆产量分别为每公顷 22.6、21.9 和 150.3 公担;同年法国为 13.8、14.3 和 74.2 公担,美国为 10.7、16.0 和 76.2 公担,俄国为 6.9、8.7 和 81.7 公担。德国各类主要

---

① Karl Erich Born, *Wirtschafts-und Sozialgeschichte des Deutschen Kaiserreichs* (*1867/71 - 1914*), S. 23 - 24.

② Hubert Kiesewetter, *Industrielle Revolution in Deutschland 1815 - 1914*, S. 161.

③ A. Sartorius von Waltershausen, *Deutsche Wirtschaftsgeschichte 1815 - 1914*, S. 452 - 453; Gerhard A. Ritter und Jürgen Kocka (Hrsg.), *Deutsche Sozialgeschichte 1870 - 1914*, *Dokumente und Skizzen*, S. 181.

粮食作物的单位面积产量无一例外地居于各主要资本主义国家首位。[①]
以小麦和土豆单位面积产量为例,法国只有德国的 61% 和 49%,美国只
有德国的 47% 和 50%。

帝国时期的农业进步还可以从农作物产量的变化中得出结论。首
先是总产量增长很快。1873—1912 年,谷物产量由 1730 万吨增加到
2790 万吨,增长 73%,土豆产量由 2350 万吨增加到了 5020 万吨,增长
114%,甜菜产量由 2730 万吨上升到了 4420 万吨,增长 62%。[②] 这种增
长明显高于同期的人口增长速度(同期德国人口增长了约 55%)。农作
物的单位面积产量也有很大提高。1881—1885 年,黑麦、小麦、大麦、燕
麦和土豆产量分别为每公顷 9.8、12.8、12.9、10.9 和 84.4 公担,1911
年—1913 年则相应提高到了 18.4、22.3、21.6、19.7 和 137.6 公担。[③]

帝国时期的农业生产并非一帆风顺。它经历了 19 世纪 70 年代和
90 年代两次重大危机,谷物价格也一路下跌。以小麦为例,1866 年以后
一直维持在每吨 200 多马克的价格水平上,到 1878 年时却降到了每吨
189.2 马克,1894 年时已经降至每吨 136.1 马克,1896 年更跌至每吨
117.8 马克。[④] 造成这种情况的主要原因在于当时美国和俄国的低价位
谷物的冲击。正因为如此,帝国时期的农业基本上一直处于贸易保护主
义的呵护之下。1879—1887 年间,德国政府多次调整粮食进口税,小麦、
黑麦的进口关税提高幅度甚至高达 400%。1902 年 12 月帝国议会通过
的新关税法案则进一步调高了粮食进口税。[⑤]

① Ernst Klein, *Geschichte der deutschen Landwirtschaft im Industriezeitalter*, S. 129.
② Hans Wolfram Graf Finck von Finckstein, *Die Entwicklung der Landwirtschaft in Preussen und Deutschland 1800 – 1930*, S. 328.
③ Ernst Klein, *Geschichte der deutschen Landwirtschaft im Industriezeitalter*, S. 128.
④ Karl Erich Born, *Wirtschafts-und Sozialgeschichte des Deutschen Kaiserreichs* (1867/71 – 1914), S. 30 – 31.
⑤ I. N. Lambi, *Free trade and protection in Germany* 1868 – 1879, Wiesbaden: Steiner Verlag, 1963, p. 230; Karl Erich Born, *Wirtschafts-und Sozialgeschichte des Deutschen Kaiserreichs* (1867/71 – 1914), S. 137.

二、牲畜饲养业的发展

随着生活水平的提高,人们的食物结构向多肉型方向发展。因此,帝国时期的牲畜饲养业处于持续发展之中。

首先,帝国时期的牲畜饲养总数一直呈增长趋势。1816 年 3177.6万头,1873 年德国牲畜拥有量增加到 5377.2 万头,1913 年则突破 6000万头大关。仅从数量上看,仿佛这一时期牲畜饲养总数的增长还赶不上人口的增长速度。这只是一种假象。隐藏在其背后的实际情况是,由于这一时期的牲畜饲养种类的比重结构出现重大变化以及每头牲畜产肉量的提高等,肉类总产量在不断提高。

这一时期牲畜饲养业发展的一个重要特点是,受对外贸易因素的冲击和人们饮食结构变化的影响,各类牲畜的饲养量处于不断的变化和调整之中,各类牲畜的结构比重也发生了重大变化。

养羊业以 19 世纪 60 年代为顶点,经历了抛物线式的大起大落增长过程,由 1816 年的 1572.5 万只猛增到 1861 年的 2801.7 万只,然后猛跌至 1913 年的 552.1 万只。羊在牲畜存栏数中所占比重在 1853 年曾达到52.4%,到 1913 年时则下降到 9.2%。羊的饲养量之所以在 19 世纪 60年代以后出现大幅度下降,主要是因为价廉质优的澳大利亚和阿根廷羊毛的进口对德国的养羊业造成重大冲击,而且人们不喜好吃羊肉。

和羊的存栏数的大起大落相比,牛的饲养量呈现相对稳定的增长趋势,在帝国时期增长尤其迅速。1816—1873 年间,牛饲养量由 961.9 万头增加到 1577.7 万头,每年增加约 11 万头;而 1873—1913 年间,牛饲养量由 1577.7 万头增加到了 2099.4 万头,每年增加 13 万多头。牛的饲养量在牲畜存栏量中的比重也保持相对稳定的增长状态。

最引人注目的是生猪存栏量的迅猛增长。1816—1913 年间,生猪存栏量由 352.7 万头增加到 2565.9 万头,在牲畜总头数中的比重由11.1%上升到了 42.6%,成为各类饲养牲畜中最多的一类。这种增长在帝国时期尤其迅速。1816—1873 年间,生猪存栏量增加约 360 万头,

1873 年—1913 年间却增加近 1845 万头。[①] 生猪饲养量的猛增与当时的社会状况有很大关系。当时社会劳动力中多数从事重体力劳动,猪肉的高脂肪含量能更好地满足重体力劳动者对高热量食物的需要。此外,生猪生长快,饲养时间短,可以满足人们迅速增长的肉类需求。尤其重要的是,饲料的供应状况也有利于生猪饲养。当时的德国是世界上最大的土豆生产国,1914 年土豆产量高达 4500 万吨。此外,大量的甜菜糖加工垃圾和炼制黄油过程中的副产品如乳清、贫脂牛奶等也都是喂养生猪的上好饲料。

这一时期牲畜饲养业的另一个重要特点是,优种优育、品种改良等技术大大提高了每头牲畜的产肉量。以养牛业为例,1880 年每头公牛宰后的畜肉净重为 275 公斤,1912 年则达到 310 公斤,增长 12.7%;同期每头母牛的畜肉净重也由 175 公斤增加到了 225 公斤,增长 28.5%。每头奶牛的产奶量则由 1883 年的 1400 升上升到 1913 年的 2200 升。[②]

在牲畜饲养总量和每头牲畜产肉量双双增加的作用下,帝国时期的肉、蛋、奶产量都有了大幅度增长。1883—1913 年,肉类总产量增长了94%,其中牛肉类产量增长 33.5%,猪肉产量增长 153.6%,只有羊肉产量下降了 57%。奶、蛋产量则分别增长了 70% 和 95%。[③] 与同期42.5% 的人口增长相比,肉类产量的增长速度几乎快了一倍,从而保证了人均肉类消费量的增长。

与谷物产量的增加而价格不断下跌的情况相反,帝国时期的动物类产品不仅产量增长,价格也一直处于攀升之中。1883 年动物类产品为55 亿马克,1914 年达到 100 亿马克,[④]总体上高于动物产量的增长速度。之所以出现这种良好的发展形势,主要有三个原因:一是当时尚无冷冻

① Hubert Kiesewetter, *Industrielle Revolution in Deutschland 1815 – 1914*, S. 163.
② Ernst Klein, *Geschichte der deutschen Landwirtschaft im Industriezeitalter*, S. 131; Günther Franz, *Deutsche Agrargeschichte von Anfangen bis zur Gegenwart*, S. 36.
③ Ernst Klein, *Geschichte der deutschen Landwirtschaft im Industriezeitalter*, S. 132.
④ A. Sartorius von Waltershausen, *Deutsche Wirtschaftsgeschichte 1815 – 1914*, S. 456.

技术,无法通过对家禽家畜进行大规模的集中屠宰来降低成本;二是牲畜和家禽饲养业不存在来自国外的强大竞争;三是人们的食物结构正朝着多肉食方向发展。据统计,1873 年德国人均肉类消费量只有 29.5 公斤,1912 年则上升到了 53 公斤,野生动物、家禽和鱼类还不包括在内。

帝国时期牲畜饲养业的高速增长在很大程度上是靠大批进口饲料来实现的。仅 1913 年进口的大麦、玉米、榨油后的渣饼、大豆、鱼粉等饲料的价值就达到 10 亿金马克。[1] 由于饲料对外依赖程度很高,第一次世界大战爆发后,德国牲畜饲养业因饲料短缺而迅速陷入困境,德国人餐桌上的肉食也因之大减。

第四节 对外贸易结构的转变

19 世纪末 20 世纪初是世界资本主义体系形成的时期,工业资本主义以前所未有的速度向全球扩张。各主要资本主义国家为争夺原料产地、商品销售市场、投资场所和世界霸权,掀起了瓜分世界的狂潮;大进大出的外向型经济日益成为德国等发达工业国家的重要经济特征。高速工业化带来的快速经济增长,以及由此造成的国民经济结构向工业主导型形态的转变,使帝国时期的对外贸易结构发生了巨大变化,德国逐渐转变为外向型经济国家。这也是德国从农业国向工业国转变的重要标志。[2]

帝国时期对外贸易发展的最明显特征是贸易量的大幅增长。19 世纪 70 年代前,德国对外贸易呈一种直线增长趋势,但长期处于入超状态。1861 年德意志关税同盟对外贸易总额为 22.68 亿马克,逆差为 1.44 亿马克,1871 年外贸总额为 54.39 亿马克,逆差为 3.11 亿马克。[3] 1871

[1] Ernst Klein, *Geschichte der deutschen Landwirtschaft im Industriezeitalter*, S. 132.

[2] Thomas Nipperdey, *Deutsche Geschichte 1866 - 1918*, Band 1, *Arbeitswelt und Bürgergeist*, 1990, S. 275.

[3] Gerhard Bondi, *Deutschlands Aussenhandel 1815 - 1870*, S. 141.

年以后,受快速工业发展对原料、粮食的需求和工业品出口增长的刺激,
贸易的快速增长形势没有太大改变,但出口呈现更大的活力。1880 年—
1913 年,虽然对外贸易仍处于入超状态,但出口由 29.23 亿马克增至
100.97 亿马克,进口由 57.36 亿马克增至 107.5 亿马克[①],出口增幅明
显大于进口增幅。这表明德国的产品出口能力在增强,外贸总额也在快
速增长。

帝国时期的贸易伙伴主要在欧洲,对外贸易量的一半以上始终集中
在这一地区。对美洲地区的贸易则仅次于欧洲。1906 年德国产品的主
要出口对象依次为英国、奥匈、美国、荷兰、俄国;1913 年则依次为英国、
奥匈、俄国、法国、美国。在进口方面则依次为:1906 年时美国、俄国、英
国、奥匈、法国、阿根廷、英属印度;1913 年时,除阿根廷和英属印度的位
置调换外,其他保持不变。

对外贸易的迅速增长使德国一跃成为世界性进出口贸易大国。
1870 年,德国和美国一起成为世界第三大出口国和第二大进口国,80 年
代以后,这两个后起的工业化国家在世界出口贸易中超过法国,紧随英
国,而且差距愈来愈小。1910 年英、德、美三国的进出口贸易状况为:英
国进口 117.23 亿马克,出口 87.84 亿马克;德国进口 89.34 亿马克,出口
74.75 亿马克;美国进口 63.96 亿马克,出口 71.82 亿马克。[②] 德国已经
成为世界第二大进出口贸易国。

德国对外贸易在快速增长的同时,贸易结构也发生了巨大改变:在
出口商品中,原料、粮食等初级产品比例下降,工业制成品、半成品的比
重上升;进口则相反,原料、粮食等比重大增,工业制成品等的比重大幅
度减少。1871 年德国出口商品中的成品和半成品比重占 51%,原料占
25%,食品占 24%;1910 年成品和半成品的出口比重上升到出口总量的
74%,原料和食品则分别下降为 16% 和 10%。进口情况则完全相反。

---

① Walther G. Hoffmann, *Das Wachstum der deutschen Wirtschaft seit der Mitte des 19.*
　Jahrhundert, S. 520 - 524.
② Hubert Kiesewetter, *Industrielle Revolution in Deutschland 1815 - 1914*, S. 283.

1870 年成品和半成品的进口占德国进口商品的 34%,到 1910 年下降到了 24%。同期原料输入在进口商品中所占比重在 45%和 48.5%之间波动,食品在进口商品中所占份额则由 13.9%上升到 26.7%,几乎翻了一番。1880 年—1913 年,机器、动力运输工具和电气产品类的出口由 4450 万马克增加到了 102470 万马克,增长超过 22 倍。[1] 到第一次世界大战前夕,德国已成为世界最大的金属、机械、化学、电气产品输出国。

德国与对外贸易对象之间的关系也发生了微妙的变化。一直作为德国最重要贸易伙伴的欧洲地区在德国进口中所占的份额呈下降趋势,来自欧洲以外地区的食品、原料则不断增长。这些产品在 1890 年时还不足 25%,到 1910 年已经增至近 45%。[2] 出现这种变化的主要原因在于德国进口货物结构的改变。

英国是德国最大的贸易伙伴,德国对英国贸易商品结构的改变典型地说明了德国工业能力的提升对其外贸结构的影响。1870 年德国输往英国的产品中仅 39.7%为工业品,原料和食品分别占 34.7%和 25.6%;1913 年德国出口英国的产品中,工业品上升到 70.8%,原料和食品类却分别下降到 20.4%和 8.8%。[3] 这一转变表明,在 1870 年时德国还是当时有"世界工厂"之称的英国的原料和粮食供应者,到第一次世界大战前夕,英国实际上已经成为德国工业产品的主要销售地。德国工业产品在英国的"肆虐"曾震动英国朝野。1896 年,英国人欧内斯特・埃德温・威廉斯(Ernest Edwin Willians)专门出版《德国制造》(MADE IN GERMANY)一书,探究德国工业品行销的原因。[4]

[1] Karl Erich Born, *Wirtschafts-und Sozialgeschichte des Deutschen Kaiserreichs* (1867/71 - 1914), S. 73; Walther G. Hoffmann, *Das Wachstum der deutschen Wirtschaft seit der Mitte des 19. Jahrhundert*, S. 520.

[2] Thomas Nipperdey, *Deutsche Geschichte 1866 -1918*, Band 1, *Arbeitswelt und Bürgergeist*, S. 276.

[3] Paul M. Kennedy, *The Rise of the Anglo-German Antagonism 1860 -1914*, Boston: Allen & Unwin, 1980, pp. 46, 294.

[4] Ernest Edwin Williams, *"Made in Germany"*, London: William Heinemann, 1896.

在国际投资方面,德国也由投资吸纳国逐渐转变为世界主要的资本输出国,对外投资成为德国对外经济交流的重要组成部分。德国的对外资本输出方式包括建立国外商业组织和工业企业,投资外国公司,购买外国有价证券和股票等。19 世纪 90 年代末,德国输往国外的资本开始超过外国资本在德国的数量,德国由此成为真正意义上的债权国家。20 世纪初,德国已经成为仅次于英、法两国的世界第三大资本输出国。其具体对外投资状况为:1883 年 50 亿马克,1893 年 100 亿—130 亿马克,1905 年为 150 亿—180 亿马克,1914 年为 220 亿—250 亿马克。①

上述表明,到 20 世纪初,德国已经形成了一种大进大出的、与世界经济紧密联系在一起的外向型经济结构,对国外原料产地和商品销售市场的依赖程度在加强。在这种外向型经济中,德国从世界各地进口粮食和原料,将高附加值工业品输往国外,获取高额利润。如前所述,这种与世界经济的紧密联系在很大程度上是威廉二世时期德国对外政策转向"世界政策"的重要内部动因。

---

① Herbert Feis, *Europe, the World's Banker 1870 - 1914 : An Account of European Foreign Investment and the Connection of World Finance with Diplomacy before the War*, pp. 11, 15, 74. 另有观点认为,到第一次世界大战前夕,德国在国外的投资约为 300 亿马克,同期外国在德国的资本投入约为 50 亿马克。Gustav Stolper, *Deutsche Wirtschaft seit 1870*, Tübingen: J. C. B. Mohr, 1966, S. 37 - 38.

第七章　帝国时期的社会

　　19世纪70年代以后,高速工业化带来的经济结构的迅速转变,对德国传统社会结构产生了巨大的冲击,构成社会体系的各种基本要素出现了重大变化。这些变化主要体现为:新的人口运动模式、高速城市化、社会阶级结构的调整、诸种利益集团的出现、生活状况的改善、现代社会福利国家的构建、婚姻家庭形态的变化和妇女社会群体的崛起等。所有这些变化都昭示着一个正在迈向现代国家的动态社会图景。

第一节　人口运动和城市化

　　在高速工业化影响下,德意志帝国时期的人口运动较之以往有了新的变化和新的特征。这种新变化和新特征表现为人口的快速和不平衡增长,低出生率和更低死亡率的增长模式,人口流动性加强,高速城市化之下城市居民成为国家主体居民,以及德国开始由出境移民国家转变为入境移民国家,等等。

一、人口的快速和不均衡增长

　　帝国时期的人口状况无论在增长速度和增长模式,还是在地域分布和社会流动性等方面,都出现了有别于以往的重大变化。

　　这一时期人口增长的一大特点是增长速度快。1870 年—1910 年,德国人口由 4105.8 万增加到 6492.5 万,净增 2386.7 万,增幅约 58.1%。①1914 年,德国人口增至 6781 万,占当时欧洲总人口的 15% 和世界人口的 4%。具体说来,除梅克伦堡－什未林(Meklenburg-Schwerin)等极少数农业邦以外,绝大部分邦在 1871 年以后的人口增长要明显快于 1816—1871 年间的人口增长速度。1816 年时,除了汉堡、不莱梅、吕贝克等城市,尚无其他邦的人口密度达到每平方公里 100 人,1871 年时,除各个城市邦外,只有 6 个邦的人口密度超过每平方公里 100 人。但是到 1910 年时,除了梅克伦堡、奥尔登堡、瓦尔德克等少数几个邦,其他各邦的人口密度均超过了每平方公里 100 人。

　　这一时期人口增长的第二大特点是各地区差异很大。城市和发达工业地区的人口增长速度明显高于农业地区。城市化、工业化程度越高的地区,人口增长速度越快,人口密度越大。1871—1910 年,大城市汉堡每平方公里增加人口 1628 人,工业发达的萨克森每平方公里增加了 150 人,以农业为主的奥登堡每平方公里仅增加 15 人,梅克伦堡-什未林和瓦尔德克等农业邦每平方公里则分别增加了 6 人和 5 人。各地区的人口增长也极不平衡。1871 年,若以工业最发达的莱茵兰和威斯特法仑的人口密度指数为每平方公里 100 计算,那么德国中部地区的人口密度为 77.2,南部地区为 68.3,北部为 57.9,东部为 44.1,波莫瑞和西里西亚为 64.3;1910 年,仍以莱茵兰和威斯特法仑的人口密度指数为每平方公里 100,则中部地区为 66.5,南部地区为 44.7,北部地区为 41.2,东部地区为 25.8,波莫瑞和西里西亚为 41.3。② 这组数据表明,帝国时期的人口增长呈现从工业发达地区向农业地区逐渐递减的趋势。西部的莱茵兰

① Johannes Müller, *Deutsche Bevölkerungsstatistik：Ein Grundriss für Studium und Praxis*, S. 17.
② Volker Hentschel, *Wirtschaft und Wirtschaftspolitik im wilhelminischen Deutschland：Organisierter Kapitalismus und Interventionsstaat?* S. 36.

和威斯特法仑工业地区的人口增长速度最快,东部农业地区的人口增长速度最慢。

各邦内部的人口增长也因工业发展水平不同而差异很大。以普鲁士为例,1871—1910 年间,人口密度增长速度最快、人口密度最大的几个省依次为莱茵、威斯特法仑、西里西亚和萨克森。它们都是普鲁士境内工业最发达、经济增长最快的地区。而人口增长缓慢且人口密度最低的几个省依次为东普鲁士、波莫瑞、西普鲁士和波森,它们恰恰是普鲁士的主要农业区。①

帝国时期的人口增长模式也有所变化。这一时期人口的高增长率并非高出生率的结果,而是建立于低出生率和更低死亡率的基础上。从1817 年—1913 年,德国的人口增长可划分为两个阶段。1890 年以前,人口增长主要基于高出生率和高死亡率之上。除少数年份外,人口出生率一般在 36‰以上。死亡率则通常在 25‰以上。在这种高出生率和高死亡率之下,人口的年增长率一般在 1.2%左右徘徊。1885 年,每 1000 居民中出生和死亡人口分别为 37 人和 25.7 人,净增 11.4 人。

90 年代以后,情况出现明显变化。首先是人口出生率持续下降,一般在 36‰以下。但是与出生率下降相比,死亡率下降更快。1890 年,居民的出生和死亡率分别为 35.7‰和 24.4‰,净增 11.4 人;到 1913 年,出生人口下降到 27.5‰,死亡人口则下降到了 15‰,净增人口达到12.4‰。在这种增长模式下,1890 年以后的人口增长率明显高于以前的人口增长速度。② 甚至与法国等欧洲国家相比,这一时期德国人口死亡率的下降幅度也是比较大的。1851—1860 年,英、法、比、德四国每 1000居民年死亡人数分别为 22.2、24、22.5 和 26.4 人,德国最高;1901 年—

---

① Gerd Hohorst, Jürgen Kocka, Gerhard A. Ritter, *Sozialgeschichtliches Arbeitsbuch*, *Band 2*, *Materialien zur Statistik des Kaiserreichs 1870 - 1914*, S. 50.

② Wolfram Fischer, Jochen Krengel und Jutta Wietog, *Sozialgeschichteliches Arbeitsbuch*, *Band 1*, *Materialien zur Statistik des Deutschen Bundes 1815 - 1870*, S. 26 - 28; Gerd Hohorst, Jürgen Kocka, Gerhard A. Ritter, *Sozialgeschichtliches Arbeitsbuch*, *Band 2*, *Materialien zur Statistik des Kaiserreichs 1870 - 1914*, S. 29 - 30.

1910 年相应数据分别为 15.4、19.4、16.4 和 18.7 人，[1]德国人口死亡率的下降幅度最大，而且死亡率已经低于法国。帝国时期人口的高增长显然与这种低出生率和更低死亡率有一定的关系。

帝国时期人口出生率下降的原因是多方面的。由于工业化进程的加速，越来越多的妇女走出家庭，走向社会，参加工作，从而使生育成为一种重负；19 世纪 80 年代国家社会保险立法的出台使得生孩子防老的必要性降低；工业化带来的生活水平的提高使许多夫妇日益注重自己的生活质量，将原先抚养孩子的时间越来越多地投入进剧院、电影院等娱乐之中；强迫义务教育制度和禁止童工立法的实施则意味着生孩子不仅得不到经济上的好处，而且须为孩子的教育进行大量经济投入。所有这些因素都促使人们的生育观念发生变化，人们日益倾向于少生孩子甚至不要孩子，因此生育率也呈逐年下降的趋势。1871/1872 年，每 1000 名 15—45 岁妇女的成活婴儿生育数为 163，1890 年为 160，1909/1911 年为 130，1912/1913 年为 117。[2] 在柏林、汉堡等大城市，这一数字更低。两个孩子的家庭日益成为一种潮流。[3]

与出生率的下降相比，人口死亡率的下降主要受益于经济发展和科技进步带来的医学知识的增长，医疗条件的改善，以及由此带来的婴儿和儿童死亡率的下降。生活条件的改善和生活水平的提高也大大延长了人们的寿命。在帝国时期，由于生活和医疗条件的改善，1—9 岁儿童的死亡可能性减少了 50%。城市婚生 1 岁婴儿死亡率在 1876/1880 年—1913 年间下降了 37% 以上。同期农村婚生 1 岁婴儿死亡率也下降了 20% 以上。[4] 婴儿死亡率的降低使人们的预期寿命大大延长。1871/

[1] J. C. Russel, R. J. Mols, A. Armengaud, *Bevölkerungsgeschichte Europas: Mittelalter bis Neuzeit*, München: Piper Verlag, 1971, S. 148.

[2] Gerd Hohorst, Jürgen Kocka, Gerhard A. Ritter, *Sozialgeschichtliches Arbeitsbuch*, Band 2, *Materialien zur Statistik des Kaiserreichs 1870 – 1914*, S. 32.

[3] Hubert Kiesewetter, *Industrielle Revolution in Deutschland 1815 – 1914*, S. 131.

[4] Gerd Hohorst, Jürgen Kocka, Gerhard A. Ritter, *Sozialgeschichtliches Arbeitsbuch*, Band 2, *Materialien zur Statistik des Kaiserreichs 1870 – 1914*, S. 36.

1872—1880/1881 年间,德国男子平均寿命为 35.58 岁,妇女寿命为 38.45 岁;1891—1900 年分别为 40.56 岁和 43.97 岁;1910/11 年则已经达到 47.41 岁和 50.68 岁。[1] 也就是说,在 40 年间,德国人的平均寿命提高了 12 年左右。

死亡率的下降和平均寿命的延长使人口的年龄结构发生变化。1852—1911 年间,65 岁以上人群的比重一直处于上升状态,由 4.1% 上升到了 5.0%。[2] 这意味着老年人口在总人口中所占比重在增加。19 世纪 80 年代俾斯麦政府出台的社会保险立法中有关老年人保障政策的规定,本身就有解决因老年人不断增加而带来的现实社会问题的考虑。

二、高速城市化;人口的快速流动

在从农业社会向工业社会的转型过程中,工业化带来的经济地理结构的变化必然导致人口地域分布状况的调整。在帝国时期,这种人口分布状况的调整主要表现为城市化和农业地区人口向工业地区的快速流动。

(一)高速城市化

前文曾提及,工业化和交通事业的发展是德国城市化的两大动力因素。在工业化进程中,大量人口受工作岗位和较高劳动收入的吸引,从农业区流向工业区,从农村流向城市。铁路等现代化交通的发展则给人口的流动提供了极大的便利条件。19 世纪 40 年代以后,随着第一次工业革命的展开,人们就已经开始大规模涌入城市,特别是工业城市。城市人口开始以较快速度增长。[3] 到德意志帝国时期,随着第二次工业革

---

[1] Johannes Müller, *Deutsche Bevölkerungsstatistik*: *Ein Grundriss für Studium und Praxis*, S. 202.

[2] Walther G. Hoffmann, *Das Wachstum der deutschen Wirtschaft seit der Mitte des 19. Jahrhundert*, S. 177.

[3] 参见第四章第一节"人口运动;日常生活"。

命带来的工业化进程的加速,城市化步伐进一步加快,以至于出现了欧洲其他国家无法比拟的"一种极速城市化"。[①]

帝国时期,德国已经进入了"现代城市化过程的实质性阶段"。[②] 城市人口开始超过农村人口,成为国家的主体居民。1871 年帝国刚刚建立时,大部分人口仍居住在农村,农村人口与城市人口之比为 63.9 : 36.1。1895 年则是一个分水岭。这一年德国城乡人口比重出现了转折性变化,城市人口开始超过农村人口,前者与后者之比为 50.2 : 49.8。1910 年,农村人口和城市人口之比为 40 : 60,形成了与 1871 年时完全相反的比重结构,农村人口由总人口的将近 2/3 降为 2/5。[③] 这意味着农村人口绝对数在总人口中基本上处于一种停滞状态,新增的人口基本上都在城市。城市居民已成为德国人口的主体人群。

帝国时期城市化的一个明显特点是,在城市人口的增长过程中,大城市发展最快,中等城市次之,5000 人口以下的小城镇人口在总人口中所占的比重不仅没有增加,反而有所减少。1871 年—1910 年间,5000 人以上城镇的人口比重由 23.7% 上升到了 48.8%;10 万人口以上大城市的人口比重则由 1871 年的 4.8% 上升到了 1910 年的 21.3%。[④] 这意味着在 1871 年时每 20 个德国人中还只有 1 个人在大城市生活,到 1910 年时每 5 个居民就已经有 1 个居住在大城市了。大中型城市的数量也大幅度增加。1875 年—1910 年,1 万人口以上的城市总数从 271 个增加到

---

① Stephen Broadberry and Kevin H. O'Rourke (eds.), *The Cambridge Economic History of Modern Europe*, *Volume 2*, *1870 to the Present*, Cambridge: Cambridge University Press, 2010, p. 114.

② Bernhard Sicken (Hrsg.), *Stadt und Militär 1815 – 1914*: *wirtschaftliche Impulse*, *infrastrukturelle Beziehungen*, *sicherheitspolitische Aspekte*, S. 18.

③ 2000 居民以上的集镇纳入城镇人口统计范围。Gerd Hohorst, Jürgen Kocka, Gerhard A. Ritter, *Sozialgeschichtliches Arbeitsbuch*, *Band 2*, *Materialien zur Statistik des Kaiserreichs 1870–1914*, S. 52.

④ Gerd Hohorst, Jürgen Kocka, Gerhard A. Ritter, *Sozialgeschichtliches Arbeitsbuch*, *Band 2*, *Materialien zur Statistik des Kaiserreichs 1870–1914*, S. 52.; Walther G. Hoffmann, *Das Wachstum der deutschen Wirtschaft seit der Mitte des 19. Jahrhundert*, S. 178.

了 576 个,增幅高达 112.5%。①

　　帝国时期城市人口的增长主要有三个来源:迁徙流入的人口、本城市居民的净出生人口和通过行政区域合并而增加的人口。1875 年—1905 年间,普鲁士 85 个城市的新增人口中,54.6%源于迁徙流入人口,31%源于本城市居民的净出生人口,14.4%来自行政区域的并入。② 具体而言,迁徙流入人口和自然增长人口在不同类型城市扮演着不同的角色。以服务业为主的城市的人口增长通常以流入人口占主导地位;重工业和其他工业型城市则以自然增长人口为主。出现这种差别的主要原因在于城市的经济类型的不同。在重工业和其他工业经济为主的城市中,收入较高,住房条件较好,居民可以负担更高的生育率;与此同时,一些直接从农村迁入城市的人口也带来了前现代社会农业型人口的增长模式,即高生育率。在以服务业为主的城市中,人们的收入相对较低,家仆、佣人等为了保住工作职位,通常晚结婚,少生育。

　　行政区域的并入是某些城市人口迅速增长的重要途径。例如,美因河畔法兰克福在 1877—1910 年间合并新行政区域 16 个。1870 年该城市面积为 7005 公顷,人口 8.47 万,1910 年已经扩大到 13477 公顷,人口增至 41.45 万。③ 从整个德国看,城市通过合并周边地区而扩大的这种状况呈现一种加速趋势,而且数量越来越多,规模越来越大。从 1910 年超过 5 万居民的 85 个德国城市的行政区域并入情况看,1851—1860 年只有 9 个城市合并行政区,增加人口 7.4 万,1871—1880 年有 20 个城市合并行政区,增加人口 7 万,1901—1910 年有 57 个城市合并行政区,增

---

① Gerd Hohorst, Jürgen Kocka, Gerhard A. Ritter, *Sozialgeschichtliches Arbeitsbuch*, *Band 2*, *Materialien zur Statistik des Kaiserreichs 1870 -1914*, S. 45.

② Thomas Nipperdey, *Deutsche Geschichte 1866 -1918*, *Band 1*, *Arbeitswelt und Bürgergeist*, S. 39.

③ Jürgen Reulecke (Hrsg.), *Die deutsche Stadt im Industriezeitalter : Beiträge zur modernen deutschen Stadtgeschichte : Die deutsche Stadt im Industriezeitalter*, Wuppertal: Peter Hammer Verlag, 1978, S. 99.

加人口 102.5 万。①

帝国时期城市化的第二个特点是，城市发展呈现地区性差异，工业地区城市化速度较快，反之则较慢。在普鲁士，西部城市的增长速度明显高于东部城市，而位于东部的上西里西亚和柏林等工业水平较高地区的城市化速度也相当快。1840 年普鲁士东部各省的城市化率为22.9％，1871 年为 24.2％,1910 年为 33.7％;同期西部各省的城市化率分别是25.2％,34.2％和50.7％。② 工业化启动较早的萨克森王国地区也是城市化的核心地区。在南德地区，原先一些人口较稠密的地区，如莱茵-美因地区、纽伦堡地区、斯图加特地区以及莱茵-内卡地区等，也出现了高速城市化趋势。到 20 世纪初，工业最发达的莱茵兰、威斯特法仑、萨克森王国等地区的城市化率已经达到了 2/3。

从国内人口流动走向看，整个东部地区的人口迁出大大高于迁入。在西部地区，汉诺威、奥尔登堡、普鲁士的萨克森、图林根等地区的流入人口明显少于迁出人口;不莱梅、萨克森王国地区、威斯特法仑和莱茵兰等地区则迁入人口大大高于迁出人口。究其原因，前者是农业经济区，后者则是工业经济发达的地区。出于相同的原因，南德地区的人口流出量也大大高于人口流入量。③

帝国时期城市化的第三个重要特点是，城市发展速度与其社会经济类型有密切的关系。一些曾在工业化早期迅速发展的老城市，如纺织业城市亚亨、埃伯菲尔德、巴门、克雷费尔德（Krefeld）、明兴-格拉德巴赫（Mönchen-Gladbach）等，在第二次工业革命时期的发展速度已经低于平均水平，因此在大城市的行列中不见踪迹。采矿业城市、重工业城市以及其他现代型城市则迅速发展。在这些异军突起的城市中，一类是那些

① Jürgen Reulecke (Hrsg.), *Die deutsche Stadt im Industriezeitalter：Beiträge zur modernen deutschen Stadtgeschichte：Die deutsche Stadt im Industriezeitalter*, S. 75.
② Horst Matzerath (Hrsg.), *Städtewachstum und innerstädtische Strukturveränderungen：Probleme des Urbanisierungsprozesses im 19. und 20. Jahrhundert*, S. 78, 88.
③ Johannes Müller, *Deutsche Bevölkerungsstatistik：Ein Grundriss für Studium und Praxis*, S. 259.

与最新经济发展紧密联系在一起的专业性城市,如鲁尔地区的多特蒙德、杜塞尔多夫、埃森、杜伊斯堡等生产煤炭、钢铁的重工业城市,另一类是 19 世纪八九十年代以后发展起来的多功能、商业性和服务性综合型城市,它们通常是某一地区的中心都会。布雷斯劳作为东部地区的重要中心之一,在 1875—1910 年间的人口增长率达到 114%,由 23.9 万人增加到 52.1 万人。科隆作为西部地区都会,同期人口也由 13 万多人增至51 万多人,增长率达 281%。在南德地区,美因河畔法兰克福、慕尼黑、纽伦堡等城市也扮演着类似的角色,同期人口增长都超过了 200%,其中美因河畔法兰克福的人口增长率超过 300%。

(二) 人口地理分布状况的变化

在德意志帝国时期的城市化进程中,国内人口的大规模流动对城市的迅速扩张起了关键性作用。1907 年,莱茵兰的大城市流入人口比例高达 46.7%,威斯特法仑则高达 59.9%。就整个德国而言,50% 以上的人口在这数十年中都进行过迁徙。①

从人口流动类型看,基本上可以划分为近距离迁移和远距离迁徙,但以近距离迁移为主。各城市的流入人口主要来自近郊农村和附近地区。远距离迁徙主要是指所谓的东-西大迁徙。它们可划分为三大迁徙流向:一是从普鲁士易北河以东各省流向柏林和萨克森王国地区;二是从波莫瑞和梅克伦堡地区流向汉堡地区;三是从东部和南部等地区流向莱茵-威斯特法仑工业区。

在远距离迁徙中,吸引力主要来自各大城市。尤其是著名的大城市,通常是人们迁徙的首选目标。1907 年,东、西普鲁士和波森三个省出生的人口中,有 24% 生活在其他地方,其中 24.8% 去了莱茵-威斯特法仑,17.4% 进入了柏林。在莱茵兰,远距离迁入者的比例在 1882—1907 年间由 6.4% 增加到 11.6%,在威斯特法仑,这一比例则从 9.2% 上升到

---

① Thomas Nipperdey, *Deutsche Geschichte 1866 -1918*, *Band 1*, *Arbeitswelt und Bürgergeist*, S. 39.

17.8%。从远距离迁徙者的来源看,在莱茵兰,有 20.1% 来自东北部地区,27.3% 来自东部地区;在威斯特法仑,东北部和东部地区迁入者的比例相应为 36.2% 和 44.5%。① 柏林则是全国性的流动人口的聚集中心。1907 年,柏林每 100 居民中,本城市出生者仅占 40.5 人。② 柏林因此成了一个外来者的城市。就整个德国而言,到 1907 年为止,有 50% 的人口生活在距他们的出生地很远的地方。③

大规模的国内人口流动对帝国时期的人口地理分布状况产生了巨大影响。它改变了东西部之间的人口比重。1871—1910 年间,由于人口的大量流失,东部农业地区在全国总人口中的所占比重从 24.0% 下降到了 19.7%,西部工业地区占总人口的比重则从 19% 上升到了 23.1%。大规模的人口流动也改变了德国的城乡人口的结构比重,加速了城市化进程,以至于城镇人口数量在短时期内就超过了农村人口,成为国家的主体居民。1910 年,德国城市化程度(60%)在各主要资本主义国家中已经居第二位,仅次于英国的 73%。同年法国和美国的城市化率分别为43% 和 33%。

三、德国由出境移民国转变为入境移民国

在德国国内人口从农业地区向工业地区、从农村向城市大规模流动的过程中,还重叠着一股境内外移民潮。德意志帝国时期,随着社会经济结构的转型和社会生活环境的改善,这股移民潮流在中途出现了逆转。

19 世纪 90 年代以前,德国是一个移民输出国家,向海外移民是一种普遍性现象。在 1816—1914 年的近一个世纪中,德国向外移民 550 多

---

① Thomas Nipperdey, *Deutsche Geschichte 1866–1918*, Band 1, *Arbeitswelt und Bürgergeist*, S. 40.
② Gerd Hohorst, Jürgen Kocka, Gerhard A. Ritter, *Sozialgeschichtliches Arbeitsbuch*, Band 2, *Materialien zur Statistik des Kaiserreichs 1870–1914*, S. 40.
③ T. C. W. Blanning (ed.), *The Oxford History of Modern Europe*, Oxford: Oxford University Prss, 2000, p. 105.

万。虽然在帝国建立前,有两个向外移民高峰期,出境移民近 130 万人,①但更大规模的出境移民潮是在帝国建立以后出现的。在帝国时期,海外移民的最高峰是在 19 世纪 80 年代上半期。仅 1880—1884 年间,出境移民人数就多达 86.43 万。其中,1881 年和 1882 年每年出境移民都在 20 万人以上。此后直到 19 世纪 90 年代初,向海外移民一直呈现较活跃的状态。②

19 世纪 50 年代以前,出境移民主要来自西南部、西部和南部地区。诸如符滕堡、巴登和普法尔茨等西南部等农业地区是这些移民的主要来源地。60 年代开始,这种局面逐渐发生了改变。到 70 年代,也即德意志帝国时期,东北部地区开始成为出境移民的主要来源地。1871—1875 年,来自东北部的移民占德国向海外移民总数的 39.3%,1876—1880 年占 35.4%,1881—1885 年占 38.2%,1886—1890 年占 37.7%,甚至 1891—1895 年间仍占到 34.8%。③ 出境移民主要来源地由西南部地区改变为东北部地区,有其深层次的原因:在西南部地区,由于第二次工业革命的推动,本地工业有了一定的发展,特别是阿尔萨斯-洛林地区的钢铁工业的发展,在很大程度上消化吸收了该地区部分外流人口;在东北部农业地区,70 年代以后持续的农业危机则在一定程度上恶化了该地区的民众生活。由于当时德国的工业发展还不足以吸纳更多的人口,拥有最多农业人口的东北部地区就成了出境移民的主要来源地。

帝国时期,移民海外潮流可以划分为四个时期:(1)帝国初期,受美国内战结束等因素的刺激,出境移民一直处于上升状态;(2)1875—1879

---

① 参见第四章第一节。

② Peter Marschalck, *Deutsche Überseewanderung im 19. Jahrhundert*, S. 35 – 37; Wolfram Fischer, Jochen Krengel und Jutta Wietog, *Sozialgeschichtliches Arbeitsbuch*, Band 1, *Materialien zur Statistik des Deutschen Bundes1815 – 1870*, S. 34 – 35; Gerd Hohorst, Jürgen Kocka, Gerhard A. Ritter, *Sozialgeschichtliches Arbeitsbuch*, Band 2, *Materialien zur Statistik des Kaiserreichs 1870 – 1914*, S. 38 – 39.

③ Peter Marschalck, *Deutsche Überseewanderung im 19. Jahrhundert*, S. 38, 45.

年,由于作为出境移民主要目的地的美国陷入经济危机,向外移民出现了短暂的下降;(3)1880—1893 年,受美国广袤土地的吸引力和德国国内经济"萧条"的影响,出境移民又出现了空前规模的增长;(4)1894 年—1914 年,由于美国自由分配土地结束,加之德国国内经济繁荣,人们更多地将目光投向国内,出境移民人数突然大减。1893 年,德国出境移民为8.7 万人,1894 年骤降到 4 万多人,1897 年以后下降到 2 万多人,到 1914年时已经降至 1.1 万人。出境移民人数与德国总人口相比已微不足道了。

　　促使德国人移民海外有多种多样的原因。总体上看,19 世纪德国海外移民活动首先是一种出于经济动机的向外移民。① 1870 年以前,德国是典型的农业国,移民大多来自农业地区。研究表明,每次向海外移民的高峰期,通常就是农业生产下降的年份。② 在人口持续增长和粮食产量下降夹缝之中挣扎的人们不得不离开故土,去他国寻求更好的生活。

　　在德意志帝国时期,人口的迅速增长和劳动力的相对过剩则是农业地区人口大量移民的重要原因。70 年代以后,脱粒机、播种机等农机具的广泛使用使农业劳动力需求量减少,而农村地区人口出生率却相对较高。于是,小农后代中一些没有土地继承权的子女不得不远走海外,以期通过移民获取土地,改善自己的生活,土地资源丰富的美国成了他们的当然首选目标。80 年代起,由于工业经济处于长期萧条的低迷状态③,工人和无职业者等之中前往美国寻求工作机会的移民,也有大幅度增加。1832—1914 年,德国向美国移民总数近 490 万,仅 1881—1900 年就达 170 万人以上。大规模海外移民活动对德国人口的增长产生了一定的影响,它使德国的人口过剩状况显得微不足道。很多地方的人口不

① Hubert Kiesewetter, *Industrielle Revolution in Deutschland 1815 - 1914*, S. 137.
② Wolfram Fischer, Jochen Krengel und Jutta Wietog, *Sozialgeschichteliches Arbeitsbuch*, Band 1, *Materialien zur Statistik des Deutschen Bundes1815 - 1870*, S. 58 - 59.
③ Norman Stone, *Europe Transformed 1878 - 1919*, London: Fontana Press, 1983, p. 20.

仅没有增加,甚至有所回落。①

19世纪90年代是德国由移民输出国向移民输入国转变的时期。从移民输出角度看,这一时期推动德国人向海外移民的"推力"以及吸引德国人离开故土的"拉力"强度都已经开始大幅度减弱。就"推力"而言,90年代初开始的工业高涨和80年代以来日益完备的国家社会保障制度改善了人们的生活状况,国内"推力"因之大减。② 同时,随着美国"边疆"开拓的结束,人们前往获取土地的期望值大大降低,加之90年代早期美国经济严重衰退,吸引德国移民的强大外部"拉力"也因此不再。德国出境移民人数由此开始大幅减少。与出境移民的大幅减少相反,入境移民却开始迅速增加,德国开始由出境移民国家转变为入境移民国家。③ 据统计,1895—1905年间,德国的入境移民与出境移民人数相比已多出近14.7万人。④

外国移民的大规模流入德国,主要是德国生活条件的改善和本国劳动力数量不足所致。生活条件的改善具体体现在德国国民收入的不断增长和开资本主义国家先河的社会保障制度的建立。劳动力的不足则主要表现在两个方面。一是易北河以东地区的农业劳动力不足。由于这一地区的大量人口或在国内人口流动中迁往工业地区和城市,或大批移民海外,流失人口大于净出生人口,造成农业劳动力严重不足。到1900年为止,东、西普鲁士,波森和梅克伦堡等农业地区的人口都有大量流失,其中东普鲁士的人口绝对流失量达45万人以上。二是一些工业地区在修筑公路和开挖运河等公共工程领域中所需的劳动力相对不足。于是,从国外引进劳动力以弥补生产所需就成为一种必然。进入德国的

---

① Peter Marschalck, *Deutsche Überseewanderung im 19. Jahrhundert*, S. 49, 89.

② 1900年—1910年,德国劳动人口的失业率平均控制在2.6%以下,最低年份达到1.2%。V. R. Berghahn, *Modern Germany: Society, Economy and Politics in the twentieth Century*, Cambridge: Cambridge University Press, 1987, p. 266.

③ Gerhard A. Ritter, *Das Deutsche Kaiserreich 1871 -1914: Ein historisches Lesebuch*, S. 29.

④ Wolfgang Köllmann (Hrsg.): *Bevölkerungsgeschichte*, Köln: Verlag Kiepenheuer & Witsch, 1972, S. 287.

外国人数量也不断增加。据统计,1871 年德国境内有外来居民 20.7 万人,1880 年为 30 万人,1890 年为 43.3 万人,1900 年约 80 万人,1910 年时则已经将近 126 万人。这些外来移民主要来自奥地利、荷兰、俄国、意大利和瑞士等国,其中以奥属和俄属波兰地区的波兰人最多。①

从分布状况看,大多数外来移民集中在工业和农业生产领域。据统计,1907 年德国约有 80 万外籍工人,占当时总就业人数的 4.1％,其中 50％以上的外籍劳工集中在工业领域。在普鲁士,1906 年时就已经有 60 万名外籍劳工,其中 2/5 在农业领域,3/5 在工业领域。1908 年,德国外籍劳工数量为 100 万,1912 年则已经达到 120 万以上。根据德国政府对合法外籍劳工(不含黑工)的统计,1913/1914 年共有外籍劳工 782858 人,他们主要分布在煤炭、钢铁、采石、建筑等工业生产领域和农业生产中。②

第二节　新的社会阶级结构和社会关系

由于工业化的猛烈冲击,帝国时期的社会阶级结构和社会关系都出现了重大变化和调整。主要表现为:处于转型之中的传统社会阶级结构发生了巨大变化;经济发展改善了人们的生活,消费活动和消费水平出现了明显变化,社会消费结构向小康型转变;同时,为了缓和工业化和城市化带来的诸种社会问题,德国政府开始尝试调整社会关系。由于拥有悠久的社会保险传统,同时又受到特殊的社会阶级结构和现实政治等诸种因素的影响,德国率先迈出了向社会福利国家转变的步伐。

① Thomas Nipperdey, *Deutsche Geschichte 1866 - 1918*, *Band 1*, *Arbeitswelt und Bürgergeist*, S. 33; A. Sartorius von Waltershausen, *Deutsche Wirtschaftsgeschichte 1815 - 1914*, S. 446; W. R. Lee and Eve Rosenhaft (eds.), *State Social Policy and Social Changes in Germany* 1880 - 1994, Oxford: Berg, 1997, p. 106.
② Johannes Müller, *Deutsche Bevölkerungsstatistik*: *Ein Grundriss für Studium und Praxis*, S. 253; W. R. Lee and Eve Rosenhaft, *State Social Policy and Social Changes in Germany* 1880 - 1994, p. 107.

一、新的社会阶级结构和政治力量格局

帝国时期,随着从农业社会向工业社会的转变,原有的社会阶级结构出现了调整,新的社会阶层和阶级力量出现,并且由此带来了各种社会利益集团的重新组合和政治力量对比的变化。

（一）新的社会阶级结构

帝国时期,社会阶级结构正处于传统向现代转型期,可谓复杂多变。由于深切感受到德国社会阶级状况较之以前有了巨大的变化,著名经济学家古施塔夫·施莫勒(Gustav Schmoller,1838—1917)在 1897 年曾根据财产、受教育程度和职务等标准对当时社会各阶层进行新的尝试性划分,列出了四个阶层。一是上等阶层,包括贵族、有影响力的大土地所有者和大企业主、高级官员和军官、受过教育的医生、艺术家和有年金的收入者等;二是中上阶层,包括中等土地所有者和企业家、受过高等教育的较高层官员和自由职业者、军官等;三是中下阶层,包括中层官员、小农、小商人、手工业者、职员、工厂主、收入较高的专业工人、下级军官等;四是下等阶层,包括工人、低层官员、贫困的手工业者和小农等。① 实际上,德国工业化时期的阶级状况与其他西方主要资本主义国家有共性的一面,亦即除了农民、手工业者等传统阶级,工业资产阶级和无产阶级正在成为社会的主体。同时又必须看到,由于德国特殊的政治发展道路,其社会阶级构成状况又有自身的特点,封建残余色彩浓厚,呈现传统与现代交融重叠的特征。

1. 资产阶级化贵族阶级

贵族阶级仍然是社会的强势群体。德国通过自上而下的改革而非革命方式实现了从封建社会向资本主义社会的转变,改革过程中最大限度地保留了贵族的传统特权,而且国家的统一也是在普鲁士贵族阶级领

---

① Karl Erich Born, *Wirtschafts-und Sozialgeschichte des Deutschen Kaiserreichs（1867/71 - 1914）*, S. 79 - 80.

导下实现的。作为这种特殊政治发展道路的结果,德国在进入现代工业社会后,传统贵族阶级仍保留了许多政治特权,在社会中拥有极强势的地位。

　　贵族作为德国社会的统治阶级,在帝国以及各邦的上议院中都占有完全的优势。除各种法律上的特权外,贵族还拥有许多实际特权。国家政权中的一些最高层职位都把持在贵族手中。大臣职位大多由贵族担任。1871—1914 年间,德国各个邦中只有巴登政府的资产阶级大臣人数比贵族大臣人数多。在外交领域中,帝国政府的外交国务秘书、驻各重要国家的大使都无一例外地由贵族担任。在行政管理领域,贵族同样占有大部分高层职位。以普鲁士为例,1910 年 11 个高级行政官员职位有10 个把持在贵族手中。64％的行政专员和57％的县长也由贵族担任。[1]在军队中,贵族的优势地位更加明显。迫于受到本阶层人数所限,贵族虽然在军官总数中不能占有多数,但在高级军官中占有绝对优势。1913年,德国军队中已有70％的军官来自资产阶级,但贵族在高层军官中始终处于主导地位。25 个集团军的指挥将领中有 22 人出身贵族,只有 3位来自资产阶级,而且也已经贵族化。师级军官中,贵族也占 2/3 以上。[2] 此外,也有部分贵族化资产阶级加入贵族行列,使贵族队伍得到进一步补充和加强。在德意志帝国时期,普鲁士贵族总数中有 9％是新贵族。[3]

　　尽管如此,此时的贵族毕竟已经不是从封建制度下移植过来的旧贵族,他们之中许多人从事资本主义工商业和农业经营,在经济、文化和家

---

① Hermann Aubin und Wolfgang Zorn (Hrsg.), *Handbuch der deutschen Wirtschafts- und Sozialgeschichte*, Band 2, *Das 19. und 20. Jahrhundets*, Stuttgart: UnionVerlag, 1976, S. 645.

② Karl Erich Born, *Wirtschafts- und Sozialgeschichte des Deutschen Kaiserreichs* (1867/71 - 1914), S. 81.

③ Heinz Reif, *Adel im 19. und 20. Jahrhundert*, München: Oldenbourg Verlag, 1999, S. 34.

庭类型方面已经"现代和资产阶级"化,实现了与现代资本主义社会的对接。[1] 许多贵族面对工业资本主义的冲击,纷纷采取适时而进的策略,在经济上加入工业资本主义生产行列,投资开矿办厂,而且取得了巨大成就。例如,霍恩劳厄-厄林根家族(Haus Hohenlohe-Öhringen)就拥有很多大企业,涉足工业界很深。[2]

贵族力量分布具有明显的地区性差异。贵族势力的根基主要在东部较落后的农业地区,在西部发达的工业地区则相对较弱。1914 年,普鲁士东部波莫瑞地区的县长职位 90%被贵族占据,而在西部莱茵地区,贵族出身的县长则仅占 40%左右。[3] 贵族内部也处于分化之中,既有地位较高的贵族大庄园主,也有贫困化的任职贵族。

强大的贵族阶层的存在,使帝国时期的政治发展呈现保守性特点,严重影响了德国社会的资产阶级民主化进程。其结果是,一方面是发达先进的资本主义工业经济,另一方面却是拥有封建特权的贵族主导下的的政治体制。因此,德意志帝国也被人们戏称为"穿着工业国服装的农业国"。

2. 资产阶级集团

在向工业社会转型过程中,资产阶级乃各社会集团中流动性最大的群体,是由多个不同阶层构成的阶级集团。

经济资产阶级是资产阶级中力量最强大的阶层。包括大工业家、大银行家和大商人等在内的大资产阶级处于这一阶层的顶端。他们的力量随着国家高速工业化越来越强大,在经济上已经处于呼风唤雨的地位[4]。随着大工业的发展,除了克虏伯、蒂森(August Thyssen, 1842—1926)、施图姆、维尔纳·西门子等大企业主和布莱希罗德、奥本海姆、罗

---

[1] Thomas Nipperdey, *Deutsche Geschichte 1866 - 1918*, *Band 1*, *Arbeitswelt und Bürgergeist*, S. 418.

[2] Kurt Pritzkoleit, *Wem gehört Deutschland: Eine Chronik von Besitz und Macht*, München: Verlag Kurt Desch, 1957, S. 61 - 62.

[3] Heinz Reif, *Adel im 19. und 20. Jahrhundert*, S. 20.

[4] Kurt Pritzkoleit, *Wem gehört Deutschland: Eine Chronik von Besitz und Macht*, S. 61 - 78.

特希尔德等大银行家,还出现了一批新型企业家,他们通常是一些大型企业的总经理,如格尔森贝格的基尔道夫,也有银行界经理,如德意志银行的格奥尔格·西门子等。这些人虽缺乏经济上的独立性,但他们在重要生产领域拥有支配性权限,因而与大企业主无异。

　　强大的经济力量没有成为大资产阶级向贵族阶级抢班夺权的筹码,而只是成了他们与贵族攀比的条件。因此,从 19 世纪末起,大资产阶级中出现了一种贵族化的趋势。这种贵族化突出表现在社会性和政治性两个方面。从社会角度看,大资产阶级的贵族化主要表现为逐步接受贵族的生活方式,诸如在住房方面由原来靠近工厂的工厂主类型房屋改住别墅和乡间的地主庄园,谋取各种勋章和头衔等,甚至完全贵族化。施图姆和维尔纳·西门子等都被册封为贵族。当然,并非所有的大资产阶级都对加入贵族群体感兴趣。阿尔弗雷德·克虏伯、蒂森、基尔道夫等都拒绝贵族化。这说明大资产阶级毕竟与贵族有区别。大资产阶级与贵族之间还通过联姻加强关系。在帝国时期,12％的大企业家之子娶了贵族之女为妻,大企业家之女嫁入贵族豪门的比例则更高。[1] 大资产阶级在政治上的贵族化尤其体现在他们与贵族之间逐渐形成了利益共同体,出现了"贵族大地产和高炉之间的联盟"。[2] 二者作为既得利益者,都竭力维护带有较浓厚封建残余的现存国家政治制度和社会秩序,敌视威胁现存社会制度的工人运动。正是因为这种政治取向的存在,代表大资产阶级的民族自由党的政治立场在 19 世纪 80 年代以后与代表贵族阶级的保守党愈来愈接近。

　　另一个资产阶级阶层是那些受过高等教育的较高层官员和自由职业者,即文化资产阶级。在这一群体中,有富有的律师,也有收入较低的文科中学教师。他们通常因为所受的教育而非经济收入而受到社会的

---

① Thomas Nipperdey, *Deutsche Geschichte 1866 –1918*, Band 1, *Arbeitswelt und Bürgergeist*, S. 392.

② Wolfgang J. Mommsen (Hrsg.), *Der moderne Imperialismus*, Stuttgart: Kohlhammer Verlag, 1971, S. 39.

尊敬,并因此进入较高社会阶层。由于德国正处于向现代工业国家和管理型国家的迈进阶段,国家和社会日益法制化,教育事业和卫生医疗事业发展迅速,所有这些都需要大量的高层次受教育人才。于是,律师、学者、科技人员、教师、高层次管理官员的人数不断增加。文化资产阶级也因此扩张迅速,力量不断增强。需要指出的是,由于德国历史发展的特殊性,文化资产阶级中也存在某种程度的贵族化倾向,希图跻入社会声望较高的贵族阶层或接近这一圈子,最突出的体现就是他们谋求加入预备役军官队伍。由于普鲁士军国主义传统的影响,在德意志帝国时期,一个男人的声望往往取决于其是否是预备役军官,[①]而预备役军官又往往是贵族的代名词,所以文化资产阶级跻入预备役军官行列,显然有向贵族圈接近的意图。

在农业社会向工业社会转变这样一种新旧交替的社会结构中,小资产阶级社会集团分成了新、旧两大群体。旧的小资产阶级群体主要是指前工业社会时期业已存在的手工业者和小商人。由于现代工业的大机器生产和大型商业经营组织严重挤压着小手工业和小商业活动,这一群体受到的冲击和竞争压力特别巨大。于是,为了保障自己的生存,他们成了现代社会面前"抵抗力最强的社会核心集团"。[②] 由于所受教育和职业的限制,他们无法上升进入更高社会阶层,又不愿落入劳工队伍之中,所以坚持原有阵地就成了一种最稳定的选择。以威斯特法仑为例,帝国建立时,有60%以上的手工业工匠出身于手工业家庭,到第一次世界大战前夕,这一比例不仅没有下降,反而上升到了80%以上。

新的小资产阶级群体是指随着生产技术进步和企业经营变化而出现的新的职员(Angestellte)阶层,如会计、审核、工程师、部门经理、车间主任,等等。他们在企业中从事的工作与一般工人明显不同,不仅需要

---

① Karl Erich Born, *Wirtschafts-und Sozialgeschichte des Deutschen Kaiserreichs* (1867/71 - 1914), S. 82.

② Kurt Düwell und Wolfgang Köllmann (Hrsg.), *Rheinland-Westfalen im Industriezeitalter*, Band 2, Wuppertal: Peter Hammer Verlag, 1984, S. 187.

较好的培训,而且掌握着企业内部的许多信息,因此企业常常会给以较高的待遇,以保证他们的忠诚。德意志帝国建立初期,这些职员被称为"私人官员"(Privatbeamte)。此后,由于"官员"一词范围过窄,人们才逐渐用"职员"一词予以替代。1897年古斯塔夫·施莫勒首次将职员定为"新中等阶层"。① 作为现代工业社会的产物,职员阶层随着社会的现代化转型而呈现迅速扩张之势。1882年职员在就业人数中的比重仅为1.9%,其中在农业领域占0.8%,在工业领域占1.6%,在商业和交通领域占9%;1895年职员在就业人数中的比重上升到3.3%,在农业、工业、商业和交通领域所占的比重分别为1.2%、3.2%和11.2%。工商业和交通领域的职员增长速度明显高于农业领域;1907年就业人口中职员比重增加到了5.2%,其中农业领域中职员比重下降为1.0%,工业、商业和交通领域则分别上升到了6.1%和14.6%。②

　　资产阶级各阶层之间的流动性相对其他阶级要高。经济资产阶级与文化资产阶级之间的对流性很大。在工业化早期,企业主和商人大多靠经验和勤劳起家,此后随着科技和科学管理重要性的不断上升,越来越多的企业主和商人迈入大学殿堂,以便获取更多的理论知识来支持自己的事业。据统计,到1907年时,已经有近1/3的企业主接受高等教育,受过高等教育的企业经理更是高达3/4。同时,随着技术的进步,知识对于企业的创立和发展日益重要,企业主中来自文化资产阶级的比重也越来越大。1890—1914年间,约有10%的大企业主和几乎25%的企业经理来自受过大学教育者家庭;出身于小官员家庭的经理中,有近1/5是通过大学学习而得到提升的。同一时期,企业主子弟也大批涌入文化资产阶级群体中。36%的独立经营者、22%的受过高等教育的官员和职员来自企业主家庭。1864年,有4%的教授来自企业主家庭,1910年这

---

① Jürgen Kocka, *Die Angestellte in der deutschen Geschichte 1850－1980*, Göttingen: Vandenhoeck & Ruprecht Verlag, 1981, S. 131.

② Gerd Hohorst, Jürgen Kocka, Gerhard A. Ritter, *Sozialgeschichtliches Arbeitsbuch, Band 2, Materialien zur Statistik des Kaiserreichs 1870-1914*, S. 69.

一比例提高到了 10％。在法官和行政官员中,企业主家庭出身者更是高达 1/5。经济资产阶级和文化资产阶级还通过联姻互补长短,17％的企业主之子的婚姻对象是受过高等教育者的女儿。[1]

中下层资产阶级也处于对流之中。1870 年左右,文化资产阶级中仅有 1/4 来自低级官员等中下阶层,到第一次世界大战前夕,这一比例已经达到 1/3 到 2/5。造成这种状况的主要原因在于,工业化带来的社会繁荣和生活水平的提高使许多中下阶层子女接受高等教育的机会增多。甚至相对稳定的手工业者群体也不断从农民、中下层官员和工人子弟中吸纳新的成员。[2]

3. 工人阶级成为最大社会群体

随着资本主义的发展,工人阶级(包括工业生产领域工人和农业生产领域工人)日益成为德国社会的主体。在农业领域中,由于农业资本主义普鲁士式道路的发展,农业工人数量不断增加;在工业领域中,工业无产阶级作为工业化大生产的产物,成了人数最多的一支阶级力量。据统计,1882 年,各类工人在德国就业总人口中所占的比重为 66.1％。其中,在农业生产领域中工人占就业人数的 71.4％,工业领域中工人占就业人数的 64.0％,商业和交通领域中工人占就业人数的 46.3％。到1907 年,就业总人口中的工人所占比重已经达到 72.5％,其中,在农业领域,工人在就业总人数中的比重增加到 73.7％,在工业领域,工人所占比重进一步上升到 76.3％,商业和交通领域中相应的比重也上升到了56.3％。[3]

由于处于社会最底层,工人阶级面临着其他阶级和阶层少有的失业、工伤事故、住房条件恶劣等艰难困境。工人问题因此成为帝国时期

---

[1] Thomas Nipperdey, *Deutsche Geschichte 1866 - 1918*, Band 1, *Arbeitswelt und Bürgergeist*, S. 390.

[2] Karl Erich Born, *Wirtschafts- und Sozialgeschichte des Deutschen Kaiserreichs (1867/71 - 1914)*, S. 82.

[3] Gerd Hohorst, Jürgen Kocka, Gerhard A. Ritter, *Sozialgeschichtliches Arbeitsbuch*, Band 2, *Materialien zur Statistik des Kaiserreichs 1870 -1914*, S. 69.

最主要的"社会问题"。他们为了摆脱恶劣的工作和生活状况而不断抗争，最终迫使德国政府不得不通过国家社会立法等形式来改善他们的处境，以缓和紧张的社会关系。

工人阶级也是一个处于流动状态的阶级。工人阶级提升自己社会地位的途径主要是通过当手工学徒和参加技术培训来提高自身的含金量，然后升入手工业者和小职员阶层。据统计，1890 年以后，有 25％以上的手工业师傅和 30％以上的职员来自工人家庭的子弟。① 与此同时，工人群体也不断地从破产的农民、手工业者和小商人中吸纳新的成员，成了其他一无所有者的汇聚群体。

（二）利益集团

工业化的一个重要后果是社会分工愈加细化，新的行业部门和新职业不断出现，由此形成了多种利益群体和利益差异。早在 19 世纪 60 年代以前，德国已经出现了代表不同职业、经济部门和社会集团的利益组织。② 他们从维护自身的经济和政治利益出发，向社会提出各种意见和要求。这些组织在形式上可分为两类：一类是国家授权的、拥有官方权力的组织，另一类则是社团性质的群众性协会组织。这些组织也是当时社会政治经济结构关系的实质性反映。③

德意志帝国建立以前，德国就已经出现了一些利益组织。在商业领域，早在 19 世纪初，美因茨、科隆和美因河畔法兰克福等城市开始建立自己的商会。1820 年后，普鲁士东部各省也建立了商人同业组织。1848 年，普鲁士政府颁布法令，确定商会有义务根据官方的要求汇报，并有权监视商业和手工业组织，商会因此有了官方色彩。1861 年成立的全德商

① Karl Erich Born, *Wirtschafts-und Sozialgeschichte des Deutschen Kaiserreichs（1867/71 - 1914）*, S. 84.

② Helmut Rumpler（Hrsg.）, *Innere Staatsbildung und gesellschaftliche Modernisierung in Österreich und Deutschland 1867/71 bis 1914*, Wien: Verlag für Geschichte und Politik, 1991, S. 92.

③ Heinz Josef Varain（Hrsg.）, *Interessenverbände in Deutschland*, Köln: Verlag Kiepenheuer & Witsch, 1973, S. 25.

业议会(Allgemeiner Deutscher Handelstag)则是 19 世纪中期以后建立的全德性重要商业利益组织。在工业领域,19 世纪中期也出现了一些旨在促进工业和交通发展的利益组织,诸如 1858 年成立的多特蒙德矿务局专区采矿利益联合会(Verein für die bergbaulichen Interessen im Oberbergamtsbezirk Dormund)等。手工业者则于 1862 年成立了德意志手工业者同盟(Deutscher Handwerkerbund)。在农业界,19 世纪三四十年代也出现了一些利益组织,诸如 1833 年成立的的莱茵普鲁士农业协会(Landwirtschaftlicher Verein für Rheinpreußen)和 1862 年成立的威斯特法仑农民联合会(Westfälischer Bauernverein)等。政治领域则出现了德意志民族联合会、德意志改革联合会等民族主义的先驱性团体。

帝国时期,利益组织得到进一步发展。1873 年爆发的大规模经济危机使德国经济遭到沉重打击。各个利益集团为了在严酷的经济形势面前捍卫自己的利益,纷纷建立起自己的利益组织。90 年代后,随着经济的繁荣,经济和社会竞争加剧,利益相同或相近的部门和集团又开始组成特定的代表性组织,以期从繁荣的经济中争取最大利益。从政治方面看,帝国建立以后出现了中央集权化趋势,国家干预力度加强。由于干预政策不可能对帝国各个社会经济和政治集团产生均衡的利益影响,因此各种利益集团也积极行动和组织起来,希望能对政府的决策施加有利于自己的重大影响。[1]

帝国时期的经济利益组织发展迅速,规模扩大,出现了金字塔型的组织结构。以工业、手工业和商业领域为例,1869 年共有 27 个利益组织,1879 年为 47 个,1907 年猛增到 522 个,分支组织则达到 5000 个。[2]

大型的经济利益联盟首先出现在工业领域。1871 年,第一个大规模的地区性企业主协会莱茵兰和威斯特法仑保卫共同经济利益联合会(Verein zur Wahrung der gemeinsamen wirtschaftlichen Interessen in

---

[1] Helmut Rumpler (Hrsg.), *Innere Staatsbildung und gesellschaftliche Modernisierung in Österreich und Deutschland 1867/71 bis 1914*, S. 92.

[2] Ebd., S. 95, 97.

Rheinland und Westfalen)成立。1874 年,第一个全国范围行业协会德国钢铁工业家联合会(Verein deutscher Eisen-und Stahlindustrieller)建立。1876 年 2 月,主张保护关税的钢铁、纺织等行业又组织成立了德国工业家中央联合会(Centralverband Deutscher Industrieller)。1895 年,中、小型加工工业企业组成了工业家同盟(Bund der Industriellen)。手工业者则先后建立了独立手工业者和工厂主联合会(Verein selbstständiger Handwerker und Fabrikanten,1873)、全德手工业者同盟(Allgemeiner deutscher Handwerkerbund,1883)和联合手工业同业公会协会中央委员会(Zentralausschuß vereinigter Innungsverbände,1884)等组织。农业领域则出现了 1893 年建立的农场主同盟等。

在形成全国性经济利益组织的过程中,往往小的利益组织加入大的利益组织,进而组成金字塔结构的大型利益集团。以工业领域为例,90年代以后实际上已经只有德国工业家中央联合会和工业家同盟两个巨大的顶级性利益组织。工业家中央联合会在 1881 年时拥有 38 个联盟会员,1916 年增加到了 216 个。工业家同盟在 1897 年有 12 个联盟会员,1916 年时增加到了 204 个联盟会员。[1] 这种发展不仅加强了利益集团的力量,而且它们的影响力也越来越大。

经济利益组织的斗争目标很明确。莱茵兰和威斯特法仑保卫共同经济利益联合会起初明确提出了将改善交通运输作为主要努力目标。70 年代经济危机爆发后,该组织又将目标转向宣传保护关税。德国钢铁工业家联合会等组织的努力目标是为了促进和捍卫以钢铁、煤炭等重工业界为代表的经济利益。德国工业家中央联合会则要在贸易保护主义旗帜下捍卫其成员的经济和社会政治利益。商业利益组织从本身利益出发,主要目的在于促进自由贸易。但是 1876 年以后,由于经济危机的影响,德国政府转向贸易保护主义,商业利益组织的自由贸易主张往往受到忽视。例如,

① Helmut Rumpler (Hrsg.), *Innere Staatsbildung und gesellschaftliche Modernisierung in Österreich und Deutschland 1867/71 bis 1914*, S. 98.

1897 年成立的贸易条约联合会(Handelsvertragsverein)等组织虽然提出了加强自由贸易的要求,但无济于事。[①] 手工业者建立全德手工业者同盟的目的是要在工业化大潮面前捍卫其传统手工业生产者的利益。农场主同盟等农业利益组织的要求是,在农业经济危机之下对农产品实行关税保护,防止美、俄等国大量廉价农产品的竞争,捍卫农业界的利益。

全国性政治利益组织主要有两种。一种是打着德意志民族利益的大旗,带有强烈的民族主义和扩张主义色彩,其中有德意志殖民联合会、泛德意志协会等;另一种则以维护阶级利益为特征,代表性组织有 1904 年成立的德国雇主协会联合会(Verein deutscher Arbeitgeberverbände)、自由工会等。

各种政治类利益组织都将某种政治目标作为自己努力的方向。帝国时期,随着德国工业和经济实力的增强,各种宣传殖民扩张、民族主义和军国主义的组织明显增多。德意志殖民联合会、德国殖民协会等实际上都是宣传帝国主义殖民扩张的联合体。泛德意志协会更是充斥着种族主义、泛日耳曼主义(Pangermanismus)和扩张主义的意识。1894 年成立的德意志东马克联合会(Deutscher Ostmarkenverein)是一个反波兰人的民族主义组织,目的在于排斥波兰人在德国东部的影响。1898 年成立的德国海军联合会则是支持建立强大德国海军舰队的宣传中心。1912 年成立的"德国军队联合会"(Deutscher Wehrverein)则是扩充军备的舆论支持者。[②]

各种利益组织维护阶级利益的特征十分明显。例如,随着工人阶级力量不断壮大和工人运动蓬勃发展,资产阶级企业主们通过结成利益联盟来对付工人阶级的威胁。在这方面,最早可追溯到为了对付 1866 年建立的德国印刷工人协会(Deutscher Buchdruckerverband)而于 1869 年成立的德国印刷业主联合会(Deutscher Buchdruckerverein)。帝国时

---

① Hans-Ulrich Wehler, *Das Deutsche Kaiserreich 1871 - 1918*, S. 91.
② Ebd. , S. 92 - 93.

期,各种企业主协会进一步得到发展,先后成立了安哈尔特雇主联合会
(Verein der Anhaltischen Arbeitgeber,1887)、汉堡-阿尔托纳雇主协会
(Arbeitgeberverband Hamburg-Altona,1890)、德国钢铁工业家联合会西北集
团区域雇主协会(Arbeitgeberverband für den Bezirk der Nordwestlichen
Gruppe des Vereins deutscher Eisen-und Stahlindustrieller,1900)、德国木器行
业雇主保护协会(Arbeitgeberschutzverband für das deutsche Holzgewerbe,
1902)等。1904 年 5 月又成立了德国雇主协会联合(Vereinigung deutscher
Arbeitgeberverbände)。为了防止工人罢工,雇主们常常采取一致行动的办法
来对付工人。凡参加工会宣传的工人都被列入雇主协会的黑名单,他们将无
法在同一个行业的其他企业找到工作。①

　　作为弱势群体的工人阶级,为了捍卫自己的权益,同样纷纷建立起自
己的利益组织。1866 年左右的经济危机造成工资下降和生活品价格上涨,
迫使工人起来为增加工资等进行斗争,推动建立了第一批工人组织,②其
中有全德烟草工人联合会(Allgemeiner Deutscher Zigarrenarbeiterverein,
1865)和德国印刷工人协会等。1868 年以后,开始出现政党影响下的工会
组织。这一年,施韦泽领导下的全德工人联合会建立了全德工人阶级协会
(Allgemeiner Deutscher Arbeiterschaftsverband)。资产阶级进步党人马克
斯·希尔施(Max Hirsch,1832—1905)和弗兰茨·东克尔(Franz Duncker,
1822—1888)也建立了依附于进步党的希尔施-东克尔工会(Hirsch-
Dunckerscher Gewerkvereine)。奥古斯特·倍倍尔等领导下的德国社会民
主工党则于 1869 年倡导建立了自由工会。1875 年拉萨尔派和爱森纳赫派
合并以后,自由工会发展成为德国最强大的工人阶级工会组织。1894 年德
国另一大工会组织基督教工会(Christliche Gewerkschaften)建立,并于
1900 年发展为德国基督教工会总同盟(Gesamtverband der Christlichen

① Karl Erich Born, *Wirtschafts-und Sozialgeschichte des Deutschen Kaiserreichs*（1867/71 -
　　1914）, S. 98 - 100.
② Arno Klönne, *Die deutsche Arbeiterbewegung：Geschichte, Ziele, Wirkungen*, Düsseldorf：
　　Diederichs Verlag, 1980, S. 69.

Gewerkschaften Deutschlands)。

以上三大工会在指导思想方面和发展规模上不尽相同。资产阶级自由派的希尔施-东克尔工会主张在现存国家和社会秩序范围内改善工人的状况。这一工会具有保障功能,在成员陷于困境的时候给予帮助。不过该工会始终规模较小。自由工会的目标带有明显的政治色彩。它不仅要在现存社会和政治秩序范围内改善工人状况,而且希望推翻资本主义制度,建立全新的经济和社会秩序。基督教工会在活动方式上(如罢工、补贴等)与自由工会相近,但是它信仰基督教并承认现存君主制。到 1913 年为止,这三大工会的会员人数分别为:自由工会 257.37 万人,基督教工会 34.17 万人,希尔施-东克尔工会 10.66 万人。[1]

虽然德意志帝国时期的工会运动处于分裂状态,但它们在培养工人阶级的自我意识、进行工人职业培训以及成员互助等方面都起到了积极的作用。19 世纪 90 年代以后,除了这些工会组织,随着生产的专业化,还出现了诸如五金工人协会(Metallarbeiterverband,1891)、木工协会(Verband der Holzarbeiter,1893)等一批职业工人利益团体。

基于阶级、阶层和社会集团属性的原因,每个利益集团在维护自己特别利益的同时,都倾向于某一政党势力。重工业集团占主导地位的德国工业家中央联合会与自由保守党的关系密切;商界利益组织大多将民族自由党、进步党作为自己的政治代表;农业利益组织则是保守党的支持者。就各工会组织而言,自由工会是社会民主党的天下,基督教工会和希尔施-东克尔工会则分别是中央党和进步党的势力范围。各个利益协会内部也并非铁板一块。以德国工业家中央联合会为例,以重工业和纺织业为主导地位的利益集团为防止外来竞争,主张贸易保护主义,而拥有强大竞争力的德国化学工业集团则主张自由贸易。因此,化学工业集团因利益不一致而于 1889 年离开了德国工业家中央联合会。

---

[1] Gerd Hohorst, Jürgen Kocka, Gerhard A. Ritter, *Sozialgeschichtliches Arbeitsbuch*, *Band 2*, *Materialien zur Statistik des Kaiserreichs 1870 -1914*, S. 135 - 136.

利益组织通常具有某种政治势力的背景,因此影响力不可低估。19世纪60年代,各类利益组织一般是通过备忘录、请愿书、私人接触等影响政府的决策。到德意志帝国时期,各类利益集团则通过财政支持、咨议会和专家委员会等来影响政府和行政管理部门的决策。[1] 同时,由于可以通过财政资助、动员本利益组织成员的选票等为政党的政治斗争服务,各利益组织对政党的影响力也非常大,往往使某个政党成为自己在帝国议会中的代言人。从实际影响看,德国工业家中央联合会和农场主集团对俾斯麦时期从自由贸易政策转向贸易保护主义产生了巨大影响。[2] 各个工会发动的各种反抗斗争则对于德国政府出台社会保障立法和制定改善劳工状况政策起到了推动作用。

二、生活的改善和社会福利国家的开端

工业化带来的经济高速增长使国民财富像神话般地增长。1900—1910年德国社会净产值增加额将近1870—1880年的8倍。与国民经济的大幅度增长相对应,人们的实际收入和生活水平也有了不均衡的、却是普遍的提高,换言之,"繁荣给所有人都带来了富裕"。[3]

然而,工业化同时也使德国社会面临着失业、工伤事故等社会问题所带来的压力和困扰。面对这些社会问题,迫切需要通过一种社会集体行为来给予弱势群体以基本的生存保障,进而缓和紧张的社会关系。基于悠久的社会保险传统、特殊的社会阶级结构和现实政治等诸种因素的影响,德国率先开始了福利国家的构建。

(一)收入不平衡增长和消费结构变化

德意志帝国时期,经济发展给广大居民带来了实惠。在国民总收入增长的同时,民众收入也有了不同程度的增加,生活水平得到显著提升。

---

[1] Helmut Rumpler (Hrsg.), *Innere Staatsbildung und gesellschaftliche Modernisierung in Österreich und Deutschland 1867/71 bis 1914*, S. 100.

[2] Heinz Josef Varain (Hrsg.), *Interessenverbände in Deutschland*, S. 167 - 170.

[3] Rhein-Bote, 1. September 1999, 239/8.

从社会生产增长看,1872 年德国社会净产值为 160 亿马克,1873 年经济
危机后增长相对缓慢,1880 年时才增加到 179 亿马克。此后增长幅度呈
加快趋势。1890 年德国社会净产值为 231 亿马克,1900 年为 329 亿马
克,1910 年为 480 亿马克,1913 年达到 547 亿马克。与此相对应,国民
收入也呈现较大幅度的增长态势。从 19 世纪 60 年代到第一次世界大
战前的约半个世纪中,德国国民收入增加 3 倍以上。[①] 在此基础上,人均
年收入也呈上升趋势。以普鲁士为例,1851 年人均收入为 246 马克,
1871 年为 336 马克,1895 年为 436 马克,1913 年为 726 马克,人均年收
入增加近 193%,1871 年—1913 年间,即使在人口由 2463.8 万人迅速增
加到 4155 万的情况下,人均年收入仍增长 116%。[②]

尽管国民收入在整体上有了较大增长,但是不可忽视的一点在于,
由于各地区各行业发展的非均衡性,各地区和各社会群体的收入增长呈
现巨大差异。

首先是地区性的收入差别,具体地表现为东部与西部的差异、城乡差
异、工业地区和农业地区的差异。从东、西部差异来看,西部的莱茵兰、威
斯特法仑、黑森-拿骚等地区的收入明显高于东部的东、西普鲁士,波森、波
莫瑞等地区。柏林、汉堡等城市的收入水平也非常突出。以工业经济为主
体的萨克森、莱茵兰、威斯特法仑、柏林等地区的收入水平则大大高于东、
西普鲁士,波森、巴伐利亚、符滕堡等农业经济为主体的地区。各地区的收
入水平由此呈现"城市——工业经济为主地区——农业地区"由高向低的
三类等级分布。[③] 总体上看,在一个地区,工业领域从业人数越多,农业
就业人数越少,人均收入就越高,反之则越低。东、西普鲁士,波森、波莫
瑞、汉诺威、巴伐利亚、符滕堡、巴登等地区的农业就业人数在总就业人

---

① Hans-Ulrich Wehler, *Das Deutsche Kaiserreich 1871 - 1918*, S. 147.

② Walther G. Hoffmann, *Das Deutsche Volkseinkommen 1851 - 1957*, Tübingen: Mohr Verlag, 1959, S. 86 - 87.

③ Gerd Hohorst, Jürgen Kocka, Gerhard A. Ritter, *Sozialgeschichtliches Arbeitsbuch*, Band 2, *Materialien zur Statistik des Kaiserreichs 1870 -1914*, S. 104.

口中的比重都高于40％,它们的人均收入就相对较低。①

不同行业的收入差别也很大。从劳动收入的增长看,农业和家庭服务业领域低于平均增长水平,采矿、工业、交通等行业提高最快;从各部门劳动收入结构比重变化看,也只有农业和家庭服务业的比重呈下降趋势。② 行业收入的差别突出表现为农业领域的个人收入大大低于工业和服务业等领域。在工业领域,1880—1912年受雇人员年平均名义收入由633马克增加到了1190马克,独立经营者名义收入由1219马克增加到了3379马克。与之相比,农业领域同期受雇人员名义收入由405马克增加到648马克,独立经营者名义收入由622马克增加到1191马克。③不同工业部门的收入也有明显差异。纺织、服装、食品等传统工业部门的劳动收入明显偏低,金属生产和加工、化学、电气等重工业和新兴工业部门的劳动收入则明显高于其他部门。④

从社会阶级构成的角度看,收入分配相差悬殊,呈现出两大趋势。一是劳动收入在国民收入中所占比重不断下降,资本收入的比重在大幅上升。1850/1854年,德国国民收入中的劳动收入为81.9％,1870/1874年为77.8％,1910/13年为70.9％。与此相比,资本收入却出现了强劲增长。1852—1913年间,资本收入的年增长率为3.75％,与劳动收入增长率相比明显偏高。⑤

第二大趋势是,最低收入阶层人数有所减少,中、高收入阶层人数在增长,但贫富悬殊有所扩大。以普鲁士为例,1896—1912年,年收入在

① Frank B. Tipton, Jr., *Regional Variations in the Economic Development of Germany during the Nineteenth Century*, Middletown, Conn.: Wesleyan University Press, 1976, pp. 170 - 202.

② Walther G. Hoffmann, *Das Wachstum der deutschen Wirtschaft seit der Mitte des 19. Jahrhundert*, S. 95.

③ Volker Hentschel, *Wirtschaft und Wirtschaftspolitik im wilhelminischen Deutschland: Organisierter Kapitalismus und Interventionsstaat?* S. 80.

④ Walther G. Hoffmann, *Das Wachstum der deutschen Wirtschaft seit der Mitte des 19. Jahrhundert*, S. 468 - 471.

⑤ Ebd., S. 87, 98.

900 马克以下者人数明显减少,年收入在 900 马克以上的各阶层人数则都有不同程度的增加。增幅最大的是年收入在 900—6000 马克之间的中低收入阶层和超过 10 万马克的富翁阶层。① 这表明,越来越多的人正从较低收入阶层流向更高收入阶层,也意味着多数人的生活得到了改善和提高。但是各个收入阶层之间的收入距离在拉大。1873/75 年,占普鲁士纳税人 5% 的最高收入阶层拥有总收入的 27.8%,1896/1900 年时更是一度达到了 32.6%,1913 年仍达到约 30%。甚至最高收入阶层中的收入增长也不平衡,1% 顶端高收入者手中集中了总收入的 20%。由此可见,社会财富正日益向高收入者集中。

受收入增长的影响,人们的消费取向和消费水平也出现了明显变化。这种变化主要表现在两个方面:一是用于提高生活质量和品味的非食品类消费支出上升;二是食品等消费支出在私人消费支出中所占比重有所下降,但饮食结构得到了进一步改善和提高。1850 年—1913 年,德国私人消费总支出由 91.59 亿马克增加到 371.39 亿马克,但食品类支出比重由 19 世纪中期的 60% 下降到第一次世界大战前夕的 51.7%。用于住房、卫生保健、教育、休闲和交通等改善生活质量和提高生活档次的支出则皆有不同程度的增长,其中用于交通的支出比重从 0.2% 提高到 3%,增长幅度之大前所未有。② 食品类支出在消费支出中所占比重的下降是收入普遍增长的结果,也是走出温饱型生活的重要标志。

食品类支出在消费支出中所占比重的下降并不意味着食品类支出的减少。实际上,在德意志帝国时期,尽管食品类支出在消费支出中所占比重有所下降,其支出绝对值却一直处于增长状态。1850/54 年—1910/13 年,德国人食品类消费支出由 58.34 亿马克上升到了 185.28 亿

① Gerd Hohorst, Jürgen Kocka, Gerhard A. Ritter, *Sozialgeschichtliches Arbeitsbuch*, Band 2, *Materialien zur Statistik des Kaiserreichs 1870 - 1914*, S. 106.
② Walther G. Hoffmann, *Das Wachstum der deutschen wirtschaft seit der Mitter des 19. Jahrhundert*, S. 116 - 117.

马克,增长幅度超过 217%。同期德国人口由 3500 多万增长到了约 6700 万,增幅不足 100%,低于食品消费支出的增长。可见,这一时期的人均食品消费支出有较大幅度的增长。

人均食品消费支出增长的结果是,饮食结构得到优化,品质得到提升。具体表现为:面粉、谷物、蔬菜类主食支出比重下降,水果、糖类等副食支出比重上升;植物类食品支出比重下降,肉类食品支出比重上升。据统计,在总的食物结构中,植物类食品消费由 1850/1854 年的 45.1% 下降到了 1870/1874 年的 41.4%,到 1910/13 年时则进一步下降到了 38.7%;同期动物类食品消费则分别由 54.9% 上升到了 58.6% 和 61.3%。从各类食品结构看,黑麦、玉米等粗粮和土豆的比重下降,小麦等细粮的份额上升,糖类等的消费比重也有很大提高。[1] 各种享受型食品消费的数量也上升很快。其中,人均热带水果消费量从 1860 年的 0.27 公斤上升到了 1913 年的 4.44 公斤,啤酒年消费量从 9.8 升猛增到了 114.2 升。[2] 这种食品消费结构的变化表明,德国人的饮食正从温饱型向小康型转变。

（二）社会福利国家的初步呈现

现代西方工业国家的社会安全体系是对工业化的社会结果的一种回应。[3] 在从农业社会向工业社会转型的过程中,工业化带来的诸如疾病、意外事故等各种社会问题的压力,城市化社会结构之下个人行为能力的削弱和对社会依赖性的加强,等等,都迫切需要通过社会的集体行为来对弱势群体进行基本的生存保障。工业化带来的社会财富的增长则为实施这种基本的社会保障提供了必要的物质基础。与此同时,工业化进程带来的各种社会问题在一定程度上激化了下层民众与统治阶级

---

[1] Walther G. Hoffmann, *Das Wachstum der deutschen Wirtschaft seit der Mitte des 19. Jahrhundert*, S. 116 - 117, 120 - 121.

[2] Kurt Pritzkoleit, *Wem Gehört Deutschland：Eine Chronik von Besitz und Macht*, S. 40.

[3] Gerhard A. Ritter, *Sozialversicherung in Deutschland und England：Entstehung und Grundzüge im Vergleich*, München：Verlag C. H. Beck, 1983, Vorwort.

的矛盾,也迫使政府出台一系列社会立法和社会政策来改善他们的基本生活状况,以平息人们的不满。各种社会政策的出台则在一定程度上缓和了十分紧张的社会关系。

德国有着社会保障的悠久传统。17世纪的采矿业中就已经存在矿工疾病保险组织。第一次工业革命开始后,由于大量人口离开农村共同体,流入举目无亲的城市和工矿区工作,相关的社会救助等显得日益迫切。针对这种形势,1845年普鲁士政府颁布法令,规定行会必须强制实行疾病等保险。1854年普鲁士又颁布法令,在矿山、采盐等行业强制建立雇主和工人联合管理下的地区性疾病保险组织。19世纪60年代初的"宪法冲突"中,俾斯麦为拉拢工人运动领导人拉萨尔,也曾许诺实行普鲁士国家社会政策,以争取工人阶级对付当时的资产阶级自由派。[①] 帝国建立后,为了缓和工人阶级对现存制度的不满,俾斯麦政府又决定实现社会主义要求中"合理的""与国家及社会制度相一致"的东西,以此来瓦解社会主义工人运动。[②]

下层民众艰难的生活状况是德国实行国家社会保障的现实动力。工业化和城市化使得生活在社会下层的工人阶层面临艰难处境。据官方统计,在当时工人微薄的收入中,食物费用支出占52%,而同期教师和中级官员家庭的食品类支出只占其收入的34.7%和37.9%,这还没有考虑到食品的质量差别。住房问题是工人面临的又一困境。由于大量人口从农村流入城市,造成城市住房需求长期紧张,房租居高不下。1874年,汉堡工人收入的20.9%用于房租,1892年这一比例上升到了24.7%。这对于低收入的工人阶层而言显然负担太重。住房条件恶劣是当时工人家庭的普遍现象。在慕尼黑,1895年时1/4的工人家庭只有一间房。许多工人家庭为减低房租支出,还将微小的住房再转租出一部

① Karl Erich Born, *Wirtschafts-und Sozialgeschichte des Deutschen Kaiserreichs* (1867/71 - 1914), S. 123 - 124; Gerhard A. Ritter, *Sozialversicherung in Deutschland und England: Entstehung und Grundzüge im Vergleich*, S. 21.

② Diether Raff, *Deutsche Geschichte vom Altern Reich zur Zweiten Republik*, S. 159.

分,而转租出的通常是一个铺位。此外,由于缺乏必要的劳动保护措施,各种意外工伤事故不断发生,工人之中失去劳动能力的残疾者大有人在。加之工人们多数居住在城市中,脱离了原先"乡村共同体提供的安全",在遇到失去劳动能力、疾病、衰老、失业等问题时,处于一种举目无助的悲惨境地。[①]

因此,社会各阶层要求改善工人生活处境的呼声越来越大。首先,工人自己为摆脱困境,建立了各类工会组织,并展开各种罢工斗争,而且罢工时间越来越长,次数越来越频繁,规模越来越大。与此同时,他们越来越多地聚集到社会民主党的周围,为改变现存的不合理制度而斗争。其他社会阶层和社会集团也提出了自己的看法。天主教工人运动发起人美因茨主教冯·克特勒在 1864 年专门发表《工人问题和基督教》(Die Arbeiterfrage und das Christentum),提出要用基督教社会原理和合作自助的方式来解决因工业化引起的"工人问题"。[②] 一批国民经济学派的著名经济学家和大学教授也大力宣传推行国家社会政策,改善工人状况,形成了所谓的"讲坛社会主义"(Kathedersozialismus);以古斯塔夫·施莫勒等为代表的一批保守派经济学家甚至于 1873 年成立了"社会政策联合会"(Verein für Socialpolitik),鼓吹通过国家干预来解决因大工业带来的工人问题。[③]

基于上述原因和压力,俾斯麦政府决定实施国家社会保障制度,以便将工人从社会民主党的支持者中吸引过来,赢得主张推行国家社会政策的中央党等党派在帝国议会中的支持,同时化解工业化带来的社会问

---

① Gerd Horst, Jürgen Kocka, Gerhard A. Ritter, *Sozialgeschichtliches Arbeitsbuch*, Band 2, *Materialien zur Statistik des Kaiserreichs 1870 – 1914*, S. 113; Karl Erich Born, *Wirtschafts-und Sozialgeschichte des Deutschen Kaiserreichs (1867/71 – 1914)*, S. 87; Gerhard A. Ritter, *Sozialversicherung in Deutschland und England: Entstehung und Grundzüge im Vergleich*, S. 10.

② Wilhelm Emmanuel Freiherr von Ketteler, *Die Arbeiterfrage und das Christentum*, Mainz: Verlag von Franz Kirchheim, ⁴1890.

③ Karl Diel, Paul Mombert, *Sozialpolitik*, Frankfurt am Main: Verlag Ullstein, 1984, S. 4 - 5.

题,缓和紧张的社会关系。早在 1877 年,俾斯麦就已经提出要实现对劳工在疾病、事故和伤残等方面的关照问题,并于 1880 年开始着手制定国家社会政策。威廉一世也在 1881 年 11 月发布皇帝告谕,明确表示:"各种社会弊端的治愈不能光靠镇压社会民主党的不法行为,而是要稳妥地寻找积极促进工人福祉的方式。"[1]

1883 年帝国议会通过了第一项国家社会保险立法《疾病保险法》(Krankenversicherungsgesetz),1884 年和 1889 年又分别通过了《意外事故保险法》(Unfallversicherungsgesetz)和《老年及残废保险法》(Alters- und Invaliditätsversicherung)。这三项社会保险立法奠定了德国现代社会保障制度的基础。

根据《疾病保险法》,疾病保险费用的 2/3 由参加保险的工人承担(年收入 2000 马克以下的职员也在其列),1/3 由雇主支付。该项法案实施以后,从受保总人数看,包括矿工社团受保人数在内,1885 年为 467 万多人,1913 年已经达到 1395 万多人,法定保险支出从 5243 万多马克增加到了 35054 万多马克。

《意外事故保险法》规定了保险费由雇主承担的原则,即由雇主同业保险联合会支付。起初只有矿山、采石、工厂等部门企业列入意外事故保险范围。到 1887 年,国内运输、农业企业、建筑、航运等企业也都加入了保险行列。保险内容包括恢复工作能力、支付失去劳动能力、残疾和死亡费用等。开始时参加意外事故保险者仅有 300 万人,1913 年则已达到 2800 万人,占就业总人数的 90% 以上。受保人数在德国总人口中所占比重也由 1886 年的 7.9% 上升到 1910 年的 42.6%。[2]

《老年及残废保险法》覆盖范围包括年收入在 2000 马克以下的所有受

---

[1] Walter Bußmann, *Das Zeitalter Bismarcks*, S. 209; Karl Diel, Paul Mombert, *Sozialpolitik*, S. 185.

[2] Klaus Rother, *Die Reichsversicherung 1911: Das Ringen um die letzte grosse Arbeiterversicherungsgesetzgebung des Kaiserreichs unter besonderer Berücksichtigung der Rolle der Sozialdemokratie*, Aachen: Verlag Mainz, 1994, S. 21, 15.

雇人员,保险费由雇主和雇员各付一半。开始时养老金的享受年龄为 70
岁以后。根据投保时间长短,养老金数额从每年 142.50 马克到 390 马克
不等。1891 年时约有 1149 万人参加了老年和残废保险,1914 年已增加到
1655 万人。[1]

帝国政府还于 1911 年通过了《职员保险法》(Versicherungsgesetz für
Angestellte),对年薪 5000 马克以下的职员进行养老金保险。同年 7 月,帝国
政府将各类保险法规总汇为《帝国保险条例》(Reichsversicherungsordnung,简
称 RVO)加以公布。

到 1914 年,几乎所有的工人和大部分职员已经参加了社会保险。
帝国政府为此专门设立了社会保险管理和监督机构。《帝国保险条例》
规定,设立地方保险局、高等保险局、帝国保险局三级监督机构,监督各
类社会保险组织履行义务和责任。各级保险局的成员分别由国家官员、
雇主代表、被保险人代表组成,所需经费由政府负担。一套较完备的国
家社会保障体系由此建立起来。

1890 年俾斯麦下台后,继任的卡普里维政府和后来的帝国内政部国
务秘书波萨多夫斯基继续推进社会政策,改善工人的处境。例如,为了
解决工人住房问题,德国政府从 19 世纪 90 年代开始采取大力促进工人
住房建设的政策。1901 年以后,德国政府每年投入建造工人住房的资金
达 400—500 万马克。19 世纪 90 年代到 1914 年为止,通过官方渠道和
公共住宅建筑合作社投入的工人住宅建设资金达 5 亿马克左右。[2] 工人
住房困难问题因此得到一定程度的缓解和改善。以工人集中的柏林为
例,1875 年,所有住房中只有一间可供暖房间者占 53%,有两间可供暖
房间者占 23%,有更多可供暖房间者占 22%,1911 年相应比例变为

---

[1] Karl Erich Born, *Quellensammlung zur Geschichte der deutschen Sozialpolitik 1867–1914*,
S. 147–153.

[2] Karl Erich Born, *Wirtschafts-und Sozialgeschichte des Deutschen Kaiserreichs（1867/71–
1914）*, S. 87.

44%、31%和25%。[1] 1908年,一个赴德国考察的英国工会代表团在给英国政府的报告中作了如下描述:"所访城镇的工厂住宅区没有贫民窟,其他地方也是显而易见。说实话,代表团没有在任何地方看到一个可划作所谓'贫民窟'的居住区。"[2]

工人的劳动条件也得到一定的改善,劳动时间缩短。19世纪70年代,德国工人平均工作日长达12小时,到第一次世界大战前夕已经下降到9.5小时。[3] 帝国政府还从保健角度出发,对某些工种作出了最高工作时间的限制性规定。1878年的工商业法规补充条文明文规定,禁止让妇女和儿童从事损害健康的劳动,14—16岁青少年每天工作最长时间不得超过10小时,1891年又规定妇女每个工作日最长不得超过11小时,禁止青少年和妇女从事夜工。1908年妇女每天工作时间缩短为10小时,星期六为8小时。星期日禁止工作。1896年,有关面包房日工作时间不得超过12小时的规定开始实施。1905年,矿山等部门开始实行高温条件下的工作时长限制,在气温超过28℃的情况下,每班最高工作时间不得超过6小时。[4]

对工人的劳动保护也得到了加强。早在1869年,有关工商业法规就已经明确规定,防止危险是企业主的义务。19世纪90年代后,政府设立了工商业监察员进行巡视,专门监督安全生产情况。1905年,共有193名监察员巡视着集中了81.4%的工人的生产设施。

为了保障工人权利,在处理劳资关系方面还出现了由工会出面与各企业之间签订"劳资协议"(Tarifvertrag)的形式。1873年印刷行业达成

---

① Thomas Nipperdey, *Deutsche Geschichte 1866 -1918*, *Band 1*, *Arbeitswelt und Bürgergeist*, S. 142.

② Karl Erich Born, *Wirtschafts-und Sozialgeschichte des Deutschen Kaiserreichs*(*1867/71 - 1914*), S. 87.

③ Gerd Horst, Jürgen Kocka, Gerhard A. Ritter, *Sozialgeschichtliches Arbeitsbuch*, *Band 2*, *Materialien zur Statistik des Kaiserreichs 1870 -1914*, S. 60.

④ Karl Erich Born, *Staat und Sozialpolitik seit Bismarcks Sturz*, S. 129; Thomas Nipperdey, *Deutsche Geschichte 1866 -1918*, *Band 1*, *Arbeitswelt und Bürgergeist*, S. 360.

了第一个劳资协议。1900 年以后劳资协议日益普遍。1910 年 1 月 20
日帝国法院明确规定,劳资协议对缔约者具有法律约束力,从而在法律
上确认了这种处理劳资关系的方式。到 1912 年,通过工会与雇主之间
达成劳动关系的就业人员已经达到 200 万之众。① 具有法律约束力的劳
资协议的签订对于保护弱势的工人群体具有重要意义。

　　以上一系列的社会政策和措施使德国率先走上了社会福利国家的
发展道路。社会关系出现了一种相对和谐的局面。到 20 世纪初,在某
些学者的眼中,德国已成为经济繁荣、社会安宁的典范。"外国人来到德
国,给他们印象深刻的是清洁的街道,刷洗得干干净净的建筑物外表,闪
闪发光的电车道和铁路,住房和社会计划的新实验,以及当时德国所有
阶级的人们似乎都表现来的普遍的满足感。"②

第三节　婚姻、家庭和妇女群体

　　第一次工业革命以来,特别是在帝国时期,受社会经济剧烈转型的
影响,原有的婚姻和家庭形态出现了一些新变化。传统的男女社会分工
受到巨大冲击,大量妇女进入社会生产领域,职业妇女群体迅速扩大,妇
女的经济地位得到提升。与之相对应,妇女在社会和政治生活领域也掀
起了争取平等权利的运动。

一、经济转型冲击下的婚姻、家庭形态

　　人类社会的每个历史时期都有其相对应的婚姻和家庭形态。婚姻
和家庭的历史形态与一定的历史发展阶段相联系,具有鲜明的时代特
征。同时,婚姻和家庭也与人们自身的社会经济状况紧密相关,具有群
体和阶层的特点,不同社会群体和阶层的人们的婚姻和家庭状况不尽相

---

① Arno Klönne, *Die deutsche Arbeiterbewegung：Geschichte，Ziele，Wirkungen*, S. 102.
② [美]科佩尔·S. 平森:《德国近现代史:它的历史和文化》,上册,第 340 页。

同。在从传统农业社会向现代工业社会转型的过程中,德国的传统婚姻、家庭形态也发生了新的变化。

(一)婚姻状况的新变化

从传统农业社会向现代工业社会转型的过程中,由于社会分工日益复杂,新的产业部门不断增加,结果在德国形成了比前工业社会时期更多的、生活方式各异的社会群体。这些群体在对待婚姻的态度方面差异很大。

首先,各社会职业群体在结婚年龄(第一次结婚)方面有着明显的区别。以普鲁士为例,1881—1886 年各行业男性的平均结婚年龄为:农业领域 29.61 岁,采矿业领域 27.57 岁,金属加工业领域 28.04 岁,纺织业领域 30.02 岁,建筑业领域 28.64 岁,非熟练工人 27.67 岁,国家、企业等行政管理人员 33.41 岁;女性的平均结婚年龄为:无职业者 25.35 岁,女佣 25.36 岁,教师 29.02 岁,工人 29.85 岁。[①] 从中可以看出,在男性中,采矿业工人和非熟练工人结婚年龄相对较早,农业领域劳动者和行政管理人员结婚相对较晚。其中原因在于,采矿工人和非熟练工人年轻力壮的时候通常收入最高,是结婚的最佳时机;各类行政管理人员则首先致力于发展"事业",所以结婚普遍较晚。从女性来看,无职业者和女佣结婚较早,教师和工人等有固定工作者结婚相对较晚。这是因为前者通常希望早组织家庭,寻找经济上的依靠;后者则不想放弃工作。按照当时的习俗,女性结婚就意味着放弃职业。

工业化及其带来的社会生活现代化对婚姻的社会构成也造成了巨大冲击。大量异教婚姻的出现是其中表现之一。在前工业社会,人们普遍过着一种相对稳定的生活,生活半径很小,通常住在以相同宗教信仰为基础的村社和小城镇内,在选择婚姻对象和组成家庭时一般也倾向于以相同宗教信仰者为伴,因为不同的宗教信仰对婚姻以及小孩教育等的

---

① Johannes Müller, *Deutsche Bevölkerungsstatistik*: *Ein Grundriss für Studium und Praxis*, S. 129.

看法有很大差别,不利于和谐的家庭生活。但是,随着工业化而来的大规模人口流动和城市化,农业社会相对稳定的、以宗教信仰形成居住区的状况逐渐被打破,社会开放度大大上升。在这种形势下,不同宗教信仰者之间"混合婚姻"的出现就不可避免。在居民成份复杂的城市,这类状况尤其突出。据统计,1901年德国境内的异教混合婚姻占8.8%,1913年达到10.4%。在柏林,1873/74年混合婚姻占8.8%,1911/12年则已经升至18.8%。[1] 宗教信仰对婚姻束缚的减弱表明:以农业经济为基础的相对稳定、封闭的社会生活正在成为过去。

婚姻状况变化的又一个突出表现是离婚率的迅速上升。1901—1913年,德国全国的离婚数目由7964件上升到17835件,离婚绝对数目增加120%以上,每10万居民离婚数目从14.1件增加到了26.6件,平均离婚率上升了近89%。[2] 但是,由于不同的观念、经济状况和社会生活等诸多因素的影响,不同宗教群体、社会阶层以及城乡之间的离婚率有很大差别。总的看来,离婚人群主要集中在工商业经济发达的大城市、新教居民和中等阶层之中。1895年—1901年,天主教地区每10万对婚姻的离婚数目由49件上升到86件,同期新教地区每10万对婚姻的离婚数由120对上升到410对。1913年,每10万对婚姻离婚数目在普鲁士农村为56对,城市则为241对。柏林的离婚率更高,1895/99年每10万对婚姻中离婚数目达459对。1910年时,每1000名德国已婚妇女中有2.7人离异。[3]

观念的改变是离婚率迅速上升的重要意识根源。随着工业资本主义的发展,作为资本主义社会主体价值观念的个人主义严重影响到传统家庭生活。家庭日益建立于个人决定的基础上。个人主义意识使人们

---

[1] Thomas Nipperdey, *Deutsche Geschichte 1866 – 1918*, Band 1, *Arbeitswelt und Bürgergeist*, S. 47.

[2] Johannes Müller, *Deutsche Bevölkerungsstatistik: Ein Grundriss für Studium und Praxis*, S. 135.

[3] Thomas Nipperdey, *Deutsche Geschichte 1866 – 1918*, Band 1, *Arbeitswelt und Bürgergeist*, S. 47.

更多地从自己的而非"家庭"的角度来作出选择和决定。离婚率上升的另一个主要原因是家庭经济结构的改变。在前工业社会,家庭通常是生活和生产合一的单位,婚侣的选择和婚后的生活等都必须"适应'全家'的经济要求"。在这种传统型家庭中,丈夫通常居于支配性地位,妻子是从属者,她们不愿也不敢想象没有家庭后的衣食无着的生活。但是迈入现代工业社会后,在男人走向工厂的同时,越来越多的妇女也走向社会,成为独立性很强的职业劳动妇女,她们有了在婚姻上说"不"的经济能力,有了"离婚的经济可行性"。[①]

(二)传统型家庭结构的嬗变和新型家庭的出现

工业化引发的城市化和社会变迁对德国人的家庭形态也造成了巨大的冲击。19世纪中期以后,随着社会经济模式的结构性转变,除了农民和手工业者等生产、经营和生活合一的传统型家庭,又形成了生产和生活分离的资产阶级家庭和无产阶级家庭等新型的家庭模式。[②]

农民型家庭居于偏僻乡村,受工业化冲击较小,仍维持着原有的家庭形式。它们既是一个劳动和生产的共同体,也是一个财产和生活的共同体。无论劳动还是家务,都采取家庭经营方式。在这种家庭中,核心家庭由父母和小孩构成,老人们通过相通的房屋和庭院与核心家庭组成三代同堂的大家庭。此外,以村落为单位居住的农民型家庭中,宗族和血缘关系、邻居之间乃至整个村落的亲和力和凝聚力等,都远远高于城市。在婚配对象的选择上,农民型家庭主要是各个不同阶层的内部通婚,传统的"门当户对"意识在组织农民型家庭方面仍然比较明显。以施瓦本的基宾根(Kiebingen)为例,在1870—1909年间,上层内部通婚率为:男子71.4%,女子41.7%。下层内部通婚率为:男子71.7%,女子80.5%。中层农家则上攀下就,阶层外婚姻相对较多,同期有51%的男

---

① [奥]迈克尔·米特罗尔等:《欧洲家庭史》,赵世玲等译,华夏出版社1987年版,第122页。

② Anneliese Mannzmann(Hrsg.),*Geschichte der Familie oder Familiengeschichte?:Zur Bedeutung von Alltags-und Jedermannsgeschichte*,Königstein/Ts:Scriptor-Verlag,1981, S. 124,132.

性和 40％的女性为阶层外婚姻。①

　　农民型家庭虽然相对稳定和保守,但在社会经济结构转型影响下也发生了一些显而易见的变化。一是人们的观念发生了很大转变。受现代资产阶级个人主义原则的影响,宗族、邻居间的亲和力下降,村社中各个家庭之间的社会交往减弱。家庭成为私人的园地。诸如圣诞节等本来应该是群体性的欢庆活动逐渐成了一种对外人封闭的"家庭节日"。此外,出于对父母控制婚姻的不满和反抗,婚前孕现象有增加的趋势。在基宾根,1870—1909 年村社上层阶层的未婚先孕率达到了 17％,下层阶层则高达 37％。② 这种造成既成事实的做法,迫使对结婚的相关传统限制逐步取消。二是大工业和城市化提供的工作机会动摇着农民型家庭结构。农村许多剩余劳动力进入工厂谋取职业,改善自己的收入状况,从而使传统型大家庭受到冲击。此外,由于大量农村劳力流入城市,农村家庭妇女的田间劳动量明显增加,妇女的独立性和在家庭中的地位也相应增强,男性家长制传统因此受到削弱。

　　城市中的手工业者和小商人家庭也属于传统型家庭,整个家庭通常是生产、经营和生活的统一体。不过,由于经营规模和类别的差异,这类家庭也不尽相同。其中有些条件较好的家庭也开始雇用保姆来改善家庭生活,趋向"资产阶级化"生活方式。

　　资产阶级家庭类型是中上层资产阶级群体中被普遍接受的一种"城市性""现代性"家庭模式。19 世纪晚期到 20 世纪初,经过工业化涤荡的资产阶级家庭呈现一种传统和现代结构的"交叉重叠"特征。③ 从现代性看,资产阶级家庭的特征主要表现为打破集生产和生活于一体的传统家庭模式,生产(包括工作、职业等)与家庭氛围出现分离。家庭之外的工

① Thomas Nipperdey, *Deutsche Geschichte 1866 -1918*, *Band 1*, *Arbeitswelt und Bürgergeist*, S. 65.
② Ebd., S. 61.
③ Anneliese Mannzmann (Hrsg.), *Geschichte der Familie oder Familiengeschichte*?: *Zur Bedeutung von Alltags-und Jedermannsgeschichte*, S. 132.

作和挣钱成为丈夫的专职,妻子则退出职业生活,致力于教育孩子和开展社交活动。家庭成了消费、教养和休闲的场所,生产功能退化。家庭核心化也是一大特征。整个家庭由父母和小孩组成。祖父母、未婚兄弟姐妹等都不再是该家庭共同体的成员。此外,家庭的建立主要基于"爱情"和双方个人的决定之上,外界影响因素减少。与此同时,资产阶级家庭也保留着传统家庭的某些特征,最明显的就是"家长制"结构的继续存在。由于丈夫在外面的世界竞争打拼,妻子经营着小家庭,妻子实际上成了丈夫在社会主体生活外的一种补充和从属品,从而强化了妻子对丈夫的依赖性,使丈夫在家庭内的"权威性"愈加不可动摇。

资产阶级家庭对财产、收入和教育等方面的要求较高。男性由于"创业"的缘故,结婚年龄一般较女方要大,1900 年左右,男女之间的年龄差距在 6—7 岁。[1] 资产阶级家庭的生活相对优裕。家务粗活一般由来自农村的女佣承担(1907 年德国女佣数量高达 125 万人)。该类家庭之间通常通过"造访"和相互邀请出席宴请等来显示自己的社会地位和能力。相对优裕的经济条件使资产阶级家庭在生儿育女方面也形成了较独特的观念,通常是多子女家庭。在他们看来,没有小孩的生活是不完美的。作为父母,他们既想生儿也想育女,但至少要有一个儿子,以续香火。[2] 与传统的农民型家庭不同的是,资产阶级家庭不将小孩视为未来的劳动力。小孩的未来不是依赖于财产的继承,而是取决于教育。因此,他们在教育上的投入不断增长。

工人家庭是工业社会的产物。它并非像资产阶级家庭那样建立于夫妻双方的理想之上和相互的爱慕与满意之上,不是建立于男主外女主内的夫妻双方角色的分离基础上,也不像传统家庭那样建立于共同生产和经营的基础上,而是一个靠工资生活的、有难同当的、质朴的消费共同体。从婚姻年龄上看,工人们并不像资产阶级那样因自立、教育、收入等

---

① Thomas Nipperdey, *Deutsche Geschichte 1866-1918*, Band 1, *Arbeitswelt und Bürgergeist*, S. 52.

② Ebd. , S. 57.

方面的原因而长期等待,也没有农民在财产继承方面苦苦期盼的烦恼。他们家境贫寒,通常情况下年轻力壮之际也是最能挣钱的时候。因此,工人成了结婚年龄较早的社会群体。

工人家庭中通常实行男性家长制体制。丈夫由于对家庭的经济贡献较大,成为家庭的主导者,妻子们则和资产阶级、农民家庭中的妻子们一样,处于从属地位。工人家庭的婚姻构成通常是工人娶工人。1900年,开姆尼茨 80% 男性工人的结婚对象为女工,7% 娶了女佣为妻。也有少量婚姻涉及本社会阶层以外。一些在农业集镇上居住的工厂男性工人就很乐意娶小农的女儿,因为这对于无产者而言并不是什么坏事。一些工人之女也很乐意嫁入手工业者或低级官员等中等阶层之家,因为这意味着社会地位的上升。在工人群体中,由于住房、经济等客观条件的制约,未婚先孕情况时常发生。最后,在道德传统和社会压力下,这种状况只有通过结婚途径来解决。[1]

工人家庭的经济状况较为独特,往往在婚姻初期状况最佳。这时夫妻都有职业,挣取工资。此后,随着小孩出生,一方面是开支增大,另一方面妻子为照看家庭和小孩不得不辞去工作,家庭收入减少,经济状况开始恶化。许多家庭妇女不得不去做家庭清洁工,当女佣,分送报纸、牛奶等,以挣钱补贴家用。据估计,1907/08 年,在熟练工人家庭中,妻子的收入占全部收入的 3.5%,非熟练工人家庭中妻子的收入则占到了 7.7%。此外,疾病、意外事故和失业等也严重威胁着经济承受能力极其脆弱的工人家庭。工人家庭子女处境也很困难。工人家庭的婴儿出生死亡率通常是上层家庭的 4 倍,中等阶级家庭的 2 倍。[2] 由于经济状况恶劣,工人家庭的小孩们不得不经常外出打零工。因此,尽管有限制童

[1] Thomas Nipperdey, *Deutsche Geschichte 1866 – 1918*, Band 1, *Arbeitswelt und Bürgergeist*, S. 67.

[2] Ulla Knapp, *Frauenarbeit in Deutschland*, Band 2, *Hausarbeit und geschlechtsspezifischer Arbeitsmarkt im deutschen Industrialisierungsprozess*, München: Minerva-Publikation, 1984, S. 217.

工的劳工保护立法,帝国时期仍有大量童工存在。据统计,在 1900 年,830 万 14 岁以下的小学生中打零工者有 54 万人,其中 40％每天劳动 3 小时以上。[1]

由于经济条件的限制,工人家庭在生育观念上也有其特点。专业工人或熟练工人家庭的收入较高,他们在生活方式上趋向于资产阶级家庭类型,但面对高额的小孩培养费用,计划生育往往成为此类家庭的一种理性选择。非熟练工人家庭则更不敢多要小孩。单一子女家庭因此显著增加。1871—1910 年,德国单一子女家庭所占比重从 6.2％上升到了 7.3％。[2]

二、妇女社会群体的崛起

随着从传统农业社会向现代工业社会的转型,妇女的社会角色也出现了重要变化。大量妇女伴随着隆隆的机器声进入各个社会生产领域,妇女的社会影响力因此增大;她们在政治和社会权利平等方面也提出了新的要求。19 世纪下半期以后,特别在德意志帝国时期,妇女群体无论在经济领域还是在政治和社会生活领域中,都呈现出一种蓬勃向上的朝气。

(一)妇女职业劳动群体

在向工业社会转型过程中,妇女群体在社会劳动中的角色和劳动内容出现了转变。社会生产领域的妇女数量不断增长。据统计,1882—1907 年,男性就业率从 94.2％下降到 92.3％,女性就业率却从 36.3％上升到了 45.4％,其中 1882—1895 年上升幅度为 0.1％,1895—1907 年上升幅度则达到 9％,呈明显加快趋势。与此相对应,同期妇女在就业总人数中的比重也由 29％增加到了 33.7％。[3]

在农业生产领域,由于大量男性劳动力流向城市和工业地区工作,

[1] Thomas Nipperdey, *Deutsche Geschichte 1866 -1918*, Band 1, *Arbeitswelt und Bürgergeist*, S. 71.

[2] Anneliese Mannzmann (Hrsg.), *Geschichte der Familie oder Familiengeschichte?: Zur Bedeutung von Alltags-und Jedermannsgeschichte*, S. 123.

[3] Ulla Knapp, *Frauenarbeit in Deutschland*, Band 2, *Hausarbeit und geschlechtsspezifischer Arbeitsmarkt im deutschen Industrialisierungsprozess*, S. 643.

妇女在农业劳动力中的比重迅速上升。1882—1907 年,农业生产领域劳动力总数从 823.7 万人增加到了 988.3 万人,其中男性劳动力不仅没有增加,反而减少了 40 多万人。为了弥补男性劳动力流失造成的农业劳动力不足,除了输入季节性外国农业工人,妇女在农业劳动力中的比重由 30.8% 猛增到了 46.5%,几乎与男性平分秋色。由于存在男性劳动力外流这种特殊形势,农业领域中的就业妇女始终保持着最大的妇女劳动群体的地位。1882—1907 年间,农业领域妇女就业人数占就业妇女总人数的比重由 45.7% 增加到了 48.4%。

工业生产领域中的妇女就业群体也不断扩大。1882 年—1907 年,该领域的职业妇女人数不仅在职业妇女总数中的比重由 20.3% 上升到了 22.2%(1895 年一度达到 23.1%),而且在工业领域就业总人数中的比重也上升了 1.1 个百分点,这意味着男性在工业生产领域就业总人数中所占的比重相对下降。

同一时期,商业和交通服务业领域的职业妇女人数也处于上升之中。1882 年,这两个领域中职业妇女人数为 29.8 万人,1907 年增加到 93.1 万人。职业妇女在本领域就业总人数中所占比重由 19% 上升到了 26.8%,在职业妇女总数中所占比重则由 5.4% 上升到了 9.8%。商业和交通业领域中妇女职业群体迅速扩大的一个重要原因在于,这些领域中如售票员、服务员、售货员等许多工作都很适合女性。

家庭服务业等领域的情况相对特殊。一方面,这些领域职业妇女的绝对数处于不断上升之中,另一方面,她们在就业总人数及全体职业妇女中所占比重均处于下降之中。1882—1907 年,家庭服务业等领域的职业女性由 158.2 万人增加到了 185.9 万人,但在就业总人数中的比重却由 57.4% 下降到了 53.5%。同时,她们在职业妇女总数中的比重也由 28.5% 下降到了 19.6%。比重下降的主要原因是,由于这一生产领域的非大众性特征的限制所致。在家庭服务业中,能够雇用女佣的毕竟只有少数上层和中等阶级家庭。尽管如此,妇女在这些生产领域所占优势仍然比较明显。以家庭服务业为例,1882 年从事家庭服务业的女性为 128

万人,1895 年为 131 万人,1907 年为 125 万人。①

　　农业劳动妇女、女佣、女工等体力劳动者以外,中等阶层的女职员和资产阶级职业妇女的数量也呈现大幅增长趋势。在商业领域,1895 年职业妇女数量为 9.4 万人,其中售货员占 87.2%;1907 年为 25.4 万人,售货员则占 68.5%。1895 年,包括工业企业和国家机关在内的女性办公室职员为 1.4 万人,1907 年则增加到了 11 万人。② 在职业妇女中,处于最高层的是那些资产阶级职业妇女,包括教师、保育员、医生等,还有少数女商人。

　　虽然妇女职业人数有了很大的增长,但不同领域职业妇女的人数分布极不均衡。据统计,1882 年,在工业领域,诸如采矿、建筑等需要重体力劳动的行业部门中,职业妇女所占比重仅为 1.8%,1907 年时也仅为 1.9%。在金属、电气、化工、机器制造等技术含量较高的工业部门,职业妇女的比例也相对较低,1882 年为 5.5%,1907 年为 12.6%。她们主要集中在纺织、服装、玩具制造等适合女性工作的轻工业部门。妇女就业人数中无固定职位者也高于男性。③ 这两大特点在一定程度上反映出妇女在就业方面的弱势地位。

　　职业女性的社会待遇也明显不如男性。她们不仅工资很低(通常只有男性的 60%—66%),而且其就业受到年龄、婚姻状况等诸多因素的制约和限制。除了农业领域中的劳动妇女因劳动力缺乏以及家庭生活与生产的紧密结合而几乎不受年龄限制,其他领域的职业妇女的年龄一般都相当年轻,通常在 30 岁以下。在家庭服务业中,女佣工作只是从学校毕业到结婚成家的一个过渡阶段而已。1907 年,84.4% 的女佣在 30 岁以下。至于女职员和工业领域的女工,职业生活也只是一生中的一段青

① Ulla Knapp, *Frauenarbeit in Deutschland*, Band 2, *Hausarbeit und geschlechtsspezifischer Arbeitsmarkt im deutschen Industrialisierungsprozess*, S. 650 - 651.
② Thomas Nipperdey, *Deutsche Geschichte 1866 -1918*, Band 1, *Arbeitswelt und Bürgergeist*, S. 81.
③ Ulla Knapp, *Frauenarbeit in Deutschland*, Band 2, *Hausarbeit und geschlechtsspezifischer Arbeitsmarkt im deutschen Industrialisierungsprozess*, S. 664.

春插曲。一般情况下,结婚就意味着放弃职业。对于女教师而言,"职业是与独身联系在一起的,结婚就意味着退职"。①

可见,虽然职业妇女的数量明显上升,职业妇女群体呈现迅速扩大趋势,但妇女在走向社会生产领域的过程中还面临着许多有待克服的两性不平等问题。它们成为19世纪中期以后德国各种妇女运动的重要动因。

（二）妇女运动

家庭结构的改变和妇女进入社会生产领域,催生了德国的妇女运动,该运动在19世纪末20世纪初达到高潮。妇女运动的广泛发展,主要归因于工业化进程中资产阶级妇女和无产阶级妇女角色的"相互趋近"。② 资产阶级和工人阶级家庭都属于生产和生活分离型家庭。在这类家庭中,资产阶级妇女成了脱离社会生产的单纯家庭主妇和丈夫的附属品,多数工人家庭中的妻子也基本上处于这种境况。此外,从受教育权、工作领域直至政治生活,整个社会都凸显出对于妇女的不平等和歧视。不管是资产阶级妇女还是工人阶级妇女,几乎没有受教育的权利,她们的就业通常受到年龄和婚姻状况的制约,所得报酬也较男子要低。她们更没有参与国家政治生活的权利。这些不公平状况促使妇女们起而为自己的命运抗争。由于社会阶层有别,宗教信仰差异以及利益不同,妇女运动呈现不同的派别类型,大体上可分为资产阶级妇女运动、天主教妇女运动和社会主义妇女运动等三大潮流。

资产阶级妇女运动出现较早,影响较大,从运动取向上可划分为温和和激进两大派别。温和派妇女运动主要集中于促进妇女的社会权利平等,保障妇女在诸如生育控制、堕胎等方面的自由和尊严,以及对女工和母亲进行立法保护等实际问题,对于参与政治生活、争取政治权利等

---

① Thomas Nipperdey, *Deutsche Geschichte 1866 – 1918*, Band 1, *Arbeitswelt und Bürgergeist*, S. 82.

② Ulla Knapp, *Frauenarbeit in Deutschland*, Band 2, *Hausarbeit und geschlechtsspezifischer Arbeitsmarkt im deutschen Industrialisierungsprozess*, Vorwort, S. 7.

则相对不感兴趣。激进派妇女运动不仅要求与男性平等的社会权利,诸如进入一切教育机构和职业生活,而且要求妇女获得投票权和自主权等政治权利。因此,激进派妇女运动从一开始就积极开展和参加各种政治活动。

资产阶级妇女运动的开端可以追溯到 19 世纪 40 年代。40 年代上半期,妇女运动发起者路易斯·奥托-彼得斯(Louise Otto-Peters,1819—1895)提出了妇女在国家和社会中的角色问题,认为妇女参加国家和社区活动不仅是一种权利,也是一种义务。[①] 1848 年革命时期,集会结社频繁,一些妇女也试图通过这种方式来表达自己的声音。1849 年路易斯·奥托-彼得斯创办了《妇女报》(Frauen-Zeitung),专门宣传妇女的权利和主张。但是,这些努力遭到传统保守势力的责难,人们普遍认为妇女的解放将破坏家庭生活、风俗习惯以及上帝的秩序。[②]《妇女报》仅存在了 4 年即被查封。此后路易斯·奥托-彼得斯继续为建立职业妇女组织而努力。

1865 年 10 月,在路易斯·奥托-彼得斯的促成下,"全德妇女联合会"(Allgemeiner Deutscher Frauenverein,简称 ADF)在莱比锡建立。当时全德妇女联合会的首要目标并不是争取政治权利、选举和结社权利,而是要改善女性在家庭中的权利、妇女的受教育权利和择业权利,以便解决妇女在生活中遇到的实际问题。全德妇女联合会在刚开始时只有数千会员,19 世纪 80 年代末达到 1.2 万人,1913 年时已经有 1.3 万名会员。1866 年,在"劳动阶级福利中央联合会"(Centralverein für das Wohl der arbeitenden Klassen)领导人威廉·阿道夫·莱特(Wilhelm Adolf Lette,1799—1868)的促成下又成立了"促进女性就业能力联合会"(Verein zur Förderung der Erwerbsfähigkeit des weiblichen

---

① Ruth-Ellen Boetcher-Jöres, *Die Anfänge der deutschen Frauenbewegung*：*Louise Otto-Peters*, Frankfurt am Main：Fischer Taschenbuch Verlag, 1983, S. 74.
② Hans-Ulrich Wehler, *Deutsche Gesellschaftsgeschichte*, *Band 3*, *Von der ,,Deutschen Doppelrevolution" bis zum Beginn des Ersten Weltkrieges* 1849‐1914, S. 1091.

Geschlechts），旨在帮助资产阶级妇女进入职业领域。1869 年该组织的17 个地方联合会组成了"德国妇女教育和就业联合会联盟"（Verband Deutscher Frauenbildungs-und Erwerbsvereine）。这些组织既不要求妇女的社会解放，也不要求政治解放，而是致力于职业教育和介绍工作等实际问题，因而与全德妇女联合会有共同语言，日后走上了共同合作的道路。

19 世纪 80 年代，资产阶级妇女运动的重点转向争取妇女受教育的同等权利。1888 年"德国妇女联合会改革"（Deutscher Frauenverein Reform）在魏玛成立。该联合会的一个重要目标是要求高等教育中的各个学科向女学生开放。在这场争取平等受教育权利的妇女运动中，女教师扮演着重要的角色。奥古斯塔·施密特（Auguste Schmidt，1833—1902）、海伦娜·朗格（Helene Lange，1848—1930）等是其中的知名人物。

海伦娜·朗格是资产阶级温和派妇女运动中最重要的理论家和领袖。她 1876 年开始就职于一所女子私立学校，1887 年向普鲁士政府提出了改革女子教育的请愿，要求给女子以同等的教育权利。1890 年她组织成立了"全德女教师联盟"（Allgemeiner deutscher Lehrerinnenverband，简称 ADLV）。到 1900 年，该组织有成员 1.6 万人，成为当时最大的妇女职业联合会。1893 年她开始出版《妇女》（Die Frau）杂志。该杂志与 1895 年出版的资产阶级激进派妇女杂志《妇女运动》（Die Frauenbewegung）一起成为帝国时期资产阶级妇女运动最重要的喉舌。经过不断的斗争，1900 年以后，巴登、普鲁士等邦先后向女性开放高等教育的门槛。

资产阶级温和派妇女运动的新阶段开始于 1894 年 3 月成立的"德国妇女联合会联盟"（Bund Deutscher Frauenvereine，简称 BDF）。这一组织起初由 34 个联合会组成，1913 年时发展到了 2200 个联合会，47 万名成员。该组织活动内容涉及家庭权利、女工保护、宣传卫生保健、与卖淫和酗酒作斗争、建立幼儿园、服装改革等日常问题。它对参与政治生活不感兴趣，因此一直与社会民主党领导下的社会主义妇女运动处于分裂状态。

　　与资产阶级温和派妇女运动相比,以黑德维希·多姆(Hedwig Dohm,1831—1919)、丽达·古斯塔娃·海曼(Lida Gustava Heymann,1868—1943)、米娜·考尔(Minna Cauer,1841—1922)为代表的资产阶级激进派妇女运动更注重争取妇女的政治权利。黑德维希·多姆在1873年提出了妇女选举权的问题,并将它看成教育、家庭等改革的必要政治前提。她认为"人权无性别",男女之间是平等的。[①] 出身于大资产阶级家庭的丽达·古斯塔娃·海曼等则在1897年建立了第一个女权主义者妇女中心,并且于1902年成立了"德国妇女选举权联合会"(Deutscher Verein für Frauenstimmrecht)。米娜·考尔是1888年建立的"妇女幸福联合会"(Verein Frauenwohl)的主席,并负责《妇女运动》杂志。她不仅为妇女的社会政治权利进行斗争,而且把与社会主义妇女运动的合作看成是一种进步。

　　社会主义妇女运动是帝国时期另一股强大的妇女运动潮流。对这一潮流最具影响力的是德国社会民主党领袖奥古斯特·倍倍尔。他于1879年出版《妇女和社会主义》(Die Frau und der Sozialismus)一书,猛烈抨击妇女所受的不平等待遇,并分析了导致不平等的原因。[②] 该书在出版后的几十年中一直畅销不衰,到1909年时再版达50次之多。根据倍倍尔的观点,男性世界的独裁统治和妇女在经济上的依赖性是妇女取得平等地位的主要障碍,资本主义则是这一时代暴露出的家庭和两性问题的总根源。[③]《妇女和社会主义》一书由于涉及妇女不平等的许多本质性东西,也成了许多资产阶级妇女的重要读物。由于"反社会党人非常法"

---

① Hedwig Dohm, *Der Frauen Natur und Recht*, Neunkirch: Ala Verlag, 1986, S. 162, 185.

② August Bebel, *Die Frau und der Sozialismus*, Zürich-Hottingen: Verlag der Volksbuchhandlung, 1879.

③ Thomas Nipperdey, *Deutsche Geschichte 1866 -1918*, Band 1, *Arbeitswelt und Bürgergeist*, S. 90 - 91; Hans-Ulrich Wehler, *Deutsche Gesellschaftsgeschichte*, Band 3, *Von der "Deutschen Doppelrevolution" bis zum Beginn des Ersten Weltkrieges 1849 -1914*, S. 1092 - 1093.

的存在和德国政府禁止妇女参加政治组织和政治集会，①社会主义妇女运动从一开始就受到压制，发展较慢，1892 年时仅有 33 个联合会和 3000 会员。

　　社会主义妇女运动的主要领袖是克拉拉·蔡特金（Clara Zetkin，1857—1933）。她出身于资产阶级教师家庭，却走上了领导社会主义妇女运动的道路。1892 年—1917 年间，她一直担任德国社会民主党的妇女报纸《平等报》（Die Gleichheit）的编辑工作，并利用这一报纸宣传她在妇女问题上的主张。蔡特金对德国社会主义妇女运动的贡献主要集中在两个方面。一是她从理论上阐明了妇女社会地位不平等的根源，认为就业是妇女获得"社会平等权利"和解放的不可缺少的前提条件；②二是将妇女运动看作整个工人运动的重要组成部分，主张妇女积极参加政治斗争，从而将社会主义妇女运动与资产阶级妇女运动区分开来。她认为资产阶级妇女运动在争取与男子平等权利时，主要反对束缚妇女生活的那些外表和形式上的限制，没有明确的政治目的。无产阶级妇女要求享受与男子同样的政治权利，以便保护自身在经济和文化上的切身利益，同时与资本主义制度作斗争。③

　　在蔡特金的领导下，德国社会主义妇女运动逐渐获得发展。在社会民主党内，妇女党员人数由 1908 年的 3 万人增加到 1914 年的 17.5 万人。德国自由工会中的女会员也由 1900 年的 2.3 万人增加到 1914 年的约 21 万人，在全体会员中的比重由 3.4% 上升到 10.1%。④ 社会主义妇女运动的规模虽然不及资产阶级的德国妇女联合会联盟和民族主义妇女组织"祖国妇女联合会"（Vaterlandischer Frauenverein），但有自己的特点。它并非以妇女组织的形式存在，而是作为社会主义者在妇女中进

---

① ［德］威廉·皮克：《蔡特金传》，张才尧、张载扬译，生活·读书·新知三联书店 1954 年版，第 15 页。

② Rosemarie Nave-Herz, *Die Geschichte der Frauenbewegung in Deutschland*, Hannover: Niedersächsische Landeszentrale für politische Bildung, 1997, S. 18.

③ ［德］威廉·皮克：《蔡特金传》，第 16—17 页。

④ Thomas Nipperdey, *Deutsche Geschichte 1866 –1918*, Band 1, *Arbeitswelt und Bürgergeist*, S. 92.

行宣传的组织来活动的。其斗争目标与资产阶级妇女运动也有着本质的区别。资产阶级妇女运动是要在现存的社会结构内逐渐改善妇女的地位。社会主义妇女运动则不仅与对产业妇女的各种限制进行斗争,而且将反对资本主义制度的斗争作为主要内容,认为只有彻底推翻资本主义社会才能改变妇女的地位。

除资产阶级和社会主义妇女运动两大潮流以外,还存在一些特别的宗教性妇女组织。其中以新教和天主教妇女运动较为突出。它们的出现是对工业化进程中社会日益世俗化发展不满的表现。1899 年在卡塞尔成立的"德国新教妇女联盟"(Der Deutsche Evangelische Frauenbund)主要通过国内传道等进行一些实际性救济活动,同时将反对卖淫和酗酒等作为重要活动内容。1913 年该组织有会员 1.36 万人左右。由于观点接近,从 1908 年起,德国新教妇女联盟成为德国妇女联合会联盟中的一支重要的右翼力量。"德国天主教妇女联盟"(Katholischer Frauenbund Deutschlands)是 1904 年在科隆召开的德国天主教徒第 50 届全体大会的产物。天主教妇女联盟在宗教上禀持严格的原则立场(拒绝宗教冷淡)。新教妇女联盟和天主教妇女联盟在某些方面的观点相近。它们都反对从根本上改变传统的妇女社会地位,更反对妇女参加公共政治生活。此外,犹太妇女也于 1904 年成立了"犹太妇女联盟"(Jüdischer Frauenbund)。它成功地将 32000 名 30 岁以上的犹太妇女吸纳为自己的成员。

在各类妇女组织中,带有民族主义色彩的"祖国妇女联合会"规模最大。它起源于 1866 年普奥战争中为双方伤员的护理服务。1870 年对法战争结束后,该组织成员有 3 万人。80 年代则发展到 15 万人。到 1913 年时,缴纳会费的会员已经达到 50 万人。德国妇女积极参加这一组织,在很大程度上与当时国内民族主义情绪的普遍发展有关,是一种"妇女的民族主义"的升华。① 这一组织的活动内容主要是练习护理、护士工作

---

① Hans-Ulrich Wehler, *Deutsche Gesellschaftsgeschichte*, *Band 3*, *Von der „Deutschen Doppelrevolution" bis zum Beginn des Ersten Weltkrieges* 1849 – 1914, S. 1096.

和为士兵做饭、缝补等。

到第一次世界大战前夕,德国妇女的地位已经处于一种相对平缓的、却是实质性的变化之中。虽然大部分妇女仍比较传统,但是各种妇女组织、学校教育①以及各种职业生活都为妇女思想的解放、妇女自我意识的提升提供了巨大的推动力,为日后妇女运动的进一步发展和妇女地位的提高打下了基础。

① 参见第八章第一节。

第八章　帝国时期的科技、教育和思想文化

　　帝国时期,德国在科技、教育、思想和文化发展方面呈现出历史上少有的繁荣局面。在科学技术领域,为适应工业化发展的需要,日益凸显出一种实用化和前沿化的趋势;在教育领域,为适应科学技术进步和社会经济发展对人才的需要,出现了新的调整改革。思想和文化领域也出现了新的多元性发展趋势。面对现代工商业经济的飞速发展、新的阶级结构和新的社会现象,文化界努力进行自身的调适,寻找新的表达形式,反映新的社会现实。帝国时期也是各种思潮涌动的时代,各类社会和政治群体从自己的角度和利益出发,表达不同的政治立场和诉求,形成了诸种思想运动。

第一节　科技和教育

　　大工业是科学技术发展到一定阶段的产物。第一次工业革命与经典力学的建立、蒸汽技术的进步联系在一起。第二次工业革命则奠基于电磁学、现代合成化学、内燃机技术等新兴科技之上。大工业的发展又反过来推动着科技的进步。它在为科学技术提供更强大物质手段的同时,也向科学技术提出了更多、更高的要求,为科技发展提供了动力。而科学技术进步和生产过程的日益复杂化离不开大量的科技和管理人才,

因而对教育事业提出了新的要求。19世纪中期以后,特别是德意志帝国时期,为了适应第二次工业革命为基点的高速工业化的需要,德国的科技发展和教育事业都出现了新的趋势和变化。

一、科学技术的进步

帝国时期的高速工业发展,特别是基于第二次工业革命技术平台之上的电气、化学等新兴工业部门的建立和迅速扩张等,都与科学技术的进步有着密切的关系。在这一时期,人们不仅注重前沿实用科技的开发和应用,以满足经济发展的需要,同时也大力加强基础科学的研究,以保证实用科学技术的持续开发能力和领先水平。到19世纪末20世纪初,德国已经成为"科学上的先导国家"。[①]

（一）实用技术的进步和科学研究的领先地位

经济发展中出现的各种新问题需要实际性的解决方法,实用技术的开发和应用因此出现了前所未有的繁荣局面。[②] 在帝国时期,新技术的发明和运用几乎涉及每一个重要生产领域。以采矿业为例,1894年出现的快速钻机在开辟亚亨北部新煤田的过程中起了非常重要的作用。1902年在威斯特法仑出现的将凝固工艺运用于"不固定"山体的矿井建造技术,则有利于克服恶劣的地质条件,使可采煤矿区得到扩大。新的电气化技术也在煤炭开采业中得到普遍使用。19世纪80年代,电力矿用铁路开始投入使用。19世纪末,电动泵开始运用于矿井汲水,电动马达驱动的通风机也取代了原来的蒸汽机。采煤工具中则出现了开采锤、簸动输送机等各种新设备。这些新技术和新机器的投入使用,大大改善了采煤业的生产环境,提高了采煤效率。

化学研究也显现出为生产服务的特点,研究成果频出。化学染料等各

① Helmut Rumpler (Hrsg.), *Innere Staatsbildung und gesellschaftliche Modernisierung in Österreich und Deutschland 1867/71 bis 1914*, S. 195.
② A. Satorius von Waltershausen, *Deutsche Wirtschaftgeschichte 1815 - 1914*, S. 386.

种新型人造材料相继问世。在霍夫曼等人提炼出"苯胺红"、格莱伯(Carl Gräbe，1841—1927)和利伯曼(Carl Liebermann，1842—1914)等造出茜素(1869年)后，"真红"(1876年)和"酸性猩红"(1878年)等染料也相继问世。1909年卡尔·博施(Carl Bosch，1874—1940)在哈伯(Fritz Haber，1868—1934)提出的用氮和氢合成氨的理论基础上完成了氨合成工艺。卡尔·冯·林德(Carl von Linde，1842—1934)则发明了制冷技术，并于1877年开始生产冰块。他还于1895年实现了空气液化。在以上各种实用性研究的支持下，帝国时期的化学工业呈现一派繁荣景象。

在电气工业领域，维尔纳·西门子不仅发明了电机，而且制造出了电梯、有轨电车等一系列电气产品，为电气技术的推广应用作出了巨大贡献。汽车制造技术的发展是德国实用技术创新的又一典型事例。19世纪下半期，在铁路建设渐趋饱和后，解决陆路交通中的短途交通工具问题显得日益迫切。1867年尼古劳斯·奥托(Nikolaus Otto，1832—1891)研制成功第一台燃气马达，将人类带入了内燃机时代。1876年奥托又制造出第一台四冲程发动机，为汽车的发明铺平了道路。1886年，高特利普·戴姆勒(Gottlieb Daimler，1834—1900)和卡尔·本茨(Carl Benz，1844—1929)分别制造出可以行驶的汽车。人类从此进入了汽车时代。在航空领域，费迪南德·冯·齐柏林(Ferdinand von Zeppelin，1838—1917)在1900年以后进行的飞艇试验也引起了人们的极大关注。

随着各种实用技术发明数量的增长，专利技术保护问题显得日益迫切。1874年，在维尔纳·西门子和开姆尼茨市长威廉·安德烈(Wilhelm André，1827—1903)等人的推动下，人们成立了"专利保护联合会"(Patentschutzverein)，进行宣传保护专利的活动。1877年5月，帝国议会终于通过了《德国专利法》(Das deutsche Patentgesetz)，对德国人发明的各项技术进行专利保护。[1] 德国政府授予的专利数量也迅速上

---

① F. Damme, *Das deutsche Patentrecht*: *Ein Handbuch für Praxis und Studium*, Berlin: Verlag von Otto Liebmann, 1906, S. 63, 495.

升。1850 年德国的专利授予数量为 243 项,1860 年 310 项,1870 年 4132 项,1880 年 3887 项,1890 年 4680 项,1900 年 8784 项,1910 年则达到了 12100 项。[①]

在加强实用技术开发和应用的同时,医学、自然科学等科学研究也呈现强劲的发展势头。1870—1909 年,德国人在医学领域的发现和发明数量为 216 项,其他国家的发现和发明总和为 278 项;在热能、光学、电学和磁学等领域,1871—1900 年德国人的发现和发明数量为 2022 项,英、法两国总共为 1604 项。1900 年左右,物理学领域中有 1/3 的论文和 42% 的发现都是德国人的杰作。[②] 这些骄人的研究成就的取得,是德国人在各个领域的卓越研究的最直接反映。

在物理学领域,德国人率先开启了现代物理学的大门。1887/88 年海因里希·赫茨(Heinrich Hertz, 1857—1894)发现了电磁波的存在,并证明电磁波都拥有光波的特征。1895 年威廉·康拉德·伦琴(Wilhelm Conrad Röntgen, 1845—1923)发现了 X 射线(Röntgenstrahlen)的存在,并因此获得 1901 年首届诺贝尔物理学奖。1900 年马克斯·普朗克(Max Planck, 1858—1947)提出能量并非以连续的形式存在,而是以能量子形式存在,由此打破了经典物理学的体系,开启了量子物理的大门,并因此获得 1918 年诺贝尔物理学奖。1905 年菲力普·莱纳德(Philipp Lenard, 1862—1947)因关于阴极射线的研究和对电子理论的发展而获得诺贝尔物理学奖。同年阿尔伯特·爱因斯坦(Albert Einstein, 1879—1955)发表一系列重要论文,提出了开创物理学新纪元的狭义相对论(Spezielle Relativitätstheorie)。1921 年,这位科学巨匠获得诺贝尔物理学奖。1909 年,费迪南德·布劳恩(Ferdinand Braun, 1850—1918)

[①] Alfred Heggen, *Erfindungsschutz und Industrialisierung in Preussen 1793 - 1877*, Göttingen: Vandenhoeck & Ruprecht Verlag, 1975, S. 137 - 138. Wilfried Feldenkirchen, *Siemens 1918 - 1945*, München: Piper Verlag, 1995, S. 30. 其中 1850、1860 和 1870 年为普鲁士、巴伐利亚、萨克森和巴登专利授予数量。

[②] Thomas Nipperdey, *Deutsche Geschichte 1866 -1918*, *Band 1*, *Arbeitswelt und Bürgergeist*, S. 603, 602.

由于对无线电报发展的贡献,和意大利的马可尼(Guglielmo Marconi,1874—1937)一道获得诺贝尔物理学奖。1911 年威廉·维恩(Wilhelm Wien,1864—1928)由于发现影响热辐射的定律而获得诺贝尔物理学奖。1914 年马克斯·冯·劳厄(Max von Laue,1879—1960)因发现晶体中的 X 射线衍射现象而获得诺贝尔物理学奖。

帝国时期的化学研究同样令人瞩目,多人获得诺贝尔奖(Nobelpreis)。1909 年弗里德里希·霍夫曼(Friedrich Hofmann,1866—1956)合成了人工橡胶,1913 年弗里德里希·贝吉乌斯(Friedrich Bergius,1884—1949)发明了在高压下将煤变成油的液化工艺,并因此与卡尔·博施一起获得 1931 年诺贝尔化学奖。在化学药物研究领域,1899 年海因利希·德莱塞(Heinrich Dreser,1860—1924)研制出阿斯匹林(Aspirin)。1902 年艾米尔·菲舍尔(Emil Fischer,1852—1919)因阐明糖和蛋白的结构而获得诺贝尔化学奖。阿道夫·冯·拜耶尔(Adolf von Baeyer,1835—1917)由于发现现代染色工业的三大基本染素分子而获得 1905 年诺贝尔化学奖。爱德华·波赫纳(Eduard Buchner,1860—1917)由于证明酒类发酵的真正主因是酵母中所含不同酵素而获得 1907 年诺贝尔化学奖。威廉·奥斯特瓦尔德(Wilhelm Ostwald,1853—1932)由于在催化剂的作用、化学平衡和化学反应速率等方面的研究而获得 1909 年诺贝尔化学奖。奥托·瓦拉赫(Otto Wallach,1847—1931)首次合成人工香料,并因其在脂环族化合物研究方面的贡献而获得 1910 年诺贝尔化学奖。理夏德·马丁·韦尔施泰特(Richard Martin Willstätter,1872—1942)由于研究叶绿素的化学结构和证明镁原子的存在而获 1915 年诺贝尔化学奖。1909 年弗里茨·哈伯由于首次从空气中合成氨而获得 1918 年诺贝尔化学奖。

生理学、医学等领域也取得了举世瞩目的研究成果。著名医学和细菌学家罗伯特·科赫(Robert Koch,1843—1910)在 1876 年成功地发现了炭疽杆菌,此后又先后分离出伤寒杆菌、结核病菌、霍乱病菌等一系列病菌,发明了蒸汽杀菌法、预防炭疽病接种方法和霍乱预防法等。他首次证明了特定的微生物是特定疾病的病原,成为世界病原细菌学的奠基人,并因此获得 1905 年诺贝尔生理学和医学奖。此外,弗里德里希·勒弗莱尔(Friedrich Loeffler, 1852—1915)在 1884 年发现了白喉病菌,埃米尔·冯·贝林(Emil von Behring, 1854—1917)在 1890 年发明了白喉血清等。这些发现和发明,奠定了德国医学在世界上的领先地位。

帝国时期的科学技术研究和发明之所以取得如此巨大的成就,主要原因在于德国建立了一套完整、科学的多层次科研体系。在这一体系中,各层次研究机构既有自己明确的研究目标,又相互促进和弥补不足,从而最大限度地释放出它们的科研能量。处于最基层的是企业所属研究机构。许多新发明和新发现都是在这些研究机构中完成的。以化学工业为例,弗里德里希·拜尔公司属下的实验室在杜伊斯贝格的领导下取得了一系列令人瞩目的成绩。仅杜伊斯贝格本人就先后发现了三种新的苯胺染料。他同时还训练出了一批年轻的化学家。

各个高校在科研方面也十分活跃,它们与生产前沿挂钩,开设各种讲座,在"研究和教学统一"的原则下成为各种研究的中心。[1] 1867 年成立的德国化学学会(Deutsche Chemische Gesellschaft)是联系大学和工业研究的桥梁,在沟通大学研究和工业领域的需求方面起着十分重要的作用。达姆施塔特技术大学(Technische Universität Darmstadt)于 1892 年首先推出了电技术讲座,以满足社会对电气科学的需要。克虏伯公司等企业也主动与高校配合,支持高校科研。有鉴于此,一些研究德国问题的学者不无感慨地指出:"没有任何地方像德国那样,科学和技术结合得如此紧密。"[2]

(二)国家积极推进科学研究

国家在促进科学技术发展方面扮演着重要角色。当时人们已经普

[1] Helmut Rumpler (Hrsg), *Innere Staatsbildung und gesellschaftliche Modernisierung in Österreich und Deutschland 1867/71 bis 1914*, S. 195.
[2] W. O. Henderson, *The Rise of German Industrial Power 1834-1914*, p. 186.

遍地认识到,德国的大国地位,物质保障和强大军事力量,它在世界上的政治、文化和经济影响等,都"决定性地基于科学之上"。① 因此,19世纪80年代以后,随着经济实力的增强,国家介入科学研究的状况开始有所突破。1887年,在著名企业家、发明家维尔纳·西门子,著名物理学家赫尔曼·冯·赫尔姆霍尔茨和天文学家威廉·弗尔斯特(Wilhelm Foerster, 1832—1921)等人倡导下,成立了"帝国物理技术研究所"(Physikalisch-Technische Reichsanstalt)。建立这一机构的目标是,通过促进自然科学的基础性研究,加强德国工业在全球竞争中的地位。德国政府还加强在农业经济领域的科学研究,于1868—1906年间成立了18个相关的机构和包括1905年建立的"帝国农林经济生态学研究所"(Biologische Reichsanstalt für Land und Forstwirtschaft)等在内的14个由各农业经济团体承担的研究所。② 这些科研机构的建立都有一个初衷,那就是"有意识地动员自然科学的基础研究,以适应于技术和经济的发展"。③

在国家积极介入科学研究方面,普鲁士文化部官员弗里德里希·阿尔特霍夫(Friedrich Althoff, 1839—1908)起了重要的作用。他聘请权威学者组成专家咨询集团,专门商讨推动科学研究问题,在大学里大力推行聘任制,采取减轻教学负担、给予研究教授职位等各种灵活措施,吸引和挽留著名物理学家海因利希·赫茨、血清学家埃米尔·冯·贝林、荷兰物理化学家凡特·霍夫(Jacobus Henricus van't Hoff, 1852—1911)和大名鼎鼎的物理学家爱因斯坦等重要研究人才。这套做法在德

① Hans-Ulrich Wehler, *Deutsche Gesellschaftsgeschichte*, *Band 3*, *Von der „Deutschen Doppelrevolution" bis zum Beginn des Ersten Weltkrieges 1849 - 1914*; S. 1228; Helmut Rumpler (Hrsg.), *Innere Staatsbildung und gesellschaftliche Modernisierung in Österreich und Deutschland 1867/71 bis 1914*, S. 198.

② Helmut Rumpler (Hrsg.), *Innere Staatsbildung und gesellschaftliche Modernisierung in Österreich und Deutschland 1867/71 bis 1914*, S. 196.

③ Hans-Ulrich Wehler, *Deutsche Gesellschaftsgeschichte*, *Band 3*, *Von der „Deutschen Doppelrevolution" bis zum Beginn des Ersten Weltkrieges 1849 - 1914*, S. 1229.

国高校和科学政策史上被称为"阿尔特霍夫体制"（System Althoff），这一时期也成了德国科学发展史上的所谓"阿尔特霍夫时代"（Ära Althoff）。[1]

　　帝国时期还出现了"国家、私人资本力量和对科学有兴趣的市民之间合作"推动科学研究的状况。最著名的是 1910/11 年由神学家阿道夫·哈纳克（Adolf von Harnack，1851—1930）等人推动成立的"威廉皇帝促进科学协会"（Kaiser-Wilhelm-Gesellschaft zur Förderung der Wissenschaften）。[2] 威廉皇帝协会成立的表面原因是为了庆祝柏林大学创建一百周年，实际动力则是要加强德意志民族的威望和德国的"经济技术竞争能力"。相关研究表明，建立威廉皇帝协会实际上是通用电气公司总裁拉特瑙等垄断资本代表与阿尔特霍夫等国家官员共同策划的结果。正因为如此，有学者称，德意志帝国时期已经形成了"科学与资本主义之间的同盟"。[3]

　　威廉皇帝协会的特点是其多变的、相当开放的和灵活的组织结构。到 1914 年，这一协会之下已经建立了多个研究所。它们大体上可分为两类：从事应用科学研究的研究所，如威廉皇帝煤炭研究所（KWI für Kohlenforschung）等；侧重于基础性研究的研究所，如威廉皇帝化学研究所（KWI für Chemie）、威廉皇帝物理化学和电气化学研究所（KWI für physikalische Chemie und Elektrochemie）、威廉皇帝生物学研究所（KWI für Biologie）等。相关研究经费主要依靠各方面捐赠，特别是工业界的资助。据统计，在给威廉皇帝协会的捐赠中，农业界占5％，工业界占47.5％，商业界占7.3％，银行界占29％，其他占11.2％。工业界的资助对象通常是它们对口的研究领域。因此，对威廉皇帝化学研究所的资助主要来自各

①　Helmut Rumpler（Hrsg.），*Innere Staatsbildung und gesellschaftliche Modernisierung in Österreich und Deutschland 1867/71 bis 1914*，S. 198.
②　即今天的马克斯·普朗克学会（Max-Planck-Gesellschaft）。
③　Helmut Rumpler（Hrsg.），*Innere Staatsbildung und gesellschaftliche Modernisierung in Österreich und Deutschland 1867/71 bis 1914*，S. 200，201.

化学工业巨头,煤炭研究所等则完全是在煤炭工业界巨头们资助下建立起来的。[1] 由此可见科学研究与工业界的密切关系。就此而言,威廉皇帝协会成了国家保护下的一种"科学和大资产阶级的创造物"。[2]

二、教育事业的发展和进步

德意志帝国时期,教育事业在规模、内容到结构等方面都出现了巨大变化。一方面,国民收入的增长和生活条件的改善为教育的发展提供了更加雄厚的物质保障;另一方面,工业化带来的专业化分工、新兴行业部门的出现、较高的生产技术条件等,都对劳动者的素质和专业技能提出了更高的要求,促使教育事业进行调整和改革,以适应对人才培养提出的新要求。因此教育事业出现了明显的扩张和现代化取向。一是各类学校学生人数都有较大幅度的增长;二是原有学校的课程和专业进行相应调整的同时,出现了一些新型学校。

(一)普通中小学教育

德国在普及小学教育方面一直走在欧洲前列。德意志帝国时期,普及小学教育有了实质性的进步。以普鲁士为例,1848 年小学适龄儿童入学率为 82%,1871 年实际入学率为 86%—90%,19 世纪 80 年代以后入学率已经达到 100%。在公立小学的发展方面,1871 年普鲁士有公立小学 3.312 万所,学生 390.0655 万人,教师 4.8211 万人;1911 年公立小学达 3.8684 万所,学生 657.214 万人,教师 11.7162 万人。教师与学生人数之比从 1∶81 下降到了 1∶56。[3] 这种变化意味着教师与每个学生的

---

[1] Lothar Burchardt, *Wissenschaftspolitik im wilhelminischen Deutschland*, Göttingen: Vandenhoeck & Ruprecht Verlag, 1975, S. 78, 97, 100 - 101.

[2] Hans-Ulrich Wehler, *Deutsche Gesellschaftsgeschichte*, Band 3, *Von der „ Deutschen Doppelrevolution" bis zum Beginn des Ersten Weltkrieges 1849 - 1914*, S. 1232.

[3] Wolfram Fischer, Jochen Krengel und Jutta Wietog, *Sozialgeschichteliches Arbeitsbuch*, Band 1, *Materialien zur Statistik des Deutschen Bundes 1815 - 1870*, S. 224; Gerd Hohorst, Jürgen Kocka, Gerhard A. Ritter, *Sozialgeschichtliches Arbeitsbuch*, Band 2, *Materialien zur Statistik des Kaiserreichs 1870 - 1914*, S. 157.

平均接触时间有所增加,有利于教学质量的提升。学校规模也有所发展。在普鲁士农村类国民小学中,1886 年只有一个班级的学校占 57%,6 个班级以上的学校仅为 0.6%,城市类国民小学中相应的比例为 15% 和 35%;1911 年农村国民小学一个班级类学校下降到了 39%,6 个班级以上学校则上升到了 4.3%,城市国民小学一个班级类学校下降到了 8%,6 个班级以上学校上升到了 69%。[1] 这是不小的进步。

　　小学教师的质量也有所提高。1871 年帝国建立时,只有 80% 的公立小学教师参加了教师研讨班的学习,1914 年则已经实现了所有小学教师都毕业于这类师范教育机构的目标。为了培养合格的小学教师,政府专门建立了师范预备生教育机构,挑选有才干的学生进行为期 3 年的培养学习。到第一次世界大战前夕,这类机构已经达到 82 所。被选拔的学生在 16—17 岁时转入为期 3 年的教师研讨班学习。教师研讨班数量也不断增加。在普鲁士,1871 年有 64 个教师研讨班,1914 年则达到 204 个,其中有 16 个是女教师研讨班。到 1914 年,德国公立小学师资队伍中的女教师已占到 20% 左右。

　　普及小学教育的成就非常显著。1871 年德国人口中的识字率为 87%,1890 年左右文盲率已经下降到 1% 以下。[2] 这种进步还可以从招收新兵的情况中间接地得出结论。1875 年招收的新兵中文盲率为 2.37%,1895 年下降为 0.15%,1910 年时已经下降到 0.02%。[3] 1899 年,德国舰队访问西班牙,水手们个个都能阅读他们收到的邮件,令当地人惊讶不已。德国工人与比利时、奥地利等邻国的工人们相比,素质也明显要高出一筹。[4]

---

① Hans-Georg Herrlitz, *Deutsche Schulgeschichte von 1800 bis zur Gegenwart*, S. 92.

② Hans - Ulrich Wehler, *Deutsche Gesellschaftsgeschichte*, *Band 3*, *Von der „Deutschen Doppelrevolution" bis zum Beginn des Ersten Weltkrieges 1849 - 1914*, S. 1193.

③ Gerd Hohorst, Jürgen Kocka, Gerhard A. Ritter, *Sozialgeschichtliches Arbeitsbuch*, *Band 2*, *Materialien zur Statistik des Kaiserreichs 1870 - 1914*, S. 165.

④ Robert Herndon Fife, Jr., *The German Empire between Two Wars*: *A study of the political and social development of the nation between* 1871 *and* 1914, New York 1916, S. 323.

中学教育也有新变化。文科中学一统天下的局面逐渐被打破。普鲁士政府在 1812 年规定,只有获得文科中学毕业证书者才有资格进入大学学习,重视拉丁文和希腊文等古典语言为特征的文科中学是唯一正规类型的中等学校。但是随着时代的进步,文科中学教育已无法满足社会发展特别是现代科技发展对人才培养的需要。于是出现了面向现实的、半古典的实科中学(Realgymnasium)和只学习现代学科的高级实科学校(Oberrealschule)。但是后两类中学的学生在很长时期内无资格升入大学。经过斗争,也是现实压力的结果,威廉二世于 1900 年颁布法令,确认上述三类学校提供的教育在原则上具有同等重要性。1901 年,这三类中学的学生都获得了进入大学学习的同等权利。[①] 向大学输送人才的中学数量也因此大增。1875 年德国共有各类中学 921 所,学生18.3248 万人,其中文科中学 336 所,学生 9.3514 万人,1911 年各类中学的数目增加到 1476 所,学生 39.7835 万人,其中文科中学 507 所,学生15.495 万人。[②] 中学生人数的增长远远高于同期全国人口增长速度。不过,从总体上看,中学升学率仍然很低。即使在 1900 年以后,仍只有6%—7%的小学生可以进入中学就读,其中只有 1%—2%的学生能读到最高年级和参加毕业考试。

这一时期中学教育的最大变化在于调整相应的教学内容,以适应社会经济变革和发展的要求。中学教学内容和结构的变化表现在两个方面。一方面,重视拉丁文和希腊文等古典语言课程但忽略传授自然科学等知识的文科中学,被迫对课时设置作出相应调整,增加了自然科学和数学等的课时量。起初,文科中学古典语言的课时量为数学和自然科学课时量的 3 倍,1882 年降到了 2 倍。尽管如此,人们仍指责文科中学课

---

① James E. Russell, *German Higher Schools*: *The History*, *Organization and Methods of Secondary Education in Germany*, London: Longmans, 1910, p. 461; Peter Flora, *State*, *economy*, *and society in Western Europe* 1815 - 1975: *A data handbook*, vol. 1: *The growth of mass democracies and welfare states*, p. 584.

② Hans-Ulrich Wehler, *Deutsche Gesellschaftsgeschichte*, *Band 3*, *Von der „Deutschen Doppelrevolution" bis zum Beginn des Ersten Weltkrieges* 1849 - 1914, S. 1201.

程结构中"数学和自然科学的考虑太少"。文科中学对学生的吸引力因此大大下降。另一方面,侧重于自然科学知识学习的实科中学和高级实科学校日益受到重视。实科中学和高级实科学校的课程设置更接近社会的需要。实科中学必修拉丁文,多数不修古希腊文,高级实科学校则完全不开设拉丁文和古希腊文,而是将更多的课时放到数学、物理、化学、生物等课程上。1882年普鲁士9年制中学的课程设置中,文科中学古典语言为117个周学时,自然科学18个周学时;实科中学相应为54个周学时和30个周学时;高级实科学校则没有古典语言课程,自然科学为36个周学时。到1901年,文科中学的古典语言减少为104个周学时,自然科学仍保持18个周学时;实科中学相应为49个周学时和29个周学时;高级实科学校则分别为0个周学时和36个周学时。① 由于正处于工业化进程的黄金时期,社会对实用性的技术性人才需求旺盛,于是重视自然科学和实用知识的实科中学和高级实科学校成了当时的中等阶层和新兴经济资产阶级子弟的热门学习去处。②

上述三类中学因其不同取向,发展态势呈现明显差异。文科中学在各类中学中所占的学生人数比重明显下降,实科中学和高级实科学校则由于其实用性和时代性的教育特点,吸引了大批学生,学生人数比重显著增加。1900年,文科中学学生占中学学生总数的60%,实科中学和高级实科学校分别占14%和27%;1911年这三类学校学生所占比重调整为55%、18%和28%;1918年时则进一步调整到了39%、27%和34%。③

中学教师的数量和质量也得到提高。教师由1871年的4000人增加到1914年的1.7万人。在师资质量方面,由于各学科专门化趋势的

① Thomas Nipperdey, *Deutsche Geschichte 1866 –1918*, Band 1, *Arbeitswelt und Bürgergeist*, S. 533.
② Hans-Ulrich Wehler, *Deutsche Gesellschaftsgeschichte*, Band 3, *Von der „ Deutschen Doppelrevolution" bis zum Beginn des Ersten Weltkrieges 1849 –1914*, S. 1204.
③ Ebd. , S. 1203.

发展,对教师的要求也呈现专门化趋势。1866 年教师考试规定中还只有哲学、宗教和希伯莱语、数学和自然科学、新外语等四个专业领域,1898 年时有独立教学资格的专业领域已经达到 15 个。在这种形势下,加强对教师的培训就显得特别必要和重要。因此德国政府规定,从 1890 年开始,中学教师必须参加两年研讨班学习,并试用一年。1898 年起,所有的中学教师都必须拥有统一的资格证书。这种规范化管理对于提高教师的质量起了很大的保证作用。

帝国时期的教师待遇也有了明显改善。教育事业发展的关键在于一支优秀的教师队伍。要建设优秀的教师队伍,就必须提供良好的条件,以便吸引和留住人才。1820 年普鲁士公立小学教师的平均收入为 323 马克,其中城市教师收入 638 马克,农村教师收入 258 马克;1878 年公立小学教师平均收入增加到 1032 马克,城市和农村教师的收入分别为 1365 马克和 874 马克;1911 年,公立小学教师平均收入增至 2718 马克,城市和农村教师收入分别为 3218 马克和 2401 马克。① 这一增长速度大大高于同期普鲁士人均收入的增长。中学教师属于国家官员,薪水较之小学教师更高。1872 年,中学教师大幅度提薪,年薪高低跨度为:低者 1600 马克,高者 4500 马克(柏林相应为 2100 马克和 5100 马克)。到 1914 年前夕,中学教师中的首席教师已经跻身于全国 4%的最高收入阶层之列。

(二)女子学校和军校教育

在德意志帝国时期,专门针对女孩教育的女子学校(Mädchenschule)是基础教育的重要组成部分。通常情况下,女孩在小学阶段接受与男孩相同的义务教育,即在 6—14 岁之间必须接受的基础教育。女子学校实行寄宿制,采取的仍是小学教育模式。以普鲁士为例,根据 1894 年的规定,学生被划分为低级(1—3 年级)、中级(4—6 年级)和高级(7—9 年级)三个阶段,课程有宗教、德语、英语、法语、算术、历

---

① Hans-Georg Herrlitz, *Deutsche Schulgeschichte von 1800 bis zur Gegenwart*, S. 92; Thomas Nipperdey, *Deutsche Geschichte 1866 -1918*, *Band 1*, *Arbeitswelt und Bürgergeist*, S. 543.

史、地理、自然科学、绘画、写作、缝纫、唱歌、体育等。① 在天主教地区,这类女子学校则往往由女修道院掌控和管理。完成小学学业后,由于文科中学等不接受女生入学,许多城镇开始设立女子中学(Höhere Mädchenschule),以满足对女孩的中等教育的需求。相较于普通中学,国家对这类学校的组织、课程设置和监管要松一些。

女子中学作为中等教育的特殊形式,课程设置带有明显的倾向性。在这里,学生学习一般性知识,主要是加强和完善小学阶段已经学习过的内容,不带技术性色彩,也没有有关工商业的课程。女子中学学生的另一项主要学习内容是家庭事务,包括做饭、洗衣、熨烫、健康卫生和营养学知识等。到 20 世纪初,随着社会进步和女权运动的发展,一些女子中学开始引入文科中学和实科中学课程,以便学生们获得进入大学学习的资格。然而,在普鲁士等邦,获得大学学习资格的女生并非正式的大学生,而只是获得了听课资格。

在女子学校的师资力量方面,男性教师通常是曾经在中学任教、经验丰富、受过专门学术训练的高级教师,也有部分小学教师,但他们必须通过相关考试。大部分女子学校都雇用女教师。她们也都必须在教师研讨班学习并通过相关考试。

女子中学的发展相当迅速。1891 年普鲁士有公立女子中学 206 所,学生 4.4935 万人,1901 年有公立女子中学 213 所,私立女子中学 656 所,学生总数达 12.649 万人。巴伐利亚在 1889/90 年有公立女子中学 28 所,私立女子中学 98 所,学生 1.2933 万人,1900/01 年则有公立女子中学 35 所,私立女子中学 100 所,学生 1.525 万人。萨克森在 1889/90 年有各类女子中学 40 所,学生 4300 多人,1899/1900 年有各类女子中学 37 所,学生 4600 余人。其他各邦的女子中学数量和学生人数都有不同

---

① Wilhelm Lexis, *A General View of the History and Organization of Public Education in the German Empire*, Berlin: A. Asher & Co., 1904, p. 81.

程度的增长。①

军事学校教育也是帝国时期中等教育的重要组成部分。德国有重视军队建设的传统。为了培养未来的军官,在普鲁士、巴伐利亚和萨克森等邦专门设立了一些军官学校(Kadettenanstalt;Kadettenschule)。早在大选侯弗里德里希·威廉(Friedrich Wilhelm von Brandenburg, der Große Kurfürst, 1620—1688,1640 年—1688 年在位)时期,普鲁士已经在柏林、马格德堡等地建立相关机构,18 世纪中期以后在施托尔普(Stolp,今波兰境内)、库尔姆(Kulm),卡利施(Kalisch)等地又建立了军官学校。到 1902 年,普鲁士共有 8 所军官学校和普鲁士军官总校(Preußische Hauptkadettenanstalt),它们分别位于波茨坦、普伦(Plön)、科斯林(Köslin)、本斯贝格(Bensberg)、瑙姆堡、瓦尔施塔特(Wahlstatt)、奥拉宁施泰因(Oranienstein)、卡尔斯鲁厄和柏林。此外,巴伐利亚的慕尼黑和萨克森的德累斯顿等地也有军官学校。德意志帝国建立后,位于柏林的军官总校改为帝国军官总校。

在军官学校中,整个教学进程参照实科中学实施,同时实行军事实践方面的训练。从学生人数看,到 20 世纪初,普鲁士有 3000 多名军校学生,巴伐利亚和萨克森各有 200 多学生。② 军校教师大多由军官担任,平民教师只有少数。国家的重视和严格的军事教育体制使德国的军校成为当时世界上最好的军事学校。

(三) 大学教育

与社会转型相适应,帝国时期的高等教育形势也发生了巨大变化。这些变化集中体现在大学生人数的快速增长、大学不同专业发展规模的相应调整和各类新型大学的出现。

19 世纪 30 年代以后,德国的大学经历了两个明显不同的发展阶段。第一个阶段从 1830/31 年到德意志帝国建立,大学在规模上基本上处于

---

① Wilhelm Lexis, *A General View of the History and Organization of Public Education in the German Empire*, pp. 85 – 88.
② Ibid. , p. 79.

下降和停滞状态。① 第二阶段即德意志帝国时期,综合性大学在校学生人数呈现高速增长的趋势:1870/71 年为 1. 5227 万人,1875 年达到1.6357万人,1880 年为 2.1432 万人,1914 年时增加到 6 万人以上。② 如果加上技术大学等其他新型高校,高校学生人数则增长更快。1872 年,德国各类大学生人数(包括旁听生)1.7954 万人,每 1 万男性人口中有8.83 名大学生;到 1912 年,各类大学生达 7.171 万人,每 1 万男性人口中有大学生 21.77 名。③增长幅度之大可见一斑。

　　为了适应社会发展的需要,不仅各大学各院系的规模出现了调整,还成立了新的院系和新型大学。在综合性大学中,各学科的学生人数比重出现了明显的消长,反映了大学教育事业为应对社会发展作出相应调整的积极态度。神学曾经是各大学最大的学科,1830 年时达到最高峰后开始下降,1850 年该学科学生人数为学生总数的 1/3 多一点,1870 年下降到 16.4%,1914 年下降到了 9%。法律学科在 19 世纪 40 年代末到 50年代中期曾拥有最多的学生,60 年代开始下滑,1870 年拥有学生总数的24%,由于就业市场过剩,1914 年下降到了 18.4%。医学学科发展相对平稳。19 世纪 50 年代,该学科学生约占 25%,1870/74 年为 24.4%,1890/94 年达到 29.1%,第一次世界大战前夕该学科学生人数保持在20%左右。变化最大的是哲学学科。由于该学科包括了人文和自然科学多个专业,相关人才需求量大,19 世纪 50 年代末该专业学生人数已经居各专业首位,1870/74 年占 35.7%,1914 年达到 49.6%,占学生总数

① 参见第八章第三节。

② Wolfram Fischer, Jochen Krengel und Jutta Wietog, *Sozialgeschichteliches Arbeitsbuch*, *Band 1*, *Materialien zur Statistik des Deutschen Bundes 1815 – 1870*, S. 229 – 230; Gerd Hohorst, Jürgen Kocka, Gerhard A. Ritter, *Sozialgeschichtliches Arbeitsbuch*, *Band 2*, *Materialien zur Statistik des Kaiserreichs 1870 – 1914*, S. 161; Hans-Ulrich Wehler, *Deutsche Gesellschaftsgeschichte*, *Band 3*, *Von der „Deutschen Doppelrevolution" bis zum Beginn des Ersten Weltkrieges 1849 – 1914*, S. 1211.

③ Gerd Hohorst, Jürgen Kocka, Gerhard A. Ritter, *Sozialgeschichtliches Arbeitsbuch*, *Band 2*, *Materialien zur Statistik des Kaiserreichs 1870 – 1914*, S. 161.

的近一半。① 除学科规模的调整以外,诸如 1901 年建立的法兰克福大学 (Universität Frankfurt am Main)等新的综合性大学,还突破了传统的学科设置模式,设置了自然科学、经济学等新学科,以便适应现实社会发展的需要。

包括商业高等学校和技术高等学校等在内的各类新型高等院校的出现,是帝国时期高等教育的又一显著变化。商业高等学校是经济繁荣的产物,相继建立于 19 世纪末 20 世纪初。1898 年,莱比锡商业高等学校(Handelshochschule Leipzig)首先建立,此后,科隆(1901 年)、法兰克福(1901 年)、柏林(1906 年)、曼海姆(1907 年)、慕尼黑(1910 年)和柯尼斯堡(1915 年)等地的商业高等学校相继建立起来。

德国的技术高等学校(Technische Hochschule)主要从 19 世纪初的综合科技学校(Polytechnikum)、技术专科学校(Technische Fachschule)、工商业研究院或建筑研究院等教育和研究机构发展而来。② 19 世纪 30 年代以后,随着机器制造业的发展以及矿山开采、纺织和铁路等行业中大量使用机器,进行技术教育和培训就有了强烈的社会需求。③ 技术学校因此得到进一步的发展。技术学校的专业设置通常针对社会现实需要,在很大程度上与学习者未来的职业联系在一起。

技术高等学校的出现经历了一个过程。1856 年,汉诺威综合技术学校(Polytechnische Schule zu Hannover)校长卡尔·卡马施(Karl Karmarsch,1803—1879)提出了将技术学校转变为"技术大学"的设想。1864 年,卡尔斯鲁厄综合技术学校(Polytechnische Schule in Karlsruhe)进一步提出了获得博士授予权、大学授课资格以及聘任权的要求。1879

---

① Hans-Ulrich Wehler, *Deutsche Gesellschaftsgeschichte*, *Band 3*, *Von der "Deutschen Doppelrevolution" bis zum Beginn des Ersten Weltkrieges 1849 - 1914*, S. 1212.

② 参见第四章第三节。

③ W. Lexis (Hrsg.), *Die Technischen Hochschulen im Deutschen Reich*, Berlin: Verlag von A. Asher & Co., 1904, S. 4 - 5.

年,德国 9 所综合科技学校中已经有 6 所获得了高等学校资格。其中,达姆施塔特、不伦瑞克、慕尼黑、亚亨技术学校于 1877 改为技术高等学校,汉诺威和柏林的技术学校于 1879 年成为技术高等学校。此后卡尔斯鲁厄(1885 年)、斯图加特和德累斯顿(1890 年)也相继建立了技术高等学校。

技术高等学校在专业设置方面具有明显的针对性,通常设有建筑、土木工程、机械工程和工艺化学等四个系。还有一些高校则根据自己的具体情况增设了其他实用性和前沿性的技术专业。例如,达姆施塔特和卡尔斯鲁厄技术高校有专门的电气技术系;柏林技术高校设立了船舶和船舶机器制造系;不伦瑞克技术高校设有药剂学系;卡尔斯鲁厄技术高校设有林业系;慕尼黑技术高校则开设了农学系。[①] 由于技术高等学校的专业设置与社会经济发展衔接非常紧密,实用性强,学生人数的增长明显高于综合性大学。1870—1914 年间,综合性大学的学生人数增长 300％以上,同期技术类高校的学生人数增长 400％以上。

大学教育的进步还体现为大学生的社会构成的变化。首先是大学生的家庭背景构成比例发生变化,原先占优势的文化资产阶级子弟逐步让位于随着工业化发展而迅速壮大起来的经济资产阶级和中等阶级子弟。19 世纪 60 年代,文化资产阶级出身背景的大学生占到 44.5％,80 年代降到了 1/3,1910 年以后则下降到了 31％。经济资产阶级子弟在大学生中的比例则大幅上升,由 19 世纪 60 年代的 21.4％上升到 80 年代的 34％和 90 年代的 36.6％,第一次世界大战前夕仍占 1/3 以上。同一时期,中等阶级的大学生人数也有所上升,由 19 世纪 60 年代的33.8％,增加到第一次世界大战前夕的 35.5％,成为拥有大学生人数最多的阶层。[②] 中等阶级子弟之所以在大学生中占有如此大的比例,一是该阶层

[①] W. Lexis (Hrsg.), *Die Technischen Hochschulen im Deutschen Reich*, S. 26 - 27.

[②] Hans-Ulrich Wehler, *Deutsche Gesellschaftsgeschichte*, Band 3, *Von der „Deutschen Doppelrevolution" bis zum Beginn des Ersten Weltkrieges 1849 -1914*, S. 1211, 1215.

人数相对较多,且经济上能够承受相关费用,二是大学教育乃这一阶层子弟进入更高社会阶层的重要途径,因而成为众多中等阶级子弟努力拼搏的去处。

大学生社会构成的另一明显变化是女性取得接受高等教育的权利。妇女长期无权进入大学学习曾被称为"德国大学史上黑暗的一章"。① 19 世纪下半期,由于妇女争取平等受教育权的呼声日益高涨和医学等领域对女医生需求的增长等客观要求,高校大门终于慢慢地向妇女开启。1900 年巴登率先向女性开启高等教育的大门。此后,巴伐利亚(1903 年)、符滕堡(1904 年)、萨克森(1906 年)、普鲁士(1908 年)先后结束了妇女无权接受高等教育的历史。1908 年,德国以法律形式确认了妇女接受高等教育的同等权利。到第一次世界大战前夕,女大学生注册人数达到 4100 人,占当时德国大学生总人数的 7%左右。

帝国时期的大学在教学建设和科研的投入上都有其明显的特点。一是教师队伍增长相对缓慢。1864—1910 年,大学生人数从 13413 人增加到了 68202 人,增加约 400%,同期大学教师由 1474 人增加到 4463人,增加约 200%。高校师生比从 1∶9 上升到了 1∶15 左右。二是高校的经费投入出现大幅度跳跃性增长。以柏林大学为例,1870 年预算为74.5万马克,1890 年为 200.6 万马克,1910 年为 380.8 万马克,40 年间预算增长 410%以上。莱比锡大学的预算经费也由 1872 年的 72.9 万马克猛增到 1907 年的 305 万马克。② 这意味着高校经费投入的增长超过了学生人数和教师人数的增长。而经费投入迅猛增长的最主要原因在于高校大批研究机构的建立和科研经费投入的增长。以柏林大学为例,1811 年该校研究机构的支出仅占财政的 12.2%,1870 年时占48.5%,

---

① Hans-Ulrich Wehler, *Deutsche Gesellschaftsgeschichte*, *Band 3*, *Von der „Deutschen Doppelrevolution" bis zum Beginn des Ersten Weltkrieges 1849 –1914*, S. 1217.
② Ebd. , S. 1221.

1910 年时则达到了 61.2%。① 高校科研经费投入的高增长既是当时社会经济发展对科技发展迫切需要的反映，也从一个侧面表明高校已经成为科学研究的重要平台。

（四）工商业等职业学校的发展

高速工业化对就业人员的技术素养提出了更高的要求，从而使职业教育问题提上日程。它要求对相关从业人员进行职前培训，使之了解和掌握最新的技术进步动态，以便能够适应新的职业需要和要求。

在前工业化社会，职业培训的最典型方式是手工业中的学徒学习。这种教育方式不仅包括职业培训，还体现了师傅完全操控学徒的"等级社会"特征。19 世纪初资产阶级改革后，由于营业自由原则的实行，这种培训方式失去了它的道德和社会基础。此外，工业革命使企业的生产形式发生了根本性变化，生产领域中科技含量的提升使劳动力专门培训显得日益迫切。这种专门性培训显然非传统手工业的培训形式所能满足的。实行新的工业方式培训和建立进修型职业教育成为一种客观需要。因此，19 世纪中期以后工业界开始出现新的职业教育形式。以培养各类实用技术人才为目标的职业学校（Berufsschule）呈现快速发展的局面。

德国的职业教育学校可以追溯到 16 世纪，最先以星期日学校（Sonntagsschule）或夜校（Abendschule）形式出现，主要用于弥补普通教育的不足。② 星期日学校起初是为了实行宗教教育，后来逐渐转变为进行工商业方面的培训。夜校也是如此。后来随着社会生产分工的发展，这些学校在教学内容上出现了商业、贸易、技工、绘画等的分类。19 世纪初实行营业自由原则后，行业竞争日趋激烈，人们需要专门的教育来强

---

① Hermann Lübbe, „Fortschritt durch Wissenschaft: Die Universitäten im 19. Jahrhundert", in Wolfgang Hardtwig und Harm-Hinrich Brandt（Hrsg.）, *Deutschlands Weg in die Moderne: Politik, Gesellschaft und Kultur im 19. Jahrhundert*, München: Verlag C. H. Beck, 1993, S. 181.

② Holmes Beckwith, *German Industrial Education and its Lessons for the United States*, Washington, D. C.: Bulletin 1913, No. 19, Whole Number United States Bureau of Education, 1913, p. 77.

化技能,于是开始出现工商业学校(Gewerbliche Schule)或工商业进修学校(Gewerbliche Fortbildungsschule),它们通常也是以星期日学校和夜校形式出现。这些工商业学校大多由私人、行会、工会和技工团体等建立,学校类型和办学方式上也是五花八门。

德意志帝国建立后,由于经济高速发展,工商业学校也出现了跳跃性的发展。到1906年,德国各类职业学校的学生人数为:普通进修学校在校学生13万人,工商业进修学校学生20.6万人,贸易学校学生4万人,商业学校学生5.3万人,农业学校学生6.7万人,普通女子继续教育学校学生7.1万人,女子贸易学校学生2.3万人。[1] 各类工商业学校教育的发展,为分工日益细化的工商业的发展提供了急需的专门人才。甚至女性也成为职业教育的要求培训对象。19世纪60年代以前,职业学校的学生基本上是男孩。此后随着大批女性进入产业领域,许多地方开始出现女子进修学校(Mädchenfortbildungsschule)。这类女性职业学校的教学培训有极强的针对性,不仅涉及家务、家庭开支、健康卫生、营养学、照管小孩等,还涉及妇女服饰的制作、发型设计、刺绣等诸多内容。[2]

帝国时期职业教育的一个重要特点是与生产的紧密结合。19世纪末20世纪初,工业和手工业实际上已经形成了三种基本的职业教育形式:一是传统的手工业学徒培训方式,它将职业教育与生产结合在一起。二是在企业的徒工实习车间和学校中进行封闭性培训,其特点是培训与生产分离。徒工实习车间是由一些企业专门建立的。1860年,斯图加特开始出现造型工徒工实习车间,1872年又出现了旋工徒工实习车间。到1911年,德国已经有28家公司拥有徒工实习车间,其中大部分在克虏伯、博尔西希等大型冶金和机器制造企业中。[3] 厂校(Werkschule)是职

---

① Holmes Beckwith, *German Industrial Education and its Lessons for the United States*, p. 81.

② Ralph C. Busser, *The German System of Industrial Schooling*, Philadelphia: Public Education Association, 1913, p. 49.

③ Hans Pohl(Hrsg.), *Berufliche Aus-und Weiterbildung in der deutschen Wirtschaft seit dem 19. Jahrhundert*, Wiesbaden: Franz Steiner Verlag, 1979, S. 26.

业教育和培训的又一重要机构。学徒除在徒工实习车间接受实践性培训外，还要在厂校等机构接受理论培训和学习。通常情况下，厂校先于徒工实习车间建立，而且独立于徒工实习车间。此外，克虏伯等大型企业还在马格德堡、埃森等地建立了自己的工厂职业学校。第三种职业教育方式则是直接在企业的工作岗位上进行没有培训合同的练习。

职业教育的迅速发展使企业界感到有必要建立起联合组织，协调企业和一些职业学校的职业教育政策，以便根据企业所需人才进行针对性的培训。1908 年，在柏林成立了由德国工程师联合会（Verein Deutscher Ingenieure）、德国电气工程技术人员联合会（Verein Deutscher Elektrotechniker）和德国机械制造业联合会（Verein Deutscher Maschinenbauanstalten）等组成的德国技术教育委员会（Deutscher Ausschuß für Technisches und Schulwesen，简称 DATSCH）。1911 年，德国技术教育委员会原则上将受雇佣劳动者划分为三种类型：需较长时间的手工业方式训练的专业工人；必须执行一定持续重复劳动的、只需短期指导训练的工人；不经任何训练的辅助工人。到 20 世纪初，由于大型工业企业的发展，与传统手工业方式培训的工人相比较，工厂培训的工人已经在职业教育中占据了绝对主导地位。①

第二节　文化和思想运动

文化是历史的投影。如前所述，19 世纪初，德国文化界为反对拿破仑外族统治，争取民族统一，掀起过包括浪漫主义在内的文化民族主义浪潮。1815 年以后，面对梅特涅的反动统治，德国文化界用其独特的方式来表达对现实的看法。其中有对政治失望而"专注于小民"、寻求"小民幸福"、脱离政治生活的毕德麦耶尔派，也有与反动统治者展开抗争，以笔作"刀剑"的"青年德意志兰"。

---

① 孙祖复、金锵主编：《德国职业技术教育史》，浙江教育出版社 2000 年版，第 37—38 页。

德意志帝国时期,由于工业化的深入和社会经济结构的巨大改变,德国文化界面临着一系列新的社会现象和问题。于是,进行与这些改变相应的调适,寻找新的表达形式,更好地反映新的社会现实,成为思想文化界的任务。由于新的社会阶级结构的形成和诸种利益集团的出现,多元性的社会格局逐渐明朗,这一时期的德国文化呈现新的发展趋势和特点,具体而言,就是更浓厚的政治色彩和反映各阶级、阶层思想的纷呈多样的流派。关于帝国时期这种多元化的思想文化发展新趋势,著名史学家沃尔夫冈·J.莫姆森(Wolfgang J. Mommsen,19302004)给予的评价是:"(19世纪)八十年代以来,文化生活逐步与主导性的社会价值和资产阶级的生活理想脱离开来,并建立起一种独立的体系。作家和艺术家们逐渐从资产阶级思想的意识形态前提下解放出来。"[1]

一、流派纷呈的文学、艺术和音乐

帝国时期的社会发展呈现多元趋势,承载于其上的文化也更加丰富和多样化。出现这种多元性思想文化的重要原因多种多样,但显然有其历史的必然性,与时代的发展密切相关。具体说来:(1)在向工业社会转变过程中分工日益复杂,社会较之往日出现了更多的利益群体,每一个群体都希图向社会表明自己的立场和看法;(2)工业化带来了更好、更快的邮政和铁路联系,有利于加强国际间的文化和思想交流,使法国等西欧国家的文化流派能迅速传入并影响德国文化界;(3)大规模城市化改变了传统的生活方式,为新思想、新流派和新风格的传播提供了合适的场所,许多大城市发展为文化中心,并在文化生活方面展现出各自的特色,如戏剧之都柏林和艺术之都慕尼黑等。

(一)流派纷呈的文学

帝国时期,文学领域出现了现实主义、自然主义、象征主义和批判现

---

[1] Wolfgang Hardtwig und Harm-Hinrich Brandt, *Deutschlands Weg in die Moderne: Politik, Gesellschaft und Kultur im 19. Jahrhundert*, S. 255.

实主义等诸多流派纷呈的现象。

帝国建立初期,德国文学正处于现实主义①的极盛时期。在帝国建立后的 20 年中,以长篇和短篇小说为体裁的现实主义文学作品是文坛的主流。它们强调反映社会现实,揭露社会弊端,客观描述日常生活,体现了资产阶级社会和资产阶级自由主义的追求。其中,特奥多尔·施托姆、威廉·拉伯等文学大师仍续写着他们的辉煌。特奥多尔·施托姆被称为"资产阶级的""诗性的现实主义"代表作家之一,他在帝国时期的现实主义代表作有小说《三色紫罗兰》(Viola Tricolor, 1874)、《双影人》(Ein Doppelgänger, 1887)、《骑白马的人》(Der Schimmelreiter, 1888)等。威廉·拉伯在这一时期的主要现实主义代表作有《霍拉克》(Horacker, 1876)、《德意志贵族》(Deutscher Adel, 1880)、《奥德费尔德》(Odfeld, 1888)、《大蛋糕》(Stopfkuchen, 1891)等,其作品在幽默中带着些许忧伤。

特奥多尔·冯塔纳(Theodor Fontane, 1819—1898)是帝国时期的现实主义文学大师。他出身于诺伊鲁平(Neuruppin)的一个药商之家,1839 年发表了第一篇小说《手足情深》(Geschwisterliebe),50 年代开始以写作为职业,中间还当过保守党《十字报》的编辑。他的创作极其丰富,体裁涉及剧本、诗歌、自传、戏剧评论、长短篇小说等。1861 年—1882 年发表的四卷本《勃兰登堡漫游记》(Wanderungen durch die Mark Brandenburg),描写了勃兰登堡的贵族生活和风土人情。其现实主义代表作主要有长篇历史小说《暴风雨之前》(Vor dem Sturm, 1878)、短篇历史小说集《沙赫·冯·伍特诺夫》(Schach von Wuthenow, 1883)等。《暴风雨之前》描写了在反抗拿破仑统治的解放战争时期,普鲁士各阶层的群体性爱国形象。其他作品还有《私通》(L'Adultera, 1882)、《迷惘、混乱》(Irrungen, Wirrungen, 1888)等,对当时的社会弊端进行了揭露。

除现实主义叙述文学外,一些对社会经济转型的挤压感到不满、对

---

① 关于现实主义文学的开端,参见第四章第二节。

工业资本主义社会失望的资产阶级作家则形成了针对现实社会的反感流派。

19 世纪 80 年代下半期开始的自然主义(Naturalismus)文学思潮首先对居于统治地位的传统文化概念提出了挑战。所谓自然主义,就是"艺术家们的回归自然",反对和否定旧的"理想主义的"艺术。[①] 它受现代自然科学的影响,反对传统宗教和道德,将人、周围的社会环境和内心冲动纠缠在一起的现象作为主题,把下层社会的生活条件、精神和道德的衰败等社会现实作为喜好的题材。[②] 自然主义文学的主要代表人物有格尔哈特·豪普特曼(Gerhart Hauptmann,1862—1946)、赫尔曼·苏德尔曼(Hermann Sudermann,1857—1928)等。帝国时期的戏剧在自然主义的推动下出现了一个新的繁荣时期。1889 年,豪普特曼的第一部自然主义戏剧《日出之前》(Vor Sonnenaufgang)在柏林的"自由舞台"(Die Freie Bühne)[③]首次演出。这一剧本中描写的资产阶级的道德和家庭的瓦解,在人们心中引起了极大的震动。1892 年,豪普特曼的《织工》(Die Weber)的演出使自然主义戏剧达到了高潮。这是一部以西里西亚织工起义为背景描写工人反抗斗争的作品,劳苦大众第一次以主人公的身份出现在舞台上。上层统治阶级对于文化领域的这种反传统举动非常反感,威廉二世甚至蔑视地称之为"贫贱艺术"(Rinnsteinkunst)。

还有一些对现实不满的文学流派则以脱离和逃避现实的取向来表达对现实的不满,通过追求唯美主义、"为艺术而艺术"等,求得精神上的安慰和解脱。因此,当自然主义控制着戏剧舞台时,在抒情诗领域却出

---

① Max Lorenz, *Die Literatur am Jahrhundertende*, Stuttgart: Cotta'sche Buchhandlung, 1900, S. 1 - 2.

② Wolfgang Hardtwig und Harm-Hinrich Brandt, *Deutschlands Weg in die Moderne: Politik, Gesellschaft und Kultur im 19. Jahrhundert*, S. 256.

③ 由于宫廷剧院和国家剧院不准演出自然主义戏剧,1889 年 4 月,奥托·布拉姆(Otto Brahm, 1856—1912)、马克西米连·哈登(Maximilian Harden, 1861—1927)和保罗·施伦特尔(Paul Schlenther, 1854—1916)等在柏林创建了"自由舞台"。剧院反对矫揉造作的表演和不真实的虚假激情,提倡自然的表演。

现了象征主义(Symbolismus)的作品。象征主义是对现实主义和自然主义的一种反动。它批评自然主义"单纯反映状态的东西,扼杀了本质的东西",主张不要细致地描写客观现实,而是要采用象征手法表现主观世界,暗示美好的理想世界。因此,象征主义作品逃避工业社会的主流现实,到前工业社会的农民和小城市中去寻找题材和人物,追求"健康的乡土艺术",变成了文学颓废派。这是人们面对现代工业文明挑战而向内心世界的"灵魂深处"撤退的表现。① 著名抒情诗人赖纳·玛丽亚·里尔克(Rainer Maria Rilke,1875—1926)、施特凡·格奥尔格(Stefan Georg,1868—1933)和胡戈·冯·霍夫曼施塔尔(Hugo von Hofmannsthal,1874—1929)是这一流派的典型代表。里尔克是德国最重要的抒情诗人之一,1894 年出版了第一部诗集《生活与歌曲》(Leben und Lieder)。其代表作有《新诗集》(Neue Gedichte,1907)、《杜伊诺哀歌》(Duineser Elegien,1923)和《致奥耳甫斯十四行》(Die Sonette an Orpheus,1923)等。格奥尔格的主要创作成果有《颂歌》(Hymnen,1890)、《心灵之年》(Das Jahr der Seele,1897)等。

20 世纪初,德国文坛上出现了以海因利希·曼(Heinrich Mann,1871—1950)和托马斯·曼(Thomas Mann,1875—1955)兄弟为代表的批判现实主义。海因利希·曼的代表作是长篇小说《臣仆》(Der Untertan,1914),它描写了一个纸厂老板的儿子赫斯林通过无耻的投机和出卖他人而飞黄腾达的故事,无情地揭露了当时的阶级关系和社会矛盾。托马斯·曼的代表作是 1901 年出版的《布登勃洛克一家》(Buddenbrooks),描写了吕贝克大商人布登勃洛克一家四代人的兴衰史,反映了德国从自由资本主义向垄断资本主义过渡时期的社会现实。这些作品充分表达了对靠投机发家致富的资本家的不满,完全没有了帝

---

① Wolfgang Hardtwig und Harm-Hinrich Brandt, *Deutschlands Weg in die Moderne*: *Politik*, *Gesellschaft und Kultur im 19. Jahrhundert*, S. 271.

国建立之初现实主义作家冯塔纳对普鲁士社会仍然抱有的乐观主义想法。①

（二）艺术：从现实主义走向现代主义

帝国时期的艺术也是流派纷呈，出现了现实主义、印象主义（Impressionismus）和表现主义（Expressionismus）等派别。

历史画派（Historienmalerei）是帝国时期占主导地位的官方画派，主要特征是通过理想化的模式或现实主义方式对各种宗教、政治和文学主题加以重现。其中普鲁士在完成德国统一过程中的一些重要人物和事件成为主要的创作题材和对象。该画派在对德国统一这一重大事件有所反映和表现的同时，明显带有半官方的歌功颂德的艺术手法，显示出功利主义倾向和政治御用特征。

历史画派的主要代表有安东·冯·韦尔纳（Anton von Werner，1843—1915）、阿道夫·冯·门采尔和弗兰茨·冯·伦巴赫（Franz von Lenbach，1836—1904）等。安东·冯·韦尔纳曾妙手创作多幅以建立德意志帝国和帝国主要政治人物为题材的名作，诸如《毛奇在凡尔赛工作室中》（Moltke in seinem Arbeitszimmer in Versailles，1872）、《凡尔赛皇帝宣言》（Die Kaiserproklamation in Versailles，1877）、《威廉二世与帝国议会在柏林宫白厅开幕》（Die Eröffnung des Reichstags im Weißen Saal des Berliner Schlosses durch Wilhelm II.，1893）等。② 弗兰茨·冯·伦巴赫也在威廉一世、俾斯麦等显赫政治人物画像方面有所成就，主要作品有《弗兰茨·约瑟夫一世》（Franz Joseph I.，1873）、《奥托·冯·俾斯麦》（Otto von Bismarck，1880）、《皇帝威廉一世》（Kaiser Wilhelm I.，1886/1887）等。阿道夫·冯·门采尔则继续着他的创作辉煌，作品带有浓烈的现实生活色彩，在帝国时期的代表作有反映新工业

_____

① Martin Kitchen, *Cambridge Illustrsted History of Germany*, Cambridge: Cambridge University Press, 1996, p. 220.

② Adolf Rosenberg, *A. von Werner*, Bielefeld und Leipzig: Verlag von Velhagen & Klasing, 1900.

时代的《轧铁厂》(Das Eisenwalzwerk，1875)、《舞厅晚宴》(Ballsouper，1878)等。由于受政治的影响，他最终也将自己摆到了官方画家的位置上，并且由于创作歌颂弗里德里希大帝、威廉一世等普鲁士统治者的油画和插图而声名大震。他在帝国时期创作了《国王威廉一世动身探望军队》(Abreise Königs Wilhelms I. zur Armee，1870)、《穿制服的弗里德里希大帝的军队》(Die Armee Friedrichs des Großen in ihrer Uniformierung，1908—1912)等。所有这些作品都成了历史画派的杰出代表作。①

历史画派试图通过再现重要的历史事实，强化后世的历史记忆，达到保持民族、国家和宗教价值的目的，是民族主义思潮的一种反映。

除了正统的现实主义历史画派，出于对工业社会的文化反感，19世纪末20世纪初还出现了多种对现实不满或回避现实的艺术流派。这些流派的作品在一定程度上反映了人们希望从现实工业社会日益强化的理性主义下解脱出来的愿望。②

德国印象主义画派是在法国艺术影响下出现的一个重要派别，其基础是唯美主义和自然主义。它主张画家应到大自然中去，强调细致观察，在绘画技法上则特别注重运用色彩来表达物体在瞬间的光感效果，而不描绘事物固有的形态特征，因此对象的轮廓往往是模糊的，使人们的感觉建立于"主观色彩"之上，从而达到一种"内心世界"的满足。印象主义派画家有马克斯·施勒福格特(Max Slevogt，1868—1932)、马克斯·利伯曼(Max Liebermann，1847—1935)等人，又以后者最为有名。利伯曼的重要作品有《鹦鹉林荫道》(Papageienallee，1902)、《易北河畔尼恩施泰特的雅可布饭店平台》(Terrasse im Restaurant Jacob in Nienstedten an der Elbe，1902)和《阿姆斯特丹的犹太胡同》(Judengasse

---

① H. Knarkfuß, *A. von Menzel*, Bielefeld und Leipzig: Verlag von Velhagen & Klasing, 1906.

② Wolfgang Hardtwig und Harm-Hinrich Brandt, *Deutschlands Weg in die Moderne：Politik，Gesellschaft und Kultur im 19. Jahrhundert*, S. 263.

in Amsterdam，1905 年)等。它们都是一种对自然环境的直接印象的描绘。1898 年,出于对官方画派的不满,包括印象派在内的 60 多名"现代派"艺术家成立了"柏林脱离派"(Berliner Secession),利伯曼当选为主席。

第一次世界大战前夕,绘画艺术领域又出现了表现主义画派。这一画派以尼采的超人哲学作为其思想基础,反对"为艺术而艺术",主张表现自我和表现主观世界。它不再把自然视为艺术的首要目的,而是把用非自然的线条、形体和强烈的色彩表现情绪与感觉当作艺术的目的。[1]

1905 年,恩斯特·基尔希纳(Ernst Kirchner，1880—1938)、埃里希·海克尔(Erich Heckel，1883—1970)、弗里茨·布莱尔(Fritz Bleyl，1880—1966)、卡尔·施密特-洛特卢夫(Karl Schmidt-Rottluff，1884—1976)等尼采的崇拜者在德累斯顿成立"桥社"(Die Brücke),主张通过"色彩的完全自由、纯表现性的运用"来自由地表现感情。[2] 与此同时,在慕尼黑出现了俄国画家瓦西里·康丁斯基(Wassily Kandinsky，1866—1944)、弗兰茨·马克(Franz Marc，1880—1916)、奥古斯特·马克(August Macke，1887—1914)等为代表的"新艺术家联合"(Neue Kunstlervereinigung)。1911 年,瓦西里·康丁斯基等认为"新艺术家联合"不够激进,另成立"蓝色骑士"(Der Blaue Reiter),要求进一步摆脱物象以表达事物的本质。表现主义画派的格言是,艺术的更新决不是"形式上的",而必须是一种思想的新生,要搜寻客观外表背后隐藏的东西,看透事物的本质,通过无生物来表达自己的思想感情。[3] 在表现主义画派中,基尔希纳的《柏林街景》(Berliner Straßenszene，1913)、康丁斯基

---

[1] Franz Landsberger, *Impressionismus und Expressionismus：Eine Einführung in das Wesen der neuen Kunst*, Leipzig：Verlag von Klinkhardt &. Biermann, 1922, S. 40‐41.

[2] Wolfgang Hardtwig und Harm-Hinrich Brandt, *Deutschlands Weg in die Moderne：Politik，Gesellschaft und Kultur im 19. Jahrhundert*, S. 264.

[3] Wolfgang Hardtwig und Harm-Hinrich Brandt, *Deutschlands Weg in die Moderne：Politik，Gesellschaft und Kultur im 19. Jahrhundert*, S. 268；[法]德斯佩泽尔与福斯卡:《欧洲绘画史》,路曦等译,人民美术出版社 1984 年版,第 235—236 页。

的《蓝色骑士》(Der Blaue Reiter，1903)、弗兰茨·马克的《蓝马》(Blaues Pferd，1911)等是代表性作品。

表现主义等现代主义艺术显然不为当时的资产阶级主流社会所接受，它们被指责为"原始粗糙的艺术本能反对文明的起义"，是向资产阶级工业现实发出的挑战。① 但是，有一点是显而易见的，那就是，这些现代主义艺术流派在很大程度上是要在工业社会迅速增长的物质财富面前，寻找和强调一种精神的平衡和慰藉。

在德意志帝国时期的艺术家之中，版画家凯特·珂勒惠支(Käthe Kollwitz，1867—1945)的艺术创作和价值取向可谓别具一格。珂勒惠支出生于柯尼斯堡的泥瓦匠之家。她从小目睹下层民众的苦难生活，因而致力于用自己的作品反映劳动人民的生活和斗争。其代表性作品有《织工起义》组画（Weberaufstand，1897）和《农民战争》组画(Bauernkrieg，1908)，前者反映了织工的苦难生活及其从反抗到失败的过程，后者则以 1525 年农民战争为题材，展示了农民从遭受非人的奴役到起义反抗的壮烈场面。珂勒惠支因其作品的艺术性和思想性的高度结合而得到人们的高度赞誉，成为 20 世纪德国最伟大的艺术家之一。

帝国时期的建筑艺术也打上了鲜明的时代烙印。受益于新的钢铁建材、混凝土技术和建筑部件预制技术以及大规模城市化对建筑业的刺激，住宅、公共建筑等事业都出现了前所未有的发展。公寓住宅、工厂、百货公司、博物馆、剧院、办公大楼等如雨后春笋般涌现。这种建筑的繁荣为建筑艺术的发展和多元化提供了广阔的平台。

开始于 19 世纪 20 年代的历史主义建筑风格在帝国时期仍然呈现强大的生命力。历史主义强调历史发展乃一种具有决定意义的潮流，同时重视对于历史现象的个性的欣赏，认为要从历史潮流中去体察每个个体的意义。在建筑艺术方面，历史主义风格体现为重视过去，追求个体

---

① Wolfgang Hardtwig und Harm-Hinrich Brandt，*Deutschlands Weg in die Moderne：Politik，Gesellschaft und Kultur im 19. Jahrhundert*，S. 269 - 270.

性的创造。基于这种取向，古典风格（Antike-Stil）、文艺复兴风格（Renaissance-Stil）、哥特式风格（Gotischer Stil）等又重新归于流行，但是又与过去有所区别，被冠上了新古典主义（Neoklassizismus）、新巴洛克（Neobarok）、新哥特式（Neogotik）、新文艺复兴（Neorenaissance）等名称。此外，历史主义建筑风格还呈现地区性特点，其代表有汉诺威建筑学派（Hannoversche Architekturschule）、新纽伦堡风格（Neu-Nürnberger Stil）等。在历史主义建筑风格之下，公共建筑大多带有"类别"特征。歌剧院通常属于新巴洛克风格；法院建筑大多带有新古典主义或罗马式风格（Romanischer Stil）；博物馆一般是缪斯神庙（Musentempel）风格；邮局大多为新哥特式风格；威尼斯的文艺复兴式风格则通常是商业建筑的首选；政府和议会建筑则多为古典希腊罗马风格。

历史主义建筑艺术的主要代表人物有戈特弗里德·森佩尔（Gottfried Semper，1803—1879）、保罗·瓦洛特（Paul Wallot，1841—1912）等。前者的代表作有德累斯顿茨温格尔宫（Dresdner Zwinger）的德累斯顿画廊（Gemäldgalerie Dresden，1855）和森佩尔歌剧院（Semperoper，1878，即今天的德累斯顿歌剧院）。后者的代表作则是混杂着新文艺复兴和新巴洛克风格的帝国议会大厦（Reichstagsgebäude，1894）。这一时期完成的代表性建筑还有1880年完工的哥特式科隆大教堂、融合了文艺复兴和巴洛克风格的柏林大教堂（Berliner Dom，1905）等。帝国议会大厦和柏林大教堂是德意志帝国时期历史主义建筑艺术的顶峰。

"青年风格"（Jugendstil）是19世纪末20世纪初的又一种建筑艺术风格，因1896年创办于慕尼黑的文化杂志《青年》（Die Jugend）而得名。最初的提倡者是画家奥托·埃克曼（Otto Eckmann，1865—1902）。他主张打破因袭传统的严谨历史主义风格，模仿花草藤蔓等形状，凭自己的主观印象来描绘自然飘逸的细长线条，形成平面图形。"青年风格"的代表人物有彼得·贝伦斯（Peter Behrens，1868—1940），代表性作品为达姆施塔特的婚礼塔(Hochzeitsturm，1908)。德国在占领和统治中国青岛期间建造的胶澳总督官邸也属于青年风格建筑。比利时建筑设计师亨利·凡·德·维尔德(Henry van de Velde，1863—1957)对青年风格建筑艺术的发展产生了重要影响。他不仅设计了一系列青年风格建筑,而且于1906年创办了魏玛艺术工艺学校(Kunstgewerbschule Weimar),该学校成为著名的包豪斯(Bauhaus)的前身。

"青年风格"只是建筑艺术从历史主义转向现代主义(Moderne)的过渡。[①] 帝国后期,建筑艺术开始进入现代主义阶段。它首先出现在工业建筑领域,强调建筑师要研究和解决建筑的实用功能和经济问题,主张积极采用新材料和新结构,创造新的建筑风格,实际上是对钟情于过去的历史主义建筑艺术的一种反动。其代表性作品有彼得·贝伦斯设计的柏林的通用电气公司动力大厦(AEG-Turbinenhalle，1909)、"包豪斯"风格创立者瓦尔特·格鲁皮乌斯(Walter Gropius，1883—1969)设计的位于阿尔弗雷德(Alfred)的法古斯工厂(Fagus-Werk，1914)以及弗里德里希·皮策(Friedrich Pützer，1871—1922)设计的位于耶拿的第15号楼(Bau 15，um 1917,德国第一幢高层住宅)。这些建筑已经带有包豪斯风格的印迹。

(三)音乐:从中期浪漫主义到晚期浪漫主义

音乐领域也呈现多元性的价值取向。一方面,帝国时期的音乐与绘画等艺术领域一样,也受到民族主义的感染,呈现一定程度的民族主义色彩。1870/71年对法战争是歌颂的主题。瓦格纳专门创作了《皇帝进行曲》(Kaisermarsch，1871),用以祝贺德国对法国的胜利。勃拉姆斯则作了《凯旋之歌》(Triumphlied，1871)以纪念德国的胜利。另一方面,浪漫主义音乐继续着它在德国的辉煌历程。作为中期浪漫主义音乐的代表人物,瓦格纳于1876年开始在拜罗伊特剧院(Bayreuther Festspielhaus)上演其

---

① Sussane Petri, *Form-und Farbgebung der Innenraumgestaltung im Jugendstil*，München: Grin Verlag，2006，S. 8 - 9.

音乐剧,获得巨大成功。他的主要作品有《帕西法尔》(Parsifal,1882)和《尼伯龙根指环》(Der Ring des Nibelungen,1848—1874)等。《尼伯龙根指环》由《莱茵河的黄金》(Das Rheingold,1854)、《女武神》(Die Walküre,1856)、《齐格弗里德》(Siegfried,1871)、《神界的黄昏》(Götterdämmerung,1874)等4部神话剧组成。瓦格纳还著有多本理论著作,包括《艺术与革命》(Kunst und Revolution,1849)、《歌剧与戏剧》(Oper und Drama,1851)等。

　　19世纪末20世纪初,德国的音乐发展进入晚期浪漫主义阶段。这一时期,传统的音乐形式和元素进一步被打破,作品呈现庞大的音乐结构、高度的技巧和高度紧张的精神重负特征,开始向现代主义过渡。主要代表人物有古斯塔夫·马勒(Gustav Mahler,1860—1911)和理夏德·施特劳斯(Richard Strauss,1864—1949)。古斯塔夫·马勒生于波希米亚的卡利什特(Kalischt),他的交响曲既给人以神秘莫测和儿童般的单纯之感,还兼具哲学性的宏大构思,是晚期浪漫主义的艺术典型。其主要作品有《大地之歌》(Das Lied von der Erde,1911)等10部交响曲和《亡童之歌》(Kindertotenlieder,1901,1904)、《男童神奇号角之歌》(Des Knaben Wunderhorn,1887—1891)等声乐套曲。理夏德·施特劳斯出生于慕尼黑,主要作品有交响诗《死与净化》(Tot und Verklärung,1891)、《英雄生涯》(Ein Heldenleben,1899),标题交响曲《阿尔卑斯山》(Eine Alpensinfonie,1915)以及歌剧《莎乐美》(Salome,1905)和《玫瑰骑士》(Der Rosenkavalier,1911)等。其作品在音乐表现力方面综合了古典和浪漫主义的复杂技巧,一些作品显示出的病态狂乱情感已经明显具有从浪漫主义向现代主义过渡的艺术特征。

　　音乐文化领域也折射出新的社会阶级结构和阶级力量的变化。一方面,资产阶级力量的壮大使之在音乐文化领域的影响力不断增强,贵族阶级在文化领域的垄断统治地位被打破。剧院原先是宫廷贵族文化的重要载体,19世纪中期以后却成为推介资产阶级文化价值观的最重要的阵地。剧院事业因此得到迅速发展。1870—1896年期间,商业剧院从原先的约 200 座增加到了 600 座。①

　　另一方面,由于工人阶级力量的壮大,反映下层工人生活的工人阶级音乐戏剧表演开始出现。19 世纪 90 年代初,出现了德国工人运动的第一个文化政治组织"柏林自由人民舞台"(Freie Volksbühne Berlin),其口号是"艺术为了人民"(Die Kunst dem Volk)。它以极其低廉的票价服务于底层劳动阶层。1892 年,"新自由人民舞台"(Neue Freie Volksbühne)建立,社会民主党著名政治家、历史学家和作家弗兰茨·梅林(Franz Mehring,1846—1919)出任主席。它成为工人阶级文化与资产阶级文化对抗的重要工具。格尔哈特·豪普特曼的戏剧《织工》等则将工人社会群体的生活搬上了舞台。这些反映工人阶级的题材进入文化领域,打破了封建统治阶级和资产阶级对文化的垄断,是社会进步在文化艺术领域的一种反映,也是工人阶级影响力不断增强的体现。

二、人文社会科学的发展

(一) 哲学的新发展

　　德意志帝国时期的哲学较之 19 世纪中期以前有了新的发展。一是费尔巴哈倡导的唯物主义哲学继续发展,形成了以马克思和恩格斯为代表的历史唯物主义哲学和恩斯特·黑克尔(Ernst Haeckel,1834—1919)为代表的一元论(Monismus)唯物主义哲学;二是弗里德里希·尼采在叔本华哲学的基础上进一步发展了非理性主义哲学。

　　马克思和恩格斯创立的历史唯物主义哲学认为,生产力决定生产关系,经济基础决定上层建筑,生产力与生产关系的矛盾运动决定着人类社会的发展以及承载于其上的人类思想意识和精神文化的进步。马克思主义哲学的影响范围是全欧性和世界性的,在德国的影响尤其强大,出现了一批以历史唯物主义为认识基点的著名思想家,其中包括卡尔·

---

① Wolfgang Hardtwig und Harm-Hinrich Brandt, *Deutschlands Weg in die Moderne：Politik, Gesellschaft und Kultur im 19. Jahrhundert*, S. 256.

考茨基(Karl Kautsky,1854—1938)、爱德华·伯恩斯坦、弗兰茨·梅林等理论家和思想家,也出版了一批以历史唯物主义为出发点的重要论著,包括著名社会学家和国民经济学家维尔纳·松巴特的早期著作《社会主义和社会运动》(Sozialismus und Soziale Bewegung)和历史学家罗伯特·珀尔曼(Robert Pöhlmann,1852—1914)所著《古代共产主义和社会主义史》(Geschichte des antiken Kommunismus und Sozialismus)等。前者对阶级斗争、空想社会主义、社会运动前史、社会主义运动在英、法、德等国的发展、马克思的影响以及当时的社会主义运动潮流等,进行了尝试性探究,后者则对原始社会和古代希腊社会的共产主义、私有化、柏拉图的理想国等进行了"开创性"的考察。①

建立于达尔文主义(Darwinismus)之上,由著名动物学家和哲学家、无神论者恩斯特·黑克尔创立的"一元论"自然哲学也得到了充分发展。黑克尔出生于波茨坦,曾在柏林、维尔茨堡等地学习医学。主要著作有《自然万物史》(Natürliche Schöpfungsgeschichte,1868)、《人类起源和发展学》(Anthropogenie,1874)等,其中,1899年出版的《世界之谜》(Die Welträtsel:Gemeinverständliche Studien über Monistische Philosophie)是黑克尔最重要的代表作,它从"人类""灵魂""世界"和"上帝"等方面充分阐释了以达尔文进化论为基础的唯物主义"一元论"。根据黑克尔的观点,19世纪科学研究的进展表明,生命都是自然发生的,人也是自然的属物。《世界之谜》一书出版后深受读者欢迎,不仅再版多次,而且被译成多种欧洲文字,发行了几十万册。在很多家庭中,《世界之谜》成了"像圣经一样的必不可少的读物"。② 为了宣传以达尔文主义为基础的唯物主义人生哲学,黑克尔于1906年在耶拿成立了"德国一元论者

---

① Werner Sombart,*Sozialismus und Soziale Bewegung*,Jena:Verlag von Gustav Fischer,⁵1905;Robert Pöhlmann,*Geschichte des antiken Kommunismus und Sozialismus*,*Erster Band*,München:C. H. Beck,1893.

② Ernst Haeckel,*Die Welträthsel:Gemeinverständliche Studien über Monistische Philosophie*,Bonn:Verlag von Emil Strauß,⁸1902;[德]恩斯特·约翰·耶尔格·容克尔:《德意志近百年文化史》,史卓毅译,陕西人民出版社1986年版,第34页。

联盟"(Deutscher Monistenbund)。黑克尔的唯物主义一元论反对对神的信仰,严重危及西方传统的基督教神学,因而引发激烈的争论,遭到一些学者的猛烈反击,被批为"达尔文主义的一元论的""教条主义者"。①其理论也成为日后种族主义和社会达尔文主义(Sozialdarwinismus)的重要根据。

弗里德里希·尼采则将非理性主义哲学进一步发扬光大。他出生于吕茨恩(Lützen)附近的罗肯(Röcken),年轻时曾在波恩大学学习古典语言学和新教神学,后转到莱比锡大学继续学习古典语言学。1869 年,年仅 25 岁的尼采被瑞士巴塞尔大学(Universität Basel)聘为古典语言学教授,不久即因其才华出众而成为巴塞尔学界的精英名流。

尼采是一位多产的哲学家,19 世纪 70 年代开始推出一系列重要著作,在思想界引起了巨大反响。代表作品有《悲剧的诞生》(Die Geburt der Tragödie aus dem Geiste der Musik,1872)、《不合时宜的考察》(Unzeitgemäße Betrachtung,1873)、《朝霞:关于道德偏见的思考》(Morgenröte. Gedanken über die moralischen Vorurteile,1881)、《快乐的科学》(Die fröhliche Wissenschaft,1882)、《道德的普系》(Zur Genealogie der Moral. Eine Streitschrift,1887)、《查拉图斯特拉如是说》(Also sprach Zarathustra,1883—1885)、《善与恶的彼岸》(Jenseits von Gut und Böse. Vorspiel einer Philosophie der Zukunft,1886)、《反基督》(Antichrist. Fluch auf das Christentum,1895)等。1906 年,其主要著作以《权力意志》(Der Wille zur Macht)为名集结出版。

尼采的非理性主义哲学虽然源于叔本华哲学,却与后者有着明显不同的价值取向。叔本华哲学的中心议题是生命意志,强调因欲望无法满足而带来的人生痛苦,表现为一种消极、悲观的非理性主义价值取向;尼

---

① Heinrich Schmidt, *Der Kampf um die „Welträtsel"*; *Ernst Haeckel, die „Welträtsel" und die Kritik*, Bonn: Verlag von Emil Strauss, ²1900; Eberhard Dennert, *Die Wahrheit über Ernst Haeckel und Seine „Welträtsel"*, Halle: C. Ed. Müller's Verlagsbuchhandlung, 1908, Vorwort.

采虽然也强调意志优先,但提出了一种积极的"权力意志",并为此构建了一套否定一切传统,重估一切价值的哲学体系。[1]

尼采对西方的现代理性进行了批判,认为理性用永恒的概念扼杀了活生生的现实,忽视了人的本能。因此他在叔本华生命哲学的基础上,提出要用"超越善与恶"的权力意志来解释人类的行为,主张人生就是强者支配弱者,否定人世间存在一套普世的道德,从而否定了西方的人文主义传统。尼采还对作为西方文化基础的基督教进行了抨击,认为基督教鼓吹软弱,牺牲了更强壮的道德;基督教伦理约束人的心灵,使人的本能受到压抑,要使人获得自由,就必须杀死上帝。他因此发出了令人震惊的"上帝死了!"的呼声。[2]

在全面否定传统道德和价值观的基础上,尼采提出了以权力意志为核心的新哲学,即用生命的权力意志取代上帝的地位,用充满激情、欲望、冲动和争斗的本能取代冷静、精确和逻辑的理性。权力意志因此成为人生的最高价值尺度。为了实现权力意志,构建理想人生,他提出了所谓的"超人"(Übermensch)概念。"超人"是人类最高价值的人格代表,是英雄道德的载体和人类发展的目标;他蔑视一切传统道德和价值,本身就是规范和价值的创造者和体现;他统治一切,拥有最强大的意志,是人的自我超越和扩张。

尼采哲学的现代意义在于,它不仅是对忽略人的本能的理性主义和僵化的传统文化的反动,更是一种对于人的生命的新注解,是对生命意义的一种激情探索。

(二)史学的新成就

帝国时期的史学继续着其辉煌的成就。史学大师兰克虽年逾古稀,仍笔耕不辍,续写着他宏大的治史抱负。他试图编撰一部包罗西方各国

---

[1] Henry L. Mencken, *The Philosophy of Friedrich Nietzsche*, London: T. Fisher Unwin, 1908, Introduction: ix - x.

[2] M. A. Mügge, *Friedrich Nietzsche: His Life and Work*, London: T. Fisher Unwin, 1908, p. 191.

历史的大型世界通史,并且从 1881 年开始出版多卷本《世界史》(Weltgeschichte,1881—1888),但是直到 1886 年这位享年 90 岁高龄的史学大师去世时,才完成 6 卷,后来其助手根据他的笔记整理出版了第 7—9 卷。该著作叙述了起始于古代埃及和以色列止于 1453 年的西方各国和各民族历史。①

另一位史学大师特奥多尔·莫姆森则在完成《罗马史》前 3 卷的基础上继续该著作的写作。出于对塔西佗(Publius Tacitus,um 58 n. Chr. - um 120)《编年史》(Annalen;Annales)成就的敬畏,莫姆森没有撰写第 4 卷帝制时代的罗马史,而是直接续写了第 5 卷并于 1885 年出版。1902 年,莫姆森因其《罗马史》在史学和文学方面的巨大成就而荣膺诺贝尔文学奖。莫姆森还积极参加政治生活。他是 1848 年革命时期重要的自由主义活动家,资产阶级进步党、民族自由党的成员,长期担任普鲁士邦议会和德意志帝国议会的议员,并且于 1890 年发起建立了"抵抗反犹主义联合会"(Verein zur Abwehr des Antisemitismus),对日益活跃的反犹主义表达自己的不同看法。

曾经为普鲁士统一德国呐喊助威的普鲁士历史学家学派在德意志帝国时期进一步强化了历史研究的政治功能。他们认为史学的本质是"理解",因此毫不隐讳在其著述中加注自己的政治观点,赤裸裸地主张历史为现实政治服务。他们甚至不惜对历史事实进行断章取义的选择性改造,以使历史适应自己的主观想象。② 在帝国时期,普鲁士历史学家学派的主要代表为聚贝尔和特赖奇克。

聚贝尔在史学领域中仍然发挥着巨大的影响力。他不仅继续出版影响力巨大的《历史杂志》,而且在 1875 年出任普鲁士档案馆馆长。他在德意志帝国建立后撰写的最重要著作是 7 卷本《威廉一世创立德意志帝国》(Die Begründung des deutschen Reiches durch Wilhelm I.,

---

① Leopold von Ranke, *Weltgeschichte*, Leipzig: Verlag von Dunker & Humblot, Erster-Neunter Theil, 1881 - 1888.

② Antoine Guilland, *Modern Germany and Her Historians*, p. 171.

1889—1894)。该著作以普鲁士为核心视角,论述了从古代直至普鲁士建立德意志帝国的历史,用他自己的话说,就是"1850 到 1870 年间的普鲁士史"。① 他毫不避讳自己的政治立场,明确表示自己的历史研究服从于"对普鲁士和民族自由的"信仰。因此,有学者在评价 19 世纪德国的历史学时认为,尼布尔和兰克进行历史研究时满足于了解他们所涉及的各民族的历史发展,让读者自己去从中推导出政治教益;莫姆森则更进一步,他将罗马史研究与 1848 年革命之后的德国形势进行某种联系和比较,已经带有一种强烈的感情色彩和倾向;聚贝尔进行历史研究时则是一切为我所用,过去所有的一切都只是用来"证明霍亨索伦王朝制度的优越性和民族自由党原则的正确性的借口而已"。② 正是出于这种信仰,在帝国之初,当俾斯麦政府与罗马天主教会及中央党之间的斗争日趋激烈时,聚贝尔立即重披战袍,代表民族自由党进入帝国议会,支持俾斯麦展开反对天主教的文化斗争。

特赖奇克是普鲁士历史学家学派中"最年轻、最伟大和最后一位"代表,他在贯彻历史研究为政治服务的目标方面做得尤其出色,"最完美地体现了历史与政治的融合"③。德意志帝国建立后,随着德国民族主义思想的不断膨胀,他转而鼓吹德意志民族优越论,为德意志帝国向外扩张鸣锣开道。其代表作为 1879 年—1894 年间出版的 5 卷本《十九世纪德国史》(Deutsche Geschichte im neunzehnten Jahrhundert)。该著作对拿破仑战争之后到 1848 年间德意志的政治、社会和文化生态进行了详细的论述。按照作者的说法,在撰写过程中,整个德意志以及普鲁士的状况是其关注的中心,与此同时,也会涉及对"整个祖国命运"具有重要意

---

① Heinrich von Sybel, *Die Begründung des Deutschen Reiches durch Wilhelm I.*, *Erster Band*, München und Leipzig: Verlag von R. Oldenbourg, ³1890, Vorwort, XI.
② Heinrich von Sybel, *Die Begründung des Deutschen Reiches durch Wilhelm I.*, *Erster Band*, Vorwort, XIII; Antoine Guilland, *Modern Germany and Her Historians*, p. 172.
③ G. P. Gooch, *History and Historians in the Nineteenth Century*, p. 147.

义的小邦。① 因此,在特赖奇克的笔下,德意志帝国的出现是神圣罗马帝国结束以来德国的政治和精神生活发展的必然结果。他还积极呼应德意志帝国时期的极端民族主义,宣扬大日耳曼主义,宣称为了达到目的可以不择手段,因此被一些学者称为"19 世纪的马基雅维里"。②

　　除了老一辈史学家,一些史学新星也开始绽露头角,其中包括 20 世纪上半期德国史学界的领军人物弗里德里希·迈内克(Friedrich Meinecke,1862—1954)。迈内克出生于阿尔特马克(Altmark)的萨尔茨韦德尔(Salzwedel),年轻时曾在柏林大学学习日耳曼语言文学和历史学,受教于聚贝尔、特赖奇克、德罗伊森、狄尔泰(Wilhelm Dilthey,1833—1911)等史学名家和学术大师。1893 年,在聚贝尔的推荐下,年轻的迈内克出任著名的《历史杂志》编辑,并且在特赖奇克去世后于 1896年担任该刊主编,直到 1935 年被纳粹政府解职。1896 年,他以《陆军元帅赫尔曼·冯·博伊恩传》(Das Leben des Generalfeldmarschalls Herrmann von Boyen)获得在柏林大学授课的资格。1901 年以后他先后在斯特拉斯堡、弗赖堡等大学任教,并推出了具有重要影响力的《世界公民与民族国家》(Weltbürgertum und Nationalstaat:Studien zur Genesis des deutschen Nationalstaates,1908),《19、20 世纪的普鲁士和德国》(Preußen und Deutschland im 19. und 20. Jahrhundert,Historische und politische Aufsätze,1918)等重要著作。在这些著作中,受 19 世纪 90 年代中期以后"兰普雷希特争论"(Lamprechtstreit)③的影响,迈内克的关注点从传统兰克史学对历史事实的描述转向更"深

---

① Heinrich von Treitschke, *Deutsche Geschichte im neunzehnten Jahrhundert*, *zweiter Teil*, *Bis zu den Karlsbader Beschlüssen*, Leipzig: Verlag von S. Hirzel, 1882, Vorwort.

② Adolf Hausrath, *Treitschke*: *His Doctrine of German Destiny and of International Relations*, New York & London: The Knickerbocker Press, 1914, Forword, ix.

③ 卡尔·兰普雷希特(Karl Lamprecht,1856—1915),德国著名历史学家,代表作为 12 卷《德意志史》(Deutsche Geschichte)。他反对兰克史学的描述性研究,主张进行以一般发展规律为探究目标的历史发展的经验探究,而且把研究重点从政治史转向社会和文化史领域。这一观点在德国史学界引起了激烈的争论,遭到以"新兰克学派"(Neorankeaner)为代表的许多学者的反对,却受到马克思主义史学家弗兰茨·梅林等人的支持。

刻的""历史政治的、思想史的审视"。他在《世界公民与民族国家》一书中开宗明义地提出要探究"德国的民族国家思想形成史",从思想发展层面来审视"民族、国家"等问题。① 迈内克因此成为德国史学界"思想史"(Ideengeschichte)的开创者。

（三）社会学的兴起

社会学的兴起是德意志帝国时期人文社会科学领域的又一亮点。这一时期,包括马克斯·韦伯、维尔纳·松巴特、费迪南德·滕尼斯(Ferdinand Tönnies,1855—1936)等在内的著名学者为社会学的发展奠定了厚实的基础。

马克斯·韦伯于1864年出生于爱尔福特,是现代社会学奠基人之一,也是著名的历史学家、法学家和政治经济学家。年轻时先后在海德尔堡大学、柏林大学和哥廷根大学学习法学、国民经济、哲学和历史。1893年以后曾在柏林、弗赖堡、海德尔堡、维也纳和慕尼黑等大学任教。他研究领域广博,早期研究集中于历史和经济领域,如《中世纪商业社团史》(Zur Geschichte der Handelsgesellschaften im Mittelalter,1889)、《罗马农业史》(Die römische Agrargeschichte in ihrer Bedeutung für das Staats-und Privatrecht,1891)、《民族国家和国民经济政策》(Der Nationalstaat und Die Volkswirtschaftspolitik,1895)等。他最具影响力的成就是对宗教社会学和政治社会学的研究,《新教伦理与资本主义精神》(Die protestantische Ethik und der Geist des Kapitalismus,1905)是其最著名的代表作。该著作探究了宗教思想与经济行为之间的关系,认为近代资本主义合理经营的态度是在新教特别是卡尔文教的宗教伦理驱使下形成的。现代资本主义的生产方式以劳动纪律和职业道德为前提,这种敬业精神源于新教的禁欲主义和合理安排的伦理生活。西方文明领先于其他文明的原因也由此得到解释。他的代表性著作还有《经

---

① Friedrich Meinecke, *Weltbürgertum und Nationalstaat*; *Studien zur Genesis des deutschen Nationalstaates*, München und Berlin; Verlag von R. Oldenbourg, ²1911, Vorwort, S. 1.

济与社会》(Wirtschaft und Gesellschaft，1921)等，许多著作是在他去世后才被收集、整理和出版的。

维尔纳·松巴特出生于埃姆斯勒本(Ermsleben)，曾受教于著名国民经济学家古斯塔夫·施莫勒，是与马克斯·韦伯同时代的著名社会学家、国民经济学家、思想家。1890 年起先后在布雷斯劳大学和柏林大学任教。一生著述颇丰，思想多变。他曾是马克思主义的接受者，1896 年出版的《社会主义与社会运动》就明显受到马克思主义的影响。后来又成为马克思主义的反对者。松巴特对社会学的贡献主要集中于经济社会学和宗教社会学领域，研究重点置于资本主义的起源和发展问题。其代表性著作主要有 2 卷本《现代资本主义》(Der moderne Kapitalismus，1902)、《19 世纪的德国国民经济》(Die deutsche Volkswirtschaft im 19. Jahrhundert，1903)、《犹太人与经济生活》(Die Juden und das Wirtschaftsleben，1911)、《奢侈与资本主义》(Luxus und Kapitalismus，1913)、《战争与资本主义》(Krieg und Kapitalismus，1913)等。《现代资本主义》细致描述了资本主义的起源，将资本主义的发展划分为早期、中期和晚期三个阶段。《犹太人与经济生活》受到马克斯·韦伯关于"清教与资本主义之间关系研究"的启发而成稿，认为犹太人才是资本主义的主要推动者，"犹太人使当今的资本主义形态成为可能"。[1]《奢侈与资本主义》进一步探究了资本主义的起源和崛起问题，明确提出"奢侈产生了资本主义"。《战争与资本主义》则强调，资本主义与战争有密切的关系，战争不只是资本主义发展的结果，也是资本主义产生和发展的重要动因。[2] 松巴特和马克斯·韦伯一道奠定了有关资本主义体系的历史和社

---

[1] Werner Sombart, *Die Juden und das Wirtschaftsleben*, Leipzig：Verlag von Dunker & Humblot, 1911, Vorwort, V, VII - VIII.

[2] Werner Sombart, *Studien zur Entwicklungsgeschichte des modernen Kapitalismus*, *Erster Band*, *Luxus und Kapitalismus*, München & Leipzig：Verlag von Duncker & Humblot, 1913, S. 133; Werner Sombart, *Studien zur Entwicklungsgeschichte des modernen Kapitalismus*, *Zweiter Band*, *Krieg und Kapitalismus*, München & Leipzig：Verlag von Duncker & Humblot, 1913, S. 1.

会学基础。

（四）关于人文科学方法的思考

德意志帝国时期,作为与启蒙运动的理性主义斗争的产物,浪漫主义的历史主义仍然影响着人文科学(Geisteswissenschaft)的发展。这一时期,出于对实证主义、自然主义影响不断增长的反感和维护人文科学"自主性"的认识的需要,以威廉·狄尔泰为代表的一些学者提出了对于人文科学方法的新思考。

狄尔泰1833年出生于威斯巴登附近的比布里希,是著名哲学家、历史学家和社会学家。他反对完全用自然科学的方法去研究历史科学和社会科学,致力于对历史理性的批判,主张历史相对主义,认为人文科学是解释性科学,历史和社会科学的主题是人的思想而非直接的经历,语言、文学、行为和制度则是思想的载体。人文科学的任务是重新体验和从思想上理解相互联系在一起的个体的表现活动、语言和行为。[1] 狄尔泰于 1883 年发表的《人文科学导论》(Einleitung in die Geisteswissenschaften,1883)即是这种思想的结果。1910 年出版的《人文科学中历史世界的构建》(Der Aufbau der geschichtlichen Welt in den Geisteswissenschaften,1910)则对这种思想做了更进一步的阐释。他还推出了《经历与诗歌》(Das Erlebnis und die Dichtung:Lessing, Goethe, Novalis und Hölderlin,1907)等一系列著作来阐释和佐证自己的看法。狄尔泰强调,人类的本质无法用反省的方式获取,它只能通过对全部历史知识的掌握得到了解,换言之,人类对自己的理解不可能从苦思冥想中获得,而只能来源于历史事实。[2] 出于这种看法,他的相关研究最后也归结到历史领域,并将其研究成果汇成《德意志精神史研究》(*Studien*

---

[1] W. Dilthey, A. Riehl, W. Wundt, W. Ostwald, H. Ebbinghaus, R. Eucken, Fr. Paulsen, W. Münch, Th. Lipps, *Systematische Philosophie*, Berlin und Leipzig: Verlag von B. G. Teubner, ²1908, S. 2.

[2] Wilhelm Dilthey, *Studien zur Geschichte des deutschen Geistes: Leibniz und sein Zeitalter, Friedrich der Grosse und die deutsche Aufklärung, Das achtzehnte Jahrhundert und die Geschichtliche Welt*, Stuttgart: Verlag von B. G. Teubner, ⁶1992, 210.

zur Geschichte des deutschen Geistes）出版。

狄尔泰的历史相对主义思想虽然在某种程度上妨碍了人文科学对于普遍规律的探索，却在很大程度上动摇了对于绝对性原则的信仰，有利于人们自由地欣赏和理解人类经历的各种不同的可能性。

三、帝国时期的思想运动

转型时期的德意志帝国，多元化趋势明显，各种思潮涌动不息。其中，民族主义思潮表现特别突出，而且带有明显的升级迹象。

19世纪中期以前，德国的民族主义主要表现为一种受法国大革命激发而形成的古典自由主义理想，是以复辟时期各种保守势力的对立面出现的；但是，在普鲁士统一德国的过程中和德意志帝国建立以后，保守势力也开始接纳民族主义的思想和目标，从而使民族主义思潮开始打上保守和右倾的烙印。

从德国内部看，基于"统一"先于"自由"的考虑，民族主义开始转而反对帝国内部的少数民族和少数派，于是，波兰人、犹太人和罗马天教会等分裂势力以及各种"非德意志因素"都成为民族主义的攻击目标。民族主义还与不断上升的军国主义联手，进一步加强了它的影响力。

从外部看，19世纪70年代以后，西方主要资本主义国家之间争夺殖民地和势力范围的斗争日趋激烈。德国作为后起的帝国主义国家，以"捍卫民族利益"、争夺"阳光下的地盘"和捍卫民族尊严为目标的对外政策进一步强化了民族主义意识。这种强化的民族主义意识首先外化为各种民族主义组织、民族主义纪念物的体现形式，同时也上升为种族的民族主义（Völkischer Nationalismus），在这种种族的民族主义观念之下，人们突出强调以共同祖先、血缘和文化为基础的民族（Volk）与国家的有机统一。

民族主义在帝国时期发展成为影响各个阶层的思潮，许多带有强烈民族主义色彩的组织大行其道，诸如体操联合会、歌唱联合会、德意志军人联盟（Deutscher Kriegerbund，1873）、帝国军人协会（Reichskriegerverband，

1884)、泛德意志协会等。[①] 后者不仅鼓吹建立庞大的殖民帝国，而且要求将整个中欧都纳入德国的统治之下。甚至学校也成了宣传民族主义思想的阵地。[②]

这一时期也出现了一些带有民族主义倾向的纪念性活动。每年 9 月 2 日的"色当纪念日"(Sedanstag)就是其中之一。它是为了纪念 1870 年德军在色当战役中打败法军并俘掳法皇拿破仑三世而设立的全国庆祝日。此外还建立了一些民族主义纪念建筑，其中有纪念 1870 年德法战争和纪念德意志帝国建立的莱茵河畔吕德斯海姆(Rüdersheim)的尼德瓦尔德纪念碑(Niederwalddenkmal)、纪念公元 9 年日耳曼人大败罗马军团的托伊托堡森林战役(Schlacht im Teutoburger Wald)的赫尔曼纪念碑 (Hermannsdenkmal)、以 及 位 于 科 布 伦 茨 "德意志之角"(Deutscher Eck)的威廉皇帝纪念碑(Kaiser-Wilhelm-Denkmal)等。

反犹主义是民族主义畸形发展的产物，是种族的民族主义的表现。在欧洲，出于宗教方面的原因，反犹主义可以追溯到中世纪时代。在德国，18 世纪下半期特别是 19 世纪以来，在自由、平等理念之下，犹太人的政治地位有所改善。德意志帝国建立后，1871 年帝国宪法也确认了犹太人的平等权利。但是反犹主义并未因此而消失。由于经济危机和各种社会思潮的影响，反犹主义甚至出现了从宗教层面向种族层面的转变。人们将现代化进程中各种负面因素都归结为所谓的"犹太精神"(Jüdischer Geist)。

于是，各种反犹著述行销于世。作家威廉·马尔(Wilhelm Marr，1819—1904)在其《犹太民族对日耳曼民族的胜利》(Der Sieg des Judenthums über das Germanenthum，1879)的小册子中就批判了犹太

---

① 参见第九章第二节"威廉时代帝国政治的发展"。

② Ch. Andler, *Pan-Germanism*: *Its Plans for German Expansion in the World*, Paris: Librairie Armand Colin, 1915; W. H. Friedel, *The German School as a War Nursery*, New York: Macmillan Co., 1918, p. 13; A. D. Mclanren, *Germanism from Within*, London: Constable & Co. ltd, 1916, pp. 313 - 315.

人在政治和经济方面的影响,阐述了自己的种族反犹主义观点。著名历史学家特赖奇克也对犹太人抱有偏见,称犹太人是一个"谎言和欺骗"的民族,甚至在《犹太特性之我见》(Ein Wort über unser Judenthum)一文中要求犹太人抛弃自己的信仰和传统,归顺德意志民族,使自己变成德意志人,因为"我们不想在千年的日耳曼文明之后是一种德意志-犹太的混合文化"。[①] 作为现代反犹主义先驱之一,保罗·德·拉加德(Paul de Lagarde,1827—1891)则在其《德意志文集》(Deutsche Schriften)等著作中大力鼓吹德意志民族必须实现"种族和宗教"的统一,声称犹太人是德意志统一的最大障碍。19 世纪 90 年代以后,种族反犹主义日益强烈。1899 年休斯顿·斯图尔特·张伯伦(Houston Stewart Chamberlain,1855—1927)出版《19 世纪的基础》(Die Grundlagen des 19. Jahrhunderts),提出日耳曼种族中心论和雅利安种族(Arische Rasse)至上论,强烈反对日耳曼人与"外来民族"犹太人的混合,要求恢复日耳曼人及雅利安人的种族纯洁性。[②] 尼采、瓦格纳等著名学者和艺术家也对犹太人持不友好的态度。

　　19 世纪 70 年代末起,与上述反犹主义思潮相对应,帝国境内又出现了各种反犹主义政治组织。1878 年 1 月宫廷传教士阿道夫·施特克尔建立了"基督教社会工人党"(Christlich-Soziale Arbeiterpartei)。他建立该政党的目的,除了使工人疏离社会民主党,也有从基督教层面推行反犹主义的因素。威廉·马尔于 1879 年 10 月建立的"反犹联盟"(Antisemitenliga)则从种族主义层面反对给予犹太人在社会和法律上的平等地位。在各个反犹主义组织中,最著名的是政论家马克斯·利伯曼·冯·松嫩贝格(Max Liebermann von Sonnenberg,1848—1911)在1889 年建立的"德意志社会党"(Deutschsoziale Partei)和奥托·伯克尔

---

① Heinrich von Treitschke, *Ein Wort über unser Judenthum*, Berlin: Verlag von G. Reimer, 1880, S. 2.

② Houston Stewart Chamberlain, *Die Grundlagen des XIX. Jahrhunderts*, München: Verlagsanstalt F. Bruckmann, [10]1912.

(Otto Boeckel，1859—1923)在 1890 年建立的"反犹人民党"(Antisemitische Volkspartei)，两者在 1914 年联合成为"德意志民族党"(Deutschvölkische Partei)。

反犹主义政治力量还展开各种声势浩大的反犹政治活动。松嫩贝格就发起了有 20 多万人签名的所谓"反犹请愿"(Antisemitenpetition)，于 1881 年向俾斯麦政府递交请愿书，要求限制犹太人进入德国，限制犹太人在政府和司法部门供职，禁止犹太人担任中小学教师，等等。①

反犹主义运动和"反犹请愿"甚至引发了著名历史学家莫姆森和特赖奇克等所谓的"柏林反犹主义争论"(Berliner Antisemitismusstreit)。以莫姆森为代表的一些著名学者公开反对反犹主义。莫姆森在《也谈犹太特性》(Auch ein Wort über unser Judentum)一文中，不仅指出反犹主义是"民族主义情感的怪胎"，而且尖锐地批判了反犹主义运动，驳斥了特赖奇克和瓦格纳等人的反犹思想，强调在公民社会里，必须在法律平等之下给予犹太人以保护，以免出现"多数人对少数人的内战危险"。②尽管如此，反犹主义作为一股强大的思潮在德意志帝国时期始终存在，在纳粹德国时期达到了它的顶峰，直接影响到 20 世纪世界历史的发展进程。

德意志帝国时期还存在殖民主义、帝国主义等与民族主义联动的思潮，它们是西方国家在瓜分世界和争夺世界霸权斗争中呈现出来的普遍性思潮的组成部分。

19 世纪末 20 世纪初出现的青年运动(Jugendbewegung)同样值得注意。1896 年，柏林-施太格里茨(Steglitz bei Berlin)的大学生和中学生发起了名为"迁徙之鸟"(Wandervögel)的青年运动。这一运动反对 19

① Thomas Gräfe, *Antisemitismus in Deutschland 1815 - 1918*，Norderstedt：Books on Demand，2010，S. 173；Mathias Piefel, *Antisemitismus und völkische Bewegung im Königreich Sachsen 1879 -1914*，Göttingen：V&R unipress，2004，S. 30.
② Theodor Mommsen, *Auch ein Wort über unser Judenthum*，Berlin：Weidmannsche Buchhandlung，1880，S. 15.

世纪下半期经济全盛时期形成的那种物质主义的、非宗教的世界观支配之下的市民文化，要求摆脱社会的束缚，回归自然和自由。在这场运动中，人们试图通过经历集体生活、未开发的自然、漫无目标的旅行，还有体验娱乐和歌舞中的优美民风等，来发展一种新的朴实的生活方式，简单地说，就是要从城市和现代生活中"逃走"。① 结果，这一运动很快风靡整个德国，在最盛时参加者达 6 万之众。"迁徙之鸟"运动在德国青年中产生了巨大影响，很长时间内成为推动德国青年运动的重要动力。就其本质而言，"迁徙之鸟"运动是对工业社会物质至上的文化价值观的一种反动，是青年进行的一种自我教育的形式。

① Robert-Hermann Tenbrock, *Geschichte Deutschlands*, S. 225; Hajo Holborn, *A history of modern Germany* 1840 - 1945, Princeton, New Jersey: Princeton University Press, 1982, pp. 412 - 413.

第九章　第一次世界大战和帝国的崩溃

　　欧洲两大军事集团形成后,德国在国际上陷入了一种相对"孤立"的状态。为了改善自己的处境,德国政府在加强军事力量建设的同时,试图通过改善与英、俄、法的关系来瓦解三国协约,打破自己的"孤立"局面。但是这种策略终因德国政府的不当外交政策和客观的国际政治形势而归于失败。两大军事集团的对立不仅没有缓和,反而有所加剧。1914年萨拉热窝事件发生后,德国政府在处理危机期间又误判形势,最终走上了战争的不归之路。世界大战爆发后,德国举国一致对外,提出了掠夺和霸权性质的战争目标。但是战争的结果令德国人大失所望。战争给德国人民带来了深重的灾难,强大的德意志帝国也在人民的不满和愤怒中走向了崩溃。

第一节　德国的"孤立"与国际政治危机的加剧

一、两大对立军事集团阴影下的德国

　　从德、奥、意三国结成同盟到英、法、俄三国达成协约,欧洲终于形成了相互对立的两大军事集团。从两大对立军事集团的实力看,三国协约在经济和军事力量上明显优于三国同盟。在三国同盟中,奥匈和意大利

相对较弱,只有德国拥有强大的军事和经济力量,而且三国同盟内部并非团结一致。意大利基于自己的利益考虑,在巴尔干问题上与奥匈有矛盾,在北非和地中海地区则希望与英法搞好关系,以获得它们的支持。因此,1902年意大利已经明确向法国大使保证,只要法国在战争中属于非侵略一方,意大利将严守中立。① 鉴于这种敌强我弱的状况,为了对抗协约国集团,德国采取了两手策略,一方面积极扩充军备,增强军事实力,为日后可能的军事战争做好准备,另一方面则试图与英、俄等国和解,以瓦解敌对阵营。

(一)军备竞赛

面对日益紧张的敌对气氛,两大军事集团首先展开了军备竞赛,试图以实力压倒对手。对立双方都加紧陆军力量的建设。从协约国方面看,1913年法国常备陆军总数达到80万人,俄军为142万人。同盟国在军事力量建设方面自然不甘落后。奥匈帝国陆军总数在1914年时增加到47万人。德国的军队规模和军事开支也大幅增加。帝国军队的编制人数从1880年的43.4万人增加到1913年的86.4万人,增幅近100%,而同期德国人口总数的增长还不到50%。不过德军实际人数通常落后于规定的编制人数,1914年春天为74.8万人。②

在军备竞赛中最引人注目的是德国和英国的海军军备竞赛。德国在1898年通过第一个海军法案后大力扩建海军的举动严重威胁到英国的海上霸权。英国为此采取了双管齐下的策略,一方面积极扩充自己的海军实力,通过建造无畏舰等保持自己的海军优势,另一方面希望通过限制海军军备谈判来阻制和拖延德国的海军发展,迫使其承认自己的海军优势,同时赢得舆论支持。因此在1905年以后的三年中,英国提出了多个削减海军军备的建议,甚至建议在1907年召开的第二次海牙和会

---

① Raymond Poincaré, *The Origins of the War*, London: Cassell and Company Ltd, 1922, p. 62.

② [联邦德国]卡尔·艾利希·博恩等:《德意志史》,第三卷(上),第479—480页;Hans-Ulrich Welher, *Das Deutsche Kaiserreich 1871－1918*, S. 151.

(Haager Friedenskonferenz)中讨论这一问题。英国还非正式地暗示：德国推迟海军计划或与英国达成限制协议，有利于消除英国加强与法俄之间密切关系引发的不安，恢复英德两国的友好关系。

但是德国认为，英国一方面大力加强海军建设，加强与法俄的关系，一方面又提出限制海军军备建议，是无法接受的。威廉二世尤其反对各种阻止德国加强海军建设的企图。早在1899年第一次海牙和会期间，他就在威斯巴登发表谈话，宣称宁愿要"一柄锋利的宝剑"也不要最好的和平保证。[①] 他明确表示："牺牲德国海军的建设来改善与英国的关系，我是不赞成的。如果英国向我们伸出友谊之手，而又暗示着说我们必须限制我们的海军……德国大使必须从一开始便予以拒绝，像这样，法国和俄国也可以用同样的理由要求我们限制我们的陆军。"宰相比洛也表示，"在任何情况之下，凡是想以限制我们国防力量为目的的协定，是我们所不能同意来讨论的"。[②]

在双方无法达成一致的情况下，两国继续海军竞赛。由于德国不愿就限制海军军备问题进行谈判，英国只得加紧扩建海军，并于1909年通过了新的海军预算。它还加强与法俄的紧密关系，英王爱德华七世(Edward VII. ,1841—1910,1901年—1910年在位)在1808年夏天频繁与法俄首脑会晤。德国对此的答复是，在1908年和1912年又通过新的《海军补充法案》(Flottennovelle 1908，1912)。其战舰越造越大，包括排水量18000多吨、带有12门28厘米口径大炮的"拿骚"级，排水量22000多吨、配备12门30.5厘米巨炮的"赫尔果兰"级以及排水量25000吨以上、配备35.6厘米巨炮的"国王"级战列舰等。

（二）改善与协约国关系的努力

德国政府在大力扩军的同时，面对英、法、俄三国联合的沉重压力，

---

① Karl Kautsky, *Wie der Weltkrieg entstand：Dargestellt nach dem Aktenmaterial des Deutschen Auswärtigen Amts*, Berlin：Paul Cassirer Verlag, 1919, S. 20.

② ［美］悉·布·费：《第一次世界大战的起源》，上册，于熙俭译，商务印书馆1959年版，第188—189页。

也试图通过外交和解方式来打破自己被"包围"的现状。

它首先选择了英国作为外交突破点。实际上,比洛担任宰相期间就已经意识到,德国大力扩建海军的政策会导致与英国的战争,[1]因此曾计划与英国展开限制海军军备的谈判,但由于蒂尔皮茨的反对而不了了之。贝特曼-霍尔维格接任宰相之职后,面对英国与法俄两国接近带来的压力,再次试图与英国协商限制海军军备问题。在他看来,要打破德国的"孤立"局面,英国具有决定性意义,而要改善与英国的关系,首先必须消除英国对德国发展海军的焦虑。但是在德国政府的权力结构之下,贝特曼-霍尔维格虽身为宰相,却无法掌控海军政策。帝国海军部实际上直接对皇帝负责,主管海军力量的蒂尔皮茨明确主张通过大力发展海军来压迫英国就范,威廉二世更是从根本上反对就"他的舰队"进行谈判。[2]

尽管如此,贝特曼-霍尔维格还是于1909年8月开始和英国谈判限制海军军备问题。德国的策略是:必须实现扩充舰队计划,只在建造无畏舰数量方面作些许让步,由每年计划建造4艘改为3艘,同时要求英国将建造计划降到4艘,从而使英国失去绝对优势。与此同时,德国要求在签订海军协定时缔结一项政治条约,规定缔约一方与第三国交战时,另一方恪守中立,以达到拆散英国与法俄同盟的目的。对此,英国自然不愿接受。谈判归于失败。

1912年初,德国酝酿再次通过扩建海军法案,将每年建造主力舰计划从2艘增加到3艘。财力上不堪竞争重负的英国决定与德国重启谈判。是年2月,英国政府派出以国防大臣霍尔丹(Richard Burdon Haldane,1856—1928)为首的"霍尔丹使团"(Die Haldane-Mission)前往柏林,与德国进行谈判。德国最关心的是拆散协约国,对于限制海军军备则不太积极,因此贝特曼-霍尔维格建议,缔约一方在另一方卷入战争

---

① Karl Kautsky, *Wie der Weltkrieg entstand*: *Dargestellt nach dem Aktenmaterial des Deutschen Auswärtigen Amts*, S. 19.

② Helmut M. Müller, *Schlaglichter der deutschen Geschichte*, S. 205.

时,应当保证维持中立。英国担心因此会损害其与法俄的同盟关系,表示不能容许法国被击溃,因而提出双方保证不参加对另一大国的无端攻击和侵略。英国还提出,若德国同意限制海军军备,英国将部分满足德国在殖民地方面的要求。但是德国拒绝在海军军备方面做出实质性让步,只同意延期建造主力舰,而且它认为英国的中立条件过于"模糊"。双方立场相距甚远。3月,英国方面拒绝了德国关于签订中立协定的方案,谈判再次失败。① 5月,德国国会批准了新的海军法案。显然,英国无法容忍德国的海上领先地位。因此,与德国扩建海军相伴而来的必然是英国和德国的对抗。

此后英国基本上放弃了对德国的期望,全力准备与德国对抗,在扩建海军的同时,进一步加强与法俄的军事合作。为此英国海军大臣温斯顿·丘吉尔(Winston Churchill,1874—1965)提出了新的法案,规定德国每建造一艘军舰,英国就造两艘。英国还计划将地中海的战舰调回本国,以集中力量在北海对抗德国。与此同时,英国还与法国就海军联合行动拟定了备忘录,进一步加强两国的军事同盟关系。

德国在与英国进行和解谈判的同时,也曾试图与俄、法进行和解。1907年英俄缔结协约后,德国认为有必要采取谨慎的对俄政策,以免引起俄国的敌意,导致其与英法进一步接近。为此,德国甚至拒绝了伊朗提出的在德黑兰(Teheran)开设银行的邀请,以此表明对在伊朗拥有巨大势力的俄国的尊重。俄国则表示,英俄协议的目的旨在消除英俄两国在中亚的分歧和摩擦,而非针对德国之举。两国关系因此有了改善的空间。双方甚至准备就俄国取消反对德国修建巴格达铁路、德国承认俄国在伊朗北部的特权等问题达成协议。②

然而1908年土耳其革命(Türkische Revolution von 1908)的爆发以

---

① [美]悉·布·费:《第一次世界大战的起源》,上册,第241—246页;Karl Helfferich, *Der Weltkrieg*, 1. Band, *Die Vorgeschichte des Weltkrieges*, Berlin:Ullstein & Co., 1919, S. 87 - 91.
② [美]悉·布·费:《第一次世界大战的起源》,上册,第198页。

及由此引发的波斯尼亚危机(Bosnische Krise 1908；Bosnienkrise 1908；Bosnische Annexionskrise 1908)，给改善德俄关系的努力造成了负面影响。当时奥匈趁着混乱的局势宣布吞并波斯尼亚和黑塞哥维纳，招致俄国的强烈不满，双方险些酿成军事冲突，最后俄国因日俄战争后元气尚未恢复而退却。在这一事件中，德国支持奥匈拒绝俄国召开国际会议解决争端的提议，遭到俄国舆论的非议，但德国没有明确表示站在奥匈一边，因此没有影响两国政府的交往。两国皇帝此后多次友好会面，并于1910 年 12 月达成了《波茨坦协定》(Potsdamer Abkommen 1910)，宣布两国将放弃敌对的结盟政策，恢复相互间的亲近关系；德国承认俄国在伊朗北部的特殊政治地位，俄国放弃对德国建造巴格达铁路的阻挠。①最后，尽管英法两国对俄德接近表达了担忧，俄国也一度拖延签订书面协议，两国还是于 1911 年 8 月 19 日批准了这一特别协定：德国放弃在伊朗的经济特权，俄国不再反对德国修建巴格达铁路。两国关系趋于改善。

甚至宿敌法国也成了德国政府试图改善关系的对象。鉴于和英国在海军军备方面的激烈摩擦以及波斯尼亚危机给德俄关系带来的不确定性，德国同样向法国抛出了友善的气球。在摩洛哥问题上对法国采取友好政策成为德国向法国表达善意的最佳途径。

如前所述，第一次摩洛哥危机期间以及 1906 年阿尔吉西拉斯会议上，德国对法国的敌视政策不仅没有伤害法国，反而促成了英法的团结，自己则成为众矢之的。鉴于这一教训，当 1907 年法国利用一名法国医生被杀而扩大对摩洛哥的占领时，德国采取了与法国达成谅解的政策。波斯尼亚危机发生后，德国政府更是急于和法国在摩洛哥达成谅解，以免导致两国摩擦。1909 年 2 月 9 日，《德法摩洛哥协定》(Deutsch-Französisches Marokkoabkommen)签订，即所谓的《卡莎布兰卡条约》(Casablancavertrag)，德国承认法国在摩洛哥的军事和政治特权，法国承

---

① Karl Helfferich, *Der Weltkrieg*, 1. *Band*, *Die Vorgeschichte des Weltkrieges*, S. 75 - 76.

认德国在摩洛哥享有同等的经济权利。

在德国看来,摩洛哥协定的签订具有重要意义,它不仅消除了引发两国长期紧张关系的一个重要因素,也有利于德英关系的改善,因为根据1904年英法协约,英国必须在摩洛哥问题上向法国提供外交支持。德法协定签订后的两年内,两国关系处于一种相对友好的状态。但是,随着法国势力在摩洛哥的加强,德国认为协定中规定的德国享有的同等经济权利没有得到落实,两国矛盾日益突出,新一轮冲突势所难免。[1]

综上所述,两大军事集团形成后,德国已经在国际上处于"孤立"处境,[2]德国政府也看到了这一点,试图通过和解来打破自己的外交困局。但是,它在外交方面采取的"赌注"(Hasardspiel)政策以及当时的国际政治形势致使这种和解努力无法长期维持下去。德国在海军军备方面以缓建换取中立的政策无法得到英国的认同;俄奥两国在巴尔干地区的紧张关系使德国无法置身事外;基于与德国的传统敌对关系以及两国在殖民地问题上的利益冲突,法国也不可能永远与德国实现和解。

二、两大军事集团斗争的加剧

1908年以后,尽管德国政府试图缓和与英、俄、法三个协约国的关系,但列强在巴尔干和北非地区的争夺及其引发的一系列危机和地区性战争使两大军事集团的对立日益加深。德国作为同盟国的核心,其一系列不当政策则加剧了这种对立。

1908年土耳其爆发革命,俄奥等列强认为瓜分奥斯曼帝国遗产的机会到来,争夺巴尔干的斗争趋于激烈,形成了所谓的波斯尼亚危机。根据1878年柏林会议的规定,波斯尼亚和黑塞哥维纳两个斯拉夫人地区由奥匈占领,但名义上仍属土耳其。此时奥匈认为将它们纳入自己版图

---

[1] Albert Schreiner, *Zur Geschichte der deutschen Aussenpolitik*,1871—1945,*Erster Band*,1871—1918:*Von der Reichseinigung bis zur Novemberrevolution*,S. 240-241.

[2] Karl Kautsky, *Wie der Weltkrieg entstand*:*Dargestellt nach dem Aktenmaterial des Deutschen Auswärtigen Amts*,S. 15-21.

的时机已到,奥匈外交大臣艾伦塔尔(Alois Lexa von Aehrenthal,1854—1912)邀请俄国外交大臣伊斯伏尔斯基(Alexander Petrowitsch Iswolski,1856—1919)于1908年9月15日在波希米亚的布赫劳城堡(Burg Buchlau)会晤,达成"布赫劳协议"(Abkommen von Buchlau):俄国同意奥匈吞并波斯尼亚和黑塞哥维纳,奥匈支持俄国开放黑海海峡的要求。然而,奥匈以此为依据宣布正式吞并波黑地区后,俄国有关开放黑海海峡的要求却因英国和法国的反对没有现实。[①] 恼羞成怒的俄国转而谴责奥匈,支持包括塞尔维亚在内的巴尔干地区斯拉夫人反对奥匈的举动,要求召开国际会议讨论波斯尼亚问题。双方一时剑拔弩张。

德国对奥匈突然吞并波斯尼亚也颇为不满,但出于对盟友的"忠诚",仍要求俄国承认奥匈的兼并,否则将"撒手不管",任由奥匈对塞尔维亚开战。俄国因对日战争之后元气尚未恢复,英法又只愿给予外交支持,只得做出让步,接受了德国的要求。德奥由此获得了一次"外交胜利"。[②] 但是俄国认为这是自己的一次屈辱,与奥匈之间的矛盾因此加剧。它不仅进一步向英法靠拢,而且利用意大利与奥匈在巴尔干的矛盾,破坏同盟国的团结。

意大利对巴尔干西部地区有所图谋,试图控制亚得里亚海(Adriatisches Meer),这一图谋与奥匈的扩张目标发生冲突,因而双方关系紧张。波斯尼亚危机期间,意大利对于事先没有得到奥匈的通知表示不满,要求奥匈推迟吞并波斯尼亚。俄国于是利用这一矛盾,与意大利在1909年10月签订《腊科尼季协议》(Abkommen von Racconigi),规定维持巴尔干现状,反对外国统治,实际矛头指向奥匈。协议还规定,意大

---

① G. W. Prothero, *German Policy before the War*, pp. 87 – 88.

② J. Holland Rose, *The Origins of the War 1871 – 1914*, New York and London: The Knickerbocker Press, 1915, pp. 127 – 128; B. von Siebert (Hrsg.), *Diplomatische Aktenstücke zur Geschichte der Ententepolitik der Vorkriegsjahre*, Berlin und Leipzig: Vereinigung Wissenschaftlicher Verleger Walter de Gruyter & Co., 1921, S. 73, 75; Arthur Singer, *Geschichte des Dreibundes*, Leipzig: Dr. Sally Rabinowitz Verlag, 1914, S. 195 – 196.

利支持俄国在黑海海峡问题上的利益,俄国支持意大利在利比亚的利益。可见,在波斯尼亚危机中,德奥赢得了表面的外交胜利,但是从长远看,它不仅进一步把俄国推向英法,而且还使同盟国内部出现了裂痕,意大利与协约国的关系进一步靠拢。形势对同盟国显然不利。

如果说波斯尼亚危机促使俄国进一步向英法靠拢,第二次摩洛哥危机(zweite Marokkokrise)则进一步恶化了德国与英法的关系。1909年《德法摩洛哥协定》之后,由于法国势力的扩张,德国在摩洛哥的经济利益很难得到保障,曼内斯曼兄弟公司(Firma Gebrüder Mnnesmann)等德国企业在摩洛哥获得的采矿权得不到法国的认可,从而为两国新的冲突埋下了伏笔。1911年春,摩洛哥首都非斯(Fez)附近爆发反对法国殖民统治的起义,法国以恢复秩序和保护侨民为借口趁机增兵摩洛哥,占领拉巴特(Rabat)等重要城市。德国不愿看着法国独占摩洛哥。泛德意志协会发出了"保护曼内斯曼兄弟在摩洛哥的利益!"和"西摩洛哥是德国的!"的呼声。德国外交国务秘书基德伦(Alfred von Kiderlen-Wächter,1852—1912)也向德皇建议,以保护德国臣民安全和商业利益为借口,派军舰进驻摩洛哥重要港口,以此向法国提出补偿要求。[1] 威廉二世批准了这一政策。

6月30日,德国外交部在给德国驻巴黎大使的通知中表示,应摩洛哥南部德国商会的要求,德国将派军舰保护在摩洛哥的臣民及其利益。7月1日,德国派炮舰"豹"号(Panther)驶入摩洛哥的阿加迪尔(Agadir),这就是所谓的"豹子跳跃"(Panthersprung)。三天以后,"柏林"号(Berlin)巡洋舰和"公猪"号(Eber)炮舰相继抵达,对法国进行武力讹诈。7月9日开始,法国驻德大使康邦(Jules Cambon,1845—1935)与基德伦就对德国的补偿问题进行谈判。

然而,就在此时,英国开始干预。它担心德国会趁机在摩洛哥西部

---

① Albert Schreiner, *Zur Geschichte der deutschen Aussenpolitik*, 1871—1945, *Erster Band*, 1871—1918: *Von der Reichseinigung bis zur Novemberrevolution*, S. 242 - 243;[美]悉·布·费:《第一次世界大战的起源》,上册,第222—223页。

取得补偿，在大西洋沿岸建立海军基地。因此英国外交大臣格雷（Sir Edward Grey，1862—1933）在 7 月 4 日发出警告：德国派军舰前往阿加迪尔，比以往任何事件都更深切地影响到英国的利益，法德之间任何新的协定都必须有英国的参与。此后英国财政大臣劳合·乔治（David Lloyd George，1863—1945）又发表声明，为了维护英国数百年来获得的优势地位，将不惜一战。在英国的强硬态度面前，德国不得不退却，贝特曼-霍尔维格赶忙表示，德国不会赖在摩洛哥不走，也没有在大西洋沿岸建立海军基地的打算。① 德国在谈判中对法国的要求也随之降低。

11 月 4 日，德法两国签订《摩洛哥-刚果条约》（Marokko-Kongo-Vertrag）：德国承认法国在摩洛哥的特权，法国则将法属刚果的一小部分割让给德国。德国因此打通了它的殖民地喀麦隆与刚果河（Kongofluss）之间的联系。第二次摩洛哥危机的重要后果在于：不仅原先已经缓和的德法关系遭到破坏，而且英德矛盾进一步加深，英法协约关系则更加巩固。

正当各国将注意力集中于第二次摩洛哥危机时，意大利趁机发动了"的黎波里战争"（Tripolis-Krieg），也称意土战争（Italienisch-Türkischer Krieg），开始向北非扩张。1911 年 9 月 26 日，意大利向土耳其发出最后通牒，要求立即将的黎波里和昔兰尼加（Cyrenaika）两地割让给意大利，遭到土耳其的拒绝。同年 9 月 29 日意大利向土耳其宣战。由于 1912 年 7 月内部发生政变以及 10 月爆发与巴尔干各国的战争，土耳其被迫于 1912 年 10 月 18 日与意大利在瑞士洛桑（Lausanne）附近的乌希（Ouchy）签订《乌希和约》（Frieden von Ouchy），将的黎波里和昔兰尼加割让给了意大利。意土战争使德国的对外政策陷于一种尴尬境地。土耳其是德国的友邦，它的削弱不符合德国的利益。但是，作为德国的盟国，奥匈刚刚抢走了土耳其的波斯尼亚和黑塞哥维纳，如今意大利又要

---

① Ernst zu Reventlow, *Deutschlands auswärtige Politik 1888—1914*, S. 404 - 405.

抢夺其领土,这显然会削弱德国在土耳其的地位。[1]

　　土耳其的削弱使巴尔干国家有机可乘。巴尔干各国将土耳其在意土战争中的失败视为结束土耳其统治的有利时机。它们在俄国的推动下,成立反土的巴尔干同盟(Balkanbund),共同对敌。1912 年 10 月 9 日以后,门的内哥罗、保加利亚、塞尔维亚和希腊先后向土耳其宣战,开始了第一次巴尔干战争(Erster Balkankrieg)。土耳其在战争中迅速落败并于同年 11 月请求列强出面调停和解。

　　欧洲两大军事阵营间为此展开了博弈。奥匈坚决反对塞尔维亚获得阿尔巴尼亚(Albanien)北部进而取得亚得里亚海出海口的要求,甚至向奥塞边境集结兵力进行威胁。意大利也反对塞尔维亚取得亚得里亚海出海口。德国舆论和德国政府也鼓励奥匈攻击塞尔维亚。1912 年 12 月 2 日,贝特曼-霍尔维格在帝国议会发表演说,宣称德国经济上对巴尔干有"直接的兴趣",希望保持土耳其的安全。他还强调,如果奥匈的生存受到威胁,德国将忠实地履行同盟义务,捍卫其在欧洲的地位。与此针锋相对,不仅俄国进行军事上的准备,英法两国也坚定地表示支持俄国,英国外交大臣格雷明确宣称,如果发生战争,英国"不会保持中立"。[2]对立双方一时剑拔弩张。最终,由于俄国没有做好战争准备,德奥也在英法的压力下改变立场,双方于 12 月 17 日在伦敦召开国际会议解决争端。在会议上,德奥站在土耳其一边,协约国则支持巴尔干同盟。经过激烈争论,1913 年 5 月 30 日土耳其与巴尔干同盟各国签订《伦敦条约》(Londoner Vertrag),土耳其丧失了君士坦丁堡和海峡沿岸地带之外的所有欧洲领土,让出的领土由塞、保、希三国分割;阿尔巴尼亚则在六大国保证下获得独立。

　　第一次巴尔干战争后,虽然土耳其在巴尔干地区数百年的统治结束了,但该地区的紧张局势并未缓和。巴尔干同盟内部,特别是保加利亚

---

[1] Albert Schreiner, *Zur Geschichte der deutschen Aussenpolitik*, *1871—1945*, *Erster Band*, *1871—1918*: *Von der Reichseinigung bis zur Novemberrevolution*, S. 246.

[2] Ebd., S. 260-261.

和塞尔维亚之间因分配战果不均,发生尖锐矛盾。塞尔维亚和希腊都要求获得战果最多的保加利亚出让部分土地,为此,二者在《伦敦条约》签订后的第三天就缔结了针对后者的同盟条约。这一矛盾为奥匈斥散巴尔干同盟和削弱俄国的影响提供了可乘之机。它因此大力拉拢保加利亚,允诺将保证其领土完整。1913 年 6 月 29 日,自恃军力强大且得到奥匈支持的保加利亚先发制人,向希腊和塞尔维亚发起进攻,第二次巴尔干战争(Zweiter Balkankrieg)爆发。7 月 10 日和 16 日,罗马尼亚和土耳其先后加入对保战争。奥匈原本计划介入战争,但德国尚未做好战争准备,拒绝给予支持。最后保加利亚在多国围攻之下战败求和。1913 年 8 月 10 日战争双方签订《布加勒斯特和约》(Friedensvertrag von Bukarest),保加利亚丧失了第一次巴尔干战争中获得的大部分土地以及北部一部分原有属地。第二次巴尔干战争后,巴尔干同盟瓦解,巴尔干诸国力量出现了重组。保加利亚和土耳其投入到了三国同盟的怀抱,原属同盟国之列的罗马尼亚则和塞尔维亚、希腊一起处于协约国的控制之下。

此后巴尔干局势继续处于紧张状态。这时德国开始改变其支持和平的政策。在德国看来,1905 年以后试图分裂协约国集团的努力已经失败,它仍然处于"被包围"之中,它的伙伴奥匈帝国正受到日益强大起来的塞尔维亚的威胁。[1] 因此德国决定转而采取强硬政策,为战争做准备。

首先,德国政府在奥匈与塞尔维亚的冲突中坚决支持奥匈对塞尔维亚采取强硬态度。1910 年 10 月,新成立的阿尔巴尼亚与塞尔维亚出现边界摩擦,塞尔维亚占领了阿尔巴尼亚部分领土,试图取得亚得里亚海出海口。奥匈决定利用此机会打击塞尔维亚。10 月 17 日,获得德国支持的奥匈向塞尔维亚发出最后通牒,要求立即从阿尔巴尼亚撤军,否则兵戎相见。塞尔维亚被迫撤出军队。

其次,德国大力加强与土耳其的军事联系。1913 年 12 月,德国根据与土耳其的约定,派出以利曼 · 冯 · 桑德尔斯(Liman von Sanders,

---

① G. W. Prothero, *German Policy before the War*, pp. 108 - 109.

1855—1929)为团长的德国军事使团到土耳其,帮助后者改组并加强军事力量。利曼·冯·桑德尔斯随后被任命为土军驻君士坦丁堡军团司令官。这一举措显然具有进行战争准备的挑衅意味,引发所谓的"利曼·冯·桑德尔斯危机"(Liman von Sanders-Krise)。[1] 俄国担心德国由此控制黑海两海峡,向德国提出了强烈交涉,英法两国也提出了正式抗议。最后,利曼·冯·桑德尔斯放弃了司令官之职,但继续担任土耳其军队总监,德国军事使团仍留在土耳其。德国与协约国之间的关系日趋紧张。由于俄国破坏了德国的好事,德国国内充满了反俄情绪,德军总参谋部甚至开始考虑在俄军扩军之前进行预防性战争。[2] 巴尔干已经成了"欧洲的火药桶"(Pulverfaß Europas)。

第二节　大战的爆发及进程

一、大战爆发

（一）萨拉热窝事件;德国的应对之策

正当欧洲两大军事集团对峙、局势持续紧张之际,萨拉热窝事件(Attentat von Sarajevo)成为战争爆发的导火线。1914 年 6 月,奥匈在波斯尼亚举行以塞尔维亚为假想敌的军事演习。6 月 28 日奥匈皇储弗兰茨·斐迪南(Franz Ferdinand,1863—1914)夫妇在波斯尼亚首府萨拉热窝(Sarajevo)视察时,遭到大塞尔维亚民族主义者、"青年波斯尼亚"(Junges Bosnien)成员普林西普(Gavrilo Princip,1894—1918)的刺杀。事件发生后,欧洲国际局势大为紧张,两大军事集团活动频繁,战争一触即发,形成了所谓的"七月危机"(Julikrise)。

奥匈认为,萨拉热窝事件背后的支持者是塞尔维亚,大塞尔维亚民

---

① Albert Schreiner, *Zur Geschichte der deutschen Aussenpolitik*,*1871—1945*,*Erster Band*, *1871—1918*:*Von der Reichseinigung bis zur Novemberrevolution*,S. 262.

② Martin Vogt (Hrsg.),*Deutsche Geschichte*:*Von den Anfängen bis zur Wiedervereinigung*, S. 552.

族主义威胁到多民族的帝国的生存,因此必须借此机会用战争摧毁塞尔维亚。但是,奥匈要发动战争必须得到德国的支持,以应付俄国可能介入带来的威胁。于是奥皇写信给威廉二世,征求德国的意见。

当时德国领导层的考虑明显存在不当之处。其一,德国政府估计奥匈能够依靠自身的力量迅速打垮塞尔维亚并稳定其在巴尔干的地位,同时也可能借此削弱俄国的力量。其二,俄国的态度虽然无法确定,但沙皇应该不会支持谋杀君王的凶手。其三,奥匈是德国唯一可以信赖的盟友,应该予以支持。其四,奥匈对塞尔维亚的战争应该是局部性的。基于以上“风险评估”,德国政府决定支持奥匈。威廉二世在 7 月 5 日给奥皇的答复中明确表示,将无条件忠于盟约,贝特曼-霍尔维格在给驻奥大使的指令中也表示,在对塞尔维亚的战争中,德国将坚定地站在奥匈一边。这就是德国在巴尔干问题上向奥匈开出的“空白支票”(Blankoscheck)。但是,在实际上,德国政府甚至没有认真考虑过可能到来的大规模战争问题,皇帝照常出门旅行,总参谋长毛奇和海军部首脑蒂尔皮茨都在休假即是明证。[①]

然而,奥匈的反应并没有像德国预想的那样迅速。匈牙利人担心吞并塞尔维亚会导致帝国境内斯拉夫人的增加,进而影响其在帝国东部地区的主导地位,因而反对进攻塞尔维亚。这种分歧影响了奥匈的决策进程。因此,奥匈直到 7 月 23 日才向塞尔维亚发出最后通牒,要求 48 小时以内给予答复。通牒不仅要求塞尔维亚政府镇压一切反奥活动,而且提出了多项伤害塞尔维亚主权国家尊严的要求。[②] 甚至连德国方面也认为

[①] Rüdiger vom Bruch und Björn Hofmeister (Hrsg.), *Deutsche Geschichte in Quellen und Darstellung Band 8*, *Kaiserreich und Erster Weltkrieg*, 1871—1918, S. 344 - 346; Karl Helfferich, *Der Weltkrieg*, 1. *Band*, *Die Vorgeschichte des Weltkrieges*, S. 172 - 173; [联邦德国]卡尔·迪特利希·埃尔德曼:《德意志史:世界大战时期》,第四卷(上),高年生等译,商务印书馆 1986 年版,第 42 页。

[②] [美]悉·布·费:《第一次世界大战的起源》,下册,于熙俭译,商务印书馆 1963 年版,第 220—222 页。

奥匈要求有些过分,声明自己对此毫无所知。[①] 最后,尽管塞尔维亚满足了绝大部分要求,奥匈仍断绝了两国关系,准备开战。

协约国方面起初仍希望通过和平手段解决争端。俄国因军事准备不足,提出了将争端交给1899年建立的海牙仲裁法庭加以处理的建议;英国政府也提出在伦敦召开国际会议,通过列强协调来解决争端。但是,德奥两国在形势判断上明显有误。德国认为,奥塞之间的战争应该是局部性的,俄国不会介入,法国和英国也不会跟进,因此决意让事件升级。贝特曼-霍尔维格在7月23日还表示,希望事件只是涉及奥匈和塞尔维亚,只有其他列强介入时,德国才介入。他也相信,英国并不会很快介入其中。而且从圣彼得堡得到的消息是,法国采取的也只是一种"恫吓政策"。[②]

然而,协约国集团的反应大大超出了德奥两国的估计。在英法等国,不仅公共舆论明显站在反对奥匈的立场上,对塞尔维亚表示同情,而且政府也采取了强硬的立场。俄国也明确表示,不允许奥匈对塞尔维亚采取军事行动。它还从7月20—23日法国总统普恩加莱(Raymond Poincaré,1860—1934)对圣彼得堡的访问中得到了将"履行同盟的全部义务"的保证。7月25日俄国已经出现局部动员的迹象。英国政府也明确向德国表示,如果冲突仅限于奥俄,英国将置身事外,但是,如果德法也卷入战争,英国就不会坐视不管。实际上,德国驻伦敦大使利希诺夫斯基(Karl Max von Lichnowsky,1860—1928)在给外交部的电报中已经表明,除非奥匈愿意就解决塞尔维亚问题进行讨论,否则"世界大战将不可避免"。[③] 与协约国的团结一致相反,作为同盟国的意大利则对奥匈

---

① Max Montgelas und Walter Schüching (Hrsg.), *Die deutschen Dokumente zum Kriegsausbruch*, *Erster Band*, *Vom Attentat in Sarajevo bis zum Eintreffen der serbischen Antwortnote in Berlin*, Charlottenburg: Deutsche Verlagsgesellschaft für Politik und Geschichte, 1919, S. 165.

② Ebd., S. 145-146, 152.

③ Max Montgelas und Walter Schüching (Hrsg.), *Die deutschen Dokumente zum Kriegsausbruch*, *Zweiter Band*, *Vom Eintreffen der serbischen Antwortnote in Berlin bis zum Bekanntwerden der russischen allgemeinen Mobilmachung*, Charlottenburg: Deutsche Verlagsgesellschaft für Politik und Geschichte, 1919, S. 74-76.

表达了不满，认为奥匈的最后通牒过于霸道，并明确表示，由此引发的战争已经超出了防御性战争的范围，意大利不会承担义务。①

德国政府原本指望奥匈与塞尔维亚之间的争端控制在局部战争范围内，但种种迹象表明，它可能引发全欧性的大战。在这种情况下，德国政府匆忙采取了两大步骤来争取局势的缓和。

首先，贝特曼-霍尔维格在悉知俄国准备进行军事动员的消息后，立即劝告俄国不要采取动员措施，以免危及欧洲和平，同时表示"支持俄国希望塞尔维亚的完整不致发生问题的愿望"，以安抚俄国。他提出的处理奥塞争端的原则是，既要"使塞尔维亚受到应有的教训，同时能保存它的主权"。与此同时，他还致电英法两国，要求它们劝告俄国。此外，德国外交部还希望在外度假旅行的德皇、毛奇和蒂尔皮茨等不要立即回到柏林，以免引发人们的猜疑。直到 7 月 27 日，德皇及军政主要官员仍然赞同贝特曼-霍尔维格的和平解决的方针，希望奥塞冲突局部化。

其次，德国政府劝告奥匈接受国际社会的调解，以便事态得到缓和。贝特曼-霍尔维格知道，仅要求俄国方面保持克制是不够的，只有在争端中处于强势一方的奥匈表现出一定的灵活性，事情才能有转机。不仅如此，德国政府必须纠正基于"局部性战争"评估之上的对奥匈的全面支持，阻止其透支德国开出的"空白支票"，引发大规模战争。

国际社会特别是英国的巨大压力，也促使德国出面力劝奥匈。德国政府自己也认为，塞尔维亚已经做出了很大的让步。因此，当英国外交大臣格雷知会德国，要求其施加影响，劝告奥匈接受塞尔维亚的答复或以此为基础进行会谈，否则会造成"欧洲最可怕的战争"时，德国宰相认为接受格雷建议进行调解已经刻不容缓，并且把英国的建议以及自己的想法立即转给了奥匈外交大臣贝希托尔德（Leopold Berchtold, 1863—1942）。然而德国宰相得到的答复是，对塞开战已经成事实，"英国的建

---

① [美]悉·布·费：《第一次世界大战的起源》，下册，第329页。

议已经是太晚了"。由此断绝了德国对奥塞争端进行干预的任何希望。[①]

　　德国政府在"七月危机"中的外交策略显然存在问题,对形势有误判。它将可能到来的冲突置于仅限于奥塞之间局部战争的设想之上,没有考虑到由此可能引发两大军事集团的全面对抗,甚至向奥匈开出了"空白支票",在很大程度上鼓励了奥匈不顾后果的行动。它在处理危机的策略上也存在明显的"偏袒"性错误。它希望奥匈在一场以大欺小的对塞战争中迅速获胜,显然不可能为俄国等协约国所接受;当得知俄国要进行军事动员的消息后,德国又一味要求俄国保持克制,却没有明确撤回对奥匈的支持,通过阐明德奥同盟的防御性质迫使其在面对与俄国的无望战争面前退却;尤其重要的是,德国没有明确支持英国数度提出的召开国际会议解决争端的建议,错过了成为调解人的最佳时机。就此而言,德国对第一次世界大战的爆发负有不可推卸的责任。

　　需要指出的是,除了德国和奥匈,俄、英、法等欧洲主要列强对第一次世界大战的爆发也负有不可推卸的责任。实际上在整个"七月危机"期间,俄国政府虽然没有推动但也没有制止局势朝着战争的方向发展;法国虽然没有直接卷入塞尔维亚问题,却通过鼓励俄国而扮演了战争怂恿者的角色;英国则想通过战争来削弱德国这一强大的竞争对手,维护自己的世界主宰地位。而事实是,即将到来的战争使包括英国和德国在内的整个欧洲都受到了重创,[②]欧洲列强之中没有真正的赢家。

　　(二)战争爆发;德国的战争目标

　　1914 年 7 月 28 日,奥匈帝国正式向塞尔维亚宣战。29 日俄国宣布针对奥匈的局部动员,30 日宣布总动员。德国期望冲突保持在有利于同盟国的局部范围内的梦想破灭。31 日德皇宣布德国进入战争危急状态,要求俄国取消动员,否则德国也将宣布动员。8 月 1 日,在没有收到俄国回应的情况下,德国宣布总动员并向俄国宣战。同一天,法国宣布总动

---

① [美]悉·布·费:《第一次世界大战的起源》,下册,第 330—333 页。

② David Calleo, *The German Problem Reconsidered*: *Germany and the World Order*, *1870 to the Present*, Cambridge: Cambridge University Press, 1978, pp. 30–36.

员。8 月 3 日,德国向法国宣战。8 月 4 日,英国以德国破坏比利时中立为由向德国宣战。一场波及全欧乃至整个世界的大战由此爆发。

德国军界对这场终于到来的大战谋划已久。早在 19 世纪六七十年代,老毛奇就已经预料到未来德国将面对法俄的两线作战。[①] 19 世纪 80年代初,由于德俄关系恶化,总参谋部已经开始考虑两线作战计划。此后,随着欧洲两大对立军事集团的形成,德军加紧相关作战计划的制定工作。

根据前德军总参谋长阿尔弗莱德·冯·施利芬(Alfred von Schlieffen,1833—1913)在 1905 年制定的"施利芬计划"(Schlieffen-Plan),德军若想在针对法俄的两线作战中取得胜利,必须采取速战速决的战略方针。基于这一点,在两线作战中,为了防止俄军利用其广阔的领土逃避打击,造成久拖不决的局面,必须在东线先进行防御战,集中兵力于西线,对法国实施毁灭性打击。在对法战争中,德军要在南部的瑞士到麦茨之间的左翼采取防守态势,集中优势兵力于北部的右翼,穿过卢森堡、比利时和荷兰,突入法国北部,迅速占领巴黎,然后南下与左翼德军形成夹击之势,包围强大的法国东部战线,围歼法军。[②] 然后挥师东向,解决俄军。可见,施利芬计划成功的关键是迅速击败法军,为此必须破坏比利时的中立。这显然是英国所不允许的,必然为英国的参战找到最合适的借口。而英国的介入必然会给战争结果带来巨大的变量。

此外,德国军方早就存在一种先发制人的战争思想。德军总参谋长小毛奇(Helmuth Johannes Ludwig von Moltke,1848—1916)[③]早在1912 年 12 月就提出,"战争是不可避免的,而且越早越好"[④]。军方之所

① Hermann Josepf von Kuhl, *Der deutsche Generalstab in Vorbereitung und Durchführung des Weltkrieges*, Berlin: Verlag von Ernst Siegfried Mittler und Sohn, ²1920, S. 143.

② Freiherr von Freytag-Loringhoven, *Generalfeldmarschall Graf von Schlieffen: Sein Leben und die Verwertung seines geistiges Erbes im Weltkriege*, Leipzig: Historia-Verlag Paul Schraepler, 1920, S. 124-127.

③ 小毛奇(Moltke der Jüngere),原总参谋长老毛奇的侄儿。

④ [联邦德国]卡尔·迪特利希·埃尔德曼:《德意志史:世界大战时期》,第四卷(上),第 38 页。

以得出这样的结论,完全出于一种纯军事角度的考虑。在军方看来,既然两线作战不可避免,那么利用俄国在对日战争中惨败尚未恢复这一时机进行战争是最有利的。这样的话,德军可以利用东线俄军力量较弱的有利形势,集中力量打击法国。而且根据总参谋部的估计,俄军扩军计划将在1916年—1917年完成,俄国修建西部战略铁路也将取得重大进展,届时军事力量对比将明显不利于德国。正因为如此,当贝特曼-霍尔维格在为挽救和平而进行最后努力,要求奥匈接受英国的调停建议时,德国军方却在鼓励奥匈进行战争冒险。毛奇甚至劝说奥匈"不要接受任何调停尝试"。① 这就是军方所谓"防御意识"下的"进攻战略"。

因此,德国军方对于推行战争冒险政策是有重要责任的。实际上,早在1913年的军事备忘录中,军方已经完全估计到了一旦战争爆发会出现的情况,包括法、英、俄协约国军事同盟的有效性、英国参战以及德国将会因为巴尔干争端而卷入战争等。② 德国政府和军方这种各行其事的做法源自普鲁士的军国主义传统和帝国时期君主专制主义的畸形宪政结构,即军方直接对君主负责而不在政府领导之下。

从当时德国国内政治状况看,统治阶级也觉得有很必要进行一场对外战争。随着德国的高速工业化,工业阶级(包括工业资产阶级和工人阶级)力量日益增强,议会化、民主化和社会主义运动对传统贵族阶级占统治地位的现存社会秩序的压力不断增大。在这种形势下,实施"一种活力十足的对外政策"来"巩固受到危害的社会现状"就显得十分重要。于是,通过世界政策和民族主义强权政治来转移国内视线,缓和国内紧张的社会关系,就成为统治者的选择。换言之,成功的对外政策成了德国统治者化解国内问题的最好手段。③ 此外,资产阶级民族主义者、社会达尔文主义者和一些特殊的利益集团也从自己的立场出发,要求对外扩

---

① [联邦德国]卡尔·迪特利希·埃尔德曼:《德意志史:世界大战时期》,第四卷(上),第49页。

② J. R. H. O'regan (ed.), *The German War of 1914—Illustrated by Documents of European History, 1815-1915*, London: Oxford University Press, 1915, p. 36.

③ Hans-Ulrich Welher, *Das Deutsche Kaiserreich 1871-1918*, S. 195-196.

张和战争。当然,帝国领导层在多大程度上受到这些因素的影响,尚无法确证。

从国内其他政治力量的态度看,起初以社会民主党为代表的进步力量对即将到来的战争持反对态度。"七月危机"期间,多个德国城市出现了反战游行示威。但是,在7月底,德国领导层巧妙地利用俄国首先的战争动员说服了德国公众和社会民主党的领导层。俄国的战争动员使人们感觉德国正受到俄国的进攻威胁,德国的战争完全是出于自卫,从而使德国民众聚集于"保卫祖国"的大旗之下。

因此,战争爆发后,德国国内政治形势出现了重大变化,形成了所谓的"八月经历"(Augusterlebnis)或"1914年精神"(Geist von 1914)。绝大多数民众在战争爆发初期沉浸于一种亢奋之中。他们视这场战争为建立统一民族国家和建立殖民帝国之后的第三次民族征程的启航,是德意志民族走向世界强权的新起点。因此,人们开始抛弃相互之间的对立,团结起来,共同对敌,出现了所谓的"城堡和平"(Burgfrieden)。① 在这种氛围中,强烈、欢悦的英雄主义和民族主义情感淹没了战争即将带来的各种具体危险和灾难。虽然与570万协约国军队相比,350万德奥军队在数量上居于少数,但很多德国人把这场战争看作是捍卫年轻的德意志民族国家之举,战前的各种担忧和焦虑一扫而光,理性完全让位于激情,军事优先压倒了一切。8月4日,威廉二世发表议会演说,明确表达了要求各种力量紧密团结的愿望:"我不再知道什么党派集团,我只知道德意志人。"②结果,在当天的议会投票表决中,包括社会民主党在内的德国各政党无一例外地支持战争拨款。德国政治生活中已经开始的议会化、民主化进程被弃之一旁,皇帝在随后的战争年代成了民族的象征。

---

① "城堡和平"源自中世纪。在中世纪,如果多个团体留在一个城堡之中或一个城堡中有多个主人,就要缔结城堡和约(Burgfriedensverträge),人们在这一城堡中不得有敌对行为或非法威胁。"城堡和平"逐渐成为在城堡中的人们共处的规则。

② Rüdiger vom Bruch und Björn Hofmeister (Hrsg.), *Deutsche Geschichte in Quellen und Darstellung Band 8*, *Kaiserreich und Erster Weltkrieg*, *1871—1918*, S. 358.

德国各界形成一致对外的局面后,打败敌对国家的战争目标也提了出来。1914 年 9 月 9 日,以贝特曼-霍尔维格为首的德国政府公布了《我们在媾和时的政策方针临时纪要》(vorläufige Aufzeichnung über die Richtlinien unserer Politik beim Friedensschluß),即所谓的《九月纲领》(Septemberprogramm),明确提出了德国的战争目标:(1) 在西部,要吞并更多的法国领土,使之在经济上依附于德国;比利时必须割让列日等领土,并且变成德国的附属国;卢森堡成为德意志联邦成员,从比利时获得部分领土;荷兰表面上维持独立,但实际上依附德国。(2) 在东部,要尽可能地使俄国远离德国边界,结束它对非俄罗斯地区的统治,要建立独立的波兰。(3) 建立德国领导下的中欧经济联盟,包括法国、比利时、荷兰、丹麦、奥匈、波兰、意大利、瑞典和挪威等。(4) 在殖民地问题上,要建立中非殖民帝国,等等。①

德国社会各界也提出了带有掠夺色彩和霸权特征的战争目标。在经济界,以蒂森为代表的重工业界通过中央党议员马蒂亚斯·埃茨贝格尔(Matthias Erzberger,1875—1921)明确提出,要在西部和东部实施兼并政策,以确保原料来源;瓦尔特·拉特瑙等人则提出了借助中欧经济力量使德国成为世界强权的思想。包括农场主同盟、基督教德意志农民联合会联合(Vereinigung der christlichen deutschen Bauervereine,1900 年由 17 个农民联合会发起建立)、德国工业家中央联合会等在内的多个社会团体也纷纷向政府请愿,提出了掠夺性和兼并性的战争目标。泛德意志协会主席克拉斯(Heinrich Claß,1868—1953)在其备忘录中甚至提出驱逐东欧原有居民,建立德国在东欧的霸权的主张。德国的知识界也是战争的强有力支持者。有多位教授参加发起的知识界宣言呼吁捍卫德国人的生存、精神和道德生活,并提出了自己的期许:要与法国进行一劳永逸的清算,"在政治和经济上无情地削弱它",要夺取法国北部沿海

① Rüdiger vom Bruch und Björn Hofmeister (Hrsg.), *Deutsche Geschichte in Quellen und Darstellung Band 8 , Kaiserreich und Erster Weltkrieg , 1871—1918* , S. 371 - 373.

地区,以实现对英国的战略安全和得到更好的出海口;确保对比利时的政治、经济和军事控制;俄国要变成德国的农业殖民地,成为德国增长的人口和移民的去处,要德意志化;英国必须承认德国在对外贸易、海权和世界强权方面的地位,必须打破英国的全球霸主地位,等等。[①] 这些主张都建立在对其他国家的领土进行兼并的基础上,相关主张者也获得了"兼并主义者"(Annexionisten)的称号。在德国各政党中,除了社会民主党,其他政党也都支持兼并要求。

二、大战进程

(一)施利芬计划的破产

战争爆发后,同盟国在人力资源方面明显弱于协约国。当时德奥两国动员的军队总数为 350 万人(德国为 214.7 万人),而俄法英三国动员的军队总数却达到 570 万人。在经济和战争资源方面,拥有庞大经济总量和广阔海外殖民地的协约国也明显超过同盟国。在这种敌众我寡的形势下,同盟国方面唯有通过更有效率的军事组织和更快的进军速度来加以弥补,只有争取在短时间内结束战争,才有希望取得胜利。因此,战争一开始,德军就依据原先拟定的作战计划开始行动。

根据施利芬计划,德军必须在数周时间内集中优势兵力,绕道比利时,自北而南给法军以突然而毁灭性的打击,然后结束西线战事,挥师东向,打击动员速度较慢的俄军。在东线,德军则先采取防守态势,奥匈将集中力量对付塞军和俄军。因此战争一开始,德军就在西线发动了大规模的闪电攻势。8 月 2 日,德军侵入中立国卢森堡,3 日夜又在未经宣战的情况下越过比利时边界。但是由于比军顽强抵抗,德军在遭受重大伤亡的情况下用了 18 天才通过比利时,从而给法英联军以喘息之机。此

[①] *The Pan-German Programme*:*The Petition of the six Associations and the Manifesto of the Intellectuals*,Translated from the German,New York:George H. Doran Co.,1918; Edwyn Bevan,*German War Aims*,New York and London:Harper & Brothers Publishers,1918,pp. 3-4.

后,德军兵分数路,在法比边境先后击败法军和英军,直逼巴黎。8 月 20 日起,在南翼处于守势的德军向进攻中的法军发起反攻,经过一系列边境战役,法军损失惨重,被迫缩退到马斯河(Maas)后面。法军司令霞飞(Joseph Joffre,1852—1931)承认"边境交战以失败而告终"。① 9 月 2 日,法国政府匆忙撤出巴黎,迁往波尔多(Bordeaux)。

法军在明白了德军的意图后,立即加强法比边境和巴黎的力量。霞飞打算以马恩河(Marne)为依托,发动一次全面攻势,以制止德军的持续推进。此时形势也出现了不利于德军的变化,本来应该集中优势兵力于西线的德军为了应付俄军攻入东普鲁士的局势,从西线抽调两个军支援东线,从而削弱了西线德军的力量。9 月 5—12 日,德军 5 个集团军与兵力居于优势的法英联军 6 个集团军展开马恩河会战(Marneschlacht),战斗在巴黎到凡尔登一线进行。结果,虽然联军损失高于德军,但受到联军威胁侧翼以及指挥协调不力等因素影响,德军被迫撤退回防。德军原先制定的包抄消灭法军的计划化为泡影。

在第一次世界大战进程中,马恩河会战具有标志性意义,它意味着速战速决的施利芬计划破产。此后在西线形成了从阿尔卑斯山(Alpen)到北海的阵地战,双方进入了相持局面。这一结果实际上已经在小毛奇的意料之中。早在 1905 年他就向威廉二世表示:"这将是一场不能以一次决战决胜负的人民战争,是一场与一个国家的旷日持久的、艰苦的战斗",通过一场俘获数十万人的战役而结束战争的想法"是根本不符合战争的具体情况的。"②马恩河会战失利后,小毛奇被解除总参谋长之职,陆军大臣埃里希·冯·法尔肯海因(Erich von Falkenhayn,1861—1922)接替其位。

东线形势也出乎施利芬计划所料。俄军在未充分准备之下就发起了进攻,以援助陷于困境的法军。在西南战线,俄军在加里西亚击败并

---

① [苏] И. И. 罗斯图诺夫:《第一次世界大战史》,上册,钟石译,上海译文出版社 1982 年版,第 314 页。
② [联邦德国]卡尔·迪特利希·埃尔德曼:《德意志史:世界大战时期》,第四卷(上),高年生等译,商务印书馆 1990 年版,第 69 页。

重创奥军。在西北战线,俄军两个集团军相继攻入东普鲁士,力量相对弱小的德国第八集团军处于守势。为挽救颓势,德方任命兴登堡(Paul von Hindenburg,1847—1934)为东线德军总司令,鲁登道夫(Erich Ludendorff,1865—1937)为参谋长,发动对俄军的反击,在 8 月 26—30 日的坦能贝格战役(Schlacht bei Tannenberg)中以 15.3 万德军大败 19.1万俄军,消灭了俄军第二集团军,然后又在 9 月初重创俄军第一集团军,解放了东普鲁士。兴登堡和鲁登道夫因此成为德国家喻户晓的英雄,其影响在整个大战期间无人能及。[①] 但是,德军在东线的胜利并不能改变整个战局。到 12 月,东线也陷入了胶着状态的阵地战。

(二) 1915 年—1916 年夺取战争主动权失败;和平宣言

德军在速决战破产后,决定改变战略,把战争重心转向东方,集中力量打败较弱的俄国,迫使其单独媾和,然后再转身对付英法,西线德军为此大量调往东线。1915 年 5 月,德奥联合发动攻势,相继占领了波兰、立陶宛(Litauen)、库尔兰(Kurland),并夺回了加里西亚。尽管如此,迫使俄军投降的目的并未达到,到 9 月中旬,双方再次陷入僵持局面。

在核心国家陆续进入战争的同时,其他战线也相继开辟。1914 年 8 月,德国与土耳其签订秘密同盟,德国地中海舰队也加入了土耳其舰队。10 月底,土耳其突然袭击俄国黑海沿岸,11 月初,俄、英、法先后向土耳其宣战。土耳其参战后,由于北部波罗的海出口和南方黑海出口分别处于德军和土军的封锁之下,俄国与其他协约国的联系被切断,军火不济,战力大减,成为协约国的薄弱环节。尽管英法 1915 年 2 月起发动达达尼尔战役(Dardanelles Campaign),也称加利波利战役(Schlacht von Gallipoli),试图夺取海峡和君士坦丁堡,终未成功。同年 10 月,保加利亚看到俄国在东线的崩溃和英法远征达达尼尔海峡失败后,也加入同盟国方面作战,希图夺回第二次巴尔干战争中失去的领土。结果,在德、

[①] Karl Helfferich, *Der Weltkrieg*, *II. Band*, *Vom Kriegsausbruch bis zum uneingeschränkten U-Bootkrieg*, Berlin: Ullstein & Co., 1919, S. 20 - 21.

奥、保三国军队的夹击下,塞尔维亚全境被占领,同盟国打通了与土耳其的陆上联系。

意大利本是同盟国集团中摇摆不定的成员。战争开始后,它以奥匈对塞尔维亚军事行动未事先协商为借口,宣布中立,实际上是要审时度势,待价而沽。结果,协约国出价更高,诱使意大利在 1915 年 5 月向奥匈宣战,8 月向德国宣战。但是意军在战争中没有什么建树,仅增加了一条意奥战线而已。1916 年 8 月,协约国又诱使罗马尼亚参加战争,但是等待它的是同盟国军队的夹击,12 月同盟国军队攻占布加勒斯特,罗马尼亚大部分国土陷落。

鉴于 1915 年东线攻势中未能迫使俄国屈服,双方形成了僵持局面,法尔肯海因在 1916 年决定将战争重心重新转向西线,试图集中兵力击败西线法军主力,使英国失去陆上立足点,然后用潜艇战困死英国。届时失去西方财政和军事支持的俄国将无力再战。1916 年 2 月 21 日,德军围攻凡尔登要塞,开始了长达 10 个月的凡尔登战役(Schlacht um Verdun)。法尔肯海因的目的是要通过长时间猛烈攻击法军战线上的支撑点凡尔登要塞来大量消耗敌人的人力和物力。因此,凡尔登战役也成了所谓的"物资战"(Materialschlachten)的开端。双方在战役中消耗了大量炮弹,动用了毒气弹、燃烧弹、飞机等各种新型武器,凡尔登也成了所谓的"骨粉厂",数十万军人丧命于此。据统计,双方在该战役中损失近 120 个师,其中法军 69 个师,德军 50 个师。从整个战役看,7 月以前,德军处于攻势,8 月以后,主动权转入法军之手。德军击败法军的意图没有实现。法尔肯海因由于凡尔登战役的失败而于 8 月 29 日解职,兴登堡出任总参谋长,鲁登道夫出任总后勤部长,开始了第三任最高统帅部(Oberste Heeresleistung, 简称 OHL)的领导。凡尔登战役是第一次世界大战的转折点,此后战争形势向不利于同盟国的方向发展。

在凡尔登战役期间,英法军队于 7 月初至 11 月中旬发动了索姆河战役(Schlacht an der Somme),以迫使德军分散在凡尔登的力量。在历时 4 个月的战役中,英法联军共出动了 104 个师,英军首次投入了坦克。

德军投入了约 50 个师。联军在人数和装备上都明显优于德军。但是在德军的顽强防御面前,联军进展缓慢,损失巨大。到 11 月中旬,因天气恶劣和物资耗尽,战役停止。在这场战役中,法军损失 34.1 万人,英军损失 45.3 万人,德军损失 53.8 万人。① 索姆河战役表明,协约国在军事和经济上都已经居于绝对优势。德军在该战役中损失巨大,士气大受打击,英法联军已经取得了战略上的主动权。

就在西线激战方酣之际,俄军为了减轻西方盟国的压力,于 1916 年 6 月在东线发动了新的攻势,并在布科维纳(Bukowina)一举击败奥军,俘敌 20 多万人。此后,尽管德奥军队多次反击,都未能击退俄军。

1916 年还发生了第一次世界大战期间最大规模的海战,即斯卡格拉克海战(Skagerrakschlacht;Seeschlacht vor dem Skagerrak),也称日德兰海战(Battle of Jutland)。

随着战争的长期化,交战各国的经济承受能力都面临着考验。英国在战争开始后就把封锁北海的海上通道、切断德国与海外的联系作为重要目标。1915 年,英德两国海军已经在北海发生小规模冲突。由于包括海军参谋长波尔(Hugo von Pohl,1855—1916)在内的德国海军指挥部首脑害怕英国舰队的数量优势,不接受蒂尔皮茨的进攻想法,主张在陆上整个战局有利时才出动舰队主力,因此德国海军最初的战略只是防卫海岸,确保波罗的海安全航行。②

1916 年初,主张积极采取行动的谢尔(Reinhard Scheer,1863—1928)接任远洋舰队司令,开始寻求打击英国海军的战机。5 月下旬,德国海军准备袭击英国东海岸的海军基地,英国海军部获悉相关消息后,派出主力舰队截击。5 月 31 日,英国主力舰队和德国远洋舰队在日德兰半岛附近的斯卡格拉克(Skagerrak)相遇,发生战斗。在这场战役中,英国出动各类战舰

---

① [苏] И. И. 罗斯图诺夫:《第一次世界大战史》,下册,钟石译,上海译文出版社 1982 年版,第 675 页。

② [联邦德国]卡尔·迪特利希·埃尔德曼:《德意志史:世界大战时期》,第四卷(上),高年生等译,商务印书馆 1990 年版,第 77 页。

150 艘,其中大型战舰 37 艘;德国出动各类战舰 99 艘,其中大型战舰 21 艘。英国舰队主要舰只比德国舰队几乎多一倍,火炮也具有明显优势。但是,从交战的具体结果看,英国共有包括 3 艘战列巡洋舰在内的 14 艘战舰沉没,损失战斗吨位 11.5 万吨,死亡官兵 6000 多人;德国共有包括 1 艘战列巡洋舰在内的 11 艘战舰沉没,损失战斗吨位 6.1 万吨,死亡官兵 2500 多人。尽管德国海军在这次海战中取得了较好的战绩,但是整个战局并没有因此发生根本性变化,北海依然处于拥有数量优势的英国海军的封锁之下。

在速决战破产和夺取战场主动权失败的情况下,德国政府利用在东南战线占领布加勒斯特的有利时机,于 1916 年 12 月 12 日联合其盟国发表了议和结束战争的和平宣言,试探协约国方面的反应。宣言内容归纳为:历时两年、覆盖大半个世界的战争是人类的灾难,是强加在同盟国头上的;同盟国拿起武器是为了捍卫民族发展的自由和正义;如果战争继续,同盟国会取得最终胜利;为了对人类和历史负责,德国及其盟国提出和平结束战争的建议。[1] 很显然,如果协约国接受这一建议作为和平谈判的基础,就意味着承担发动战争的责任和承认战争的失败。因此,从 12 月 13 日起,法、俄、英、意等国先后表态,拒绝接受德国的和平建议,并于 12 月 30 日以协约国的名义联合作出回应,明确提出德国及其盟国的战争责任以及对之进行"惩罚、赔偿和保证"的要求。[2] 协约国的回答实际上是告知德国及其盟国,战争将继续,直至打败德国。

(三)1917 年无限制潜艇战和美国参战;俄国革命和东方和约

1. 无限制潜艇战和美国参战

由于陆上战略计划的破产和海上冲破英国舰队封锁的努力受挫,德国决定利用潜艇战来对付英国,试图用潜艇封锁英国航线,切断英国的

---

[1] "Peace Note of Germany and her Allies, December 12, 1916", in Carnegie Endowment for International Peace, *Official Communications and Speeches Relating to Peace Proposals 1916 -1917*, Woshington D. C. : The Endowment, 1917, pp. 3 - 4.

[2] "Entente Reply to the Peace Note of Germany and her Allies, December 30, 1916", in Carnegie Endowment for International Peace, *Official Communications and Speeches Relating to Peace Proposals 1916 - 1917*, pp. 38 - 41.

物资供应,迫使其屈服。早在 1914 年 9 月 22 日,德国"U9"潜艇在数小时内就击沉了"阿布甲"号(Abukir)、"霍格"号(Hogue)和"克雷西"号(Cressy)3 艘英国巡洋舰,震惊整个世界。

起初德国顾及美国等中立国的反应以及国际法的限制,在使用潜艇攻击商船等问题上采取克制态度。此后随着战势的发展,德国政府和军方逐渐失去了耐心。德国方面的理由是,由于英国对德国采取了违反国际法的贸易禁运和饥饿封锁(Hungerblockade),特别是在 1914 年 11 月以后宣布整个北海为战区,导致德国的所有进口、出口以及中立国特别是美国与德国的贸易完全停止,北海的自由贸易完全成为不可能。如此一来,德国就会被慢慢困死,就像"冬天来临,树叶就会飘落一样"。[1] 因此,德国遵守国际法的条件已经不复存在。故而自 1915 年 2 月起,德国也宣布英国周围海域为战区,加大潜艇战力度,在英国沿岸布设水雷,同时加大了潜艇编入现役的速度。1916 年 3 月开始,平均每月有 10 艘潜艇入役,到 12 月则增加到 15 艘。1916 年 7 月,谢尔向最高统帅部提出无限制潜艇战(uneingeschränkter U-Bootkrieg)问题,认为它将"触及英国生死攸关的神经中枢"。潜艇战曾经取得的成绩也鼓励着德国军方采取进一步的行动。据统计,1916 年德国潜艇共击毁敌方和中立国船只 1148 艘,总吨位达 282 万吨以上;仅 1916 年 10 月至 1917 年 1 月间,被德国潜艇所布水雷炸沉的船只就达 80 艘,总吨位在 10 万吨以上。[2]

德国加大潜艇战力度的努力引起中立国特别是美国的不满。1915 年 5 月 7 日,英国客轮"鲁西塔尼亚"号(Lusitania)被德国潜艇击沉,1200 多人遇难,其中有 120 多名美国公民,形成所谓的"鲁西塔尼亚事件"(Lusitania-Affäre)。为此美国政府向德国提出了抗议。1916 年 3 月 24 日,德国潜艇在没有任何警告的情况下又击沉了法国客轮"苏塞克

① Admiral Scheer, *Germany's High See Fleet in the World War*, London: Cassell and Co., 1920, pp. 216—217.
② [苏]И. И. 罗斯图诺夫:《第一次世界大战史》,下册,钟石译,上海译文出版社 1982 年版,第 750—752 页。

斯"号(Sussex),形成所谓的"苏塞克斯事件"(Sussex-Fall),造成包括美国人在内的 80 余人死亡。美国政府为此向德国发出了最后通牒。在这种形势下,德国因担心与美国决裂,不得不在潜艇战方面有所收敛。

但是 1916 年下半年之后,鉴于形势恶化以及认为美国不会参战的错误估计,包括海军参谋部和最高统帅部在内的德国军方日益倾向于扩大潜艇战,认为此举可以迫使英国在数月内就范。帝国议会中的保守党和民族自由党等也支持潜艇战。加之美国在促使英国停止封锁方面无所作为,德国政府终于在 1917 年 1 月 9 日做出了无限制潜艇战的决定。① 无限制潜艇战开始后的最初几个月,协约国和中立国船只损失惨重,到 1917 年 4 月,被德国潜艇击沉的商船达 1100 多艘,吨位达 200 多万吨。但是,由于英国积极研制反潜武器和战舰,加强了对商船的护航,德国无限制潜艇战的目标破产。

无限制潜艇战的一个极其重要的后果是美国的参战。战争爆发后,美国起初一直保持着中立。1916 年伍德罗·威尔逊(Thomas Woodrow Wilson,1856—1924)竞选美国总统的口号就是"威尔逊使我们免于战争"。同年 4、5 月间,威尔逊曾向英、法提出赞同和平调停的呼吁,但遭到拒绝。12 月 18 日,威尔逊再次提出和平倡议,要求各交战国就结束战争提出条件。1917 年 1 月 22 日,威尔逊在参议院发表的演说中再次呼吁交战国实现不分胜负的和平,同时重申了包括"海上自由"在内的美国政府的政策。② 然而,交战双方的回答都是要求在对自己有利的情况下实现和平。1917 年 1 月 31 日,德国通知美国政府即将开始无限制潜艇战。美国立即以断绝外交关系作为回答。2 月 3 日威尔逊通知美国国会,称德国的无限制潜艇战与他先前提出的和平建议相抵触,美国必须加强力量以保护其公民的海上安

---

① Karl Helfferich, *Der Weltkrieg*, II. Band, *Vom Kriegsausbruch bis zum uneingeschränkten U-Bootkrieg*, S. 335 – 337, 379 – 381, 395 – 399, 408 – 412.

② "President Wilson's Peace Note, December 18, 1916"; "President Wilson's Adress to the Senate, January 22, 1917", in Carnegie Endowment for International Peace, *Official Communications and Speeches Relating to Peace Proposals 1916 -1917*, pp. 16-19, 68 – 74.

全。2月26日他又提出实行武装中立以保护美国商船。4月4日和5日美国参众两院分别以82票对6票和374票对80票通过对德宣战,6日威尔逊签署正式宣战声明。此后,美国政府通过引入普遍义务兵役制和增拨军费,准备介入欧洲大战。①

其实,德国无限制潜艇战只是美国对德宣战的一个有力的口实。战争开始以后,美国虽名义上保持中立,却一直袒护和支持协约国。例如,美国对英国违反海洋航行自由等国际法进行海上封锁只是抗议了事,听之任之,而对德国的潜艇战则采取严正的国际法立场。其理由是,英国违反国际法影响的只是航海自由和美国贸易自由,而德国潜艇战危及美国公民的生命。美国不仅允许协约国的武装商船停泊美国港口,而且美国国务卿兰辛(Robert Lansing,1864—1928)早就确信"终有一天,美国必将积极投入抗德战争中去"。② 也就是说,美国参加协约国方面作战是迟早的事。

美国采取貌似中立实为偏袒协约国的态度,缘于多重因素。首先,与英、德两国关系的疏密不同影响到美国的政策。美国与英国在战争爆发前就已经形成了一种十分友好的关系。英国自19世纪90年代以后对后来居上的美国在中南美洲、加勒比海和太平洋地区的扩张一直比较迁就,这也是美国在世纪之交对外扩张比较顺利的重要原因。而德美之间虽然不存在直接的利害冲突,但德国政府锋芒毕露的世界政策却使美国感到了一种威胁。尤其是德国在拉美地区势力的迅速扩张深深触动了美国的敏感神经。德国外交部曾在拉丁美洲特别是南美地区设立了众多的领事馆,搜集各类情报。到1904年为止,德国在南美各国设立领事馆的数目为:巴西24个,智利19个,秘鲁、阿根廷和哥伦比亚分别为11个,委内瑞拉8个。1902—1903年委内瑞拉发生财政危机不能偿还

---

① Karl Helfferich, *Der Weltkrieg*, *III. Band*, *Vom Eingreifen Amerikas bis zum Zusammenbruch*, Berlin: Ullstein & Co., 1919, S. 17‐19.

② [联邦德国]卡尔・迪特利希・埃尔德曼:《德意志史:世界大战时期》,第四卷(上),高年生等译,商务印书馆1990年版,第79—80、99—100页。

外债时,德国政府甚至计划进行军事干预,以便趁机将其置于德国的影响之下。拉美地区还是德国对外投资最多的地区。① 视美洲为自己禁脔的美国自然不愿看到德国在拉美地区影响力的迅速扩大。

美国站到协约国一边也有其重要的经济原因。战争爆发后,美国在中立的幌子下与各交战国进行战争物资贸易。但是,由于英国海军封锁的缘故,其贸易在事实上集中于协约国一边。开战以来美国的全部工业和农业都在全力供应协约国的军事和粮食需要,美国银行则从放贷给协约国的借款中获取厚利。因此美国金融资本也希望协约国获得胜利。②

文化因素也在一定程度上影响到美国的态度。在美国人看来,英国人所拥有的宪制政体、法律面前人人平等、自由正义、人道主义等文化传统更符合他们的价值观,而德国的君主专制主义、军国主义传统则与之相去甚远。这种文化因素使美国人更同情英国人并站到英国一边。③

1917年国际形势的变化是美国去掉中立伪装加入协约国作战的重要原因。一方面,交战双方已经筋疲力尽,美国此时参战可轻易取得胜利,提高自己在战后重建国际新秩序时的话语权;另一方面,俄国爆发二月革命(Februarrevolution,1917)后,美国担心俄国与德国单独媾和,使德国有可能集中力量打败英法,因而迫不及待地站到协约国方面正式对同盟国作战。

美国的参战对战争走向产生了根本性的影响。关于这一点,时任德国内政部国务秘书的黑尔费里希(Karl Helfferich,1872—1924)看得很清楚。他指出,美国的参战给协约国带来了强大的财力、军火和人力支

① Hans-Jürgen Schröder, *Deutschland und Amerika in der Epoche des Ersten Weltkrieges 1900-1914*, Stuttgart: Steiner Verlag, 1993, S. 13; Willibald Gutsche, *Monopole, Staat und Expansion vor 1914: Zum Funktionsmechanismus zwischen industriemonoplen, Grossbanken und Staatsorganen in der Außenpolitik des Deutschen Reiches 1897 bis 1914*, S. 105, 175, 178.
② 李霁编译:《第一次世界大战简史》,生活·读书·新知三联书店1949年版,第175页。
③ J. Shield Nicholson, *The Neutrality of the United States in Relation to the British and German Empires*, London: Macmillan & Co., 1915, pp. 82-92.

持；与此同时，威尔逊还动员所有的中立国加入到反对中欧列强
(Mittelmächte)的行列中。① 在美国向同盟国宣战后，中国和美洲许多
国家都追随美国，加入到协约国方面作战。战争形势向有利于协约国的
方面转变。

2. 俄国革命和东方和约

1917 年对战争形势产生巨大影响的另一事件是俄国革命。俄国是
协约国阵营中力量相对弱小的国家。长期的战争使其国内经济到了崩
溃的边缘，工农运动高涨，士兵反战运动不断。德国则积极与俄国革命
者接触，通过资助和宣传的方式推动俄国革命形势的发展，以造成俄国
的内乱，削弱其战争能力。② 由于这种内因和外力的作用，1917 年 3 月
12 日(俄历 2 月 27 日)，圣彼得堡的工人和士兵发动起义，推翻了沙皇专
制统治。但是在革命中取得政权的资产阶级临时政府继续坚持承担协
约国关于将战争进行到底的诺言。在这种形势下，以列宁(Wladimir
Iljitsch Uljanow Lenin，1870—1924)为代表的布尔什维克党
(Bolschewiki)提出了将资产阶级民主革命转变为社会主义革命的任务，
要求停止战争，"放弃一切兼并"。③ 德国政府自然期望新的革命能使俄
国迅速退出战争，减轻自己的压力，因此安排专列，积极协助流亡瑞士的
列宁于 4 月初乘车横穿德国，返回俄国，并帮助其他俄国革命者回到俄
国，准备革命。④ 以列宁为首的布尔什维克则充分利用帝国主义国家之
间的这种矛盾，积极准备俄国社会主义革命。

1917 年 11 月 7 日(俄历 10 月 25 日)，列宁和布尔什维克领导的十

---

① Karl Helfferich, *Der Weltkrieg*, III. Band, *Vom Eingreifen Amerikas bis zum Zusammenbruch*,
S. 19.

② Z. A. B. Zeman (ed.), *Germany and the Revolution in Russia 1915 – 1918. Documents
from the Archives of the German Foreign Ministry*, London: Oxford University Press,
1958, pp. 16 – 18.

③《列宁选集》，第三卷，人民出版社 1995 年版，第 13—18 页。

④ Z. A. B. Zeman (ed.), *Germany and the Revolution in Russia 1915 – 1918. Documents
from the Archives of the German Foreign Ministry*, pp. 25 – 44.

月革命(Oktoberrevolution)取得胜利,建立了世界上第一个社会主义国家。第二天,苏维埃政府(Sowjetregierung)宣布退出战争,提出了进行公正和民主的谈判,实现不割地不赔款的和平的建议。12月15日东方战线实现停火,20日开始和平谈判。但是,以马克斯·霍夫曼将军(Max Hoffmann,1869—1927)为代表的德国军方以"安全和平"为由,不想退出已经占领的俄国领土,以防止布尔什维克的革命影响向西扩散;与此同时,同盟国把已占领的东欧农业区当作自己的重要粮食供给地区,不愿拱手相让;而原先处于沙皇统治下的波兰人、波罗的海沿岸地区人民、芬兰人(Finnen)等也都希望能从俄国的统治下摆脱出来,实现民族自决。因此双方谈判久拖不决。

对于希望迅速在东方缔结和约,以便集中力量在西线发动进攻的德军最高统帅部而言,苏俄在谈判问题上的拖延是不可接受的。因此,1918年2月18日,德奥军队再次发动从黑海到波罗的海的全线攻势。3月3日,苏维埃俄国(Sowjetrußland)在强大的军事压力下被迫签订《布列斯特-立托夫斯克和约》(Frieden von Brest-Litowsk)。苏维埃俄国失去了波兰、立陶宛、库尔兰、利夫兰(Livland)、爱沙尼亚(Estland);乌克兰(Ukraine)和芬兰将通过民族自决进行确认;卡尔斯(Kars)、阿尔达汉(Ardahan)、巴统(Batum)等地划给土耳其。[①]《布列斯特-立托夫斯克和约》的一个重要后果是,新生的苏维埃政权虽然失去了部分土地,但通过以空间换时间,获得了宝贵的喘息之机,并因此而能够集中力量巩固政权。该和约的另一后果是,德奥在和约中表现出的极度贪婪使英法等国完全放弃了和谈的打算,坚定了将战争继续下去的决心。

同盟国与罗马尼亚也在1917年12月9日实现停火。1918年5月7日,双方签订了《布加勒斯特和约》(Frieden von Bukarest 1918)。据此,罗马尼亚退出战争,德国结束对其占领;罗马尼亚割让南多布罗加

---

① Albert Schreiner, *Zur Geschichte der deutschen Aussenpolitik*, *1871—1945*, *Erster Band*, *1871—1918*: *Von der Reichseinigung bis zur Novemberrevolution*, S. 418.

(Süddobrudscha)和北多布罗加（Norddobrudscha）部分地区给保加利亚；罗马尼亚向中欧列强提供贸易优惠。

表面上看，德国在 1917 年面临的战争形势似乎不坏。在东线，俄国已经崩溃。它提升了同盟国将战争进行下去的勇气；在西线，德军撤退到坚固的齐格菲防线（Siegfried Linie）后面，顶住了英法军队的猛烈攻势。甚至英国已经开始出现厌战的声音，认为继续战争付出的代价太大，而且长期下去会使世界经济重心从英国转移到美国。法军在 4、5 月份发动的攻势也以失败告终。在意大利战线，德奥军队于 10 月份发动攻势，一举消灭意军 30 万人。意军战斗意志消退，军心动摇。[①]

第三节　帝国的崩溃

一、帝国的全方位危机；军事失败

（一）经济和社会危机

尽管 1917 年战争形势对德国而言尚算乐观，但德国及其盟国内部的危机已经日益凸显。作为德国的主要盟国，奥匈帝国在战争爆发后就停止了议会活动，整个国家政治生活进入了官僚专制状态。随着战争的持续，这一多民族国家的民族矛盾和阶级矛盾日趋激烈。1916 年 10 月，首相施蒂尔格（Karl Graf von Stürgkh, 1859—1916）被暗杀，11 月，统治奥地利达 68 年之久的弗兰茨·约瑟夫一世去世。新继位的卡尔一世（Karl I., 1887—1922,1916 年—1918 年在位）面对严重的危机，在 1917 年初曾试图与法国进行和平谈判。帝国境内的斯拉夫人也提出了建立独立的民族国家的要求。国家已经处于崩溃的边缘。

德国的国内形势更是不容乐观。战争爆发后，德国经济和社会都加速向战时状态转变。由于经济领域没有做好服务于长期战争的准备，战

---

① ［联邦德国］卡尔·迪特利希·埃尔德曼：《德意志史：世界大战时期》，第四卷（上），高年生等译，商务印书馆 1990 年版，第 139 页。

争开始不久就逐渐出现了食品和原料短缺、劳动力缺乏和战争经费不足等状况。

　　在工业原料的生产和供应方面,1914年8月,通用电气公司总裁瓦尔特·拉特瑙专门在国防部下面设立了战争原料处(Kriegsrohstoffabteilung),以保障战争所需的工业生产原料。尽管如此,除极少数产品外,工业生产还是出现了普遍下降。1918年,生铁产量下降到了1913年的61.4%,钢产量减少到了战前的68.6%,石油下降到了战前的31.5%,石煤减少到战前的83.2%,铁矿石产量下降到战前27.7%。整个工业生产下降到战前的77.1%。[①] 所幸的是,一些新的发明和创造为德国持续战争提供了可能性。从空气中提取氮的工艺使德国在生产弹药方面没有了后顾之忧;人造橡胶和纺织纤维的出现也缓解了战争原料的短缺。

　　在农业经济领域,德国战前只能实现部分的粮食自给,约1/3需要进口。具体说来,约10%的面包原料、50%的奶制品、35%的蛋类和几乎所有的植物油来自国外。[②] 战争时期,由于肥料缺乏和劳动力不足,谷物产量不断下降。1917年粮食收获量已经只有1913年的一半。为此,德国政府专门设立了战时粮食公司(Kriegsgetreidegesellschaft)、战时粮食局(Kriegsernährungsamt)等机构,试图解决粮食供给不足的问题。然而在协约国的封锁下,粮食短缺问题始终无法得到根本性解决,以至于出现了1916年—1917年的"萝卜冬天"(Rübenwinter)[③]。据统计,整个战争期间,因饥饿致死的德国人在75万人左右,儿童死亡率上升了30%。食品短缺还造成黑市交易蔓延,战争爆发初期那种团结对外的状况逐渐被普遍的不满和抱怨所取代。

---

① Rüdiger vom Bruch und Björn Hofmeister (Hrsg.), *Deutsche Geschichte in Quellen und Darstellung Band 8*, *Kaiserreich und Erster Weltkrieg*, *1871—1918*, S. 411 - 412.

② Sönke Neitzel, *Weltkrieg und Revolution 1914 - 1918/19*, Berlin-Brandenburg: be. bra Verlag, 2008, S. 131.

③ 又称为"大头菜冬天"(Steckrübenwinter; Kohlrübenwinter)、"饥饿冬天"(Hungerwinter)。

工农业生产遇到的最大困难是劳动力不足。在战争开始后的最初几个月中,德国各企业的技术工人就减少了 30%—40%。[1] 起初,人们对于战争爆发后如何分配民用生产、军工生产领域的劳动力以及招募新兵对于劳动力供给的影响等,并没有明确的考虑,对后果的严重性估计不足。最后,为弥补劳动力不足,不得不吸收妇女、残疾人、外籍工人和战俘加入生产行列。1914 年 7 月到 1917 年 2 月,妇女从业人数增加了86%;1916 年 10 月到 1917 年 2 月,仅从比利时送来的外籍工人就达 6.1万人。此后到 1918 年夏天,又有超过 10 万名比利时劳工来到德国;1916 年 8 月,16.25 万名战俘中有 45% 被送到了农业领域劳动,20% 进入工业生产领域。针对技术工人不足的情况,则在 1915 年 1 月设立了"返还原岗处"(Abteilung für Zurückstellungswesen),根据工业生产需要,将一些技术熟练工人从前线调回原生产岗位,从事相关生产。[2]

战争支出也大大超出了人们的预期。从总的战争支出看,1914 年为 72亿马克,1915 年为 241 亿马克,1916 年为 293 亿马克,1917 年为 442 亿马克,1918 年为 592 亿马克,总计达 1640 亿马克。这意味着直接的战争耗费平均每天达 1 亿马克左右。虽然德国政府的如意算盘是,在战争结束时由战败者为此买单,但战时的大规模支出只能靠国家借贷来筹集和维持。[3]

针对以上经济问题,德国政府的战时经济政策主要针对以下几个方面:一是制造充足的弹药、武器和装备;二是处理好对有限的劳动力的分配,以满足发展经济和扩大军队所需;三是在遭受协约国封锁之下保障食品供给;四是要协调好企业主、工人和战时国家之间的平衡,维护社会

---

[1] Sönke Neitzel, *Weltkrieg und Revolution 1914—1918/19*, S. 129.

[2] Ute Daniel, *Arbeiterfrauen in der Kriegsgesellschaft*: *Beruf*, *Familie und Politik im Ersten Weltkrieg*, Göttingen: Vandenhoeck & Ruprecht Verlag, 1989, S. 44, 54; Rüdiger vom Bruch und Björn Hofmeister (Hrsg.), *Deutsche Geschichte in Quellen und Darstellung Band 8*, *Kaiserreich und Erster Weltkrieg*, *1871—1918*, S. 402.

[3] Rüdiger vom Bruch und Björn Hofmeister (Hrsg.), *Deutsche Geschichte in Quellen und Darstellung Band 8*, *Kaiserreich und Erster Weltkrieg*, *1871-1918*, S. 418; Hans-Ulrich Wehler, *Das Deutsche Kaiserreich*, *1871-1918*, S. 200-201.

稳定;五是加大战争经费筹集力度,保障战争持续进行。为此,德国政府采取了一系列举措。

在各项保障战争的措施中,《兴登堡纲领》(Hindenburg-Programm)具有特殊意义。1916 年上半年,物资战造成的巨大战争消耗引发了德国的军事、政治和经济危机。当时一个月的消耗达到 1913 年德国全年国民收入的 1/10,战争借贷已经无法满足开支的需要。在此情形下,兴登堡和鲁登道夫主持下的第三任最高统帅部于 1916 年 8 月提出了著名的《兴登堡纲领》,要把本国的全部人力物力集中用于战争,这实际上是日后鲁登道夫所描绘的总体战(Totaler Krieg)的预演。《兴登堡纲领》有两大目标:一是不惜一切代价把武器弹药等各类军需品产量提高 2 到 3 倍;研制和生产新式武器,以弥补兵力的不足;二是实行《祖国辅助服务组织法》(Gesetz über den vaterländischen Hilfsdienst),简称《辅助服务组织法》(Hilfsdienstgesetz),将所有成年公民都列入为战争目标服务的行列中。为此,实行普遍的劳动强制,兵役义务扩大到 50 岁男子,关闭对战争无关紧要的企业等。1916 年 12 月,该法案在经过修改后获得通过。[1]

为了贯彻《兴登堡纲领》,强化最高统帅部对战时经济的领导,国防部之下还新设立了由威廉·格勒纳(Wilhelm Groener,1867—1939)领导的战争局(Kriegsamt)。从单个方面看,《兴登堡纲领》的实施确实大大提升了德国的军事生产能力。到 1918 年,每月机枪生产已经达到一万多挺,野战炮 2000 多门,远远超过战前的产量。但是,从总体上看,由于高度集中于武器生产而忽略其他生产领域,时间一长,将不可避免地造成危机的进一步恶化。

战争也加速了德国社会的转变。战争初期呈现的"城堡和平"渐趋不稳定,社会关系日益紧张。由于数以百万计的士兵开赴前线,大量妇

---

[1] Rüdiger vom Bruch und Björn Hofmeister (Hrsg.), *Deutsche Geschichte in Quellen und Darstellung Band 8*, *Kaiserreich und Erster Weltkrieg*, *1871—1918*, S. 402 - 409.

女、老年和少年男性不得不走上工作岗位,以弥补劳动力的不足,从而改变了原先平静的社会生活;战争造成的大量伤亡则使社会关系陷入了脆弱和破裂的状态;自 1915—1916 年冬天开始,饥饿成了德国人日常生活的常态,官方食品配给不断减少。1916/17 年德国人的肉、蛋、猪油等消费量与和平时期相比分别减少到战前的 31.2%、18.3% 和 13.9%,1918 年时则进一步下降到战前的 11.8%、13.3% 和 6.7%。饥饿及其带来的死亡已经成为社会不安的根源。[①]

社会不公则进一步加深了民众的不满。由于各种食品皆可从黑市中高价买到,下层贫困民众受到的苦难就更大;战争带来的通货膨胀造成了实际工资的下降,但生产结构不合理又使各部门的收入差距呈现扩大的趋势。也就是说,一些服务于日常所需的和平工业领域中的工资下降,而服务于战争经济的工业领域的工资则有明显上涨。更重要的是,一些与战争需求有关的企业的赢利出现了引人注目的增长。4 年战争期间,军火工业领域的工资上涨了 150%,但是与工厂主的利润相比微不足道。

战争灾难和社会不公的结果是引发社会冲突。以罢工为例,1916 年德国各类罢工 240 次,1917 年猛增到 562 次,参加罢工人数达 150 万,1918 年初发生于柏林的大规模罢工参加人数达 50 万,全国更是达到 100 万之众。[②] 所有这些都预示着一场大的社会风暴即将来临。

(二)政治危机的加剧

长期战争使帝国陷入了政治危机之中。1914 年 8 月社会民主党投票赞成军事拨款一度成为德意志民族紧密团结一致对外的重要象征,但是这种政治上的团结由于战争带来的经济和社会危机而很快变成了矛盾斗争。这种矛盾首先表现为在战争问题上各政党态度的变化以及作为帝国议会最大政党的社会民主党的分裂。

[①] Rüdiger vom Bruch und Björn Hofmeister（Hrsg.）, *Deutsche Geschichte in Quellen und Darstellung Band 8*, *Kaiserreich und Erster Weltkrieg*, *1871—1918*, S. 413-417.

[②] Hans-Ulrich Wehler, *Das Deutsche Kaiserreich*, *1871-1918*, S. 206.

　　实际上,社会民主党从一开始在对待战争问题上就有分歧。以伯恩施坦为代表的右派认为,保卫祖国是"基本伦理要求",社会民主党应该"参加保卫自己的国家";以考茨基为代表的中间派则在民族义务与无产阶级国际义务发生冲突面前表现出不知所措,呈现摇摆不定的立场,一方面认为资本主义和军国主义是战争的根源,反对把战争区分为防御性的和进攻性的战争,另一方面又认为,参加民族防御战争与社会主义原则并不矛盾;以罗莎·卢森堡(Rosa Luxemburg,1870—1919)为代表的少数左派则认为,战争是帝国主义的必然结果,因此区别战争的进攻性和防御性没有意义。① 战争爆发后,大多数社会民主党议员站到了捍卫祖国的旗帜下。在 8 月 3 日议会党团讨论军事拨款时,支持与反对者分别为 78 人和 14 人。会议决定在次日的议会投票中一致投赞成票,以显示团结。

　　此后,随着德国战争目标中帝国主义倾向的呈现,社会民主党出现了分裂迹象,左派开始明确表达自己的反对态度。1914 年 12 月,卡尔·李卜克内西(Karl Liebknecht,1871—1919)投票反对军事拨款。后来反对军事拨款的社会民主党议员越来越多。卡尔·李卡克内西等人甚至提出用革命结束战争。1916 年 1 月,社会民主党把李卜克内西开除出议会党团。3 月,社会民主党左派的 18 位议员成立了自己的议会党团。1917 年 4 月,他们组成了德国独立社会民主党(Unabhängige Sozialdemokratische Partei Deutschlands,简称 USPD)。独立社会民主党在反对战争的旗帜下统一起来,到战争结束时,该党党员已发展到 10 万人。以弗里德里希·艾伯特(Friedrich Ebert,1871—1925)和议会党团主席菲利普·沙伊德曼(Philipp Scheidemann,1865—1939,旧译谢德曼)为首的多数派德国社会民主党(Mehrheitssozialdemokratische Partei Deutschlands,简称 MSPD)则温和地提出,要将改革国家的政治体制作

---

① [联邦德国]卡尔·迪特利希·埃尔德曼:《德意志史:世界大战时期》,第四卷(上),高年生等译,商务印书馆 1990 年版,第 104—105 页。

为社会转变的前提,并且寻求在帝国政治生活中的领导地位。但是,处于军方压力之下的政府一直拖延作出相关承诺。

进行现代化政治改革的要求也开始成为中间各党派、进步党和中央党的共识。包括古斯塔夫·施特雷泽曼(Gustav Stresemann, 1878—1929)在内的民族自由党人也要求进行国内政治变革,加强帝国议会的地位并修改宪法。由此开始出现一个包括多数派社会民主党、进步党、民族自由党和中央党在内的改革联盟,他们在 1917 年夏天组成了议会党团间委员会(Interfraktioneller Ausschuß),作为共同的磋商机构,试图以此加强议会的影响力。

在统治集团内部,最高统帅部与政府之间也出现了矛盾。在小毛奇和法尔肯海因担任总参谋长的第一和第二任最高统帅部时期,并未出现试图以军事权力控制政治权力的状况。但是在第三任最高统帅部期间,握有实权的鲁登道夫从总体战的理念出发,强调决策方面的军事至上,要求政治服从军事,"为军事服务"。[1] 于是,在国家政权层面又出现了一个试图对政府决策施加影响的力量。

政治危机导致政府的频繁更迭。由于议会多数派认为宰相贝特曼-霍尔维格不是艰难时期领导德国的合适人选,而鲁登道夫需要的又是一位服从最高统帅部领导的宰相,失去信任的贝特曼-霍尔维格于 1917 年 7 月 13 日辞职,行政官僚格奥尔格·米夏埃利斯(Georg Michaelis, 1857—1936)接替其宰相职务。但是米夏埃利斯同样无法面对困难局势,在强势的军方和议会多数派之间疲于应付,在位仅 3 个半月,于 11 月 1 日辞职,然后由曾任巴伐利亚首相的格奥尔格·冯·赫特林(Georg von Hertling, 1843—1919)接替。

帝国政治危机的一个重要特征是最高统帅部在战争最后阶段的独裁统治。根据鲁登道夫的助手鲍尔中校(Max Bauer, 1869—1929)的说

---

[1] Erich Ludendorff, *Kriegführung und Politik*, Berlin: Verlag von E. S. Mittler & Sohn, 1922, S. 23.

法,由于战时的特殊形势,从第三任最高统帅部上任开始,作为核心人物的鲁登道夫就致力于该权力机构的"独裁"统治,认为只有"绝对的军事独裁",也就是所谓的总体战,才能有助于凝聚全国之力打赢战争。为了落实掠夺性的战争政策,它甚至不惜阻止各种改革和和谈。《布列斯特-立托夫斯克和约》就是贯彻最高统帅部意志的结果。军方的独裁统治进一步激化了统治集团与进步力量之间的矛盾,社会和政治危机进一步加深。

(三) 继续战争政策和彻底的军事失败

贝特曼-霍尔维格下台后,1917 年 7 月 19 日,为了表达议会对于政治的影响力,议会多数派主导下的帝国议会曾以 216 票对 126 票通过了一项"和平决议"(Friedensresolution),意在为德国政府的对外和平努力确定民意和政策基础。这也是第一次世界大战爆发以来帝国议会第一次试图介入战争事务。但是,"和平决议"一方面要求各交战国达成一项"谅解性和平和各民族的持久和解",另一方面又强调要"保证自己及盟国的生存和发展权利"。① 这种含糊不清的、没有提出具体条件的表达,在国际上没有引起足够的重视,也使新上任的米夏埃利斯政府和军方集团能够继续推行战争政策。

实际上在贝特曼-霍尔维格下台前夕,教皇本尼迪克特十五世(Benedikt XV., 1854—1922)就曾向德国政府表示愿意进行和平调停。在大战爆发三周年的 1917 年 8 月 1 日,教皇又发出了普遍的和平呼吁(Friedensappell Papst Benedikts XV.),提出各交战国在恢复原状的基础上停止战争,实现和平。但是德国政府没有抓住这一实现"谅解性和平"的最好机会。它在教皇提出的完全恢复比利时的完整和主权问题上态度暧昧,以鲁登道夫为代表的军方从经济和军事角度考虑,不愿意完全放弃比利时,从而导致调停失败。同时,协约国方面也缺乏实现"谅解

---

① Rüdiger vom Bruch und Björn Hofmeister (Hrsg.), *Deutsche Geschichte in Quellen und Darstellung Band 8*, *Kaiserreich und Erster Weltkrieg*, *1871—1918*, S. 451 - 452.

性和平"的诚意。英法两国都力图彻底打败德国,实现有利于自己的战争结局。协约国的这种态度也成了鲁登道夫等人坚持其战争政策的重要理由:"这场战争只能通过胜负来决定。"①

不仅最高统帅部为首的军方继续推行战争政策,以沃尔夫冈·卡普(Wolfgang Kapp, 1858—1922)、蒂尔皮茨等为首的泛德意志和民族主义势力也于 1917 年 9 月 2 日成立了"德意志祖国党"(Deutsche Vaterlandspartei, 简称 DVP),支持军方的战争政策,反对帝国议会多数派的和平决议,拒绝通过和谈结束战争。在祖国党成立初期,其成员有80 万之众,1918 年夏天更是达到 125 万人,因此成为具有巨大影响力的议会外群众运动,也是激发德国民族扩张主义的集结平台。它不仅要求控制荷兰和比利时沿海地区,吞并与德国东西部相邻的地区,建立中部非洲殖民帝国,而且要求通过向俄国和土耳其扩张,打通直达印度甚至太平洋的门户。为了与祖国党相抗衡,包括中央党、进步党、社会民主党右翼和一些大的工会组织在内的左翼力量则在 1917 年底成立了"自由和祖国人民联盟"(Volksbund für Freiheit und Vaterland),要求对外实现谅解性和平,对内进行改革。

鉴于德国国内不稳定的政治结构,加上东线对俄和约提振的信心以及美国参战后对欧输出力量不断增强的担忧,以鲁登道夫为代表的最高统帅部决定,在西线发动一次具有决定意义的攻势,争取胜利。

1918 年 3 月 21 日开始,德军集中 192 个师 350 万人的兵力在西线发动了代号为"米夏埃尔行动"(Operation Michael)、"格奥盖特行动"(Operation Georgette)、"布吕歇尔-约克行动"(Operation Blücher-York)、"格奈泽瑙行动"(Operation Gneisenau)等多次大规模的进攻。起初德军取得了重大进展,在一周内推进 60 公里,一度抵达马恩河。但

① Hans Delbrück, *Ludendorffs Selbstporträt*, Berlin: Verlag von Politik und Wirtschaft, 1922, S. 24;[联邦德国]卡尔·迪特利希·埃尔德曼:《德意志史:世界大战时期》,第四卷(上),高年生等译,商务印书馆 1990 年版,第 136 页;Erich Ludendorff, *Meine Kriegserinnerungen* 1914—1918, Berlin: Ernst Siegfried Mittler und Sohn, 1919, S. 418.

是,由于消耗的力量得不到有效和及时补充,进攻很快停顿下来。此后,双方兵力出现了此消彼长的局面,美军源源不断地开往欧洲大陆,由3月的30万人增加到7月的60万人,到10月已经达180万人。同期德军西线兵力却减少了100万人。形势对德军日益不利。

7月中旬联军开始反攻。8月8日,联军在亚眠(Amiens)发动猛攻,一举消灭16个德军步兵师。这一天被鲁登道夫称为第一次世界大战史上"德国军队的黑暗之日"(Der schwarze Tag des deutschen Heeres)。在认识到败局已定的情况下,鲁登道夫开始要求结束战争。这位德军骁将后来在回忆录中写道:"正如我曾说过的,战争具有一种没有责任心的赌博特征。这一点我始终认为是有害无益的。就我而言,拿德国人民的命运去赌博,代价太高。战争必须结束。"①9月下旬,协约国军队发起总攻,迫使德军从法国领土上撤退。德国在军事上已经丧失了取胜的可能性。

在军事形势恶化,败局已定的情况下,包括保加利亚、奥匈和土耳其在内的德国盟国开始向协约国提出停战谈判。但是协约国的答复是,只有投降可供选择。结果,9月19日,保加利亚接受了协约国的停战条件,10月31日,土耳其放下了武器。11月3日,奥军无法抵抗协约国的进攻,也签订了停战协定。成为孤家寡人的德国除了立即停战已经没有其他选择。

二、停战谈判;帝国的倾覆

在战争胜利已经无望的形势下,军方急切要求立即进行和谈。1918年6月,外交国务秘书屈尔曼(Richard von Kühlmann, 1873—1948)向帝国议会声明,纯粹的军事行动无法结束战争。8月中旬,军方也如实坦

---

① Erich Ludendorff, *Meine Kriegserinnerungen* 1914—1918, S. 547, 551.

露了军事形势的严重性,强调已经无法通过战争手段结束战争。① 和平谈判成了唯一的选择。

早在1918年1月8日,为了回应德国议会的和平决议和教皇本尼迪克特十五世的和平调停努力,美国总统威尔逊在国会演说中提出了所谓的"十四点纲领"(Vierzehn-Punkte-Programm;The Fourteen Points),作为结束战争、实现和平的基础。"十四点纲领"的内容是:(1)缔结公开的和平条约;(2)绝对的海上航行自由;(3)取消贸易限制,建立平等贸易关系;(4)削减军备至最低程度;(5)公平处置殖民地问题;(6)撤出俄国领土,使其获得独立决定其政治发展的机会;(7)撤出并恢复比利时;(8)撤出法国,归还被占地区;(9)按照明确可认的民族界线调整意大利边界;(10)奥匈帝国各民族自治;(11)撤出罗马尼亚、塞尔维亚和门的内哥罗,塞尔维亚获得自由和安全的出海口;(12)保证奥斯曼帝国的土耳其部分的主权,其治下其他民族自治;(13)建立独立的波兰,使之拥有自由、安全的出海口;(14)在特别条约基础上建立普遍的国际组织,以保障各国的政治独立和领土完整。② 由于英法两国坚持彻底打败德国的政策,威尔逊提出的"十四点"成了德国唯一可选择的和谈基础,但是威尔逊在其声明中明确表示,不愿与德国军方主导的少数派接触,宣布"我们不能接受德国现任统治者的任何言之凿凿的保证的持久性",必须有一个代表"德国人民的意愿和目的"的"对人民负责的政府"来进行和谈。③这意味着,德国必须组成议会多数派的政府,作为和谈的先决条件。换言之,德国必须进行政治体制改革。9月28日,鲁登道夫进一步向兴登

① Karl Helfferich, *Der Weltkrieg*, III. Band, *Vom Eingreifen Amerikas bis zum Zusammenbruch*, S. 524.
② Albert Buschnell Hart (ed.), *Selected Addresses and Public Papers of Woodrow Wilson*, New York: Boni & Liveright, 1918, pp. 244 – 251.
③ Charles Seymour, *Woodrow Wilson and the World War: A Chronicle of Our Own Times*, New Haven: Yale University Press, 1921, p. 230.

堡说明,必须敦促政府立即进行和谈并向协约国提出停战建议。[①]

10月3日,主张谅解性和平的马克斯·冯·巴登亲王(Prinz Max von Baden,1867—1929)接替赫特林出任帝国宰相,组成了由帝国议会多数派参加的政府。在最高统帅部的压力下,新上任的马克斯政府提出了第一份停战照会,表示愿意在威尔逊"十四点"的基础上缔结和平,请求立即实现陆、海、空的停火。[②] 10月8日,美国国务卿兰辛代表威尔逊回复德国,要求德国接受威尔逊"十四点",从其所占领土上撤出所有军队,同时质疑德国新宰相是否只是代表对战争负有责任的德国统治者说话。10月12日,德国回复美国,愿意接受美国提出的条件,表示德国宰相"得到帝国议会多数的支持并以德国政府和德国人民的名义说话"。[③]此后一段时间内,由于协约国在前线的进展以及内部意见分歧,威尔逊迟迟不加表态。直到10月23日,美国在与德国多次交换照会后才通知德国,只有德国政府不拒绝任何条件时,协约国方面才能接受停战。这对德国意味着无条件投降。作为答复,兴登堡和鲁登道夫建议德国方面中断谈判,因为德国军队还占领着敌国领土,决不能投降。而德国政府在10月27日的回复照会中则表示要实现"公正的和平"。[④] 11月5日,美国方面通知德国,协约国愿意在"十四点"基础上与德国进行和谈。

11月6日,德国政府派出了以中央党主席埃茨贝格尔为首的代表团前往法国进行停战谈判。8日,德国代表团到达协约国联军总司令部所在地贡比涅森林(Wald von Compiègne)。联军总司令福煦元帅(Ferdinand Foch,1851—1929)以胜利者姿态向德国方面提出了苛刻的

---

① Karl Helfferich, *Der Weltkrieg*, *III. Band*, *Vom Eingreifen Amerikas bis zum Zusammenbruch*, S. 525.

② Erich Ludendorff (Hrsg.), *Urkunden der Obersten Heeresleitung über ihre Tätigkeit 1916/ 18*, Berlin: Ernst Siegfried Mittler und Sohn, 1920, S. 540 – 541, 535.

③ S. Miles Bouton, *And the Kaiser Abdicates. The Story of the Death of the German Empire and the Birth of the Republic Told by an Eye-Witness*, New Haven: Yale University Press, 1920, pp. 119 – 120.

④ Karl Helfferich, *Der Weltkrieg*, *III. Band*, *Vom Eingreifen Amerikas bis zum Zusammenbruch*, S. 548 – 550.

停战条件。当德国代表团征询军方意见时,兴登堡给予的答复是,尽量减轻相关条件,如果不成功,只能签字。

11 月 11 日凌晨 5 点,双方代表签订了《贡比涅停战协定》(Waffenstillstand von Compiègne):协定签署 6 小时内停止敌对状态;德军应在 15 天内撤出法国、比利时、卢森堡、阿尔萨斯-洛林及莱茵河左岸;德军从其盟国和殖民地撤出;德国向协约国交出各类重武器、车辆、飞机和舰艇等;英国继续海上封锁;废除《布列斯特-立托夫斯克和约》。同一天,停战协定正式生效。第一次世界大战结束。

历时 4 年 3 个月的第一次世界大战给包括德国在内的人类社会造成了巨大的灾难。各参战国死于战场、饥馑和瘟疫等战争灾祸者难以计数,其中直接死于战场者近千万,尤以欧洲为甚。

整个战争期间,德国有 180.8 万人阵亡,424.7 万人受伤,另有 75 万人左右死于饥饿。此外,战争也造成德国人口出生率锐减,死亡率上升,总人口下降。德国年出生人口从 1914 年的 181.8 万人减少到 1918 年的 94.5 万人,下降 48%;死亡率则从 1913 年的 100.5 万人上升到 1918 年的 163 万人,增长 67%。[1] 工农业生产和国家财政皆处于崩溃边缘。

其他主要参战国的伤亡情况为:法国 138.5 万人阵亡,304.4 万人受伤;英国相应的数目为 94.7 万人和 212.2 万人;奥匈阵亡 120 万人,受伤 362 万人;意大利阵亡 46 万人,受伤 94.7 万人;俄国阵亡 170 万人,受伤 495 万人;美国阵亡 11.5 万人,受伤 20.6 万人。[2]

德国政府请求停战成了德意志帝国对内对外走向崩溃的标志。[3] 就在德国军方和政府因军事上的彻底失败而在国际上寻求停战之时,国内形势也出现了急剧变化,革命运动呈现汹涌澎湃之势。

---

[1] C. Döring, *Die Bevölkerungsbewegung im Weltkrieg*, Kopenhagen: Buchdruckerei Bianco Luno, 1919, S. 4 - 5.

[2] Martin Vogt (Hrsg.), *Deutsche Geschichte: Von den Anfängen bis zur Wiedervereinigung*, S. 566.

[3] Ralph Haswell Lutz, *The German Revolution 1918—1919*, Carlifonia: Stanford University Press, 1922, p. 23.

首先,马克斯政府进行了所谓的"十月改革"(Oktoberreform)。当时,为了给停战创造条件,同时也是为了能够让议会政党和政治家们接掌权力,承担战争失败的责任,鲁登道夫为代表的军方提出了政治改革的要求。于是帝国政府进行了新的改组,试图再次通过"上层革命"方式实现德国的民主改革,防止在危机的形势下出现"下层革命"(Revolution von unten)。① 10 月 28 日,帝国议会通过了修改宪法的法令,形成了所谓的"十月宪法"(Oktoberverfassung)。帝国政治体制开始由立宪君主制向议会君主制(Parlamentarische Monarchie)转变。在新的政治体制下,实行宰相对议会的负责制,宰相必须获得帝国议会的信任。德国的议会化由此取得了新的进步。然而这是一场迟到的改革,而且形势很不明朗。虽然鲁登道夫因军事上摇摆不定的态度而于 10 月 26 日辞职,格勒纳接任总后勤部长,但德国仍然处于帝国政府和最高统帅部的双重领导之下。更重要的是,威廉二世听从兴登堡的建议,在 10 月 29 日躲进了位于斯帕(Spa)的军队大本营,以便远离民主政府,坚持君主制。结果,皇帝从柏林"出逃"引起人们的不满,要求废除君主制的呼声迅速高涨。② 在人们看来,旧的威权政体已经不合时宜,应该退出历史舞台,同时人们也希望威廉二世的退位可以改善德国与协约国谈判的空间。

在社会下层,由于战争造成的巨大伤亡以及饥饿、物质匮乏等带来的痛苦折磨,人们的怨愤也在增长。实际上,1917 年秋天就已经出现了革命的形势。当时独立社会民主党的反战宣传开始渗入军队内部。由于食品配给不足,装备恶劣等原因,士兵的厌战情绪在蔓延。到 1918 年初,军火工厂已经开始出现罢工。包括独立社会民主党及其左翼斯巴达克同盟(Spartakusbund)等成员在内的一些激进力量成为革命的有力推

---

① Karl Helfferich, *Der Weltkrieg*, *III. Band*, *Vom Eingreifen Amerikas bis zum Zusammenbruch*, S. 526.

② Rüdiger vom Bruch und Björn Hofmeister (Hrsg.), *Deutsche Geschichte in Quellen und Darstellung Band 8*, *Kaiserreich und Erster Weltkrieg*, *1871—1918*, S. 461 - 462.

动者。①

　　就在这时,军方孤注一掷的举动成为革命总爆发的诱因。1918 年
10 月 24 日,军方作出决定,命令远洋舰队出海袭击英国皇家海军,宁
愿光荣毁灭也不投降。但是,水兵们不愿做无谓的牺牲,他们熄灭锅
炉,拒绝驶离港口。10 月 29 日夜,威廉港(Wilhelmshaven)的一些卫戍
部队开始拒绝执行命令,出现哗变。几天之后,哗变迅速蔓延到北德
各港口。11 月 4 日,爆发基尔水兵起义(Kieler Matrosenaufstand),并
成立了第一个士兵委员会(Soldatenrat),开始了"十一月革命"
(Novemberrevolution)。当日傍晚,整个城市落入 4 万名起义者手中。
此后,起义迅速向各大城市扩散。11 月 7 日,慕尼黑爆发革命,独立社会
民主党的库尔特·艾斯纳(Kurt Eisner,1867—1919)宣布成立共和国,
巴伐利亚国王路德维希三世下台。11 月 8 日,大部分城市的政权已经掌
握在起义者手中。

　　11 月 9 日,在独立社会民主党的号召和组织下,柏林出现大规模罢
工和群众游行。迫于压力,中午 12 点,马克斯·冯·巴登没有征得来自
斯帕大本营方面的同意就发表声明:皇帝兼国王威廉二世退位。当天下
午 2 点,多数派社会民主党的沙伊德曼在帝国议会大厦的阳台上宣布成
立"德意志共和国",艾伯特接掌政府。4 点,卡尔·李卜克内希也在柏林
皇宫的阳台上宣布成立"德意志自由社会主义共和国"(freie
sozialistische Republik Deutschland)。② 10 日,多数派社会民主党、士兵
代表和左派社会民主党人组成了新的政府"人民代表委员会"(Rat der
Volksbeauftragten),威廉二世和皇储乘火车逃往荷兰。德意志帝国画
上了它的历史句号。

---

① H. G. Daniels, *The Rise of the German Republic*, New York: Charles Scribner's Sons,
　 1928, pp. 15 - 16; Heinrich Ströbel, *The German Revolution and After*, transl. by H. J.
　 Stenning, London: Jarrolds Publishers, 1923, pp. 41 - 43.
② Rüdiger vom Bruch und Björn Hofmeister (Hrsg.), *Deutsche Geschichte in Quellen und
　 Darstellung Band 8*, *Kaiserreich und Erster Weltkrieg*, 1871—1918, S. 474 - 477.

　　关于德意志帝国的兴亡,爱德华·伯恩施坦曾做了一个恰如其分的总结:这一帝国成于"强权"也败于"强权"。"强权"和战争曾是德意志帝国的"助产士",正是俾斯麦的"铁血政策"催生了这个盛极一时的帝国,如今"强权"和战争又成了这一帝国的"掘墓者"。①

---

① Eduard Bernstein, *Die deutsche Revolution*: *ihr Ursprung*, *ihr Verlauf und ihr Werk*, 1. Band: *Geschichte der Entstehung und ersten Arbeitsperiode der deutschen Republik*, Berlin-Fichtenau: Verlag Gesellschaft und Erziehung, 1921, S. 7.

附　录

一　地图

1. 1815 年维也纳会议后的欧洲①

① 本书地图选自张芝联、刘学荣主编《世界历史地图集》,中国地图出版社 2002 年版。

2. 1870 年—1871 年普法战争

3. 1865 年—1871 年德意志的统一

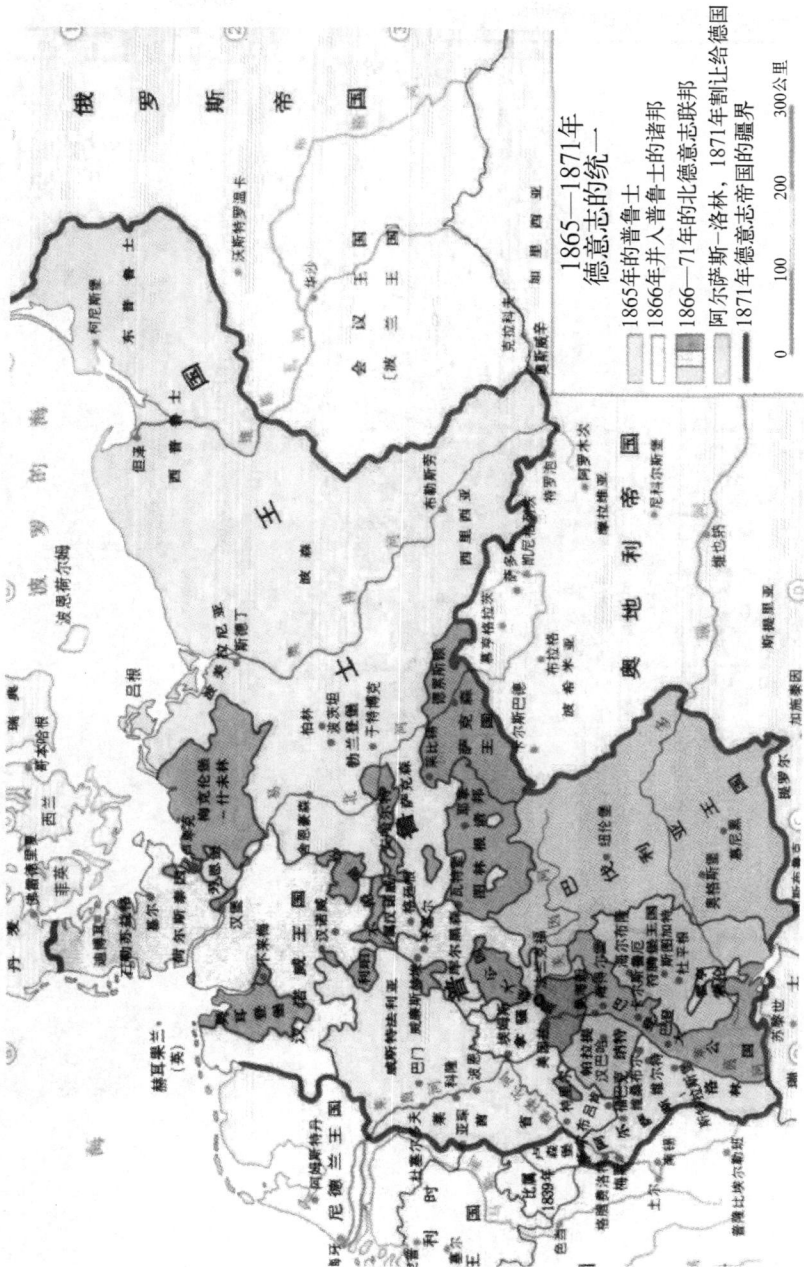

1865—1871年
德意志的统一

1865年的普鲁士
1866年并入普鲁士的诸邦
1866—71年的北德意志联邦
阿尔萨斯-洛林，1871年割让给德国
1871年德意志帝国的疆界

0　100　200　300公里

俄　罗　斯　帝　国

奥　地　利　帝　国

4. 第一次世界大战时期的欧洲战场

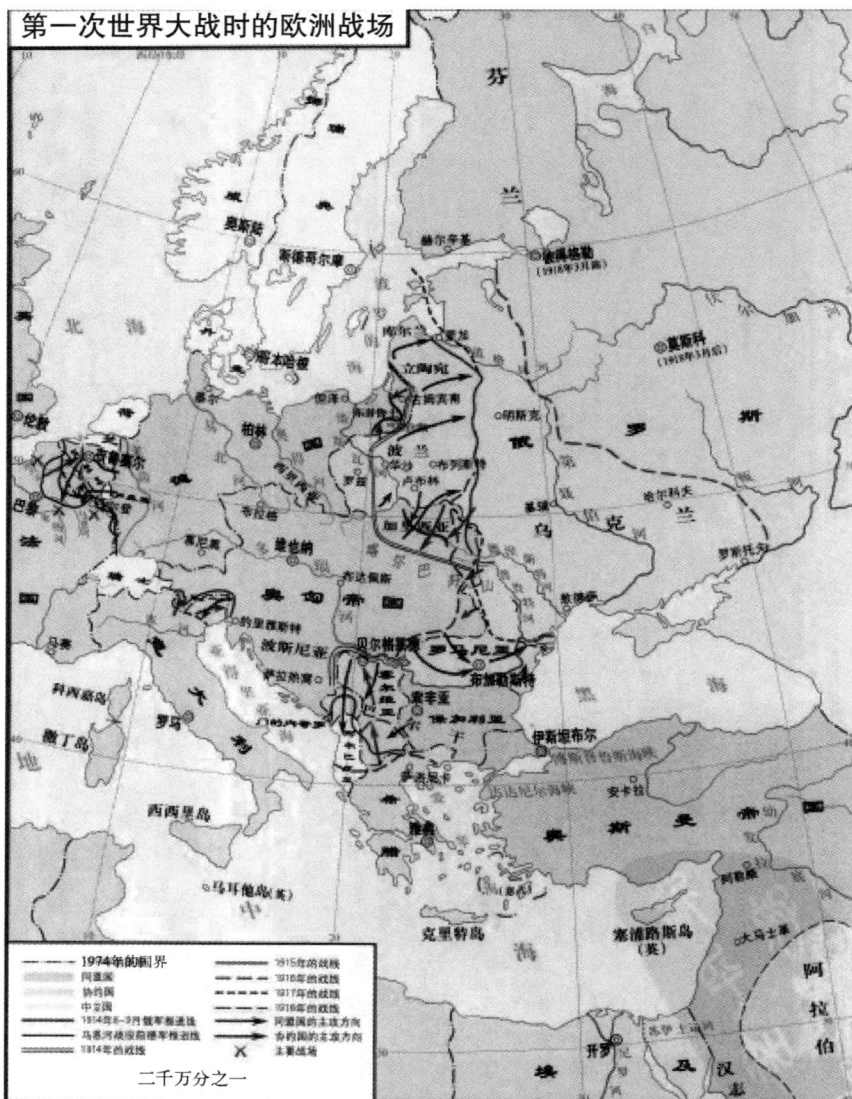

第一次世界大战时的欧洲战场

二 大事年表

1815 年

6 月 12 日　耶拿大学学生建立第一个大学生协会。

9 月 26 日　神圣同盟建立。

1817 年

10 月 18 日　瓦特堡集会。

1818 年

5 月 26 日　巴伐利颁布宪法。普鲁士出台新关税法则。

8 月 22 日　巴登颁布宪法。

10 月 18 日　全德大学生协会在耶拿成立。

1819 年

3 月 23 日　大学生桑德刺杀科策布。

8 月 1 日　奥普签订《泰普利茨草约》,为复辟奠定政治基础。

9 月 20 日　邦联议会通过卡尔斯巴德决议。

1820 年

5 月 15 日　维也纳大臣会议通过《维也纳最后议定书》。

1828 年

1 月 18 日　巴伐利亚和符滕堡成立南德关税同盟。

2 月 14 日　普鲁士和黑森—达姆施塔特签订关税同盟。

8 月 22 日　萨克森和汉诺威等成立中部德意志商业同盟。

1830 年

7 月 27 日　法国爆发七月革命。受法国七月革命影响,德意志出现动乱。

1831 年

1 月 5 日　黑森选侯国颁布新宪法。

9 月 4 日　萨克森颁布新宪法。

1832 年

5 月 27—30 日　汉巴赫集会。

6 月 28 日　德意志邦联议会通过维护"秩序"的"六项条款"。

7 月 5 日　德意志邦联议会通过维护"秩序"的"十项条款",禁止公民从事政治活动。

1833 年

3 月 22 日　普鲁士等邦缔结关税同盟条约。

4 月 3 日　袭击法兰克福警备队事件。

9 月 26 日　汉诺威颁布国家宪法。

1834 年

1 月 1 日　德意志关税同盟开始生效。

6 月 12 日　德意志邦联通过《维也纳大臣会议最后议定书》,复辟政策达到顶点。

1835 年

12 月 7 日　从纽伦堡和富尔特的德国第一条铁路通车。

1837 年

11 月 1 日　汉诺威国王恩斯特·奥古斯特一世终止宪法。哥廷根大学七位教授抗议,形成"哥廷根七君子"事件。

11 月 20 日　普鲁士逮捕科隆大主教德罗斯特,引发"科隆教会争端"。

1841 年

8 月　海因里希·霍夫曼·冯·法勒斯莱本创作《德意志之歌》。

1844 年

6 月 4—6 日　西里西亚织工起义。

1847 年

9 月 12 日　资产阶级民主派召开奥芬堡大会,提出奥芬堡纲领。

10 月 10 日　资产阶级自由派召开赫本海姆大会,提出赫本海姆纲领。

1848 年

2 月 21 日　《共产党宣言》德文版首先在伦敦发表。

2 月 22—24 日　法国爆发二月革命,建立法兰西第二共和国。

2 月 27 日　曼海姆人民大会。

3 月 13—15 日　维也纳起义,梅特涅下台。

3 月 18—19 日　柏林起义。

3 月 31—4 月 3 日　法兰克福全德国民议会预备议会召开。

5 月 18 日　全德国民议会在美因河畔法兰克福圣保罗教堂开幕。

6 月 29 日　奥地利约翰大公被全德国民议会推举为帝国摄政。

10 月 6 日　维也纳十月起义。

12 月 5 日　普鲁士颁布钦定宪法。

12 月 27 日　全德国民议会通过"德意志人民的基本权利"特别法。

1849 年

3 月 4 日　奥地利颁布钦定宪法。

3 月 27 日　全德国民议会通过《德意志帝国宪法》。

3 月 28 日　全德国民议会选举普王威廉四世为"德意志人皇帝"。

4 月 3 日　弗里德里希·威廉四世拒绝了全德国民议会献上的皇冠。

6 月 18 日　"残余议会"在斯图加特解散。

1850 年

1 月 31 日　普鲁士颁布重新修订的《普鲁士国家宪法》。

11 月 29 日　俄普奥三国签订《奥尔缪茨条约》,普鲁士放弃其同盟政策。

1851 年

9 月 1 日　德意志邦联议会恢复在美因河畔法兰克福活动。

12 月 31 日　奥地利取消了 1848 年革命期间颁布的钦定宪法。

1853 年—1856 年　克里米亚战争。

1858 年

10 月 7 日　威廉亲王出任摄政,开始了普鲁士的"新时代"。

1859 年

9 月 15—16 日　致力于德国统一的德意志民族联合会成立。

1860 年

2 月　阿尔布莱希特·冯·罗恩提出普鲁士军队改革方案。

1861 年

6 月 6 日　德意志进步党成立。

1862 年

9 月 22 日　俾斯麦出任普鲁士首相。

9 月 30 日　俾斯麦发表著名的"铁血演说"。

1863 年

5 月 23 日　全德工人联合会在莱比锡成立。

1864 年

2 月 1 日　德意志—丹麦战争爆发。

10 月 30 日　签订《维也纳和约》。

1865 年

8 月 14 日　普奥两国签订《加施泰因协定》。

1866 年

4 月 8 日　《普意同盟条约》签订。

6 月 14 日　普鲁士脱离德意志邦联。

7 月 3 日　柯尼希格莱茨战役。

8 月 18 日　普鲁士与北德诸邦缔结"八月联盟"。

8 月 23 日　普奥签订《布拉格和约》

1867 年

7 月 1 日　《北德意志联邦宪法》正式生效。

1869 年

8 月 7—9 日　德国社会民主党在爱森纳赫成立。

1870 年

7 月 13 日　埃姆斯电文。

7 月 14 日　经修改的埃姆斯电文见报。

7 月 19 日　法国向普鲁士宣战。

9 月 2 日　色当战役,法军投降,拿破仑三世被俘。

1871 年

1 月 18 日　威廉一世在凡尔赛宫镜厅加冕为德意志皇帝,德意志帝国建立。

2 月 26 日　德法签订《凡尔赛预备和约》。

3 月 3 日　帝国议会第一届议会选举。

4 月 14—16 日　德意志帝国议会和皇帝威廉一世分别通过和签署《德意志帝国宪法》。

5 月 10 日　德法签订《法兰克福和约》。

7 月 8 日　普鲁士取消文化部天主教处,文化斗争开始。

12 月 10 日　帝国议会通过《布道条例》。

1872 年

3 月 11 日　普鲁士颁布《学校监督法》,将所有学校置于国家监督之下。

7 月 4 日　颁布《反耶稣会士法》,禁止耶稣会在帝国内活动。

1873 年

5 月 11—14 日　普鲁士颁布《五月法令》。

10 月 22 日　三皇同盟建立。

1875 年

4 月 9 日　柏林《邮报》发表《战争在望?》文章,引发德法战争危机。

5 月 22—27 日　拉萨尔派和爱森纳赫派召开哥达合并大会,成立德国社会主义工人党。

1878 年

6—7 月　柏林会议召开。

10 月 19 日　帝国议会通过"反社会党人非常法"。

1879 年

7 月 12 日　保护关税法案在帝国议会获得通过。

10 月 7 日　德奥同盟缔结。

1881 年

6 月 18 日　新三皇同盟在柏林缔结。

1882 年

5 月 20 日　德奥意三国同盟建立。

12 月 6 日　德意志殖民联合会成立。

1883 年

5 月 29 日　帝国议会通过《疾病保险法》。

1884 年

3 月 28 日　德意志殖民开拓协会成立。

7 月 6 日　帝国议会通过《事故保险法》。

4 月 24 日　德属西南非殖民地建立。

7 月 5 日　德属多哥殖民地建立。

7 月 14 日　德属喀麦隆殖民地建立。

1885 年

2 月 27 日　德属东非殖民地建立。

5 月 17 日　德国获得俾斯麦群岛。

12 月 15 日　德国获得所罗门群岛。

1887 年

5 月 23 日　教皇利奥十三世宣布文化斗争结束。

6 月 18 日　德俄签订《再保险条约》。

1888 年　三皇之年。

1889 年

6 月 22 日　帝国议会通过《老年及残废保险法》。

1890 年

3 月 15—29 日　第一届国际劳工保护会议在柏林召开。

3 月 20 日　俾斯麦辞去宰相职务,卡普里维接任其职。

6 月 18 日　德俄《再保险条约》中止续签。

7 月 1 日　德英签订《赫尔果兰—桑给巴尔条约》。

9 月 30 日　"反社会党人非常法"终止。

1891 年

4 月 9 日　德意志总同盟建立。

12 月 6 日　德国与奥匈、意大利、比利时等签订贸易条约。

1892 年

8 月 17 日 法俄军事协定签订。

1893 年

2 月 18 日 农场主同盟建立。

1894 年

2 月 10 日 德俄贸易条约签订。

3 月 28—29 日 德国妇女联合会联盟成立。

7 月 1 日 德意志总同盟改组为泛德意志协会。

10 月 26 日 卡普里维辞去宰相职务,霍恩洛厄接任。

1895 年

6 月 21 日 威廉皇帝运河开通。

1897 年

11 月 14 日 德国侵占胶州。

1898 年

3 月 6 日 中德签订《胶澳租界条约》。

3 月 28 日 帝国议会通过第一个海军法案。

4 月 30 日 德国海军联合会成立。

1899 年

5—7 月 第一次海牙和会召开。

6 月 30 日 德国从西班牙手中购得加罗林、马利亚纳和帕劳群岛。

12 月 2 日 德美两国瓜分萨摩亚群岛。

1900 年

1 月 1 日 作为统一的德国私法的《民法大全》生效。

6 月 12 日 帝国议会通过第二个海军法案。

10 月 17 日 霍恩洛厄辞去宰相职务,比洛次日接任。

1904 年

1 月 12 日 德属西南非赫勒罗人起义。

10 月 3 日 德属西南非霍屯督人起义。

4 月 8 日 英法缔结协约。

1905 年

3 月 31 日 威廉二世访问摩洛哥的丹吉尔港,第一次摩洛哥危机爆发。

1906 年

1—4 月 阿尔吉西拉斯会议。

5 月 19 日 帝国议会通过新的海军补充法案。

1907 年

8 月 31 日 英俄协约签订。

6—10 月　第二次海牙和会召开。

1908 年

3 月 27 日　帝国议会通过第二个海军补充法案。

10 月 28 日　《每日电讯》发表采访威廉二世文章,引发《每日电讯》事件。

1909 年

7 月 14 日　比洛辞去宰相职务,贝特曼-霍尔维格接任其职。

1911 年

1 月 11 日　威廉皇帝促进科学协会成立。

7 月 1 日　阿加迪尔港"豹子跳跃",引发第二次摩洛哥危机。

7 月 19 日　《帝国保险法典》颁布。

1912 年

1 月 12 日　帝国议会选举,社会民主党成为帝国议会中最强大的议会党团。

2 月 8—11 日　霍尔丹使团访问柏林。

5 月 10 日　帝国议会通过第三个海军补充法案。

1912 年

10 月—1913 年 5 月　第一次巴尔干战争。

1913 年

6—8 月　第二次巴尔干战争。

11—12 月　察贝恩事件。

1914 年

6 月 28 日　奥匈皇储弗兰茨·斐迪南在萨拉热窝遇刺身亡,成为第一次世界大战导火线。

7 月 5 日　德国向奥匈开出保证履行同盟义务的"空白支票"。

7 月 23 日　奥匈向塞尔维亚发出最后通牒。

7 月 28 日　奥匈向塞尔维亚宣战。

7 月 30 日　俄国宣布总动员。

8 月 1 日　德国宣布总动员并向俄国宣战。法国宣布总动员。

8 月 3 日　德国向法国宣战,德军进入比利时。

8 月 4 日　英国以德国破坏比利时中立为由向德国宣战。德意志帝国议会批准战争拨款。

8 月 26—30 日　坦能贝格战役。

9 月 5—12 日　马恩河战役。

1915 年

5 月 23 日　意大利向奥匈宣战。

1916 年

2 月 21 日　历时 10 个月的凡尔登战役开始。

5月31日 斯卡格拉克海战(日德兰海战)。

7—11月 索姆河战役。

8月28日 意大利向德国宣战。

8月29日 兴登堡和鲁登道夫接掌最高统帅部。

12月5日 通过《祖国辅助服务组织法》。

1917年

2月1日 德国宣布无限制潜艇战。

3月8日 俄国二月革命。

4月6日 美国向德国宣战。

4月9—11日 德国独立社会民主党建立。

7月14日 贝特曼-霍尔维格下台,米夏埃利斯接任宰相。

7月19日 帝国议会通过"和平决议"。

11月1日 米夏埃利斯下台,赫特林出任宰相。

12月15日 德国与俄国停战。

1918年

3月3日 中欧列强与苏维埃政府签订《布列斯特-立托夫斯克和约》。

5月7日 中欧列强与罗马尼亚签订《布加勒斯特和约》。

8月8—11日 亚眠战役。8月8日为"德国军队的黑暗之日"。

9月30日 赫特林辞去宰相职务。

10月3日 马克斯·冯·巴登出任宰相。

11月3日 奥匈与协约国停战。

11月4日 基尔水兵起义。

11月7日 慕尼黑爆发革命。

11月9日 柏林爆发革命。马克斯·冯·巴登宣布威廉二世退位。艾伯特接掌政府。

11月10日 人民代表委员会组成。

11月11日 德国与协约国签订《贡比涅协战协定》。

三 参考文献

一、外文文献、资料

Albrecht-Carrié, René, *A Diplomatic History of Europe Since the Congress of Vienna*, New York: Harper and Row Publishers, 1973.

Allgemeine deutsche Real-Enzyclopädie für die gebildeten Stände, Zweiter Band, Leipzig: Verlag F. A. Brockhaus, 1824.

Andler, Ch., *Pan-Germanism: Its Plans for German Expansion in the World*, Paris: Librairie Armand Colin, 1915.

Andrassy, Count Julius, *Bismarck, Andrassy and Their Successors*, Boston and New York: T. Fisher Unwin, 1927.

Angelow, Jürgen, *Von Wien nach Königgrätz: Die Sicherheitspolitik des deutschen Bundes im europäischen Gleichgewicht (1815 - 1866)*, München: Oldenbourg Verlag, 1996.

Aretin, Karl Otmar von, *Vom Deutschen Reich zum Deutschen Bund*, Göttingen: Vandenhoeck und Ruprecht Verlag, ²1993.

Aretin, Karl Otmar von, Bariéty, Jacques, Möller, Horst (Hrsg.), *Das deutsche Problem in der neueren Geschichte*, München: Oldenbourg Verlag, 1997.

Arndt, Rudolf (Hrsg.), *Die Reden des Grafen von Caprivi im Deutschen Reichstage, Peußischen Landtage und bei besonderen Anlässen 1883 - 1893*, Berlin: Ernst Hofmann & Co., 1894.

Arnold, Matthew, *Heinrich Heine*, Philadelphia: Frederick Leypoldt, 1863.

Aubin, Hermann und Zorn, Wolfgang (Hrsg.), *Handbuch der deutschen Wirtschafts-und Sozialgeschichte*, Band 2, Das 19. und 20. Jahrhundets, Stuttgart: UnionVerlag, 1976.

Aust, Martin, Schönpflug, Daniel (Hrsg.), *Vom Gegner Lernen: Feindschaften und Kulturtransfers im Europa des 19. und 20. Jahrhunderts*, Frankfurt am Main: Campus Verlag, 2007.

Bagdasarian, Nicholas Der, *The Austro-German Rapproachement 1870 - 1879: From the Battle of Sadan to the Dual Alliance*, London: Associated Universty Press, 1976.

Barfoot, C. C. and D'haen, Theo, *Tropes of Revolution: Writers' Revolution to Real and Imagined Revolutions 1789 - 1989*, Amsterdam: Editions Rodopi B. V., 1991.

Barth, Eberhard, *Nachwort zu: Was ist Aufklärung? Thesen und Definitionen*, Stuttgart: Reclam Verlag, 1974.

Barth, Ernst, *Entwicklungslinien der deutschen Maschinenbauindustrie von 1870 bis 1914*, Berlin: Akademie-Verlag, 1973.

Bauer, Wilhelm, *Ernst Moritz Arnts Leben, Thaten und Meinungen, nebst einigen seiner geistlichen und Vaterlands-Lieber*, Zwickau: Eigentum des Vereins zur Verbreitung guter und wohlfeiler Volkschriften, 1861.

Bebel, August, *Die Frau und der Sozialismus*, Zürich-Hottingen: Verlag der Volksbuchhandlung, 1879.

Becker, Bernhard, *Die Reaktion in Deutschland gegen die Revolution von 1848 beleuchtet in sozialer, nationaler und staatlicher Beziehung*, Wien: Verlag A. Pichlers Witwe & Sohn, 1869.

Becker, Karl Friedrich, *Friedrich der Grosse*, Charlesston: Bibliobazaar, 2008.

Beckwith, Holmes, *German Industrial Education and its Lessons for the United States*, Washington, D. C.: Bulletin 1913, No. 19, Whole Number United States Bureau of Education, 1913.

Beiser, Frederick C., *The Romantic Imperative: The Concept of Early German Romanticism*, Cambridge, Massachusetts: Harvard University Press, 2003.

Bergeron, Louis, Furet, François, Koselleck, Reinhart (Hrsg.), *Das Zeitalter der europäischen Revolution 1780 - 1848*, Frankfurt am Main: Fischer Taschenbuch Verlag, 1969.

Berghahn, V. R., *Modern Germany: Society, Economy and Politics in the twentieth Century*, Cambridge: Cambridge University Press, 1987.

Bergsträsser, Ludwig, *Geschichte der politischen Parteien in Deutscheland*, München: G. Olzog Verlag, 1965.

Bernstein, Eduard, *Die deutsche Revolution: ihr Ursprung, ihr Verlauf und ihr Werk, 1. Band: Geschichte der Entstehung und ersten Arbeitsperiode der deutschen Republik*, Berlin-Fichtenau: Verlag Gesellschaft und Erziehung, 1921.

Bernstein, Edward, *Ferdinand Lassalle as a Social Reformer*, translated by Eleanor Marx Eveling, London: Swan & Sonnenschein & Co., 1893.

Beutin, Wolfgang, Ehlert, Klaus, Emmerich, Wolfgang, Hoffacker, Helmut, Lutz, Bernd, Meid, Volker, Schnell, Ralf, Stein, Peter and Stephanp, Inge, *A History of German Literature: From the beginnings to the present day*, translated by Clare Krojzl, London and New York: Routledge Press, 1993.

Bevan, Edwyn, *German War Aims*, New York and London: Harper & Brothers Publishers, 1918.

Bismarck, Otto Fürst von, *Bismarcks Table Talk: Being the Story of the Life in His Own Words*, London: H. Grevel and Company, 1898.

Blackbourn, David and Eley, Geoff, *The Peculiarities of German History*, Oxford: Oxford University Press, 1984.

Blanning, T. C. W. (ed.), *The Oxford History of Modern Europe*, Oxford: Oxford University Press, 2000.

Blasius, Dirk, *Friedrich Wilhelm IV., 1795 – 1861*, Göttingen: Vandenhoeck & Ruprecht Verlag, 1992.

Boas, Eduard, *Schiller und Goethe im Xenien-Kampf*, *Erster Theil*, Stuttgart und Tübingen: J. G. Cotta'scher Verlag, 1854.

Boetcher-Jöres, Ruth-Ellen, *Die Anfänge der deutschen Frauenbewegung: Louise Otto-Peters*, Frankfurt am Main: Fischer Taschenbuch Verlag, 1983.

Böhme, Ernst, Vierhaus, Rudolf (Hrsg.), *Göttingen: Geschichte einer Universitätsstadt*, *Band 2*, *Vom dreißigjährigen Krieg bis zum Anschluss an Preußen-Der Wiederaufstieg als Universitätsstadt (1648 – 1866)*, Göttingen: Vandenhoeck & Ruprecht Verlag, 2002.

Bohn, Robert, *Dänische Geschichte*, München: Verlag C. H. Beck, 2001.

Bollmann, Peter, March, Ulrich, Petersen, Traute, *Kleine Geschichte der Deutschen*, Stuttgart: Seewald Verlag, 1984.

Böhme, Helmut, *Deutschlands Weg zurm Grossmacht: Verhaltnis von Wirtschaft und Staat während der Reichsgründungszeit 1848 – 1881*, Köln: Verlag Kiepenheuer & Witsch, 1966.

Böhme, Helmut, *Probleme der Reichsgründungszeit 1848 – 1879*, Köln: Verlag Kiepenheuer & Witsch, 1968.

Bondi, Gerhard, *Deutschlands Aussenhandel 1815 – 1870*, Berlin: Akademie-Verlag, 1958.

Bonhard, Otto, *Geschichte des Alldeutschen Verbandes*, Leipzig, Berlin: Theodor Weicher, 1920.

Borchardt, Knut, *Die Industrielle Revolution in Deutschland*, München: Piper Verlag, 1972.

Borckenhagen, Fritze, *National-und handelspolitische Bestrebungen in Deutschland* (*1815－1822*) *und die Anfänge Friedrich Lists*, Berlin und Leipzig: Verlagsbuchhandlung Dr. Walther Rothschild, 1915.

Born, Karl Erich, *Geld und Banken im 19. und 20. Jahrhundert*, Stuttgart: Kröner Verlag, 1977.

Born, Karl Erich, *Staat und Sozialpolitik seit Bismarcks Sturz*, Wiesbaden: Steiner Verlag, 1957.

Born, Karl Erich, *Wirtschafts-und Sozialgeschichte des Deutschen Kaiserreichs* (*1867/71－1914*), Stuttgart: Steiner-Verlag, 1985.

Bornhak, Conrad, *Deutsche Geschichte unter Kaiser Wilhelm II.*, Leipzig: R. Deichertsche Verlagsbuchhandlung, 1921.

Borutta, Manuel, *Antikatholizismus: Deutschland und Italien im Zeitalter der europäischen Kulturkämpfe*, Göttingen: Vandenhoeck & Ruprecht Verlag, 2010.

Botzenhart, Manfred, *Reform, Restauration, Krise, Deutschland 1789－1847*, Frankfurt am Main: Suhrkamp Verlag, 1985.

Bouton, S. Miles, *And the Kaiser Abdicates. The Story of the Death of the German Empire and the Birth of the Republic Told by an Eye-Witness*, New Haven: Yale University Press, 1920.

Bovenschen, Albert, *Die Grundsätze und Forderungen der Sozialdemokratie in ihrer geschichtlichen Entwicklung am Erfurter Programm und an der deutschen Revolution dargestellt und beleuchtet*, Berlin: Verlag von Karl Siegismund, 1920.

Bowie, Andrew, *Schelling and Modern European Philosophy: An Introduction*, London and New York: Routledge Press, 1993.

Brandenburg, Erich, *50 Jahre: Nationalliberale Partei 1867—1917*, Berlin: Verlag Schriftenvertrielsstelle der Nationalliberalen Partei Deutschlands, 1917.

Brandt, Peter, *Preussen: Zur Sozialgeschichte eines Staates. Eine Darstellung in Quellen*, Berlin: Rowohlt Taschenbuch Verlag, 1981.

Breazeale, Daniel and Rockmore, Tom (eds.), *Fichte, German Idealism, and Early Romanticism*, Amsterdam-New York: Rodopi Press, 2010.

Broadberry, Stephen and O'Rourke, Kevin H. (eds.), *The Cambridge Economic History of Modern Europe*, Volume 2, *1870 to the Present*, Cambridge: Cambridge University Press, 2010.

Brooks, S., *Documents and Debates: Nineteenth Century Europe*, London: Palgrave Macmilan, 1983.

Bruch, Rüdiger vom, und Hofmeister, Björn (Hrsg.), *Deutsche Geschichte in Quellen und Darstellung*, Band 8, *Kaiserreich und Erster Weltkrieg, 1871—1918*, Stuttgart: Reclam Verlag, 2002.

Bülau, Friedrich, *Geschichte Deutschlands von 1806－1830*, Hamburg:

Friedrich Perthes Verlag, 1842.

Bülow, Fürst von, *Deutsche Politik*, Berlin: Verlag von Reimar Hobbing, 1916.

Burchardt, Lothar, *Wissenschaftspolitik im wilhelminischen Deutschland*, Göttingen: Vandenhoeck & Ruprecht Verlag, 1975.

Burke, Edmund, *Reflections on the Revolution in France*, London: Rivingtons, 1868.

Burrows, John (ed.), *Classical Music*, London: Dorling Kindersley, 2005.

Büsch, Otto (Hrsg.), *Handbuch der preussischen Geschichte*, Bd. 2, *Das 19. Jahrhundert und Große Themen der Geschichte Preußens*, Berlin: Verlag de Gruyter, 1992.

Büsch, Otto, Neugebauer, Wolfgang (Hrsg.), *Modern preussische Geschichte 1648－1947*, Berlin: Verlag Walter de Gruyter, 1981.

Busser, Ralph C., *The German System of Industrial Schooling*, Philadelphia: Public Education Association, 1913.

Bußmann, Walter, *Das Zeitalter Bismarcks*, Frankfurt am Main: Akademische Verlaggesellschaft, 1968.

Calleo, David, *The German Problem Reconsidered: Germany and the World Order, 1870 to the Present*, Cambridge: Cambridge University Press, 1978.

Carnegie Endowment for International Peace, *Official Communications and Speeches Relating to Peace Proposals 1916－1917*, Woshington D. C.: The Endowment, 1917.

Chamberlain, Houston Stewart, *Die Grundlagen des XIX. Jahrhunderts*, München: Verlagsanstalt F. Bruckmann, [10] 1912.

Clapham, J. H., *The Economic Developmen of France and Germany 1815－1914*, Cambridge: Cambridge University Press, 1921.

Coiplet, Sylvain, *Kulturnation, Staatsnation und Wirtschaftsnation am Beispiel von Fichte und Herder*, Berlin: Dreigliederungsverlag, 2002.

Cook, Chris & Poxton, John, *European Political Facts 1848－1918*, New York: Facts on File, 1978.

Coy, Jason P., *A Brief History of Germany*, New York: Facts on File, 2011.

Craig, Gordon A., *Deutsche Geschichte 1866－1945*, München: Verlag C. H. Beck, 1980.

Csendes, Peter, Opll, Ferdinand (Hrsg.), *Wien: Geschichte einer Stadt von 1790 bis zur Gegenwart*, Wien, Köln, Weimar: Böhlau Verlag, 2006.

Curtius, Friedrich (Hrsg.), *Denkwürdigkeiten des Fürsten Chlodwig zu Hohenlohe-Schillingsfürst, zweiter Band*, Stuttgart und Leipzig: Deutsche Verlags-Anstalt, 1907.

Czada, Peter, *Die Berliner Elektroindustrie in der Weimarer Zeit*, Berlin: Colloguium-Verlag, 1969.

Dahrendorf, Ralf, *Gesellschaft und Demokratie in Deutschland*, München: R. Piper und Co. , Verlag, 1968.

Damme, F. , *Das deutsche Patentrecht: Ein Handbuch für Praxis und Studium*, Berlin: Verlag von Otto Liebmann, 1906.

Daniel, Ute, *Arbeiterfrauen in der Kriegsgesellschaft: Beruf, Familie und Politik im Ersten Weltkrieg*, Göttingen: Vandenhoeck & Ruprecht Verlag, 1989.

Daniels, H. G. , *The Rise of the German Republic*, New York: Charles Scribner's Sons, 1928.

Dann, Otto, *Nation und Nationalismus in Deutschland, 1770 - 1990*, München: Verlag C. H. Beck, 1993.

Dawson, William Harbutt, *The German Empire 1867 - 1914, and the Unity Movement*, vol. 2, New York: The Macmillan Co. , 1919.

Delbrück, Hans (Hrsg.), *Das Staatsarchiv. Sammlung der officiellen Actenstücke zur Geschichte der Gegenwart*, *Einundfünfzigster Band*, Leipzig: Verlag von Duncker & Humblot, 1891.

Delbrück, Hans, *Ludendorffs Selbstporträt*, Berlin: Verlag von Politik und Wirtschaft, 1922.

Demel, Walter und Puschner, Uwe (Hrsg.), *Deutsche Geschichte in Quellen und Darstellung*, *Band 6*, *Von der Französischen Revolution bis zum Wiener Kongreß, 1789 - 1815*, Stuttgart: Reclam Verlag, 1995.

Dennert, Eberhard, *Die Wahrheit über Ernst Haeckel und Seine „Welträtsel"*, Halle: C. Ed. Müller's Verlagsbuchhandlung, 1908.

Deutscher Bundestag, *Fragen an die deutsche Geschichte: Ideen, Kräfte, Entscheidungen von 1800 bis zur Gegenwart*, Bonn: Referat Öffentlichkeitsarbeit, 1993.

Diel, Karl, Mombert, Paul, *Sozialpolitik*, Frankfurt am Main: Verlag Ullstein, 1984.

Dilthey, W. , Riehl, A. , Wundt, W. , Ostwald, W. , Ebbinghaus, H. , Eucken, R. , Paulsen, Fr. , Münch, W. , Lipps, Th. , *Systematische Philosophie*, Berlin und Leipzig: Verlag von B. G. Teubner, ²1908.

Dilthey, Wilhelm, *Studien zur Geschichte des deutschen Geistes: Leibniz und sein Zeitalter, Friedrich der Grosse und die deutsche Aufklärung, Das achtzehnte Jahrhundert und die Geschichtliche Welt*, Stuttgart: Verlag von B. G. Teubner, ⁶1992.

Diwald, Hellmut, *Geschichte der Deutschen*, Frankfurt am Main: Propyläen-Verlag, 1978.

Dodge, Theodore Ayrault, *Napoleon: A History of the Art of War, from the Beginning of the Consulate to the End of Friedland Compaign, with a Detailed Account of the Napoleonic Wars*, vol. II, Boston: Houghton, Mifflin and Company, 1904.

Dohm, Hedwig, *Der Frauen Natur und Recht*, Neunkirch: Ala Verlag, 1986.

Döring, C., *Die Bevölkerungsbewegung im Weltkrieg*, Kopenhagen: Buchdruckerei Bianco Luno, 1919.

Droysen, Joh. Gust., *Geschichte der preußischen Politik*, Leipzig: Verlag von Veit & Comp, ²1868.

Dülberg, Franz, *Deutsche Malerei*, Berlin: Wegweiser Verlag, 1900.

Düwell, Kurt und Köllmann, Wolfgang (Hrsg.), *Rheinland-Westfalen im Industriezeitalter*, Band 2, Wuppertal: Peter Hammer Verlag, 1984.

Ehlert, Hans und Epkenhans, Michael (Hrsg.), *Militärische Reformer in Deutschland im 19. und 20. Jahrhundert*, Potsdam: Militärgeschichtliches Forschungsamt, 2007.

Eiler, Klaus (Hrsg.), *Hessen im Zeitalter der industriellen Revolution: Text- und Bilddokumente aus hessischen Archiven beschreiben Hessens Weg in die Industreigesellschaft Während des 19. Jahrhunderts*, Frankfurt am Main: Insel-Verlag, 1984.

Elß, H., *Die Buren: der deutsche Bruderstamm in Südafrika*, Bielefeld: Verlag von Ernst Siedhof, 1899.

Elter, Ernst (Hrsg.), *Heinrich Heines Sämtliche Werke, Vierter Band*, Leipzig: Bibliographisches Institut, ⁴1898.

Elter, Ernst (Hrsg.), *Heinrich Heines Sämtliche Werke, Fünfter Band*, Leipzig: Bibliographisches Institut, ⁴1898.

Engelberg, Ernst, *Bismarck: Urpreuße und Reichsgründer*, Berlin: Siedler Verlag, 1985.

Eyck, Erich, *Bismarck and the German Empire*, London: George Allen & Unwin, 1968.

Falkenegg, Baron von, *Die Weltpolitik Kaiser Wilhelm's II.: Zeitgemässe Betrachtungen*, Berlin: Boll u. Pickardt Verlagsbuchhandlung, 1901.

Fehrenbach, Elisabeth, *Politischer Umbruch und gesellschaftliche Bewegung: Frankreich und Deutschland im 19. Jahrhundert*, München: Oldenbourg Verlag, 1997.

Fehrenbach, Elisabeth, *Vom Ancien Régime zum Wiener Kongress*, München: Oldenbourg Verlag, 2001.

Feis, Herbert, *Europe, the World's Banker 1870-1914: An Account of European Foreign Investment and the Connection of World Finance with Diplomacy be-

fore the War, Clifton: Kelley, 1974.

Feldenkirchen, Wilfried, *Die Eisen-und Stahlindustrie des Ruhrgebiets 1879 -1914*, Wiesbaden: Steiner Verlag, 1982.

Feldenkirchen, Wilfried, *Siemens 1918 - 1945*, München: Piper Verlag, 1995.

Fesser, Gerd, *Königgrätz-Sadowa: Bismarcks Sieg über Österreich*, Berlin: Brandenburgisches Verlaghaus, 1994.

Fieldhouse, D. K. , *The Colonial Empires: A comparative Survey from the Eighteenth Century*, London: Palgrave Macmillan, ²1982.

Fife, Jr. Robert Herndon, *The German Empire between Two Wars: A study of the political and social development of the nation between 1871 - 1914*, New York: Macmillan Company, 1916.

Finckstein, Hans Wolfram Graf Finck von, *Die Entwicklung der Landwirtschaft in Preussen und Deutschland 1800 - 1930*, Würzburg: Holzner-Verlag, 1960.

Fischer, Hermann und Barth, Ulrich, Cramer, Konrad, Meckenstock, Günter, Selge, Kurt-Victor (Hrsg.), *Schleiermacher-Archiv*, *Band 22*, *Christentum-Staat-Kultur*, Berlin: Verlag de Gruyter, 2008.

Fischer, Wolfram, Krengel, Jochen, Wietog, Jutta, *Sozialgeschichtliches Arbeitsbuch*, *Band 1*, *Materialien zur Statistik des Deutschen Bundes 1815 - 1870*, München: Verlag C. H. Beck, 1982.

Fitchett, W. H. , *How England Saved Europe: The Story of the Great War (1793 - 1815)*, *vo. III*, *The War in the Peninsula*, London: Smith, Elder, & CO. , 1900.

Flora, Peter, *State, Economy, and Society in Western Europe 1815 - 1975: A Data Handbook*, *vol. 1. The Growth of Mass Democracies and Welfare States*, London: Macmillan Press, 1983.

Flöter, Jonas, *Eliten-Bildung in Sachsen und Preußen. Die Fürsten-und Landesschulen Grimma*, *Meißen*, *Joachimstahl und Pforta (1868 - 1933)*, Köln: Böhlau Verlag, 2009.

Forrest, Alan and Wilson, Peter H. (eds.), *The Bee and the Eagle: Napoleonic France and the End of the Holy Roman Empire*, Basingstoke: Palgrave and Macmillan Publishers, 2009.

Franz, Günther, *Deutsche Agrargeschichte von Anfangen bis zur Gegenwart*, Stuttgart: Ernst Klett Verlag, 1962.

Frehland-Wildeboer, Katja, *Treue Freunde? Das Bündnis in Europa 1714 -1914*, München: Oldenbourg Wissenschaftsverlag, 2010.

Fremdling, Rainer, *Eisenbahnen und deutsches Wirtschaftswachstum 1840 -1879*, Dortmund: Gesellschaft für Westfälische Wirtschaftsgeschichte, 1975.

Frevert, Ute, Haupt, Heinz-Gerhard (Hrsg.), *Neue Politikgeschichte: Perspektiven einer historischen Politikforschung*, Frankfurt am Main: Campus Verlag, 2005.

Freytag-Loringhoven, Freiherr von, *Generalfeldmarschall Graf von Schlieffen: Sein Leben und die Verwertung seines geistiges Erbes im Weltkriege*, Leipzig: Historia-Verlag Paul Schraepler, 1920.

Friedel, W. H. , *The German School as a War Nursery*, New York: Macmillan Co. , 1918.

Frotscher, Werner, Pieroth, Bodo, *Verfassungsgeschichte*, München: Verlag C. H. Beck, 1997.

Gall, Lothar, *Bismarck: Der weiße Revolutionär*, Frankfurt am Main: Verlag Ullstein, ²1990.

Gebhard Ferd. A. , und Lutz, Josef P. (Hrsg.), *Bürgerliches Gesetzbuch für das Deutsche Reich*, Berlin: Verlag des neuen deutschen Gesetzbuches, 1909.

Geiss, Imanuel, *German Foreign Policy 1871 – 1914*, London: Routledge &. Paul, 1976.

Gesetzsammlung für die Königliche Preußische Staaten, *1847*, Berlin: Vereinigte Gesetzsammlungdebits-und Zeitungskomtoir.

Gibbins, Herry de Beltgens, *Economic and Industrial Progress of the Century*, Toronto: the Linscott Publishing Company, 1903.

Gigl, Claus J. , *Deutsche Literaturgeschichte*, Hallbergmoos: Stark Verlag, 1999.

Gooch, G. P. , *Germany*, New York: Schribner Press, 1927.

Gooch, G. P. , *Germany and the French Revolution*, London: Longmans, Green, and Co. , 1920.

Gooch, G. P. , *History and Historians in the Nineteenth Century*, London, New York: Longmans, Green, and Co. , 1913.

Görtemaker, Manfred, *Deutschland im 19. Jahrhundert*, Opladen: Verlag Leske + Budrich, 1986.

Grab, Alexander, *Napoleon and the Transformation in Europe*, New York: Palgrave Macmillan Publishers, 2003.

Gräfe, Thomas, *Antisemitismus in Deutschland 1815 – 1918*, Norderstedt: Books on Demand, 2010.

Grameley, Hedda, *Propheten des deutschen Nationalismus: Theologie, Historiker und Nationalökonomen*, Frankfurt am Main: Campus Verlag, 2001.

Grenville, J. A. S. , *Europe Reshaped 1848 – 1878*, London: Fontana Press, 1976.

Grimm, Dieter, *Deutsche Verfassungsgeschichte 1776 – 1866*, Frankfurt am

Main: Suhrkamp Verlag, 1988.

Guglia, Eugen, *Leopold von Rankes Leben und Werke*, Leipzig: Verlag von Jr. Wilh. Grunow, 1898.

Guilland, Antoine, *Modern Germany and Her Historians*, New York: Mcbridge, Nast & Company, 1915.

Gutsche, Willibald, *Monopole, Staat und Expansion vor 1914 : zum Funktionsmechanismus zwischen Industriemonopolen, Grossbanken und Staatsorganen in der Aussenpolitik des Deutschen Reiches 1897 bis Sommer 1914*, Berlin: Akademie Verlag, 1986.

Habakkuk, H. J. , *Cambridge Economic History of Europe*, vol. 4 , *The industrial revolutions and after: Population and technological change*, Cambridge: Cambridge University Press, 1966.

Haeckel, Ernst, *Die Welträthsel: Gemeinverständliche Studien über Monistische Philosophie*, Bonn: Verlag von Emil Strauß, [8]1902.

Hahn, H. -J. , *German Thought and Culture: From the Holy Roman Empire to the Present Day*, Manchester and New York: Manchester University Press, 1995.

Hahn, Hans-Werner, *Die industrielle Revolution in Deutschland*, München: Oldenbourg Verlag, 1998.

Hahn, Hans-Werner, *Geschichte des Deutschen Zollvereins*, Göttingen: Vandenhoeck und Ruprecht Verlag, 1984.

Hammann, Otto, *Der Neue Kurs: Erinnerungen*, Berlin: Verlag von Raimer Hobbing, 1918.

Hansen, Reimer und Ribbe, Wolfgang (Hrsg.), *Geschichtswissenschaft in Berlin im 19. und 20. Jahrhundert*, Berlin: Verlag de Gruyter, 1992.

Hardwig, Wolfgang und Hinze, Helmut (Hrsg.), *Deutsche Geschichte in Quellen und Darstellung, Band 7, Vom Deutschen Bund zum Kaiserreich, 1815 - 1871*, Stuttgart: Reclam Verlag, 1997.

Hardtwig, Wolfgang und Brandt, Harm-Hinrich (Hrsg.), *Deutschlands Weg in die Moderne: Politik, Gesellschaft und Kultur im 19. Jahrhundert*, München: Verlag C. H. Beck, 1993.

Hart, Albert Buschnell (ed.), *Selected Addresses and Public Papers of Woodrow Wilson*, New York: Boni & Liveright, 1918.

Hauser, Arnold, *Sozialgeschichte der Kunst und Literatur*, Band 2, München: Verlag C. H. Beck, 1953.

Hausrath, Adolf, *Treitschke: His Doctrine of German Destiny and of International Relations*, New York & London: The Knickerbocker Press, 1914.

Headlam, James Wycliffe, *Bismarck and the foundation of the German Empire*, New York: G. P. Putnam's Sons, 1899.

Heggen, Alfred, *Erfindungsschutz und Industrialisierung in Preussen 1793 – 1877*, Göttingen: Vandenhoeck & Ruprecht Verlag, 1975.

Hein, Dieter, *Die Revolution von 1848/49*, München: Verlag C. H. Beck, [4]2007.

Helfferich, Karl, *Der Weltkrieg*, *1. Band*, *Die Vorgeschichte des Weltkrieges*, Berlin: Ullstein & Co. , 1919.

Helfferich, Karl, *Der Weltkrieg*, *II. Band*, *Vom Kriegsausbruch bis zum uneingeschränkten U-Bootkrieg*, Berlin: Ullstein & Co. , 1919.

Helfferich, Karl, *Der Weltkrieg*, *III. Band*, *Vom Eingreifen Amerikas bis zum Zusammenbruch*, Berlin: Ullstein & Co. , 1919.

Henderson, W. O. , *The Rise of German Industrial Power 1834 – 1914*, Berkley and Los Angeles: University of California Press, 1975.

Hennig, Hansjoachim, *Die deutsche Beamtenschaft im 19. Jahrhungert: zwischen Stand und Beruf*, Wiesbaden: Steiner-Verlag, 1984.

Hennig, Hans Joachim, *Quellen zur sozialgeschichtlichen Entwicklung in Deutschland von 1815 bis 1860*, Paderborn: Verlag Schöningh, 1977.

Henning, Friedrich-Wilhelm, *Die Industrialisierung in Deutschland 1800 – 1914*, Paderborn: Verlag Schöningh, [6]1984.

Hentschel, Volker, *Preussens streitbare Geschichte 1594 – 1945*, Düsseldorf: Droste Verlag, 1980.

Hentschel, Volker, *Wirtschaft und Wirtschaftspolitik im wilhelminischen Deutschland: Organisierter Kapitalismus und Interventionsstaat?*, Stuttgart: Klett-Cotta Verlag, 1978.

Hermes, Karl Heinrich, *Geschichte der letzten fünfundzwanzig Jahre*, *Erster Band*, Braunschweig: Druck und Verlag von George Westermann, 1847.

Herrlitz, Hans-Georg, Hopf, Wulf, Titze, Hartmut, *Deutsche Schulgeschichte von 1800 bis zur Gegenwart*, Königstein/Ts. : Athemäum Verlag, 1981.

Heuser, Beatrice, *Clausewitz lesen!*, München: Oldenbourg Wissenschaftsverlag, 2005.

Hildebrandt, Gunther, *Opposition in der Pauls Kirche*, Berlin: Akademie Verlag, 1981.

Hillgruber, Andreas, *Bismarcks Aussenpolitik*, Freiburg: Verlag Rombach, 1972.

Hoffmann, Walther G. , *Das Deutsche Volkseinkommen 1851 – 1957*, Tübingen: Verlag J. C. B. Mohr, 1959.

Hoffmann, Walther G. , *Das Wachstum der deutschen Wirtschaft seit der Mitte des 19. Jahrhundert*, Berlin: Springer Verlag, 1965.

Hohorst, Gerd, Kocka, Jürgen, Ritter, Gerhard A. , *Sozialgeschichtliches Ar-*

beitsbuch, *Band 2*, *Materialien zur Statistik des Kaiserreichs*, 1870—1914, München: Verlag C. H. Beck, 1975.

Hoke, Rudolf, Reiter, Ilse, *Quellensammlung zur österreichischen und deutschen Rechtsgeschichte*, Wien: Böhlau Verlag, 1993.

Holborn, Hajo, *A history of modern Germany 1840 - 1945*, Princeton, New Jersey: Princeton University Press, 1982.

Huber, Ernst Rudolf, *Deutsche Verfassungsgeschichte seit 1789*, *Band 3*, *Bismarck und das Reich*, Stuttgart: Kohlhammer Verlag, 1988.

Huber, Ernst Rudolf (Hrsg.), *Dokumente zur deutschen Verfassungsgeschichte*, *Band 1*, *Deutsche Verfassungsgeschichte 1803 - 1850*, Stuttgart: Kohlhammer Verlag, 1978.

Huber, Ernst Rudolf (Hrsg.), *Dokumente zur Deutschen Verfassungsgeschichte*. *Band 2*. *Deutsche Verfassungsdokumente 1851 - 1918*, Stuttgart: Kohlhammer Verlag, 1964.

Janaway, Christopher, *Schopenhauer: A Very Schort Introduction*, Oxford: Oxford University Press, 2002.

Jansen, Christian, Borggräfe, Henning, *Nation*, *Nationalität*, *Nationalismus*, Frankfurt am Main: Campus Verlag, 2007.

Jentsch, Karl, *Friedrich List*, Berlin: Ernst Hofmann &. Co. , 1901.

Kaelble, Hartmut (Hrsg.), *Probleme der Modernisierung in Deutschland: Sozialhistorische Studien zum 19. und 20. Jahrhundert*, Opladen: Westdeutscher Verlag, 1978.

Kaiser Wilhelm II. und der Reichskanzler: Ein Beitrag zur Zeitgeschichte, Berlin: Hugo Steinitz Verlag, 1889. （无作者）

Katsch, Hildegard, *Heinrich von Treitschke und die preußisch-deutsche Frage von 1860 - 1866: Ein Beitrag zur Entwicklung von Treitschkes politischen Anschauungen*, München: Verlag von R. Oldenbourg, 1919.

Kautsky, Karl, *Wie der Weltkrieg entstand: Dargestellt nach dem Aktenmaterial des Deutschen Auswärtigen Amts*, Berlin: Paul Cassirer Verlag, 1919.

Keefe, Simon P. (ed.), *The Cambridge Companion to Mozart*, Cambridge: Cambridge University Press, 2003.

Kehr, Eckart, *Der Primat der Innenpolitik*, Berlin: Verlag de Gruyter, 1965.

Kellenbenz, Hermann, *Deutsche Wirtschaftsgeschichte*, *Band 2*, *Vom Ausgang des 18 Jahrhunderts bis zum Ende des Zweiten Weltkriegs*, München: Verlag C. H. Beck, 1981.

Kennedy, Paul M. , *The Realities Behind Diplomacy: Background Influences on British External Policy*, *1865 - 1980*, London: Fontana Press, 1985.

Kennedy, Paul M. , *The Rise of the Anglo-German Antagonism 1860 - 1914*,

Boston: Allen & Unwin, 1980.

Ketteler, Wilhelm Emmanuel Freiherr von, *Die Arbeiterfrage und das Christentum*, Mainz: Verlag von Franz Kirchheim, ⁴1890.

Keynes, John Maynard, *The Economic Consequences of the Peace*, London: Macmillan & Co. , Ltd. , 1919.

Kiesewetter, Hubert, *Industrielle Revolution in Deutschland 1815 - 1914*, Frankfurt am Main: Suhrkamp Verlag, 1989.

Kinderman, William, *Beethoven*, Berkeley, Los Angeles: University of California Press, 1995.

Kißling, Johannes B. , *Geschichte des Kulturkampes im Deutschen Reiche*, *Erster Band*, *Die Vorgeschichte*, Freiburg: Herdersche Verlagshandlung, 1911.

Kitchen, Martin, *A History of Modern Germany*, *1800—2000*, Oxford: Blackwell Publishing, 2006.

Kitchen, Martin, *Cambridge Illustrsted History of Germany*, Cambridge: Cambridge University Press, 1996.

Klaus, Andreas, Spindler, Max, *Geschichte Frankens bis zum Ausgang des 18. Jahrhunderts*, München: Verlag C. H. Beck, ³1997.

Klein, Ernst, *Geschichte der deutschen Landwirtschaft im Industriezeitalter*, Wiesbaden: Franz Steiner Verlag, 1973.

Klein, Ernst, *Von der Reform Zur Restauration*, *Veröffentlichungen der Historischen Kommission zu Berlin*, *Band 16*, Berlin: Verlag Walter de Gruyter, 1964.

Klönne, Arno, *Die deutsche Arbeiterbewegung : Geschichte*, *Ziele*, *Wirkungen*, Düsseldorf: Diederichs Verlag, 1980.

Klüber, Johann Ludwig (Hrsg.), *Acten des Wiener Congresses in den Jahren 1814 und 1815*, *Erster Band bis Neunter Band*, Erlangen: Palm und Ernst Enke Verlag, 1815 - 1835.

Knapp, Ulla, *Frauenarbeit in Deutschland*, *Band 2*, *Hausarbeit und geschlechtsspezifischer Arbeitsmarkt im deutschen Industrialisierungsprozess*, München: Minerva-Publikation, 1984.

Knarkfuß, H. , *A. von Menzel*, Bielefeld und Leipzig: Verlag von Velhagen & Klasing, 1906.

Kocka, Jürgen, *Die Angestellte in der deutschen Geschichte 1850 - 1980*, Göttingen: Vandenhoeck & Ruprecht Verlag, 1981.

Kocka, Jürgen, *Unternehmer in der deutschen Industrialisierung*, Göttingen: Vandenhoeck & Ruprecht Verlag, 1975.

Köllmann, Wolfgang (Hrsg.): *Bevölkerungsgeschichte*, Köln: Verlag Kiepenheuer & Witsch, 1972.

Korff, Gottfried, *Preussen: Versuch einer Bilanz*, Berlin: Rowohlt Taschenbuch Verlag，1981.

Kotulla，Michael，*Deutsche Verfassungsgeschichte 1806 - 1918. Eine Dokumentensammlung nebst Einführungen*，1. *Band，Gesamtdeutschland，Anhaltische Staaten und Baden*，Berlin：Springer Verlag，2006.

Kotulla，Michael，*Deutsche Verfassungsgeschichte：Vom Alten Reich bis Weimar*（*1495 - 1934*），Berlin：Springer-Verlag，2008.

Kreft，Dieter und Mielenz，Ingrid（Hrsg.），*Wörterbuch Soziale Arbeit：Aufgaben，Praxisfelder，Begriffe und Methoden der Sozialarbeit und Sozialpädagogik*，Weinheim und München：Juventa Verlag，2005.

Kuczynski，Jürgen，*Die Bewegung der deutschen Wirtschaft von 1800 bis 1946*，Meisenheim am Glan：Westkulturverlag Anton Hain，1948.

Kuhl，Hermann Josepf von，*Der deutsche Generalstab in Vorbereitung und Durchführung des Weltkrieges*，Berlin：Verlag von Ernst Siegfried Mittler und Sohn，²1920.

Kulemann，W.，*Die Sozialdemokratie und deren Bekämpfung：Eine Studie zur Reform des Sozialistengesetzes*，Berlin：Carl Heymanns Verlag，1890.

Kunisch，Johannes，*Friedrich der Grosse：der König und Seine Zeit*，München：Verlag C. H. Beck，2005.

Lambi，I. N.，*Free trade and protection in Germany 1868 - 1879*，Wiesbaden：Steiner Verlag，1963.

Landsberger，Franz，*Impressionismus und Expressionismus：Eine Einführung in das Wesen der neuen Kunst*，Leipzig：Verlag von Klinkhardt & Biermann，1922.

Langewiesche，Dieter（Hrsg.），*Das deutsche Kaiserreich 1867/71 bis 1918：Bilanz einer Epoche*，Freiburg：Verlag Ploetz，1984.

Langewiesche，Dieter，*Europa zwischen Restauration und Revolution 1815 - 1849*，München：Oldenbourg Verlag，1993.

Lassalle，Ferdinand，*The Workingman's Programme*（*Arbeiterprogramm*），translated by Edward Peters，New York：The International Publishing Co.，1899.

Lee Stephen J.，（ed.），*Imperial Germany 1871—1918*，London and New York：routledge Press，1999.

Lee W. R.，and Rosenhaft，Eve（eds.），*State Social Policy and Social Changes in Germany 1880 - 1994*，Oxford：Berg，1997.

Lenger，Friedrich，*Industrielle Revolution und Nationalstaatsgründung*（*1849 - 1870er jahre*），*Gebhardt Handbuch der deutschen Geschichte*，Zehnte，völlig neu bearbeitete Auflage，Band 15，Stuttgart：Klett-Cotta，2003.

Leopold von Ranke *Leopold von Ranke's Sämmtliche Werke*，Leipzig：Verlag von Duncker & Humblot，1871 - 1890.

Lepsius，Johannes，Bartholdy，Albrecht Mendelssohn，Thimme，Friedrich

(Hrsg.), *Die Große Politik der Europäischen Kabinette 1871—1914*: *Sammlung der Diplomatischen Akten des Auswärtigen Amtes*, 8. *Band*, *Die Anfänge des Neuen Kurses*, *II*, *Die Stellung Englands zwischen den Mächten*, Berlin: Deutsche Verlagsgesellschaft für Politik, 1924.

Lexis, Wilhelm, *A General View of the History and Organization of Public Education in the German Empire*, Berlin: A. Asher &. Co. , 1904.

Lexis W. , (Hrsg.), *Die Technischen Hochschulen im Deutschen Reich*, Berlin: Verlag von A. Asher &. Co. , 1904.

Liebenstein, Ludwig August Friedrich von, *Der Krieg Napoléons gegen Russland in den Jahren* 1812 *und* 1813, Frankfurt am Main: Verlag der Hermannschen Buchhandlung, 1819.

Linde, Otto zur, *Heinrich Heine und die deutsche Romantik*, Freiburg: C. A. Wagner's Universitats-Buchdruckerei, 1899.

List, Friedrich, *Schriften / Reden / Briefe*, *Band 1*, *Der Kampf um die politische und ökonomische Reform 1815 - 1825*, Berlin: Hobbing Verlag, 1932.

List, Friedrich, *Schriften / Reden / Briefe*, *Band 3*, *Schriften zum Verkehrswesen*, Berlin: Hobbing Verlag, 1929.

Lorenz, Max, *Die Literatur am Jahrhundertende*, Stuttgart: Cotta'sche Buchhandlung, 1900.

Ludendorff, Erich, *Kriegführung und Politik*, Berlin: Verlag von E. S. Mittler &. Sohn, 1922.

Ludendorff, Erich, *Meine Kriegserinnerungen 1914—1918*, Berlin: Ernst Siegfried Mittler und Sohn, 1919.

Ludendorff, Erich (Hrsg.), *Urkunden der Obersten Heeresleitung über ihre Tätigkeit 1916/18*, Berlin: Ernst Siegfried Mittler und Sohn, 1920.

Ludwig, Emil, *Bismarck*: *The Story of a Fighter*, translated by Eden and Cedar Paul, New York: Little, Brown, and Company, 1927.

Lütge, Friedrich (Hrsg.), *Die wirtschaftliche Situation in Deutschland und Österreich um die Wende vom 18. zum 19. Jahrhundert*, Stuttgart: Gustav Fischer Verlag, 1964.

Lutz, Ralph Haswell, *The German Revolution 1918—1919*, Carlifonia: Stanford University Press, 1922.

Mahoney, Dennis F. , *The Literature of German Romanticism*, New York: Camden House, 2004.

Majunke, Paul, *Geschichte des „ Kulturkampfes" in Preußen-Deutschland*, Paderborn: Verlag von Ferdinand Schöningh, 1902.

Mann, Golo, *Deutsche Geschichte des 19. und 20. Jahrhunderts*, Frankfurt am Main: Büchergilde Gutenberg, 1958.

Mann, Golo, *The History of Germany since* 1789, London: Chatto &. Windus, 1968.

Mannkopff, A. J., *Allgemeines Landrecht für die preussischen Staaten: in Verbindung mit den dasselbe ergänzenden, abändernden und erläuternden Gesetzen, Königlichen Verordnungen und Justiz-Ministerial-Rescripten, Sechster Band, Theil II. Tit. 13 - 17*, Berlin: Naucksche Buchhandlung, 1838.

Mannzmann, Anneliese (Hrsg.), *Geschichte der Familie oder Familienge-schichten?*, Königstein/Ts: Scriptor - Verlag, 1981.

Marschalck, Peter, *Deutsche Überseewanderung im 19. Jahrhundert*, Stuttgart: Kett Verlag, 1973.

Massow, Wilhelm von, *Die deutsche innere Politik unter Kaiser Wilhelm II.*, Stuttgart und Berlin: Deutsche Verlags-Anstalt, 1913.

Mathias, Adolf, *Bismarck: Sein Leben und sein Werk*, München: C. H. Beck-sche Verlagsbuchhandlung, 1915.

Matzerath, Horst (Hrsg.), *Städtewachstum und innerstädtische Strukturveränderungen: Probleme des Urbanisierungsprozesses im 19. und 20. Jahrhundert*, Stuttgart: Klett-Cotta Verlag, 1984.

Mclanren, A. D., *Germanism from Within*, London: Constable &. Co. ltd, 1916.

Medlicott, W. N. &. Coveney, Dorothy K. (eds.), *Bismarck and Europe*, New York: St. Martin's Press, 1972.

Mehlis, Georg, *Die deutsche Romantik*, München: RÖSl &. CIE Verlag, 1922.

Meinecke, Friedrich, *Radowitz und die deutsche Revolution*, Berlin: Erst Siegfried Mittler und Sohn, königliche Hofbuchhandlung, 1913.

Meinecke, Friedrich, *The Age of German Liberation, 1795 - 1815*, Berkeley: University of California Press, 1977.

Meinecke, Friedrich, *Weltbürgertum und Nationalstaat: Studien zur Genesis des deutschen Nationalstaates*, München und Berlin: Verlag von R. Oldenbourg, ²1911.

Mencken, Henry L., *The Philosophy of Friedrich Nietzsche*, London: T. Fisher Unwin, 1908.

Mettele, Gisela, *Bürgertum in Köln, 1775—1870*, München: Oldenbourg Verlag, 1998.

Mirow, Jürgen, *Deutsche Geschichte-keine Nationalgeschichte: Staatliche Einheit und Mehrstaatlichkeit, Volkszugehörigkeit und Nation in der Deutschen Geschichte*, Gernsbach: Casimir Katz Verlag, 2002.

Mommsen, Theodor, *Auch ein Wort über unser Judenthum*, Berlin: Weidmannsche Buchhandlung, 1880.

Mommsen, Wolfgang J. , *Der autoritäre Nationalstaat: Verfassung, Gesellschaft und Kultur des deutschen Kaiserreichs*, Frankfurt am Main: S. Fischer Verlag, 1990.

Mommsen, Wolfgang J. (Hrsg.), *Der moderne Imperialismus*, Stuttgart: Kohlhammer Verlag, 1971.

Mommsen, Wolfgang J. , *Imperial Germany 1867 – 1918: Politics, Culture, and Society in an Authoritarian State*, London: Bloomsbury Academic Press, 1995.

Montgelas, Max und Schüching, Walter (Hrsg.), *Die Deutschen Dokumente zum Kriegsausbruch, Erster Band, Vom Attentat in Sarajevo bis zum Eintreffen der serbischen Antwortnote in Berlin*, Charlottenburg: Deutsche Verlagsgesellschaft für Politik und Geschichte, 1919.

Montgelas, Max und Schüching, Walter (Hrsg.), *Die Deutschen Dokumente zum Kriegsausbruch, Zweiter Band, Vom Eintreffen der serbischen Antwortnote in Berlin bis zum Bekanntwerden der russischen allgemeinen Mobilmachung*, Charlottenburg: Deutsche Verlagsgesellschaft für Politik und Geschichte, 1919.

Mottek, Blumberg, Wutzmer, Becker, *Studien zur Geschichte der industriellen Revolution in Deutschland*, Berlin: Akademie Verlag, 1960.

Mügge, M. A. , *Friedrich Nietzsche: His Life and Work*, London: T. Fisher Unwin, 1908.

Müller, Helmut, *Schlaglichter der deutschen Geschichte*, Mannheim: Mezers Lexikonverlag 1986.

Müller, Johannes, *Deutsche Bevölkerungsstatistik: Ein Grundriss für Studium und Praxis*, Jena: Fischer Verlag, 1926.

Nave – Herz, Rosemarie, *Die Geschichte der Frauenbewegung in Deutschland*, Hannover: Niedersächsische Landeszentrale für politische Bildung, 1997.

Neitzel, Sönke, *Weltkrieg und Revolution 1914—1918/19*, Berlin-Brandenburg: be. bra Verlag, 2008.

Neudeck, Georg und Schröder, Heinr. , *Das kleine Buch von der Marine: Ein Buch alles Wissenswerten über die deutsche Flotte nebst vergleichender Darstellung der Seestreitkräfte des Auslandes*, Kiel und Leipzig: Verlag von Lipsius &. Tischer, 1899.

Nicholson, J. Shield, *The Neutrality of the United States in Relation to the British and German Empires*, London: Macmillan &. Co. , 1915.

Nippel, Wilfried, *Johann Gustav Droysen: Ein Leben zwischen Wissenschaft und Politik*, München: Verlag C. H. Beck, 2008.

Nipperdey, Thomas, *Deutsche Geschichte 1800 – 1866: Bürgerwelt und starker Staat*, München: Verlag C. H. Beck, ²1984.

Nipperdey, Thomas, *Deutsche Geschichte 1866 – 1918*, Band 1, *Arbeitswelt und Bürgergeist*, München: Verlag C. H. Beck, 1990.

Nipperdey, Thamas, *Deutsche Geschichte1866 - 1918*, *Band 2*, *Machtstaat vor der Demokratie*, München: Verlag C. H. Beck, 1992.

Oberhauser, Petra (Red.), *Goethe-Jahrbuch 2005*, *Band 122*, Göttingen: Wallstein Verlag, 2005.

Oncken, Hermann (Hrsg.), *Vorgeschichte und Begründung des Deutschen Zollvereins 1815 - 1834*, Band 3, Berlin: Hobbing Verlag, 1934.

O'regan J. R. H. , (ed.), *The German War of 1914—Illustreted by Ducuments of European History*, *1815—1915*, London: Oxford University Press, 1915.

Orlow, Dietrich, *A History of Modern Germany: 1871 to Present*, Engelwood Cliffs, New Jersy: Prentice-Hall, 1987.

Orthbandt, Eberhard, *Illustrierte deutsche Geschichte*, München:Südwest Verlag, 1963.

Ozment, Steven, *A Mighty Fortress: A New History of the German People*, New York: HarperCollins Publishers, 2004.

Paterson, W. P. (ed.), *German Culture: The Contribution of the Germans to Knowledge*, *Literature*, *Art*, *and Life*, London: T. C. &. E. C. Jack, 1915.

Petri, Sussane, *Form-und Farbgebung der Innenraumgestaltung im Jugendstil*, München: Grin Verlag, 2006.

Piefel, Mathias, *Antisemitismus und völkische Bewegung im Königreich Sachsen 1879 - 1914*, Göttingen: V&-R unipress, 2004.

Pimkard, Terry, *German Philosophy 1760 - 1860: the Legacy of Idealism*, Cambridge: Cambridge University Press, 2002.

Plehn, Hans, *Bismarcks Auswärtige Politik nach der Reichsgründung*, München: Oldenbourg Verlag, 1920.

Pohl, Hans (Hrsg.), *Berufliche Aus-und Weiterbildung in der deutschen Wirtschaft seit dem 19. Jahrhundert*, Wiesbaden: Franz Steiner Verlag, 1979.

Pohl, Hans &. Treue, Wilhelm (Hrsg.), *Die Konzentration im der deutschen Wirtschaft seit dem 19. Jahrhundert: Referate und Diskussionsbeiträge der 2. öffentlichen Vortragsveranstaltung der Gesellschaft für Unternehmensgeschichte*, Wiesbaden: Steiner Verlag, 1978.

Pöhlmann, Robert, *Geschichte des antiken Kommunismus und Sozialismus*, *Erster Band*, München: C. H. Beck, 1893.

Poincaré, Raymond, *The Origins of the War*, London: Cassell and Company Ltd, 1922.

Pollmann, Bernhard (Hrsg.), *Lesebuch zur Deutschen Geschichte*, Dortmund: Harenberg Kommunikation Verlags-und Mediengesellschaft, 1989.

Pratt, Waldo Selden, *The History of Music*, New York: G. Schirmer, 1907.

Pritzkoleit, Kurt, *Wem gehört Deutschland*: *Eine Chronik von Besitz und Macht*, München: Verlag Kurt Desch, 1957.

Prothero, G. W., *German Policy before the War*, London: John Murray, 1916.

Purdy, Daniel, *Goethe Yearbook 17*, New York: Camden House, 2010.

Pyta, Wolfram (Hrsg.), *Das europäische Mächtekonzert*: *Friedens-und Sicherheitspolitik vom Wiener Kongress 1815 bis zum Krimkrieg 1853*, Köln, Weimar, Wien: Böhlau Verlag, 2009.

Raff, Dieter, *Deutsche Geschichte vom Alten Reich zur Zweiten Republik*, München: Max Hueber Verlag, 1985.

Ranke, Leopold von, *Weltgeschichte*, Leipzig: Verlag von Dunker & Humblot, Erster-Neunter Theil, 1881 – 1888.

Rattner, Joseff, Danzer, Gerhard, *Die Junghegelianer*: *Porträt einer progressiven Intellektuellengruppe*, Würzburg: Verlag Königshausen und Neumann, 2005.

Rauh, Manfred, *Die Parlamentarisierung des Deutschen Reiches*, Düsseldorf: Droste Verlag, 1977.

Reidegeld, Eckard, *Staatliche Sozialpolitik in Deutschland*, *Band II*, *Sozialpolitik in Demokratie und Diktatur 1919—1945*, Wiesbaden: VS verlag für Sozialwissenschaften, 2006.

Reif, Heinz, *Adel im 19. und 20. Jahrhundert*, München: Oldenbourg Verlag, 1999.

Retallack, James (ed.), *Imperial Germany 1871—1918*, Oxford: Oxford University Press, 2008.

Reulecke, Jürgen (Hrsg.), *Die deutsche Stadt im Industriezeitalter*: *Beiträge zur modernen deutschen Stadtgeschichte*: *Die deutsche Stadt im Industriezeitalter*, Wuppertal: Peter Hammer Verlag, 1978.

Reventlow, Ernst zu, *Deutschlands auswärtige Politik 1888—1914*, Berlin: Ernst Siegfried Mittler und Sohn königliche Hofbuchhandlung, 1916.

Richter, Simon (ed.), *The Literature of Weimar Classicism*, New York: Camden House, 2005.

Riesser, Jakob, *Die deutschen Grossbanken und ihre Konzentration im Zusammenhang mit der Entwicklung der Gesamtwirtschaft in Deutschland*, Jena: Verlag von Gustav Fischer, 1912.

Rittel, Paus (Hrsg.), *Die deutschen Befreiungskriege*: *Deutschlands Geschichte von 1806 – 1815*, *Zweiter Band*, Berlin: Verlag von Paul Rittel, 1901.

Ritter, Gerhard A., *Das Deutsche Kaiserreich 1871 – 1914*: *Ein historisches Lesebuch*, Göttingen: Vandenhoeck & Ruprecht Verlag, 1977.

Ritter, Gerhard A., *Sozialversicherung in Deutschland und England*: *Entste-*

hung und Grundzüge im Vergleich，München：Verlag C. H. Beck，1983.

Ritter Gerhard A. ，und Kocka，Jürgen（Hrsg），*Deutsche Sozialgeschichte 1870 -1914*：*Dokumente und Skizzen 1870 - 1914*，München：Verlag C. H. Beck，1974.

Robertson，C. Grant，*Bismarck*，New York：Howard Fertig，1969.

Rockmore，Tom，*Before and After Hegel*：*A Historical Introduction to Hegel's Thought*，Berkeley Los Angels：University of California Press，1993.

Roeck，Bernd（Hrsg. ），*Deutsche Geschichte in Quellen und Darstellung*，Band 4，*Gegenreformation und Dreißigjähriger Krieg 1555 - 1648*，Stuttgart：Reclam Verlag，1996.

Rose，J. Holland，*The Origins of the War 1871 - 1914*，New York and London：The Knickerbocker Press，1915.

Rosenberg，Adolf，*A. von Werner*，Bielefeld und Leipzig：Verlag von Velhagen & Klasing，1900.

Rother，Klaus，*Die Reichsversicherung 1911*：*Das Ringen um die letzte grosse Arbeiterversicherungsgesetzgebung des Kaiserreichs unter besonderer Berücksichtigung der Rolle der Sozialdemokratie*，Aachen：Verlag Mainz，1994.

Rotteck，Karl von，*Allgemeine Geschichte vom Anfang der historischen Kentniss bis auf unsere Zeiten*，*Neunter Band*，Freiburg im Breisgau：Herder'sche Kunft- und Buchhandlung，1833.

Rowe，Michael，*From Reich to State*：*The Rhineland in the Revolutionary Age*，*1780 - 1830*，Cambridge：Cambridge University Press，2003.

Rüegg，Walter（ed. ），*A History of The University in Europe*，*vol. III*，*Universities in the Nineteenth and Early Twentieth Centuries（1800 - 1945）*，Cambridge：Cambridge University Press，2004.

Ruloff，Dieter，*Wie Kriege beginnen. Ursachen und Formen*，München：Verlag C. H. Beck，[2]1987.

Rumpler，Helmut（Hrsg. ），*Innere Staatsbildung und gesellschaftliche Modernisierung in Österreich und Deutschland 1867/71 bis 1914*，Wien：Verlag für Geschichte und Politik，1991.

Rürup，Reinhard，*Deutschland im 19. Jahrhundert 1815 - 1871*，Göttingen：Vandenhoeck und Ruprecht Verlag，1992.

Russel，J. C. ，Mols，R. J. ，A. Armengaud，*Bevölkerungsgeschichte Europas*：*Mittelalter bis Neuzeit*，München：Piper Verlag，1971.

Russell，James E. ，*German Higher Schools*：*The History*，*Organization and Methods of Secondary Education in Germany*，London：Longmans，1910.

Ryder，Frank G. and Browning，Robert M. （eds. ），*Heinrich von Kleist and Jean Paul*：*German Romantic Novellas*，New York：The Continuum Publishing

Company, 2001.

Saalfeld, Friedrich, *Geschichte Napoleon Buonaparte's*, *zweiter Theil*, Stuttgart: Verlag August Friedrich Macklotz, ³1818.

Santner, Eric L. (ed.), *Friedrich Hölderlin: Hyperion and Selected Poems*, New York: The Continuum Publishing Company, 1990.

Sautter, Udo, *Deutsche Geschichte seit 1815: Daten, Fakten, Dokumente*, Bd. 2, *Verfassungen*, Tübingen und Basel: A. Francke Verlag, 2004.

Sautter, Udo, *Deutsche Geschichte seit 1815: Daten, Fakten, Dokumente*, Bd. 3, *Historische Quellen*, Tübingen und Basel: A. Francke Verlag, 2004.

Scheer, Admiral, *Germany's High See Fleet in the World War*, London: Cassell and Co., 1920.

Schieder, Theodor (Hrsg.), *Handbuch der Europäischen Geschichte. Band 4, Europa im Zeitalter des Absolutismus und der Aufklärung.* Stuttgart: Ernst Klett Verlag, 1976.

Schieder, Theodor, *Handbuch der Europäischen Geschichte, Band 6, Europa im Zeitalter der Nationalstaaten und europäische Weltpolitik bis zum Ersten Weltkrieg*, Stuttgart: Klett-Verlag, 1973.

Schildt, Axel, *Konservatismus im Deutschland: von den Anfängen im 18. Jahrhundert bis zur Gegenwart*, München: Verlag C. H. Beck, 1998.

Schlenke, Manfred, *Preussen: Beiträge zu einer politischen Kultur*, Berlin: Rowohlt Taschenbuch Verlag, 1981.

Schmale, Wolfgang, *Geschichte Frankreichs*, Stuttgart: Verlag Eugen Ulmer, 2000.

Schmidt, Heinrich, *Der Kampf um die „Welträtsel": Ernst Haeckel, die „Welträtsel" und die Kritik*, Bonn: Verlag von Emil Strauss, ²1900.

Schmidt-Volkmar, Erich, *Der Kulturkampf in Deutschland*, Göttingen: Verlagsgesellschaft Musterschmidt, 1962.

Schmidt, Gustav, *Der europäische Imperialismus*, München: Oldenbourg Verlag, 1985.

Schmidt, Reiner (Hrsg.), *Öffentliches Wirtschaftsrecht, Besonderer Teil 1*, Berlin: Springer Verlag, 1995.

Schoeps, Hans-Joachim, *Preussen: Geschichte eines Staates*, Berlin: Propzläen Verlag, 1966.

Schönbrunn, Günter, *Geschichte in Quellen: Das bürgerliche Zeitalter*, München: Bayerischer Schulbuch-Verlag, 1980.

Schreiner, Albert, *Zur Geschichte der deutschen Aussenpolitik, 1871—1945, Erster Band, 1871—1918: Von der Reichseinigung bis zur Novemberrevolution*, Berlin: Dietzverlag, 1952.

Schröter, Alfred und Becker, Walter, *Die deutsche Maschinenbauindustrie in der industriellen Revolution*, Berlin: Akademie-Verlag, 1962.

Schröder, Hans-Jürgen, *Deutschland und Amerika in der Epoche des Ersten Weltkrieges 1900 - 1914*, Stuttgart: Steiner Verlag, 1993.

Schulz, Klaus, *Deutsche Geschichte und Kultur: 500 Bilder aus 2000 Jahren*, Königstein im Taunus: Karl Robert Langewiesche Nachfolger Hans Köster, 1987.

Schulze, Hagen, *Der Weg zum Nationalbewegung vom 18. Jahrhundert bis zur Reichsgründung*, München: Deutscher Taschenbuch Verlag, 1985.

Schulze, Hagen, *The Course of German Nationalism: From Frederick the Great to Bismarck*, *1763—1867*, translated by Sarah Hanbury-Tenison, Cambridge: Cambridge University Press, 1991① *.

Schüssler, Wilhelm (Hrsg.), *Weltmachtstreben und Flottenbau*, Witten-Ruhr: Luther-Verlag, 1956.

Schwertfeger, Bernhard (Hrsg.), *Zur europäischen Politik. Unveröffentlichte Dokument*, *Band 5*, *Revanche-Idee und Panslawismus. Belgische Gesandtschaftsberichte zur Entstehungsgeschichte des Zweitbundes*, bearbeitet von Wilhelm Köhler, Berlin: Verlag von Reimar Hobbing, 1919.

Sedatis, Helmut, *Liberalismus und Handwerk in Süddeutschland: Wirtschafts-und Gesellschaftskonzeptionen des Liberalismus und die krise des Handwerks im 19. Jahrhundert*, Stuttgart: Klett-Cotta Verlag, 1979.

Sedgwick, Sally (ed.), *The Reception of Kant's Pholosophy: Fichte, Schelling, and Hegel*, Cambridge: Cambridge University Press, 2000.

Seeber, Gustav und Noack, Karl-Heinz (Hrsg.), *Preussen in der deutschen Geschichte nach 1789*, Berlin: Akademie-Verlag, 1983.

Ségur, Phillipe Paul, *Geschichte Napoleons und der großen Armee im Jahre 1812*, Mannheim: Verlag von Heinrich Hoff, 1835.

Severin-Barboutie, Bettina, *Französische Herrschaftspolitik und Modernisierung: Verwaltungs-und Verfassungsreformen im Großherzogtum Berg (1806 - 1813)*, München: Oldenbourg Wissenschaftsverlag, 2008.

Seymour, Charles, *The Diplomatic Background of the War 1870 - 1914*, New Haven: Yale University, 1918.

Seymour, Charles, *Woodrow Wilson and the World War: A Chronicle of Our Own Times*, New Haven: Yale University Press, 1921.

Shannon, Richard, *The Crisis of Imperialism 1865 - 1915*, London: Paladin, 1986.

---

① *此著为前书英译版,前书为引者在德国学习时所读,此著为引者在国内时所读。其他类似
情况如此。

Sicken, Bernhard (Hrsg.), *Stadt und Militär 1815 - 1914: wirtschaftliche Impulse, infrastrukturelle Beziehungen, sicherheitspolitische Aspekte*, Paderborn: Verlag Schöningh, 1998.

Siebert, B. von (Hrsg.), *Diplomatische Aktenstücke zur Geschichte der Ententepolitik der Vorkriegsjahre*, Berlin und Leipzig: Vereinigung Wissenschaftlicher Verleger Walter de Gruyter & Co., 1921.

Siemann, Wolfram, *Die deutsche Revolution von 1848/49*, Frankfurt am Main: Suhrkamp Verlag, 1985.

Siemann, Wolfram, *Vom Staatenbund zum Nationalstaat: Deutschland 1806 - 1871*, München: Verlag C. H. Beck, 1995.

Singer, Arthur, *Geschichte des Dreibundes*, Leipzig: Dr. Sally Rabinowitz Verlag, 1914.

Smith, Munroe, *Bismarck and German Unity*, New York: Columbia University Press, 1915.

Sombart, Werner, *Die deutsche Volkswirtschaft im neunzehnten Jahrhundert*, Berlin: Georg Bondi, 1909.

Sombart, Werner, *Die deutsche Volkswirtschaft im neunzehnten Jahrhundert und im Anfang des 20. Jahrhunderts*, Berlin: Georg Bondi, 1923.

Sombart, Werner, *Die deutsche Volkswirtschaft im neunzehnten Jahrhundert und Im Anfang des 20. Jahrhunderts*, Darmstadt: Wissenschaft Buchgemeinschaft, [8]1954.

Sombart, Werner, *Die Juden und das Wirtschaftsleben*, Leipzig: Verlag von Dunker & Humblot, 1911.

Sombart, Werner, *Sozialismus und Soziale Bewegung*, Jena: Verlag von Gustav Fischer, [5]1905.

Sombart, Werner, *Studien zur Entwicklungsgeschichte des modernen Kapitalismus, Erster Band, Luxus und Kapitalismus*, München & Leipzig: Verlag von Duncker & Humblot, 1913.

Sombart, Werner, *Studien zur Entwicklungsgeschichte des modernen Kapitalismus, Zweiter Band, Krieg und Kapitalismus*, München & Leipzig: Verlag von Duncker & Humblot, 1913.

Speitkamp, Winfried, *Deutsche Kolonialgeschichte*, Stuttgart: Reclam Verlag, 2008.

Spree, Reinhard, *Die Wachstumszyklen der deutschen Wirtschaft von 1840 bis 1880*, Berlin: Verlag Duncker & Humblot, 1977.

Stockinger, Claudia, *Das 19. Jahrhundert: Zeitalter des Realismus*, Berlin: Akademie Verlag, 2010.

Stolper, Gustav, *Deutsche Wirtschaft seit 1870*, Tübingen: Verlag J. C. B.

Mohr，²1966.

Stone，Norman，*Europe Transformed 1878 - 1919*，London：Fontana Press，1983.

Streisand，Joachim，*Deutsche Geschichte von den Anfängen bis zur Gegenwart*，Köln：Pahl-Rugenstein Verlag，1983.

Ströbel，Heinrich，*The German Revolution and After*，transl. by H. J. Stenning，London：Jarrolds Publishers，1923.

Stürmer，Michael（Hrsg.），*Das Kaiserliche Deutschland：Politik und Gesellschaft 1870 - 1918*，Düsseldorf：Droste Verlag.

Swartz，Marvin，*The Politics of British Foreign Policy in the Era of Disraeli and Gladstone*，London：Palgrave Macmillan，1985.

Sybel，Heinrich von，*Die Begründung des Deutschen Reiches durch Wilhelm I.*，*Erster Band*，München und Leipzig：Verlag von R. Oldenbourg，³1890.

Taylor，A. J. P.，*The Habsburg Monarchy，1809 - 1918：A History of the Austrian Empire and Austria-Hungary*，London：Hamish Hamilton，1948.

Talor，A. J. P.，*The Struggle for Mastery in Europe，1848 - 1918*，Oxford：Oxford University Press，1954.

Tenbrock，Robert-Hermann，*Geschichte Deutschlands*，München：Max Hueber Verlag，³1977.

The Pan-German Programme：The Petition of the six Associations and the Manifesto of the Intellectuals，Translated from the German，New York：George H. Doran Co.，1918.

Thompson，Gordon Boyce，*The Kulturkamp：An Essay*，Toronto：The Macmillan Co. of Canada，1909.

Tilly，Richard H.，*Kapital，Staat und sozialer Protest in der deutschen Industrialisierung*，Göttingen：Vandenhoeck & Ruprecht Verlag，1980.

Tilly，Richard H.，*Vom Zollverein zum Industreistaat：Die wirtschaftlich-soziale Entwicklung deutschlands 1834 bis 1914*，München：Deutscher Taschenbuch-Verlag，1990.

Timmermann，Heiner（Hrsg.），*Die Französische Revolution und Europa 1789 - 1799*，Saarbrücken：Verlag Rita Dadder，1989.

Tipton，Jr.，Frank B.，*Regional Variations in the Economic Development of Germany during the Nineteenth Century*，Middletown，Conn.：Wesleyan University Press，1976.

Tirpitz，Alfred von，*Erinnerungen*，Leipzig：Verlag von K. F. Koehler，1920.

Tischler，Ulrike，*Die habsburgische Politik Gegenüber den Serben und Montenegrinern，1791 - 1822*，München：Oldenbourg Verlag，2000.

Townsend，Mary Evelyn，*The Rise and Fall of Germany's Colonial Empire*

1884 - 1918, New York: The Macmillan Company, 1930.

Treitschke, Heinrich von, *Deutsche Geschichte im neunzehnten Jahrhundert*, *zweiter Teil*, *Bis zu den Karlsbader Beschlüssen*, Leipzig: Verlag von S. Hirzel, 1882.

Treitschke, Heinrich von, *Ein Wort über unser Judenthum*, Berlin: Verlag von G. Reimer, 1880.

Türk, Klaus, Lemke, Thomas, Bruck, Michael, *Organisation in der modernen Gesellschaft. Eine historische Einführung*, Wiesbaden: VS Verlag für Sozialwissenschaften, ²2006.

Ullmann, Hans-Peter, *Das Deutsche Kaiserreich 1871 - 1918*, Berlin: Suhrkamp Verlag, 1995.

Ullmann, Hans-Peter, *Politik im Deutschen Kaiserreich 1871 - 1918*, München: Oldenbourg Verlag, 1999.

Vallotton, Henry, *Metternich*, Bergisch Gladbach: Gustav Lübbe Verlag, 1978.

Varain, Heinz Josef (Hrsg.), *Interessenverbände in Deutschland*, Köln: Verlag Kiepenheuer & Witsch, 1973.

Venedey, Jacob, *Heinrich Friedrich Karl von Stein*, Iserlohn: Verlag von J. Bädeker, 1868.

Verein deutscher Eisenhüttenleute in Düsseldorf, *Gemeinfassliche Darstellung des Eisenhüttenwesens*, Düsseldorf: Verlag Stahleisen, 1915.

Vittorio, Antonio Di (ed.), *An Economic History of Europe from Expansion to Development*, London & New York: Routledge Press, 2006.

Vogel, Barbara (Hrsg.), *Preussische Reformen 1807 - 1820*, Königstein / Ts: Verlagsgruppe Athenäum, Hain, Scriptor, Hanstein, 1980.

Vogel, Bernhard, Nohlen, Dieter, Schultze, Rainer-Olaf, *Wahlen in Deutschland*, Berlin: Verlag de Gruyter, 1971.

Vogt, Martin (Hrsg.), *Deutsche Geschichte: Von den Anfängen bis zur Wiedervereinigung*, Stuttgart: J. B. Metzlersche Verlagsbuchhandlung, 1991.

Wagner, Richard, *Beethoven*, Translated by Edward Dannreuther, London: WM. Reeves, ³1903.

Walter, Heinz, *Bismarcks Außenpolitik 1871 - 1881*, Berlin: Akademie Verlag, 1983.

Waltershausen, A. Sartorius von, *Deutsche Wirtschaftsgeschichte 1815 - 1914*, Jena: Verlag von Gustav Fischer, 1923.

Wawro, Geoffrey, *The Franco-Prussian War: The German Conquest of France in 1870 - 1871*, Cambridge: Cambride University Press, 2003.

Welher, Hans-Ulrich, *Das Deutsche Kaiserreich 1871 - 1918*, Göttingen: Vandenhoeck & Ruprecht Verlag, 1973.

Wehler, Hans-Ulrich, *Deutsche Gesellschaftsgeschichte*, *Dritter Band*, *Von der „ Deutschen Doppelrevolution "* *bis zum Beginn des Ersten Weltkrieges*, München: Verlag C. H. Beck, 1995.

Wehler, Hans-Ulrich, *Deutsche Gesellschaftsgeschichte*, *Erster Band*, *Vom Feudalismus des Alten Reiches bis Zur Defensiven Modernisierung der Reformära*, *1700 - 1815*, München: Verlag C. H. Beck, ³1996.

Wehler, Hans-Ulrich, *Deutsche Gesellschaftsgeschichte*, *Zweiter Band*, *Von der Reformärabis zur industriellen und politischen „Deutschen Doppelrevolution "1815 - 1845/49*, München: Verlag C. H. Beck, 1987.

Wehler, Hans-Ulrich, *Deutsche Gesellschaftsgeschichte*, *Dritter Band*, *Von der „Deutschen Doppelrevolution" bis zum Beginn des Ersten Weltkrieges 1849— 1914*, München: Verlag C. H. Beck, 1995.

Wehler, Hans-Ulrich (Hrsg.), *Sozialgeschichte Heute*, Göttingen: Vandenhoeck und Ruprecht Verlag, 1974.

Weis, Eberhard, *Montgelas, Zweiter Band, Der Architekt des Modernen bayerischen Staates, 1799 - 1838*, München: Verlag C. H. Beck, 2005.

Weis, Eberhard (Hrsg.), *Reformen im rheinbündischen Deutschland*, München: Oldenbourg Verlag, 1984.

Wellhöner, Volker, *Grossbanken und Grossindustrie im Kaiserreich*, Göttingen: Vandenhoeck & Ruprecht Verlag, 1989.

Wende, Sonja, *Briefe an Lehrer: Ein Beitrag zur Schulgeschichte des 19. Jahrhunderts*, Frankfurt am Main: Verlag Peter Lang GmbH, 1994.

Whittle, Tyler, *Kaiser Wilhelm II. ; Eine Biographie*, München: List Verlag, 1979.

Wicks, Robert, *Schopenhauer*, Malden, MA. : Blackwell Publishing, 2008.

Wilhelm II. , *The Kaiser's Memoirs*, English translation by Thomas R. Ybarra, New York and London: Haper & Brothers Publishers, 1922.

Willms, Johannes, *Nationalismus ohne Nation: Deutsche Geschichte von 1789 bis 1914*, Frankfurt am Main: Fischer Taschenbuch Verlag, 1985.

Williamson, David G. , *Bismarck and Germany 1862 - 1890*, London: Longman, 1998.

Winfried Speitkamp, *Jugend in der Neuzeit: Deutschland vom 16. bis zum 20. Jahrhundert*, Göttingen: Vandenhoeck und Ruprecht Verlag, 1998.

Winkler, Heinrich August, *Der lange Weg nach Westen: Deutsche Geschichte vom Ende des Alten Reiches bis zum Untergang der Weimarer Republik*, München: Verlag C. H. Beck, 2000.

Wurm, Franz F. , *Wirtschaft und Gesellschaft in Deutschland 1848 - 1948*,

Opladen：Verlag Leske，1969.

Zeman，Z. A. B.，（ed.），*Germany and the Revolution in Russia 1915－1918. Documents from the Archives of the German Foreign Ministry*，London：Oxford University Press，1958.

Zeumer，Karl（Hrsg.），*Quellensammlung zur Geschichte der Deutschen Reichsverfassungs in Mittelalter und Neuzeit；Quellensammlungen zum Staats-，Verwaltungs-und Völkerrecht，Band 2*，Tübingen：Verlag von J. C. B. Mohr，1913.

Zitelmann，Arnulf，*Die Geschichte der Christen*，Frankfurt am Main：Campus Verlag，2004.

二、外文报刊

Der Spiegel，Nr. 7 / 9. 2. 1998.

Historische Zeitschrift，Bd. 263，H. 1.（Aug.，1996）.

International Journal of the Classical Tradition，vol. 4，no. 2，Fall 1997.

Journal of the History of Ideas，vol. 12，1951，no. 2.

MRM-MenschenRechtsMagazin，Heft 1/2006.

Rhein-Bote，1. September 1999，239/8.

三、中文文献、资料

［德］阿柏特·诺尔登：《德国历史的教训》，矛弓译，生活·读书·新知三联书店1958年版。

［英］艾伦·帕麦尔：《俾斯麦传》，高年生、张连根译，商务印书馆1982年版。

［英］埃里克·霍布斯鲍姆：《民族与民族主义》，李金梅译，上海人民出版社2000年版。

［法］安德烈·比尔基埃等：《家庭史：现代化的冲击》，生活·读书·新知三联书店1998年版。

［美］安妮·格雷：《西方音乐史话》，李晓东、董晓航译，海南出版社2001年版。

［德］奥托·冯·俾斯麦：《思考与回忆》，第1、2、3卷，山西大学外语系翻译组译，东方出版社1985年版。

［美］巴巴拉·杰拉维奇：《俄国外交政策的一个世纪》，福建师范大学外语系编译室译，商务印书馆1978年版。

［美］巴巴拉·W. 塔奇曼：《八月炮火》，上海译文出版社1984年版。

［美］保罗·肯尼迪：《大国的兴衰》，王保存等译，求实出版社1992年版。

［德］保罗·汪戴尔：《德国帝国主义与战争》，何名译，世界知识出版社1959年版。

［美］彼德·赖尔等：《启蒙运动百科全书》，刘北成等译，上海人民出版社2004年版。

[苏]波将金等编:《外交史》,第 1 卷(下),史源译,生活·读书·新知三联书店 1979 年版。

[英]博伊德、金合:《西方教育史》,任宝祥、吴元训译,人民教育出版社 1985 年版。

《德国外交文件有关中国交涉史料选译》,第 1 卷,孙瑞芹译,商务印书馆 1960 年版。

[法]德斯佩泽尔与福斯卡:《欧洲绘画史》,路曦等译,人民美术出版社 1984 年版。

丁建弘、李霞:《普鲁士的精神和文化》,浙江人民出版社 1993 年版。

[德]恩斯特·约翰、耶尔格·容克尔:《德意志近百年文化史》,史卓毅译,陕西人民出版社 1986 年版。

[英]菲利浦·约瑟夫:《列强对华外交》,胡滨译,商务印书馆 1962 年版。

[德]弗·鲍尔生:《德国教育史》,滕大春、滕大生译,人民教育出版社 1986 年版。

[德]弗兰茨·梅林:《中世纪末期以来的德国史》,张才尧译,生活·读书·新知三联书店 1980 年版。

[德]弗里茨·费舍尔:《争雄世界:德意志帝国 1914 年—1918 年战争目标政策》,上册,何江等译,商务印书馆 1987 年版。

[美]S. E. 佛罗斯特:《西方教育的历史和哲学基础》,吴元训等译,华夏出版社 1987 年版。

[德]海涅:《海涅诗集》,钱春绮译,上海译文出版社 1990 年版。

[德]赫伯特·瓦恩克:《德国工会运动简史》,容凡译,生活·读书·新知三联书店 1958 年版。

[苏]赫沃斯托夫编:《外交史》,第 2 卷(上、下),高长荣等译,生活·读书·新知三联书店 1979 年版。

[德]黑格尔:《黑格尔政治著作选》,薛华译,商务印书馆 1981 年版。

黄正柏、邢来顺:《未竟的中兴:18 世纪的奥地利改革》,南京大学出版社 2001 年版。

[联邦德国]卡尔·艾利希·博恩等:《德意志史》,第三卷,张载扬等译,商务印书馆 1991 年版。

[联邦德国]卡尔·迪特利希·埃尔德曼:《德意志史:世界大战时期》,第四卷(上),高年生等译,商务印书馆 1986 年版。

[美]科佩尔·S. 平森:《德国近现代史:它的历史和文化》,上册,范德一译,商务印书馆 1987 年版。

[德]莱奥·巴莱特、埃·格哈德:《德国启蒙运动时期的文化》,王昭仁、曹其宁译,商务印书馆 1990 年版。

李霁编译:《第一次世界大战简史》,生活·读书·新知三联书店 1949 年版。

《列宁选集》第三卷,人民出版社 1995 年版。

刘善章、周荃主编:《中德关系史译文集》,青岛出版社 1992 年版。

[苏] И. И. 罗斯图诺夫:《第一次世界大战史》(上、下),钟石译,上海译文出版社 1982 年版。

《马克思恩格斯全集》第 1 卷,人民出版社 1956 年版。

《马克思恩格斯全集》第 2 卷,人民出版社 1965 年版。

《马克思恩格斯全集》第 4 卷,人民出版社 1961 年版。

《马克思恩格斯全集》第 19 卷,人民出版社 1965 年版。

《马克思恩格斯全集》第 22 卷,人民出版社 1965 年版。

《马克思恩格斯选集》第 1 卷,人民出版社 1972 年版。

《马克思恩格斯选集》第 3 卷,人民出版社 1972 年版。

《马克思恩格斯选集》第 4 卷,人民出版社 1965 年版。

[奥]迈克尔·米特罗尔等:《欧洲家庭史》,赵世玲等译,华夏出版社 1987 年版。

[德]梅林:《德国社会民主党史》,第 4 卷,青载繁译,生活·读书·新知三联书店 1966 年版。

[苏]涅奇金娜:《苏联史》,第 2 卷第 2 分册,刘祚昌等译,生活·读书·新知三联书店 1959 年版。

[法]皮埃尔·米盖尔:《法国史》,蔡鸿滨等译,商务印书馆 1985 年版。

[法]乔治·勒费弗尔:《拿破仑时代》(上、下),商务印书馆 1985 年版。

[德]施丢克尔:《十九世纪的德国与中国》,乔松译,生活·读书·新知三联书店 1963 年版。

孙祖复、金锵主编:《德国职业技术教育史》,浙江教育出版社 2000 年版。

王天一等编著:《外国教育史》,上册,北京师范大学出版社 1984 年版。

外交学院编译室:《近代国际关系史参考资料》(苏联外交辞典选译),世界知识出版社 1957 年版。

[美]威尔·杜兰特:《哲学的故事》(下),金发燊等译,生活·读书·新知三联书店 1997 年版。

[德]威廉·皮克:《蔡特金传》,张才尧、张载扬译,生活·读书·新知三联书店 1954 年版。

吴友法、邢来顺:《德国:从统一到分裂再到统一》,三秦出版社 2005 年版。

[法]夏尔·贝特兰:《纳粹德国经济史》,刘法智等译,商务印书馆 1990 年版。

[美]悉·布·费:《第一次世界大战的起源》(上、下),于熙俭译,商务印书馆 1959 年版。

邢来顺:《德国工业化经济—社会史》,湖北人民出版社 2003 年版。

邢来顺:《迈向强权国家:1830 年—1914 年德国工业化与政治发展研究》,华中师范大学出版社 2002 年版。

余匡复:《德国文学史》,上海外语教育出版社 1991 年版。

哲学研究编辑部编:《论十八—19 世纪德国古典哲学》,生活·读书·新知三联书店 1961 年版。

四 译名对照

A

阿贝肯,海因里希(Abeken, Heinrich, 1809—1872)

阿卜杜尔麦吉德一世(Abdul Mecid I., 1823—1861)

阿恩特(Arndt, Ernst Moritz, 1769—1860)

阿尔巴尼亚(Albanien)

阿尔卑斯山(Alpen)

阿尔伯特,卡尔(Albert, Karl, 1798—1849)

阿尔布莱希特,威廉·爱德华(Albrecht, Wilhelm Eduard, 1800—1876)

阿尔达汉(Ardahan)

阿尔弗雷德(Alfred)

阿尔及利亚(Algerien)

阿尔吉西拉斯会议(Algeciraskonferenz)

阿尔萨斯(Elsaß)

阿尔萨斯机器制造公司(Elsässische Maschinenbau-Gesellschaft)

阿尔特霍夫,弗里德里希(Althoff, Friedrich, 1839 - 1908)

阿尔特霍夫时代(Ära Althoff)

阿尔特霍夫体制(System Althoff)

阿尔特马克(Altmark)

阿尔滕施泰因男爵(Altenstein, Karl Freiherr von Stein zum, 1770 - 1840)

阿尔文斯莱本(Gustav von Alvensleben, 1803 - 1881)

阿尔文斯莱本,阿尔布莱希特·冯(Alvensleben, Albrecht von, 1794—1858)

阿尔文斯莱本协定(Alvenslebensche Konvention)

阿根廷(Argentinien)

阿亨巴赫,海因里希·冯(Achenbach, Heinrich von, 1829—1899)

阿加迪尔(Agadir)

阿克顿勋爵(Lord Acton, 1834—1902)

阿里,穆罕默德(Ali, Muhammad, 1769—1849)

阿尼姆,阿希姆·冯(Arnim, Achim von, 1781—1831)

阿尼姆,哈里·冯(Arnim, Harry von, 1824—1881)

阿图瓦伯爵(Graf von Artois),见查理

十世

埃伯菲尔德(Elberfeld)

埃茨贝格尔,马蒂亚斯(Erzberger, Matthias,1875—1921)

埃格尔斯(Egells)

埃及(Ägypten)

埃克曼,奥托(Eckmann, Otto, 1865—1902)

埃姆登(Emden)

埃姆斯电文(Emser Depesche)

埃姆斯勒本(Ermsleben)

埃姆斯浴场(Bad Ems)

埃森(Essen)

埃施维尔(Eschweil)

埃施维尔矿井联合会(Eschweiler Bergwerks-Verein)

埃瓦尔德,格奥尔格·海因里希·奥古斯特(Ewald, Georg Heinrich August, 1803—1875)

艾伯林(Ebling)

艾伯特,弗里德里希(Ebert, Friedrich, 1871—1925)

艾德尔丹麦人党(Eiderdänen)

艾德尔河(Eider)

艾伦(Eilen)

艾伦塔尔(Aehrenthal, Alois Lexa von, 1854—1912)

艾森曼,戈特弗里德(Eisenmann, Gottfried, 1795—1867)

艾斯纳,库尔特(Eisner, Kurt, 1867—1919)

艾希霍恩(Eichhorn, Karl Friedrich, 1781—1859)

艾希罗特,路德维希(Eichrodt, Ludwig, 1827—1892)

艾辛多夫,约瑟夫·冯(Eichendorff, Joseph von, 1788—1857)

爱德华七世,英国国王(Edward VII., 1841—1910,1901 年—1910 年在位)

爱尔福特(Erfurt)

爱尔福特纲领(Erfurter Programm)

爱森纳赫纲领(Eisenacher Programm)

爱沙尼亚(Estland)

爱因斯坦,阿尔伯特(Einstein, Albert, 1879—1955)

安德拉西(Andrassy, Julius, 1823—1890)

安德烈,威廉(André, Wilhelm, 1827—1903)

安东,萨克森国王(Anton von Sachsen, 1755—1836,1827 年—1836 年在位)

安哥拉(Angola)

安哈尔特(Anhalt)

安哈尔特雇主联合会(Verein der Anhaltischen Arbeitgeber)

安吉阿尔-斯凯莱希条约(Vertrag von Unkiar Skelessi)

安卡拉(Ankara)

奥本海姆家族(Familie Oppenheim)

奥伯豪森(Oberhausen)

奥伯兰运河(Oberland-Kanal)

奥德河畔法兰克福(Frankfurt an der Oder)

奥德河-施普雷河运河(Oder-Spree-Kanal)

奥地利(Österreich)

奥地利阿尔卑斯联合会(Österreichischer Alpenverein)

奥地利帝国(Kaisertum Österreich)

奥尔登堡(Oldenburg)

奥尔登堡公爵彼得·弗里德里希·路德维希(Peter I. Friedrich Ludwig von Oldenburg, 1755—1829)

奥尔缪茨(Olmütz)

奥尔缪茨条约(Vertrag von Olmütz; Olmützer Punktation)

奥尔缪茨之辱(Schmach von Olmütz；Olmützer Erniedrigung)

奥尔斯瓦尔德,鲁道夫·冯(Auerswald, Rudolf von,1795—1866)

奥尔斯瓦尔德-汉泽曼内阁(Ministerium Auerswald-Hansemann)

奥芬堡(Offenburg)

奥芬堡大会(Offenburger Versammlung)

奥芬堡纲领(Offenburger Programm)

奥弗贝克,弗里德里希(Overbeck, Friedrich,1789—1869)

奥格斯堡机器棉纺织厂(Mechanische Baumwollspinnerei und Weberei Augsburg)

奥格斯堡总汇报(Augsburger Allgemeine Zeitung)

奥古斯特·冯·奥尔登堡大公(Großherzog August von Oldenburg, 1783—1853)

奥拉宁施泰因(Oranienstein)

奥兰治(Oranje)

奥斯曼帝国(Osmanisches Reich, Ottomanisches Reich)

奥斯特洛德(Osterode)

奥斯特瓦尔德,威廉(Ostwald, Wilhelm, 1853—1932)

奥托,尼古劳斯(Otto, Nikolaus, 1832—1891)

奥托-彼得斯,路易斯(Otto-Peters, Louise, 1819—1895)

奥匈二元君主国(Doppelmonarchie Österreich-Ungarn)

奥匈平衡(Österreichisch-ungarischer Ausgleich)

澳大利亚(Australien)

B

八月经历(Augusterlebnis)

八月联盟(August-Bündnis)

八月盟约(Augustverträge)

巴登(Baden)

巴登-巴登(Baden-Baden)

巴登苯胺-苏打企业(Badische Anilin- und Sodafabrik,简称 BASF)

巴尔,卡尔·恩斯特·冯(Baer, Karl Ernst von,1792—1876)

巴尔干半岛(Balkanhalbinsel)

巴尔干同盟(Balkanbund)

巴尔豪森(Ballhausen, Robert Lucius Freiherr von,1835—1914)

巴伐利亚(Bayern)

巴伐利亚抵押和汇兑银行(Bayerische Hypotheken-und Wechselbank)

巴格达(Bagdad)

巴格达铁路(Bagdadbahn)

巴哈拉赫(Bacharach)

巴枯宁(Bakunin, Michael, 1814—1876)

巴黎(Paris)

巴黎和约(Frieden von Paris 1856),即第三巴黎和约

巴林,阿尔伯特(Ballin, Albert,1857—1918)

巴门(Barmen)

巴塞尔(Basel)

巴塞尔曼,弗里德里希·丹尼尔(Bassermann, Friedrich Daniel, 1811—1855)

巴士拉(Basra)

巴滕贝格,保加利亚亲王(Battenberg, Alexander von, 1857—1893, 1879 年—1886 年在位)

巴统(Batum)

巴西(Brazilien)

柏林(Berlin)

柏林储蓄联合会银行(Bank des Berliner Kassenvereins)

布列斯特-立托夫斯克和约(Frieden von Brest-Litowsk)

布隆采尔(Bronzell)

布鲁克,卡尔·路德维希·冯(Bruck, Karl Ludwig von, 1798—1860)

布伦塔诺,贝蒂纳(Brentano, Bettina, 1785—1859)

布伦塔诺,克莱门斯(Brentano, Clems, 1778—1842)

布伦塔诺,劳伦茨(Brentano, Lorenz, 1813—1891)

布吕歇尔-约克行动(Operation Blücher-York)

布特施泰特(Buttstädt)

C

蔡特金,克拉拉(Zetkin, Clara, 1857—1933)

残余议会(Rumpfparlament)

策德利茨-特吕奇勒(Zedlitz-Trützschler, Robert von, 1839—1914)

查理十世,法国国王(Karl X. Philipp; Charles X. Philippe, 1757—1836, 1824年—1830年在位)

察贝恩(Zabern)

察贝恩事件(Zabern-Affäre)

察布尔策(Zabrze)

厂校(Werkschule)

城堡和平(Burgfrieden)

除夕特别法令(Silvesterpatente)

储蓄银行(Sparkasse)

茨威格,施特凡(Zweig, Stefan, 1881—1942)

茨维考(Zwickau)

促进女性就业能力联合会(Verein zur Förderung der Erwerbsfähigkeit des weiblichen Geschlechts)

D

达达尼尔战役(Dardanelles Campaign)

达尔曼(Dahlmann, Friedrich Christoph, 1785—1860)

达尔文(Darwin, Charles, 1809—1882)

达尔文主义(Darwinismus)

达姆施塔特工商银行(Darmstädter Bank für Handel und Industrie)

达姆施塔特技术大学(Technische Universität Darmstadt)

达姆施塔特银行(Darmstädter Bank)

大德意志方案(Großdeutsche Lösung)

大陆封锁(Kontinentalsperre)

大陆政策(Kontinentalpolitik)

大罗伊斯系(Reuß älteren Linie)

大西洋蓝带奖(Blaues Band des Atlantiks; Blue Riband of the Atlantic)

大学生协会(Burschenschaft)

大学生协会运动(Die Burschenschaften)

大众贫困(Pauperismus)

戴姆勒,高特利普(Daimler, Gottlieb, 1834—1900)

丹吉尔(Tanger)

丹麦(Dänemark)

丹麦海峡(Dänemarkstraße)

丹麦王家艺术学院(Königlich Dänische Kunstakademie)

但泽(Danzig)

道德联盟(Tugendbund)

德奥同盟(Deutsch-österreichisches Bündnis)

德奥同盟条约(Deutsch-Österreichisch-Ungarischer Bündnisvertrag)

德尔布吕克,鲁道夫·冯(Delbrück, Rudolf von, 1817—1903)

德法摩洛哥协定(Deutsch-Französisches Marokkoabkommen)

德法年鉴(Deutsch-französische Jahrbücher)

德法战争(Deutsch-Französischer Krieg)

德国电气工程技术人员联合会(Verein

Deutscher Elektrotechniker)

德国独立社会民主党（Unabhängige Sozialdemokratische Partei Deutschlands，简称 USPD）

德国妇女教育和就业联合会联盟（Verband Deutscher Frauenbildungs- und Erwerbsvereine）

德国妇女联合会改革（Deutscher Frauenverein Reform）

德国妇女联合会联盟（Bund Deutscher Frauenvereine，简称 BDF）

德国妇女选举权联合会（Deutscher Verein für Frauenstimmrecht）

德国钢铁工业家联合会（Verein deutscher Eisen-und Stahlindustrieller）

德国钢铁工业家联合会西北集团区域雇主协会（Arbeitgeberverband für den Bezirk der Nordwestlichen Gruppe des Vereins deutscher Eisen- und Stahlindustrieller）

德国工程师联合会（Verein Deutscher Ingenieure）

德国工人联合会代表大会（Vereinstag Deutscher Arbeitervereine）

德国工业家中央联合会（Centralverband Deutscher Industrieller）

德国雇主协会联合（Vereinigung deutscher Arbeitgeberverbände）

德国雇主协会联合会（Verein deutscher Arbeitgeberverbände）

德国官员百货商店（Das Warenhaus für deutsche Beamte，1889）

德国海军联合会（Deutscher Flottenverein）

德国海洋联合会（Deutscher Seeverein）

德国化学学会（Deutsche Chemische Gesellschaft）

德国机械制造业联合会（Verein Deutscher Maschinenbauanstalten）

德国基督教工会总同盟（Gesamtverband der Christlichen Gewerkschaften Deutschlands）

德国技术教育委员会（Deutscher Ausschuß für Technisches und Schulwesen，简称 DATSCH）

德国经济学家（Der Deutsche Ökonomist）

德国军队的黑暗之日（Der schwarze Tag des deutschen Heeres）

德国军队联合会（Deutscher Wehrverein）

德国木器行业雇主保护协会（Arbeitgeberschutzverband für das deutsche Holzgewerbe）

德国商业和手工业联合会（Deutsche Handels-und Gewerbsverein）

德国社会民主党（Sozialdemokratische Partei Deutschlands，简称 SPD）

德国社会民主工党（Sozialdemokratische Arbeiterpartei Deutschlands）

德国社会主义工人党（Sozialistische Arbeiterpartei Deutschlands）

德国私人保险联合（Vereinigung der deutschen Privatversicherung）

德国天主教妇女联盟（Katholischer Frauenbund Deutschlands）

德国新教妇女联盟（Der Deutsche Evangelische Frauenbund）

德国一元论者联盟（Deutscher Monistenbund）

德国印刷工人协会（Deutscher Buchdruckerverband）

德国印刷业主联合会（Deutscher Buchdruckerverein）

德国专利法（Das deutsche Patentgesetz）

德国自然科学家和医生联合会（Verein deutscher Naturforscher und Ärzte）

德—荷冶金采矿股份联合会（Der Deutsche-Holländische Aktienverein

für Hüttenbetrieb und Bergbau)

德黑兰(Teheran)

德卡兹(Decazes，Louis，1819—1886)

德莱塞，海因利希（Dreser，Heinrich，1860—1924)

德兰士瓦(Transvaal)

德累斯顿(Dresden)

德累斯顿茨温格尔宫（Dresdner Zwinger)

德累斯顿画廊(Gemäldgalerie Dresden)

德累斯顿货币条约（Dresdner Münzkonvention von 1838；Dresdner Münzvertrag)

德累斯顿五月起义(Dresdner Maiaufstand)

德累斯顿银行(Dresdner Bank)

德林格尔，伊格纳茨·冯（Döllinger，Ignaz von，1799—1890)

德罗伊森，约翰·古斯塔夫（Droysen，Johann Gustav，1808—1884)

德意志阿尔卑斯联合会（Deutscher Alpenverein)

德意志邦联（Deutscher Bund，1815—1866)

德意志邦联文件(Deutsche Bundesakte)

德意志保守党（Deutschkonservative Partei)

德意志大学生协会（Deutsche Burschenschaft)

德意志－丹麦战争（Deutsch-Dänischer Krieg)

德意志帝国(Das deutsche Kaisereich)

德意志帝国党(Deutsche Reichspartei)

德意志第二次宪法运动（Zweite deutsche Verfassungsbewegung，1830—1833/41)

德意志第一次宪法运动（Erste deutsche Verfassungsbewegung，1814—1824/29)

德意志东马克联合会（Deutscher Ostmarkenverein)

德意志独特道路(Deutscher Sonderweg)

德意志改革联合会（Deutscher Reformverein)

德意志改良党(Deutsche Reformpartei)

德意志共和国(deutsche Republik)

德意志关税同盟(Deutscher Zollverein)

德意志解放战争(Deutscher Befreiungskrieg)

德意志进步党(Deutsche Fortschrittspartei)

德意志军人联盟(Deutscher Kriegerbund)

德意志历史和资料研究委员会（Kommission für deutsche Geschichts-und Quellenforschung)

德意志旅馆(Deutscher Hof)

德意志民族党(Deutschvölkische Partei)

德意志民族联合会（Deutscher Nationalverein)

德意志内战(Deutscher Bürgerkrieg)

德意志年鉴(Deutsche Jahrbücher)

德意志农林场主大会（Versammlung Deutscher Land-und Forstwirte)

德意志人民党(Deutsche Volkspartei)

德意志人民联合会（Deutsche Volksverein)

德意志商业代表大会（Deutscher Handelstag)

德意志社会党(Deutschsoziale Partei)

德意志手工业者同盟（Deutscher Handwerkerbund)

德意志铁路管理联合会（Verein deutscher Eisenbahnverwaltungen)

德意志新闻和祖国联合会（Deutscher Preß-und Vaterlandsverein)

德意志兄弟战争(Deutscher Bruderkrieg)，见德意志内战

德意志银行(Deutsche Bank)

德意志宇宙航班轮船公司（Die Deutsche

Dampfschiffahrtsgesellschaft der Kosmos-Linie)

德意志战争(Deutscher Krieg)

德意志哲学家和教师联合会(Verein Deutscher Philosophen und Schulmänner)

德意志之歌(Lied der Deutschen)

德意志之角(Deutscher Eck)

德意志殖民开拓协会(Gesellschaft für deutsche Kolonisation)

德意志殖民联合会(Deutsche Kolonialverein)

德意志殖民协会(Deutsche Kolonialgesellschaft,简称 DKG)

德意志自由社会主义共和国(freie sozialistische Republik Deutschland)

德意志自由思想党(Deutsche Freisinnige Partei)

德意志总同盟(Allgemeiner deutscher Verband)

德意志祖国党(Deutsche Vaterlandspartei,简称 DVP)

的黎波里(Tripolis)

的黎波里战争(Tripolis-Krieg),见意土战争

等级贵族(Standesherren)

狄尔泰(Dilthey, Wilhelm, 1833—1911)

迪能达尔,弗兰茨(Dinnendahl, Franz, 1775—1826)

迪斯雷里(Disraeli, Benjamin, 1804—1881)

笛卡尔(Descartes, Rene, 1596—1650)

抵抗反犹主义联合会(Verein zur Abwehr des Antisemitismus)

抵押银行(Hypothekenbank)

地中海协定(Mittelmeerentente; Mittelmeerabkommen)

帝国保险法典(Reichsversicherungsordnung,简称 RVO)

帝国法院(Reichsgericht)

帝国海军部(Kaiserliche Admiralität)

帝国结社法(Reichsvereinsgesetz)

帝国军人协会(Reichskriegerverband)

帝国农林经济生态学研究所(Biologische Reichsanstalt für Land und Forstwirtschaft)

帝国铁路局(Reichsbahnamt)

帝国物理技术研究所(Physikalisch-Technische Reichsanstalt)

帝国议会大厦(Reichstagsgebäude)

帝国议会国民经济联合(Volkswirtschaftliche Vereinigung des Reichstags)

帝国银行(Reichsbank)

帝国邮电部(Reichspostamt)

帝国宰相办公厅(Reichskanzleramt)

帝国主义(Imperialismus)

帝国自由市(Freie Reichsstädte)

第二次巴尔干战争(Zweiter Balkankrieg)

第二次地中海协定(Zweite Mittelmeerentente)

第二次工业革命(Zweite Industrielle Revolution)

第二次摩洛哥危机(zweite Marokkokrise)

第二个海军法案(Zweites Flottengesetz)

第三巴黎和约(Dritter Pariser Frieden)

第三德国(Drittes Deutschland)

第一次巴尔干战争(Erster Balkankrieg)

第一次工业革命(Erste Industrielle Revolution)

第一次摩洛哥危机(Erste Marokkokrise)

第一个海军法案(Erstes Flottengesetz)

第一届国际劳工保护会议(Erste internationale Konferenz für Arbeiterschutz)

蒂宾根(Tübingen)

蒂茨,莱昂哈德(Tietz, Leonhard, 1849—1914)

弗赖堡(Freiburg)

弗赖堡大学(Universität Freiburg)

弗赖贝格(Freiberg)

弗赖贝格矿业学院（Bergakademie in Freiberg）

弗莱利格拉特，费迪南德（Freiligrath, Ferdinand，1810—1876）

弗赖塔格，古斯塔夫（Freytag，Gustav，1816—1895）

弗兰茨·约瑟夫一世，奥地利皇帝（Franz Joseph I.，1830—1916，1848年—1916年在位）

弗兰茨二世，神圣罗马帝国皇帝（Franz II.，1768—1835,1792年—1806年在位）

弗兰茨一世，奥地利皇帝（Franz I. von Österreich，1768—1835，1804年—1835年在位），即原神圣罗马帝国皇帝弗兰茨二世

弗兰茨一世，神圣罗马帝国皇帝（Franz I.，1708—1765,1745年—1765年在位）

弗兰格尔（Wrangel，Friedrich Graf von，1784—1877）

弗兰肯施泰因条款（Frankensteinsche Klausel）

弗劳恩霍菲尔，约瑟夫（Fraunhofer，Joseph，1787—1826）

弗勒贝尔，尤利乌斯（Julius Fröbel，1805—1893）

弗雷格公司(Frege & Co.)

弗里德里克七世，丹麦国王（Frederik VII.，1808—1863,1848年—1863年在位）

弗里德里希，卡斯帕尔·达维德（Friedrich，Karspar David，1774—1840）

弗里德里希·奥古斯特二世，萨克森国王（Friedrich August II.，1797—1854）

弗里德里希·拜尔染料公司（Farbenfabrik Friedrich Bayer）

弗里德里希·卡尔亲王（Prinz Friedrich Karl von Preußen，1828—1885）

弗里德里希·威廉，大选侯（Friedrich Wilhelm von Brandenburg, der Große Kurfürst，1620—1688，1640年—1688年在位）

弗里德里希·威廉，黑森选侯（Friedrich Wilhelm I.，1802—1875，1847年—1875年在位）

弗里德里希·威廉三世，普鲁士国王（Friedrich Wilhelm III.，1770—1840,1797年—1840年在位）

弗里德里希·威廉四世，普鲁士国王（Friedrich Wilhelm IV.，1795—1861,1840年—1861年在位）

弗里德里希大帝（Friedrich der Große，1712—1786），见弗里德里希二世，普鲁士国王（Friedrich II.）

弗里德里希二世，普鲁士国王（Friedrich II.，1712—1786,1740年—1786年在位）

弗里德里希三世（Friedrich III.，1831—1888,1888年在位），德意志皇帝兼普鲁士国王

弗里德里希一世，巴登大公（Großherzog Friedrich I. von Baden，1826—1907，1856年—1907年在位）

弗里斯，雅可布·弗里德里希（Fries，Jakob Friedrich，1773—1843）

弗伦斯堡(Flensburg)

弗洛特韦尔，爱德华·海因里希·冯（Flottwell，Eduard Heinrich von，1786—1865）

弗斯特纳男爵（Forstner，Günter

Hermann von，1821—1894)

赫富特，恩斯特·路德维希(Herfurth，Ernst Ludwig，1830—1900)

赫勒罗起义(Hereroaufstand)

赫勒罗人(Herero)

赫里欧斯电气股份公司(Elektrizitäts-Gesellschaft Helios)

赫特林，格奥尔格·冯(Hertling，Georg von，1843—1919)

赫特施泰特(Hettstedt)

赫希贝格，卡尔(Höchberg，Karl，1853—1885)

黑埃尔斯特河(Schwarze Elster)

黑尔费里希(Helfferich，Karl，1872—1924)

黑格尔(Hegel，Georg Wilhelm Friedrich，1770—1831)

黑克尔，恩斯特(Haeckel，Ernst，1834—1919)

黑克尔，弗里德里希(Hecker，Friedrich Karl Franz，1811—1881)

黑克尔进军(Heckerzug)

黑塞哥维纳(Herzegowina)

黑森-达姆施塔特(Hessen-Darmstadt)

黑森大公国(Großherzogtum Hessen)，即黑森-达姆施塔特

黑森-卡塞尔(Hessen-Kassel)

黑森信使(Der Hessische Landbote)

黑森选侯国(Kurfürstentum Hessen，简称 Kurhessen)，即黑森-卡塞尔

黑森选侯国宪法冲突(Kurhessischer Verfassungskonflikt)

亨利四世，神圣罗马帝国皇帝(Heinrich IV.，1050—1106，1056 年—1105 年在位)

亨宁，弗里德里希-威廉(Henning，Friedrich-Wilhelm，1931—2008)

亨舍尔机器厂(Maschinenfabrik Henschel)

洪堡，威廉·冯(Humboldt，Wilhelm von，1767—1835)

后波莫瑞(Hinterpommern)

胡贝尔，恩斯特·鲁道夫(Huber，Ernst Rudolf，1903—1990)

胡根贝格，阿尔弗雷德(Hugenberg，Alfred，1865—1951)

华尔兹舞(Waltzer)

婚礼塔(Hochzeitsturm)

霍顿督人(Hottentotten)

霍恩劳厄-厄林根家族(Haus Hohenlohe-Öhringen)

霍恩洛厄法(Lex-Hohenlohe)

霍恩洛厄侯爵(Hohenlohe-Schillingsfürst，Chlodwig Fürst zu，1819—1901)

霍尔丹(Haldane，Richard Burdon，1856—1928)

霍尔丹使团(Die Haldane-Mission)

霍尔德尔矿山冶金联合会(Hörder Bergwerks-und Hüttenverein)

霍夫，凡特(Hoff，Jacobus Henricus van't，1852—1911)

霍夫曼，奥古斯特·威廉·冯(Hofmann，August Wilhelm von，1818—1892)

霍夫曼，恩斯特·特奥多尔·阿玛迪乌斯(Hoffmann，Ernst Theodor Amadeus，1776—1822)

霍夫曼，弗里德里希(Hofmann，Friedrich，1866—1956)

霍夫曼，马克斯(Hoffmann，Max，1869—1927)

霍夫曼施塔尔，胡戈·冯(Hofmannsthal，Hugo von，1874—1929)

霍亨索伦-西格马林根家族(Hohenzollern-Sigmaringen)

霍屯督选举(Hottentottenwahlen)

J

饥饿封锁(Hungerblockade)

基宾根(Kiebingen)

基德伦(Kiderlen-Wächter, Alfred von, 1852—1912)

基督教德意志农民联合会联合(Vereinigung der christlichen deutschen Bauervereine)

基督教工会(Christliche Gewerkschaften)

基督教社会党(Christlich-soziale Partei)

基督教社会工人党(Christlich-Soziale Arbeiterpartei)

基尔大学(Universität zu Kiel)

基尔道夫,艾米尔(Kirdorf, Emil, 1847—1938)

基尔水兵起义(Kieler Matrosenaufstand)

基尔希纳,恩斯特(Kirchner, Ernst, 1880—1938)

基辛根(Kissingen)

基佐(Guizot, François, 1787—1874)

吉尔克里斯特,帕西·C.(Gilchrist, Percy C., 1851—1935)

吉尔斯(Giers, Nikolai Karlovitsch von, 1820—1895)

吉尔维努斯(Gervinus, Georg Gottfried, 1805—1871)

吉森(Gießen)

吉森大学(Universität Giessen)

吉泽布莱希特,威廉·冯(Giesebrecht, Wilhelm von, 1814—1889)

疾病保险法(Krankenversicherungsgesetz)

集结政策(Sammlungspolitik)

集团政策(Blockpolitik)

纪尧姆,施奈贝尔(Guillaume, Schnaebelé, 1831—1900)

技术高等学校(Technische Hochschule)

技术专科学校(Technische Fachschule)

加丁(Garding)

加格恩,海因里希·冯(Gagern, Heinrich von, 1799—1880)

加利波利战役(Schlacht von Gallipoli)

加罗林群岛(Karolinen; Karolineninseln)

加施泰因(Gastein)

加施泰因协定(Gasteiner Konvention)

舰队政策(Flottenpolitik)

讲坛社会主义(Kathedersozialismus)

胶澳租界条约(Pachtvertrag von Kiautschou)

胶州湾(Bucht von Kiautschou)

教皇国(Kirchenstaat)

教皇极权主义(Ultramontanismus)

教皇无谬误(Päpstliche Unfehlbarkeit)

教权主义(Klerikalismus)

教授议会(Professorenparlament)

解放农民(Bauernbefreiung)

解放战争(Befreiungskriege von 1813 bis 1815)

进步党(Fortschrittspartei)

进步人民党(Fortschrittliche Volkspartei)

进化论(Evolutionstheorie)

近东(Naher Osten)

经济民族主义(wirtschaftlicher Nationalismus)

经济资产阶级(Wirtschaftsbürgertum)

警察联合会(Polizeiverein)

九月纲领(Septemberprogramm)

俱乐部党(Casinopartei)

聚贝尔(Sybel, Heinrich von, 1817—1895)

军官学校(Kadettenanstalt; Kadettenschule)

均势(Mächtegleichgewicht; Gleichgewicht der Kräfte)

均势体系(Gleichgewichtssystem)

君士坦丁堡(Konstantinopel)

K

喀琅施塔得(Kronstadt)

喀麦隆（Kamerun）

卡尔・奥古斯特，萨克森-魏玛-爱森纳赫大公（Carl August, Großherzog von Sachsen-Weimar-Eisenach, 1757—1828）

卡尔多夫，威廉（Kardorff, Wilhelm von, 1828—1907）

卡尔二世，不伦瑞克公爵（Herzog Karl II. von Braunschweig, 1804—1873, 1815 年—1830 年在位）

卡尔斯（Kars）

卡尔斯巴德（Karlsbad）

卡尔斯巴德决议（Karlsbader Beschlüsse）

卡尔斯鲁厄综合技术学校（Polytechnische Schule in Karlsruhe）

卡尔一世，奥地利皇帝（Karl I., 1887—1922, 1916 年—1918 年在位）

卡勒化工厂（Chemische Fabrik Kalle）

卡利什特（Kalischt）

卡利施（Kalisch）

卡马施，卡尔（Karmarsch, Karl, 1803—1879）

卡诺（Carnot, Marie François Sadi, 1837—1894）

卡诺莎晋见（Gang nach Canossa）

卡普，沃尔夫冈（Kapp, Wolfgang, 1858—1922）

卡普里维（Caprivi, Leo, 1831—1899）

卡普里维角（Caprivizipfel）

卡塞尔（Kassel）

卡莎布兰卡条约（Casablancavertrag）

卡施巴赫（Kaschbach）

卡特尔（Kartell）

卡特尔政党联盟（Kartell-Parteien）

开罗（Kairo）

开姆尼茨（Chemnitz）

开普（Kap）

开普敦（Kapstadt）

凯撒市场股份公司（Die Kaiserbazaraktiengesellschaft, 1891）

凯泽斯劳滕（Kaiserslautern）

坎宁，乔治（Canning, George, 1770—1827）

坎普豪森，鲁道夫（Camphausen, Ludolf, 1803—1890）

康邦（Cambon, Jules, 1845—1935）

康采恩（Konzern）

康德（Kant, Immanuel, 1724—1804）

康丁斯基，瓦西里（Kandinsky, Wassily, 1866—1944）

康斯坦茨（Konstanz）

考尔，米娜（Cauer, Minna, 1841—1922）

珂勒惠支，凯特（Kollwitz, Käthe, 1867—1945）

柯尼斯堡（Königsberg）

柯尼希，弗里德里希（König, Friedrich, 1774—1833）

柯尼希格莱茨战役（Schlacht bei Königgrätz），即萨多瓦战役

科堡（Coburg）

科堡，费迪南德・冯（Coburg, Ferdinand von, 1861—1948）

科布伦茨（Koblenz）

科策布，奥古斯特・冯（Kotzebue, August von, 1761—1819）

科尔布，格奥尔格・弗里德里希（Kolb, Georg Friedrich, 1808—1884）

科尔内利乌斯，彼得・冯（Cornelius, Peter von, 1783—1867）

科赫，罗伯特（Koch, Robert, 1843—1910）

科克里尔，威廉（Cockerill, William, 1759—1832）

科克里尔，约翰（Cockerill, John, 1790—1840）

路易十四,法国国王(Ludwig XIV.,
　　1638—1715,1643 年—1715 年在位)

伦巴底(Lombadei)

伦巴赫,弗兰茨·冯(Lenbach, Franz
　　von, 1836—1904)

伦敦化学学会(Chemical Society in
　　London)

伦敦化学学院(College of Chemistry in
　　London)

伦敦世界博览会(Weltausstellung
　　London 1862)

伦敦条约(Londoner Vertrag 1840)

伦敦条约(Londoner Vertrag 1913)

伦敦议定书(Londoner Protokoll 1852)

伦格,菲利普·奥托(Runge, Philipp
　　Otto, 1777—1810))

伦琴,威廉·康拉德(Röntgen, Wilhelm
　　Conrad, 1845—1923)

轮作制(Fruchtweckselwirtschaft)

罗得斯,塞西尔(Rhodes, Cecil, 1853—
　　1902)

罗恩伯爵,阿尔布莱希特·冯(Roon,
　　Albrecht Graf von, 1803—1879)

罗肯(Röcken)

罗马(Rom)

罗马教廷(Römische Kurie)

罗马尼亚(Rumänien)

罗马尼亚人(Rumänen)

罗曼诺夫家族(Haus Romanow)

罗斯托克(Rostock)

罗特克,卡尔·冯(Rotteck, Karl von,
　　1775—1840)

罗特希尔德家族(Familie Rothschild)

萝卜冬天(Rübenwinter)

洛桑(Lausanne)

吕贝克(Lübeck)

吕茨恩(Lützen)

吕措夫志愿军团(Lützowsches
　　Freikorps)

吕德里茨(Lüderitz, Adolf, 1834—
　　1886)

吕德斯海姆(Rüdersheim)

M

马蒂,卡尔(Mathy, Karl, 1807—1868)

马蒂斯,路德维希·艾米尔(Mathis,
　　Ludwig Emil, 1797—1874)

马蒂斯派(Fraktion Mathis)

马恩河(Marne)

马恩河会战(Marneschlacht)

马尔,威廉(Marr, Wilhelm, 1819—
　　1904)

马尔默(Malmö)

马尔默停战协定(Waffenstillstand von
　　Malmö)

马尔维茨(Marwitz, Friedrich August
　　Ludwig von der, 1777—1837)

马格德堡(Magdeburg)

马赫穆德二世,土耳其苏丹(Mahmud
　　II., 1785—1839,1808 年—1839 年在
　　位)

马可尼(Marconi, Guglielmo, 1874—
　　1937)

马克,弗兰茨(Marc, Franz, 1880—
　　1916)

马克思,卡尔(Marx, Karl, 1818—
　　1883)

马克思主义(Marxismus)

马克思主义哲学(Marxistische
　　Philosophie)

马克斯·冯·巴登亲王(Prinz Max von
　　Baden, 1867—1929)

马克斯·普朗克学会(Max-Planck-
　　Gesellschaft)

马克西米利安二世,巴伐利亚国王
　　(Maximilian II. Joseph, 1811—1864,
　　1848 年—1864 年在位)

蒙特茨，罗拉（Montez，Lora，1821—1861）

米克威尔，约翰·冯（Miquel，Johannes von，1828—1901）

米拉尼咖啡馆（Café Milani）

米兰（Mailand）

米勒，亚当（Müller，Adam，1779—1829）

米勒，约翰内斯·彼得（Müller，Johannes Peter，1801—1858）

米洛斯拉夫斯基，路德维克（Mieroslawski，Ludwik，1814—1878）

米奈瓦西里西亚冶炼、森林和矿业公司（Schlesische Hütten-Forst-und Bergbaugesellschaft Minerva）

米夏埃尔行动（Operation Michael）

米夏埃利斯，格奥尔格（Michaelis，Georg，1857—1936）

缅希科夫侯爵（Menschikow，Fürst Alexander Sergejewitsch，1787—1869）

面包篮法令（Brotkorbgesetz）

民法大全（Bürgerliches Gesetzbuch）

民主人民党（Demokratische Volkspartei）

民族国家（Nationalstaat）

民族浪漫派，民族浪漫主义（Nationalromantik）

民族主义（Nationalismus）

民族自由党（Nationalliberale Partei）

明登（Minden）

明斯特（Münster）

明斯特（Münster，Georg Herbert zu，1820—1902）

明斯特伯爵，恩斯特·冯（Münster，Graf Ernst Friedrich Herbert von，1766—1839）

明兴-格拉德巴赫（Mönchen-Gladbach）

明兴-格莱茨（München-Grätz）

明兴-格莱茨协定（Konvention von München-Grätz）

谬说汇编（Syllabus Errorum）

缪塞尔，弗里德里希·威廉（Müser，Friedrich Wilhelm，1812—1874）

摩尔多瓦（Moldau）

摩洛哥（Marokko）

摩洛哥-刚果条约（Marokko-Kongo-Vertrag）

摩苏尔（Mosul）

莫茨，弗里德里希·冯（Motz，Friedrich von，1775—1830）

莫德纳（Modena）

莫尔，罗伯特·冯（Mohl，Robert von，1799—1875）

莫姆森，特奥多尔（Mommsen，Theodor，1817—1903）

莫姆森，沃尔夫冈·J.（Mommsen，Wolfgang J.，1930—2004）

莫桑比克（Mozambique）

莫斯特，约翰（Most，Johann，1846—1906）

莫扎特，沃尔夫冈·阿玛迪乌斯（Mozart，Wolfgang Amadeus，1756—1791）

墨西哥（Mexiko）

姆尔德河（Mulde）

木工协会（Verband der Holzarbeiter）

慕尼黑（München）

慕尼黑货币条约（Münchener Münzvertrag）

慕尼黑音乐学院（Musikalische Akademie in München）

N

拿破仑，法国皇帝（Napoleon I. Bonaparte，1769—1821，1804 年—1815 年在位）

拿破仑法典（Code Napoleon；Code Civil）

拿破仑三世，法国皇帝（Napoleon III.，

帕里施银行(Bankhaus Parish)

帕麦斯顿 (Palmerston， Henry John Temple，1784—1865)

培根,弗朗西斯 (Bacon， Francis， 1561—1626)

佩斯(Pest)

佩西拉(Peschiera)

批判现实主义(Kritischer Realismus)

皮策,弗里德里希 (Pützer， Friedrich， 1871—1922)

皮勒斯多夫 (Pillersdorf， Franz von， 1786—1862)

皮蒙特(Piemont)

平等报(Die Gleichheit)

平衡政策(Ausgleichpolitik)

珀尔曼,罗伯特 (Pöhlmann， Robert， 1852—1914)

葡萄牙(Portugal)

普奥战争 (Preußisch-Österreichischer Krieg)

普遍义务兵役制(Allgemeine Wehrpflicht)

普恩加莱(Poincaré，Raymond，1860— 1934)

普法尔茨(Pfalz)

普菲策尔,保罗 (Pfizer， Paul， 1801— 1867)

普菲尔(Pfuel，Ernst von，1779—1866)

普福尔滕男爵(Pfordten，Ludwig Karl Heinrich Freiherr von der， 1811— 1880)

普朗克,马克斯(Planck，Max，1858— 1947)

普雷斯堡(Preßburg)

普林西普 (Princip， Gavrilo， 1894— 1918)

普鲁士(Preußen)

普鲁士的同盟政策 (Unionspolitik Prueßens)

普鲁士改革(Preußische Reformen)

普鲁士国家宪法(Verfassungsurkunde für den Preußischen Staat vom 31. Januar 1850； Verfassung Preußens 1850； Revidierte preußische Verfassung)

普鲁士国民学校规程(Regulative über das preußische Volksschulwesen)

普鲁士军官总校(Preußische Hauptkadettenanstalt)

普鲁士军事学院(Preußische Kriegsakademie)

普鲁士历史学家学派(Preussische Historikerschule； Borussische Historikerschule)

普鲁士农业改革(Preußische Agrarreform)

普鲁士宪法冲突 (Peußischer Verfassungskonflikt)

普鲁士学派(Borussische Schule),见普鲁士历史学家学派

普伦(Plön)

普意同盟条约 (Preußisch-Italienischer Allianzvertrag)

Q

七月革命(Julirevolution von 1830)

七月王朝(Julimonarchie)

七月危机(Julikrise)

七周战争(Siebenwöchiger Krieg)

齐柏林,费迪南德·冯 (Zeppelin， Ferdinand von，1838—1917)

齐格菲防线(Siegfried Linie)

齐格—莱茵矿业冶金股份联合会(Sieg-Rheinische Bergwerks-und Hütten-Aktien-Verein)

齐默尔曼机器厂(Maschinenfabrik J. Zimmermann)

奇尔纳(Tzschirner，Samuel Erdmann， 1812—1870)

骑士私营银行 (Ritterschaftliche

Privatbank)

骑士庄园(Rittergut)

启蒙运动(Aufklärung)

乔尔佐夫(Chorzow)

乔治,劳合（George, David Lloyd, 1863—1945）

桥社(Die Brücke)

钦定宪法(oktroyierte Verfassung)

青岛(Tsingtau)

青年波斯尼亚(Junges Bosnien)

青年德意志兰(Junges Deutschland)

青年风格(Jugendstil)

青年黑格尔派(Junghegelianer)

青年浪漫派(Jüngere Romantik)

青年杂志(Die Jugend)

丘吉尔,温斯顿（Churchill, Winston, 1874—1965）

屈尔曼（Kühlmann, Richard von, 1873—1948）

屈塔希亚协定(Konvention von Kütahya)

全德大学生协会（Allgemeine Deutsche Burschenschaft）

全德妇女联合会（Allgemeiner Deutscher Frauenverein,简称ADF）

全德工人阶级协会（Allgemeiner Deutscher Arbeiterschaftsverband）

全德工人联合会（Allgemeiner Deutscher Arbeiterverein）

全德工人兄弟会（Allgemeine Deutsche Arbeiterverbrüderung）

全德女教师联盟（Allgemeiner deutscher Lehrerinnenverband,简称ADLV）

全德商业议会（Allgemeiner Deutscher Handelstag）

全德手工业者同盟（Allgemeiner deutscher Handwerkerbund）

全德烟草工人联合会（Allgemeiner Deutscher Zigarrenarbeiterverein）

全民皆兵（Volksbewaffnung；Volk in Waffen）

R

人民代表委员会(Rat der Volksbeauftragten)

人民主权(Volkssouveränität)

人权会社(Gesellschaft für Menschenrechte)

日德兰海战(Battle of Jutland)

日俄战争（Japanisch-Russischer Krieg；Russisch-Japanischer Krieg）

日耳曼化政策（Germanisierungspolitik；Eindeutschungspolitik）

日耳曼民族博物馆（Germanisches Nationalmuseum，1852/53）

日耳曼尼亚造船厂(Germania-Werft)

容克(Junker)

瑞典(Schweden)

瑞士(Schweiz)

S

撒丁(Sardinien)

撒丁王国(Königreich Sardinien)

撒丁战争(Sardinischer Krieg)

萨多瓦村(Sadowa)

萨多瓦战役(Schlacht von Sadowa)

萨尔(Saarland)

萨尔茨韦德尔(Salzwedel)

萨尔姆-霍斯特马尔侯爵,奥托·冯（Salm-Hostmar, Otto Fürst von, 1867—1941）

萨尔区(Saargebiet)

萨尔托里乌斯,克里斯蒂安（Sartorius, Christian, 1796—1872）

萨克森(Sachsen)

萨克森-哥达(Sachsen Gotha)

萨克森-科堡(Sachsen Coburg)

萨克森-科堡-哥达（Sachsen-Coburg-Gotha）

萨克森-科堡-迈宁根（Sachsen-Coburg-Meiningen）

萨克森-科堡-萨尔费尔德（Sachsen-
　　Coburg-Saalfeld）
萨克森-迈宁根（Sachsen-Meiningen）
萨克森-迈宁根-希尔德堡豪森（Sachsen-
　　Meiningen-Hildburghausen）
萨克森省（Provinz Sachsen）
萨克森王国（Königreich Sachsen）
萨克森-魏玛-爱森纳赫（Sachsen-
　　Weimar-Eisenach）
萨克森-魏玛公国（Herzogtum Sachsen-
　　Weimar）
萨克森-希尔德堡豪森（Sachsen
　　Hildburgshausen）
萨拉热窝（Sarajevo）
萨拉热窝事件（Attentat von Sarajevo）
萨勒河（Saale）
萨摩亚（Samoa）
萨摩亚群岛（Samoainseln）
萨韦（Sawai）
塞尔维亚（Serbien）
塞瓦斯托波尔（Sewastopol）
三方联合（Dreiverband）
三方联盟（Dreibund）
三国干涉迫日还辽（Intervention der
　　drei Mächte）
三国同盟（Dreibund）
三国协约（Tripelentente；Triple
　　Entente）
三皇同盟（Dreikaiserbündnis）
三皇之年（Dreikaiserjahr）
三级选举法（Dreiklassenwahlrecht）
三圃制（Dreifelderwirtschaft）
三月法令（Märzgesetze）
三月革命（Märzrevolution）
三月革命前时期（Vormärz）
三月革命前文学（Vormärzliteratur）
三月要求（Märzforderungen）
桑德，卡尔·路德维希（Sand，Karl
　　Ludwig，1795—1820）
桑德尔斯，利曼·冯（Liman von
　　Sanders，1855—1929）
桑给巴尔（Sansibar）
色当纪念日（Sedanstag）
色当战役（Schlacht von Sedan）
森佩尔，戈特弗里德（Semper，
　　Gottfried，1803—1879）
森佩尔歌剧院（Semperoper）
沙夫豪森银行联合会（A.
　　Schaaffhausen'scher Bankverein）
沙伊德曼，菲利普（Scheidemann，
　　Philipp，1865—1939）
山东（Shantung）
商业地理及促进德国海外利益中央协会
　　（Centralverein für Handelsgeogrphie und
　　Förderung deutscher Interessen）
商业银行（Kommerzbank）
上西里西亚（Oberschlesien）
上意大利（Oberitalien）
绍姆堡-利帕（Schaumburg-Lippe）
舍恩，特奥多尔·冯（Schön，Heinrich
　　Theodor von，1773—1856）
舍恩布伦协定（Schönbrunner Konvention）
舍恩豪森庄园（Schönhausen）
社会达尔文主义（Sozialdarwinismus）
社会科学与政治年鉴（Jahrbuch für
　　Sozialwissenschaft und Sozialpolitik）
社会民主党（Sozialdemokratie），即德国
　　社会民主党
社会民主党人报（Sozialdemokrat）
社会契约（Gesellschaftsvertrag）
社会政策联合会（Verein für Socialpolitik）
申克，爱德华·冯（Schenk，Eduard
　　von，1788—1841）
申肯多夫，马克斯·冯（Schenkendorf，
　　Max von，1783—1817）
什切青（Stettin）

托斯坎纳(Toscana)

托伊托堡森林战役（Schlacht im Teutoburger Wald）

W

瓦德西（Waldersee，Alfred Graf von，1832—1904）

瓦尔德克（Waldeck）

瓦尔德克，弗兰茨·莱奥·本尼迪克特（Waldeck，Franz Leo Benedikt，1802—1870）

瓦尔德克宪章（Charte Waldeck）

瓦尔青（Varzin）

瓦尔施塔特（Wahlstatt）

瓦格纳，理查德（Wagner，Richard，1813—1883）

瓦拉赫，奥托（Wallach，Otto，1847—1931）

瓦拉几亚（Walachei）

瓦洛特，保罗（Wallot，Paul，1841—1912）

瓦特堡（Wartburg）

瓦特堡集会（Wartburgfest）

晚期浪漫主义（Spätromantik）

威尔逊，伍德罗（Wilson，Thomas Woodrow，1856—1924）

威廉，不伦瑞克公爵（Wilhelm，Herzog von Braunschweig，1806—1884）

威廉二世（Wilhelm II.，1859—1941）

威廉二世，黑森选侯（Wilhelm II.，1777—1847）

威廉二世时代（Wilhelminische Zeit；Wilhelminische Epoche）

威廉港（Wilhelmshaven）

威廉皇帝促进科学协会（Kaiser-Wilhelm-Gesellschaft zur Förderung der Wissenschaften）

威廉皇帝化学研究所（KWI für Chemie）

威廉皇帝纪念碑（Kaiser-Wilhelm-Denkmal）

威廉皇帝煤炭研究所（KWI für Kohlenforschung）

威廉皇帝生物学研究所（KWI für Biologie）

威廉皇帝物理化学和电气化学研究所（KWI für physikalische Chemie und Elektrochemie）

威廉皇帝运河（Kaiser-Wilhelm-Kanal）

威廉明娜（Wilhelmine von Bismarck，1789—1839）

威廉四世，英国国王（Wilhelm IV. Heinrich，1765—1837，1830年—1837年在位）

威廉一世，普鲁士国王兼德意志皇帝（Wilhelm I.，1797—1888）

威廉主义（Wilhelminismus）

威灵顿公爵（Wellington，Herzog von；Wellington，Duke of，1769～1852）

威尼西亚（Venetien）

威斯特法仑（Westfalen）

威斯特法仑农民联合会（Westfälischer Bauernverein）

威悉河（Wesser）

韦伯，卡尔·玛丽亚·冯（Weber，Carl Maria von，1786—1826）

韦伯，马克斯（Weber，Max，1864—1920）

韦伯，威廉（Weber，Wilhelm，1804—1891）

韦尔克，弗里德里希·戈特利布（Welcker，Friedrich Gottlieb，1784—1868）

韦尔克，卡尔·特奥多尔（Welcker，Karl Theodor，1790—1869）

韦尔纳，安东·冯（Werner，Anton von，1843—1915）

韦尔施泰特，理夏德·马丁（Willstätter，